Gisela Haupt

GARANTIERT STEUERN SPAREN

Der clevere Leitfaden zur Steuererklärung 2001

SÜDWEST

Inhalt

Vorwort:
Auf die echte Steuerreform
warten wir noch immer 8

Zu diesem Buch:
Der Blitz-Finder für eilige Leser: So finden
Sie ganz schnell, was für Sie wichtig ist 10

Kapitel 1:
**Was das Finanzamt von Ihnen will
und was Ihnen die Mühe mit der
Steuererklärung bringt** 14

Wie wird das zu versteuernde Einkommen
ermittelt, und wodurch unterscheidet es
sich vom Bruttoeinkommen? 17

Wer muss eine Steuererklärung abgeben? . . . 24

Diese Abgabefristen müssen Sie einhalten . . . 25

Wer kann die freiwillige
Antragsveranlagung wählen? 25

Wann lohnt sich ein Antrag zur Einkommensteuerveranlagung überhaupt? 26

So blicken Sie beim Finanzamtsdeutsch
sofort durch 27

Wie erfährt das Finanzamt von Ihren
Einnahmen, und was passiert, wenn Sie
dabei mogeln? 31

Der richtige Umgang mit dem Finanzamt 34

Kapitel 2:
Der Mantelbogen 42

Angaben zur Person 43

Welche Veranlagungsart ist für Sie die
günstigste? 45

Sonderausgaben 51

Wann bleibt Ihr Kapitallebensversicherungsvertrag noch steuerfrei? 53

Vorsicht beim Sonderausgabenabzug
von Versicherungen 55

Schema zur Berechnung der abziehbaren
Vorsorgeaufwendungen 59

Anlage zur Einkommensteuererklärung
für 2001 – Versicherungsbeiträge 73

Sonstige beschränkt abzugsfähige
Sonderausgaben, die keine Vorsorgeaufwendungen sind (nach § 10 EStG) 75

Die unbeschränkt abzugsfähigen
Sonderausgaben 77

Übersichten zu den Ertragsteilen von Renten . . 79

Blitzübersicht zur Berechnung der
Kfz-Kosten für Behinderte 87

Unterhalt von Angehörigen im Ausland 92

ABC der außergewöhnlichen Belastungen . . . 98

Anlage zur Einkommensteuererklärung
für 2001 – Bestattungskosten 101

Anlage zur Einkommensteuererklärung
für 2001 – Krankheitskosten 109

Blitzübersicht zu den außergewöhnlichen
Belastungen mit Abzug von zumutbarer
Eigenbelastung 117

Kapitel 3:
Wichtig für alle Eltern: die Anlage Kinder . . 120

Was sind Kinder im steuerlichen Sinn? 124

Jährliche Höchstgrenze
von 14.040 DM für Kinder 129

Einkünfte und Bezüge der Kinder
über 18 Jahre 130

Übertragung des Kinderfreibetrages 131

Zuordnung der Kinder 132

Haushaltsfreibetrag nach
§ 32 (7) EStG 133

Ausbildungsfreibeträge nach
§ 33 a (2) EStG 134

Kapitel 4:
Für alle Arbeitnehmer: die Anlage N 136

Angaben zum Arbeitslohn 137

Werbungskosten 146

Fahrtkosten zwischen Wohnung und
Arbeitsstätte 148

Tatsächliche Kfz-Kosten mit
Einzelnachweis statt
Pauschalen 152

Anlage zur Einkommensteuererklärung
für 2001 – Einzelnachweis zu den
tatsächlichen Kfz-Kosten 153

Anlage zur Einkommensteuererklärung
für 2001 – Nachgewiesene Kfz-Kosten/
Dienstreisen 2001 154

Anlage zur Einkommensteuererklärung
für 2001 – Aufstellung von Unfallkosten
auf beruflich bedingter Fahrt 157

Musterbrief: Erklärung des Arbeitgebers
zu Unfallkosten 158

ABC der sonstigen Werbungskosten
und Arbeitsmittel 160

Berechnungsformel für Arbeitszimmer 164

Blitzübersicht: Computer, Fax, Telefon –
so wird abgeschrieben 169

Übersichten: Pauschbeträge für
Verpflegungsmehraufwand auf Reisen 172

Berechnungsformel für
Umzugskosten 192

Kapitel 5:
Kassieren Sie Zinsen, Dividenden, Gewinnausschüttungen oder Erträge anderer Kapitalanlagen? Die Anlage KAP 200

Wann müssen Sie die Anlage KAP
überhaupt ausfüllen? 201

Durchblick bei der Zinsabschlagsteuer 201

Wie viel Kapitalertragsteuer Ihnen das
Finanzamt von Ihrer Sparanlage wegnimmt . . 203

Aufstellung der verschiedenen Einnahmen . . . 209

Ausländische Kapitalerträge 210

Werbungskosten 214

Kapitel 6:
Erhalten Sie Renten, Unterhaltsleistungen, Abgeordnetenbezüge, oder haben Sie Gewinne aus privaten Veräußerungsgeschäften erzielt? Die Anlage SO 216

Renteneinkünfte nach § 22 EStG 217

Private Veräußerungsgeschäfte 225

Blitzübersicht: Steuerpflicht von besonderen
Einnahmen und Einmalzahlungen 228

Kapitel 7:
Bei Selbstständigkeit oder Firmenbeteiligung: die Anlage GSE 230

Beispiele für selbstständige gewerbliche
Tätigkeiten 233

Die Gewinnermittlung 234

Veräußerungsgewinne bzw. -verluste
eines Betriebes 237

Unternehmensverkauf: So rechnet
das Finanzamt 238

Veräußerungsgewinne bei wesentlicher
Beteiligung (§ 17 EStG) 239

Inhalt

Kraftfahrzeugkosten	241
ABC der steuermindernden Betriebsausgaben	242
Sonderförderung für Existenzgründer (§ 7 [7] EStG)	244
Neue AfA-Tabelle (linear)	247
Freiberufliche Tätigkeiten	251
Wann werden Betriebseinnahmen und Betriebsausgaben erfasst?	254
Muster für eine Einnahmen-Überschuss-Rechnung	255
Betriebsausgabenpauschale	257
Aufwandsentschädigungen	258
Noch mehr Tipps für Unternehmer mit häuslichem Arbeitszimmer	259

Kapitel 8:
Bekommen Sie Geldzahlungen aus dem Ausland? Die Anlage AUS ... 260

Was sind ausländische Einkünfte?	261
Blitzübersicht zur Doppelbesteuerung	262
Verschiedene Einkünfte aus Kapitalanlagen	263
Andere Einkunftsquellen	266
Anzurechnende ausländische Steuer	268
Sonderfall Dividenden aus Frankreich	269

Kapitel 9:
Sie besitzen Immobilien, sind Sie Vermieter oder Verpächter? Die Anlage V ... 272

Was gehört in die Anlage V?	273
Mieteinnahmen	274
Checkliste für Ihre Einnahmen aus V+V	277
Vereinnahmte Mieten aus verbilligter Überlassung	278
Einnahme aus Umlagen	279
Anteile an Vermietungseinkünften	279
Andere Einkünfte, Untervermietung	280
Checkliste für Vermieter: ABC der Werbungskosten	282
Werbungskostenreihenfolge laut Anlage V	285
Wie unterscheidet man Erhaltungsaufwand von Herstellungsaufwand?	287
Abschreibung des Gebäudes	290
Rechenmuster zur Ermittlung der Gebäudekosten	292
Erhöhte Absetzungen	295
Sonderabschreibungen für die neuen Bundesländer	297
Rechenmuster für Einkünfte aus Vermietung und Verpachtung	300

Kapitel 10:
Wenn Sie vor dem 1.1.1996 Wohneigentum erworben oder dafür einen Bauantrag gestellt haben: die Anlage FW ... 304

Welche Förderungen gibt es?	305
Objekte im Beitrittsgebiet	307
Anlage zur Einkommensteuererklärung für 2001 – Erklärung zur Förderung selbst genutzten Wohnungseigentums	309
Voraussetzungen für die Förderung	313

Inhalt

Baukindergeld 313

Vorkosten 315

Checkliste zu Ausgaben
für Immobilien 316

Beruflich genutzte Räume 319

Kapitel 11:
Der Erwerb von selbst genutztem
Wohneigentum ab 1996:
die Anlage EZ 1A 320

Welche Objekte werden gefördert? ... 321

Rechtslage für Bauten auf
fremdem Grund und Boden 323

Rechtslage für
unentgeltliche Überlassung 324

Zeitliche Voraussetzungen für die
Gewährung der Förderung 324

Höhe der Eigenheimzulage 325

Änderungen während
der Förderung 327

Checkliste für Anschaffungskosten
von Gebäuden 333

Checkliste für Herstellungskosten
von Gebäuden 334

Checkliste für
Anschaffungskosten
von Grund und Boden 336

Ökologische Zusatzförderung 338

Erwerb von
Genossenschaftsanteilen 339

Kinderzulage 342

Einkommensgrenze 343

Sonderfälle 345

Rechenmuster für
die Eigenheimzulage 346

Kapitel 12:
Wenn Sie als Arbeitnehmer
vermögenswirksame Leistungen
bekommen: die Anlage VL 350

Welche Sparleistungen werden
gefördert und in welcher Höhe? ... 351

Sparförderung für Alleinstehende . 353

Sparförderung für Verheiratete ... 354

Einkommensgrenzen 355

Checkliste: Wofür bekommen Sie
Sparerförderung 356

Festlegungsfristen 357

Sparvertrag durch Kontensparen ... 358

Kapitel 13:
Wenn Sie Unterhalt an einen geschie-
denen Ehegatten zahlen: die Anlage U ... 360

Unter welchen Voraussetzungen können
Sie die Anlage U einreichen, und wann
lohnt es sich? 361

Wahlrecht Sonderausgaben (Realsplitting)
und außergewöhnliche Belastungen . 361

Sach- und Barleistungen 367

Typische Unterhaltsaufwendungen .. 367

Musterbrief zum Widerspruch gegen
den Abzug von Unterhaltszahlungen ... 368

Wohnungsüberlassung oder Barunterhalt ... 369

Kapitel 14:
Probleme mit dem Finanzamt?
So setzen Sie Ihre Rechte durch ... 370

Der Steuerbescheid weicht zu Ihren
Gunsten ab 371

Der Steuerbescheid weicht zu Ihren
Ungunsten ab 373

Inhalt

Checkliste zur Kontrolle des
Einkommensteuerbescheids 373

Wie Sie die Änderung eines
Steuerbescheides beantragen 374

Musterbriefe für Einsprüche gegen
den Steuerbescheid 377

Wie geht das Finanzamt weiter vor, wie
stehen die Chancen, Recht zu bekommen? .. 382

Welche Chancen gibt es nach dem
erfolglosen Einspruch? 383

Welche Möglichkeiten gibt es nach
Ablauf des Einspruchverfahrens? 390

Was passiert nach Ablauf des Klage-
verfahrens vor dem Finanzgericht? 392

Welche möglichen Nachteile hat
ein Rechtsstreit mit dem Finanzamt? 394

Musterbrief: Antrag auf Stundung 395

Blitzübersicht: Forderungen des Finanzamts .. 399

Kapitel 15:
**Wie viel Steuerberatung kostet,
und was Sie davon haben** 402

Welche Tätigkeiten ein Steuerberater
für Sie übernimmt 404

Berufspflichten 406

Was kostet der »Luxus« eines
Steuerberaters? 407

Das sollten Sie bei der
Steuererklärung beachten 410

Ungeschickte Steuergestaltung –
rechnen Sie mit dem »dritten Mann« 411

So arbeiten die Finanzbeamten 411

Praxisbeispiel: Wann bohrt der
Sachbearbeiter nach? 412

Wie intensiv bearbeitet das Finanzamt
Ihren Steuerfall? 413

Kapitel 16:
**Die richtigen Steuerstrategien für
Arbeitnehmer, Selbstständige oder
Pensionäre** 414

**Diese Möglichkeiten haben Sie
als Arbeitnehmer** 415

Monatlich mehr Lohn durch den
Lohnsteuerermäßigungsantrag 415

Wie funktioniert die Verlustrechnung
zwischen verschiedenen Einkunftsarten? 428

Monatlich mehr Geld durch geschickte
Steuerklassenwahl 431

Steuerliche Berücksichtigung von
Kindern auf der Lohnsteuerkarte 433

Einmal pro Jahr viel Geld zurück durch
Werbungskosten 434

Arbeitsverhältnisse unter Ehegatten
bzw. zwischen nahen Angehörigen 436

Wann ist ein 630-Mark-Job
noch steuerfrei? 439

Steuerfrei mehr Gehalt – davon
profitiert auch Ihr Chef 446

Wie werden Direktversicherungen
für Arbeitnehmer versteuert? 447

**Tipps für Selbstständige und Arbeit-
nehmer mit selbstständigen Einkünften** .. 452

ABC der steuermindernden
Betriebsausgaben 453

Ansparabschreibung – die Rücklage des
Kleinunternehmers 455

Doppelte Haushaltsführung –
doppelt wohnen, doppelt sparen 459

Kraftfahrzeugkosten – darauf müssen
Sie besonders achten 461

Wahlrecht bei der Gewinnermittlung
nutzen 466

Darlehen zwischen nahen Angehörigen 467

Was hat sich beim Zweikontenmodell geändert und wer ist davon betroffen? 469

Diese Möglichkeiten haben Sie als Rentner oder Pensionär 471

Steuerbegünstigte Anlage nach Auszahlung von Lebensversicherungen 472

Strategien zur optimalen Nutzung des Sparerfreibetrags 472

Richtige Finanzierungsplanung 473

Aufteilung des Kapitalvermögens und der Kapitalerträge 473

Private Veräußerungsgeschäfte mit Wertpapieren 475

Immobilienanlage bevorzugen – wegen des Euro 476

Vermeiden Sie Spekulationsgewinne 476

Diese Möglichkeiten haben Sie als Vermieter 477

Abgrenzung des Erhaltungsaufwands vom anschaffungsnahen Aufwand 478

Gestaltungen zum Erhaltungsaufwand 479

Immobilien und Angehörige 481

Degressive AfA für Umbau oder Ausbau 484

Günstige Verlagerung der Schuldzinsen 486

Dreiobjektgrenze bei Veräußerung 486

**Kapitel 17:
Geschickte Gestaltungmöglichkeiten – richtige Steuerstrategie** 488

Geschickte Gestaltung von Lebensverhältnissen 489

Ehegattenveranlagung: gemeinsam oder getrennt? 489

Ferienimmobilien als Steuersparschweine 491

Eigenheimzulage trotz hohen Einkommens ... 493

Geschickte Gestaltungsmöglichkeiten bei unverheirateten Lebenspartnern 495

Der Staat beteiligt sich an Ihrem Hobby 497

Lohnt sich die Beteiligung an Steuersparmodellen noch? 498

Clevere Vermögensumschichtung und Erbschaften 503

Steuern sparen bei der Übertragung von Privat- und Betriebsvermögen 505

Übertragung von Kapitalvermögen 508

Grundstücksübertragungen 509

Steueroasen und Auslandskonten – Vorsicht, tückische Helfer 513

Welche Möglichkeiten haben Sie, Steueroasen zu nutzen? 514

Riskante Flucht vor der Zinsabschlagsteuer 515

Besonderheiten einzelner Steueroasen 517

Steuern auf Zinsen im Ausland 527

Risiken bei Anlagen von deutschen Steuerpflichtigen in Steueroasen 528

Aufdeckung von Schwarzgeldanlagen 529

Vorzüge und Schwächen der wichtigsten Steueroasen 531

Wohnsitzverlegung ins Ausland nicht ohne Abmeldung im Inland 532

Übersicht der beliebtesten Steueroasen 534

Sonderteil: Die Grundzüge der neuen Familienförderung ab 2002 535

Rentenreform ab 2002 537

Einkommensteuer-Grundtabelle 542

Einkommensteuer-Splittingtabelle 554

Über dieses Buch 565

Register 566

Vorwort
Auf die echte Steuerreform warten wir noch immer

Steuerentlastungen kann man mit der Lupe suchen

Der Berg kreißte und er gebar eine Maus – mit einem treffenderen Spruch lässt sich kaum beschreiben, was von der im Jahr 2000 von der Regierung groß angekündigten und gefeierten Steuerreform übrig geblieben ist. Die tollen Entlastungen und mehr Nettoeinkommen für Konsum – Fehlanzeige. Stattdessen sinkt seit dem Frühjahr 2001 das real verfügbare Nettoeinkommen der Bundesbürger wieder – erstmals seit vier Jahren. Das kommt davon, wenn eine Regierung verspricht, mit der linken Hand Geld zu geben, es uns aber mit der rechten gleich doppelt wegen einer verpfuschten Gesundheitsreform über steigende Sozialabgaben für die Krankenversicherungen und mit der Ökosteuer aus der Tasche zieht.

Auch die zweite große Hoffnung hat sich nicht erfüllt: Der Regierung ist eine Vereinfachung unseres Steuersystems, es ist das komplizierteste der Welt, nicht mal ansatzweise gelungen. Das scheint auch nicht gewollt zu sein. Denn wir werden fast täglich mit neuen Erlassen und Urteilen bombardiert, die dann einige Tage später oft mit Nichtanwendungserlassen der Finanzverwaltung belegt werden. Weder der Steuerpflichtige noch Angehörige der steuerberatenden Berufe können sich auf die Urteile der obersten Finanzgerichte oder des Bundesverfassungsgerichtes verlassen – die Finanzbehörden finden immer Begründungen, warum das eine oder andere Urteil in der Praxis nicht anzuwenden ist.

Es wird gegeben und hintenrum noch mehr genommen

Wird eine Vergünstigung dann tatsächlich umgesetzt, folgen an anderer Stelle drastische Kappungen. Die Einführung der Entfernungspauschale als Ausgleich für die Ökosteuer ist ein Beispiel dafür. Ein weiteres: Die Einkommensteuersätze wurden ab 2001 zwar gesenkt, dafür aber gibt es neue, viel ungünstigere Abschreibungstabellen. Der Steuerpflichtige wird gezwungen, sich mit neuen Gesetzen zu befassen, andere unternehmerische Entscheidungen zu treffen, obwohl unterm Strich manchmal noch weniger übrig bleibt als vorher!

Die Steuern sinken – aber die Abgabenlast verringert sich kaum

Ein Ende der wirtschaftlichen Flaute ist im Herbst 2001 nicht klar zu erkennen. Die Negativstimmung hat Börsen und Anleger gebeutelt. Deutschland braucht Investitions- und Konsumanreize, der Export geht zurück, mit dem wirtschaftlichen Abschwung gehen Arbeitsplätze verloren. Die mittelständischen Unternehmen müssen durch steuerliche Anreize zu Investitionen motiviert werden. Aber die Regierenden tun, was sie offensichtlich von ihren Vorgängern gelernt haben: 2002 sind Bundestagswahlen, also wird nichts mehr angepackt, sondern alles nur noch ausgesessen. Dabei gäbe es genug zu tun: Mit der Erhöhung der Ökosteuer ging auch der Konsum zurück. Die Steuersätze sind immer noch zu hoch. Steuerliche Neuregelungen belasten die unteren Einkommensgruppen. Beispiele: Das Halbeinkünfteverfahren bei Dividenden ist erst ab einem Steuersatz von 40 Prozent günstiger als das bisherige Anrechnungsverfahren. Alleinerziehenden wird ab 2002 der Haushaltsfreibetrag eingeschmolzen, ab 2005 dann ganz gestrichen.

Wie wäre es, wenn sich der Kanzler echte Fachleute in seinen Beraterkreis holt, statt mal nach hier und mal nach da zu steuern, um es nur ja allen recht zu machen? Denn wir haben diese Fachleute und müssen sie nicht mal per Greencard ins Land locken. Paul Kirchhoff, der frühere »Steuerpapst« beim Bundesverfassungsgericht, hat ein praktikables Steuerprogramm entwickelt: mit einfacheren Steuergesetzen, weniger Ausnahmeregelungen und Formularen. Das Konzept soll zu mehr Leistungsbereitschaft und Steuerehrlichkeit beitragen. Der Eingangssteuersatz sollte deshalb bei 15 und der Spitzensteuersatz bei 35 Prozent liegen. Die Gegenfinanzierung soll erreicht werden durch die Schließung von Steuerschlupflöchern und Streichung von Steuervorteilen. Warum verstauben diese Vorschläge beim Finanzminister? Eine Antwort gibt es nicht. Aber ich wage eine Prognose: Alles, was ihm mehr Einnahmen bringt, wird der Finanzminister sich da herauspicken, alles andere weglassen. Und dann wird er sich damit rechtfertigen, es wäre ja von Kirchhoff gekommen. So kann man auch Politik machen, aber nur bis zur nächsten Wahl.

Warum verstauben gute Reformvorschläge?

Und denken Sie immer daran: Die Vermeidung von Steuern ist völlig legal

Die neuen Regelungen und Erlasse tragen dann auch Schuld daran, dass wir dieses Buch auch in diesem Jahr nicht abspecken konnten. Schließlich sollen alle Hilfen und Tipps zu praktisch jedem erdenklichen Steuerfall enthalten sein – auch wenn der einzelne Leser oft ganze Abschnitte oder Kapitel überspringen und auslassen kann. Wir hoffen aber, dass wir Ihnen auch in diesem Jahr wieder durch unser vielfach gelobtes Leitsystem mit der konsequenten Ausrichtung an den amtlichen Steuerformularen die Arbeit so weit wie irgend möglich erleichtern können.

Für alle Steuerfälle

Ziel dabei soll es immer sein, Steuerpflicht nach Möglichkeit gar nicht erst entstehen zu lassen – denn die Steuervermeidung, bei der wir Ihnen helfen wollen, ist im Gegensatz zur Steuerverkürzung völlig legal.

Deshalb möchten wir Ihnen auch den zweiten Teil dieses Buches wieder besonders ans Herz legen. Die dort dargestellten Strategien und Möglichkeiten beschreiben verschiedene Wege, durch clevere Gestaltungstricks Steuerpflichten in der Zukunft gar nicht erst entstehen zu lassen und die Abgabenlast deutlich zu reduzieren.

Meine Mitarbeiter und ich wünschen Ihnen dabei viel Erfolg.
Gisela Haupt & das Team von Livingston Media

Zu diesem Buch: Der Blitzfinder für eilige Leser: So finden Sie ganz schnell, was für Sie wichtig ist

Schnelle Information

Wir möchten Ihnen helfen, in diesem Buch nur die für Sie wichtigen Kapitel lesen bzw. durcharbeiten zu müssen. Deshalb folgt der Aufbau dieses Buches den verschiedenen Einkommensarten und den jeweils zugehörigen Formularen des Finanzamtes, die entsprechend der Einkunftsarten ausgefüllt werden müssen. Beantworten Sie die Fragen in der linken Spalte, dann werden Sie automatisch auf die jeweils wichtigen Passagen hingewiesen (ankreuzen), die Sie dann der Reihe nach durcharbeiten können (abhaken).
Auf diese Weise werden Sie ohne jeden theoretischen Ballast die Antworten auf Ihre konkreten Fragen erhalten.

Ihr persönlicher Steuerkompass			
(Entsprechend den Antworten können mehrere Kapitel wichtig sein)			
Beantworten Sie bitte diese Fragen	**✗ für »ja«**	**Bitte lesen Sie das Kapitel zu**	**✓ für »erledigt«**
1. Sind Sie Arbeitnehmer, beziehen Sie Lohn oder Gehalt?		Anlage N (ab Seite 136)	
2. Beziehen Sie Zinseinkünfte, Dividenden, Gewinnausschüttungen aus einer GmbH? Haben Sie vorzeitig (kürzer als zwölf Jahre nach Abschluss) eine Lebensversicherung ausgezahlt bekommen?		Anlage KAP (ab Seite 200)	
3. Bekommen Sie Renten, Unterhaltszahlungen, Abgeordnetenbezüge, oder haben Sie Erträge aus privaten Veräußerungsgeschäften?		Anlage SO (ab Seite 216)	
4. Erzielen Sie gewerbliche oder selbstständige Einkünfte, Veräußerungsgewinne?		Anlage GSE (ab Seite 230)	

Beantworten Sie bitte diese Fragen	✗ für »ja«	Bitte lesen Sie das Kapitel zu	✓ für »erledigt«
5. Bekommen Sie Einkünfte aus dem Ausland mit ausländischem Steuerabzug?		Anlage AUS (ab Seite 260)	
6. Vermieten oder verpachten Sie bebaute oder unbebaute Grundstücke, Wohnungen, Garagen oder andere Immobilien (auch bei Untermietverhältnissen, wenn Sie selbst Mieter sind)?		Anlage V (ab Seite 272)	
7. Besitzen Sie selbst genutztes Wohneigentum, oder ließen Sie in einer Ihnen gehörenden Immobilie Angehörige unentgeltlich vor dem 1.1.1996 wohnen?		Anlage FW (ab Seite 304)	
8. Haben Sie selbst genutztes Wohneigentum nach dem 31.12.1995 erworben?		Anlage EZ 1 A (ab Seite 320)	
9. Haben Sie Frage 1 mit »ja« beantwortet, und erhalten Sie vermögenswirksame Leistungen?		Anlage VL (ab Seite 350)	
10. Zahlen Sie Unterhalt an getrennt lebende oder geschiedene Ehegatten?		Anlage U (ab Seite 360)	
11. Haben Sie irgendeine der vorherigen Fragen mit »ja« beantwortet?		Mantelbogen (ab Seite 42)	
12. Wurde Ihnen vom Finanzamt für Ihren 630-DM-Job eine Freistellungsbescheinigung erteilt, und die Summe Ihrer anderen Einkünfte ist positiv?		Mantelbogen (ab Seite 42)	
13. Haben Sie Frage 11 mit »ja« beantwortet und Kinder?		Anlage Kinder (ab Seite 120)	

Rechtsgrundlagen

Steuerformulare — Alle für Ihre Steuererklärung erforderlichen Formulare haben wir originalgetreu abgedruckt. Es handelt sich dabei bereits um die im September 2001 gesetzlich verabschiedeten bundeseinheitlichen Einkommensteuerformulare.

Darüber hinaus geben wir Ihnen zusätzlich zu den Formularzeilen auch die Stichworte an, unter denen die jeweiligen Eintragungen vorzunehmen sind, so dass bei der Zuordnung sicher nichts mehr schiefgehen kann.

Zu Ihrer Sicherheit: Wir nennen Ihnen die Rechtsgrundlagen

Für den Fall, dass Sie dieses Buch zur Vorbereitung eines Gespräches mit Ihrem Steuerberater verwenden wollen, oder es einmal Unstimmigkeiten oder Stress mit dem Sachbearbeiter Ihres zuständigen Finanzamts geben sollte, möchten wir vorsorgen: Wir haben zu allen Tipps und Hinweisen angegeben, auf welchen Rechtsgrundlagen oder Entscheidungen unsere Empfehlungen beruhen. Sie können also die jeweiligen Verordnungen und Gesetze problemlos zitieren. Dabei haben wir eine Reihe von **Abkürzungen** verwendet, die Sie in einem solchen Fall kennen sollten.

Ein Hinweis auf diese Fundstellen ermöglicht es den Steuerberatern oder auch den Sachbearbeitern im Finanzamt, die entsprechenden Passagen schnellstmöglich und ohne Verzögerung nachzuprüfen. Denn Sie sollten eines bedenken, dass auch Steuerexperten nicht alle Gesetze und Verordnungen sofort abrufbereit haben.

AO	Abgabenordnung
BFH	Bundesfinanzhof
BFHE	Bundesfinanzhofentscheidungen
BMF	Bundesminister für Finanzen
BVerfG	Bundesverfassungsgericht
BStBl	Bundessteuerblatt
DStR	Deutsches Steuerrecht (Fachzeitschrift)
EFG	Entscheidungen der Finanzgerichte
EStDV	Einkommensteuer-Durchführungsverordnung
EStG	Einkommensteuergesetz
EStR	Einkommensteuerrichtlinien
FG	Finanzgericht
FM	Finanzministerium
LStDV	Lohnsteuer-Durchführungsverordnung
LStR	Lohnsteuerrichtlinien
OFD	Oberfinanzdirektion
R	Richtlinienabschnitt der Einkommensteuerrichtlinien
StEntlG	Steuerentlastungsgesetz

Weitere gängige Abkürzungen:

agB	Außergewöhnliche Belastungen
AfA	Absetzung für Abnutzung
BA	Betriebsausgaben
BAFöG	Bundesausbildungsförderungsgesetz
WK	Werbungskosten

Leichteres Arbeiten mit unseren Musterbriefen

Oft steht man beim Schriftverkehr mit dem Finanzamt buchstäblich »wie der Ochs vorm Berg«. Zum einen ist das Behördendeutsch nicht selten nur sehr schwer verständlich, zum anderen weiss man im Normalfall nicht, wie man ein Anschreiben treffend und vor allem »wasserdicht« formulieren soll, wie ein Sachverhalt am besten darzustellen ist. — *Behördendeutsch*

Dieses Buch soll ihnen auch für diese sehr konkrete Arbeit wertvolle Hilfestellung leisten. Zu allen wirklich wichtigen und relevanten Fragen finden Sie im Buch vorformulierte Musterbriefe, die Sie rasch und problemlos an Ihre persönliche Sachlage anpassen können. — *Musterbriefe*

Überall dort, wo in den beiliegenden Mustern drei Auslassungspunkte (...) stehen, sollten Sie Ihre persönlichen Angaben und Daten eintragen. Der in Klammern gesetzte kursive Text gibt Ihnen genaue Hinweise oder Beispiele für die jeweils einzusetzenden Passagen.

Zum Teil weist ein Sternchen (*) in den Mustern auf Absätze und Textpassagen hin, die wahlweise zu verwenden sind. Suchen Sie sich dann den jeweils mit einem Sternchen (*) gekennzeichneten Absatz heraus, der auf Ihren speziellen und persönlichen Fall zutrifft.

Sie finden in diesem Steuerbuch zahlreiche Rechenmuster, die Sie einfach nur mit Ihren persönlichen Angaben ergänzen müssen. Wir sagen Ihnen genau, wo Sie diese finden und eintragen müssen, um auf das Ergebnis zu kommen, das das Finanzamt von Ihnen erfahren möchte. Sollte in einigen Rechenmustern nach Angaben gefragt werden, die nicht auf Ihre Person zutreffen, lassen Sie die entsprechenden Kästchen einfach aus. — *Rechenmuster*

Da auf den herkömmlichen Antragsvordrucken im Allgemeinen oft nicht ausreichend Platz für ausführliche und detaillierte Kostenaufstellungen vorgesehen ist, haben wir die am häufigsten benötigten Auflistungen für Sie in den jeweiligen Kapiteln zusammengestellt. — *Kostenaufstellungen*

Hier gilt übrigens das Gleiche wie bei den oben beschriebenen Rechenmustern: Füllen Sie nur die Kästchen oder Felder aus, für die Sie entstandene Kosten und Ausgaben belegen können

Was das Finanzamt von Ihnen will – und was Ihnen die Mühe mit der Steuererklärung bringt

In diesem Kapitel erfahren Sie:

- ▶ wie das zu versteuernde Einkommen ermittelt wird 17
- ▶ wie Sie Brutto- und Nettoeinkommen unterscheiden 17
- ▶ wie Sie Ihre voraussichtliche Steuererstattung berechnen 18
- ▶ wann ein Pflichtveranlagung eintritt 24
- ▶ wie eine freiwillige Antragsveranlagung gewählt werden kann 25
- ▶ wie das Finanzamtsdeutsch zu verstehen ist 27
- ▶ warum Mogeln gefährlich sein kann 31
- ▶ wie Sie optimal mit dem Finanzbeamten umgehen 34
- ▶ welches Finanzamt für Sie zuständig ist 37
- ▶ was ein Steuerbescheid bedeutet 39
- ▶ wie lange Sie Unterlagen und Bescheide aufbewahren müssen 41

Sinn der Einkommensteuererklärung

Das Finanzamt kennt Ihre persönlichen Vermögens- und Einkommensverhältnisse zunächst nicht. Sind Sie und/oder Ihr Ehegatte Arbeitnehmer, werden deshalb die Lohnsteuer und der Solidaritätszuschlag sowie die eventuell bezahlte Kirchensteuer vom Arbeitgeber je nach Verdiensthöhe, Lohnsteuerklasse, Kinderzahl und Religionszugehörigkeit einbehalten. Man zieht also ohne Prüfung näherer Umstände pauschal etwas vom Gehalt ab. Das Verfahren nennt man die Vorwegbesteuerung bei Arbeitnehmern. Und die geschieht ganz stereotyp (siehe Tabelle Seite 16). *— Vorwegbesteuerung*

Obwohl die meisten Arbeitnehmer nicht verpflichtet sind, eine Einkommensteuererklärung abzugeben, ist dies in jedem Fall ratsam. Denn sonst verschenken Sie bares Geld, wie leider immer noch Millionen Bundesbürger. *— Nichts verschenken*

TIPP Sie sollten sich nicht mit der pauschalen Versteuerung des Finanzamtes zufrieden geben, sondern Ihre Rechte kennen lernen, nutzen und die erforderlichen Schritte unternehmen, damit Sie nach Ihren tatsächlichen finanziellen Verhältnissen versteuert werden.

Falls Sie zusätzlich zum Arbeitslohn noch andere Einkünfte beziehen, z. B. aus einer selbstständigen Nebentätigkeit oder durch Vermietung einer Immobilie, erfolgt die Vorabbesteuerung durch das Finanzamt mittels der Erhebung von vierteljährlich zu zahlenden Einkommensteuervorauszahlungen, die oft zusätzlich zu den bereits einbehaltenen Lohnsteuern laut Lohnsteuerkarte fällig werden. Auch wenn Sie neben dem Arbeitslohn noch weitere Einkünfte beziehen (z. B. aus Kapitalvermögen, Vermietung und Verpachtung, selbstständiger Nebentätigkeit), ist die Vorabbesteuerung durch das Finanzamt durch den Lohnsteuerabzug auf der Lohnsteuerkarten in der Regel unrichtig. Denn das Finanzamt kann weder die Höhe Ihrer Einnahmen noch die der privaten und beruflichen Ausgaben kennen. *— Vorauszahlungen*

Beispiel Herr Müller verdiente im Jahr 2001 70.000 DM brutto, ist verheiratet und hat eine 19 Jahre alte Tochter, die zur Schule geht und schon auswärts wohnt. Er fährt täglich 15 km zur Arbeit (einfache Strecke).

Würde das Finanzamt ihn ohne Kenntnis der Fahrtstrecke Wohnung–Arbeitsstätte und ohne von Herrn Müllers Tochter zu wissen mit seinem Bruttolohn veranlagen, würde ihm nur der Arbeitnehmerpauschbetrag gewährt und nicht der ihm eigentlich zustehende Ausbildungsfreibetrag für die auswärtige Unterbringung der Tochter, denn den gibt es nur auf Antrag. *— Arbeitnehmerpauschbetrag*

Setzt Herr Müller in seiner Steuererklärung die Wegstrecke dagegen richtig an und beantragt er den Ausbildungsfreibetrag, macht dies eine Einkommensteuerersparnis (ohne Kirchensteuer und Solidaritätszuschlag) von 1.292 DM aus. Dieses Geld bekommt Herr Müller also vom Finanzamt erstattet. Ohne großen Aufwand spart er dadurch gutes Geld.

Kapitel 1: Vorbereitung der Steuererklärung

Auszug aus der Tabelle für monatliche Lohnsteuerabzüge

Lohn in DM bis	Steuerklasse	Lohnsteuer	Steuerklasse	Lohnsteuer-Bemessungsgrundlage für Kirchensteuer und Solidaritätszuschlag							
				Kinderfreibetrag 0,5	Kinderfreibetrag 1,0	Kinderfreibetrag 1,5	Kinderfreibetrag 2,0	Kinderfreibetrag 2,5	Kinderfreibetrag 3,0	Kinderfreibetrag 3,5	Kinderfreibetrag 4,0
5 462,99	I,IV	1 069,66	I	970,83	874,83	781,66	691,33	603,91	519,25	437,41	358,41
	II	910,50	II	816,33	724,91	636,33	550,66	467,75	387,66	310,50	236,08
	III	504,33	III	431,50	360,00	290,00	221,33	154,16	89,16	28,16	
	V	1 879,08	IV	1 019,91	970,83	922,50	874,83	827,91	781,66	736,16	691,33
	VI	1 959,83									
5 467,49	I,IV	1 071,25	I	972,41	876,33	783,16	692,75	605,25	520,50	438,66	359,66
	II	912,00	II	817,75	726,33	637,75	551,91	469,00	388,91	311,66	237,25
	III	506,66	III	433,66	362,16	292,16	223,50	156,16	91,16	30,00	
	V	1 881,25	IV	1 021,50	972,41	924,00	876,33	829,41	783,16	737,58	692,75
	VI	1 962,00									
5 471,99	I,IV	1 072,83	I	973,91	877,83	784,58	694,16	606,58	521,83	439,91	360,83
	II	913,50	II	819,16	727,75	639,08	553,25	470,33	390,16	312,83	238,41
	III	506,66	III	433,66	362,16	292,16	223,50	156,16	91,16	30,00	
	V	1 883,41	IV	1 023,00	973,91	925,50	877,83	830,83	784,58	739,00	694,16
	VI	1 964,16									
5 476,49	I,IV	1 074,41	I	975,41	879,33	786,00	695,50	607,91	523,16	441,16	362,08
	II	915,00	II	820,66	729,16	640,41	554,58	471,58	391,41	314,08	239,58
	III	508,83	III	436,00	364,33	294,33	225,66	158,33	93,16	31,83	
	V	1 885,58	IV	1 024,58	975,41	927,00	879,33	832,33	786,00	740,41	695,50
	VI	1 966,33									
5 480,99	I,IV	1 076,00	I	976,91	880,75	787,41	696,91	609,25	524,41	442,41	363,25
	II	916,50	II	822,08	730,50	641,83	555,91	472,83	392,66	315,25	240,66
	III	508,83	III	436,00	364,33	294,33	225,66	158,33	93,16	31,83	
	V	1 887,75	IV	1 026,08	976,91	928,50	880,75	833,75	787,41	741,83	696,91
	VI	1 968,50									
5 485,49	I,IV	1 077,50	I	978,50	882,25	788,83	698,33	610,58	525,75	443,66	364,50
	II	918,00	II	823,58	731,91	643,16	557,25	474,16	393,83	316,41	241,83
	III	511,16	III	438,16	366,66	296,50	227,66	160,33	95,16	33,66	
	V	1 890,00	IV	1 027,66	978,50	930,00	882,25	835,25	788,83	743,25	698,33
	VI	1 970,75									
5 489,99	I,IV	1 079,08	I	980,00	883,75	790,33	699,75	611,91	527,00	444,91	365,66
	II	919,50	II	825,00	733,33	644,50	558,58	475,41	395,08	317,58	243,00
	III	511,16	III	438,16	366,66	296,50	227,66	160,33	95,16	33,66	
	V	1 892,16	IV	1 029,16	980,00	931,50	883,75	836,66	790,33	744,66	699,75
	VI	1 972,91									
5 494,49	I,IV	1 080,66	I	981,50	885,25	791,75	701,08	613,33	528,33	446,25	366,91
	II	921,00	II	826,50	734,75	645,91	559,83	476,66	396,33	318,83	244,08
	III	513,50	III	440,50	368,83	298,66	229,83	162,50	97,16	35,50	
	V	1 894,33	IV	1 030,75	981,50	933,00	885,25	838,16	791,75	746,08	701,08
	VI	1 975,08									
5 498,99	I,IV	1 082,25	I	983,08	886,66	793,16	702,50	614,66	529,66	447,50	368,16
	II	922,50	II	827,91	736,16	647,25	561,16	477,91	397,58	320,00	245,25
	III	515,83	III	442,66	371,00	300,83	232,00	164,50	99,16	37,50	
	V	1 896,50	IV	1 032,33	983,08	934,50	886,66	839,58	793,16	747,50	702,50
	VI	1 977,25									
5 503,49	I,IV	1 083,83	I	984,58	888,16	794,66	703,91	616,00	530,91	448,75	369,33
	II	924,00	II	829,41	737,58	648,66	562,50	479,25	398,83	321,16	246,41
	III	515,83	III	442,66	371,00	300,83	232,00	164,50	99,16	37,50	
	V	1 898,66	IV	1 033,83	984,58	936,00	888,16	841,08	794,66	748,91	703,91
	VI	1 979,41									
5 507,99	I,IV	1 085,41	I	986,08	889,66	796,08	705,33	617,33	532,25	450,00	370,58
	II	925,50	II	830,83	739,00	650,00	563,83	480,50	400,00	322,33	247,58
	III	518,16	III	445,00	373,33	303,00	234,16	166,66	101,16	39,33	
	V	1 900,91	IV	1 035,41	986,08	937,50	889,66	842,50	796,08	750,33	705,33
	VI	1 981,66									
5 512,49	I,IV	1 087,00	I	987,66	891,16	797,50	706,66	618,75	533,58	451,25	371,83
	II	927,00	II	832,33	740,41	651,33	565,16	481,83	401,25	323,58	248,66
	III	518,16	III	445,00	373,33	303,00	234,16	166,66	101,16	39,33	
	V	1 903,08	IV	1 036,91	987,66	939,08	891,16	844,00	797,50	751,75	706,66
	VI	1 983,83									

Minimierung des zu versteuernden Einkommens

TIPP Durch die Verrechnung von Gewinnen aus einer Einkunftsart (z. B. Lohn, Gehalt) mit Verlusten aus der anderen Einkunftsart (z. B. Vermietung) lässt sich Ihr zu versteuerndes Einkommen minimieren. Die Folge daraus: Sie zahlen weniger Steuern.

Ziel dieser ganzen »Prozedur Steuererklärung« ist, dass Ihr zu versteuerndes Einkommen entweder nach der Grundtabelle für Alleinstehende oder nach der Splittingtabelle für Verheiratete möglichst niedrig ausfallen soll, damit Ihr stiller Teilhaber, der Finanzminister, Ihnen nicht zu tief in die Tasche greift. Zur Entlastung schwacher Einkommensgruppen hat der Gesetzgeber die so genannten Grundfreibeträge zur Freistellung des Existenzminimums eingeführt. Diese belaufen sich für 2001 bei Alleinstehenden auf jährlich 14.093 DM und bei Verheirateten auf 28.187 DM. Erst wenn Ihr zu versteuerndes Einkommen über diese Beträge hinausgeht, fangen Sie an, Steuern zu zahlen (Steuertabellen am Ende des Buches).

Existenzminimum

Wie wird das zu versteuernde Einkommen ermittelt und wodurch unterscheidet es sich vom Bruttoeinkommen?

Zunächst müssen Sie wissen, welche steuerpflichtigen Einkunftsarten Sie überhaupt beziehen. § 2 des Einkommensteuergesetzes unterscheidet sieben Einkunftsarten: Auf Einkünfte aus Land- und Forstwirtschaft wird in diesem Buch nicht eingegangen, da Sie hierfür in jedem Fall einen Steuerberater aufsuchen sollten.

- Einkünfte aus Gewerbebetrieben (z. B. aus einem Einzelhandelsgeschäft)
- Einkünfte aus selbstständiger Tätigkeit (z. B. als Privatlehrer)
- Einkünfte aus nichtselbstständiger Tätigkeit (Arbeitslohn)
- Einkünfte aus Kapitalvermögen (z. B. Zinsen und Dividenden)
- Einkünfte aus Vermietung und Verpachtung
- Sonstige Einkünfte i. S. v. § 22 EStG (z. B. Renten, Abgeordnetenbezüge laut Anlage SO – darauf gehen wir in Kapitel 5 ab Seite 200 ein).

Zu versteuerndes Einkommen

So kommen Sie auf Ihr Nettoeinkommen

Wenn Sie nun Ihre Einkunftsarten entsprechend dieser Aufstellung ermittelt haben, gilt in der Steuererklärung eigentlich immer ein einfaches Prinzip: Sie nehmen Ihre Bruttoeinnahmen, dürfen die Ihnen dadurch entstandenen Kosten (in voller Höhe oder zum Teil) abziehen und gelangen so zu den Nettoeinnahmen. Außerdem werden zusätzlich noch bestimmte persönliche Freibeträge und Pauschbeträge individuell berücksichtigt.

Brutto- und Nettoeinkommen

Kapitel 1: Vorbereitung der Steuererklärung

So, nun frisch ans Werk!

Frei- und Pauschbeträge

Jetzt beginnt die eigentliche Arbeit – vorausgesetzt, Sie haben sich das Ziel gesetzt, dem Staat nichts zu schenken. Sie müssen genau ermitteln, welche Kosten Sie geltend machen können. Dafür sollten Sie die Frei- und Pauschbeträge kennen. Oft werden Sie nämlich in Ihrer Steuererklärung vor Alternativen gestellt. Und da sollten Sie fähig sein, die für Sie günstigere zu wählen.

Glauben Sie uns, die Arbeit lohnt sich!

Werfen Sie nicht schon jetzt das Handtuch! Die deutsche Steuergesetzgebung ist, wie gesagt, ein Dschungel. Sie stehen jetzt davor und müssen sich einen Weg hindurch schlagen. Denken Sie daran: Es ist besser, vorher zu planen und nicht einfach wild drauflos zu ziehen. Lassen Sie sich helfen, den für Sie idealen Weg zu finden! Wenn Sie die ersten Schritte getan haben, werden Sie merken, dass das Dickicht sich zusehends lichtet.

Ein fürstlicher Stundenlohn für Ihre Arbeit

»Haken und Ösen« des Steuerdschungels

Stoppen Sie übrigens ruhig die Zeit, die Sie für Ihre Steuererklärung aufwenden! Setzen Sie dabei einen großzügigen Stundensatz an. Am Schluss werden Sie anhand der erzielten Steuerersparnis erkennen, dass sich der Aufwand gelohnt hat. Für die meisten steht fest: Auf einen so guten Stundensatz kommt man bei gewöhnlichen Aufträgen nicht. Deshalb gilt: Übergeben Sie also nicht alles blindlings Ihrem Steuerberater. Denn wer die »Haken und Ösen« unseres Steuersystems kennt, handelt schon unter dem Jahr geschickter, sammelt alle relevanten Belege und senkt allein schon dadurch seine Steuerlast.

Rechenmuster zur Berechnung Ihrer Steuererstattung für 2001

	Bei Verlusten ersetzen Sie bitte das positive Vorzeichen (+) durch ein negatives (–)	Steuerpflichtiger	Ehegatte
Einkunftsarten	Einkünfte aus Land- und Forstwirtschaft		
	Einkünfte aus Gewerbebetrieb	+	+
	Einkünfte aus selbstständiger Arbeit und aus Beteiligungen	+	+
	Einkünfte aus Vermietung und Verpachtung	+	+
	Ergebnisse 1	=	=

Berechnung der Steuererstattung

Einkünfte aus nichtselbstständiger Arbeit		
Versorgungsfreibetrag (40 % der Versorgungsbezüge, höchstens 6.000 DM pro Person (siehe Ergebnis aus Schema zur Berechnung der abziehbaren Vorsorgeaufwendungen auf Seite 59ff.)		
Werbungskosten (mindestens 2.000 DM pro Arbeitnehmer, siehe Hinweise in Kapitel 4 ab Seite 146)	+	+

Nichtselbstständige Arbeit

Ergebnisse 2	=	=

Einnahmen aus nichtselbstständiger Arbeit (Bruttoarbeitslohn lt. Lohnsteuerkarte)		
Ergebnisse 2	–	–

Ergebnisse 3	=	=

Einkünfte aus Kapitalvermögen (siehe hierzu Hinweise in Kapitel 5 ab Seite 198)		
Werbungskosten (gegebenenfalls Pauschbetrag von 100 DM, bei Ehegatten 200 DM)		
Sparerfreibetrag (3.000 DM, bei Ehegatten 6.000 DM)	+	+

Kapitalvermögen

Ergebnisse 4	=	=

Einnahmen aus Kapitalvermögen		
Ergebnisse 4	–	–

Ergebnisse 5	=	=

Sonstige Einkünfte	Sonstige Einkünfte (siehe hierzu Hinweise in Kapitel 4 ab Seite 136 und Kapitel 5 ab Seite 198)		
	Einnahmen (bei Leibrenten nur Ertragsanteil)		
	Werbungskosten (ggf. Pauschbetrag von 200 DM pro Person)	–	–
	Ergebnisse 6	=	=

	Summe der Einkünfte		
	Ergebnisse 1		
	Ergebnisse 3	+	+
	Ergebnisse 5	+	+
	Ergebnisse 6	+	+
	Ergebnisse 7	=	=

Ergebnis 7 (Steuerpflichtiger)		Ergebnis 7 (Ehegatte)		Summe der Einkünfte
↓		↓		↓
	+		=	

Altersentlastung	Altersentlastungsbetrag (wenn vor dem 2.1.1937 geboren) (siehe hierzu Hinweise in Kapitel 2, Seite 59 f.)		
	Ergebnisse 7		
	minus Ergebnisse 3	–	–
	Ergebnisse 8	=	=

Berechnung der Steuererstattung

Ergebnisse 8 (evtl. Leibrenten abziehen!)		
Bruttoarbeitslohn (ohne Versorgungsbezüge)	+	+
Ergebnisse 9	**=**	**=**

Altersentlastung

Ergebnis 9 (Steuerpflichtiger)		Entlastungsbetrag 1 (maximal 3.720 DM)
↓		↓
	× 0,4 =	

Ergebnis 9 (Ehegatte)		Entlastungsbetrag 2 (maximal 3.720 DM)
↓		↓
	× 0,4 =	

Entlastungsbetrag 1 (Ergebnis von oben)	Entlastungsbetrag 2 (Ergebnis von oben)	Entlastungsbetrag gesamt
↓	↓	↓
	+	=

Summe der Einkünfte	Entlastungsbetrag gesamt (Ergebnis von oben)	Einkünfte Gesamtbetrag
↓	↓	↓
	−	=

Kapitel 1: Vorbereitung der Steuererklärung

	Sonderausgaben, außergewöhnliche Belastungen und Wohneigentum (siehe hierzu Hinweise in Kapitel 2 ab Seite 42 und Kapitel 10 ab Seite 290)	
Sonderausgaben	Sonderausgaben: Vorsorgeausgaben (mindestens Vorsorgepauschale)	
	Übrige Sonderausgaben (mindestens 108 DM für Ledige, 216 DM für Ehegatten)	+
	Außergewöhnliche Belastungen	+
	Steuerbegünstigung des Wohneigentums nach § 10 e EStG	+

Summe der Abzüge 1 =

Einkünfte Gesamtbetrag ↓ — Summe der Abzüge 1 (Ergebnis von oben) ↓ = Einkommen ↓

	Freibeträge (siehe hierzu Hinweise in Kapitel 3 ab Seite 120)	
Kinderfreibetrag	Kinderfreibetrag (pro Kind und Elternteil mtl. 288 DM, bei zusammenlebenden und verheirateten Eltern mtl. 576 DM) Betreuungsfreibetrag für Kinder unter 16 Jahre pro Kind und Elternteil 1.512 DM jährlich, für behinderte Kinder in vollstationärer Unterbringung stattdessen 540 DM, bei verheirateten und zusammenlebenden Eltern verdoppeln sich diese Freibeträge	
	Haushaltsfreibetrag: 5.616 DM (nur für Alleinstehende, die mindestens ein Kind in ihrem Haushalt haben)	+

Summe der Abzüge 2 =

Berechnung der Steuererstattung

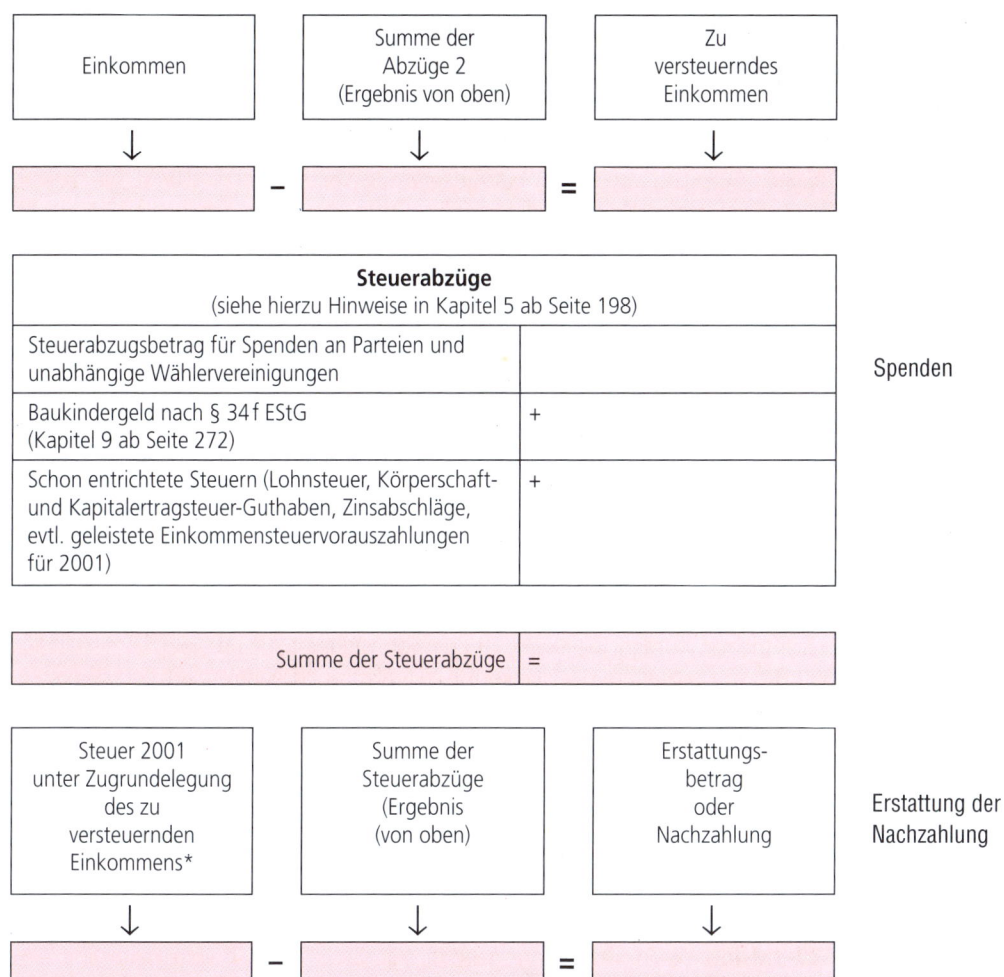

* laut Grund- oder Splittingtabelle ohne Kirchensteuer und Solidaritätszuschlag, evtl. unter Beachtung des Progressionsvorbehalts. Diese Werte finden Sie im Tabellenteil am Ende des Buches.

Dieser »Wegweiser«, wie man zum zu versteuernden Einkommen gelangt, enthält möglicherweise Einkunftsarten, die auf Sie nicht zutreffen. Sollte das der Fall sein, dann lassen Sie die entsprechenden Felder einfach unausgefüllt.

Wer muss eine Steuererklärung abgeben?

Pflichtveranlagung
Man unterscheidet die Pflichtveranlagung von der so genannten Antragsveranlagung. Pflichtveranlagung, bei der eine Einkommensteuererklärung abgegeben werden muss, bedeutet: Keiner der Ehegatten hat Einkünfte aus einer nichtselbstständigen Tätigkeit bezogen, von denen ein Steuerabzug vorgenommen wurde, gleichzeitig aber beläuft sich der Gesamtbetrag der Einkünfte trotzdem auf mehr als 28.403 DM.

Pflichtveranlagungen im Einzelfall – § 25 EStG, § 56 EStDV

Ausbildungsfreibeträge
Steuerfreibetrag Sie haben einen Steuerfreibetrag auf der Lohnsteuerkarte eingetragen (z. B. wegen Werbungskosten aus nichtselbstständiger Arbeit oder Ausbildungsfreibeträgen etc.).
Ehegatten, die zusammen veranlagt werden, sind beide Arbeitnehmer, und ein Ehegatte besitzt die Lohnsteuerklasse V oder VI (im letzteren Fall bedeutet dies die Beschäftigung bei zwei Arbeitgebern auf Lohnsteuerkarte).
Ein Alleinstehender besitzt keine Einkünfte aus nichtselbstständiger Tätigkeit, von denen ein Steuerabzug vorgenommen worden ist, und der Gesamtbetrag der Einkünfte liegt über 14.201 DM.

Arbeitslosengeld, Mutterschaftsgeld, Krankengeld
Kein Lohnsteuerabzug Sie beziehen Einkünfte, für die noch keine Steuern im Voraus entrichtet wurden, die also nicht dem Lohnsteuerabzug unterliegen, die jährlich 800 DM überschreiten, oder Einkünfte, die als steuerfrei deklariert sind, jedoch in die Berechnung des Steuersatzes miteinbezogen werden (z. B. Arbeitslosengeld, Mutterschaftsgeld, Krankengeld), und jährlich über 800 DM liegen.
Geschiedene oder dauernd getrennt lebende Eltern haben die Übertragung des Haushaltsfreibetrages oder des Ausbildungsfreibetrages oder beide Elternteile die Aufteilung des einem Kind zustehenden Pauschbetrages für Behinderte in einem anderen Verhältnis als zu 50 Prozent beantragt.
Mehrere Beschäftigungen Ein Arbeitnehmer war in mehreren Beschäftigungsverhältnissen tätig (zwei Lohnsteuerkarten, eine davon zählt zur Steuerklasse VI).
630-DM-Job Wenn Sie für Ihre geringfügige Beschäftigung vom Finanzamt eine Freistellungsbescheinigung haben und die Summe Ihrer anderen Einkünfte positiv ist.
Abfindungen Wenn im Lohnsteuerabzugsverfahren Entschädigungen oder Arbeitslohn für mehrere Jahre ermäßigt besteuert wurden.
Steuerpflichtige Einkünfte Sie haben zwar keinen Arbeitslohn bezogen, aber sonstige steuerpflichtige Einkünfte. Hierzu zählen Vermietung und Verpachtung, Zinseinkünfte über den Freibeträgen sowie gewerbliche Einkünfte.
Verbleibender Verlustabzug Sie müssen auch dann eine Einkommensteuererklärung abgeben, wenn zum Schluss des vorangegangenen Veranlagungsjahres ein verbleibender Verlustabzug festgestellt wurde.

Abgabemodalitäten

Diese Abgabefristen müssen Sie einhalten

Bei Pflichtveranlagungen will das Finanzamt die Steuererklärungen immer bis zum 31.5. des folgenden Jahres haben. Das heißt, die Einkommensteuererklärung für 2001 muss dem Finanzamt bis zum 31.5.2002 vorliegen. Beauftragt man einen Steuerberater mit der Erstellung der Steuererklärungen, verlängert sich diese Frist automatisch bis zum 30.9. des folgenden Jahres. Bei erstmaliger Inanspruchnahme eines Steuerberaters sollte man entweder die Steuererklärung auch bis zum 31.5. des Folgejahres abgeben oder den Steuerberater eine Fristverlängerung beantragen lassen, was bei entsprechendem schriftlichem Antrag und plausibler Begründung meist bis zum 31.3. des übernächsten Jahres möglich sein kann (beim Beispiel mit der Erklärung für das Jahr 2001 wäre das also der 31.3.2003).

Fristen

Wer kann die freiwillige Antragsveranlagung wählen?

Sie betrifft vor allem Arbeitnehmer, die (geregelt nach § 46 [2] Nr. 8 EStG) die Arbeitnehmerveranlagung beim Finanzamt beantragen können und sich somit einen Teil der vom Arbeitgeber im Voraus einbehaltenen Lohnsteuer zurückholen können. Diese Einkommensteuererklärung auf Antrag (die vor dem 1.1.1991 dem Lohnsteuerjahresausgleich entsprach) muss bis zum Ablauf des zweiten Jahres, das auf den Veranlagungszeitraum folgt, beim Finanzamt eingereicht werden. Der Antrag für das Jahr 2001 muss spätestens bis zum 31.12.2003 beim Finanzamt eingegangen sein.

Veranlagung

> **Achtung:** Wer den Termin für die Antragsveranlagung versäumt, kann die zu viel gezahlte bzw. vom Lohn abgezogene Steuer nicht mehr eintreiben!

Hier ist auch keine Fristverlängerung durch Antrag möglich. Es sei denn, Sie verzichten auf die Geltendmachung von Werbungskosten oder Freibeträgen. In diesem Fall wird Ihr Einkommen so hoch, dass Sie unter die Pflichtveranlagung fallen und die Steuererklärung auch später abgeben können. Da ist es doch im Normalfall empfehlenswerter, die Fristen einzuhalten.

Fristverlängerung

> **TIPP** Auch Auszubildende sollten nicht vergessen, eine Einkommensteuererklärung abzugeben, da sie nicht selten aufgrund besonderer Höchstgrenzen, bis zu denen Werbungskosten abgezogen werden können, die gesamte einbehaltene Steuer erstattet bekommen.

Wann lohnt sich ein Antrag zur Einkommensteuerveranlagung überhaupt?

Sie müssen nicht stundenlang rechnen, um herauszukriegen, ob sich die Einkommensteuerveranlagung für Sie lohnt. Es gibt ein paar einfache Grundregeln. In folgenden Fällen lohnt sich die Antragsveranlagung in jedem Fall:

Kein Arbeitsverhältnis Sie haben nicht ununterbrochen während des ganzen Jahres in einem Arbeitsverhältnis gestanden.

Schwankende Einnahmen Die Höhe Ihres Arbeitslohnes hat im Laufe des Jahres geschwankt, und Ihr Arbeitgeber hat noch keinen firmeninternen Lohnsteuerjahresausgleich durchgeführt (in den seltensten Fällen üblich).

Außergewöhnliche Belastungen

Kein Freibetrag Ihnen sind im Lauf der Zeit hohe Werbungskosten, Sonderausgaben oder außergewöhnliche Belastungen – diese Begriffe werden nachfolgend erklärt – entstanden, für die Sie keinen Freibetrag auf der Lohnsteuerkarte haben eintragen lassen.

Auszubildende Sie sind Auszubildende/r mit niedrigem Einkommen und hohen Werbungskosten und/oder haben außergewöhnliche Belastungen zu tragen.

Kinder- und Betreuungsfreibetrag Bei Ihnen ist ein höherer Kinderfreibetrag zu berücksichtigen als auf der Lohnsteuerkarte bescheinigt wurde, weil der andere Elternteil während des ganzen Jahres im Ausland lebte, vor Beginn des Jahres verstorben ist oder bei getrennt lebenden oder geschiedenen Eheleuten keinen wesentlichen Unterhalt für das oder die Kinder geleistet hat oder der Übertragung des Ausbildungsfreibetrages zugestimmt wurde.

Mehrere Kinder Bei Ihnen müssen mehr Kinder steuerlich berücksichtigt werden, als bisher vom Finanzamt auf der Lohnsteuerkarte eingetragen wurden.

Beispiel Sie haben im Laufe des Jahres Nachwuchs bekommen und vergessen, den oder (bei einer Mehrlingsgeburt) die Freibeträge vom Ordnungsamt nachtragen zu lassen.

Immobilienbesitz Sie nehmen steuerliche Abzugsbeträge wegen selbst genutzten Immobilienbesitzes mit den eventuell entsprechenden Kindervergünstigungen in Anspruch.

Freistellungsauftrag

Zinsabschlagsteuer Ihre Zinseinkünfte fallen zwar gering aus und liegen unter den z. Zt. gültigen Freibeträgen. Sie haben jedoch vergessen, bei einer Bank, Sparkasse oder Bausparkasse einen Freistellungsauftrag zu stellen, und Ihnen wurde deshalb Zinsabschlagsteuer einbehalten.

Arbeitnehmersparzulage Sie beantragen die Arbeitnehmersparzulage.

Ausland Sie oder Ihr Ehegatte wohnen im Ausland, Ihre Einkünfte unterliegen fast ganz der deutschen Einkommensteuer, und Sie haben bisher keine familienbezogenen Steuervergünstigungen beansprucht.

Sie wollen Verluste aus anderen Einkunftsarten mit positiven Einkünften (z. B. Arbeitslohn) verrechnen.
Sie wollen Verlustabzüge aus den vorangegangenen Jahren berücksichtigen bzw. geltend machen.
Besondere Veranlagung Sie und Ihr Ehegatte wählen für das Jahr der Eheschließung die besondere Veranlagung.
Getrennte Veranlagung Ein Ehegatte wählt die getrennte Veranlagung (z. B. wegen Einkunftsgrenzen bei Eigenheimzulage).

Verluste

Das Märchen von »Das setze ich beim Finanzamt ab«
Fast jeder von Ihnen kennt jemanden in seinem Bekanntenkreis, den selbst die höchsten Kosten nicht erschrecken können, weil er angeblich alles beim Finanzamt absetzen kann.
Und manch einer versteht dies so, als könne man einzelne Beträge und Ausgaben einfach direkt von der Steuerschuld abziehen. Tatsächlich aber handelt es sich hierbei jedoch immer nur um Aufwendungen, die Ihr zu versteuerndes Einkommen geringer ausfallen lassen.
Angenommen, Ihr persönlicher Steuersatz liegt bei der Höchstmarke von 48,5 Prozent für Spitzenverdiener, und Sie schicken bei Ihrer Steuererklärung einen Beleg über 100 DM an das Finanzamt, dann bekommen Sie nicht diese 100 DM vom Finanzamt erstattet, sondern maximal 48,50 DM.
Auf die wenigen Beträge, die tatsächlich direkt von der verbleibenden Steuerschuld abgezogen werden können, wird in diesem Buch an späterer Stelle noch ausführlich eingegangen.

Absetzbarkeit

Spitzenverdiener

So blicken Sie beim Finanzamtsdeutsch sofort durch

Wir beschränken uns an dieser Stelle nur auf die Fachbegriffe, die für Sie wirklich wichtig sind und auch tatsächlich Geld bringen. Denn damit sind die Positionen gemeint, die Ihr zu versteuerndes Einkommen minimieren, also senken. Somit können Sie Ihre Steuerlast möglichst gering halten, und nebenbei erhöhen Sie damit auch die zu erwartende Steuererstattung.
Wir erläutern Ihnen diese wichtigen Fachbegriffe hier nur anhand von Kurzbeispielen. Wie und wo Sie die entsprechenden Beträge aufführen sollen, wird später in den jeweiligen Kapiteln detailliert erklärt.

Finanzamtsdeutsch

Sonderausgaben (nach § 10 EStG)
Als Sonderausgaben gelten private Aufwendungen der Lebensführung (hat in der Regel jeder unabhängig vom Beruf), die Ihren Gesamtbetrag der Einkünfte mindern

Kapitel 1: Vorbereitung der Steuererklärung

Aufwendungen der Lebensführung	(siehe Rechenmuster für die persönliche Steuerschuld auf den Seiten 59ff.). In diesen Fällen handelt es sich um die folgenden Ausgaben, auf die noch im Einzelnen eingegangen wird:

Beschränkt abzugsfähig Sonderausgaben, die beschränkt abzugsfähig sind; hierzu gehören (nach § 10 [1] Nr. 2 EStG) die Vorsorgeaufwendungen, wie z. B. private Versicherungsaufwendungen, freiwillige Krankenversicherungsbeiträge, Unfallversicherungen etc.

Unbeschränkt abzugsfähig Sonderausgaben, die unbeschränkt abzugsfähig sind; hierzu gehören z. B. Steuerberatungskosten oder auch die gezahlten Kirchensteuern.

Teilweise beschränkt abzugsfähig Sonderausgaben, für die teilweise Abzugsbeschränkungen bestehen, wie z. B. Spenden an Vereine oder Parteien, Ausbildungskosten, Unterhaltsleistungen an geschiedene Ehegatten etc.

Außergewöhnliche Belastungen (nach § 33, § 33 a, § 33 b EStG)
Diese privaten Aufwendungen mindern Ihr Einkommen dann, wenn Sie Kosten nachweisen können, die Ihnen zwangsläufig entstanden sind und die der Höhe nach außergewöhnlich sind. Das können z. B. Krankheitskosten, Scheidungskosten, Kuraufwendungen etc. sein.

Des Weiteren zählen bestimmte Pausch- und Freibeträge zu den außergewöhnlichen Belastungen, für die Sie keine Kosten nachweisen, sondern für die Sie nur die Voraussetzungen für deren Gewährung erfüllen müssen.

Dazu gehören z. B. Pflegepauschbeträge, Behindertenpauschbeträge oder Ausbildungsfreibeträge.

Hierbei handelt es sich um Beträge, die Ihr zu versteuerndes Einkommen verringern, ohne dass Sie hierfür dem Finanzamt Aufwendungen (Ausgaben) Nachweise erbringen müssen, sie werden Ihnen sozusagen geschenkt und vom Finanzamt automatisch berücksichtigt.

	Beispiele *Sie bekommen den Arbeitnehmerpauschbetrag in Höhe von z. Zt. jährlich 2.000 DM auch, wenn Sie keine Kosten (für Berufskleidung, Werkzeug etc.) nachweisen können oder die Pauschale für Sonderausgaben in einer Höhe von jährlich 108 DM (bei Verheirateten 216) DM, wenn Sie keine Ausgaben für Kirchensteuern oder Spenden etc. hatten. Es handelt sich hier um feste Jahresbeträge.*
Behindertenpauschbetrag	*Ebenso wird bei Zinseinkünften ein Pauschbetrag für Werbungskosten automatisch vom Finanzamt berücksichtigt.*

Es gibt jedoch Pauschbeträge, wie z. B. den Behindertenpauschbetrag, für den zwar ebenfalls keine detaillierten Aufwendungen nachgewiesen werden müssen, bei dem aber ein Nachweis für die entsprechenden Voraussetzungen, d. h. der gültige Schwerbehindertenausweis erbracht werden muss, den Sie beim Versorgungsamt beantragen können.

Freibeträge

Freibeträge müssen beim Finanzamt jährlich gesondert beantragt werden, sonst können sie keine Berücksichtigung finden, obwohl dem Finanzamt die Rechtslage bekannt ist. Die Voraussetzungen für den Abzug der jeweiligen Freibeträge müssen dem Finanzamt stets nachgewiesen werden.
Beispiel Der Ausbildungsfreibetrag für die in Ausbildung befindlichen Kinder wird Eltern nur gewährt, wenn dem Finanzamt die Ausbildung durch Studienbescheinigungen etc. nachgewiesen werden kann und der Freibetrag durch entsprechenden Eintrag auf dem Formular beantragt wird.

Tariffreibeträge

Diese Freibeträge werden bei Vorliegen der entsprechenden Voraussetzungen vom Finanzamt automatisch berücksichtigt:
- Kinderfreibetrag (nach § 32 EStG)
- Betreuungsfreibetrag (nach § 32 Abs. 6 EStG)
- Haushaltsfreibetrag (nach § 32 [7] EStG)
- Altersentlastungsbetrag (nach § 24 a EStG)

Haushaltsfreibetrag

Der Altersentlastungsbetrag beläuft sich auf 40 Prozent des Arbeitslohnes und der Summe der positiven Einkünfte, die nicht aus Arbeitnehmertätigkeit stammen, höchstens jedoch jährlich 3.720 DM. Versorgungsbezüge und Einkünfte aus Leibrenten (z. B. Altersrenten) zählen bei der Berechnung der Höhe des Freibetrages nicht dazu. Voraussetzung dafür ist, dass der Steuerpflichtige zu Beginn des Kalenderjahres, in dem er sein Einkommen bezogen hat, das 64. Lebensjahr vollendet haben muss. Für Ehegatten gilt bei Vorliegen der Altersgrenze der Freibetrag zweimal.

Höchstgrenzen

Dies sind Beträge, bis zu deren Höhe bestimmte Aufwendungen auf Antrag berücksichtigt werden, z. B. der Höchstbetrag für den Abzug der Aufwendungen für eine Haushaltshilfe, bei Personen über 60 Jahren bis jährlich 1.200 DM, bei Nachweis der Kosten. Hatten Sie höhere Aufwendungen, so werden diese nur bis zur Grenze von 1.200 DM berücksichtigt. Hatten Sie jedoch geringere Aufwendungen, so können Sie auch nur die geringeren Beträge in Abzug bringen.

Haushaltshilfe

Werbungskosten (§ 9 EStG)

Hierbei handelt es sich um Aufwendungen zum Erwerb, zur Sicherung und Erhaltung der Einnahmen. Die getätigten und nachgewiesenen Aufwendungen müssen also in einem sehr engen Zusammenhang mit dem Beruf stehen und geeignet sein, hier die jeweiligen Einnahmen wenigstens zu erhalten, wenn nicht gar zu steigern. Die Aufwendungen müssen notwendig sein, um den Beruf überhaupt ausüben zu können (z. B. Erhalt des Jobs durch selbst bezahlte Fortbildungskurse).

Fortbildungskurse

Beispiele *Für einen Lkw-Fahrer ist der Besitz des Führerscheins Klasse II unumgänglich, die Kosten sind also abzugsfähig. Die Kosten für Sprachkurse sind für eine Fremdsprachensekretärin ebenfalls abzugsfähig, denn sonst könnte der Beruf nicht angemessen ausgeübt werden.*

Es gibt Werbungskosten nicht nur bei Arbeitnehmern, sondern auch bei anderen Einkunftsarten, z. B. bei Vermietung und Verpachtung. Auch hier müssen die als Werbungskosten in Abzug gebrachten Aufwendungen in einem unmittelbaren Zusammenhang mit der jeweiligen Immobilie stehen, sonst zählt das Finanzamt diese Aufwendungen zu den Kosten der privaten Lebensführung (nach § 12 EStG).

Blumen für die Mieterin

Herr Mayer vermietet eine Wohnung an ein Ehepaar, das Nachwuchs bekommen hat. Er kauft Blumen für die Mieterin und Spielzeug für das Kind. Die Aufwendungen kann er bei belegmäßigem Nachweis als Werbungskosten bei seinen Einkünften aus Vermietung und Verpachtung geltend machen, da die Aufwendungen dazu dienten, die Mieter bei guter Laune zu halten und die Einnahmen durch sie zu erhalten, ja sogar zu steigern, da er weniger Ärger beim nächsten Mieterhöhungsbegehren befürchtet.

Vermietung und Verpachtung

Ein anderes Beispiel macht den Unterschied zu den Kosten der privaten Lebensführung deutlich: Frau Schmitz ist Beamtin beim Auswärtigen Amt in Kairo. Außerdem vermietet sie in Hamburg ein Einfamilienhaus. Weihnachten fährt sie nach Deutschland zu ihren Eltern und möchte die Kosten für den Heimaturlaub (Flugkosten, Hotelkosten etc.) als Werbungskosten aus Vermietung und Verpachtung geltend machen, da der Besuch des Mieters für Frau Schmitz im Vordergrund steht. Hier versagt das Finanzamt den steuerlichen Abzug, da die private Mitveranlassung (§ 12 EStG) überwiegt und somit die gesamten Kosten nicht abzugsfähig sind, weil sie auch nicht in berufliche und private Veranlassung aufgeteilt werden können.

Betriebsausgaben

Ausgaben zur Führung eines Betriebes

Diese Ausgaben sind (nach § 4 [4] EStG) Aufwendungen, die durch das Führen eines Betriebs veranlasst sind. Sie entstehen also nur bei selbstständigen, freiberuflichen und/oder bei gewerblichen Einkünften. Es handelt sich dabei um Ausgaben, die zur Führung Ihres Betriebes notwendig sind und die Ihre Einnahmen erhalten sollen. Sie entsprechen bei anderen Einkunftsarten den Werbungskosten. Für Ihre Einkommensteuererklärung müssen Sie eine Gewinnermittlung (Überschuss der Betriebseinnahmen über die Betriebsausgaben) vornehmen. Sie ziehen dafür die Ihnen entstandenen Aufwendungen von den Einnahmen ab und erhalten so den Gewinn (oder auch Verlust) des entsprechenden Jahres. Dieses Ergebnis setzen Sie dann in die Steuererklärung ein.

Beispiele *Betriebsausgaben sind z. B. für einen Händler der Wareneinkauf, die Personalkosten, Raumkosten, für einen Tennislehrer die Tennisausrüstung, Kfz- oder Telefonkosten.*

Einzelnachweise

Das sind die Belege über die Kosten für private oder berufliche Aufwendungen, die Sie dem Finanzamt zusammen mit Ihrer Einkommensteuererklärung einreichen müssen, damit Ihnen bestimmte Abzugsbeträge, die nicht wie die Pauschalen automatisch in Abzug gebracht werden, gewährt werden.

Für bestimmte Pauschbeträge müssen Sie Einzelnachweise beifügen, auch wenn Sie hierfür keine besonderen Aufwendungen getätigt haben, wie z. B. beim Schwerbehindertenausweis für die Berücksichtigung der Pauschbeträge für die durch eine Körperbehinderung entstehenden Aufwendungen.

Schwerbehindertenausweis

Die Einzelnachweise sollten auf einem Heftstreifen aufgelistet sein. Falls zu einer Position wie z. B. Werbungskosten aus nichtselbstständiger Tätigkeit zahlreiche Einzelnachweise beigefügt werden, sollte hierfür auch eine gesonderte schriftliche Aufstellung beiliegen.

Beispiel *Herr Max Huber, Finanzamt Köln-Süd, Steuer-Nr. 219/xyz*
Anlage zu Werbungskosten aus nichtselbstständiger Tätigkeit

Steuerberatungskosten	650 DM
Fachliteratur	880 DM
Reparatur Schreibtisch	280 DM
Summe	1.810 DM

Wie erfährt das Finanzamt von Ihren Einnahmen, und was passiert, wenn Sie dabei mogeln?

Beziehen Sie ein geringes Einkommen, erfährt das Finanzamt nur durch Ihren freiwilligen Antrag von Ihren Einkünften, Sie erwarten in der Regel eine Steuererstattung. Falls Sie aufgrund der Höhe Ihrer Einkünfte verpflichtet sein sollten, Ihre Steuererklärung abzugeben, liegt der Wunsch nahe, sich um die Abgabe der Steuererklärung zu drücken, die Einnahmen zu frisieren oder sogar ganz unter den Tisch fallen zu lassen.

»Frisierte« Steuererklärung

Die Steuerfälle mancher Sportprofis zeigen immer wieder, dass zwar lange Zeit selbst Einnahmen in Millionenhöhe an der Staatskasse vorbei verdient werden können, dass aber irgendwann die raue Wirklichkeit zunächst in Form von äußerst unbequemen Anfragen des Finanzamtes und später in Form von Beamten der Steuerfahndung zuschlägt.

Warnung: Die Finanzverwaltung erfährt durch so genannte Kontrollmitteilungen von Ihren Einnahmen.

Kontrollmitteilungen Quer durch die Bundesrepublik und auch von einem europäischen Land zum anderen schicken sich die Finanzämter diese kleinen Zettelchen zu. Auf ihnen ist vermerkt, wer eine Ausgabe abgesetzt hat und an wen das Geld ging. Die Kontrollmitteilung soll dazu dienen, festzustellen, ob der Empfänger dieses Geld auch ordnungsgemäß versteuert hat.

Beispiel Frau Schmitz arbeitet nebenberuflich als Tanzlehrerin in einer Tanzschule auf selbstständiger Basis und unterschreibt die entsprechenden Quittungen. Die Tanzschule setzt diese Kosten als Betriebsausgaben ab. Bei einer Betriebsprüfung sieht der Betriebsprüfer die Quittungen von Frau Schmitz und schickt an deren Wohnsitzfinanzamt die Kontrollmitteilung.

Der zuständige Sachbearbeiter prüft, ob Frau Schmitz überhaupt eine Steuererklärung abgegeben hat. Falls nicht, fordert er die Steuererklärung mit Fristsetzung an.

Selbstständige Nebeneinkünfte Falls die Steuererklärung vorliegt, prüft er, ob und in welcher Höhe die selbstständigen Nebeneinkünfte erklärt wurden.

Steuerhinterziehung und Selbstanzeige – das müssen Sie wissen

Falls Frau Schmitz tatsächlich vergessen haben sollte, die Einnahmen zu versteuern, kann sie dies noch in Form einer so genannten Selbstanzeige (nach § 370 AO) nachholen. In diesem Fall muss sie die Einnahmen nachversteuern, kann jedoch auch die ihr entstandenen Kosten dagegenrechnen.

Dieses Beispiel beweist wieder einmal, dass sich die Abgabe der Steuererklärung durchaus lohnt. Dies muss besagte Frau Schmitz jedoch dann auch für die zehn zurückliegenden Jahre tun, falls sie die Nebeneinkünfte in diesem Zeitraum bereits hatte. Wenn die Selbstanzeige greift, was sich im Übrigen viel schlimmer anhört, als es in Wirklichkeit ist, geht man straffrei aus.

Hinterziehungszinsen Das bedeutet auch, dass man keine Hinterziehungszinsen zahlen muss (falls sich überhaupt Nachzahlungen ergeben sollten) und dass natürlich auch keine gefürchtete Geld- oder Gefängnisstrafe verhängt wird.

> **Achtung:** Bei einer Steuerhinterziehung entfällt die Möglichkeit einer Selbstanzeige, wenn der Betriebsprüfer bereits in Ihrem Haus (oder bei Ihrem Steuerberater) ist.

Wird der Steuerfahnder vom Finanzamt fündig, und kann Ihnen die Steuerhinterziehung nachgewiesen werden, ist mit hohen Strafen, darunter auch mit einer Gefängnisstrafe von bis zu zehn Jahren, zu rechnen – zumindest dann, wenn Ihr Steuerberater Sie nicht noch retten kann.

Unwissenheit schützt vor Strafe nicht? Irrtum!

Dieser Ausschlussgrund von einer Selbstanzeige gilt jedoch nicht bei leichtfertiger Steuerverkürzung. Im Klartext: Hier ist eine Selbstanzeige sogar noch während einer laufenden Betriebsprüfung möglich, da hier seitens der Finanzverwaltung angenommen wird, dass der Steuerpflichtige bislang in Unkenntnis gehandelt hat (Beschluss des Oberlandesgerichts Karlsruhe Az: 2 Ss 158/95).
Dabei muss jedoch an dieser Stelle hervorgehoben werden, dass der Betriebsprüfer den Hausbesuch nach vorhergehender Ankündigung nur bei Beziehern von selbstständigen bzw. gewerblichen Einkünften antritt, sodass bei allen anderen Einkunftsarten die fristgerechte Entschuldigung durch schriftliche Selbstanzeige immer noch möglich ist. Bei den selbstständigen Tätigkeiten aber ist dies nur vor der Betriebsprüfung möglich.

Selbstanzeige

Beispiel *Familie Weiß erwarb in 2001 eine kleine Neubauwohnung zur Vermietung, da sie gehört hat, dass man dadurch Steuern sparen könnte. Der Kaufpreis inkl. Erwerbsnebenkosten beträgt 170.000 DM. Nach Abgabe der Einkommensteuererklärung möchte das Finanzamt wissen, wie die Wohnung bei dem relativ geringen Nettoeinkommen der Familie Weiß finanziert wurde.*
Damit hat Familie Weiß nicht gerechnet, denn es wurde bei der Bank nur ein Darlehen in Höhe von 50.000 DM aufgenommen, weitere 60.000 DM kamen von einer Tante als Geschenk. Die restlichen 60.000 DM sind Ersparnisse aus dem schwarzverdienten Geld aus der Baunebentätigkeit von Herrn Weiß.
In diesem Fall erfährt das Finanzamt z. B. nicht nur, dass Herr Weiß seit Jahren Zinsen zu versteuern gehabt hätte, sondern auch, dass vergessen wurde, selbstständige Einkünfte anzugeben.

Unversteuertes Schwarzgeld

So eine Aufdeckung wie im obigen Beispiel kann teuer zu stehen kommen. Denn es müssen nicht nur eventuelle selbstständige Einnahmen (in diesem Fall aus Schwarzarbeit) auch für zurückliegende Jahre nachversteuert werden, sondern womöglich ist auch eine Schenkungsteuer für das Geld von der Tante fällig. Die Nachzahlungen werden zugunsten des Finanzamtes verzinst, und es werden außerdem Hinterziehungszinsen festgesetzt.

Beispiel *Herr Schlau besitzt ein Mehrfamilienhaus und bezog in den Jahren 1991 – 2001 jeweils Einkünfte aus Vermietung und Verpachtung in Höhe von 90.000 DM im Jahr. Er hat sich jedoch nie beim Finanzamt gemeldet, und es ist auch bis jetzt nicht passiert. Einer seiner Mieter setzt jedoch in seiner Steuererklärung ein beruflich genutztes Arbeitszimmer an und fügt als Beleg für die Nutzung eines Arbeitszimmers eine Kopie des Mietvertrages von Herrn Schlau bei.*
So erfährt das Finanzamt von Herrn Schlau durch eine Kontrollmitteilung, dass von ihm erhebliche Vermietungseinkünfte, womöglich auch in den letzten zehn Jahren, hinterzogen wurden.

Vermietungs- und Verpachtungseinkünfte

Heimliche Einnahmen – so bekommt das Finanzamt Wind davon:

Betriebsprüfungen oder Lohnsteuerprüfungen Heimlichen Einnahmen kommt das Finanzamt bei Betriebsprüfungen oder Lohnsteuerprüfungen auf die Schliche, falls Sie für die routinemäßig überprüfte Firma gearbeitet haben. Dies gilt für die Einnahmen, die aus dem Angestelltenverhältnis stammen, und auch für Einnahmen, die durch selbstständige oder gewerbliche Tätigkeit erwirtschaftet wurden.

Lohnsteuerprüfungen

Einkommensteuererklärung Heimliche Einnahmen kommen manchmal durch die freiwillige Abgabe Ihrer eigenen Einkommensteuererklärung ans Licht, vor allem wenn Sie in den Genuss bestimmter Steuervergünstigungen kommen möchten und dem Finanzamt dabei Ungereimtheiten auffallen.

Anzeigen beim Finanzamt Oft wird erst durch Anzeigen von »netten« Nachbarn, Bekannten oder auch ehemaligen Lebenspartnern das Finanzamt auf einen aufmerksam gemacht. Das letztere, moralisch verwerfliche Beispiel ist statistisch gesehen der bei weitem häufigste Fall!

Der richtige Umgang mit dem Finanzamt

Was muss man dem Finanzamt vorlegen, damit man Geld zurückbekommt?

Ohne Fleiß kein Preis, das gilt auch, wenn Sie unseren Finanzminister etwas erleichtern wollen. Sie müssen sich zunächst die Antragsformulare beim Finanzamt abholen. Wer Mandant eines Steuerberaters ist, bekommt die Vordrucke von dort. Die benötigten Formulare können Sie gleich in der Checkliste auf Seite 35 ankreuzen.

Der Formularsatz

Der Mantelbogen ist für alle Steuerzahler relevant, egal welcher Art die Einkünfte sind, die Sie beziehen.

Mantelbogen

Die Anlage Kinder füllen Sie aus, wenn Sie steuerlich zu berücksichtigende Kinder haben, für die Sie oder Ihr geschiedener Ehegatte Kindergeld bekommen, die sich in Ausbildung befinden, arbeitslos (bis 21 Jahre) oder behindert sind.

Kindergeld

Die Anlage N müssen diejenigen ausfüllen, die Arbeitnehmer sind und im betreffenden Antragsjahr auf Lohnsteuerkarte (die als Anlage beigelegt werden müssen) bei einem oder mehreren Arbeitgebern gearbeitet haben.

Die Anlage KAP müssen Bezieher von Zinseinnahmen ausfüllen, soweit sie bei Ledigen im Jahr 2001 über 3.100 DM bzw. bei Verheirateten über 6.200 DM liegen. Hierzu zählen Guthabenzinsen aus Sparbüchern, Festgeldzinsen, Wertpapierzinsen, Bausparzinsen sowie auch die nach dem Halbeinkünfteverfahren steuerpflichtigen und -freien Einnahmen aus Dividenden oder Gewinnausschüttungen.

Zinseinnahmen

Falls Ihre Lebensversicherung vor Ablauf von zwölf Jahren ausgezahlt wurde, ist die Anlage KAP ebenfalls relevant. Auch wenn Sie keine hohen Zinseinkünfte hatten, jedoch vergessen haben, einen Freistellungsauftrag zu stellen, müssen Sie die Anlage KAP ausfüllen. Denn nur so können Sie zu Unrecht einbehaltene Zinsabschlagsteuer sowie z. Zt. den auch darauf entfallenden Solidaritätszuschlag zurückholen.

Die Anlage SO Haben Sie im Veranlagungszeitraum Renten bezogen, müssen Sie die Anlage SO ausfüllen. Hierzu zählen: Renten
- Altersruhegeld
- Berufs- oder Erwerbsunfähigkeitsrente
- Witwenrente
- Veräußerungsrenten (falls eine Firma/Immobilie auf Rentenbasis veräußert wurde)
- Renten aus privaten Versicherungsverträgen.

Checkliste: Diese Formulare benötigen Sie		
Bezeichnung des Formulars	erforderlich für	X für »bestellt«
Mantelbogen	alle Antragsteller	
Anlage VA	Verluste, die zurücktragen werden sollen nach 2001	
Anlage Kinder	steuerliche Berücksichtigung von Kindern	
Anlage N	Arbeitnehmer	
Anlage KAP	Zinseinkünfte, Dividenden, Gewinnausschüttungen, vorzeitige Ausschüttung von Lebensversicherungen	
Anlage SO	Renten, Unterhaltszahlungen, Abgeordnetenbezüge, Gewinne aus privaten Veräußerungsgeschäften	
Anlage V	Vermietung oder Verpachtung von bebauten oder unbebauten Grundstücken	
Anlage FW	selbst genutztes Wohneigentum oder an Angehörige unentgeltlich überlassenes (vor 1.1.1996)	
Anlage GSE	gewerbliche oder selbstständige Einkünfte, Veräußerungsgewinne	
Anlage VL	Arbeitnehmer mit vermögenswirksamen Leistungen	
Anlage EZ 1 A	Eigenheimzulage für Wohneigentum ab 1.1.1996	
Anlage U	Unterhaltszahler an getrennt lebende oder geschiedene Ehegatten	
Anlage AUS	Einkünfte aus dem Ausland	

Haben Sie regelmäßig wiederkehrende Leistungen wie Unterhaltsleistungen vom geschiedenen Ehegatten bezogen, sind diese ebenso in der Anlage SO aufzuführen wie Abgeordnetenbezüge. Gewinnne oder Verluste aus privaten Veräußerungsgeschäften (Immobilien oder Wertpapiere) gehören in die Anlage SO.

Immobilien

Die Anlage V ist auszufüllen, falls Sie
▶ eine Immobilie vermietet haben. Hierzu zählen auch Garagen und/oder unbebaute Grundstücke, die verpachtet werden, sofern Sie kein landwirtschaftliches Vermögen darstellen (dann Anlage L).
▶ einzelne Räume untervermietet haben.

Die Anlage FW ist auszufüllen, falls Sie vor dem 1.1.1996 den Bauantrag gestellt oder selbst genutztes Wohneigentum in Deutschland erworben haben, d. h., Sie müssen hierfür Anschaffungskosten getätigt haben. Hierzu zählen unter bestimmten Voraussetzungen auch Wochenendwohnungen.

Gewerbliche oder selbstständige Tätigkeit

Die Anlage GSE ist auszufüllen, wenn Sie gewerblich und/oder selbstständig tätig waren und diese Einnahmen selbst versteuern müssen. Dies gilt auch bei freiberuflichen Nebentätigkeiten, z. B. bei Nebentätigkeit als Vermittler von Versicherungen, Bausparverträgen etc. Die Anlage GSE ist nur auszufüllen bei nachhaltigen und wiederkehrenden Einkünften. Falls die Einnahmen nur einmal entstanden sind oder die Tätigkeit nicht darauf ausgerichtet ist, nachhaltig Gewinn zu erzielen, sondern eher hobbymäßig, wenn auch mit gelegentlichen Einnahmen, betrieben wird, entfallen die Angaben.

Beispiel *Als Hobbyfotograf fotografieren Sie gelegentlich auch für Freunde etc. Hierfür erhalten Sie von diesen ein Honorar. Ihre Ausgaben sind aber stets höher als die Einnahmen, und Sie betreiben diese Tätigkeit nicht auf einen wirtschaftlichen Geschäftsbetrieb hin ausgerichtet, d. h. mit dem Ziel, Gewinne zu erzielen.*

Die Anlage VL erhalten Sie automatisch am Jahresende vom Ihrem Anlageinstitut (z. B. Bausparkasse), wenn Sie als Arbeitnehmer vermögenswirksame Leistungen erhalten haben. Wenn Sie die Arbeitnehmersparzulage beantragen möchten, fügen Sie diese Anlage VL einfach der Einkommensteuererklärung bei, Sie brauchen selbst hier keine Eintragungen vorzunehmen.

Eigenheimzulage

Die Anlage EZ 1A ist auszufüllen, falls Sie die Eigenheimzulage beantragen, d. h., Sie haben nach dem 31.12.1995 Wohneigentum zur Selbstnutzung erworben bzw. den Bauantrag gestellt.

Die Anlage U ist auszufüllen, falls Sie Unterhaltsleistungen an Ihren getrennt lebenden oder geschiedenen Ehegatten gezahlt haben. Es zählen hierzu Sach- und Geldleistungen, jedoch kein Kindesunterhalt.

Ausländische Einkünfte

Die Anlage AUS ist relevant, falls Sie ausländische Einkünfte bezogen haben und hierauf ausländische Steuern einbehalten wurden. Dies kommt häufig bei ausländischen Zinseinkünften vor, bei denen ausländische Quellensteuern einbehalten wurden, die in Deutschland anrechenbar sind.

Wenn Sie nun die für Sie wichtigen Formulare beschafft haben, sollten Sie sich zu jedem Formular die entsprechenden Belege kopieren und hinter das Formular legen. Das Finanzamt möchte zu jedem auf dem entsprechenden Formular ausgefüllten Feld die dazugehörigen Belege sehen.

Dies ist der Beweis dafür, dass die jeweiligen Voraussetzungen für die entsprechenden Freibeträge oder Höchstgrenzen vorgelegen haben und Sie bei den Werbungskosten oder Betriebsausgaben die entsprechenden Ausgaben auch im jeweiligen Jahr getätigt haben.

Wiederholen sich allerdings bestimmte Sachverhalte in jedem Jahr, kann auf das Vorjahr oder die Vorjahre verwiesen werden, z. B. beim Pauschbetrag für Körperbehinderte. Allerdings muss dann nach einer bestimmtem Zeit der Schwerbehindertenausweis wieder vorgelegt werden.

Was muss man wie lange aufbewahren?

Die Aufbewahrungsfristen für Belege und Jahresabschlüsse sowie Steuerbescheide betragen bei Selbstständigen normalerweise zehn Jahre und bei Arbeitnehmern fünf Jahre. Doch auch bei Arbeitnehmern wird empfohlen, Steuerbescheide am besten auch zehn Jahre zu archivieren. — *Aufbewahrungsfristen*

Welches Finanzamt ist zuständig?

Sie müssen Ihre Steuererklärung an das Finanzamt schicken, in dessen Bereich Sie Ihren dauernden Wohnsitz haben.

Besitzen Sie mehrere Wohnsitze, ist das Finanzamt für Sie zuständig, in dessen Bereich Sie Ihren häufigsten Aufenthalt haben. Sind Sie selbstständig und liegen Ihre Gewerberäume in einer anderen Stadt oder einem anderen Stadtteil, sind für Sie zwei Finanzämter zuständig: — *Zuständigkeit*

Zum einen das Betriebsfinanzamt für den Ort der Betriebsstätte und zum anderen das Wohnsitzfinanzamt für den Ort, wo Sie gemeldet sind bzw. wo Sie sich am häufigsten aufhalten.

Welches Finanzamt ist nach einem Umzug zuständig?

Sollten Sie umziehen oder Sie verlegen gar Ihren Betriebssitz, dann ist Ihr neues Wohnsitzfinanzamt bzw. Betriebsfinanzamt zuständig. Die Zuständigkeit geht erst zu dem Zeitpunkt über, wenn eines der beteiligten Finanzämter von Ihrem Umzug erfährt. Erst dann erfolgt nämlich eine Aktenübergabe von Ihrem alten Finanzamt an das neue Finanzamt. — *Wohnsitz*

Wenn Sie Ihre Steuererklärung schon an Ihr neues Finanzamt schicken, dann müssen Sie unbedingt Ihr früheres Finanzamt mit Ihrer alten Steuernummer angeben, damit dieses Ihre Akten an das neue Finanzamt übergeben kann.

Kapitel 1: Vorbereitung der Steuererklärung

Wann hilft das Finanzamt bei persönlichen Steuerfragen?

Hilfe beim Ausfüllen

Der Finanzbeamte darf leider kein guter Freund und Helfer für Sie sein. Er hat sogar ein Beratungsverbot für individuelle, steuerlich relevante Sachverhalte, damit er nicht in Konkurrenz zu den Angehörigen der steuerberatenden Berufe kommt. Er darf nur auf bestimmte Anträge hinweisen, die gesetzlich möglich sind. Vielmehr sollten Sie davon ausgehen, dass ein Finanzbeamter vor allem den Staatssäckel füllen möchte. Denn ein Finanzbeamter kann die Karriereleiter hochklettern, wenn er mehr Steuern herausholen kann als andere. Dies gilt vor allem bei Betriebsprüfungen oder auch bei Einsprüchen, z. T. sogar bei ganz normalen Steueranträgen.

> **Achtung:** In keinem Fall können Sie der Finanzverwaltung die Erstellung Ihrer Einkommensteuererklärung überlassen und sich quasi vor Ort die Formulare ausfüllen lassen.

Überlastete Finanzbeamte

Hierfür gibt es verschiedene Gründe:
- Die Finanzbeamten sind restlos überlastet.
- Kein Finanzbeamter weist Sie auf Steuersparmöglichkeiten hin.
- Es ist nicht die Aufgabe der Finanzverwaltung, Steuererklärungen zu erstellen.

Dennoch können Sie Ihren zuständigen Sachbearbeiter zu einzelnen Sachverhalten befragen, er darf sie jedoch nicht individuell beraten.

> **TIPP** Falls Sie oder Ihr Steuerberater in einem bestimmten, komplizierteren Sachverhalt seitens der Finanzverwaltung eine steuerliche Beurteilung in Form einer für die Zukunft verbindlichen Auskunft oder Zusage (nach § 204 AO) wünschen, ist dies unter Einhaltung bestimmter Formvorschriften schriftlich möglich. Dies kann im Hinblick auf die erheblichen steuerlichen Auswirkungen absolut ratsam sein.
> Ein solches Auskunftsersuchen ist jedoch nur bei geplanten Sachverhalten für die Zukunft möglich. Der Sachverhalt muss umfassend dargestellt werden. Sie können die Frage als formlosen Brief an Ihr Finanzamt richten, müssen aber in jedem Fall um eine verbindliche Auskunft bitten.

Auskunftsersuchen

Steuersparmöglichkeiten

Die Steuererklärung müssen Sie also selbst erstellen, was Ihnen aber mit Hilfe dieses Buches leicht gelingen sollte. Sie können natürlich auch einen Steuerberater beauftragen. Dies hat meistens den unschätzbaren Vorteil, dass er Sie außerdem über praktische Steuersparmöglichkeiten berät, denn er arbeitet für Sie und nicht für unseren Finanzminister!

Extratipps für den Umgang mit Ihrem Finanzamt

Abgabe der Steuererklärung Bringen Sie Ihre Steuererklärung nicht selbst zum Finanzamt. Sie halten die Sachbearbeiter nur von der Arbeit ab oder stören bei der Kaffeepause. Besucher sind keine gern gesehenen Gäste.

Bearbeitungsdauer Versuchen Sie nicht, durch Besuche etwas zu beschleunigen. Ihr Antrag auf Einkommensteuererstattung wird dadurch nicht schneller bearbeitet, denn die Anträge werden sowieso nach Eingangsdatum abgearbeitet.

Persönlicher Kontakt Einige Steuerzahler sind der Meinung, dass ein persönlicher Kontakt zu ihrem Sachbearbeiter die Bearbeitungszeit und auch die Höhe der Steuererstattung positiv beeinflusst. Dies ist jedoch kaum der Fall.

Nicht empfehlenswert: Persönliches Vorsprechen beim Finanzamt

Fragen des Finanzbeamten Vergessen Sie nicht, dass Ihnen das Finanzamt bei Ihrem persönlichen Erscheinen Fragen stellen könnte, auf die Sie nicht vorbereitet sind oder die Sie irrtümlich wegen der sprachlichen Haarspalterei der Finanzsprache zu Ihren Ungunsten falsch beantworten.

Wenn Sie die Möglichkeit dazu haben, überlassen Sie bei Unsicherheit die Beantwortung von Fragen seitens der Finanzverwaltung einem Steuerberater, er wird dann zum Anwalt für Ihr Portmonee!

Telefonische Anfrage Falls Ihnen die Bearbeitungszeit für die Überarbeitung Ihrer fertigen Steuererklärung zu lange vorkommt und Sie zu lange auf Ihr Geld warten müssen, empfehlen sich regelmäßige nette telefonische Anfragen, wann Sie endlich Ihr Geld zurückerhalten würden, auf das Sie nun dringend angewiesen wären, zumal der Staat schon lange genug damit gearbeitet hätte. Nach dem dritten erfolglosen Anruf schreiben Sie einen Brief (siehe Kapitel 14 ab S. 370).

Zu lange Bearbeitungsdauer

Bestechung Versuchen Sie nie, Freundlichkeit durch kleine Geschenke zu erreichen – das ist Bestechung! Bei Streitigkeiten oder Meinungsverschiedenheiten sollten Sie unbedingt die Hinweise in Kapitel 14 beachten!

Post vom Finanzamt: Was tun, wenn Steuerbescheide kommen, die Sie nicht beantragt haben?

Unterliegen Sie der Pflichtveranlagung, und versäumen Sie die fristgerechte Abgabe der Einkommensteuererklärung auch nach dem eventuell gestellten Fristverlängerungsantrag, bekommen Sie zunächst eine formelle schriftliche Aufforderung bzw. Mahnung mit Fristsetzung.

Schriftliche Mahnung vom Finanzamt

Selbst jetzt können Sie noch einmal schriftlich eine weitere Fristverlängerung zur Abgabe der Steuererklärung beantragen. Die Gründe müssen jedoch relativ schwerwiegend sein (z. B. Krankheit, Krankenhaus- oder Kuraufenthalt, evtl. auch Urlaub und/oder berufliche Überlastung). Meistens erfolgt das Einverständnis zum Fristverlängerungsantrag problemlos.

> **Vorsicht:** Wird auch eine neue Frist überschritten und keine Steuererklärung eingereicht, nimmt das Finanzamt eine Schätzung vor.

Wann droht ein Schätzungsbescheid?

Schätzungsbescheide

Wenn Sie der Pflichtveranlagung unterliegen und Ihre Abgabefristen versäumt haben, dann erhalten Sie vom Finanzamt einen so genannten Schätzungsbescheid (i. S. v. § 162 AO). Diesen bekommen Sie unaufgefordert zugeschickt. In diesen Schätzungsbescheiden werden Ihre Besteuerungsgrundlagen einfach aus der Luft gegriffen. Ihr Finanzamt schätzt Ihre Einnahmen möglichst hoch und fordert aufgrund dessen mit dem Bescheid eine saftige Steuernachzahlung an, die Sie dann bis zu einem im Bescheid genannten Termin zahlen müssen.

Wann ist ein Schätzungsbescheid auszuschließen?

Ist Ihr Einkommen gering, und Sie waren auch in den vergangenen Jahren nicht zur Abgabe einer Einkommensteuererklärung verpflichtet, werden Sie einen solchen Schätzungsbescheid wahrscheinlich nicht bekommen, da das Finanzamt ja auch nicht mit Mehreinnahmen durch eine eventuelle Steuernachzahlung rechnet. Wie Sie Ihre Rechte gegen meist nicht den Tatsachen entsprechende Schätzungsbescheide wahrnehmen, lesen Sie bitte in Kapitel 14.

Was passiert, wenn Sie Angaben oder Belege vergessen haben?

Verlust von Belegen

Haben Sie die Steuererklärung dem Finanzamt bereits zugesandt und den Steuerbescheid noch nicht erhalten, schreiben Sie Ihrem Finanzamt einfach (unbedingt unter Angabe Ihrer Steuernummer), dass Sie um Berücksichtigung der beigefügten Belege zu den einzelnen Anlagen bitten, oder schildern Sie steuerlich relevante Sachverhalte, die Sie bei der Abgabe der Steuererklärung vergessen haben. Dabei sollten Sie sowohl Angaben zu Ihrem Vor- als auch zu Ihrem Nachteil nachholen.

Beispiel 1 zu Ihrem Vorteil: Sie haben vergessen, Quittungen für Spenden an einen gemeinnützigen Verein einzureichen.

Beispiel 2 zu Ihrem Nachteil: Sie haben vergessen, dem Finanzamt mitzuteilen, dass sich die Angaben auf Ihrem Schwerbehindertenausweis geändert haben und Ihr Grad der Körperbehinderung seit 01.01. des Veranlagungsjahres nur noch 50 statt 80 Prozent beträgt. Außerdem haben Sie eine Einnahmerechnung nicht angegeben, die Sie verlegt hatten.

Fristgerechter Einspruch

Ist Ihr Steuerbescheid schon da, und Sie stellen fest, dass Daten aufgrund Ihres Versehens unberücksichtigt blieben, haben Sie einen Monat Zeit, um fristgerecht Einspruch einzulegen und das Finanzamt zu bitten, den Steuerbescheid entsprechend Ihren neuen Angaben zu ändern (Hinweise und Musterbriefe siehe Kapitel 14).

> **TIPP** Machen Sie unbedingt Kopien von den ausgefüllten Antragsformularen sowie den selbst erstellten Anlagen und wichtigsten Belegen wie Lohnsteuerkarte, Rentenbescheiden, Zinsbescheinigungen etc.

Was passiert mit Ihren Unterlagen?
Außer den Lohnsteuerkarten schickt das Finanzamt alle anderen Belege zurück. Falls dies versäumt wird, sollten Sie sich nicht scheuen und die Unterlagen beim zuständigen Sachbearbeiter anfordern.

Wann kommen der Steuerbescheid und das Geld?

Die Bearbeitungszeiten der Finanzämter schwanken drastisch. In jedem Fall ist es sinnvoll, bei Erwartung einer Erstattung die Einkommensteuererklärung so früh wie möglich einzureichen. Denn Sie müssen mindestens vier Wochen, manchmal – und das nicht selten – auch acht Monate auf Steuerbescheid und Geld warten.

Bearbeitungszeiten

An wen wird der Steuerbescheid zuerst geschickt?
Der Steuerbescheid kommt zuerst, entweder an Sie oder einen Empfangsbevollmächtigten, falls Sie einen Steuerberater beauftragt haben. Wenn Sie einen Steuerberater für die Erledigung Ihrer Steuerangelegenheit verpflichtet haben, dann müssen Sie aber aus technischen Gründen nochmals geschlagene zwei Wochen auf Ihr lang ersehntes Geld warten.

> **TIPP** Vergleichen Sie unbedingt das Ergebnis des Steuerbescheides mit dem von Ihnen anhand dieses Buches oder mit dem von Ihrem Steuerberater errechneten Ergebnis. Weichen die Zahlen um mehr als 50 DM voneinander ab, legen Sie bitte innerhalb der Frist von einem Monat Einspruch ein (Kapitel 14). Falls Ihr Steuerberater Einspruch einlegen soll, lohnt sich dies erst ab einer Abweichungssumme von 100 DM, da hier noch die Steuerberatungsgebühren hinzukommen.

Abweichungssumme ab 100 DM

Was Sie außerdem beachten sollten
Wenn Sie mit dem Ergebnis einverstanden sind, dann legen Sie den Steuerbescheid zu Ihren Akten und bewahren Sie diesen mindestens fünf Jahre auf. Ratsam wäre es jedoch, ihn zehn Jahre zu archivieren.
Wichtig: Überwachen Sie auch den Geldeingang des Finanzamtes auf Ihrem Girokonto! Nur so können Sie bei etwaigen Abweichungen schnellstmöglich reagieren und gegebenenfalls rasch Einspruch einlegen.

Aufbewahrungsfrist

Der Mantelbogen

In diesem Kapitel erfahren Sie:

- welche Veranlagungsart Sie wählen sollten — 45
- welche Sonderausgaben Sie geltend machen können — 51
- wan Kapitallebensversicherungen steuerfrei sind — 53
- wie Sie Ihre Vorsorgeaufwendungen richtig berechnen — 59
- wie Sie Versicherungsbeiträge absetzen — 73
- wie Sie Renten steuerlich behandeln — 79
- wie Behinderte ihre Kosten beim Finanzamt geltend machen können — 85
- wie der Fiskus die Unterstützung bedürftiger Personen berücksichtigt — 90
- was bei Angehörigen im Ausland zu beachten ist — 92
- was als außergewöhnliche Belastung gilt — 96
- welche Bestattungskosten Sie geltend machen können — 100
- welche Krankheitskosten das Finanzamt anerkennt — 107
- was als zumutbare Belastung gilt — 117

Dieses vierseitige Formular ist von allen Steuerzahlern auszufüllen. Dabei ist es vollkommen gleichgültig, welche Einkünfte und Bezüge Sie von welchem Arbeitgeber bezogen haben.

Alle Steuerzahler

So fangen Sie an

Zunächst kreuzen Sie ganz oben an, ob Sie eine Einkommensteuererklärung abgeben und evtl. einen Antrag auf Festsetzung der Arbeitnehmersparzulage stellen. Falls Sie in seltenen Fällen eine Erklärung zur Feststellung eines verbleibenden Verlustabzuges feststellen, machen Sie hier Ihr Kreuz.
Dann geben Sie bitte Ihr zuständiges Finanzamt an. Falls Sie Ihre Einkommensteuererklärung zum ersten Mal abgeben, erkundigen Sie sich bitte bei irgendeinem Finanzamt Ihrer Stadt, welches für Sie zuständig ist. Falls Sie von einem Steuerberater betreut werden, wird dieser das richtige Finanzamt mit der entsprechenden Steuernummer einsetzen.
Falls Sie zum wiederholten Mal Ihre Steuererklärung abgeben, können Sie die Angaben Ihrem letzten Steuerbescheid entnehmen.
Bitte beachten Sie unbedingt, dass sich Ihre Steuernummer im Laufe des Jahres geändert haben könnte. Hierüber bekommen Sie allerdings immer einen schriftlichen Bescheid vom Finanzamt.

Steuernummer

Eintragungen in Euro oder DM?

Tragen Sie alle Beträge in DM ein. Wenn Sie Rechnungen in Euro erhalten haben, rechnen Sie die Beträge in DM um. Der amtliche Umrechnungskurs für einen Euro beträgt 1,95583 DM.
Pfennigbeträge runden Sie immer zu Ihren Gunsten auf volle DM-Beträge ab oder auf, sofern die Vordrucke nicht ausschließlich die Eintragung von Pfennigbeträgen vorsehen (z.B. bei der Anlage N die Eintragung der einbehaltenen Lohn- und Kirchensteuer sowie Solidaritätszuschlag oder bei der Anlage KAP die Kapitalertragsteuern und Körperschaftsteuern).

Angaben zur Person

Der Wohnsitz

Hat sich Ihr Wohnsitz geändert, erkundigen Sie sich bitte nach dem neuen Finanzamt, und schicken Sie den Antrag dorthin.
In diesem Fall ist auch an der dafür vorgesehenen Stelle unbedingt das bisherige Finanzamt mit der alten Steuernummer einzutragen, damit eine schleunige Aktenübergabe vom alten an Ihr neues Finanzamt erfolgen kann.

Aktenübergabe

Kapitel 2: Der Mantelbogen

2001

Die grünen Felder werden vom Finanzamt ausgefüllt.

Nummer	Zeit.	Steuernummer	Norg.	Fallgruppe
12		11	10 01	

Eingangsstempel

☐ **Einkommensteuererklärung**
☐ **Antrag auf Festsetzung der Arbeitnehmer-Sparzulage**
☐ **Erklärung zur Feststellung des verbleibenden Verlustvortrags**

An das Finanzamt

Steuernummer _____ bei Wohnsitzwechsel: bisheriges Finanzamt _____ Ich rechne mit einer Einkommensteuererstattung.

Allgemeine Angaben — Telefonische Rückfragen tagsüber unter Nr.

Steuerpflichtige Person (Stpfl.), bei Ehegatten: Ehemann

Zeile		
2	Name	
3	Vorname	
4	Geburtsdatum (Tag / Monat / Jahr / Religion)	Ausgeübter Beruf
5	Straße und Hausnummer	
6	Postleitzahl, derzeitiger Wohnort	
7	Verheiratet seit dem / Verwitwet seit dem / Geschieden seit dem / Dauernd getrennt lebend seit dem	
8	Eingetragene Lebenspartnerschaft seit dem (weitere Angaben bitte auf besonderem Blatt)	
9	**Ehefrau:** Vorname	
10	ggf. von Zeile 2 abweichender Name	
11	Geburtsdatum (Tag / Monat / Jahr / Religion)	Ausgeübter Beruf
12	Straße und Hausnummer, Postleitzahl, derzeitiger Wohnort (falls von Zeilen 5 und 6 abweichend)	
13	Nur von Ehegatten auszufüllen: Zusammenveranlagung / Getrennte Veranlagung / Besondere Veranlagung für das Jahr der Eheschließung / Wir haben Gütergemeinschaft vereinbart Nein / Ja	

Bankverbindung Bitte stets angeben!

14	Bankverbindung	
15	Kontonummer	Bankleitzahl
16	Geldinstitut (Zweigstelle) und Ort	
17	Kontoinhaber lt. Zeilen 2 u. 3 oder: Name (im Fall der Abtretung bitte amtlichen Abtretungsvordruck beifügen)	

Der Steuerbescheid soll nicht mir / uns zugesandt werden, sondern

18		
19	41	Name
20	42	Vorname
21	43	Straße und Hausnummer oder Postfach
22	45	Postleitzahl, Wohnort

Unterschrift Die mit der Steuererklärung angeforderten Daten werden aufgrund der §§ 149 ff. der Abgabenordnung und der §§ 25, 46 des Einkommensteuergesetzes erhoben.

23 Ich versichere, dass ich die Angaben in dieser Steuererklärung wahrheitsgemäß nach bestem Wissen und Gewissen gemacht habe. Mir ist bekannt, dass Angaben über Kindschaftsverhältnisse und Pauschbeträge für Behinderte erforderlichenfalls der Gemeinde mitgeteilt werden, die für die Ausstellung der Lohnsteuerkarten zuständig ist.

Bei der Anfertigung dieser Steuererklärung hat mitgewirkt:

27 Datum, Unterschrift(en)
Steuererklärungen sind eigenhändig – bei Ehegatten von beiden – zu unterschreiben.

ESt 1 A – Einkommensteuererklärung für unbeschränkt Steuerpflichtige - Aug. 2001

Weitere persönliche Angaben

Tragen Sie entsprechend des Vordruckes Ihre persönlichen Daten wie Namen, Anschrift, Geburtsdatum und Geburtsort sowie Religionszugehörigkeit etc. ein – da können Sie keine Fehler machen. Es gibt zwar Steuerbücher, die auch das noch erklären. Aber wir gehen davon aus, dass Sie die entsprechenden Eintragungen an den hierfür ausdrücklich vorgesehenen Stellen auf der ersten Seite des Mantelbogens selbst übernehmen können.

Angabe des Familienstandes

Die für Sie zutreffenden Felder sind unbedingt auszufüllen, da Sie hiermit den entsprechenden Steuertarif wählen und letztendlich jetzt schon über die Höhe Ihrer Steuererstattung entscheiden, wenn auch noch nicht endgültig.

Steuertarif

Veranlagungsarten

Es gibt folgende Veranlagungsarten:
- Zusammenveranlagung für Ehegatten (Splittingtabelle)
- Getrennte Veranlagung für Ehegatten (Grundtabelle)
- Gnadensplitting für Verwitwete (Splittingtabelle),
- Besondere Veranlagung für das Jahr der Heirat (Grundtabelle)
- Einzelveranlagung gelten für Alleinstehende, Geschiedene oder Verwitwete ab dem dritten Witwenjahr (Grundtabelle).

Splittingtabelle

Grundsätzlich kann man sagen, dass meistens die Versteuerung nach der Splittingtabelle günstiger ist. Die folgende Tabelle verdeutlicht, welche Veranlagungsart und damit welche Steuertabelle für Sie maßgeblich ist:

Welche Veranlagungsart ist für Sie die günstigste?

Haben Sie bezüglich der Veranlagungsart ein Wahlrecht, ist hier meistens die Zusammenveranlagung zu wählen, da Sie dann in den Genuss des so genannten Splittingtarifs kommen, wenn Sie zu Beginn des betreffenden Veranlagungsjahres (das Jahr, für das Sie die Steuererstattung beantragen) unbeschränkt steuerpflichtig waren und nicht dauernd getrennt lebten oder diese Voraussetzungen im Laufe des Jahres eingetreten sind.

Günstigste Veranlagungsart

Bei der getrennten Veranlagung werden Sie nach der meist ungünstigeren Grundtabelle versteuert. Wann sich welche Veranlagungsart für Sie lohnt, veranschaulichen die Übersichten auf den folgenden Seiten.

Der finanzielle Nachteil lässt sich der Tabelle im Anhang entnehmen; es ist der so genannte Singletarif (Grundtabelle). Dabei wird jeder Ehegatte getrennt mit seinen eigenen Einkünften, Werbungskosten und Freibeträgen versteuert.

Kapitel 2: Der Mantelbogen

Verschiedene Veranlagungsarten

So blicken Sie bei den Veranlagungsarten durch			
Wen betrifft es?	Was wird getan?	Wie nennt man das?	Welcher Tarif?
Ehepaare, die irgendwann im Veranlagungsjahr zusammengelebt haben	gemeinsame Steuererklärung	Zusammenveranlagung	Splittingtarif
Ehepaare, die im Veranlagungsjahr mindestens einen Tag zusammenlebten, und bei denen ein Ehegatte die Veranlagungsart wählt	gemeinsame Steuererklärung	Getrennte Veranlagung	Grundtabelle
Ehepaare, die für das Jahr der Eheschließung ihre hohen persönlichen Freibeträge jeder für sich in Anspruch nehmen möchten	getrennte Steuererklärung	Besondere Veranlagung für das Jahr der Eheschließung	Grundtabelle
Ehepaare, die im Veranlagungsjahr keinen Tag zusammenlebten	getrennte Steuererklärung	Einzelveranlagung	Grundtabelle
Verwitwete im Jahr des Todes des Ehegatten und im darauf folgenden Jahr	eigene Steuererklärung	zunächst Zusammenveranlagung, im Folgejahr Einzelveranlagung	Gnadensplitting in beiden Jahren
Singles	eigene Steuererklärung	Einzelveranlagung	Grundtabelle
Geschiedene	eigene Steuererklärung	Einzelveranlagung	Grundtabelle

Die getrennte Veranlagung wird meistens nur in folgenden Ausnahmefällen beantragt:

Trennung Die Eheleute haben sich im Laufe des Jahres getrennt. Ein Ehegatte hat wesentlich niedrigere Einkünfte als der andere und zusätzlich Anspruch auf bestimmte Pauschbeträge (z. B. Behindertenpauschbetrag) und hohe Werbungskosten. Dieser Ehegatte beantragt die getrennte Veranlagung, die für beide gilt.

Behindertenpauschbetrag

Höchstgrenzen Für die Geltendmachung von steuerlichen Abzugsbeträgen gelten bestimmte Einkommenshöchstgrenzen, die ein Ehegatte auf keinen Fall überschreiten darf. In diesem Fall kann er deshalb noch den Abzugsbetrag in Anspruch nehmen (z. B. die alte Wohnraumbesteuerung § 10 e EStG).

Zusammenveranlagung oder getrennte Veranlagung

⚡ Blitzübersicht zu den Veranlagungsarten: Tipps für Ihre Wahl

Die Zusammenveranlagung
Für die Mehrheit der Ehen ist die Zusammenveranlagung die Veranlagungsform, die steuerlich am attraktivsten ist. Die Eheleute kommen nämlich in den Genuss des Splittingtarifs, der die Folgen der Progression abfedert. Der Splittingtarif wirkt sich aber unterschiedlich aus.
Dabei sind folgende Grundsätze zu beachten:

▶ Der Steuervorteil ist umso höher, je größer die Differenz zwischen den Einkommen der Ehepartner ist.

▶ Sind die Einkommensunterschiede nur gering oder sind die Einkünfte der Eheleute gleich hoch, wird das Splitting kaum Vorteile bringen.

Die Zusammenveranlagung ist auch deshalb vorteilhaft, weil Gewinne und Verluste gegeneinander verrechnet werden können.

Einkommensdifferenz der Ehepartner

Die getrennte Veranlagung
Diese Art der Veranlagung ist für gewöhnlich in steuerlicher Hinsicht nachteiliger als die Zusammenveranlagung, da der Splittingtarif nicht angewandt wird. Sie wird in der Regel dann durchgeführt, wenn einer der beiden Eheleute diese Veranlagungsart beantragt oder selbst kein Einkommen hat oder dieses ist so niedrig, dass es steuerlich nicht von Belang ist. Trotzdem kann die getrennte Veranlagung in folgenden Fällen vorteilhaft sein:

Nebeneinkünfte Beide Eheleute haben jeweils etwa gleich hohe Nebeneinkünfte, und zwar in einer Höhe über 800 DM. Der Splittingtarif würde hier kaum Vorteile bringen, für die Nebeneinkünfte wird aber bei der getrennten Veranlagung die Nichtveranlagungsgrenze doppelt gewährt.
Eigenheimzulage Der Gesamtbetrag der Einkünfte liegt über 240.000 DM, und die Steuervergünstigung in Form der Grundförderung nach § 10 e EStG würde wegfallen. Bei der Eigenheimzulage wird immer das Einkommen von zwei Veranlagungsjahren berücksichtigt (s. Kapitel 11). Es ist ausreichend, wenn die getrennte Veranlagung nur für das Antragsjahr der Eigenheimzulage und evtl. des Vorjahres gewählt wird. Dann darf die Immobilie nur im Alleineigentum des Ehegatten stehen, der die Einkunftsgrenze einhält.

Nichtveranlagungsgrenze

Die besondere Veranlagung
Sie kommt nur für das Jahr in Frage, in dem die Ehe geschlossen worden ist. Beide Ehepartner werden hier steuerlich so gestellt, als ob sie in dem betreffenden Jahr nicht geheiratet hätten. Vorteile bringt diese Art der Veranlagung aber nur in Einzelfällen.

Vorteile der besonderen Veranlagung

Kapitel 2: Der Mantelbogen

> ⚡ **Blitzübersicht zu den Veranlagungsarten:
> Tipps für Ihre Wahl**
>
> **Alleinerziehende** bringen eigene Kinder, mit denen sie in einer Haushaltsgemeinschaft lebten, mit in die neue Ehe und hatten vorher einen Kinderfreibetrag erhalten. Durch die Zusammenveranlagung ginge der Haushaltsfreibetrag verloren, aber die besondere Veranlagung erlaubt, noch für das Jahr der Heirat den Haushaltsfreibetrag geltend zu machen.
> Vorausgesetzt, die Partner haben ungefähr gleich hohe Einkommen, kann es sich auch dann lohnen, wenn sich damit nur einer der Ehepartner den Haushaltsfreibetrag sichert.
> **Witwe/r** Wenn beide Ehepartner im Jahr vor dem Veranlagungsjahr verwitwet wurden. Diese besondere Veranlagung ermöglicht in diesem Fall das so genannte Gnadensplitting. Die Partner erhalten nach dem Tode des vorherigen Ehepartners noch einmal den Splittingtarif.
> Diese Veranlagungsart kann auch vorteilhaft sein, wenn einer der beiden Ehepartner im Jahr 2000 verwitwet wurde. Voraussetzung: Beide Ehepartner haben ein etwa gleich hohes Einkommen oder der nicht verwitwete Partner hat keine steuerpflichtigen Einkünfte.

Haushaltsfreibetrag

▶ Am Ende von Seite 1 des Mantelbogens

Empfangsbevollmächtigter

Hier können Sie einen so genannten Empfangsbevollmächtigten benennen, an den Ihr Steuerbescheid gesandt werden soll. Dabei muss es sich um eine im Inland ansässige Person handeln.
Wichtig: Dies bedeutet nicht, dass dieser Bevollmächtigte auch die Steuererstattung überwiesen bekommt. Die Steuererstattung geht auf das angegebene Konto und das wird wohl in jedem Fall das Ihre sein.

Längerfristige Abwesenheit

> **TIPP** Die Benennung eines Empfangsbevollmächtigten (meistens der Steuerberater, da dieser die Richtigkeit des Bescheides überprüfen und gegebenenfalls sofort fristgerecht Einwendungen geltend machen kann) ist ratsam, wenn Sie mit einer längerfristigen Abwesenheit (Urlaub, Kur, Krankenhausaufenthalt) rechnen, der Zuverlässigkeit Ihres Briefträgers misstrauen oder aus den eingangs erwähnten Gründen den Steuerbescheid sofort fachmännisch überprüfen lassen möchten, ohne dass Sie dafür selbst Porto bezahlen oder zum Steuerberater fahren müssen.

Einkunftsarten

Geben Sie unbedingt Ihre Bankverbindung an, da das Finanzamt sonst keine Erstattungen vornehmen kann. Bei Ehegatten einigen Sie sich bitte auf ein Girokonto und geben den Namen des Kontoinhabers an. Falls Sie selbst kein Girokonto haben, können Sie das Geld auch auf ein fremdes Girokonto im Inland überweisen lassen. Dazu müssen Sie allerdings in jedem Fall eine schriftliche Vollmacht erteilen, da sonst vom Finanzamt keine Überweisung veranlasst werden kann.

Kontoverbindung

Wichtig: Die Unterschriften (Formularzeile 26) nicht vergessen. Ehegatten müssen beide unterschreiben!

▶ Seite 2 des Mantelbogens

Hier kreuzen Sie in den Formularzeilen 29–36 Ihre Einkunftsarten an (s. Auflistung z. B. im Steuerkompass auf Seite 10f.).

Zeilen 29–36

Die Formularzeilen 38–42 betreffen Steuervergünstigungen, die Sie mit der Steuererklärung beantragen:

Zeilen 38–42

Kreuzen Sie bitte Zeile 39 an, wenn Sie ausländische Einkünfte bezogen und ausländische Steuern bezahlt haben (s. Kapitel 8).

Kreuzen Sie bitte Zeile 40 an, wenn Sie für Ihre Kinder Steuervergünstigungen beantragen (s. Kapitel 3).

Steuervergünstigungen

Zeile 42 ist anzukreuzen, wenn Sie für Ihre selbst genutzte Immobilie die AfA nach § 10 e EStG und ggfs. Baukindergeld beantragen (s. Kapitel 10) oder Vorkosten bei einer nach dem 31.12.1996 angeschafften selbst genutzten Wohnung nach dem Eigenheimzulagengesetz absetzen (s. Kapitel 11).

Zeile 45 betrifft diejenigen, die in 2001 außerordentliche Einkünfte erhalten haben, z. B. Entlassungsabfindungen, Veräußerungsgewinne, Entschädigungen. In dieser Zeile ist von Ihnen anzukreuzen, ob die ermäßigte Besteuerung nach § 34 EStG unwiderruflich beantragt wird, was in den Kapiteln 4 und 7 dieses Buches noch näher erläutert wird.

Zeile 45

Zeile 46 des Mantelbogens ist anzukreuzen, wenn der Antragsteller und/oder sein Ehegatte aufgrund einer Freistellungsbescheinigung steuerfreien Arbeitslohn aus einem geringfügigen Beschäftigungsverhältnis (so genannter 630-DM-Job) im Jahr 2001 erhalten hat.

Zeile 46

Zeile 47 betrifft Eheleute, die die getrennte Veranlagung wählen. Geben Sie als Eheleute eine gemeinsame Steuererklärung ab, können Sie bei Ihren evtl. angefallenen Aufwendungen für ein hauswirtschaftliches Beschäftigungsverhältnis und den außergewöhnlichen Belastungen eine andere Aufteilung als die übliche 50:50 beantragen.

Zeile 47

Kapitel 2: Der Mantelbogen

– 2 –

Zeile			
	Einkünfte im Kalenderjahr 2001	aus folgenden Einkunftsarten:	
29	Kapitalvermögen	lt. **Anlage KAP**	
30		Die gesamten Einnahmen aus Kapitalvermögen betragen nicht mehr als **3 100 DM**, bei Zusammenveranlagung **6 200 DM** (zur Anrechnung von Steuerabzugsbeträgen und bei vergüteter Körperschaftsteuer bitte Anlage KAP abgeben).	
31	Sonstige Einkünfte	lt. **Anlage SO**	
32		**Private Veräußerungsgeschäfte**, insbesondere aus Grundstücks- und Wertpapierveräußerungen, wurden / nicht getätigt / führten insgesamt zu einem Gewinn von weniger als 1000 DM, im Fall der Zusammenveranlagung bei jedem Ehegatten weniger als 1000 DM (bei Verlusten bitte Anlage SO abgeben).	
33	Nichtselbständige Arbeit	für steuerpflichtige Person lt. **Anlage N** (bei Ehegatten: Ehemann)	lt. **Anlage N** für Ehefrau
34	Gewerbebetrieb / Selbständige Arbeit	lt. **Anlage GSE**	
35	Land- und Forstwirtschaft	lt. **Anlage L**	
36	Vermietung und Verpachtung	lt. **Anlage(n) V**	Anzahl
37			
	Ausländische Einkünfte und Steuern / Meldungen über Betriebe oder Beteiligungen im Ausland		
38			
39		lt. **Anlage(n) AUS**	Anzahl
	Angaben zu Kindern		Anzahl
40		lt. **Anlage(n) Kinder**	
41			
	Förderung des Wohneigentums		Anzahl
42		lt. **Anlage(n) FW**	
43			
	Sonstige Angaben und Anträge		99 / 18
44	Für alle 2001 bezogenen **außerordentlichen Einkünfte** (z.B. Entlassungsabfindungen) wird die ermäßigte Besteuerung (sog. Fünftel-Regelung) beantragt (zum Antrag auf die Besteuerung eines Veräußerungsgewinns mit dem ermäßigten Steuersatz vgl. auch die Anlagen GSE und L).		75 / Ja = 1
46	Steuerfrei belassener Arbeitslohn aufgrund Freistellungsbescheinigung(en) für geringfügige Beschäftigung(en) – sog. **630-DM-Arbeitsverhältnisse** – (Lohnsteuerbescheinigung(en) des Arbeitgebers bitte beifügen.)	73 Stpfl. / Ehemann DM	74 Ehefrau DM / 73
47	**Nur bei getrennter Veranlagung von Ehegatten ausfüllen:** Laut beigefügtem gemeinsamen Antrag beträgt der bei mir zu berücksichtigende Anteil an den Aufwendungen für ein hauswirtschaftliches Beschäftigungsverhältnis und den außergewöhnlichen Belastungen		74 %
48			
49	**Einkommensersatzleistungen**, die dem Progressionsvorbehalt unterliegen, z. B. Krankengeld, Mutterschaftsgeld (soweit nicht in Zeile 21 oder 22 der Anlage N eingetragen) lt. beigefügter Bescheinigung	20 Stpfl. / Ehemann DM	21 Ehefrau DM / 20
50	**Nur bei zeitweiser unbeschränkter Steuerpflicht** im Kalenderjahr 2001: Im Inland ansässig	vom – bis	21
51	Ausländische Einkünfte, die außerhalb des in Zeile 50 genannten Zeitraums bezogen wurden und nicht der deutschen Einkommensteuer unterlegen haben (Nachweise bitte beifügen.)	22 DM	22
52	In Zeile 51 enthaltene außerordentliche Einkünfte i. S. d. §§ 34, 34 b EStG	77 DM	77
53	**Nur bei im Ausland ansässigen Personen, die auf Antrag als unbeschränkt steuerpflichtig** behandelt werden:		
54	Positive Summe der nicht der deutschen Einkommensteuer unterliegenden Einkünfte	24 DM	24
55	**Nur bei im Ausland ansässigen steuerpflichtigen Personen:** Ich beantrage, für die Anwendung personen- und familienbezogener Steuervergünstigungen als unbeschränkt steuerpflichtig behandelt zu werden.		
56	Die „Bescheinigung EU / EWR" ist beigefügt.		
57	Die „Bescheinigung außerhalb EU / EWR" ist beigefügt.		
58	**Nur bei im EU- / EWR-Ausland lebenden Ehegatten / Kindern:**		
59	Ich beantrage als Staatsangehöriger eines EU- / EWR-Mitgliedstaates die Anwendung familienbezogener Steuervergünstigungen. Die „Bescheinigung EU / EWR" ist beigefügt.		
60	**Nur bei im Ausland ansässigen Angehörigen des deutschen öffentlichen Dienstes, die im dienstlichen Auftrag außerhalb der EU oder des EWR tätig sind:**		
61	Ich beantrage die Anwendung familienbezogener Steuervergünstigungen. Die „Bescheinigung EU / EWR" ist beigefügt.		

Zeile 49: Haben Sie so genannte Einkommensersatzleistungen (nach § 32 b EStG) bezogen, die zwar eigentlich steuerfrei sind, so tragen Sie hier bitte (Feld 21 nur für Ehegatten) die Summe der Bezüge ein. Es handelt sich hier um Einkommensersatzleistungen, die nicht von Ihrem Arbeitgeber ausgezahlt wurden, diese sind in der Anlage N (s. Kapitel 4 ab S. 136) einzutragen.

Zeile 49

Diese von Ihnen angegebenen finanziellen Beträge haben Einfluss auf Ihren Steuersatz für die übrigen Einkünfte und unterliegen ebenfalls dem so genannten Progressionsvorbehalt.

Progressionsvorbehalt

Zu diesen Einkommensersatzleistungen zählen:
- Krankengeld
- Verletztengeld
- Mutterschaftsgeld

Zeilen 50–61: Haben Sie eventuell im Jahr 2001 teilweise im Ausland gelebt und gearbeitet, tragen Sie in Formularzeile 50 den Zeitraum ein, in dem Sie in Deutschland gelebt haben.
In Formularzeile 52 tragen Sie Ihre ausländischen außerordentlichen Einkünfte ein, die in Zeile 51 schon enthalten sind.

Zeilen 50–61

Die Formularzeilen 53 und 54 betreffen Personen, die im Ausland gelebt haben, jedoch für 2001 die unbeschränkte Steuerpflicht beantragen. In diesen Zeilen sind die positiven, nicht der deutschen Einkommensteuer unterliegenden Einkünfte in 2001 einzutragen.

Zeilen 53–54

Die Formularzeilen 55–61 betreffen Personen, die in einem der EU angehörenden Staaten ansässig sind und hier die unbeschränkte Steuerpflicht bzw. sonstige familienbezogene Steuervergünstigungen beantragen.
In diesem Fall müssen Sie die Bescheinigungen EU/EWR bzw. außerhalb EU/EWR beifügen.
In allen genannten Punkten ist zumeist die Hilfe eines Steuerberaters geboten und daher sinnvoll.

Zeilen 55–61

▶ Seite 3 des Mantelbogens

Sonderausgaben

Bei diesem Posten geht es zunächst um die bereits beschriebenen Sonderausgaben, also finanzielle Belastungen der privaten Lebensführung, die nach den Bestimmungen der §§ 10–10 d EStG bei der Ermittlung des zu versteuernden Einkommens abgezogen werden dürfen, sofern sie nicht Betriebsausgaben oder Werbungskosten sind (Subsidiaritätsprinzip). Alle Sonderausgaben müssen Sie dem Finanzamt belegmäßig nachweisen.

Kosten der privaten Lebensführung

Kapitel 2: Der Mantelbogen

– 3 –

Zeile	Sonderausgaben					
62					99	52
					30	
63	**Arbeitnehmeranteil am Gesamtsozialversicherungsbeitrag** und / oder befreiende Lebensversicherung sowie andere gleichgestellte Aufwendungen (ohne steuerfreie Zuschüsse des Arbeitgebers)		DM	DM	31	
64	– in der Regel auf der Lohnsteuerkarte bescheinigt –		30 Stpfl. / Ehemann	31 Ehefrau	82	
	Nur bei steuerpflichtigen Personen, die nach dem 31. 12. 1957 geboren sind:		82	87		
65	**Zusätzliche freiwillige Pflegeversicherung** (nicht in Zeilen 64 und 68 enthalten)				87	
66						
67	**Freiwillige** Angestellten-, Arbeiterrenten-, **Höherversicherung** (abzüglich steuerfreier Arbeitgeberzuschuss) sowie Beiträge von **Nichtarbeitnehmern** zur Sozialversicherung				41 Stpfl. / Ehegatten	41
68	**Kranken- und Pflegeversicherung** (abzüglich steuerfreie Zuschüsse, z. B. des Arbeitgebers; ohne Beträge in den Zeilen 64 und 65)	2001 gezahlte Beiträge	2001 erstattete Beiträge	40	40	
69	**Unfallversicherung**	–	▶	42	42	
70	**Lebensversicherung** – nicht in der Anlage VL enthalten – (einschl. Sterbekasse u. Zusatzversorgung; ohne Beträge in Zeile 64)	–	▶	44	44	
71	**Haftpflichtversicherung** (ohne Kasko-, Hausrat- und Rechtsschutzversicherung)	–	▶	43	43	
72					11	
73	**Renten**	Rechtsgrund, Datum des Vertrags		11 tatsächlich gezahlt	12 abziehbar %	12 %
74	**Dauernde Lasten**	Rechtsgrund, Datum des Vertrags		10	10	
75	**Unterhaltsleistungen** an den geschiedenen / dauernd getrennt lebenden Ehegatten lt. **Anlage U**			39	39	
76	**Kirchensteuer**		13 2001 gezahlt	14 2001 erstattet	13	
77	Rentenversicherungspflichtig **Beschäftigte in der Hauswirtschaft** (grundsätzlich ohne sog. 630-DM-Arbeitsverhältnisse)				14	
78	vom – bis	Höhe der Aufwendungen DM	Steuerfreie Einnahmen DM	22	22	
79	**Steuerberatungskosten**			16	16	
80	Aufwendungen für die eigene **Berufsausbildung** oder die Weiterbildung in einem nicht ausgeübten Beruf	Art der Aus- / Weiterbildung				
81	Art und Höhe der Aufwendungen			17	17	
82	**Schulgeld** an Ersatz- oder Ergänzungsschulen für Kinder lt. Zeile(n)	der Anlage Kinder	Bezeichnung der Schule	71	71	
83	**Spenden in den Vermögensstock einer Stiftung** innerhalb des ersten Jahres nach Gründung dieser Stiftung	lt. beigef. Bestätigungen	lt. Nachweis Betriebsfinanzamt		27	
84	Von den Spenden in Zeile 83 sollen in 2001 berücksichtigt werden			27	28	
85	2001 zu berücksichtigende Spenden in den Vermögensstock einer Stiftung aus 2000			28	23	
86	**Spenden an Stiftungen** (ohne Beträge in den Zeilen 83 bis 85)	lt. beigef. Bestätigungen	lt. Nachweis Betriebsfinanzamt		24	
87	**Spenden** und Beiträge (ohne Beträge in den Zeilen 83 bis 86) für wissenschaftliche, mildtätige und kulturelle Zwecke		+ ▶	18	25	
88	für kirchliche, religiöse und gemeinnützige Zwecke		+ ▶	19	26	
89	**Mitgliedsbeiträge und Spenden** an politische Parteien (§§ 34 g, 10 b EStG)		+ ▶	20	18	
90	an unabhängige Wählervereinigungen (§ 34 g EStG)		+ ▶	70	19	
91	**Verlustabzug**				20	
92	Es wurde ein verbleibender Verlustvortrag nach § 10 d EStG zum 31. 12. 2000 festgestellt für		Stpfl. / Ehemann ☐ Ehefrau ☐		70	
93	Antrag auf Beschränkung des Verlustrücktrags nach 2000 – Von den nicht ausgeglichenen negativen Einkünften 2001 soll folgender Gesamtbetrag nach 2000 zurückgetragen werden				Summe der Umsätze, Löhne und Gehälter 21	
94	Der Rücktrag nicht ausgeglichener negativer Einkünfte 2001 soll lt. **Anlage VA** für bestimmte Einkunftsarten begrenzt werden.					

Kapitallebensversicherung

Die Sonderausgaben teilen sich auf in:
- Vorsorgeaufwendungen, die nur beschränkt abzugsfähig sind (nach § 10 [1] Nr. 2 EStG)
- Sonstige Sonderausgaben, die teilweise beschränkt und teilweise unbeschränkt abzugsfähig sind
- Zu den Vorsorgeaufwendungen gehören Zahlungen, die Sie für sich und gegebenenfalls auch für Ihren Ehegatten aufgewendet haben wie: Kranken-, Pflege-, Lebens-, Renten-, Unfall- und Haftpflichtversicherung
- Arbeitnehmerbeiträge zur gesetzlichen Kranken-, Renten- und Arbeitslosenversicherung – also der Gesamtsozialversicherungsbeitrag auf der (den) Lohnsteuerkarte(n).

Arbeitnehmer tragen in der Formularzeile 64 den Arbeitnehmeranteil zur gesetzlichen Sozialversicherung ein.
Es handelt sich hier um die gesetzlichen Pflichtbeiträge zur Kranken-, Renten- und Arbeitslosenversicherung, die vom Gehalt einbehalten werden (Arbeitgeber trägt die Hälfte).
Zusätzlich sind die privaten Lebensversicherungsbeiträge für Kapitallebensversicherungen und Risikolebensversicherungsbeiträge und Beiträge für Sterbekassen abzugsfähig (Formularzeile 70).

Zeile 64

Gesetzliche Pflichtbeiträge

Wann bleibt Ihr Kapitallebensversicherungsvertrag noch steuerfrei?

Novationstheorie

Die Zinsen aus der Ablaufleistung einer Kapitallebensversicherung sind steuerfrei, wenn der Vertrag eine Mindestlaufzeit von zwölf Jahren erfüllt und mindestens fünf Jahre Beiträge eingezahlt werden.
Sind diese Voraussetzungen erfüllt, können die Lebensversicherungsbeiträge als Sonderausgaben nach § 10 Abs. 1 Nr. 2 u. 3 EStG bei der Steuererklärung abgezogen werden.
Gleiches gilt für eine Rentenversicherung mit Kapitalwahlrecht gegen laufende Beitragszahlungen, wenn das Kapitalwahlrecht nicht vor Ablauf von zwölf Jahren nach Vertragsabschluss ausgeübt wird.

Mindestlaufzeit zwölf Jahre

Die Änderung der Vertragsbedingungen und ihre Folgen

Eine Änderung der Vertragsbedingungen wertete das Finanzamt nach der strengen Novationstheorie bislang als Beendigung des alten Vertrages und Abschluss eines

Gefährliche Änderungen

neuen Vertrages. Erfüllten demnach die beiden Verträge nicht die Bedingungen für eine Steuerfreiheit (jeweils zwölf Jahre Laufzeit und mindestens fünfjährige Beitragszahlungsdauer), wurde der Vertrag steuerpflichtig.
Das bedeutete, dass die Erträge aus dem gesamten Vertrag steuerpflichtig und der Sonderausgabenabzug verweigert wurde.

Beispiel *Bei einem bestehenden Lebensversicherungsvertrag mit einer Gesamtlaufzeit von 20 Jahren wird nach acht Jahren auf Wunsch des Versicherungsnehmers die Versicherungssumme erhöht.*

Kritische Änderungspunkte im Vertrag sind:
- Erhöhung der Versicherungssumme
- Beitragserhöhung
- Laufzeitänderung
- Wechsel der versicherten Person

Was bedeutet die Abmilderung der Novationstheorie?

Nach einem Schreiben des Bundesfinanzministeriums vom 24.3.1999 wurde die strenge Novationstheorie nunmehr abgemildert.
Bei einer inhaltlichen Vertragsänderung bleibt der alte Vertrag auch künftig weiterhin bestehen.

Kriterien für Steuerfreiheit

Bei einem neuen Vertrag müssen allerdings die folgenden Kriterien für eine Steuerfreiheit erfüllt sein:
- die Mindestvertragsdauer von zwölf Jahren muss gewährleistet sein
- die laufende Beitragszahlungsdauer für den Vertrag muss mindestens fünf Jahre lang währen
- der Todesfallschutz beträgt mindestens 60 Prozent der während der Gesamtlaufzeit zu zahlenden Prämien
  Diese Punkte hinsichtlich der zu gewährenden Steuerfreiheit gelten für alle nach dem 31.3.1996 abgeschlossenen Verträge (BMF-Schreiben 22.1.96, IV B 1-S 2221-11/96).

Was, wenn nicht alle Kriterien erfüllt sind?

Wenn nicht alle Kriterien für den neuen Vertrag erfüllt sind, werden nur die Zinsen aus der Ablaufleistung des neuen Vertrages kapitalertragsteuerpflichtig (25 Prozent zuzüglich Solidaritätszuschlag).

Sonderlösung für Scheidungsfälle

Allerdings arbeitet das Bundesministerium für Finanzen (BMF) mit der deutschen Versicherungswirtschaft gerade an einer Sonderlösung für Scheidungsfälle, um die privat aufgebaute Altersvorsorge nicht nachträglich für geschiedene Ehepartner zu erschweren.

Vorsicht beim Sonderausgabenabzug von Versicherungen

Bei Lebensversicherungen – Abtretung kann Steuervorteil kosten!
Dienen die Ansprüche aus Lebensversicherungsverträgen im Erlebensfall der Tilgung oder Absicherung eines Darlehens, dessen Finanzierungskosten Werbungskosten oder Betriebsausgaben sind, kann dies steuerschädlich sein.

Ansprüche aus der Lebensversicherung

> **TIPP** Im Finanzierungsfall deshalb unbedingt von der Bank die Steuerunschädlichkeit schriftlich bestätigen lassen, falls diese Ihnen zu einer Finanzierung über die Lebensversicherung rät. Die Bank kann dann schadenersatzpflichtig gemacht werden.

Steuerunschädlich nach § 10 (2) Satz 2 Buchstabe a EStG ist es, wenn die Ansprüche aus Versicherungsverträgen die Anschaffungs- oder Herstellungskosten des finanzierten Wirtschaftsgutes (meistens Gebäude) nicht übersteigen, oder das finanzierte Wirtschaftsgut reines Privatvergnügen darstellt. Steuerunschädlich ist auch die Abtretung für den reinen Todesfall.

Im Falle einer Steuerschädlichkeit sind die Beiträge für die Lebensversicherung während der gesamten Laufzeit nicht mehr als Sonderausgaben abzugsfähig, und die in den späteren Ablaufleistungen enthaltenen Zinsen sind insgesamt steuerpflichtig, was bei der üblichen Laufzeit von Immobilienfinanzierungen immerhin meistens Zinsen für 25 bis 30 Jahre bedeutet.

Steuerschädlichkeit

> **Achtung:** Der Verlust des Steuervorteils kann Sie, je nach Höhe der Versicherung und Ihrem Steuersatz, mehrere zehntausend Mark kosten!

Verlust des Steuervorteils

Wird ein Kapitallebensversicherungsvertrag als Sicherheit abgetreten, so tritt Steuerfreiheit nur in den folgenden Fällen ein:
- Der Vertrag wird nur für den Todesfall abgetreten.
- Das Darlehen dient der Finanzierung eines Wirtschaftgutes, das zur Erzielung von Einkünften bestimmt ist, die Darlehenszinsen sind Betriebsausgaben oder Werbungskosten und die auch für den Erlebensfall vorgesehene Abtretungssumme übersteigt nicht die Anschaffungskosten des Wirtschaftsgutes.
- Es wird keine Forderung abgesichert, z. B. Kontokorrentschulden, Disagio etc.
- Der Vertrag wird für private Konsumgüter abgetreten, die nicht zur Einkunftserzielung bestimmt sind (Kfz, Eigenheime dienen z. T. beruflichen Zwecken).

Kapitel 2: Der Mantelbogen

So fördert der Fiskus Ihre Altersvorsorge! Welche Versicherung bringt laufende Steuervorteile, was bleibt bei Ablauf steuerfrei?			
Art der Versicherung	Voraussetzungen für Steuerbegünstigungen	Steuervorteile während der Beitragszahlungsdauer	Steuervorteile bei Ablaufleistung oder Vertragsende
Risikolebensversicherungen, Sterbegeldversicherung, Bausparversicherung, Restschuldversicherung	keine	laufende Beiträge und hohe Einmalzahlungen sind als Sonderausgaben abzugsfähig	Auszahlungen sind steuerfrei
Kapitallebensversicherungen, Ausbildungs- oder Aussteuerversicherungen, Dread-disease-Versicherungen (vorzeitige Auszahlung bei schweren Erkrankungen)	laufende Beitragszahlung mindestens fünf Jahre Mindestlaufzeit zwölf Jahre Todesfallschutz mindestens 60 Prozent der zu zahlenden Prämien für die Vertragsdauer (für Versicherungen, die nach dem 31.3.96 abgeschlossen wurden)	laufende Beiträge sind als Sonderausgaben abziehbar	steuerfrei: die in der Auszahlung enthaltenen Zinsen nach zwölf Jahren steuerpflichtig: Zinsen bei früherer Auszahlung
fondsgebundene Lebensversicherungen, hier wird der Sparanteil in Aktien- oder Rentenfonds angelegt	wie Kapitallebensversicherungen	kein Sonderausgabenabzug der laufenden Beiträge	steuerfrei: Zinsen und Dividenden bei Auszahlung nach zwölf Jahren steuerpflichtig: Zinsen und Dividenden bei früherer Auszahlung

Vorsorgeaufwendungen für den Versicherungsnehmer

Vorsorgeaufwendungen: Nach § 10 Abs. 2 EStG können Vorsorgeaufwendungen nur in den Fällen geltend gemacht werden, wenn der Antragsteller seinen Wohnsitz im Inland hat, also wenn er unbeschränkt steuerpflichtig ist.
Um in den Genuss von Erstattungen zu kommen, muss der Steuerpflichtige den Versicherungsvertrag im eigenen Namen abgeschlossen haben und somit der Versicherungsnehmer sein.

Vielfältige Versicherungen zur Vorsorge

So fördert der Fiskus Ihre Altersvorsorge! Welche Versicherung bringt laufende Steuervorteile, was bleibt bei Ablauf steuerfrei?

Art der Versicherung	Voraussetzungen für Steuerbegünstigungen	Steuervorteile während der Beitragszahlungsdauer	Steuervorteile bei Ablaufleistung oder Vertragsende
Direktversicherungen, die vom Arbeitgeber für seinen Arbeitnehmer abgeschlossen werden	Fälligkeit nicht vor dem 60. Lebensjahr des Arbeitnehmers Mindestlaufzeit fünf Jahre Todesfallschutz mindestens 60 Prozent der gesamten Beiträge Ausschluss der vorzeitigen Kündigung keine Abtretung oder Beleihung möglich	Arbeitnehmer: Die Beiträge zählen zum steuerpflichtigen Bruttolohn. Bis zu 3.408 DM jährlich können die Beiträge mit 20 Prozent pauschal lohnversteuert werden. Diese Pauschalsteuer mindert nicht mehr den zu versteuernden Bruttolohn des Arbeitnehmers. Arbeitgeber: Die Beiträge sind Betriebsausgaben	wie Kapitallebensversicherung
Rentenversicherung ohne Kapitalwahlrecht, Berufsunfähigkeitsversicherungen, Pflegerentenversicherungen	keine	laufende Beiträge und hohe Einmalzahlungen sind als Sonderausgaben abzugsfähig	steuerfrei: Zinsen während der Ansparzeit steuerpflichtig: die für das angesammelte Kapital fälligen Zinsen bei Rentenbeginn
Rentenversicherung mit Kapitalwahlrecht; hier kann statt Rentenzahlung eine einmalige Abfindung gewählt werden	laufende Beitragszahlung mindestens fünf Jahre Wahlrecht frühestens nach zwölf Jahren möglich	laufende Beiträge sind als Sonderausgaben abzugsfähig einmalige Zahlungen sind keine Sonderausgaben	wie Rentenversicherung ohne Kapitalwahlrecht

Hinweis zu den Tabellen: Die als Sonderausgaben abzugsfähigen Beiträge sind nicht immer in voller Höhe, sondern nur im Rahmen von Höchstbeträgen (nach § 10 Abs. 3 EStG) abzugsfähig.

> **Achtung:** Schließen Eltern einen Versicherungsvertrag im Namen ihres Kindes ab, können die Beiträge steuerlich nicht als Sonderausgaben abgesetzt werden.

Absetzbare Versicherungsbeiträge

Bluff von Versicherungsvertretern!
Auch wenn die Versicherungsvertreter immer propagieren, man könne seine Beiträge ja von der Steuer absetzen – es stimmt nicht, jedenfalls nicht so pauschal. Es kommt auf die Höhe an. Und grundsätzlich sind die Aufwendungen immer in dem Jahr abzugsfähig, in dem sie gezahlt wurden.

Vorsorgepauschale (Mindestbetrag) Ohne Nachweis von Aufwendungen wird bei Arbeitnehmern die Vorsorgepauschale nach § 10 c EStG automatisch vom Finanzamt berücksichtigt, sie ist sogar in die Lohnsteuertabellen eingearbeitet. Zur Ermittlung der Vorsorgepauschale werden zunächst 20 Prozent des Bruttoarbeitslohnes genommen und einer Höchstbetragsrechnung unterworfen. Für Beamte und gleichgestellte Personen beträgt der Höchstbetrag der Vorsorgepauschale 2.214 DM bzw. 4.428 DM bei Ehegatten. Bei Arbeitnehmern ist diese Rechnung komplizierter.

Höchstbetragsrechnung

Höchstbetragsrechnung Mit der Höchstbetragsrechnung nach § 10 Abs. 3 EStG haben wir es mit einer Rechnung zu tun, die selbst abgebrühte Steuerberater gruseln macht. Die Höchstbetragsrechnung ist normalerweise nur mit speziellen Computerprogrammen zu bewerkstelligen, denn ihre Erklärung ist kaum verständlich. Wir machen es aber trotzdem. Die Höchstbetragsrechnung berücksichtigt folgende Elemente:

Den Grundhöchstbetrag, der jedem Steuerpflichtigen in Höhe von 2.610 DM bzw. 5.220 DM für Verheiratete zusteht;

Den Vorwegabzug in Höhe von jährlich 6.000 DM bzw. 12.000 DM für Verheiratete. Dieser ist um 16 Prozent der Einnahmen aus nichtselbstständiger Tätigkeit (nach § 19 EStG) zu kürzen.

Wenn Ihre Vorsorgeaufwendungen diese Beträge übersteigen, können Sie nur noch zu 50 Prozent als Sonderausgaben berücksichtigt werden. Dabei ist wiederum ein eigener Höchstbetrag zu beachten: Der Abzug ist auf die Hälfte des Grundhöchstbetrages von 2.610 DM bzw. 5.220 DM für Verheiratete beschränkt, also auf den Betrag von 1.305 DM bzw. 2.610 DM;

Pflegeversicherungszusatzbetrag

Den Pflegeversicherungszusatzbetrag (Höchstbetrag) von jährlich 360 DM für Beiträge zu einer zusätzlichen freiwilligen Pflegeversicherung, wenn der Steuerpflichtige nach dem 31.12.1957 geboren ist. Dieser zusätzliche Höchstbetrag gilt bei Ehegatten nur dann doppelt in Höhe von 720 DM, wenn beide nach dem 31.12.1957 geboren sind und Beiträge zu einer solchen Versicherung leisten. Spätestens jetzt werden Sie vermutlich zustimmen, dass diese Höchstbetragsrechnung äußerst kompliziert ist. Deshalb also nun die Hilfe in Form eines Rechenschemas:

Abziehbare Vorsorgeaufwendungen

Schema zur Berechnung der abziehbaren Vorsorgeaufwendungen

Mit Hilfe dieses Schemas auf den folgenden Seiten können Sie die abziehbaren Vorsorgeaufwendungen berechnen und gleichzeitig kontrollieren, ob Sie noch Luft für weitere abziehbare Versicherungsbeiträge haben.

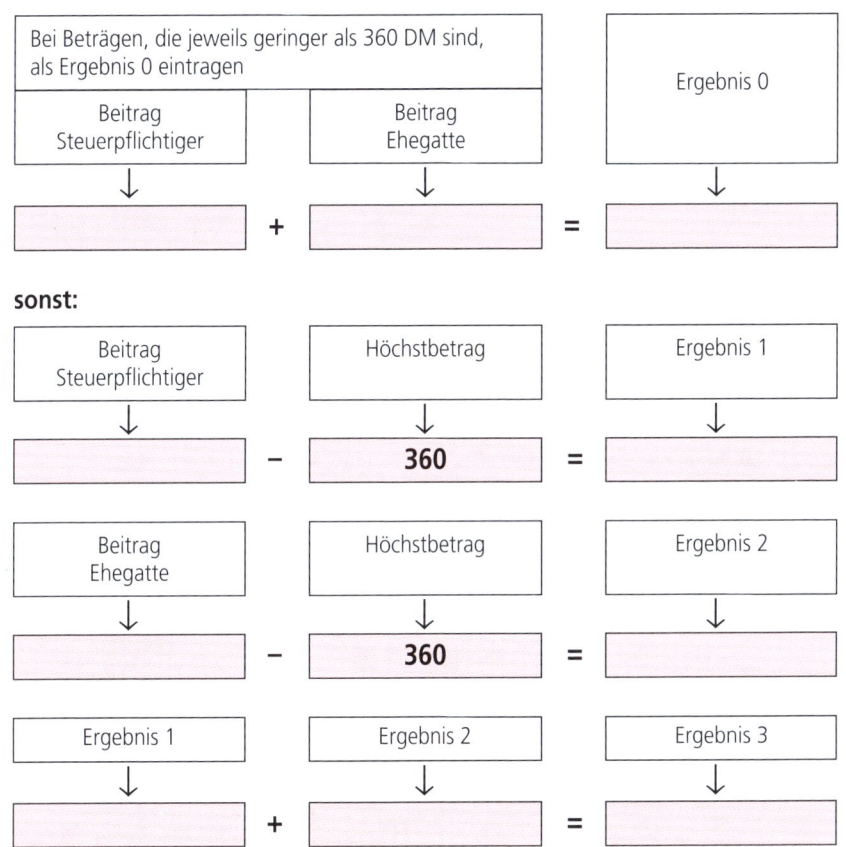

Freiwillige Pflegeversicherung

Kapitel 2: Der Mantelbogen

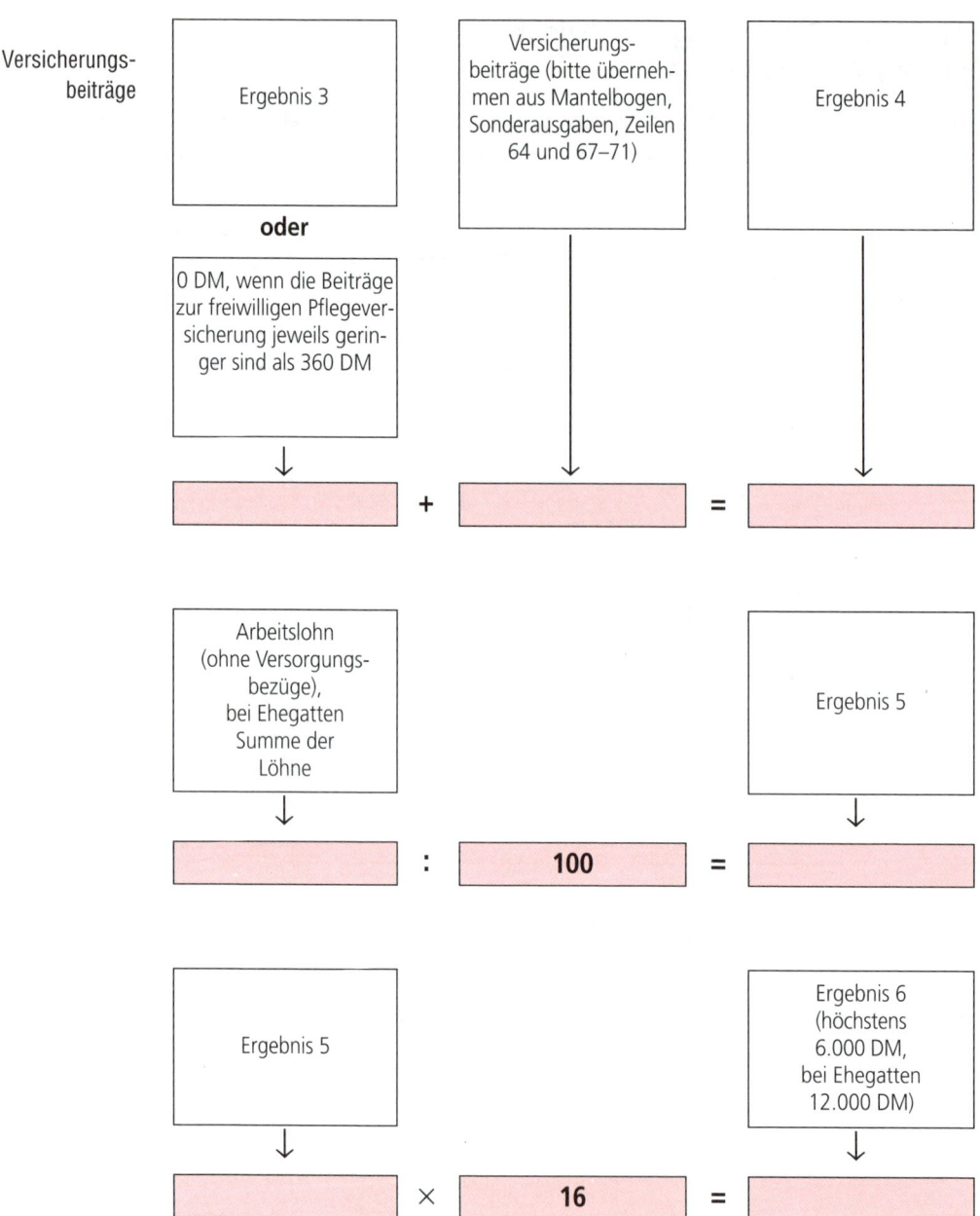

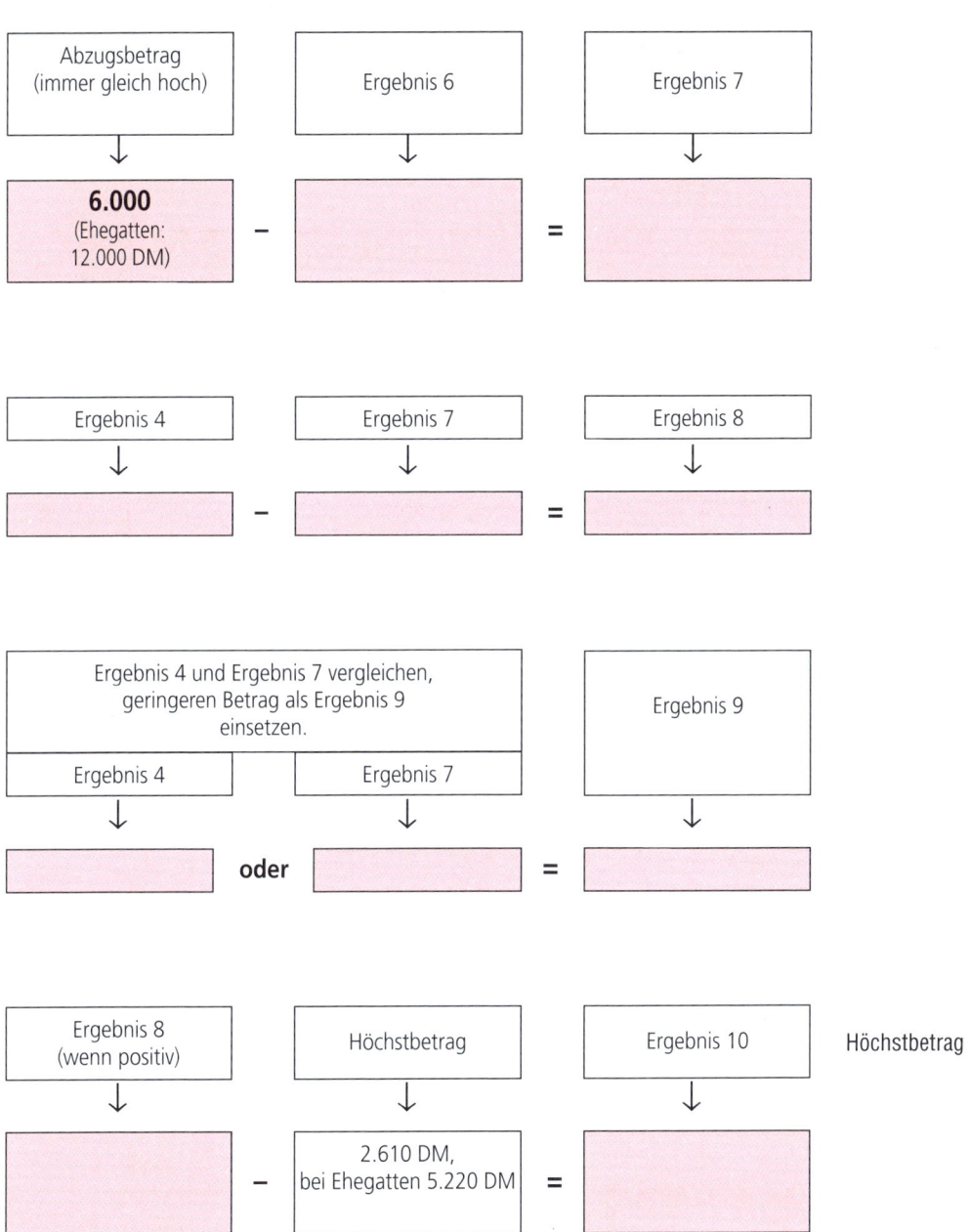

Kapitel 2: Der Mantelbogen

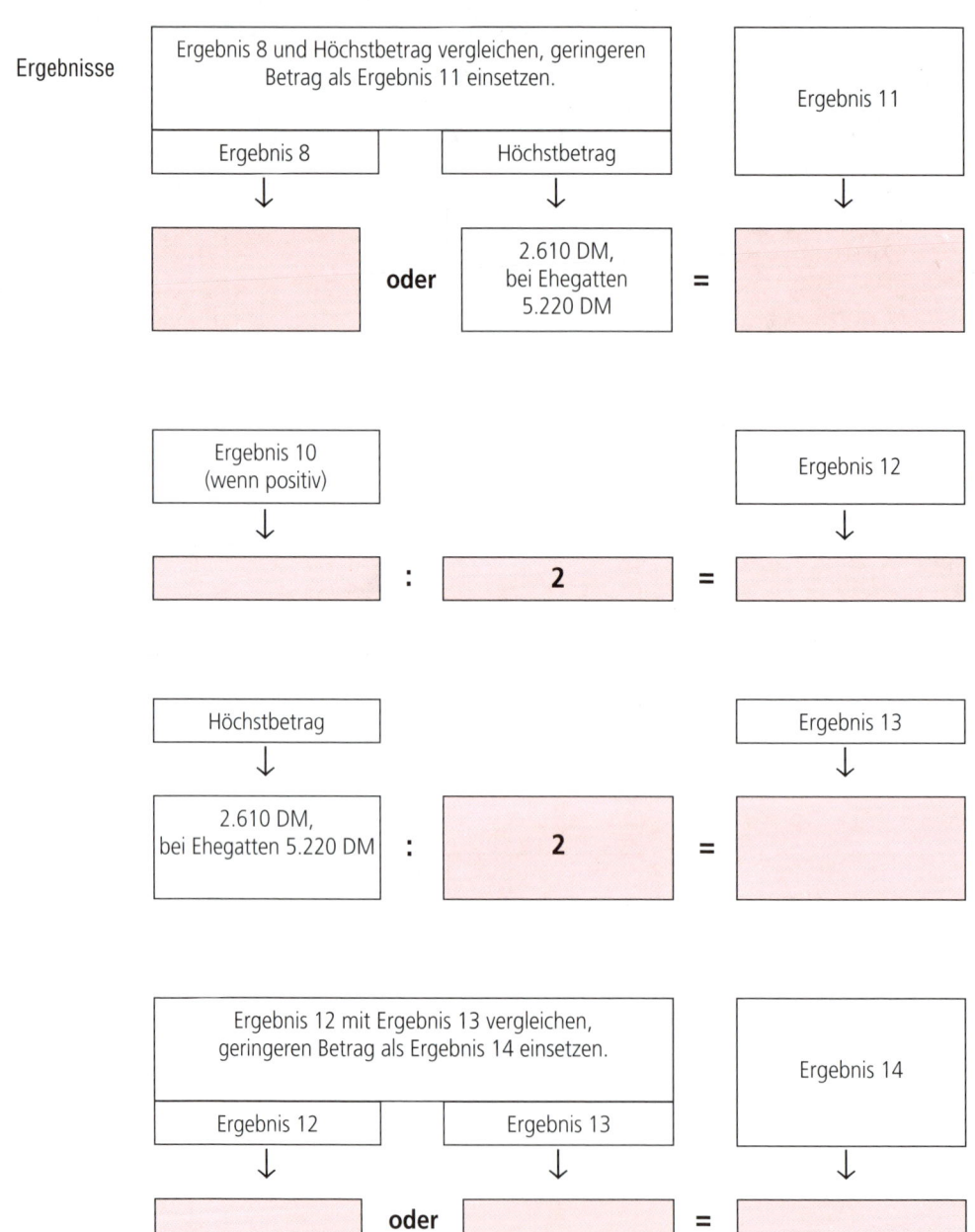

Vorsorgepauschale

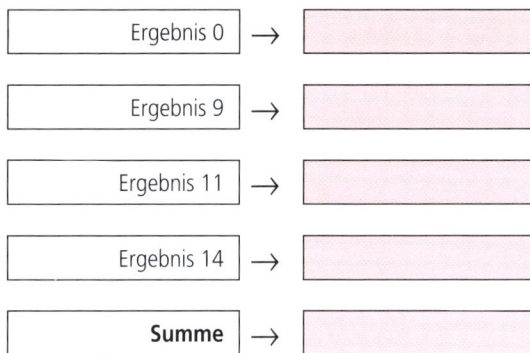

Bemessungsgrundlage für die Vorsorgepauschale

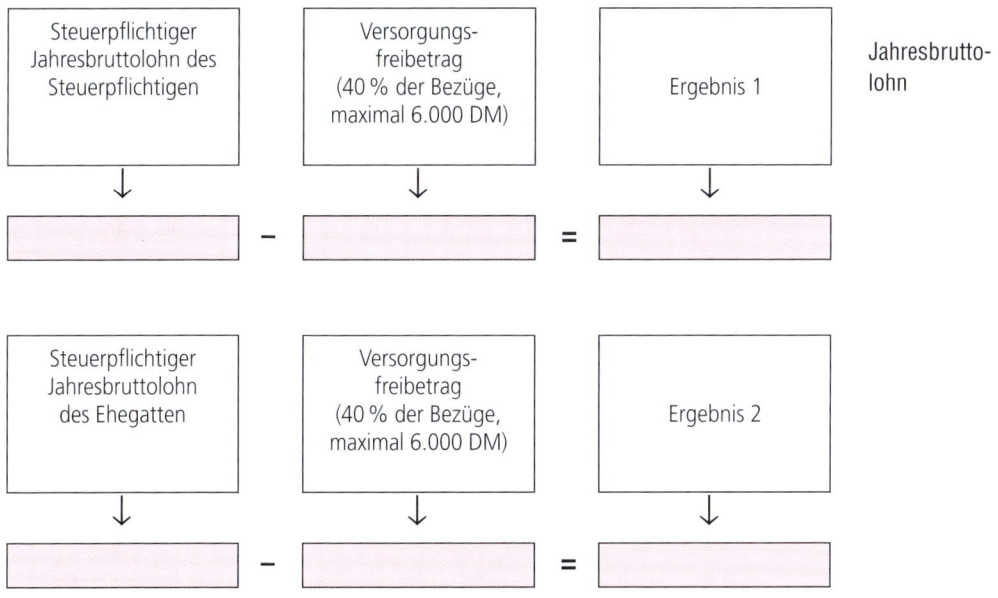

Kapitel 2: Der Mantelbogen

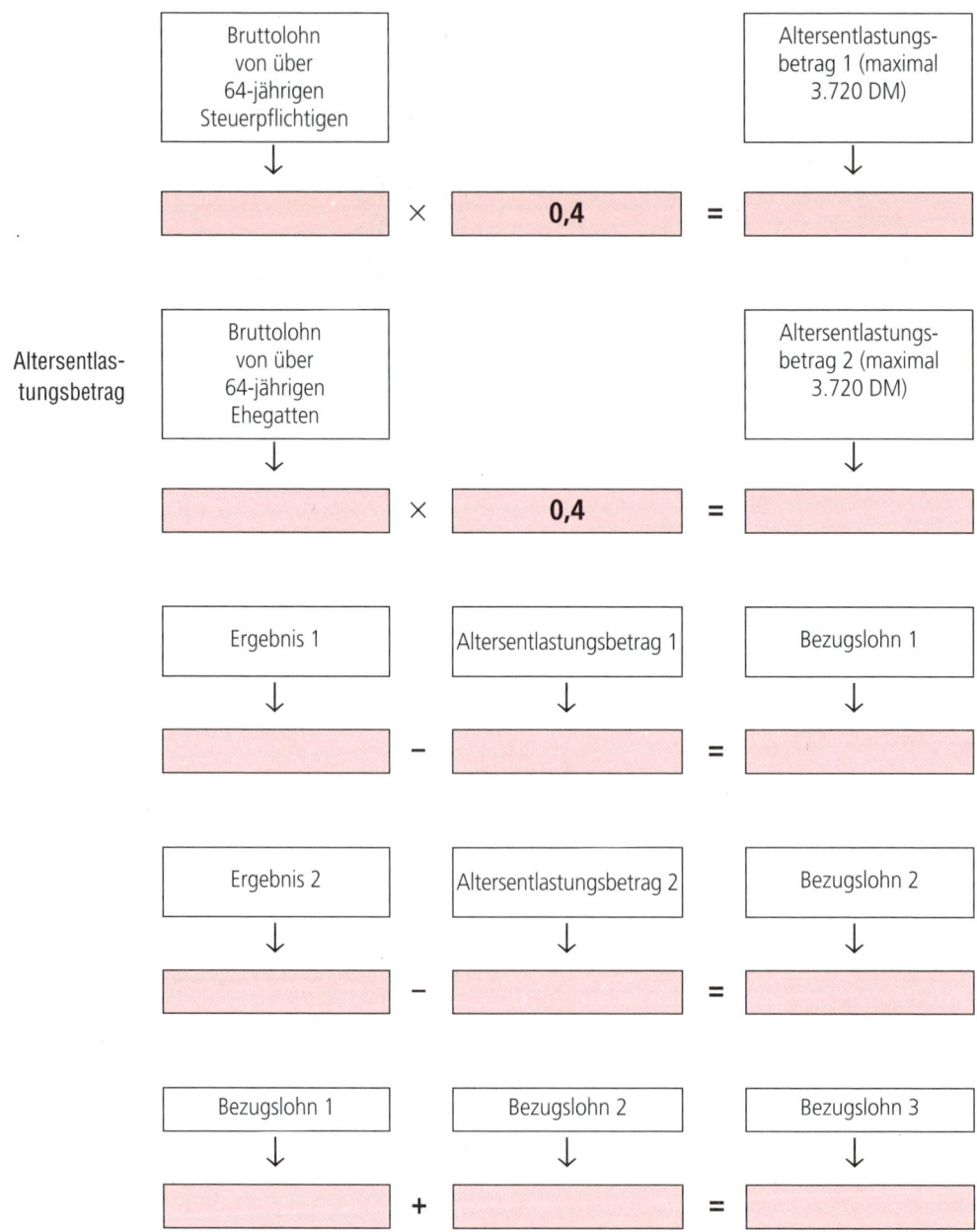

Vorsorgepauschale

Rechnung, wenn der Arbeitnehmer rentenversicherungspflichtig ist und bei Verheirateten der Ehegatte ebenfalls

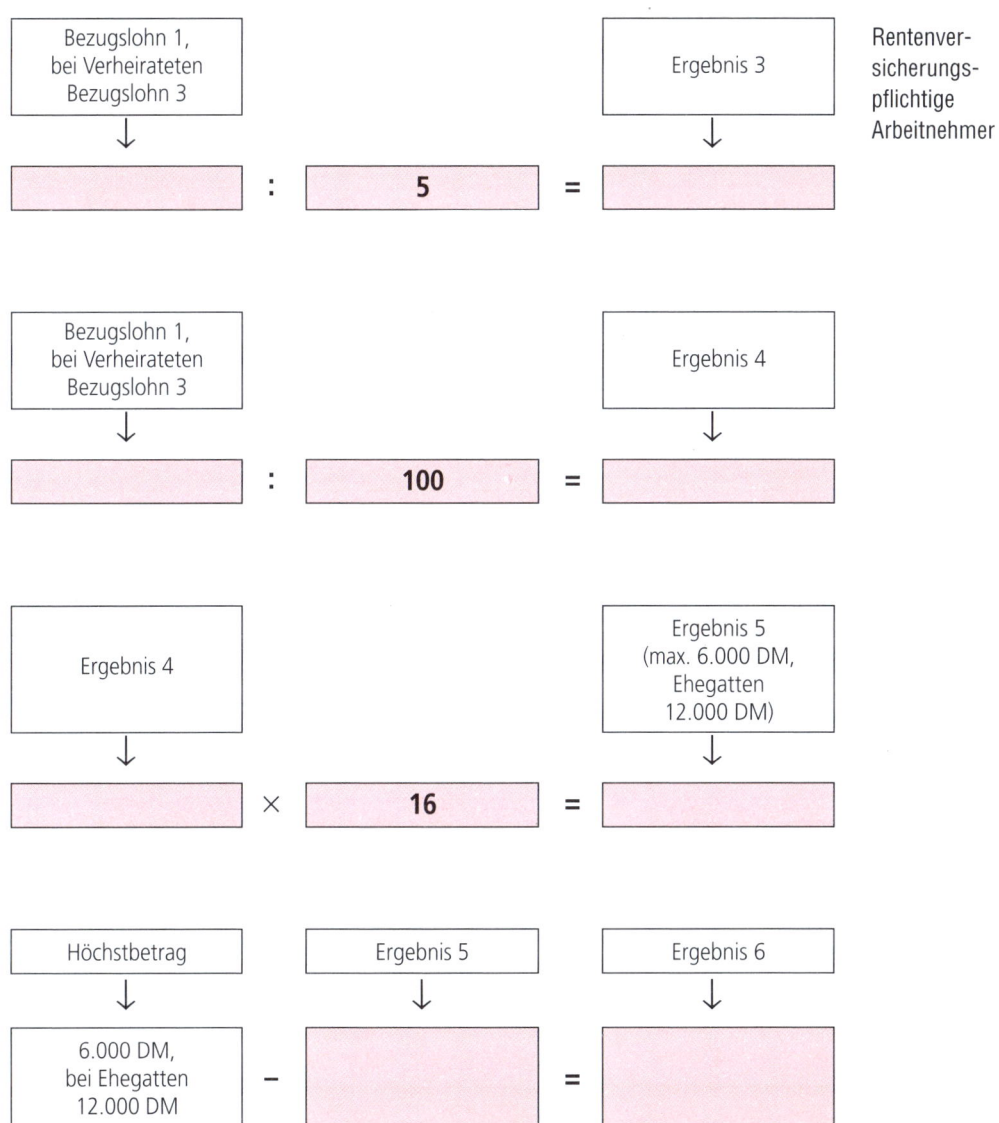

Kapitel 2: Der Mantelbogen

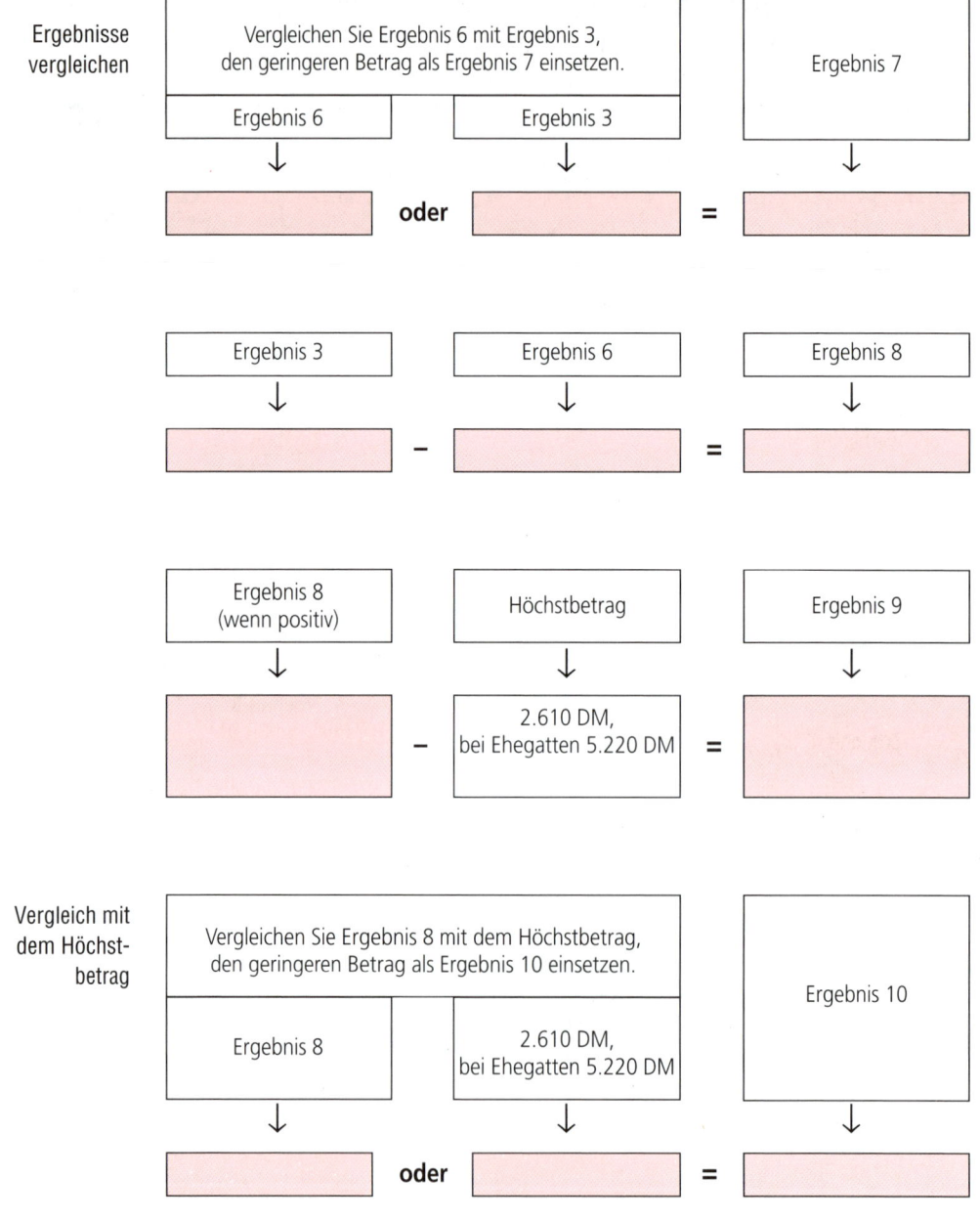

Vorsorgepauschale

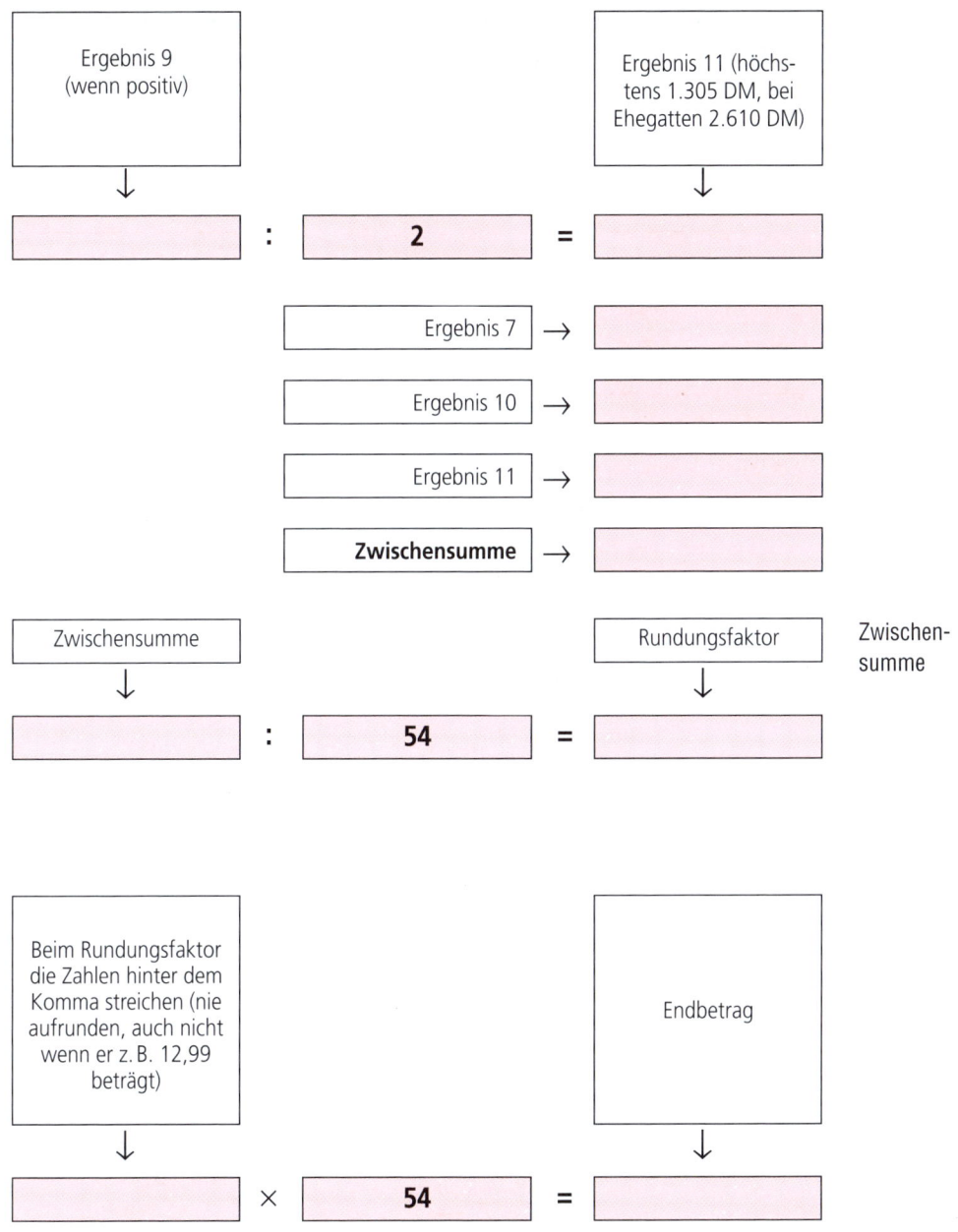

Rechnung, wenn der Arbeitnehmer nicht rentenversicherungspflichtig ist und bei Verheirateten der Ehegatte auch nicht

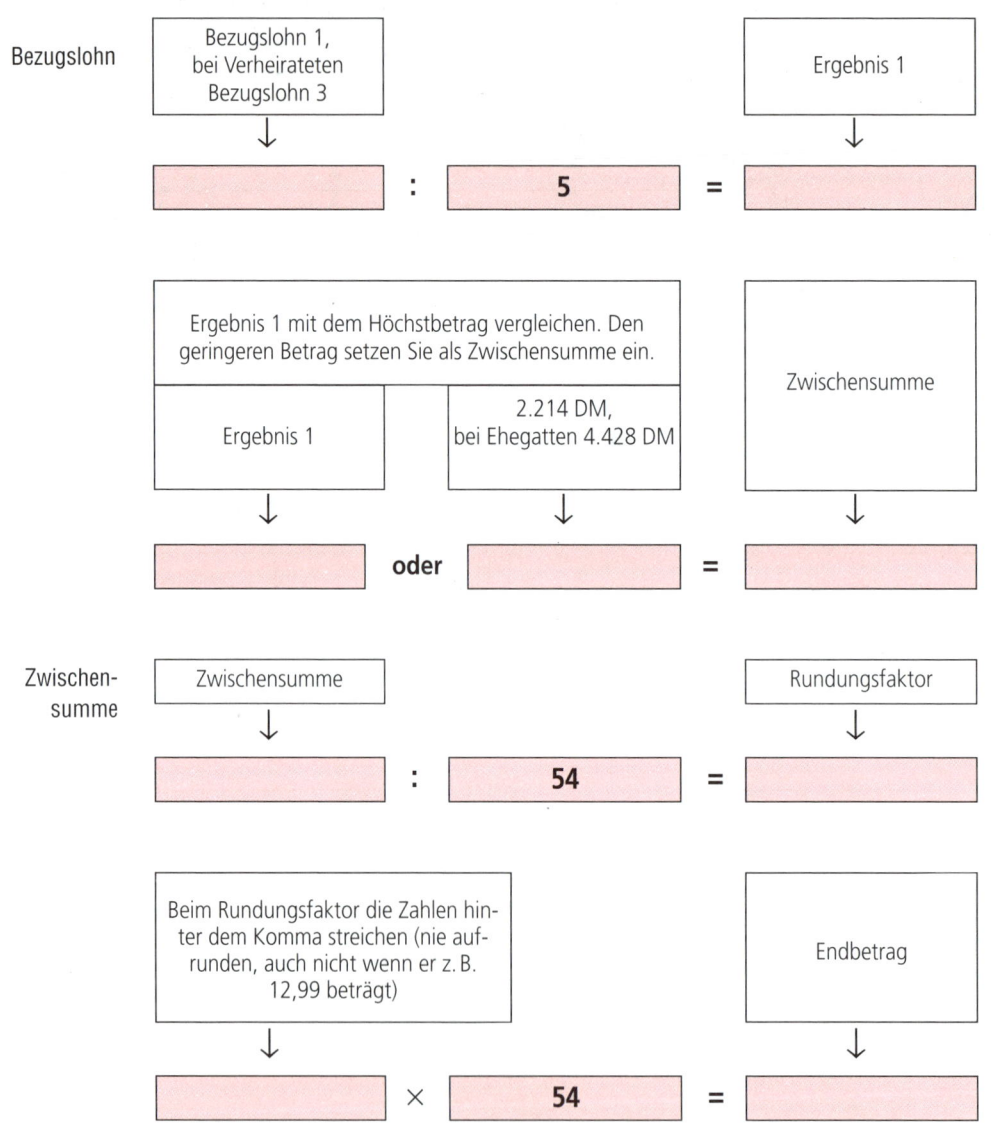

Vorsorgepauschale

Rechnung, wenn ein Ehegatte rentenversicherungspflichtig ist und der andere nicht

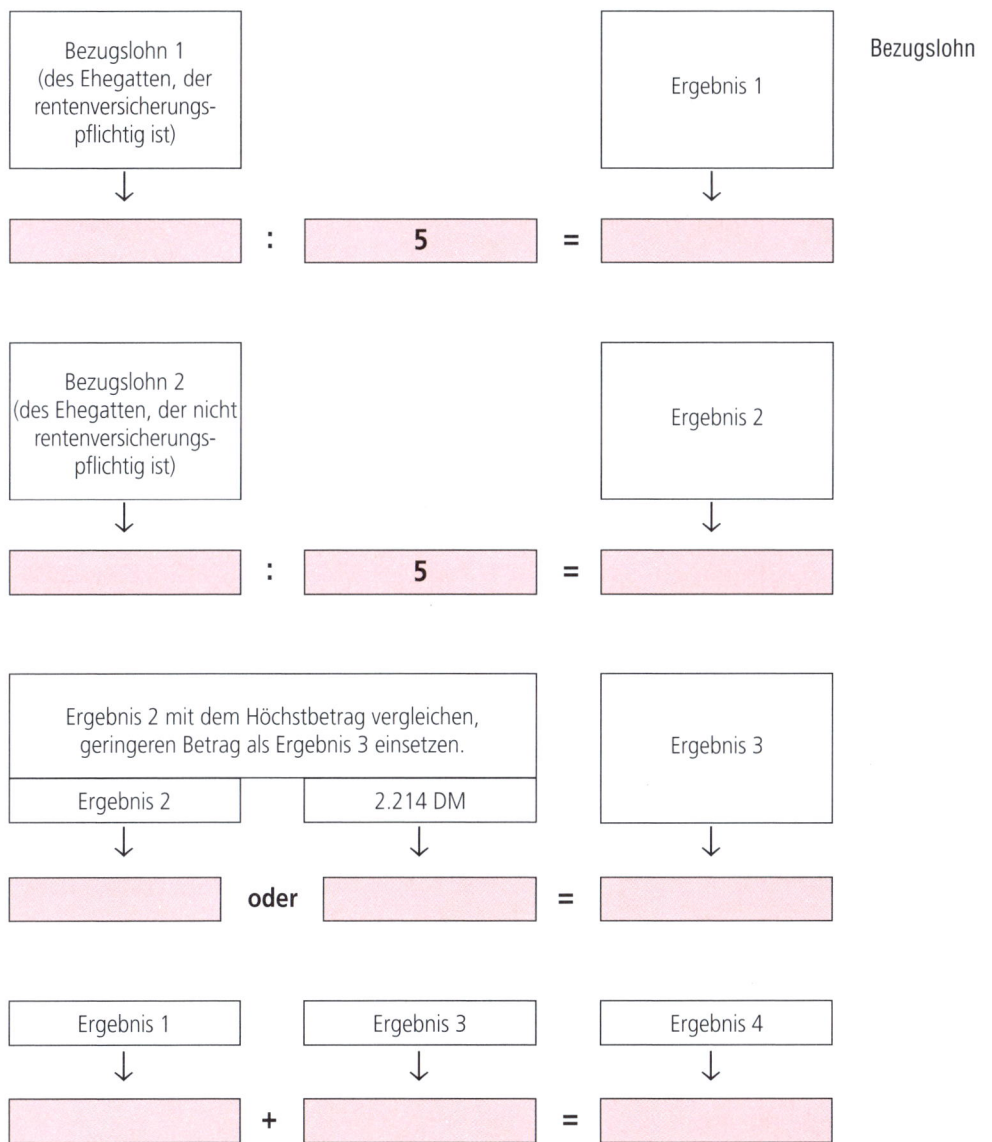

Kapitel 2: Der Mantelbogen

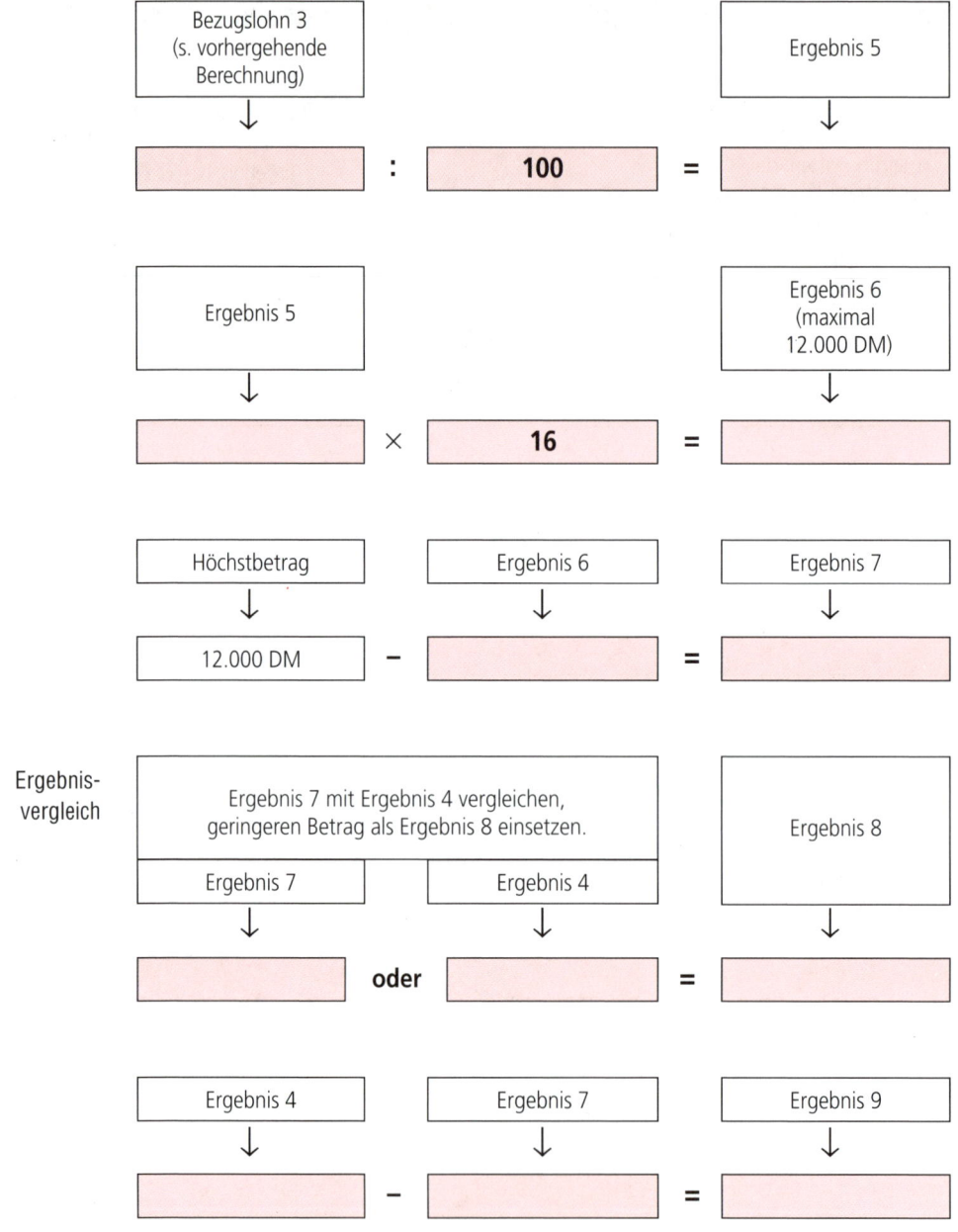

Vorsorgepauschale

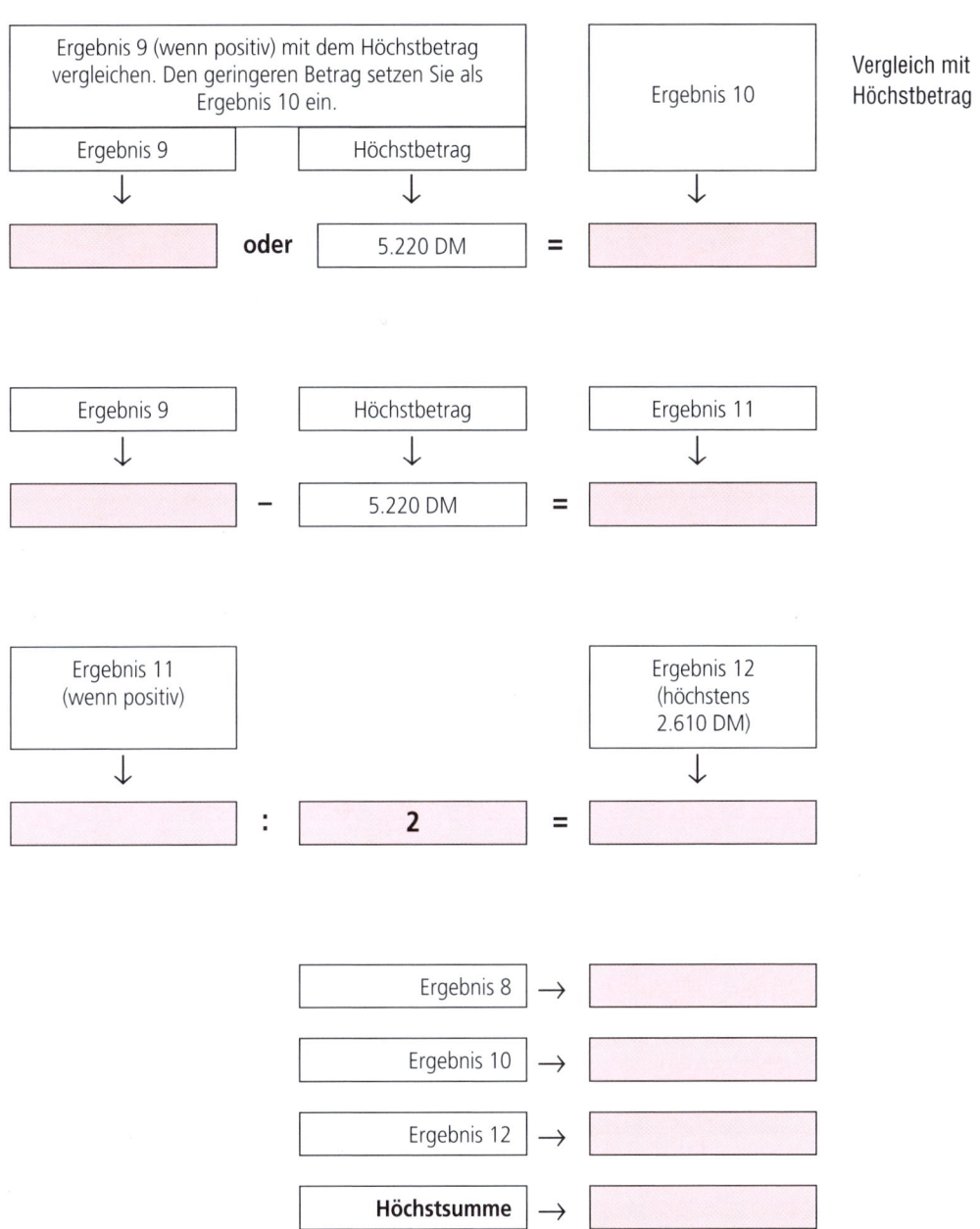

Kapitel 2: Der Mantelbogen

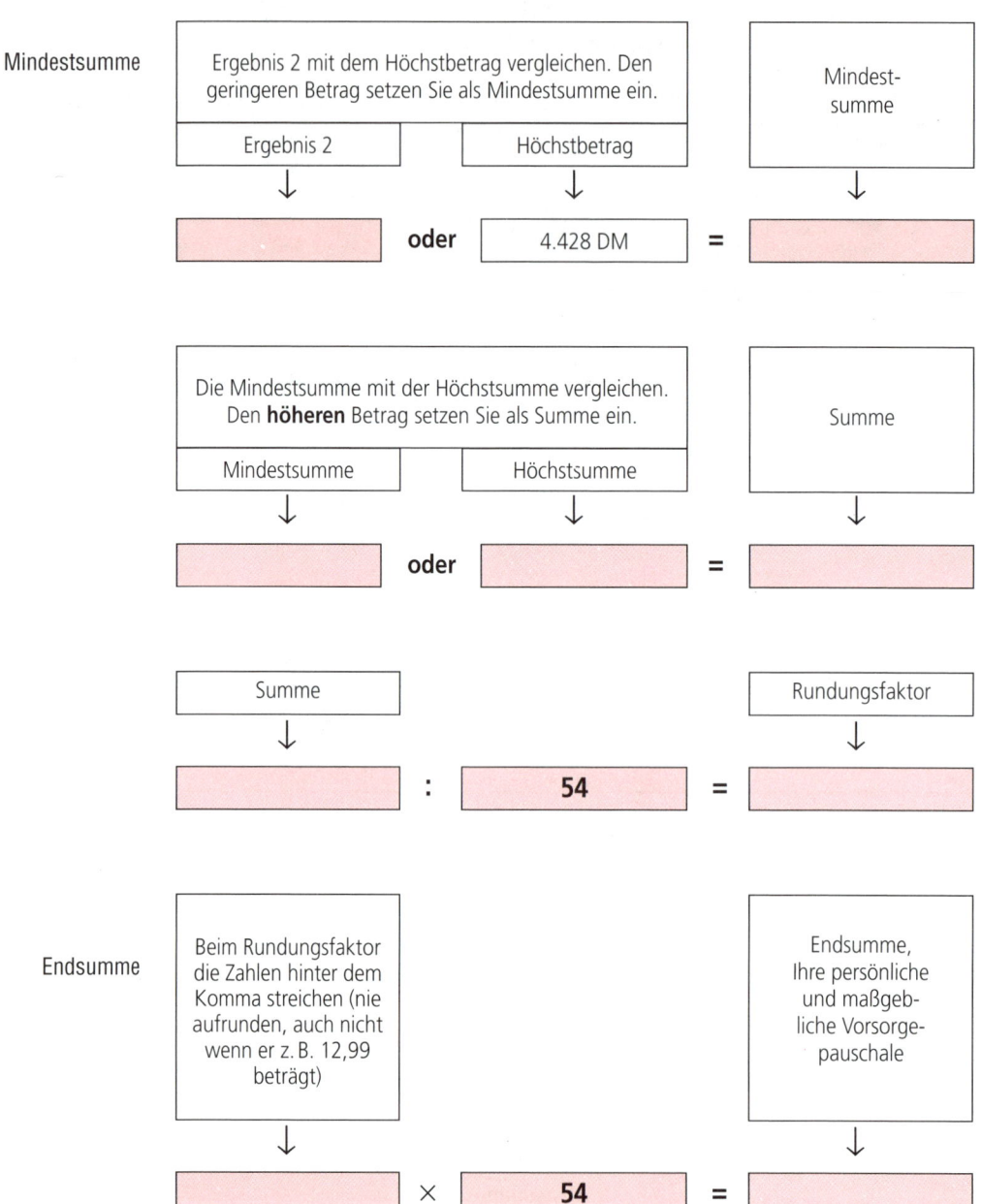

Übersicht über die Versicherungsbeiträge

Die Aufzählung Ihrer Versicherungsbeiträge
Der Raum auf dem Mantelbogen wird oft nicht ausreichen für alle erforderlichen Angaben, die das Finanzamt haben möchte. Und wenn Beiträge nicht für ganze Jahre gezahlt oder zwischenzeitlich erhöht wurden, geht sowieso die Übersicht verloren. Deshalb haben wir für Sie als Muster die folgende Vorlage vorbereitet, die Sie ausfüllen und Ihrer Einkommensteuererklärung für 2001 beifügen können.

Veränderte Beiträge

Anlage zur Einkommensteuererklärung für 2001

Steuerpflichtiger: _____

Steuernummer: _____

Freiwillige Rentenversicherung

Gesellschaft

Monatsbeitrag   Anzahl der Monate
     ↓   ↓
  [   ]   ×   [   ]   =   [   ]

Haftpflichtversicherungen

Gesellschaft

Monatsbeitrag   Anzahl der Monate
     ↓   ↓
  [   ]   ×   [   ]   =   [   ]

Kranken- und Pflegeversicherungen

Gesellschaft

Monatsbeitrag   Anzahl der Monate
     ↓   ↓
  [   ]   ×   [   ]   =   [   ]

Kapitel 2: Der Mantelbogen

Lebensversicherungen

Gesellschaft [   ]

[Monatsbeitrag]   [Anzahl der Monate]
       ↓   ↓
[   ] × [   ] = [   ]

Unfall- und Insassenunfallversicherungen

Gesellschaft [   ]

[Monatsbeitrag]   [Anzahl der Monate]
       ↓   ↓
[   ] × [   ] = [   ]

                              Summe   [   ]

Abziehbare Versicherungsleistungen	
Für wen lohnt sich in jedem Fall die Mühe, die Versicherungsbeiträge aufzulisten?	
Personengruppen	**Merkmale**
Sozialversicherungspflichtige Arbeitnehmer	Bruttolohn unter 32.000 DM (Ledige) oder 64.000 DM (Verheiratete
Unternehmer	Versicherungsleistungen abziehbar bis 11.220 DM (Ledige) oder 22.440 DM (Verheiratete)
Beamte und Pensionäre	Versicherungsleistungen abziehbar bis 5.220 DM (Ledige) oder 10.440 DM (Verheiratete)
Wichtig: Für sozialversicherungspflichtige Arbeitnehmer wirken sich zusätzliche Versicherungsbeiträge nur aus, wenn der Bruttolohn unter jährlich 32.000 DM bei Ledigen oder 64.000 DM für Verheiratete liegt.	

Sonstige beschränkt abzugsfähige Sonderausgaben, die keine Vorsorgeaufwendungen sind (nach § 10 EStG)

Unterhaltsleistungen Dieses sind zunächst einmal Unterhaltsleistungen an den geschiedenen oder dauernd getrennt lebenden Ehegatten (nach § 10 [1] Nr. 1 EStG); einzutragen in Formularzeile 75. Sie dürfen diese bis zu 27.000 DM jährlich mit Zustimmung des Unterhaltsempfängers (auf Anlage U) als Sonderausgaben abziehen. Hierzu zählt kein Kindesunterhalt.

Zeile 75

Unterhaltsleistungen

Kosten für ein hauswirtschaftliches Beschäftigungsverhältnis können Sie nach § 10 (1) Nr. 8 EStG in Höhe von 18.000 DM jährlich abziehen, wenn aufgrund des Beschäftigungsverhältnisses Pflichtbeiträge in die gesetzliche Rentenkasse eingezahlt werden. Es darf sich dabei nicht um ein geringfügiges Beschäftigungsverhältnis handeln. Leben zwei Alleinstehende in einem Haushalt zusammen, wird der Hausmädchenfreibetrag nur einmal gewährt. Für jeden vollen Kalendermonat, in dem die o. a. Voraussetzungen nicht vorgelegen haben, ermäßigt sich der Höchstbetrag um 1/12.

Zeilen 77–78

Hausmädchenfreibetrag

TIPP Unverheiratete Paare können für einen der Partner den Hausmädchenfreibetrag beanspruchen, sofern es sich um eine rentenversicherungspflichtige Tätigkeit handelt.

Für Ausbildungskosten, d. h. Aufwendungen für die Weiterbildung oder Ausbildung in einem z. Zt. nicht ausgeübten Beruf, können Sie bei Nachweis der Kosten jährlich bis zu 1.800 DM, bei auswärtiger Unterbringung sogar bis zu 2.400 DM (nach § 10 [1] Nr. 7 EStG) abziehen. Als Ausbildung gelten:
▶ Ausbildung für den ersten Beruf
▶ Ausbildung für einen weiteren Beruf (Umschulung)
▶ Universitäts- oder Fachhochschulstudium
▶ Promotion
▶ Kosten für das Abitur an einer Abendschule.

Zeilen 80–81

Aus- und Weiterbildung

Voraussetzung für den Abzug der Ausbildungskosten ist, dass Sie später die erlernten Fähigkeiten zur Erhaltung Ihrer Existenz auch beruflich anwenden wollen. Die Kosten sind abzugrenzen von den Fortbildungskosten, die immer im direkten Zusammenhang mit dem bereits ausgeübten Beruf stehen und als Werbungskosten unbeschränkt abzugsfähig sind.

Beispiel *Auszubildende können ihre Kurse als Sonderausgaben abziehen, ebenso ein Metzger, der nebenbei eine Heilpraktikerschule besucht. Dagegen kann ein Metzger die Kosten für die Meisterschule unbeschränkt als Fortbildungskosten (Werbungskosten) abziehen.*

Fortbildungskosten

Kapitel 2: Der Mantelbogen

Abzugsfähig sind hier die gleichen Kosten wie bei den Fortbildungskosten (siehe Kapitel 4, Werbungskosten, z. B. auch Arbeitszimmer), allerdings begrenzt auf die entsprechenden oben angegebenen Höchstbeträge.

Zeile 82

Schulgeld

Für Schulgeld (i. S. v. § 10 [1] Nr. 9 EStG) können Sie jährlich 30 Prozent des reinen Schulgeldes abziehen. Hierin enthalten sind keine Beherbergungs-, Betreuungs- und Verpflegungskosten. Es muss sich um eine staatlich anerkannte Ersatz- bzw. Ergänzungsschule im Inland handeln.

Zeilen 83–90

Mitgliederbeiträge und Spenden

Spenden werden nach § 10 b sowie 34 g EStG gefördert, wenn es sich um Ausgaben zur Förderung mildtätiger, kirchlicher, religiöser, wissenschaftlicher und der als besonders förderungswürdig anerkannten gemeinnützigen Zwecke sowie um Ausgaben an politische Parteien handelt.

Abzugsfähig sind bei Parteispenden und Zuwendungen an unabhängige Wählervereinigungen zusätzlich auch die Mitgliedsbeiträge.

Zeilen 83–86

Spenden an Stiftungen: Daneben können Spenden an Stiftungen bis 40.000 DM und Spenden in den Vermögensstock einer Stiftung innerhalb des ersten Jahres nach deren Gründung zusätzlich zu den übrigen Spenden mit 600.000 DM im Jahr der Zuwendung und in den neun folgenden Veranlagungsjahren abzugsfähig sein.

Die Höhe des Spendenabzuges

Der Abzug ist begrenzt und richtet sich nach der Höhe Ihres Gesamtbetrages der Einkünfte.

Spenden für kirchliche, religiöse und gemeinnützige Zwecke sind beschränkt auf bis zu fünf Prozent des Gesamtbetrages der Einkünfte (s. Kapitel 1) oder bis zu zwei Promille der Umsätze und der gezahlten Löhne und Gehälter.

Spenden für mildtätige, wissenschaftliche und anerkannt förderungswürdige kulturelle Zwecke können bis zu zehn Prozent des Gesamtbetrages der Einkünfte oder bis zu zwei Promille des Umsatzes und der gezahlten Löhne und Gehälter als Sonderausgaben abgezogen werden.

Überschreitet eine Einzelspende zur Förderung wissenschaftlicher, mildtätiger oder besonders förderungswürdig anerkannter kultureller Zwecke von mindestens 50.000 DM die genannten Höchstsätze, ist der übersteigende Betrag im Rahmen

Gesonderte Bescheide

dieser Höchstsätze im vorangegangenen Jahr und in den fünf nachfolgenden Kalenderjahren abzuziehen. Die Höhe der rück- und vortragsfähigen Spenden wird durch gesonderte Steuerbescheide einheitlich und gesondert festgestellt. Mitgliedsbeiträge und Spenden an politische Parteien (i. S. v. § 34 g EStG) können nur in den Fällen als Sonderausgaben abgezogen werden, als für sie nicht die Steuerermäßigung (i. S. v. § 34 g EStG) greift.

Für Parteispenden bis zu 3.000 DM (Verheiratete 6.000 DM) erhält jeder Steuerpflichtige eine Einkommensteuerermäßigung von 50 Prozent der Ausgaben über die Tarifermäßigung (nach § 34 g EStG). Überschreiten die Zuwendungen aber diese Beträge, so muss man den Mehrbetrag als Sonderausgabe (nach § 10 b [2] EStG) bis zu einem Höchstbetrag von wiederum 3.000 DM (bzw. 6.000 DM) berücksichtigen.

Zeilen 89–90
Parteispenden

TIPP Haben Sie sowohl an unabhängige Wählervereinigungen (Formularzeile 90) als auch an politische Parteien gespendet, dann können Sie die Höchstbeträge ggf. zweimal nebeneinander ausschöpfen.

Voraussetzung für den Spendenabzug

▶ Die Spendenbescheinigungen müssen vorliegen. Bei Beträgen bis zu 100 DM pro Spende genügt der Kontoauszug oder der Zahlungsbeleg.

▶ Seit 01.01.2000 können alle nach § 10b EStG begünstigten Körperschaften selbst die Spenden entgegennehmen und Spendenbescheinigungen ausstellen. Das System der Durchlaufspenden ist weggefallen. In der Anlage 1 zu § 48 ESTDV ist festgelegt, in welchen Fällen Spenden und Mitgliedsbeiträge oder nur Spenden steuerbegünstigt sind. Bei Zuwendungen an Körperschaften nach Anlage 1 Abschnitt B sind nur die Spenden, jedoch keine Mitgliedsbeiträge abzugsfähig. Es handelt sich hier um die Förderung des Sports, kultureller Betätigungen, die in erster Linie der Freizeitgestaltung dienen, Förderung der Heimatpflege und -kunde und von gemeinnützigen Zwecken nach § 52 Abs. 2 Nr. 4 der Abgabenordnung (Freizeitzwecke). Neu aufgenommen wurden in den Katalog der als besonders förderungswürdig anerkannten Zwecke die Förderung des Hochwasser- und Verbraucherschutzes, der Kriminalprävention und des Schutzes von Ehe und Familie.

Spendenbescheinigungen

▶ Bei Spenden an politische Parteien muss der Empfänger eine politische Partei sein, die die inhaltlichen Kriterien des § 2 Parteigesetz erfüllt. Bei Parteispenden über 40.000 DM hat der Steuerpflichtige den Nachweis zu führen, dass seine Spende im Rechenschaftsbericht verzeichnet ist.

Rechenschaftsbericht

Aufwendungen für Lose einer Wohlfahrtslotterie (z. B. Aktion Mensch) und Zuschläge bei Wohlfahrtsbriefmarken sind keine steuerlich abzugsfähigen Spenden.

Die unbeschränkt abzugsfähigen Sonderausgaben

Zeile 73

Rentenzahlungen (i. S. v. § 10 [1] Nr. 1 a EStG) Zahlen Sie an jemanden aus privaten (vertraglichen) Verpflichtungen heraus eine Rente (auf Lebenszeit oder für mindestens zehn Jahre), können Sie den Ertragsanteil dieser Zahlungen als Sonderausgaben in unbeschränkter Höhe bei der Steuererklärung geltend machen. Leibrenten stellen in der Regel gleich bleibende, auf Lebenszeit regelmäßig wiederkehrende zu erbringende Geldleistungen dar, die auf vertraglichen oder auch testamentarischen Verpflichtungen beruhen. Häufig werden auch so genannte Veräußerungsrenten

Leibrenten

Veräußerungs-rente gezahlt, die nach dem Willen der Vertragschließenden die Gegenleistung für die Übertragung eines Wirtschaftsgutes (z. B. Hausverkauf) darstellen.

Entscheidend für die steuerliche Anerkennung ist, dass sich Leistung und Gegenleistung in einem vernünftigen Verhältnis gegenüberstehen, das nach kaufmännischen Aspekten ermittelt wurde. In die Formularzeile 73 würden Sie dementsprechend zunächst den Jahresbetrag der Rentenzahlung eintragen. Da Sie jedoch diesen Betrag nicht voll als Sonderausgaben abziehen können, sondern nur den Ertragsanteil, kommt in die nächste Spalte der Prozentsatz des Ertragsanteiles. Der Ertragsanteil richtet sich immer nach dem Lebensalter des Berechtigten bei Beginn der Rentenzahlung. Er bleibt für alle Jahre gleich, vorbehaltlich einer gesetzlichen Änderung. Den Ertragsanteil können Sie anhand der folgenden Tabelle auf Seite 79 (lt. § 22 EStG) ermitteln.

Ermittlung des Ertragsanteils

Beispiel Ist der Rentenberechtigte (Zahlungsempfänger) bei Beginn der Rentenzahlung 60 Jahre alt, beträgt der Ertragsanteil z. B. 32 Prozent. Dies bedeutet für Sie als Rentenzahler, dass Sie die Zahlungen nur zu 32 Prozent als Sonderausgaben abziehen können, während der Rentenempfänger die Zahlungen aber auch nur zu 32 Prozent (nach § 22 EStG) versteuern muss.

Für besondere Fälle, in denen die Rente z. B. nur eine abgekürzte Leibrente darstellt und nicht auf Lebenszeit des Berechtigten gezahlt wird, gibt es die gesonderte Tabelle (siehe Seite 80–81) zur Ermittlung des Ertragsanteiles.

Dauernde Last (nach § 10 [1] Nr. 1 a EStG)

Zeile 74

Im Gegensatz zu Renten stellen dauernde Lasten wiederkehrende Leistungen in nicht gleich bleibender Höhe dar. Sie werden häufig aus besonderen privaten vertraglichen, oft auch erbrechtlichen Verpflichtungen heraus geleistet. Sie sind der Höhe nach nicht gleich bleibend, weil sie sich erstens nach dem Lebenshaltungskostenindex richten und zweitens nach den wirtschaftlichen Verhältnissen und Bedürfnissen des Berechtigten. Der Gesetzgeber hat hierfür besondere Vorschriften vorgesehen.

Privatvertragliche Leistungen

> **TIPP** Steuerlich ist die Zahlung einer dauernden Last günstiger, da die Leistungen (auch Sachwerte) voll als Sonderausgaben abzugsfähig sind. Die Zahlungen sind vom Empfänger voll zu versteuern (nach § 22 EStG).

Kirchensteuer Kirchensteuerzahlungen sind ebenso unbegrenzt als Sonderausgaben abzugsfähig. Diese bestehen aus:

Zeile 76
- ▶ Kirchensteuerbeträgen, die auf Ihrer/Ihren Lohnsteuerkarte/n enthalten sind und vom Arbeitgeber einbehalten werden
- ▶ Kirchensteuervorauszahlungen (vierteljährlich)
- ▶ Kirchensteuernachzahlungsbeträge für Vorjahre (im Antragsjahr gezahlt)

Ertragsanteil der Rente

Übersicht zu den normalen Ertragsanteilen von lebenslangen Renten

Vollendetes Lebensjahr des Rentenberechtigten bei Beginn der Rente	Ertragsanteil in Prozent	Vollendetes Lebensjahr des Rentenberechtigten bei Beginn der Rente	Ertragsanteil in Prozent
0–3	73	55	38
4–5	72	56	37
6–8	71	57	36
9–11	70	58	35
12–13	69	59	34
14–15	68	60	32
16–17	67	61	31
18–19	66	62	30
20–21	65	63	29
22–23	64	64	28
24–25	63	65	27
26–27	62	66	26
28	61	67	25
29–30	60	68	23
31	59	69	22
32–33	58	70	21
34	57	71	20
35	56	72	19
36–37	55	73	18
38	54	74	17
39	53	75	16
40	52	76	15
41–42	51	77	14
43	50	78	13
44	49	79	12
45	48	80–81	11
46	47	82	10
47	46	83	9
48	45	84–85	8
49	44	86–87	7
50	43	88	6
51	42	89–91	5
52	41	92–93	4
53	40	94–96	3
54	39	ab 97	2

Übersicht zu den besonderen Ertragsanteilen von befristeten Renten (§ 55 EStDV)

Lebensjahr zu Beginn des Rentenbezugs (vor dem 1.1.1955, wenn die Rente vor diesem Datum zu laufen begonnen hat: Ertragsanteil aus Tabelle S. 79 entnehmen)	Ertragsanteil in Prozent (vorbehaltlich linker Spalte)	Laufzeitbeschränkung der Rente ab Beginn des Rentenbezugs (ab dem 1.1.1955, wenn die Rente vor diesem Datum zu laufen begonnen hat) in Jahren
entfällt	0	1
entfällt	2	2
94	4	3
88	7	4
84	9	5
82	11	6
79	13	7
77	15	8
75	17	9
73	19	10
71	21	11
69	23	12
68	25	13
67	26	14
65	28	15
64	29	16
62	31	17
61	32	18
60	34	19
59	35	20
58	36	21
56	38	22
55	39	23
54	40	24
53	41	25
51	43	26
50	44	27
49	45	28

Lebensjahr zu Beginn des Rentenbezugs (vor dem 1.1.1955, wenn die Rente vor diesem Datum zu laufen begonnen hat: Ertragsanteil aus Tabelle S. 79 entnehmen)	Ertragsanteil in Prozent (vorbehaltlich linker Spalte)	Laufzeitbeschränkung der Rente ab Beginn des Rentenbezugs (ab dem 1.1.1955, wenn die Rente vor diesem Datum zu laufen begonnen hat) in Jahren
48	46	29
47	47	30
46	48	31
45	49	32
44	50	33
43	51	34–35
41	52	36
40	53	37
39	54	38
38	55	39–40
36	56	41
35	57	42
34	58	43–44
32	59	45
31	60	46–47
29	61	48–49
28	62	50–51
26	63	52–53
24	64	54
22	65	55–57
20	66	58–59
18	67	60–62
16	68	63–64
14	69	65–67
12	70	68–71
9	71	72–76
6	72	77–83
4	73	84–108
Ab hier gilt immer der normale Ertragsanteil		ab 108

Kapitel 2: Der Mantelbogen

Kirchensteuererstattung

Kirchensteuererstattungen mindern Ihre abzugsfähigen Sonderausgaben im Antragsjahr. Dies sind Erstattungen aufgrund eines Einkommensteuerbescheides im Antragsjahr oder einer rückwirkenden Herabsetzung Ihrer Vorauszahlungen.

Zeile 79

Steuerberatungskosten sind in unbegrenzter Höhe abzugsfähig, falls sie nicht Werbungskosten oder Betriebsausgaben darstellen, was wie bei allen Sonderausgaben zu prüfen ist. Bei Rechnungsbeträgen bis 1.000 DM muss das Finanzamt der Aufteilung des Steuerpflichtigen folgen. Höhere Rechnungsbeträge müssen nach Werbungskosten, Betriebsausgaben oder Sonderausgaben aufgeteilt werden.
Zu den Steuerberatungskosten gehören:

Arten von Steuerberatungskosten

- Rechnungen des Steuerberaters
- steuerliche Fachliteratur (auch Ihre Ausgabe für dieses Buch!)
- Fahrtkosten zum Steuerberater, entweder Fahrkarten oder die erhöhte Kilometerpauschale
- Porto wegen Versand der Unterlagen an den Steuerberater.

Zeile 91–94

Verlustabzug (i. S. v. § 10 d EStG): Verluste (negative Einkünfte) werden steuerlich berücksichtigt, sofern sie aus einer der in Kapitel 1 beschriebenen Einkunftsarten hervorgehen (§ 2 [1] EStG).
Es sind nur Verluste solcher Tätigkeiten als Sonderausgaben abzugsfähig, bei denen Sie die nachhaltige Gewinnerzielungsabsicht nachweisen können. Falls Sie in einer Einkunftsart Verluste erwirtschaftet haben, werden diese zunächst automatisch mit anderen positiven Einkünften des Antragsjahres verrechnet. Sind ansonsten jedoch keine positiven Einkünfte im Antragsjahr vorhanden, wird der verbleibende Verlust durch Feststellungsbescheid der Finanzverwaltung gesondert festgesetzt (Formularzeile 92). Die Verluste sind zunächst im Veranlagungsjahr 2000 bis zu einem Betrag von 1 Million DM vom Gesamtbetrag der Einkünfte vorrangig vor Sonderausgaben, außergewöhnlichen Belastungen und sonstigen Abzugsbeträgen abzuziehen.

Verlustrücktrag und Verlustvortrag

Hier sind jedoch die neuen gesetzlichen Regelungen der Mindestbesteuerung (§ 2 Abs. 3 EStG) zu beachten. Ein Verlustabzug, d. h. Verlustrücktrag bis zu 1 Million DM ins Vorjahr und Verlustvortrag in die folgenden Veranlagungsjahre ist nur noch innerhalb einer Einkunftsart unbegrenzt möglich.
Hat das Finanzamt für Sie oder Ihren Ehegatten auf den 31.12.2000 unter der jetzigen Steuernummer einen verbleibenden Verlustvortrag festgestellt, kreuzen Sie dies in Zeile 92 an. Dann wird der Verlustvortrag automatisch berücksichtigt. Wurden Sie für 2000 jedoch unter einer anderen Steuernummer veranlagt, müssen Sie zusätzlich die zum 31.12.2000 festgestellten verbleibenden Verlustvorträge auf der Anlage VA Seite 2 anführen.
Auf dieser Seite kreuzen Sie an, in welcher Höhe die in 2001 nicht ausgeglichenen Verluste auf das Jahr 2000 zurückgetragen werden sollen. Negative Einkünfte aus

Verlustabzug

Verlustzuweisungsgesellschaften nach § 2b EStG werden hier nicht berücksichtigt. Der Verlustrücktrag nach 2000 muss in einem gesonderten Formular (Anlage VA) beantragt werden, das zusammen mit der Einkommensteuererklärung 2001 abgegeben werden muss.

Zeile 94

Anlage VA zur Einkommensteuererklärung 2001

Verlustabzug

Antrag auf Beschränkung des Verlustrücktrags nach 2000

Die nicht ausgeglichenen negativen Einkünfte 2001 sollen in folgender Höhe nach 2000 zurückgetragen werden (ohne Einkünfte aus Gesellschaften / Gemeinschaften / ähnlichen Modellen i. S. d. § 2 b EStG):

Zeile		Steuerpfl. Person Ehemann DM	Ehefrau DM	99 32 VZ 2000
1	Einkünfte aus Land- und Forstwirtschaft	10	11	
2	Einkünfte aus Gewerbebetrieb (ohne gewerbliche Tierzucht / -haltung und gewerbliche Termingeschäfte)	12	13	
3	Einkünfte aus selbständiger Arbeit	14	15	
4	Einkünfte aus nichtselbständiger Arbeit	16	17	
5	Einkünfte aus Kapitalvermögen	18	19	
6	Einkünfte aus Vermietung und Verpachtung	20	21	
7	Einkünfte aus sonstigen Einkünften (ohne private Veräußerungsgeschäfte und Leistungen)	22	23	
8				
9	Einkünfte aus privaten Veräußerungsgeschäften	24	25	
10	Einkünfte aus Leistungen	26	27	
11				Besonderer Verrechnungskreis
12	Einkünfte aus gewerblicher Tierzucht / -haltung			50 - A -
13	Einkünfte aus gewerblichen Termingeschäften			51 - B -

Die nicht ausgeglichenen negativen Einkünfte 2001 aus Gesellschaften / Gemeinschaften / ähnlichen Modellen i. S. d. § 2 b EStG sollen nach Maßgabe des § 10 d Abs. 1 EStG in folgender Höhe in 2000 verrechnet werden:

		Steuerpfl. Person Ehemann DM	Ehefrau DM
14	Objekt, Finanzamt, Steuernummer		
15	Objekt, Finanzamt, Steuernummer		

Anlage VA – Verlustabzug – Aug. 2001

Kapitel 2: Der Mantelbogen

Verlustvortrag

Die folgenden Zeilen sind nur dann auszufüllen, wenn der verbleibende Verlustvortrag auf den 31. 12. 2000 für Sie oder Ihren Ehegatten unter einer anderen Steuernummer festgestellt worden ist.

Zeile	Der verbleibende Verlustvortrag auf den 31. 12. 2000 wurde festgestellt für			
16	die stpfl. Person / den Ehemann vom	Finanzamt, Steuernummer		Datum des Bescheids
17	die Ehefrau vom	Finanzamt, Steuernummer		Datum des Bescheids

		Steuerpfl. Person Ehemann DM	Ehefrau DM	99 32 VZ 2001
18	Einkünfte aus Land- und Forstwirtschaft	28	29	
19	Einkünfte aus Gewerbebetrieb (ohne gewerbliche Tierzucht / -haltung und gewerbliche Termingeschäfte)	30	31	
20	Einkünfte aus selbständiger Arbeit	32	33	
21	Einkünfte aus nichtselbständiger Arbeit	34	35	
22	Einkünfte aus Kapitalvermögen	36	37	
23	Einkünfte aus Vermietung und Verpachtung	38	39	
24	Einkünfte aus sonstigen Einkünften (ohne private Veräußerungsgeschäfte und Leistungen)	40	41	
25				
26	Einkünfte aus privaten Veräußerungsgeschäften	42	43	
27	Einkünfte aus Leistungen	44	45	
28				
29	Einkünfte aus gewerblicher Tierzucht / -haltung			
30	Einkünfte aus gewerblichen Termingeschäften			
31				
32	Einkünfte i. S. d. § 2 b EStG aus	Einkunftsart, Objekt		
33	Einkünfte i. S. d. § 2 b EStG aus	Einkunftsart, Objekt		
34				
35	Verbleibender Verlustvortrag für Verluste, die bis einschließlich 1998 entstanden sind	72	73	

Übersteigende Verluste

Können Sie einen Verlust im Entstehungsjahr nicht innerhalb derselben Einkunftsart ausgleichen, ist nur ein Verlustausgleich mit anderen Einkunftsarten (vertikaler Verlustausgleich) möglich. Ein Verlustabzug zwischen verschiedenen Einkunftsarten (z. B. Vermietung, Verpachtung, Gewerbebetrieb) ist nur noch bis 100.000 DM (Ledige) und 200.000 DM (Verheiratete) gegeben. Größere Verluste können nur bis 50 Prozent der verbleibenden positiven Einkünfte abgezogen werden. Nicht verrechenbare Beträge sind zunächst in das unmittelbar vorangegangene Kalenderjahr zurückzutragen. Dann noch verbleibende Verluste werden in die folgenden Kalenderjahre unbegrenzt vorgetragen. Der am Schluss eines Veranlagungsjahres verbleibende Verlustabzug wird vom Finanzamt getrennt nach Einkunftsarten festgestellt.

Nun wird es allerdings kompliziert: Zunächst wird das Verhältnis der positiven Einkünfte aus jeder Einkunftsart zur Gesamtsumme der positiven Einkünfte festgestellt. Danach wird das Verhältnis der negativen Einkünfte aus jeder Einkunftsart zur Gesamtsumme der negativen Einkünfte festgestellt. Ferner werden die positiven Einkünfte der einzelnen Einkunftsarten mit den Verlusten der einzelnen Einkunftsarten nach den zuvor errechneten Prozentzahlen bis zu insgesamt 100.000 DM, darüber hinaus bis zur Hälfte der dann noch verbleibenden positiven Einkünfte verrechnet. Noch nicht ausgeglichene Verluste fließen in den Verlustabzug nach § 10 d EStG. Dieser Verlustabzug ist dann nach demselben Berechnungsschema durchzuführen.

Übergangsregelung für entstandene Verluste

Sind Ihre negativen Einkünfte in 2001 nicht ganz ausgleichsfähig, können Sie einen Verlustrücktrag in 2000 der Höhe nach beschränken. Kreuzen Sie in Zeile 93 an, auf welchen Betrag der Verlustrücktrag beschränkt wird. Sollen die Verluste nur in den folgenden Veranlagungsjahren berücksichtigt werden, wird eine 0 eingetragen. Soll der Verlustrücktrag nur auf bestimmte Einkunftsarten begrenzt werden, kreuzen Sie die Zeile 94 an und füllen die Anlage VA aus.

Übergangsregelung

Wie funktioniert die Verlustverrechnung zwischen den Einkunftsarten?

Beispiel Herr Schlich (ledig) hat in 2001 Einkünfte aus nichtselbstständiger Tätigkeit in Höhe von 240.000 DM, Einkünfte aus Kapitalvermögen in Höhe von 7.000 DM (nach Freibetrag und Werbungskostenpauschbetrag) sowie Verluste aus Vermietung und Verpachtung in Höhe von 180.000 DM.
Steuerliche Folge: Abzugsfähig ist in 2001 ein Verlust von 173.500 DM (100.000 DM zuzüglich 1/2 von den verbleibenden positiven Einkünften von 147.000 DM). Der restliche Verlust von 6.500 DM geht in den Verlustabzug nach § 10 d EStG ein.

▶ Seite 4 des Mantelbogens

Außergewöhnliche Belastungen (agB) Hierunter versteht das Gesetz zwangsläufige, der Höhe nach außergewöhnliche private finanzielle Belastungen, denen sich der Steuerpflichtige nicht entziehen konnte (§§ 33–33 c EStG). Diese Aufwendungen werden auf Antrag des Steuerpflichtigen durch einen Abzug vom Gesamtbetrag der Einkünfte berücksichtigt. Das Steuerformular hat hier folgende Einteilung:
Freibeträge für Behinderte, Schwerbeschädigte (§ 33 b EStG) Behinderte haben bei dem Ansatz der außergewöhnlichen Belastungen für ihre Behinderung zwei Alternativen: Entweder sie weisen die tatsächlichen Kosten einzeln nach oder sie beantragen den Freibetrag. Behinderte können an dieser Stelle die Berücksichtigung ihrer Behinderung durch die Behindertenpauschbeträge (siehe unten) beantragen.

Kapitel 2: Der Mantelbogen

Dies gilt für den Steuerpflichtigen, seinen Ehegatten und eventuell steuerlich zu berücksichtigen Kinder. Tragen Sie sämtliche Namen ein, ebenso die entsprechenden Daten laut Schwerbehindertenausweis, den Sie in Kopie beifügen müssen.

Behindertenpauschbetrag (nach § 33 b [3] EStG, R 194 EStR)

Behinderungs-Grad	Pauschbetrag	Behinderungs-Grad	Pauschbetrag
25 und 30 %	600 DM	65 und 70 %	1.740 DM
35 und 40 %	840 DM	75 und 80 %	2.070 DM
45 und 50 %	1.110 DM	85 und 90 %	2.400 DM
55 und 60 %	1.410 DM	95 und 100 %	2.760 DM
Hilflose Behinderte nach Abs. 6 und Blinde			7.200 DM

Grad der Behinderung

Der Pauschbetrag für Behinderte wird bei Zusammenveranlagung auch zweimal gewährt. Voraussetzung dafür ist, dass die Ehepartner beide behindert sind.
Wenn ein Kind Anspruch auf einen Behindertenpauschbetrag hat, kann dieser auf die Eltern des behinderten Kindes übertragen werden. Dasselbe trifft auch auf den Hinterbliebenenpauschbetrag zu. Dieser beträgt gemäß § 33 b (4) EStG 720 DM, sofern laufende Hinterbliebenenbezüge bewilligt worden sind.
Geschiedene oder dauernd getrennt lebende Ehegatten können die Pauschbeträge für die Körperbehinderung ihrer Kinder auch in einem anderen Verhältnis als 50:50 durch einen gesonderten Antrag unter Angabe der Prozentsätze beantragen. Körperbehinderte (gemäß § 186–189 EStR), die einen Grad der Behinderung von mindestens 70 Prozent haben sowie geh- oder stehbehindert (Merkzeichen G) sind oder einen Behinderungsgrad von mindestens 80 Prozent aufweisen, können ferner Kfz-Kosten in angemessener Höhe als außergewöhnliche Belastung absetzen.

Hinterbliebenenpauschbetrag

Zeile 99

⚡ Blitzübersicht zu Kfz-Kosten für Behinderte

Grad der Behinderung	abzugsfähig
Mindestens 80 %	Ohne Nachweis 3.000 km à 0,58 DM Kilometerpauschale
Mindestens 70 % (Merkzeichen G) wesentl. Beeinträchtigung im Verkehr	Oder: Alle zurückgelegten Kilometer à 0,58 DM, wenn z. B. durch ein Fahrtenbuch belegt werden kann, dass die höhere Fahrleistung durch die Körperbehinderung bedingt war.
Gehbehinderte (Merk-.zeichen aG), Blinde (Merkzeichen Bl), Hilflose (Merkzeichen H)	Ohne Nachweis 15.000 km à 0,58 DM Kilometerpauschale; mehr als 15.000 km pro Jahr gelten auch mit Belegen als nicht angemessen. Taxifahrten sind nur unter Anrechnung der gefahrenen Kilometer auf den eigenen Pkw abzugsfähig.

Anerkennung von Kfz-Kosten

Kapitel 2: Der Mantelbogen

Behinderten-
pauschbetrag

> **TIPP** Die Kosten können auch berücksichtigt werden, wenn sie nicht beim Behinderten selbst, sondern beim Steuerpflichtigen entstanden sind, auf den der Behindertenpauschbetrag übertragen wurde. Der Behinderte selbst muss jedoch an den Fahrten teilgenommen haben.

Behinderte mit einem Grad unter 50, aber mindestens 25 Prozent erhalten nach § 65 EStDV den Freibetrag jedoch nur, wenn:
- Ihnen laut Gesetz Renten oder laufende Bezüge zustehen.
- Das Recht auf die Bezüge ruht.
- Der Anspruch auf Zahlung laufender Bezüge durch Kapitalabfindung ersetzt wurde.
- Die Körperbehinderung zu einer dauernden Einbuße der körperlichen Beweglichkeit geführt hat oder auf einer typischen Berufskrankheit beruht.

Änderung des
Behinderungs-
grads

> **TIPP** Ändert sich im Laufe des Jahres der Grad der Behinderung, steht Ihnen für das gesamte Jahr der Änderung der günstigere Freibetrag zu.

Schwerbehin-
dertenausweis

Was der Schwerbehindertenausweis mit der Steuererklärung zu tun hat
Die Kennzeichen auf der Rückseite des Schwerbehindertenausweises sind wichtig für die Höhe des Behindertenpauschbetrages.
Merkzeichen Bl und H Bei einem Merkzeichen Bl oder H (blind und ständig hilflos) wird ein Pauschbetrag von jährlich 7.200 DM gewährt. Dies betrifft Personen, die aufgrund ihrer Behinderung ständig auf fremde Hilfe angewiesen sind.
Merkzeichen G Bei einem Merkzeichen G (geh- und stehbehindert) können Sie die erhöhten Kfz-Kosten als außergewöhnliche Belastungen geltend machen. Soweit es sich nicht um Werbungskosten oder Betriebsausgaben handelt, gilt Folgendes:
Grad der Behinderung Steuerpflichtige mit einer Körperbehinderung von 80 Prozent oder einer Körperbehinderung von 70 Prozent und Merkzeichen G können pauschal pro Jahr 3.000 km à 0,58 DM ansetzen oder die durch die Behinderung veranlassten Fahrten bzw. Kfz-Kosten geltend machen, soweit sie nachgewiesen oder glaubhaft gemacht werden.

Erhöhte Kilo-
meterpauschale

Bei einem Grad der Behinderung von 70 oder von 50 Prozent und einem Merkzeichen G können für die Fahrten zwischen Wohnung und Arbeitsstätte und bei Familienheimfahrten die tatsächlichen Kosten oder die erhöhten Kilometerpauschalen (0,58 DM pro gefahrenen km) statt der Entfernungspauschale von 0,70/0,80 DM pro Entfernungskilometer geltend gemacht werden. Zum Nachweis sollten Sie alle Belege zu Kfz-Kosten aufbewahren, da vom Finanzamt oft geprüft wird, ob der Ansatz der erhöhten Kilometerpauschalen nicht zu einer unzutreffenden Besteuerung führt.

Merkzeichen aG, Bl und H Bei außergewöhnlich gehbehinderten Steuerpflichtigen (Merkzeichen aG), Blinden (Merkzeichen Bl) und Hilflosen (Merkzeichen H) können nicht nur die durch die Behinderung entstandenen unvermeidbaren Fahrten, sondern auch sämtliche Freizeitfahrten abgezogen werden, soweit sie glaubhaft gemacht werden. Hierbei wird eine Fahrleistung von jährlich bis zu 15.000 km als angemessen erachtet (BFH-Urteil vom 2.10.1992, BStBl 1993 II S. 286).
Diese Grundsätze gelten ebenfalls für ein behindertes Kind der Steuerpflichtigen. Auch in diesem erwähnten Fall werden pro gefahrenen Kilometer zur Zeit 0,58 DM anerkannt. Anstelle der Pauschbeträge für Körperbehinderung können auch die durch die Behinderung entstandenen tatsächlichen Kosten abzüglich der zumutbaren Eigenbelastung vom Gesamtbetrag der Einkünfte abgezogen werden. *Tatsächliche Kosten*

Freibetrag für Hinterbliebene

Personen, denen laufend Hinterbliebenenbezüge bewilligt sind, erhalten auf Antrag einen jährlichen Pauschbetrag von 720 DM, wenn die Bezüge geleistet werden: *Zeile 97*
▶ Nach dem Bundesversorgungsgesetz
▶ Nach den Vorschriften der gesetzlichen Unfallversicherung
▶ Nach den beamtenrechtlichen Vorschriften an Hinterbliebene wegen Tod eines Beamten bei Dienstunfall *Hinterbliebenenbezüge*
▶ Nach den Vorschriften des Bundesentschädigungsgesetzes über die Entschädigung für Schäden an Leben, Körper und Gesundheit.
Der Hinterbliebenenpauschbetrag wird auch gewährt, wenn statt der laufenden Bezüge eine Kapitalabfindung erfolgte.

Beschäftigung einer Haushaltshilfe wegen Alters oder Behinderung
Nach § 33 a (3) Nr. 1 können Steuerpflichtige oder deren nicht dauernd getrennt lebende Ehegatten nach Vollendung des 60. Lebensjahres oder wegen einer Krankheit des Steuerpflichtigen (oder seines Ehegatten/eines steuerlich relevanten Kindes) jährliche Aufwendungen bis zu 1.200 DM als außergewöhnliche Belastungen ansetzen. *Zeilen 100–101*

> **TIPP** Ab einer Schwerbehinderung von mindestens 45 Prozent können jährlich 1.800 DM berücksichtigt werden.
> Als Hilfe im Haushalt werden auch Rechnungen einer Gartenbaufirma anerkannt (FG Niedersachsen 09.11.2000, Az: 10 K 14/00).

Das Finanzamt berücksichtigt die Kosten jedoch nur bei Vorliegen des entsprechenden Nachweises, z. B. durch Eintragung des Namens und der Adresse der beschäftigten Person, da geprüft wird, ob die Person die Einkünfte auch versteuert. *Nachweis*

Kapitel 2: Der Mantelbogen

Zeilen 102–104

Heim- und Pflegeunterbringung Erwachsen einem Steuerpflichtigen wegen der Unterbringung in einem Heim oder zur dauernden Pflege Aufwendungen für Dienstleistungen, die mit einer Haushaltshilfe vergleichbar sind, dann können nach § 33 a (3) EStG folgende Pauschbeträge berücksichtigt werden:

Heimunterbringung
- Jährlich 1.200 DM, wenn der Steuerpflichtige oder sein nicht dauernd getrennt lebender Ehegatte in einem Heim untergebracht ist, ohne pflegebedürftig zu sein
- Jährlich 1.800 DM, wenn die Unterbringung zur dauernden Pflege erfolgt.

Sowohl der Freibetrag wegen Haushaltshilfe als auch wegen Heimunterbringung wird bei Ehegatten nur einmal gewährt, es sei denn, die Ehegatten sind aufgrund der Pflegebedürftigkeit eines der Ehegatten an einer gemeinsamen Haushaltsführung gehindert. Für jeden Kalendermonat, in dem die Voraussetzungen wegen Haushaltshilfe oder Heimunterbringung nicht vorgelegen haben, ermäßigen sich die Beträge jeweils um 1/12.

Zeilen 105–106

Pflegepauschbetrag (nach § 33 b [6] EStG) Ein Steuerpflichtiger kann für die Aufwendungen, die ihm für die Pflege einer Person erwachsen, die nicht nur vorübergehend hilflos ist, einen Pflegepauschbetrag von jährlich 1.800 DM als außergewöhnliche Belastungen geltend machen, wenn er für die Pflege keine Einnahmen (z. B. aus der Pflegeversicherung) erhält. Hilflos im Sinne des Gesetzes ist eine Person, die für die täglichen Dinge des Alltages ständig fremder Hilfe bedarf. Die Pflege muss im Inland entweder in der Wohnung des Steuerpflichtigen oder in der Wohnung des Behinderten erfolgen. Pflegen mehrere Personen eine pflegebedürftige Person, wird der Pauschbetrag aufgeteilt. Die Geltendmachung eines Pflegepauschbetrages beeinträchtigt die Pausch- oder Freibeträge der gepflegten Person nicht. Falls die Aufwendungen der pflegenden Person den Pauschbetrag übersteigen, können diese bei Nachweis als außergewöhnliche Belastung unter Abzug der zumutbaren Eigenbelastung angesetzt werden.

Hilflosigkeit

Merkzeichen H

> **TIPP** Eltern können für ein behindertes Kind mit dem Merkzeichen H (hilflos) den Pflegepauschbetrag von 1.800 DM jährlich geltend machen. Sie können aber auch die höheren Pflegekosten unter Abzug der zumutbaren Eigenbelastung nachweisen.

Zeilen 107–115

Unterstützung bedürftiger Personen (§ 33 a [1] EStG) Erwachsen einem Steuerpflichtigen Aufwendungen für den Unterhalt und eine etwaige Berufsausbildung einer gegenüber dem Steuerpflichtigen oder seinem Ehegatten unterhaltsberechtigten Person, können auf Antrag diese Aufwendungen bis 14.040 DM (Höchstbetrag) im Kalenderjahr vom Gesamtbetrag der Einkünfte abgezogen werden.

Unterhaltsaufwendungen — Der Empfänger der Unterhaltsaufwendungen kann auch eine Person sein, der wegen der Unterhaltsleistungen des Steuerpflichtigen zum Unterhalt bestimmte inländische öffentliche Mittel gekürzt worden sind. Dies bezieht sich hauptsächlich auf eheähnliche Gemeinschaften, in denen einem Partner Ansprüche auf Sozialhilfe oder Arbeitslosenhilfe gekürzt oder versagt wurden. Gesetzlich unterhaltsberechtigt ist z. B. die Mutter eines Kindes gegenüber dessen Vater bis zur Vollendung des dritten Lebensjahres des Kindes. Der Vater des Kindes kann auch gegen die Mutter einen Unterhaltsanspruch geltend machen, wenn er das Kind betreut. Gehört die unterhaltene Person zum Haushalt des Steuerpflichtigen, wird davon ausgegangen, dass diesem Unterhaltsaufwendungen von monatlich 1.170 DM entstehen.

> **Achtung:** Der Höchstbetrag von 14.040 DM wird gekürzt, wenn der Unterhaltsempfänger über eigene Mittel in Form von Einkünften oder Bezügen zum Lebensunterhalt verfügt, die 1.200 DM jährlich, abzüglich einer jährlichen Kostenpauschale von 360 DM, übersteigen. Außerdem darf er nur ein geringes Vermögen von höchstens 30.000 DM besitzen.

Minderung des Höchstbetrags — Voraussetzung für den Abzug ist, dass weder der Steuerpflichtige noch eine andere Person Anspruch auf einen Kinder- oder Betreuungsfreibetrag nach § 32 Abs. 6 EStG oder Kindergeld für die unterhaltene Person hat. Liegt das Einkommen der unterstützten Person bei einer Summe von über 1.200 DM jährlich, vermindert sich der abzugsfähige Unterhalt um den Betrag, den diese Einkünfte von 1.200 DM im Kalenderjahr übersteigen sowie um evtl. erhaltene öffentliche Zuschüsse (Bafög etc.).

Für welche Personen wird die Unterstützungsleistung steuerlich anerkannt?

Neben Eltern, Großeltern, Adoptiv- und Enkelkindern werden auch Unterstützungsleistungen an den Lebenspartner einer nichtehelichen Lebensgemeinschaft anerkannt, wenn diesem wegen des Zusammenlebens die öffentlichen Mittel gekürzt wurden und die Bedürftigkeit gemeinschaftsbedingt ist, z. B. wenn der eine Partner seine Erwerbstätigkeit aufgeben musste, um das gemeinsame Kind zu betreuen.

> **Wichtig:** Unterhaltsaufwendungen an den geschiedenen oder dauernd getrennt lebenden Ehegatten können ebenfalls nach § 33 a (1) EStG abgezogen werden, sofern der Abzug nach § 10 (1) Nr. 1 EStG (Sonderausgabenabzug, Realsplitting, s. Kapitel 13) ausscheidet. Hier gilt nur entweder oder, denn beides geht nicht!

Unterhaltsaufwendungen Geschiedener

Der Abzug der Aufwendungen ist nur noch möglich, wenn die Unterstützungsleistungen aufgrund einer gesetzlichen Unterhaltsverpflichtung erfolgen. Wenn mehrere Personen unterstützt wurden, sind die Angaben auf einer gesonderten Anlage aufzuführen.

Unterhalt von Angehörigen im Ausland

Angehörige im Ausland

Aufwendungen für den Unterhalt bedürftiger Angehöriger im Ausland können als außergewöhnliche Belastung abgezogen werden. Dies ist z.B. wichtig, wenn ein Ehegatte im Ausland lebt und hier nicht unbeschränkt steuerpflichtig ist. Für Auslandskinder wird seit 1994 im Inland der Kinderfreibetrag gewährt, wodurch der Abzug der Unterstützungsleistungen entfällt. Befindet sich das Kind jedoch in Berufsausbildung, und Sie erhalten keinen Kinderfreibetrag, so können Sie die Unterstützungsleistungen geltend machen. Die Berufsausbildung für Auslandskinder über 18 Jahren ist jedoch nachzuweisen.

Auch bei Auslandsunterstützungsleistungen ist bei den anrechenbaren eigenen Bezügen des Unterstützten ein Pauschbetrag von 360 DM abziehbar.

Bezüge, die im Inland Einkünfte wären, sind wie inländische Einkünfte zu ermitteln.

Abhebungsbescheinigung

Wichtig: Als Nachweis für die Unterstützungsleistungen ins Ausland reichen laut BFH-Urteil vom 3.6.87 (BStBl 1987 II, S. 675) Abhebungsbescheinigungen einer ausländischen Bank nicht aus. Es müssen Einzahlungsbelege bzw. Überweisungsbelege nach inländischen Anforderungen vorgelegt werden.

Ländergruppeneinteilung

Die Unterstützungsbedürftigkeit der im Ausland lebenden Person ist detailliert in amtlichen Bescheinigungen mit deutscher Übersetzung nachzuweisen. Für Unterstützungsleistungen ins Ausland gilt die so genannte Ländergruppeneinteilung, d.h., die Unterstützungsleistungen sind nur insoweit abziehbar, als sie den Verhältnissen des Wohnsitzstaates der unterstützten Person entsprechen.

Eventuell erfolgt eine Kürzung der Leistungen, die Sie als außergewöhnliche Belastungen geltend machen können.

Die Anrechnung der eigenen Einkünfte und Bezüge für die Unterstützung von Angehörigen im Ausland wird ebenfalls gedrittelt:

Ländergruppe	Einkünfte und Bezüge der unterstützten Person im Ausland werden angerechnet ab DM
I	1.200
II	800
III	400

Angehörige im Ausland

Übersicht zu Unterhaltszahlungen ins Ausland Anerkennung der Zahlungen bei Aufenthalt des Zahlungsempfängers im jeweils genannten Land			
Voll **(bis zu 14.040 DM)**	**zu zwei Dritteln** **(bis zu 9.360 DM)**	**zu einem Drittel** **(bis zu 4.680 DM)**	
Australien	Argentinien	Afghanistan	Macao (Port.)
Europäische Union	Bahamas	Ägypten	Madagaskar
Gibraltar	Bahrain	Angola	Malawi
Island	Barbados	Äquatorialguinea	Malaysia
Israel	Bermudas	Äthiopien	Malediven
Japan	Chile	Albanien	Mali
Kanada	China (Taiwan)	Algerien	Marokko
Katar	Hongkong	Angola	Mauretanien
Kuwait	Korea (Republik)	Armenien	Mauritius
Liechtenstein	Libyen	Aserbaidschan	Mazedonien
Monaco	Malta	Bangladesch	Moldawien
Neuseeland	Mexiko	Belize	Mongolei
Norwegen	Oman	Benin	Mosambik
San Marino	Saudi-Arabien	Bolivien	Myanmar (fr. Burma)
Schweiz	Singapur	Bosnien- Herzegowina	Namibia
Vereinigte Arabische Emirate	Slowenien	Botsuana	Nepal
Vereinigte Staaten	Südafrika	Brasilien	Nicaragua
	Zypern	Bulgarien	Niger
		Burkina Faso	Nigeria
		Burundi	Pakistan
		China (Volksrepublik)	Panama
		Costa Rica	Papua-Neuguinea
		Cote d'Ivoire	Paraguay
		Domenica	Peru
		Dominikanische Republik	Philippinen
		Dschibuti	Polen
		Ecuador	Ruanda
		El Salvador	Rumänien
		Eritrea	Russische Föderation
		Estland	Salomonen
		Fidschi	Sambia
		Gabun	Samoa

Voll (bis zu 14.040 DM)	zu zwei Dritteln (bis zu 9.360 DM)	zu einem Drittel (bis zu 4.680 DM)	
		Gambia	Senegal
		Georgien	Seychellen
		Ghana	Sierra Leone
		Guatemala	Simbabwe
		Guinea	Slowakei
		Guinea-Bissau	Somalia
		Guyana	Sri Lanka
		Haiti	Sudan
		Honduras	Surinam
		Indien	Swasiland
		Indonesien	Syrien
		Irak	Tadschikistan
		Iran, Islamische Republik	Tansania
		Jamaika	Thailand
		Jordanien	Togo
		Jugoslawien	Tonga
		Kamerun	Trinidad
		Kambodscha	Tobago
		Kap Verde	Tschad
		Kasachstan	Tschechische Republik
		Kenia	Tunesien
		Kirgisistan	Türkei
		Kiribati	Turkmenistan
		Kolumbien	Tuvalu
		Komoren	Uganda
		Kongo	Ukraine
		Korea	Ungarn
		Kroatien	Uruguay
		Kuba	Usbekistan
		Laos	Vanuatu
		Lesotho	Venezuela
		Lettland	Vietnam
		Libanon	Weißrussland
		Liberia	Kongo, Demokratische Republik
		Litauen	Zentralafrikanische Republik

Typische Unterhaltsleistungen

Unterhaltsleistungen sind nur insoweit als außergewöhnliche Belastung abzugsfähig, als sie die so genannte Opfergrenze von einem Prozent je volle 1.000 DM des Nettoeinkommens, höchstens jedoch 50 Prozent nicht übersteigen. Diese 50 Prozent sind um je fünf Prozent für den Ehegatten und für jedes Kind zu kürzen, höchstens um 25 Prozent. Die Opfergrenze entfällt allerdings bei Unterstützungsleistungen an Ehegatten oder Kinder.

Opfergrenze

Typische Unterhaltsleistungen Zu den Unterhaltsleistungen gehören alle Aufwendungen, die dazu geeignet sind, die laufenden Bedürfnisse des Unterhaltsberechtigten für seinen Lebensunterhalt zu befriedigen. Die Zuwendungen können in Bar- oder Sachleistungen bestehen, z. B. Kosten für Kleidung, Lebensmittel, Wohnung, Versicherungsbeiträge und sogar für Genussmittel in angemessenem Umfang.

Sachleistungen

Anrechenbare Beträge Hat die unterstützte Person eigene Einkünfte und Bezüge, die jährlich 1.200 DM übersteigen, wird der Höchstbetrag um den Betrag gekürzt, der 1.200 DM übersteigt.

Beispiel *Sie unterstützen Ihre Mutter, die 6.000 DM jährlich Sozialhilfe bezieht, mit 14.040 DM im Jahr. Diese Bezüge der Mutter übersteigen den Betrag von 1.200 DM abzüglich der Kostenpauschale von 360 DM um 4.440 DM. Ihr steuerlich anzusetzender Unterstützungsbetrag reduziert sich somit um 4.440 DM auf 9.600 DM.*

Als eigene Einkünfte der unterstützten Person gelten:

- Bei Arbeitnehmern der Bruttolohn abzügl. Werbungskostenpauschbetrag von 2.000 DM, und die Werbungskosten, die den Pauschbetrag von 2.000 DM übersteigen, können ebenfalls in Abzug gebracht werden.
- Falls die unterstützte Person das 64. Lebensjahr vollendet hat, wird ein Altersentlastungsbetrag von 40 Prozent der Einkünfte, max. jährlich 3.720 DM abgezogen.
- Ein eventueller Versorgungsfreibetrag kann nach § 19 (2) EStG in Höhe von 40 Prozent der Versorgungsbezüge, max. 6.000 DM jährlich, abgezogen werden.

Eigene Einkünfte

Hinsichtlich der Ermittlung der anzurechnenden Bezüge inkl. der Ausbildungsbeihilfen aus öffentlichen Mitteln für die unterhaltene Person darf aus Vereinfachungsgründen eine jährliche Pauschale von 360 DM abgezogen werden (Abschnitt 190 EStR).

Versorgungsfreibetrag

Weitere anrechenbare Bezüge

Als anrechenbare Bezüge des Unterhaltsempfängers gelten weiterhin steuerfreie Bezüge, die aber der Bestreitung des Lebensunterhalts dienen, z. B.:

- Bafög
- Sozialhilfe, sofern sie nicht zurückgezahlt werden muss
- Steuerfreie Versorgungsrenten

Nicht zur Kürzung der Unterhaltsbeträge zählen Bezüge, die der Unterhaltsempfänger zweckgebunden für die Abdeckung des über den üblichen Lebensunterhalt hinausgehenden Bedarfs erhält, wie z. B. Erziehungsgeld.

Sozialhilfe

Kapitel 2: Der Mantelbogen

> **Praxistipps zu den Unterstützungsleistungen**
>
> **Ausbildung:**
> Erhalten Sie für ein Kind keinen Freibetrag nach § 32 Abs. 6 EStG (Kinder- und Betreuungsfreibetrag s. Kapital 3)/kein Kindergeld, weil es seine Berufsausbildung nicht fortsetzen kann oder mehr als vier Monate zwischen den Ausbildungsabschnitten liegen, können Sie die Unterstützungsleistungen geltend machen. Dies gilt auch, wenn das Kind im Verlauf des Veranlagungsjahres die Berufsausbildung fortsetzt.
>
> **Weitere außergewöhnliche Belastungen:**
> Neben dem Höchstbetrag für Unterstützungsleistungen für Bedürftige können auch weitere allgemeine außergewöhnliche Belastungen nach § 33 EStG geltend gemacht werden. Dazu gehören z. B. Krankheits- und Heimkosten.

Unterbrechung der Berufsausbildung

Wehrdienstleistende

Zahlen Sie Unterstützungsleistungen an Ihren wehrdienstleistenden Sohn, so werden als eigene Einkünfte der Wehrsold, das Weihnachtsgeld sowie Unterkunft und Verpflegung mit den festgesetzten Sachbezugswerten angerechnet (die Sachbezugswerte entnehmen Sie den monatlichen Wehrsoldabrechnungen). Unterstützen Sie ihren Sohn allerdings nur für die Dauer des Wehrdienstes, dann zählt das Entlassungsgeld nicht zu den anrechenbaren Einkünften. Wurden die Unterstützungsleistungen von mehreren Personen gezahlt, wird der Höchstbetrag aufgeteilt.

Zeilen 116–119

Außergewöhnliche Belastungen i. S. v. § 33 EStG: Außergewöhnliche Belastungen allgemeiner Art können dann vom Gesamtbetrag der Einkünfte abgezogen werden, wenn es sich um zwangsläufige, der Höhe nach außergewöhnliche Kosten handelt, denen sich der Steuerpflichtige aus rechtlichen, tatsächlichen oder moralischen Gründen nicht entziehen konnte. Diese Kosten dürfen weder Werbungskosten noch Betriebsausgaben sein.

Außergewöhnliche Belastungen

Es handelt sich dann um größere Aufwendungen, wenn sie die Aufwendungen der überwiegenden Mehrzahl der Steuerpflichtigen mit gleichen Einkommens- und Vermögensverhältnissen sowie des gleichen Familienstandes übersteigen. Die Aufwendungen werden nur auf Ihren Antrag abgezogen. Sind die Aufwendungen aufgrund einer freiwilligen Handlung entstanden, verneint die Rechtsprechung den steuerlichen Abzug als außergewöhnliche Belastungen.

Kürzung der Aufwendungen Sämtliche nachfolgend noch aufgeführten und eigentlich dem Grunde nach abzugsfähigen Kosten werden gekürzt um:
- ▶ Erhaltene Zuschüsse, Erstattungen, Beihilfen. Diese Beträge müssen Sie selbst in die dafür vorgesehene (dritte) Spalte eintragen.
- ▶ Die zumutbare Eigenbelastung i. S. v. § 33 (3) EStG. Diese Kürzung nimmt das Finanzamt automatisch vor.

Zumutbare Eigenbelastung

Die Höhe der zumutbaren Eigenbelastung richtet sich nach Ihrem Familienstand, der Anzahl der steuerlich zu berücksichtigenden Kinder sowie Ihrem Gesamtbetrag der Einkünfte.

Zumutbare Eigenbelastung

	Höhe der zumutbaren Eigenbelastung (in Prozent vom Gesamtbetrag der Einkünfte)			
	ohne Kinder		mit Kindern	
bei Einkünften bis	Singles	Verheiratet-	1 oder 2	3 und mehr
30.000 DM	5 %	4 %	2 %	1 %
100.000 DM	6 %	5 %	3 %	1 %
über 100.000 DM	7 %	6 %	4 %	2 %

Beispiel Die Eheleute Schuh haben zwei Kinder. Für 2001 ergibt sich ein Gesamtbetrag der Einkünfte von 80.000 DM. Es sind im selben Jahr Krankheitskosten in Höhe von 6.000 DM entstanden. Laut der obigen Tabelle ergibt sich eine zumutbare Eigenbelastung von drei Prozent des Gesamtbetrages der Einkünfte. Die Eigenbelastung beträgt hier 2.400 DM, sodass Familie Schuh für 2001 3.600 DM Krankheitskosten als außergewöhnliche Belastung abziehen könnte. Wären in 2001 z. B. Krankheitskosten von nur 2.000 DM entstanden, wären die Kosten nicht abzugsfähig gewesen.

Krankheitskosten

Tragen Sie für einen Unterhaltsberechtigten außergewöhnliche Belastungen (i. S. v. § 33 EStG), so können Sie diese vom Gesamtbetrag der Einkünfte abziehen, wenn der Unterhaltsberechtigte nicht in der Lage ist, diese selbst zu tragen. Der Abzug erfolgt auch, wenn das Sozialamt den Unterhaltsverpflichteten mit diesen Kosten belastet (z. B. Krankheitskosten). Die Kosten sind immer in dem Jahr abzugsfähig, in dem sie gezahlt wurden, auch wenn das Rechnungsdatum anders lautet. Bereits erhaltene, aber auch zu erwartende Erstattungsbeträge, z. B. seitens der Krankenkasse sind bereits abzuziehen bzw. in der nächsten Spalte als Erstattung einzutragen.

TIPP Bitte listen Sie Ihre Aufwendungen detailliert auf einem gesonderten Blatt auf, und tragen Sie die Summe in das Steuerformular mit Hinweis auf die gesonderte Anlage ein. Fügen Sie die Einzelbelege als Nachweis bei.

Gesonderte Anlage

Getrennte Veranlagung Bei getrennter Veranlagung werden die Aufwendungen für außergewöhnliche Belastungen jeweils zur Hälfte berücksichtigt, falls keine andere Aufteilung beantragt wird. Dieser Prozentsatz wird auf dem Mantelbogen Seite 2, Zeile 47 eingetragen.

ABC der außergewöhnlichen Belastungen

Aidsbehandlung
ja, sofern es sich um Aufwendungen zur Linderung von Aids handelt.
nein, wenn die Infizierung bei Berufsausübung (Arzt, Krankenschwester) erfolgte, dann sind es Werbungskosten oder Betriebsausgaben.

Abfindungen
Erbfall oder Scheidung
nein, da die Zwangsläufigkeit fehlt. Kommt vor bei privaten Vermögensauseinandersetzungen (z. B. Erbfall oder Scheidung), betrifft nur die private Vermögensebene. Abfindungen können jedoch Werbungskosten oder Betriebsausgaben sein.

Abgaben
nein, z. B. Steuern und öffentliche Abgaben, es fehlt die Außergewöhnlichkeit.

Abmagerungskuren
nein, da keine unmittelbaren Krankheitskosten, es fehlt die Zwangsläufigkeit.

Adoptionskosten
nein, es fehlt die Zwangsläufigkeit, da es eine freiwillige Handlung ist.

Altersheim
Pflegebedürftigkeit
ja, entweder durch einen Pauschbetrag nach § 33 a (3) EStG oder bei Pflegebedürftigkeit (soweit sie nicht aus Altersgründen bedingt ist) durch einen Einzelnachweis der Kosten. Bei Auflösung des eigenen Haushaltes erfolgt hier eine Berücksichtigung der nachgewiesenen Kosten nach Abzug der Haushaltsersparnis von 39 DM täglich (1.170 DM monatlich, 14.040 DM jährlich).

Anonyme Alkoholiker
Therapie
ja, wenn die Teilnahme an den Gruppentreffen als therapeutische Maßnahme zur Heilung von Trunksucht medizinisch indiziert ist. Der Nachweis dieser Voraussetzung ist durch die Vorlage eines amtsärztlichen Zeugnisses vor Therapiebeginn zu erbringen, die die voraussichtliche Dauer dieser Therapie enthält (BFH-Urteil 13.2.1987 III R 208/81, BStBl. 1987, Teil II, S. 427).

Arbeitslosigkeit
Arbeitslosigkeit
ja, bei Rückzahlung von Schulden infolge der Arbeitslosigkeit.

Arznei- und Arztkosten
ja, falls eine ärztliche Verordnung erfolgt und die Ausgaben somit zwangsläufig sind.

nein, wenn es sich hierbei um kosmetische Operationen handelt, die nicht zwangsläufig sind – es sei denn, sie sind aus psychischen Gründen notwendig (z. B. wegen Verbrennungen nach Unfällen).

Psychische Gründe

Asbestsanierung
ja, soweit es sich um Aufwendungen zur Vermeidung oder Behebung gesundheitlicher Schäden durch eine Asbestverseuchung handelt und die Aufwendungen für die Sanierung keine Werbungskosten oder Betriebsausgaben darstellen.

Asthmakosten
ja, wenn der Nachweis erbracht werden kann, dass die Mehraufwendungen (z. B. Umzug in klimatisch günstigeres Gebiet) krankheitsbedingt ist. Hier ist ein ärztliches Attest vorzulegen (BFH-Urteil 26.6.92 III R 83/91, BStBl 1993, Teil II, S. 212).

Umzug

Auflagen (gerichtliche)
nein, es fehlt die Zwangsläufigkeit.
Aufwendungen zur Erfüllung von Auflagen und Weisungen sowie Kosten der Strafverteidigung sind bei einer Einstellung des Strafverfahrens nach § 153 a (2) StPO nicht als außergewöhnliche Belastungen zu berücksichtigen (BFH 19.12.95 III R 177/94, s. auch Prozesskosten, Verteidigungskosten).

Ausbildungskosten
nein, sind Sonderausgaben (bei eigener Berufsausbildung) oder bei Kindern durch Ausbildungsfreibetrag abgegolten.
Die Finanzierung der Ausbildung von Verwandten oder Verlobten ist nicht zwangsläufig, eventuell aber im Rahmen von Unterhaltszahlungen § 33 a (1) EStG abzugsfähig.
ja, wenn der Steuerpflichtige sich wegen Arbeitsunfähigkeit im bisherigen Beruf umschulen lassen muss, oder wenn Umschulungsmaßnahmen in den neuen Bundesländern wegen der besonderen Situation des Steuerpflichtigen unumgänglich sind, und sofern es sich nicht um Werbungskosten handelt.

Arbeitsunfähigkeit

Aussteuerkosten für Kinder
nein, sind nicht zwangsläufig.

Austauschschüler
nein, sind freiwillige Aufwendungen.

Auswanderungskosten
nein, da es freiwillige Aufwendungen sind.

Ayurveda-Behandlung
ja, wenn die medizinische Notwendigkeit künftig vor Beginn der Behandlung durch ein amtsärztliches Attest nachgewiesen wird. In zurückliegenden Fällen kann dieser Nachweis auch nachgeholt werden (BFH Az: III R 22/00).

Babyausstattung
nein, wenn es sich um Babykleidung oder Einrichtung handelt.
Entbindungskosten — **ja**, bei Entbindungskosten, diese zählen zu den Krankheitskosten.

Babysitter
nein, da nicht zwangsläufig.

Bad im eigenen Haushalt
ja, sofern es sich um Kosten für die Errichtung eines behindertengerechten Bades handelt und diese keine Werbungskosten bei Vermietung und Verpachtung sind (für *Behindertengerechtes Bad* Immobilienbesitzer, die Vermietungseinkünfte beziehen). Dies gilt auch für die Errichtung bzw. die Betriebskosten eines Bewegungsbades, dessen medizinische Notwendigkeit durch Vorlage eines amtsärztlichen Attestes nachgewiesen werden muss.

Badekur
ja, falls diese zur Linderung einer Krankheit notwendig ist nach Abzug evtl. Erstattungsbeträge Dritter (Krankenkassen, Beihilfen etc.). Die Kurbedürftigkeit ist vor Kur-
Kurantrag antritt durch ein amtsärztliches Attest nachzuweisen, aus dem die Notwendigkeit sowie die Dauer und die Art der Behandlung resultieren. Der Steuerpflichtige muss sich am Kurort in ärztliche Behandlung begeben. Der reine Kurantrag an eine gesetzliche Krankenversicherung reicht aus, wenn auf diesem von einem Vertrauensarzt vermerkt wurde, dass die Notwendigkeit der Kur zur Bewilligung von Zuschüssen geprüft wurde (BFH-Urteil 29.10.92, III R 232/90, BFH/NV 1993, S. 231). Abzugsfähig sind dann:
- ▶ Fahrtkosten zum Kurort in Höhe der öffentlichen Verkehrsmittel, bei Behinderten die tatsächlichen Kfz-Kosten bzw. erhöhten Kilometerpauschalen
- ▶ Arzt- und Kurmittelberechnungen in tatsächlicher Höhe
- ▶ Unterkunftskosten bei Privatquartieren in angemessener Höhe
- ▶ Verpflegungskosten von 20 Prozent nach Abzug der Haushaltsersparnis
Verpflegungskosten ▶ Bei hilflosen Steuerpflichtigen die Kosten für die Begleitperson.

Nicht abzugsfähig sind die Kosten für Besuchsfahrten zum kurenden Ehegatten.
nein, wenn es sich um eine reine Erholungsreise handelt.

Beerdigungskosten
ja, sofern eine moralische Verpflichtung zur Übernahme der Kosten besteht und die Kosten nicht aus dem Nachlass gedeckt werden können.

Beerdigungskosten

Anlage zur Einkommensteuererklärung für 2001

Steuerpflichtiger: _____

Steuernummer: _____

An das Finanzamt _____

Beerdigungskosten	
Kopien der Sterbeurkunde	
Kosten der Todesanzeigen	
Kosten für die Ruhestätte, den Grabstein	
Kosten für Sarg, Kränze und Blumen	
Rechnung des Bestattungsinstitutes	
Überführungskosten	
Vermerke in der Sterbeliste	

Zwischensumme =

Abzuziehende Beträge

Nachlasswert	
Sterbegeld aus der gesetzlichen Versicherung	
Sonstige Versicherungsleistungen, beispielsweise aus der Lebensversicherung	

Abzugssumme =

Zwischensumme ↓   Abzugssumme ↓   Endsumme ↓

☐ − ☐ = ☐

101

nein, wenn es sich um Aufwendungen für Trauerkleidung und Bewirtung der Trauergäste handelt. Reisekosten zur Beerdigung sind nicht abzugsfähig, auch nicht bei hohen Reisekosten zur Beerdigung eines Angehörigen (BFH 17.6.94, III R 42/93).

Befruchtung (künstliche)

Künstliche Befruchtung

nein, keine Zwangsläufigkeit (FG Münster EFG 93, S. 312).
ja, da die Aufwendungen im Gegensatz zu o. a. Urteil als Krankheitskosten anerkannt wurden (BFH 18.6.97 III R 84/96; BStBl 1997 II S. 805).

Behinderte

ja, s. Pflegepauschbetrag (§ 33 b EStG) sowie Fahrtkosten

Berufsausbildung

s. Ausbildungskosten

Berufswechsel

nein, wenn es sich um Werbungskosten oder Sonderausgaben handelt und keine Zwangsläufigkeit vorliegt.

Krankheit

ja, wenn der Berufswechsel krankheitsbedingt erfolgt und es sich nicht um Werbungskosten handelt, was aber meistens der Fall ist.

Besuchsfahrten

ja, wenn es sich um Besuchsfahrten zu einem für längere Zeit im Krankenhaus liegenden Ehegatten handelt, wenn der Besuch medizinisch indiziert ist und unmittelbar zur Heilung einer bestimmten Krankheit beitragen kann. Der Nachweis ist in Form eines Attestes seitens des behandelnden Arztes zu führen (BFH 2.3.84 VI R 158/80, BStBl 1984, Teil II, S. 484). Gleiches gilt für den Besuch eines durch Unfall schwerverletzten Lebensgefährten. Besuchsfahrten anlässlich einer längeren stationären Behandlung eines Kleinkindes unter einem Jahr sind als außergewöhnliche

Fahrten zu pflegebedürftigen Eltern

Belastung abzugsfähig. Ebenfalls abzugsfähig sind Fahrten zu pflegebedürftigen Eltern, wenn die Kosten den Aufwand für übliche Besuchsfahrten überschreiten. Bezüglich der Besuchsfahrten zum Pflegeheim einer krebskranken Mutter hat das Finanzgericht Düsseldorf mit Urteil vom 12.9.95 entschieden, dass bei einer Entfernung von 85 km 30 Besuche pro Jahr normal sind, sodass nur die Kosten für die darüber hinausgehenden Fahrten berücksichtigungsfähig sind.

nein, wenn es sich um Fahrtkosten von Kindern zu eventuell pflegebedürftigen Eltern handelt, es kann hier ggf. der Pflegepauschbetrag beansprucht werden. Nicht abzugsfähig sind Besuchsfahrten zu inhaftierten Ehegatten, Kindern, da sie mit dem Grundfreibetrag bzw. Kinderfreibetrag/Kindergeld abgegolten sind (BFH 23.5.90 III R 63/85, BStBl 1990, Teil II, S. 894, III R 145/854, BStBl 1990, Teil II, S. 895).

Betrugsverluste
nein, weil die Zwangsläufigkeit der Aufwendungen fehlt.

Bürgschaftskosten
nein, wenn die Übernahme der Bürgschaft freiwillig oder menschlich verständlich ist.
ja, wenn die Übernahme der Bürgschaft zwangsläufig und unanfechtbar ist, z. B. bei Übernahme von Krankheitskosten für nahe Angehörige.

Bürgschaftsübernahme

Darlehenskosten
ja, wenn es sich um einen zwangsläufigen Verzicht einer Darlehensforderung handelt.
nein, bei Verlust einer Darlehensforderung wegen Insolvenz des Schuldners.

Denkmalschutzkosten
nein, diese sind gegebenenfalls Werbungskosten aus Vermietung und Verpachtung.

Detektivkosten
ja, falls sie zur Abwehr einer Bedrohung erfolgen.
nein, wenn sie der Beschaffung von Beweismaterial im Scheidungsverfahren dienen (BFHE 114, 90, BStBl II, 75 11).

Diätkosten (Diätverpflegung, Diätgetränke)
nein, auch wenn die Diät ärztlich verordnet wurde. Dies gilt auch für Diätlebensmittel zur Unterstützung einer Heilbehandlung.

Diätverpflegung

Diebstahlverlust
nein, da es sich um einen Verlust auf der Vermögensebene handelt und es an den Aufwendungen fehlt.
ja, wenn es sich um gestohlenen Hausrat handelt (s. dort).

Doktortitel
nein, auch nicht bei nochmaliger Promotion eines Ausländers (BFHE 90, 29, BStBl III, 67, 789 sowie FG Düsseldorf EFG 78, 422). Es handelt sich dabei um Ausbildungskosten i. S. v. § 10 (1) Nr. 7 EStG.

Promotion

Doppelte Haushaltsführung
nein, da nicht zwangsläufig. Es können aber unter Umständen Werbungskosten sein.

Ehrenämter
nein, da nicht zwangsläufig.

Einbürgerung
nein, da nicht zwangsläufig.

Entbindungskosten
ja, wenn es sich um Krankheitskosten handelt wie beispielsweise Arzt-, Klinik-, Arzneimittelkosten etc.

Erbausgleichszahlungen
Erbschaft
nein, da es sich um Vorgänge auf der Vermögensebene und nicht auf der Einkommensebene handelt (BFH 12.11.93, III R 11/93). Gleiches gilt für die vorweggenommene Erbfolge.

Erholungsreise
nein, wenn es sich um eine Badekur handelt, die nur der Erhaltung der Gesundheit und der Arbeitskraft dient. Es sind in diesem Fall keine unmittelbaren Krankheitskosten (s. auch unter Badekur).

Fahrtkosten
nein, wenn es sich um Werbungskosten oder Betriebsausgaben handelt.
Krankheitskosten
ja, wenn die Fahrtkosten als Krankheitskosten zu qualifizieren sind (s. Besuchsfahrten). Bei einem Grad der Behinderung von 80 Prozent oder mindestens 70 Prozent und dem Merkzeichen G können entweder die durch eine Behinderung tatsächlich entstandenen nachgewiesenen Kosten (ohne Anschaffungskosten des Pkws) oder ohne Nachweis pauschal 3.000 km pro Jahr mit dem z. Zt. erhöhten Kilometersatz von 0,58 DM abgezogen werden.
Bei einem vorliegenden Merkzeichen aG für außergewöhnlich geh- und stehbehindert, wenn der Steuerpflichtige sich außerhalb des Hauses nur mit dem Kraftfahrzeug fortbewegen kann, sind nahezu alle Kfz-Kosten abzugsfähig.
Berechnungsmuster
Das gilt ebenfalls bei Privatfahrten bis einschließlich jährlich 15.000 km (siehe hierzu das Berechnungsmuster im Zusammenhang mit den Behindertenpauschbeträgen auf Seite 87).

Fluchthilfe
nein, wenn es sich um einen Freikauf handelt.
ja, wenn es sich um Aufwendungen für die Flucht eines Angehörigen aus einem anderen Staat handelt, für den unmittelbare Gefahr für Leib, Freiheit und Leben droht.
Die betroffene Person muss in diesem Fall allerdings zuvor als politischer Flüchtling anerkannt worden sein (FG Hessen EFG 78, 431, EFG 82, 593; FG Düsseldorf EFG 79, S. 335).

Frischzellenbehandlung
ja, wenn durch ein Attest vom Amtsarzt eindeutig nachgewiesen werden kann, dass die Behandlung der Heilung und Linderung einer Krankheit dient (BFH 17.7.81, VI R77/78, BStBl 1981, Teil II, S. 711).

Führerscheinkosten
ja, wenn es sich um Kosten für die Fahrerlaubnis Behinderter handelt. Diese können neben dem Behindertenpauschbetrag geltend gemacht werden. Gleiches gilt für die Aufwendungen des Führerscheins, die Eltern wegen eines schwer geh- und stehbehinderten Kindes tätigen.

Führerschein

Geburt
ja, s. Entbindung

Geldbußen, Geldstrafen
nein, wenn diese von einem deutschen Gericht verhängt werden.
ja, wenn diese von einem ausländischen Gericht erfolgen und nach deutschem Recht als offensichtlich ungerecht erscheinen (FG Bremen 21.12.79, I 135/78 EFG 1980, S. 183).

Strafe

Getrenntleben (Mehrkosten)
nein, da nicht zwangsläufig.

Grabstätte
ja, s. Beerdigungskosten, soweit es sich um die Grabstätte eines Angehörigen handelt und die Kosten nicht aus dem Nachlass gezahlt werden können.

Gruppentherapie
ja, wenn die Teilnahme an der Therapiegruppe eine medizinisch gebotene Behandlung darstellt. Die Notwendigkeit ist dabei stets durch ein amtsärztliches Attest nachzuweisen (s. Anonyme Alkoholiker, BFH 13.2.87, III R 208/81, BStBl II, S. 427).

Therapie

Haartransplantation
ja, wenn eine psychiatrische Behandlung vorangeht (FG Baden-Württemberg EFG 79, 125).

Haartoupet
ja, wenn es sich um die Krankheit des kreisrunden Haarausfalles handelt, somit unmittelbare Krankheitskosten vorliegen und sich die Krankenkassen an den Kosten beteiligen (FG Düsseldorf 18.1.83, XI 298/82).

Hausgehilfin
ja, s. Pauschbetrag § 33 a (3) EStG

Hausrat
nein, sind private Lebenshaltungskosten (§ 12 EStG).

Wiederbeschaffungskosten
ja, wenn es sich um Wiederbeschaffungskosten von Hausrat handelt, da dieser durch ein unabwendbares Ereignis wie Brand, Diebstahl, Hochwasser, Kriegseinwirkung, Vertreibung oder politische Verfolgung verloren ging und keine Versicherung eintritt. Dies gilt jedoch nicht, wenn auf einer Urlaubsreise Kleidungsstücke entwendet wurden. Diese Beträge erkennt das Finazamt auf jeden Fall an, bei Nachweis können auch höhere Beträge engesetzt werden:
- ▶ Für den Steuerpflichtigen .... 21.000 DM
- ▶ Für seinen Ehegatten .... 14.000 DM
- ▶ Für jede weitere Person, die im Haushalt lebt .... 5.800 DM

Nichtbeanstandungsgrenzen

> **TIPP** Diese Werte stellen Nichtbeanstandungsgrenzen dar. Es können deshalb bei Nachweis auch höhere Kosten berücksichtigt werden, sofern das schädigende Ereignis nicht länger als fünf Jahre zurückliegt. Es darf sich aber nicht um Luxusgegenstände handeln, die zur Führung eines Haushaltes üblicherweise nicht notwendig sind.

Hochwasserkosten
ja, (s. Katastrophenschäden), soweit keine Werbungskosten oder Betriebsausgaben.

Hochzeit
nein, keine Aufwandsentschädigung, da es sich um freiwillige Handlungen handelt.

Hörgeräte, Hörbatterien
ja, falls ärztlich verordnet (s. Krankheitskosten).

Internat
nein im Falle eines gesunden Kindes, denn dann sind die Kosten für den Internatsaufenthalt des Kindes i. S. v. § 10 (1) Nr. 9 EStG Sonderausgaben (s. auch Ausbildungsfreibetrag § 33 a [2] EStG).

Ausbildungsfreibetrag
ja, wenn es sich um Internatsunterbringung wegen Krankheit eines Kindes handelt, sofern die Internatsunterbringung zur Linderung der Krankheit nachweislich unabdingbar ist und der Schulbesuch anlässlich der Heilbehandlung nebenbei erfolgte (BFHE 169, 43, BStBl II 93, S. 212). Der Abzug wird verneint bei Internatsunterbringung eines drogenabhängigen Kindes, um dieses aus der Szene zu entfernen.

Katastrophenschäden (Erdbeben, Hochwasser, Überschwemmung, Sturm, Hagel)
ja, da der Steuerpflichtige sich diesen Ereignissen nicht entziehen kann und wenn keine anderweitige Kostenerstattung erfolgt (z. B. durch Versicherungen).
nein, sofern es sich z. B. um die Instandsetzung eines durch Blitzschlag beschädigten Hauses handelt, da der Steuerpflichtige sich gegen Blitzschlag hätte schützen können (Versicherung) und das Ereignis nicht unabwendbar war.

Blitzschlag

Kleidung
nein, da Kosten der privaten Lebensführung oder evtl. Werbungskosten oder Betriebsausgaben. Der Abzug wird auch verneint, wenn es sich um Aufwendungen handelt, die wegen extremer Körpermaße getätigt wurden, selbst wenn diese nach einer Krebserkrankung und den dadurch entstandenen psychischen Belastungen erfolgten (BFH/NV 86, 285 und 88, 438, nicht veröffentlicht).

Klimakur
nein, wenn die Klimakur nur dazu dient, die Krankheit alleine durch den Klimawechsel zu beheben.
ja, wenn die Klimakur Krankheiten wie Neurodermitis oder Schuppenflechte beheben oder lindern soll (Erlass FM Niedersachsen 1.4.86, FR 86, S. 322).

Neurodermitis

Konkurs (des Schuldners)
nein, da es sich in diesem Fall um Vermögenseinbußen beim Gläubiger handelt.

Kosmetische Operationen
ja, wenn sie infolge psychischer Erkrankungen erfolgten und unumgänglich sind (FG Ba-Wü EFG 79, S. 125).

Psychische Erkrankung

Kraftfahrzeugkosten
ja, s. Fahrtkosten

Krankheitskosten
ja, da sie zwangsläufig sind; es muss sich um unmittelbare Aufwendungen handeln, die der Linderung oder Heilung von Krankheiten dienen. Diese können sein:
▶ Arztkosten, auch Zahnarztkosten
▶ Heilpraktikerkosten
▶ Krankenhaus- und Operationskosten
▶ Medikamente und Hilfsmittel
▶ Kosten für technische Geräte, z. B. zur Bestrahlung, Inhalation
▶ Massagekosten

▶ Orthopädische Kosten
▶ Fahrtkosten zum Arzt/Krankenhaus
▶ Parkgebühren wegen Arztfahrt/Krankenhaus
(s. hierzu Muster für die Anlage zur Steuererklärung auf S. 109).
nein, wenn es sich um Aufwendungen handelt, die nur der Vorbeugung oder der Erhaltung der Gesundheit dienen.

Fachliteratur Nicht abzugsfähig ist medizinische Fachliteratur, mit der man sich selbst über seine Krankheit informieren will.

Kuraufwendungen
ja, s. Badekuren, Klimakuren

Lärmschutz (von Grundstückseigentümern)
nein, u. U. handelt es sich um Werbungskosten oder Betriebsausgaben.

Legasthenie
ja, wenn die Aufwendungen Krankheitskosten darstellen, wenn die Lese- und Rechtschreibschwäche zu schweren psychischen Erkrankungen wie z. B. einer Neurose

Neurose rose führt, die mit diesen Aufwendungen geheilt werden soll (BFHE 169, 37, BStBl II 93, 278).
nein, wenn die Legasthenie mit keiner psychischen Erkrankung (Neurose) verbunden ist, da die Kosten mit den verschiedenen Vorteilen wie Kinderfreibetrag, Kindergeld und Ausbildungsfreibetrag abgegolten seien. (Falls legasthenische Kinder in Privatschulen gefördert werden sollen, siehe Privatschule.)

Lösegeld
ja, wenn es für die Freilassung von Geiseln bezahlt wird.

Maklerkosten
Berufliche **nein,** wenn ein Umzug aus privaten Gründen erfolgte. Bei beruflichen Gründen
Gründe sind es bei Vermittlung von Mietobjekten Werbungskosten oder Betriebsausgaben.
ja, wenn der Umzug aus Krankheitsgründen erfolgte und daher zwingend notwendig war.

Massagen
ja, falls ärztlich verordnet (s. Krankheitskosten).

Medizinische Fachliteratur
nein, da es sich dabei nicht um unmittelbare Krankheitskosten handelt (BFH 24.10.95, III R 106/93).

Krankheitskosten

Anlage zur Einkommensteuererklärung für 2001

Steuerpflichtiger: _____

Steuernummer: _____

An das Finanzamt _____

Anlage Krankheitskosten

| Kosten bei Benutzung des eigenen Pkws |

tatsächliche Kosten (s. Anlage Kfz-Kosten) ☐
oder pauschale Kosten:

Zurückgelegte Kilometer
↓
Kilometer für Fahrten zum Arzt
↓
☐ × 0,58 DM = ☐

Kilometerpauschale
↓

Zurückgelegte Kilometer für Fahrten zur Apotheke
↓
☐ × 0,58 DM = ☐

Zurückgelegte Kilometer für Fahrten zum Krankenhaus
↓
☐ × 0,58 DM = ☐

Zurückgelegte Kilometer für Fahrten zur Massage
↓
☐ × 0,58 DM = ☐

Kapitel 2: Der Mantelbogen

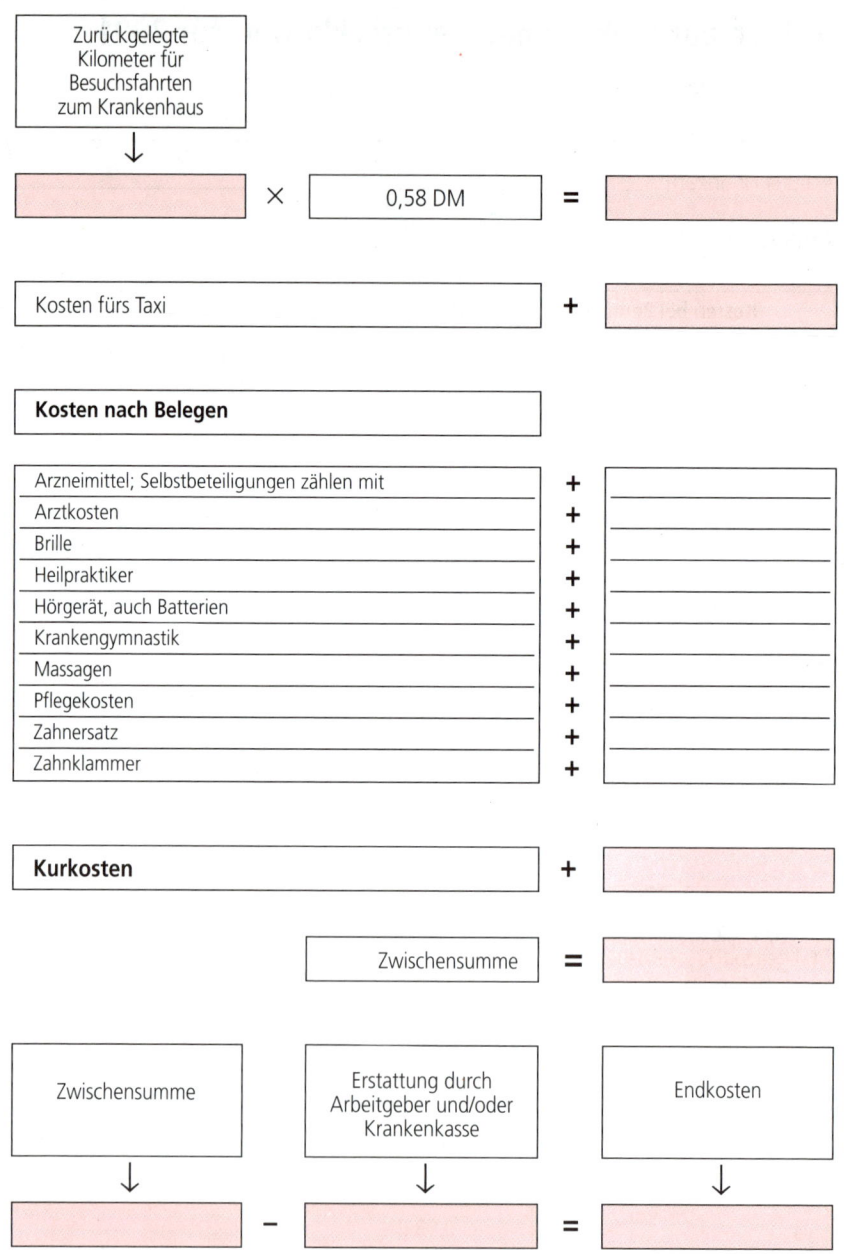

Mietkaution
nein, auch nicht, wenn diese verloren geht.

Nachhilfestunden (bei Kindern)
nein, eventuelle Nachhilfestunden sind mit den steuerlichen Entlastungen für Kinder abgegolten.
ja, Nachhilfestunden werden als außergewöhnliche Belastung angesehen, falls es sich um Krankheitskosten handelt, die beispielsweise durch einen krankheitsbedingten Umzug und den dadurch resultierenden Schulwechsel erfolgten.   *Schulwechsel*

Nachlassverbindlichkeiten
ja, falls es sich um zwangsläufige Kosten handelt, die nicht aus dem Nachlass gedeckt werden können, z. B. noch offene Rechnungen des Verstorbenen für Miete, Strom, Arztrechnungen etc.
Die Zwangsläufigkeit muss zusätzlich in der Person des Erben begründet sein, das heißt, es sollte ein nahes Verwandtschaftsverhältnis zum Verstorbenen bestanden haben.

Neurodermitis
ja, das betrifft alle hiermit zusammenhängenden Ausgaben und Krankheitskosten (siehe auch Klimakur).

Optikerrechnung
ja, s. Krankheitskosten
nein, wenn nicht in Verbindung mit Sehschwächen, also z. B. keinesfalls für Sonnenbrillen.   *Sonnenbrillen*

Orthopädie
ja, falls ärztlich verordnet (s. Krankheitskosten).

Pflegeheim
ja, s. Altersheim

Parkgebühren
ja, falls sie bei Fahrten zu Ärzten oder zum Krankenhaus anfallen (siehe Krankheitskosten).   *Krankenhaus*

Patenschaft
nein, ist freiwillig. Eventuell Sonderausgaben bei Patenschaften in die Dritte Welt (Spenden).

Pilgerfahrt
Wallfahrten — **nein,** nicht zwangsläufig; auch nicht, wenn die Fahrt Linderung einer Krankheit verspricht.

Privatschule
nein, nicht zwangsläufig.
ja, falls es sich um krankheitsbedingte Aufwendungen handelt.
Anerkannt werden Aufwendungen für Blinden- und Taubstummenschulen sowie für ein an Asthma erkranktes Kind in einem Oberschulinternat. Das gilt besonders in den Fällen, wenn der Aufenthalt aus klimatischen Gründen zur Heilung einer Krankheit unabdingbar ist und wenn der Privatschulbesuch nur anlässlich dieser Heilbehandlung nachrangig erfolgt (BFH 26.6.92, III R 83/91, BStBl II 1993, S. 212). Gleiches gilt für die

Heilbehandlung — Unterbringung eines legastheniekranken Kindes, wenn die Legasthenie nachgewiesenermaßen Krankheitswert hat (BFH vom 26.6.92, BStBl II 1993, S. 278).

Promotion
nein, s. Doktortitel

Prozesskosten (Gerichts- und Anwaltskosten)
nein, als nicht außergewöhnliche Belastung werden Kosten in einem Strafverfahren betrachtet, das mit einer Verurteilung endet.
Bei teilweisem Freispruch erfolgt jedoch eine Aufteilung der abzugsfähigen Kosten.

Zulassung zum Studium — Ebenfalls nicht bei Klage vor dem Verwaltungsgericht auf Zulassung zum Studium, denn diese Kosten sind bereits mit dem Ausbildungsfreibetrag abgegolten und nicht bei Zivilprozessen, egal ob dabei für Sie die Kosten als Kläger oder als Beklagter entstehen.

Ausnahme:
Der Steuerpflichtige kann sich aus rechtlichen, sittlichen oder tatsächlichen Gründen dem Prozess nicht entziehen.
ja, bei unabwendbaren Prozessen wegen Unterhaltsklagen, Unterhaltsabänderungsklagen, Scheidungsprozessen, Prozess wegen Krankheitskosten (z. B. Kunstfehlerprozesse).

Psychotherapie/Psychoanalyse/Selbsterfahrungsgruppen
ja, sofern die Teilnahme vorher ärztlich verordnet wurde.

Reisekosten
ja, s. Besuchsreisen

Rentenversicherungsbeiträge bzw. Nachzahlungen
nein, sind Sonderausgaben.

Schadenersatz
nein, bei Schäden, die grob fahrlässig verursacht wurden; das gilt ebenso bei Schäden, die der Steuerpflichtige unverschuldet verursacht hat (lt. BFHE 111, 65, BStBl II, 74 105).
ja, wenn beispielsweise die Fahrt mit dem Pkw zwangsläufig war (z. B. Krankenfahrten) und beispielsweise auch Unfallkosten (verschuldet oder unverschuldet) entstehen (FG Düsseldorf EFG 80, S. 284), falls es keine Werbungskosten oder Betriebsausgaben sind.

Unfallkosten

Schalldämmfenster
nein, s. Lärmschutz

Scheidungskosten
ja, da diese zu den zwangsläufigen Kosten zählen.
Hierzu gehören sämtliche
- Anwaltskosten
- Gerichtskosten
- evtl. Notarkosten wegen Scheidungsfolgenverträgen
- Gutachterkosten zur Bewertung des Vermögens wegen Zugewinnausgleichsermittlung
- Kosten im Zusammenhang mit dem Sorgerecht für Kinder
- Kosten, die der Steuerpflichtige aufgrund einer vom Gericht übernommenen Vereinbarung der Ehegatten zahlt.

Sorgerecht

nein, bei Kosten der Vermögensauseinandersetzungen als Folge der Ehescheidung, da diese nicht zwangsläufig sind (z. B. Umzugskosten, Einrichtungskosten für neue Wohnung).
Nicht berücksichtigt werden auch Kosten, die abweichend von der gerichtlichen Entscheidung freiwillig übernommen werden.

Schulgeld
nein, gehört in der Regel zu den Sonderausgaben.
ja, wenn Krankheitskosten (s. Privatschule).

Schuldzinsen
ja, wenn kein wirtschaftlicher Zusammenhang mit einer bestimmten Einkunftsart besteht, die Kosten also weder Werbungskosten noch Betriebsausgaben sind und die Schuldaufnahme zwangsläufig erfolgte.
Dies trifft insbesondere auch auf die Fälle zu, wenn man sich diesen Aufwendungen aus moralischen oder tatsächlichen Gründen nicht entziehen konnte (BFH 6.4.90, III R 60/88, BStBl II, S. 958).

Kredite

Schwangerschaftsabbruch
ja, bei medizinischer oder sozialer Indikation, die eine Zwangslage voraussetzt, falls die Krankenkasse die Kosten nicht übernimmt.

Sport
Privatvergnügen **nein,** ist in der Regel Privatvergnügen.
ja, wenn durch eine ärztliche Bescheinigung nachgewiesen werden kann, dass die Ausübung einer bestimmten Sportart der Linderung oder Heilung einer Krankheit dient.
Aus der ärztlichen Bescheinigung müssen unbedingt Art und Umfang der Sportart hervorgehen.
Der Sport muss unter ärztlicher Aufsicht, ansonsten unter Leitung einer Krankengymnastin durchgeführt werden.

Studium
nein, denn ein Studium fällt unter Sonderausgaben (Ausbildungskosten, siehe Berufsausbildung).
Unterstützungsleistungen Unterstützungsleistungen an Geschwister zur Finanzierung eines Studiums können nicht nach § 33 EStG abgezogen werden, da die Zwangsläufigkeit fehlt (BFH 11.11.88, III 262/83, BStBl 1989, S. 280).

Sturmschaden
nein, s. Katastrophenschäden

Tierhaltung
nein, denn es fehlt die Zwangsläufigkeit.
Durch die Tierhaltung entstandene Schadensaufwendungen sind insbesondere auch dann nicht abzugsfähig, wenn die Tierhaltung zwangsläufig war und man die entstandenen Schäden selbst tragen musste, weil kein Versicherungsschutz bestand.

Todesfall
ja, s. Beerdigungskosten

Trinkgelder
Nichtanwendungserlass **nein,** keine Zwangsläufigkeit, auch nicht für Krankenhaus- oder Pflegepersonal (lt. Nichtanwendungserlass des Finanzministers)

Umschulung
ja, in Einzelfällen (s. Berufsausbildung)

Umstandsmoden
nein, diese Kosten können nicht abgesetzt werden, da nicht außergewöhnlich.

Umzugskosten
nein, da diese privat veranlasst wurden. Es besteht auch dann keine Abzugsfähigkeit, wenn die Wohnung einem Mieter (z. B. wegen Eigenbedarf) gekündigt wurde (BFHE 125, 263, BStBl II 78, S. 526, BFHE 115, 259, BStBl II 75/482), oder wenn es unter Werbungskosten oder Betriebsausgaben läuft.
ja, wenn der Umzug aus Krankheitsgründen (für den Steuerpflichtigen oder andere Haushaltszugehörige) zwingend erforderlich ist, beispielsweise weil ein Rollstuhlfahrer in eine für ihn günstiger zu erreichende Erdgeschosswohnung ohne Treppenaufstieg umzieht. Private Gründe für den Umzug müssen völlig ausgeschlossen sein.

Rollstuhlfahrer

Unfallkosten
ja, wenn es sich um die Beseitigung eigener gesundheitlicher Schäden und somit um Krankheitskosten handelt oder wenn es sich um die Beseitigung von nicht vorsätzlich oder grob fahrlässig verursachten Drittschäden handelt.
nein, dies betrifft die Fälle, in denen es sich um die Beseitigung von eigenen Sachschäden handelt (siehe auch Schadenersatz).

Sachschäden

Unterhalt
nein, nur i. S. v. § 33 a (1) EStG (Unterstützungsleistungen) oder als Sonderausgaben nach § 10 (1) Nr. 1 EStG (Unterhalt an geschiedenen oder dauernd getrennt lebenden Ehegatten).

Urlaub
nein, ist nie zwangsläufig, auch nicht bei Mehrkosten für Rückflug, wenn der Veranstalter in Konkurs gegangen ist.

Vaterschaftsklage
ja, wenn der Prozess nicht leichtfertig geführt wird, sind Gerichts-, Gutachter- und Rechtsanwaltskosten abzugsfähig (FG Berlin 15.01.2001, Az: 9 K 9469/00).

Vergebliche Zahlungen
nein, diese zählen keinesfalls zu den zwangsläufigen Aufwendungen. Das gilt insbesondere auch in den Fällen, wenn der Steuerpflichtige wegen Betrugs Zahlungen für einen Grundstückserwerb geleistet hat (BFH 19.5.95, III R 12/92; BStBl II, S. 774).

Betrug

Verlobung (Geschenke, Feierlichkeiten)
nein, keine Zwangsläufigkeit.

Versorgungsausgleich (bei Scheidung)
nein, da private Aufwendungen (BFHE 139, 524, BStBl II 84, S. 106).

Verteidigungskosten
ja, in Einzelfällen (siehe auch Prozesskosten). Entstehen den Eltern Verteidigungskosten für ihr Kind, das wegen eines Kapitalverbrechens angeklagt ist, sind die Kosten in angemessenem Rahmen auch dann abzugsfähig, wenn das Kind verurteilt wird oder wenn es schon volljährig ist (FG Rheinland-Pfalz 22.2.83, 2 K 45/85, EFG 1983, S. 608).
Als außergewöhnliche Belastung wird der Freispruch eines Angeklagten angesehen, falls diesem Kosten auferlegt werden.

Kapitalverbrechen

Wasserschaden
ja, (siehe auch Katastrophenschäden) falls das Wohnzimmer durch Verschulden Dritter überschwemmt wird und Schadenersatzforderungen nicht durchsetzbar sind. Dann können die Reparatur- und Wiederherstellungskosten als außergewöhnliche Belastung abgezogen werden, wenn sie der Höhe nach außergewöhnlich sind und der beschädigte Vermögensgegenstand von existenziell wichtiger Bedeutung ist (BFH 6.5.94, III R 27/92, BStBl 1995, Teil II, S. 104).

Wiederherstellungskosten

Wehrdienst
nein, Zahlungen zur Abgeltung des Wehrdienstes sind keine außergewöhnlichen Belastungen (BFHE 146, 233, BStBl II 86, S. 459).

Zugewinnausgleich
nein. Da es sich um die Aufteilung des gemeinsam erworbenen Vermögens handelt, fehlt es an Aufwendungen i. S. v. § 33 EStG. Es sind keine existenziell notwendigen privaten Aufwendungen.

Gemeinsam erworbenes Vermögen

Zweitwohnung
nein, sind evtl. Werbungskosten oder Betriebsausgaben.

Zwillinge
nein, die Mehrkosten sind bereits durch Kindergeld/Kinderfreibeträge abgegolten (BFHE 98, 162, BStBl II 70, S. 242).

> **TIPP** Da bei allen außergewöhnlichen Belastungen i. S. v. § 33 EStG die zumutbare Eigenbelastung abgezogen wird, ist die steuerliche Entlastung um so größer, je mehr Aufwendungen in einem Jahr zusammengelegt werden.

Abzug außergewöhnlicher Belastungen

⚡ Blitzübersicht zu den außergewöhnlichen Belastungen mit Abzug von zumutbarer Eigenbelastung

Grundsätzlich werden bei allen absetzbaren Kosten die zumutbare Belastung sowie die Erstattungen von Versicherungen, Krankenkassen, Arbeitgebern und ferner Behörden abgezogen.

Außer für Zeile 6 können auch Kosten zugunsten von Ehegatten, Kindern oder Eltern ohne oder mit nur geringem Einkommen oder Vermögen anerkannt werden.

Für Zeile 11 gilt: Verpflegungskosten werden aufgrund Haushaltsersparnis um 20 % gekürzt, höchstens aber um 6 DM pro Tag.

Für Zeile 3 sind außerdem die besonderen Erlasse und Verfügungen der jeweiligen Landesfinanzverwaltungen zu beachten.

	Aufwendungen	Voraussetzungen	Belege	Abzugsfähige Kosten
1.	Aids-Therapie		wie Zeile 15	
2.	Arzneien und Rezeptgebühren	Müssen vom Arzt oder Heilpraktiker verschrieben sein	Quittungen, Belegheft (Unterschrift des Apothekers), Rezepte	Kosten für Medikamente, Stärkungsmittel und Rezeptgebühren nach Belegen
3.	Beseitigung von Schadstoffen wie Asbest, Formaldehyd und Holzschutzmitteln. Stoffe, die als gesundheitsgefährdend gelten	Ärztliches Attest und Gutachten über eingetretene oder als wahrscheinlich angenommene Beeinträchtigungen der Gesundheit. Bei Ausgasungen Gutachten von amtlichen oder amtlich anerkannten technischen Einrichtungen über die Herkunft der Verseuchung	Ärztliche Atteste, Gutachten, Zahlungsbelege über bereits vorgenommene Behandlungen, Arzneien und Wiederbeschaffungskosten in angemessener Höhe	Kosten nach Belegen
4.	Bestattung	Wenn die Kosten der Bestattung den Nachlasswert übersteigen	Kostenbescheide und Rechnungen von Bestattungsinstituten, Behörden, Steinmetzen und Gärtnern, plus Zahlungsbelege	Bestattungs- und Überführungskosten, Aufwendungen für Grabstätte, Grabstein und Erstbepflanzung nach Belegen; **Keine** Kosten für laufende Grabpflege, Trauerkleidung, Bewirtung der Trauergäste

Kapitel 2: Der Mantelbogen

	Aufwendungen	Voraussetzungen	Belege	Abzugsfähige Kosten
5.	Brillen, Hörgeräte, Zahnersatz, Rollstühle und Prothesen	Nur wenn medizinisch notwendig und verschrieben	Ärztliche Verordnungen mit Rechnungen plus Zahlungsbelegen	Kosten nach Belegen
6.	Diebstahl von Hausrat und Kleidungsstücken, Feuer, Hochwasser und Unwetterschäden	Unabwendbarkeit aufgrund höherer Gewalt	Schadensmeldungen an die Versicherungen, Anzeigen bei der Polizei, Kostenaufstellungen, Quittungen, Rechnungen plus Belege	Kosten für Wiederbeschaffung oder Instandsetzung von Hausrat und Kleidung in angemessener Höhe **Keine** Kosten für im Ausland gestohlene Kleidung oder Geld
7.	Ehescheidung	Siehe ABC der außergewöhnlichen Belastungen, Seite 98 ff.		
8.	Geburt eines Kindes	Wie Zeile 15		
9.	Körperbehinderung	Grad der Behinderung muss amtlich bescheinigt worden sein	Siehe Kapitel 2	
10.	Krankenhausbesuche wegen kranker Angehöriger	Wenn aus medizinischer Sicht notwendig bei Kindern oder unheilbar erkrankten Ehegatten, bei nahen Verwandten aus therapeutischer Sicht zwingend geboten	Bestätigung des Krankenhausarztes, Kostenbelege	Fahrtkosten und Kosten für Verpflegung und Unterkunft nach Belegen
11.	Kur	Wenn Notwendigkeit der Kur durch Amtsarzt **vor** Beginn der Kur bestätigt ist oder andere Beweismittel (z. B. Zusage der Krankenkasse, dass sie Beihilfen oder Zuschüsse gewährt) vorliegen	Bescheinigung des Amtsarztes, der Krankenkasse oder Versicherungsanstalt, des Kurarztes, Fahrkarten, Rechnungen über Anwendungen, Verpflegung und Unterkunft plus Zahlungsbelege	Kosten für Arzt, Kurmittel, Verpflegung und Unterkunft, Fahrtkosten für öffentliche Verkehrsmittel (auch bei Anreise mit eigenem Pkw)

Abzug außergewöhnlicher Belastungen

	Aufwendungen	Voraussetzungen	Belege	Abzugsfähige Kosten
12.	Legastheniebehandlung	Nur im Zusammenhang mit einer weiteren (regelmäßig psychischen) Krankheit	Ärztliches Attest und Rechnungen über selbst bezahlte Behandlungskosten plus Belege	Kosten für die Behandlung nach Belegen
13.	Psychotherapie	Amtsärztliche Bescheinigung über die Notwendigkeit der Therapie vor Beginn der Behandlung	Attest und Rechnung selbst bezahlter Behandlungskosten plus Zahlungsbelege	Kosten der Therapie nach Belegen
14.	Schadenersatz	Ursache muss zwangsläufig gewesen sein, auch bei Fahrlässigkeit. Nicht bei Vorsatz oder grober Fahrlässigkeit	Schadenmeldungen, Gutachten, richterliche Urteile, Gebühren, Honorar- und Kostenaufstellungen plus Zahlungsbelege	Kosten nach Belegen
15.	Stationäre Aufnahme in Krankenhäusern oder Spezialkliniken	Ärztliche Einweisung	Krankenhaus- oder Klinikbelege plus Zahlungsbelege	Kosten für Selbstbeteiligungen und Zuzahlungen für höhere Pflegeklasse, Chefarztbehandlung und Trinkgelder nach Belegen
16.	Teilnahme an Gruppen der Anonymen Alkoholiker	Nur wenn aus medizinischer Sicht als Therapiemaßnahme notwendig	Ärztliches Attest und Rechnung über die bezahlten Behandlungskosten plus Zahlungsbelege	Kosten für Behandlungsstunden und Fahrtkosten nach Belegen
17.	Therapie beim Arzt, Heilpraktiker, Kieferorthopäden oder Zahnarzt	Zugelassene Heilpraktiker	Rechnungen der betreffenden Ärzte, bei Heilpraktikern plus Zahlungsbelege	Kosten für Arzt und Heilpraktiker, ärztlich verschriebene Massagen, Jacketkronen wie belegt in tatsächlicher Höhe
18.	Umzugskosten	Nur wenn gesundheitlich zwingend	Ärztliche oder amtsärztliche Bescheinigung	Alle nachweisbaren Kosten

Kapitel 3: Die Anlage Kinder

Wichtig für alle Eltern: die Anlage Kinder

In diesem Kapitel erfahren Sie:

- ▶ was Ihnen die Anlage Kinder bringt — 121
- ▶ wie hoch der Freibetrag zur Zeit pro Kind liegt — 121
- ▶ was Kinder im steuerlichen Sinn sind — 124
- ▶ wie Kinder in der Steuererklärung berücksichtigt werden — 124
- ▶ was bei mehreren Kindschaftsverhältnissen gilt — 125
- ▶ bis zu welchem Alter Kinder berücksichtigt werden — 126
- ▶ wie Sie selbst die jährliche Höchstgrenze berechnen — 129
- ▶ was geschieht, wenn Ihr Kind bereits selbst Geld verdient — 130
- ▶ wie sich der Kinderfreibetrag auf andere Personen übertragen lässt — 131
- ▶ welche Ausbildungsfreibeträge gelten — 134

Kindergeld und Kinderfreibetrag

> **Seite 1 der Anlage Kinder**

Die Anlage Kinder müssen Sie ausfüllen, wenn Sie für Ihre Kinder steuerliche Vergünstigungen erhalten wollen. Sie erhalten auf jeden Fall für Kinder bis zum 18. Lebensjahr Kindergeld. Nach Ablauf eines Kalenderjahres prüft das Finanzamt bei der Einkommensteuerveranlagung, ob die Freibeträge für Kinder nach § 32 Abs. 6 EStG (Kinder- und Betreuungsfreibetrag) vom Einkommen abzuziehen sind, weil dies für den Steuerpflichtigen günstiger ist. Das bereits erhaltene Kindergeld wird dann dem Einkommen wieder hinzugerechnet. In jedem Fall werden die Freibeträge jedoch bei der Berechnung des Solidaritätszuschlages und der Kirchensteuer berücksichtigt.

Familienlastenausgleich

Das Kindergeld beträgt für 2001 monatlich:
- Für das erste und zweite Kind je 270 DM
- Für das dritte Kind 300 DM
- Für das vierte und jedes weitere Kind je 350 DM
- Für ein körperlich, geistig oder seelisch behindertes, volljähriges Kind, das durch Eingliederungshilfe vollstationär untergebracht wird 30 DM

Der Kinderfreibetrag beträgt pro Kind für 2001 monatlich 576 DM und jährlich 6.912 DM, bei ledigen bzw. nicht zusammen veranlagten Eltern jeweils die Hälfte. Beachten Sie, dass das Kindergeld direkt von der Kindergeldkasse ausgezahlt wird. Der Kinderfreibetrag stellt keine Zahlung dar, sondern senkt als Tariffreibetrag nur Ihr zu versteuerndes Einkommen. Es ergibt sich nach Abgabe der Steuererklärung eine höhere Einkommensteuererstattung. Für jeden Monat, in dem die gesetzlichen Voraussetzungen zur Inanspruchnahme des Kinderfreibetrages oder des Kindergeldes nicht vorliegen, werden die Beträge um 1/12 gekürzt.

Tariffreibetrag

Der Betreuungsfreibetrag beträgt nach § 32 Abs. 6 EStG für jedes Kind, das das 16. Lebensjahr noch nicht vollendet hat oder behindert ist, jährlich 1.512 DM für ledige und 3.024 DM für verheiratete, zusammenveranlagte Eltern. Für behinderte, vollstationär untergebrachte Kinder wird altersunabhängig ein Betreuungsfreibetrag von jährlich 540 DM/1.080 DM berücksichtigt. Für behinderte Kinder, die nicht vollstationär untergebracht sind, erhalten die Eltern altersunabhängig einen Betreuungsfreibetrag von 1.512 DM/3.024 DM.

> **TIPP** Die Entscheidung, was für Sie günstiger ist, wird Ihnen vom Finanzamt abgenommen. Stellt sich in 2002, wenn Sie Ihre Einkommensteuererklärung für 2001 abgeben, heraus, dass für Sie aufgrund der Höhe Ihres Einkommens der Kinder- und der Betreuungsfreibetrag günstiger sein sollten, werden Ihnen diese im Nachhinein vom Finanzamt gewährt. Ein sich evtl. ergebender Unterschiedsbetrag wird im Rahmen der Veranlagung vom Finanzamt ausgezahlt.

Kapitel 3: Die Anlage Kinder

Freibeträge für Kinder

Sind Sie geschieden, leben Sie getrennt oder waren Sie nie mit dem anderen Elternteil Ihres Kindes verheiratet, bekommt derjenige das Kindergeld, in dessen Haushalt das Kind gemeldet ist. Die Freibeträge für Kinder können hälftig aufgeteilt werden.

> **Achtung:** Ob für Sie der Freibetrag für Kinder oder das Kindergeld günstiger ist, hängt von Ihrer Einkommenshöhe ab. Für 95 Prozent der Steuerzahler ist die Auszahlung des Kindergeldes günstiger.
> Erst ab einem Grenzsteuersatz von ca. 36 Prozent bzw. einem zu versteuernden Einkommen von ca. 100.000 DM (ein Kind) oder 104.000 DM (zwei Kinder) fahren Sie besser mit den Freibeträgen für Kinder.

Kinderfreibetrag oder Kindergeld

Tragen Sie in die Formularzeilen 1–4 die Namen des Kindes bzw. der Kinder ein; dies bitte auch, wenn das Kind noch nicht auf Ihrer Lohnsteuerkarte eingetragen sein sollte. Dann folgen die Angaben zum Wohnsitz des Kindes/der Kinder. Hier ist zunächst zwischen In- und Auslandswohnsitz zu unterscheiden. Wenn Ihr(e) Kind(er) im Ausland lebte(n), nennen Sie hier den jeweiligen Staat.
Diese Angabe ist wichtig, da Sie auch für Auslandskinder einen Kinderfreibetrag erhalten, der evtl. je nach Ländergruppe gekürzt wird (auf 1/3 oder 2/3 des vollen Betrages). Es gilt die gleiche Ländergruppeneinteilung wie bei der Unterstützung unterhaltsberechtigter Personen nach § 33 a EStG (s. Kapitel 2).

Zeilen 1–4

In die Formularzeilen 5–10 tragen Sie das Geburtsdatum des Kindes/der Kinder ein und die Höhe des in 2001 bereits erhaltenen Kindergeldes. Stellt sich heraus, dass für Sie in 2001 die Freibeträge für Kinder nach § 32 Abs. 6 EStG günstiger sein sollten, wird das erhaltene Kindergeld dem Einkommen wieder hinzugerechnet. Ansonsten bleibt es beim ausgezahlten Kindergeld.
Da die Voraussetzungen für den Anspruch auf Freibeträge für Kinder für jeden Monat geprüft werden, ist der Wohnort im In- und Ausland genau mit Monatsdatum einzutragen.
Bitte beachten Sie, dass auch die Elternteile das erhaltene Kindergeld eintragen müssen, wenn es nicht unmittelbar an sie ausgezahlt wurde, sondern an den getrennt lebenden/geschiedenen Ehepartner oder die Lebensgefährtin. Das Kindergeld wird hier bei der Bemessung der Unterhaltsverpflichtung angerechnet und gilt deshalb als »ausgezahlt«. Einzutragen ist dann das hälftige Kindergeld. Beim Elternteil mit der vollen Kindergeldauszahlung ist auch nur das halbe Kindergeld einzutragen, weil die andere Hälfte ja beim Kindesunterhalt abgezogen wurde. Dies gilt auch dann, wenn der Betreuungsfreibetrag auf einen Elternteil übertragen wurde (s. Zeile 44–49). Anspruch auf den vollen Kinderfreibetrag hat nur der Elternteil, auf den der Kinderfreibetrag unter bestimmten Voraussetzungen übertragen wurde (Zeilen 44–49), dann ist stets das volle Kindergeld in die Zeilen 7–10 einzutragen.

Zeilen 5–10

Was sind Kinder im steuerlichen Sinn?

Kindschaftsverhältnisse

Zeilen 11–22

Hierzu müssen Sie zunächst wissen, was ein Kind im steuerlichen Sinn eigentlich bedeutet.
Nach § 32 EStG sind Kinder im steuerrechtlichen Sinn:
- Leibliche Kinder
- Adoptivkinder
- Pflegekinder
- Enkelkinder, wenn sie auf Dauer in den Haushalt der Großeltern aufgenommen wurden und der Kinderfreibetrag auf diese übertragen wurde.
- Stiefkinder, wenn sie in den Haushalt des Stiefelternteiles aufgenommen wurden und der Freibetrag auf diesen übertragen wurde.

Steigende Freibeträge

Das bedeutet, dass Sie für alle o. a. Kinderarten steuerliche Freibeträge erhalten, die sich mit zunehmendem Alter der Kinder erhöhen, ebenso falls diese auswärtig untergebracht sind oder ihre Ausbildung beginnen. Kreuzen Sie bitte an, in welchem Kindschaftsverhältnis das Kind zu Ihnen und ggf. zu Ihrem Ehegatten stand.

> **Wichtig:** Die Felder sind auch auszufüllen, wenn das Kind nicht in Ihrem Haushalt lebt oder zu Ihrem Ehegatten in keinem Kindschaftsverhältnis steht (z. B. bei Neuverheirateten, die Kinder aus früheren Verbindungen haben).

Berücksichtigt werden nach § 32 EStG:

Leibliche Kinder Steuerliche Freibeträge erhalten Sie für Kinder ab dem Monat, in dem sie lebend geboren wurden und in Ihrem Haushalt leben, zunächst bis zum 18. Lebensjahr.

Adoptivkinder

Adoptivkinder werden ab der Adoption, wenn sie in Ihrem Haushalt leben, steuerlich berücksichtigt, sofern der Antragsteller den Unterhaltsverpflichtungen wesentlich nachkommt, d. h. zu mindestens 20 Prozent.

Obhuts- und Pflegeverhältnis

Pflegekinder werden unter folgenden Voraussetzungen berücksichtigt: Nach § 32 (1) Nr. 2 EStG sind Pflegekinder Personen, mit denen der Steuerpflichtige durch ein familienähnliches, auf längere Dauer berechnetes Band verbunden ist und die er in seinem Haushalt aufgenommen hat. Das Obhuts- und Pflegeverhältnis zu den leiblichen Eltern darf nicht mehr bestehen, und der Antragsteller muss das Kind zu einem nicht unwesentlichen Teil, d. h. zu mindestens 20 Prozent (BFH-Urteil v. 12.6.91, III R 1018/89, BStBl 1992, Teil II, S. 20) unterhalten. Dies prüft das Finanzamt. In die Formularzeilen 11–16 ist daher das eventuell erhaltene Pflegegeld einzutragen. Dieses darf nicht höher sein als der Pflegegeldsatz des zuständigen Jugendamtes.

Steuerliche Berücksichtigung

Auslandskinder, also Kinder, die im Veranlagungszeitraum im Ausland lebten, werden ebenso steuerlich berücksichtigt. Es erfolgt allerdings unter Umständen eine Kürzung des Kinderfreibetrages entsprechend der Ländergruppeneinteilung. Auslandskinder wirken sich bei sämtlichen steuerlichen Vergünstigungen für Kinder (im Finanzdeutsch: Kinderadditive) aus. Sie werden steuerlich den Inlandskindern gleich gestellt. Geben Sie für die Ländergruppeneinteilung unbedingt den Wohnsitzstaat an. Sie erhalten für Auslandskinder allerdings kein Kindergeld.

Kinderadditive

Enkelkinder, die in den Haushalt der Großeltern auf Dauer aufgenommen wurden, und wenn die Eltern den Kinderfreibetrag auf die Großeltern übertragen haben.

Stiefkinder, die in den Haushalt des Stiefelternteiles aufgenommen wurden, auf den der Kinderfreibetrag übertragen wurde.

> **TIPP** Die Angaben zu den Kindern müssen auch gemacht werden, wenn Sie Arbeitnehmer sind und alle Kinder bereits auf Ihrer Lohnsteuerkarte eingetragen wurden.

Mehrere Kindschaftsverhältnisse

Falls das zu berücksichtigende Kind zu einer weiteren Person, die nicht Mitantragsteller der Steuererklärung ist, in einem Kindschaftsverhältnis steht, so ist dies in die Formularzeilen 17–22 einzutragen. Dies trifft für Geschiedene, dauernd getrennt lebende Ehegatten bzw. nichtverheiratete Eltern zu. Diese geben keine gemeinsame Steuererklärung ab.

Zeilen 17–22

Sie haben aber jeweils Anspruch auf die anteiligen Freibeträge für Kinder und ggf. Ausbildungsfreibetrag. Damit das Finanzamt die entsprechenden Freibeträge richtig aufteilt und zuordnet, müssen Name und Anschrift des anderen Elternteiles angegeben werden sowie der genaue Zeitraum, in dem das Kindschaftsverhältnis bestanden hat. Letzteres ist wichtig, da Kinder- und Betreuungsfreibeträge monatsbezogen gewährt werden. Ist der andere Elternteil in 2001 verstorben, steht Ihnen der volle Kinder- und Betreuungsfreibetrag sowie ggf. Ausbildungsfreibetrag zu. Tragen Sie den Todestag des anderen Elternteiles ein, da Ihnen für die restlichen Monate die Freibeträge voll zustehen. Wenn der Wohnsitz des anderen Elternteiles nicht zu ermitteln ist, erhalten Sie ebenso den vollen Kinderfreibetrag.

Geschiedene Eltern

Wenn Ihr leibliches Kind in 2001 adoptiert wurde oder bei anderen Eltern Pflegekind wurde, ist es für einen Teil des Jahres bei den Adoptiv- bzw. Pflegeeltern steuerlich zu berücksichtigen. Bitte tragen Sie dann den genauen Zeitraum ein, in dem Ihr Kind anderen Personen zugeordnet war, damit das Finanzamt die Freibeträge richtig zuordnen kann. Es kann vorkommen, dass Pflege- oder Adoptivkinder bei den leiblichen Eltern zusätzlich berücksichtigt werden, da diese den größten Unterhalt geleistet haben (mindestens 75 Prozent), obwohl das Kind nicht bei ihnen lebte.

Bis zu welchem Alter werden Kinder steuerlich berücksichtigt?

Zeilen 23–29

Bis 18 Jahre Kinder werden ab dem Kalendermonat, in dem Sie lebend geboren wurden (bei Pflegekindern und Adoptivkindern s. o.) zunächst bis zum 18. Lebensjahr berücksichtigt.

Beispiel *Ein am 1.1.1983 geborenes Kind hat am 31.12.2000 sein 18. Lebensjahr vollendet und wird vom Finanzamt normalerweise bei der Einkommensteuererklärung 2001 nicht mehr automatisch berücksichtigt, wogegen ein am 1.4.1983 geborenes Kind für 2001 noch automatisch bis März berücksichtigt wird.*

18 bis 27 Jahre Kinder, die zu Beginn des Kalenderjahres das 18., jedoch noch nicht das 21. Lebensjahr vollendet haben, werden berücksichtigt, wenn sie arbeitslos sind und der Arbeitsvermittlung im Inland oder in Mitgliedstaaten der EU oder des EWR zur Verfügung stehen. Kinder, die zu Beginn des Kalenderjahres das 18. Lebensjahr, jedoch noch nicht das 27. Lebensjahr vollendet haben, werden (nach § 32 [4] EStG) in den folgenden Fällen berücksichtigt:

Berufsausbildung

▶ Wenn sie in Berufsausbildung stehen.

▶ Wenn sie eine Berufsausbildung mangels Ausbildungsplatz nicht beginnen oder fortsetzen konnten.

▶ Wenn sie sich in einer Übergangszeit zwischen zwei Ausbildungsabschnitten von höchstens vier Monaten befinden.

▶ Wenn sie ein so genanntes freiwilliges soziales, ökologisches Jahr oder europäischen Freiwilligendienst geleistet haben.

Ab 27 Jahren Kinder, die zu Beginn des Kalenderjahres das 21. Lebensjahr vollendet haben und arbeitslos sind, oder Kinder, die das 27. Lebensjahr vollendet haben und in Berufsausbildung sind, können in Ausnahmefällen noch steuerlich berücksichtigt werden, wenn sie zwischenzeitlich Grundwehrdienst (oder Ersatztätigkeiten, s. o.) abgeleistet haben (§ 32 [5] Nr. 1–3 EStG). Kinder, die wegen körperlicher, geistiger oder seelischer Behinderung außerstande sind, sich selbst zu unterhalten, werden auch über das 27. Lebensjahr hinaus berücksichtigt.

Grundwehrdienst

Vollendet ein Kind im Laufe des Jahres das 18. Lebensjahr, müssen Sie zusätzlich in den Zeilen 26 bis 38 die erforderlichen Angaben eintragen.

Lebensbedarf

Kinder, die sich wegen körperlicher, geistiger oder seelischer Behinderung nicht selbst unterhalten können, werden ohne Altersbegrenzung berücksichtigt, sofern die Behinderung vor dem 27. Lebensjahr eingetreten ist. Ein Kind ist dann außerstande für den eigenen Lebensunterhalt zu sorgen, wenn es mit seinen eigenen Mitteln seinen gesamten Lebensbedarf nicht decken kann. Der gesamte Lebensbedarf setzt sich aus dem allgemeinen Lebensbedarf von 14.040 DM (für 2001) und dem individuellen, behinderungsbedingten Mehrbedarf (z. B. die Kosten für Heimunterbringung) zusammen. Diesem Grundbedarf werden die Einnahmen des Kindes gegenübergestellt. Hierbei wird unterschieden, ob das Kind in einem Heim untergebracht ist oder nicht.

Einkünfte der Kinder

– 2 –

Einkünfte und Bezüge der Kinder ab 18 Jahren

Zeile	Kind in		Bruttoarbeitslohn	darauf entfallende Werbungskosten	Öffentliche Ausbildungshilfen	andere Einkünfte / Bezüge (Art und Höhe)	besondere Ausbildungskosten
30			DM	DM	DM		
31	Zeile 1	Einnahmen des Kindes im maßgeblichen Zeitraum					
32		außerhalb des maßgeblichen Zeitraums					
33	Zeile 2	Einnahmen des Kindes im maßgeblichen Zeitraum					
34		außerhalb des maßgeblichen Zeitraums					
35	Zeile 3	Einnahmen des Kindes im maßgeblichen Zeitraum					
36		außerhalb des maßgeblichen Zeitraums					
37	Zeile 4	Einnahmen des Kindes im maßgeblichen Zeitraum					
38		außerhalb des maßgeblichen Zeitraums					

Betreuungsfreibetrag
Wird für Kinder unter 16 Jahren grundsätzlich vom Finanzamt berücksichtigt.

	Das Kind in			19
39				29
40	Zeile 1	☐ hat das 16. Lebensjahr vollendet und ist wegen einer Behinderung außerstande, sich selbst zu unterhalten.		39
41	Zeile 2	☐ hat das 16. Lebensjahr vollendet und ist wegen einer Behinderung außerstande, sich selbst zu unterhalten.		49
42	Zeile 3	☐ hat das 16. Lebensjahr vollendet und ist wegen einer Behinderung außerstande, sich selbst zu unterhalten.		
43	Zeile 4	☐ hat das 16. Lebensjahr vollendet und ist wegen einer Behinderung außerstande, sich selbst zu unterhalten.		86 Haushaltsfreibetrag Ja = 1

Übertragung des Kinderfreibetrags / Betreuungsfreibetrags

	Kind in	Ich beantrage den vollen **Kinder- und Betreuungsfreibetrag**, weil der andere Elternteil seine Unterhaltsverpflichtung nicht zu mindestens 75% erfüllt hat.	der andere Elternteil im Ausland lebte vom – bis	Ich beantrage den vollen **Betreuungsfreibetrag**, weil das Kind bei dem anderen Elternteil nicht gemeldet war.	Übertragung von **Kinder- und Betreuungsfreibetrag** Der Übertragung auf die Stief-/Großeltern wurde lt. **Anlage K** zugestimmt.	Nur bei Stief-/Großeltern: Die Freibeträge sind lt. **Anlage K** zu übertragen.
44						
45						
46	Zeile 1	☐ Ja		☐ Ja	☐ Ja	☐ Ja
47	Zeile 2	☐ Ja		☐ Ja	☐ Ja	☐ Ja
48	Zeile 3	☐ Ja		☐ Ja	☐ Ja	☐ Ja
49	Zeile 4	☐ Ja		☐ Ja	☐ Ja	☐ Ja

Haushaltsfreibetrag

	Kind in	Die Kinder lt. den Zeilen 19 bis 22 waren am 1. 1. 2001 (oder erstmals 2001) mit Wohnung gemeldet bei der stpfl. Person / dem nicht dauernd getrennt lebenden Ehegatten	und / oder bei sonstigen Personen (Name und Anschrift, ggf. Verwandtschaftsverhältnis zum Kind) oder in (Anschrift)	Bei Kindern, die bei beiden Elternteilen oder bei einem Elternteil und einem Großelternteil gemeldet waren:	
50					
51					
52	Zeile 1				
53	Zeile 2			Ich beantrage die Zuordnung der Kinder. Die Mutter / der Vater hat lt. **Anlage K** zugestimmt.	Ich habe zugestimmt, dass die Kinder dem Vater / dem Großelternteil zugeordnet werden.
54	Zeile 3				
55	Zeile 4				

Ausbildungsfreibetrag
Bei Kindern unter 18 Jahren bitte auch die Zeilen 31 bis 38 ausfüllen.

	Kind in	Aufwendungen für die Berufsausbildung entstanden vom – bis	Auf den Ausbildungszeitraum entfallen aus den Zeilen 31, 33, 35 oder 37 DM	Bei auswärtiger Unterbringung Anschrift des Kindes	99 53 Ausbildungsfreibeträge 65 vom – bis
56					
57					
58	Zeile 1				
59	Zeile 2				
60	Zeile 3				
61	Zeile 4				
62	Nur bei geschiedenen oder dauernd getrennt lebenden Eltern oder bei Eltern nichtehelicher Kinder: ☐ Laut beigefügtem gemeinsamen Antrag sind die Ausbildungsfreibeträge in einem anderen Verhältnis als je zur Hälfte aufzuteilen.				

Beispiel 1: Das behinderte Kind wohnt bei den Eltern

Hier wird bei der Ermittlung des behinderungsbedingten Mehrbedarfes der Behindertenpauschbetrag des Kindes (§ 33 b EStG) dem Bedarf hinzugerechnet. Dieser kann allerdings nach dem BFH-Urteil v. 15.10.99 (Az: VI R 183/97, DStRE 2000, S. 83) einzeln ermittelt werden.

Betreuung zu Hause

Ralf Schmitz ist 22 Jahre alt, schwerstbehindert und wohnt bei den Eltern. Er bekommt eine Erwerbsunfähigkeitsrente von 20.000 DM. Der Kindergeldanspruch ermittelt sich wie folgt:

Lebensbedarf des Kindes:		Einnahmen des Kindes:	
Grundbedarf in 2001	14.040 DM	Erwerbsunfähigkeitsrente 20.000 DM abzügl. Kostenpauschale 360 DM u. Werbungskostenpauschale von 200 DM	= 19.440 DM
Behindertenpauschbetrag	7.200 DM		
Lebensbedarf	**= 21.240 DM**	**Gesamteinnahmen**	**19.440 DM**
Die Eltern haben Anspruch auf Kindergeld bzw. auf die Freibeträge für Kinder			

Vollstationäre Unterbringung

Beispiel Nr. 2: Peter Klein ist 22 Jahre alt, schwerstbehindert und in einem Heim vollstationär untergebracht. Die Heimkosten belaufen sich auf jährlich 80.000 DM, als Verpflegungskosten werden 4.500 DM angesetzt. Diese Kosten sowie ein Taschen- und Bekleidungsgeld von 2.500 DM bezahlt das Sozialamt.

Lebensbedarf des Kindes		Einnahmen des Kindes	
Grundbedarf in 2001	14.040 DM	Heimunterbringung	80.000 DM
Heimkosten	80.000 DM	Taschengeld und	
abzügl. Verpflegung	– 4.500 DM	Bekleidungsgeld	2.500 DM
Lebensbedarf gesamt	**89.540 DM**	**Einnahmen gesamt**	**82.500 DM**
Auch hier haben die Eltern Anspruch auf Kindergeld bzw. Freibeträge für Kinder, weil die Einnahmen geringer sind als der Lebensbedarf des behinderten Kindes.			

Wichtig: Die eigenen Einkünfte und Bezüge von Kindern, die das 18. Lebensjahr vollendet haben, dürfen 14.040 DM im Kalenderjahr nicht überschreiten, sonst entfallen die Vergünstigungen.

> Seite 2 der Anlage Kinder

Jährliche Höchstgrenze von 14.040 DM für Kinder

Zu den eigenen Einkünften gehört z. B. Bruttoarbeitslohn, von dem die Werbungskosten bei Nachweis in voller Höhe oder die Werbungskostenpauschale von z. Zt. 2.000 DM jährlich abgezogen werden kann. Zu den eigenen Bezügen gehören alle nicht steuerbaren, steuerfreien und pauschalbesteuerten Einkünfte, also z. B. auch pauschalbesteuerte Aushilfslöhne, Unterhaltszahlungen des Sozialamtes, Wehrsold, Kapitalanteil von Leibrenten etc. Hier kann eine jährliche Aufwandspauschale von 360 DM abgezogen werden, sofern keine höheren Aufwendungen nachgewiesen werden. Studenten können für die Ermittlung der eigenen Bezüge ihre nachgewiesenen Ausbildungsaufwendungen (Fahrtkosten zur Uni, Bücher, PC-/Internetkosten usw.) von ihrem BaföG-Zuschuss abziehen (BFH 14.11.2000, Az: VI R 62/97, DStR 2001, 206). Bei genügend Belegen steht den Eltern auch bei hohen Bezügen Kindergeld zu.

Zeilen 30–38

Studenten

EXTRA-TIPP Nach einem Urteil des FG Niedersachsen sollen auch Sonderausgaben und außergewöhnliche Belastungen von den Einkünften des volljährigen Kindes abzugsfähig sein. Der BFH hat dem widersprochen. Ziehen Sie bei der Einkunftsermittlung diese Aufwendungen (nachgewiesene oder Pauschalen) ab, legen Sie nach Steuerbescheiderhalt schriftlich Einspruch ein unter Hinweis auf das beim Bundesverfassungsgericht anhängige Verfahren/Az: BvR 1781/2000.

Wichtig: Zu Ihren Gunsten hat der BFH (Az: VI R 85/99) entschieden, dass bei volljährigen Kindern weder der Versorgungs- noch der Sparerfreibetrag zu den eigenen Einkünften/Bezügen zählt. Ihr volljähriges Kind darf in 2001 Kapitaleinkünfte bis 17.140 DM beziehen, ohne dass Ihr Kindergeldanspruch gefährdet ist.

Keine Gefährdung des Kindergeldanspruchs

Wichtig: Bei der Ermittlung der Einkünfte und Bezüge eines volljährigen Kindes können auch die vorweggenommenen Werbungskosten aus einer Fortbildungsmaßnahme abgezogen werden (BFH, Az: VI R 121/98).

Nicht zu den Bezügen gehören aus öffentlichen Kassen gezahlte Reisekostenvergütungen, Arbeitnehmerpausch- sowie der Versorgungsfreibetrag. Auch Bezüge für besondere Ausbildungszwecke finden keine Berücksichtigung, wie z. B. Leistungen für Studiengebühren, Büchergeld, Reisekostenerstattung sowie Bafög-Darlehen.

> **Achtung:** Auch verheiratete Kinder können noch bei ihren Eltern durch Kindergeld oder Gewährung des Kinderfreibetrages berücksichtigt werden, sofern die 14.040-DM-Grenze nicht überschritten wird.

Kinder über 18 Jahren

Zeilen 23–29

Bezüge für Ausbildungszwecke

Kreuzen Sie in den Zeilen 23–29 die Tätigkeit Ihrer Kinder an, falls diese das 18. Lebensjahr vollendet haben. Wenn Kinder über 18 seit Beginn des Veranlagungsjahres berufstätig waren, die Ausbildung beendet oder mehr als 14.040 DM jährlich verdient haben, sind sie nicht mehr steuerlich zu berücksichtigen. Auf das Einkommen der Kinder ab 18 werden Bezüge für Ausbildungszwecke (s. o.) nicht angerechnet, wobei die während des gesamten Kalenderjahres anfallenden Beträge maßgeblich sind.

> **Wichtig:** Gelegentliche Einkünfte von Schülern/Studenten während der Schul-/Semesterferien führen nicht zum (vorübergehenden) Wegfall des Kindergeldanspruches bzw. Anspruches auf Freibeträge für Kinder nach § 32 Abs. 6 EStG.

Der Ausbildungs- bzw. Wehrdienstzeitraum ist mit Monatsangabe zu vermerken, da sowohl Freibeträge für Kinder als auch Ausbildungsfreibetrag monatsbezogen sind. Demnach werden Anrechnungen und Abzüge in 1/12-Einheiten gerechnet.

Einkünfte und Bezüge der Kinder über 18 Jahren

Zeilen 30–38

Zur Überprüfung der 14.040-DM-Grenze müssen Sie dem Finanzamt die Einkünfte und Bezüge sowie die darauf entfallenden Werbungskosten bzw. besondere Ausbildungskosten des Kindes mitteilen. Dies gilt für sämtliche Einkünfte innerhalb und außerhalb des Berücksichtigungszeitraumes. Allerdings können nur die eigenen Einkünfte im Berücksichtigungszeitraum Eingang finden. Für den Zeitraum, in dem die Voraussetzungen für die steuerliche Berücksichtigung als Kind nicht vorgelegen haben, wird der Betrag von 14.040 DM pro Monat um jeweils 1/12 gekürzt.

Der Betreuungsfreibetrag nach § 32 Abs. 6 Satz 1 EStG (Zeilen 39–43)

Der Betreuungsfreibetrag in Höhe von monatlich 126 sowie 252 DM für zusammenveranlagte Eltern wird für Kinder unter 16 vom Finanzamt automatisch berücksichtigt. Darüber hinaus erhalten behinderte Kinder über 16 den Betreuungsfreibetrag. Bitte kreuzen Sie die Zeilen 40–43 an. Damit das Finanzamt die Voraussetzungen für behinderte Kinder über 16 überprüfen kann, müssen die Angaben zu den eigenen Einkünften und Bezügen des Kindes in den Zeilen 31–38 vollständig sein.

Übertragung des Kinderfreibetrages/Betreuungsfreibetrages

Diese Zeilen sind auszufüllen, wenn Ihr Kind zu einer weiteren Person in einem Kindschaftsverhältnis steht, die nicht Antragsteller ist. Dies sind zumeist der leibliche Vater oder die Mutter, die entweder vom Antragsteller geschieden sind, dauernd getrennt leben oder nie mit diesem verheiratet waren und ihre eigene Steuererklärung abgeben. Normalerweise werden die Freibeträge für Kinder auf die leiblichen Eltern aufgeteilt. Die Freibeträge können z. B. auch auf einen Elternteil übertragen werden:

Zeilen 44–49

▶ Der andere Teil ist seinen Unterhaltsverpflichtungen nicht zu mindestens 75 Prozent nachgekommen.
▶ Der andere Elternteil lebte im Ausland.

Kinderfreibeträge können auch auf Stief- und Großeltern übergehen, wenn die Kinder auf Dauer in deren Haushalt leben. Kreuzen Sie an, ob Sie der Übertragung zustimmen. Ferner müssen Sie die Anlage K (Formular Finanzamt/ Steuerberater) ausfüllen.

Stief- und Großeltern

Achtung: Diese Übertragung auf andere Personen bedeutet, dass damit auch sämtliche steuerliche Vergünstigungen, die Sie für Kinder erhalten, entfallen.

Eine unvernehmliche Übertragung des Kinderfreibetrages zwischen den Elternteilen ist nicht möglich. Ist der andere Elternteil während des Veranlagungszeitraumes verstorben, erhält der Antragsteller die vollen Freibeträge. Es wird dann auch das volle Kindergeld berücksichtigt, falls die steuerlichen Freibeträge günstiger sein sollten.
Auch der Betreuungsfreibetrag ist übertragbar. Der Elternteil, in dessen Wohnung das Kind nicht gemeldet ist, kann die Übertragung auf den anderen Elternteil beantragen. Hier ist also eine einvernehmliche Übertragung möglich. Ist das Kind bei keinem der Elternteile oder bei beiden gemeldet, scheidet eine Übertragung jedoch aus. Kreuzen Sie die Zeilen 46–49 in der dritten Spalte an, wenn Sie den vollen Betreuungsfreibetrag beantragen, weil das Kind bei dem anderen Elternteil nicht gemeldet ist.
Der Betreuungsfreibetrag kann auch mit Zustimmung des leiblichen Elternteiles auf Groß- oder Stiefeltern übertragen werden, wenn das Kind bei ihnen lebt.

Übertragung des Betreuungsfreibetrages

Zeilen 46–49

Für besondere Fälle: zusätzlich die Anlage K
Die Änderung der Zuordnung von Kindern wird ebenso wie die Übertragung von Kinder- und Betreuungsfreibeträgen durch ein gesondertes Formular, die Anlage K, beantragt (s.o.). Die Anlage K gibt derjenige ab, der die steuerlichen Vergünstigungen beanspruchen will. Der zustimmende Elternteil gibt hier unwiderruflich seine Zustimmung und trägt die entsprechenden Daten des Kindes oder der Kinder ein. Dies kann auch schon für das darauf folgende Jahr erfolgen. Eine Änderung der Zuordnung der Kinder kann im unteren Teil des Formulars beantragt werden; d. h., dass auch der Haushaltsfreibetrag dem anderen Elternteil übertragen wird.

Zustimmung

Auf einen Blick: Welcher Elternteil bekommt was und wann?		
Familienstand	Vergünstigung	Versteuerung
Verheiratete	voller Kindergeldanspruch oder voller Kinder- und Betreuungsfreibetrag; zusätzl. evtl. voller Ausbildungsfreibetrag	Nach der Splittingtabelle
Alleinstehende, dauernd getrennt Lebende	halber Kindergeldanspruch aber volle Kindergeldauszahlung an den Elternteil, bei dem das Kind lebt. Hälftiger Kindergeldanspruch wird beim anderen Elternteil durch Unterhaltskürzung geltend gemacht. Halber Kinder- und Betreuungsfreibetrag, wenn günstiger als Kindergeld, zusätzl. halber Ausbildungsfreibetrag. Haushaltsfreibetrag, wenn das Kind dort gemeldet ist.	Nach der Grundtabelle
Verwitwete (nach Gnadensplitting-Jahren)	Volle Kindergeldauszahlung oder voller Kinder- und Betreuungsfreibetrag, zusätzl. voller Ausbildungsfreibetrag. Haushaltsfreibetrag, wenn das Kind dort gemeldet ist	Nach der Grundtabelle
Stiefeltern	Volles Kindergeld oder voller Kinder- und Betreuungsfreibetrag, wenn Kinderfreibeträge lt. Anlage K übertragen wurden und das Kind dort lebt; zusätzl. voller Ausbildungsfreibetrag; Haushaltsfreibetrag nur, wenn das Kind dort gemeldet und der Stiefelternteil allein stehend ist.	Grundtabelle, falls alleinstehend, sonst Splittingtabelle
Großeltern	Volles Kindergeld oder volle Kinder- und Betreuungsfreibeträge, zusätzl. voller Ausbildungsfreibetrag, wenn Übertragung erfolgte (Anlage Kinder), Haushaltsfreibetrag nur, wenn das Kind dort gemeldet und der Großelternteil allein stehend ist	Grundtabelle, falls allein stehend, sonst Splittingtabelle

Zuordnung der Kinder

Zeilen 50–55 Die Kinder müssen steuerlich jemandem zugeordnet werden, damit der Haushaltsfreibetrag gewährt wird. Daher müssen Sie in den Formularzeilen 50 bis 55 den Wohnsitz des Kindes angeben. Dies ist jedoch nur für dauernd getrennt Lebende, Geschiedene, unverheiratete Eltern, Groß- und Stiefeltern relevant, da Kinder verheirateter Eltern sowieso beiden zugeordnet werden.

Hat ein studierendes Kind am Studienort einen Zweitwohnsitz, wird dieser Freibetrag trotzdem gewährt, wenn der Erstwohnsitz den so genannten Mittelpunkt des Lebensinteresses des Kindes bildet und der Zweitwohnsitz nur vorübergehend ist. Lebte ein Kind nicht in Ihrem Haushalt, so sind Namen und Anschrift sowie eventuell das Verwandtschaftsverhältnis zu der Person (bzw. den Personen) anzugeben, bei denen das Kind gemeldet ist, auch wenn das Kind im Ausland lebt, da es auch hierfür den Kinderfreibetrag gibt.

Wenn Ihr Kind sowohl bei Ihnen als auch bei einem Stief- bzw. Großelternteil gemeldet war, so ist hier anzukreuzen, ob Sie der Zuordnung auf die Großeltern oder die Stiefeltern (lt. Anlage K) zustimmen. Ebenso können Sie hier ankreuzen, wenn die Kinder dem Vater zugeordnet werden sollen. Dann erhält dieser den Haushaltsfreibetrag, sofern er allein stehend ist.

Zweitwohnsitz

Wichtig: Entscheidend ist immer, wo das Kind am 1.1. des Jahres amtlich gemeldet war. Sind Sie geschieden, und Ihr Kind meldet sich im März in der Wohnung des anderen Elternteiles an, kann dieser den Haushaltsfreibetrag erst für das darauf folgende Kalenderjahr beanspruchen.

Amtliche Meldung am 1.1.

Haushaltsfreibetrag nach § 32 (7) EStG

Dieser jährlich gewährte Tariffreibetrag (s. Kapitel 1) von z. Zt. 5.616 DM wird vom Einkommen abgezogen und unter den folgenden Voraussetzungen gewährt:
- ▶ Der Steuerpflichtige wird nach der Grundtabelle versteuert.
- ▶ Der Steuerpflichtige ist allein erziehend, d. h. entweder geschieden, dauernd getrennt lebend seit Beginn des Kalenderjahres, für das die Steuererklärung abgegeben wird, ledig oder verwitwet seit vorletztem Kalenderjahr (Ehegatte verstarb in 1999, dann Haushaltsfreibetrag für 2001).
- ▶ Der Steuerpflichtige hat Anspruch auf mindestens einen halben Kinderfreibetrag oder Kindergeld für mindestens ein Kind.
- ▶ Das Kind ist amtlich in der Wohnung des Steuerpflichtigen gemeldet.

War das Kind ausnahmsweise zu Beginn des Kalenderjahres bei keinem der Elternteile oder bei beiden gleichzeitig gemeldet, wird es automatisch der Mutter zugeordnet.

Die Zuordnung zum Vater kann dann nur mit Zustimmung der Mutter erfolgen. Dies wäre dann ratsam, wenn sich der Haushaltsfreibetrag bei der Mutter nicht auswirkt, weil diese keine oder nur geringe Einkünfte bezieht.

Tragen Sie daher in die Zeilen 52–55 ein, wo das Kind (bzw. die Kinder) zu Beginn des Kalenderjahres amtlich gemeldet war, oder ob laut Anlage K die Zuordnung verändert wurde.

Zeilen 50–55

Zustimmung der Mutter

Ausbildungsfreibeträge nach § 33 a (2) EStG

Ausbildungs-freibetrag

Für die Berufsausbildung eines jeden Kindes, für das der Steuerpflichtige Kindergeld oder einen Kinderfreibetrag erhält, gibt es auf Antrag u. U. noch einen Ausbildungsfreibetrag. Daher ist die steuerliche Zuordnung der Kinder von Bedeutung.

Höhe der Ausbildungsfreibeträge

1.800 DM jährlich für ein Kind, das das 18. Lebensjahr noch nicht vollendet hat und nicht bei den Eltern lebt, wobei eine auswärtige Unterbringung nicht vorliegt, wenn bei geschiedenen Ehegatten die Wohnung des anderen Elternteiles gemeint ist. Hier sind zusätzlich auch Angaben zu den eigenen Einkünften und Bezügen des Kindes laut Formularzeilen 31–38 erforderlich.

2.400 DM jährlich für ein Kind, das das 18. Lebensjahr vollendet hat und im Haushalt des Steuerpflichtigen lebt.

4.200 DM jährlich für ein Kind, das das 18. Lebensjahr vollendet hat und auswärtig untergebracht ist. Die Berufsausbildungzeit bzw. des Vorliegens der entsprechenden o. a. Voraussetzungen ist in Monaten einzutragen (Formularzeilen 26–29), da hier eventuell eine Zwölftelung vorgenommen wird für die Monate, in denen die Voraussetzungen nicht vorlagen. Jeder angefangene Monat zählt allerdings voll.

Kürzung des Freibetrages wegen eigener Einkünfte und Bezüge

Ausbildungs-zuschüsse

Der Ausbildungsfreibetrag vermindert sich um die eigenen Einkünfte und Bezüge des Kindes im Ausbildungszeitraum, soweit diese dem Lebensunterhalt dienen und jährlich 3.600 DM übersteigen. Ausbildungszuschüsse aus öffentlichen Mitteln gelten als eigene Bezüge des Kindes und mindern den Freibetrag, Ausbildungsdarlehen (Bafög) dagegen nicht. Die Einkünfte und Bezüge des Kindes müssen deswegen durch Unterlagen belegt werden. Die Einkünfte und Bezüge während der Ausbildung haben Sie in den Zeilen 31, 33 bzw. 35, 37 vermerkt. Tragen Sie sie noch mal ein.

> **Wichtig:** Keine anrechenbaren Bezüge sind Unterhaltsleistungen eines geschiedenen Elternteiles für ein Kind, für das der andere Elternteil den Ausbildungsfreibetrag beansprucht. Gleiches gilt für dauernd getrennt lebende Elternteile oder die Eltern nichtehelicher Kinder.

Auslandskinder

Angerechnet werden nur die Einkünfte und Bezüge des Kindes, die auf den Ausbildungszeitraum entfallen. Bei der Feststellung der eigenen Einkünfte, die zur Bestreitung des Lebensunterhaltes dienen, sind aus Vereinfachungsgründen 360 DM abzuziehen, soweit nicht höhere Aufwendungen glaubhaft gemacht werden können. Lebt Ihr Kind im Ausland, steht Ihnen der Ausbildungsfreibetrag zu, sofern Sie für das Kind einen Kinderfreibetrag erhalten. Es gilt die gleiche Ländergruppeneinteilung wie bei den Unterstützungsleistungen (nach § 33 a [1] EStG, s. Seite 92ff.). Der Ausbildungsfreibetrag wird bei geschiedenen oder dauernd getrennt Lebenden oder Eltern unehelicher Kinder genauso geteilt wie der Kinderfreibetrag. Soll der Ausbildungsfreibetrag in einem anderen Verhältnis als hälftig berücksichtigt werden, ist Zeile 62 anzukreuzen.

Zeile 62

Was zählt als Berufsausbildung des Kindes?
Berücksichtigt wird die Ausbildung Ihres Kindes sowohl im In- als auch im Ausland. Und dies sogar, wenn das Kind dauernd im Ausland lebt. Zur Ausbildung gehört:
▶ Die Ausbildung an allgemein bildenden Schulen, wie Realschulen, Gymnasien etc.
▶ Die praktische Ausbildung für einen künftigen Beruf (Lehrvertrag).
▶ Die Ausbildung an Universitäten, Fachhochschulen, auch Behindertenschulen.

Berücksichtigung der Ausbildung

TIPP Freibeträge können auch für die Zeit zwischen zwei Ausbildungsabschnitten von nicht mehr als vier Monaten, zwischen einem Ausbildungsabschnitt und der Zeit, in der der gesetzl. Wehrdienst geleistet wird sowie während der Ausbildungsunterbrechung (z. B. Krankheit des Kindes) berücksichtigt werden.

Wehr- und Zivildienst

Voraussetzung ist, dass Ihnen Aufwendungen für die Berufsausbildung Ihres Kindes entstanden sind, wobei es auf deren Höhe nicht ankommt. Hierzu zählen z. B.:
▶ Unterbringungskosten außerhalb der elterlichen Wohnung
▶ Verpflegungskosten, Kosten für Lernmittel
▶ Barzahlungen als laufende Unterhaltskosten bei auswärtiger Unterbringung.

Lernmittel

TIPP Der Kindergeldanspruch der Eltern bleibt erhalten, auch wenn das Kind mehrere Ausbildungen absolviert oder an Fortbildungsmaßnahmen im bisher ausgeübten Beruf teilnimmt (BFH 20.07.2000, Az: VI R 121/98).

Auswärtige Unterbringung eines Kindes
Das Kind muss räumlich und hauswirtschaftlich von der elterlichen Wohnung getrennt sein; die auswärtige Unterbringung muss auf eine gewisse Dauer angelegt sein. Dies ist z. B. dann der Fall, wenn das Kind während des Studiums in ein Studentenheim zieht oder vorübergehend im Ausland studiert. Ein vierwöchiger Feriensprachkurs jedoch zählt nicht dazu, ebenso wenig der Aufenthalt bei dem anderen Elternteil. Für ein Elternpaar mit getrennten Haushalten wird der Ausbildungsfreibetrag für auswärtige Unterbringung nur in dem Fall gewährt, wenn das Kind in keinem der beiden Haushalte lebt. Verheiratete Kinder in Ausbildung erhalten den Ausbildungsfreibetrag, falls die Einkünfte (auch des Ehegatten) entsprechend niedrig sind.

Feriensprachkurs

Für alle Arbeitnehmer: die Anlage N

In diesem Kapitel erfahren Sie

▶ wie Sie die Anlage N ausfüllen	137
▶ wann Löhne aus dem Ausland steuerfrei sind und wann nicht	142
▶ was es mit den Lohnersatzleistungen auf sich hat	143
▶ was Sie als Werbungskosten geltend machen können	146
▶ wie Fahrtkosten verrechnet werden	148
▶ wie Sie mit Kfz-Kosten umgehen	150
▶ in welchen Fällen Sie Unfallkosten geltend machen können	156
▶ was alles zu den Arbeitsmitteln gezählt wird, und wie Sie sie abziehen können	158
▶ wie Sie bei Dienstreisen verfahren	171
▶ wie Sie Geschenke steuerlich absetzen können	182
▶ in welchen Fällen Umzüge berücksichtigt werden	187
▶ was Sie bei doppelter Haushaltsführung tun sollten	191

Arbeitslohn

Haben Sie und/oder Ihr Ehegatte Arbeitslohn bezogen, der nicht als Aushilfslohn von der Lohnsteuer freigestellt oder vom Arbeitgeber pauschal besteuert wurde (bis max. 630 DM Monatsverdienst immer noch möglich) oder Lohnersatzleistungen erhalten (z. B. Kurzarbeiter- oder Arbeitslosengeld), so müssen Sie die Anlage N ausfüllen. Bei Ehegatten muss dies getrennt geschehen. Wenn beide Arbeitslohn bezogen haben, sind also zwei Formulare auszufüllen und dem Finanzamt einzureichen.

Lohnersatzleistungen

> **TIPP** Es sind nur die weißen Felder auszufüllen, die grauen Felder sind für Eintragungen der Finanzverwaltung bestimmt.

Weiße Felder

> **Wichtig:** Haben Sie aufgrund einer Freistellungsbescheinigung des Finanzamtes steuerfreien Arbeitslohn aus einer geringfügigen Beschäftigung (630-DM-Job) erhalten, müssen Sie und/oder Ihr Ehegatte dies im Mantelbogen Seite 2, Zeile 46 eintragen.

▶ **Seite 1 der Anlage N**

Angaben zum Arbeitslohn

Bitte tragen Sie zunächst wieder Ihren Namen und die Steuernummer ein. Alle weiteren wesentlichen Angaben zu der ersten Formularseite der Anlage N entnehmen Sie den Angaben Ihrer eigenen Lohnsteuerkarte. Standen Sie oder Ihr Ehegatte im Veranlagungsjahr gleichzeitig in zwei Beschäftigungsverhältnissen, so sind für den Betreffenden zwei Lohnsteuerkarten einzureichen (eine mit der Lohnsteuerklasse 6) und die Werte entsprechend einzutragen.

Zeilen 1–23

Haben Sie während eines Kalenderjahres den Arbeitsplatz gewechselt, sind die entsprechenden Werte zu addieren und unter der Rubrik »Erste Lohnsteuerkarte« einzutragen.
Dabei handelt es sich dann aber nicht um ein so genanntes paralleles Beschäftigungsverhältnis.
Der Bruttoarbeitslohn wird in vollen D-Mark-Beträgen, die einbehaltenen Steuerabzugsbeträge werden auf den Pfennig genau eingetragen.

Wechsel des Arbeitsplatzes

> **TIPP** Prüfen Sie anhand Ihrer Lohnabrechnungen, ob Ihr Arbeitgeber die Beträge richtig auf der Lohnsteuerkarte eingetragen hat. Die Werte auf der Karte sind für das Finanzamt verbindlich.

Kapitel 4: Die Anlage N

Lohnsteuerkarte

V. Lohnsteuerbescheinigung für das Kalenderjahr 2001 und besondere Angaben

		vom – bis		vom – bis		vom – bis	
1. Dauer des Dienstverhältnisses							
2. Zeiträume ohne Anspruch auf Arbeitslohn		Anzahl „U":		Anzahl „U":		Anzahl „U":	
		DM	Pf	DM	Pf	DM	Pf
3. Bruttoarbeitslohn einschl. Sachbezüge ohne 9. und 10.							
4. Einbehaltene Lohnsteuer von 3.							
5. Einbehaltener Solidaritätszuschlag von 3.							
6. Einbehaltene Kirchensteuer des Arbeitnehmers von 3.							
7. Einbehaltene Kirchensteuer des Ehegatten von 3. (nur bei konfessionsverschiedener Ehe)							
8. In 3. enthaltene steuerbegünstigte Versorgungsbezüge							
9. Steuerbegünstigte Versorgungsbezüge für mehrere Kalenderjahre							
10. Ermäßigt besteuerter Arbeitslohn für mehrere Kalenderjahre (ohne 9.) und ermäßigt besteuerte Entschädigungen							
11. Einbehaltene Lohnsteuer von 9. und 10.							
12. Einbehaltener Solidaritätszuschlag von 9. und 10.							
13. Einbehaltene Kirchensteuer des Arbeitnehmers von 9. und 10.							
14. Einbehaltene Kirchensteuer des Ehegatten von 9. und 10. (nur bei konfessionsverschiedener Ehe)							
15. Kurzarbeitergeld, Winterausfallgeld, Zuschuss zum Mutterschaftsgeld, Verdienstausfallentschädigung (Infektionsschutzgesetz), Aufstockungsbetrag und Altersteilzeitzuschlag							
16. Steuerfreier Arbeitslohn nach	Doppelbesteuerungsabkommen						
	Auslandstätigkeitserlass						
17. Steuerfreie Arbeitgeberleistungen für Fahrten zwischen Wohnung und Arbeitsstätte							
18. Pauschalbesteuerte Arbeitgeberleistungen für Fahrten zwischen Wohnung und Arbeitsstätte							
19. Steuerpflichtige Entschädigungen und Arbeitslohn für mehrere Kalenderjahre, die nicht ermäßigt besteuert wurden – in 3. enthalten							
20. Steuerfreie Verpflegungszuschüsse bei Auswärtstätigkeit							
21. Steuerfreie Arbeitgeberleistungen bei doppelter Haushaltsführung							
22. Steuerfreie Arbeitgeberzuschüsse zur freiwilligen Krankenversicherung und zur Pflegeversicherung							
23. Arbeitnehmeranteil am Gesamtsozialversicherungsbeitrag							
24. Ausgezahltes Kindergeld		–		–		–	
Anschrift des Arbeitgebers (lohnsteuerliche Betriebsstätte) Firmenstempel, Unterschrift;							
Finanzamt, an das die Lohnsteuer abgeführt wurde							
(Name und dessen vierstellige Nr.)							

Zeile 7 — Nachträgliche Steuerbefreiung des 630 DM-Jobs

Haben Sie in 2001 Arbeitslohn aus einer geringfügigen Beschäftigung erhalten, für die Ihnen Steuern einbehalten wurden, für die Sie jedoch die nachträgliche Steuerbefreiung beantragen, ist der Betrag in Zeile 7 einzutragen. Die Bescheinigung des Arbeitgebers ist beizufügen. Der Betrag ist bereits in Zeile 2 enthalten.

Zeile 8 — Versorgungsbezüge

Versorgungsfreibetrag

Hier werden Pensionen von Beamten aus früheren Dienstverhältnissen, Witwen- und Waisengelder sowie nach Beamtenrecht gezahlte Unterhaltsbeiträge sowie Bezüge und Vorteile aus früheren Dienstverhältnissen eingetragen. Nach § 19 (2) EStG bleiben jährlich 40 Prozent von diesen Bezügen als Versorgungsfreibetrag steuerfrei, höchstens aber 6.000 DM jährlich. Dieser Betrag wird vom Finanzamt automatisch berücksichtigt. Die Werte entnehmen Sie der(n) Lohnsteuerkarte(n). Die Beträge sind im Bruttoarbeitslohn der Zeile 2 enthalten, können aber durchaus auch identisch sein. Wegen Erreichens einer Altersgrenze gelten die Bezüge erst dann als Versorgungsbezüge, wenn der Steuerpflichtige das 63. Lebensjahr oder als Schwerbehinderter das 60. Lebensjahr erreicht hat.

Außerordentliche Einkünfte, die ermäßigt besteuert werden

Entlassungsabfindungen

Hier handelt es sich um außerordentliche Vergütungen, die anders besteuert werden als laufende Arbeitseinkommen. Außerordentliche Einkünfte sind für Arbeitnehmer z. B. Entlassungsabfindungen, Arbeitslohn oder Versorgungsbezüge für mehrere Jahre. Wenn Sie – unwiderruflich – die ermäßigte Besteuerung dieser Einkünfte beantragen, müssen Sie dies zunächst im Mangelbogen auf Seite 2, Zeile 45 ankreuzen. Die Höhe dieser Einkünfte sowie die Steuerabzugsbeträge entnehmen Sie Ihrer Lohnsteuerkarte. Tragen Sie diese Daten nach Art der Vergütung in die Zeilen von 9 bis 13 ein. Die Besteuerung dieser außerordentlichen Einkünfte, wozu auch die Veräußerungsgewinne für Unternehmer zählen, richtet sich nach den Vorschriften des § 34 Abs. 1 EStG.

Entschädigungen, Abfindungen

Zeile 11

Abfindungen im Zusammenhang mit der Auflösung von Dienstverhältnissen (Auflösungsverträgen) sind je nach Alter und Betriebszugehörigkeit steuerfrei, wobei es

Alter des Arbeitnehmers	Betriebszugehörigkeit in Jahren	Freibetrag in DM
unerheblich	unerheblich	16.000
mindestens 50 Jahre	mindestens 15	20.000
mindestens 55 Jahre	mindestens 20	24.000

sich um Beträge handeln muss, die über den arbeitsrechtlich zu beanspruchenden Lohn hinausgehen. Steuerfrei bleiben nach § 3 Nr. 9 EStG:
Bis zu den genannten Freibeträgen kann die Abfindung steuerfrei ausgezahlt werden. Übersteigt die Abfindung diese Freibeträge, wird nur der Mehrbetrag steuerpflichtig. Die außerordentlichen Einkünfte werden rechnerisch auf fünf Jahre verteilt (§ 34 Abs. 1 EStG in der Fassung des Steuerentlastungsgesetzes 1999, 2000, 2002).

Auf fünf Jahre verteilt

Was bedeutet das für jüngere Berufstätige?
Beispiel Wie viel Einkommensteuer zahlt ein 45-Jähriger jetzt mit einer Abfindung von 60.000 DM und einem Jahresbruttolohn von 72.000 DM?

Außerordentliche Einkünfte zum 31.12.2001	60.000 DM
abzüglich Freibetrag	– 16.000 DM
steuerpflichtiger Anteil	44.000 DM

Für den übersteigenden Betrag von 44.000 DM ist die Differenz aus der Jahreslohnsteuer zu 72.000 DM und zu 80.800 DM (72.000 DM plus 1/5 von 44.000 DM) zu ermitteln. Die Lohnsteuer, die auf 8.800 DM (1/5 von 44.000 DM) entfällt, ist mit der Zahl fünf zu multiplizieren.

Jahreslohnsteuer mit 1/5 der Abfindung aus 80.800 DM	20.910 DM
Jahreslohnsteuer ohne Abfindung auf 72.000 (Steuerklasse I/0)	– 17.421 DM
Lohnsteuer aus 1/5 der Abfindung	3.489 DM

Somit beträgt die ermäßigte Lohnsteuer auf den steuerpflichtigen Anteil der Abfindung 17.445 DM (5 × 3.489 DM). Für 2001 muss der Arbeitnehmer insgesamt 34.866 DM Einkommensteuer zuzüglich Solizuschlag von 1.917 DM zahlen.

Zuzüglich Solizuschlag

Was bedeuten die Änderungen für ältere Berufstätige?
Beispiel Wie viel Einkommensteuer zahlt ein 58-Jähriger mit einer Abfindung von 80.000 DM, 21 Jahre Betriebszugehörigkeit, monatliches Bruttogehalt 10.000 DM?

Abfindungszahlung zum 31.10.2001	80.000 DM
Freibetrag	– 24.000 DM
steuerpflichtiger Anteil	56.000 DM

Für den übersteigenden Betrag von 56.000 DM ist die Differenz aus der Jahreslohnsteuer zu 100.000 DM (10 Monate jeweils 10.000 DM) und zu 111.200 DM (100.000 DM plus 1/5 von 56.000 DM) zu ermitteln. Die Lohnsteuer, die auf 11.200 DM (1/5 von 56.000 DM) entfällt, muss mit fünf multipliziert werden.

Jahreslohnsteuer mit 1/5 der Abfindung aus 111.200 DM	23.008 DM
Jahreslohnsteuer ohne Abfindung (Steuerkl. III/0) auf 100.000 DM	– 19.314 DM
Lohnsteuer aus 1/5 der Abfindung	3.694 DM

Somit beträgt die ermäßigte Lohnsteuer auf den steuerpflichtigen Teil der Abfindung 18.470 DM (entspricht 5 × 3.694 DM)
Insgesamt muss der Arbeitnehmer 37.784 DM Einkommensteuer zuzüglich Solidaritätszuschlag von 2.078 DM zahlen.

Steuerpflichtiger Arbeitslohn ohne Steuerabzug

Zeile 14

Hier ist der Arbeitslohn einzutragen, von dem kein Lohnsteuerabzug vorgenommen wurde, der aber bei den Gesamteinkünften hinzugerechnet werden muss. Dabei handelt es sich beispielsweise um Verdienstausfallentschädigungen, Arbeitslohn von einem ausländischen Arbeitgeber oder aber auch um Trinkgelder.

Trinkgelder

> **TIPP** Wenn Sie in einem Beruf tätig sind, in dem Trinkgelder obligatorisch sind (Friseure, Gastronomie) und hier gar nichts angeben, kann das Finanzamt eine Schätzung vornehmen. Die kann (z. B. bei Kellnern) zwei Prozent des von Ihnen gebuchten Umsatzes betragen. Oft ist es vorteilhafter, selbst einen Wert einzusetzen! Trinkgelder bleiben jedoch bis jährlich 2.400 DM steuerfrei (§ 3 Nr. 51 EStG)!

Steuerfreier ausländischer Arbeitslohn

Zeilen 15–16

Progressionsvorbehalt

Arbeitslohn für eine Auslandstätigkeit kann nach dem Doppelbesteuerungsabkommen oder einem Auslandstätigkeitserlass steuerfrei sein, da dieser Arbeitslohn dann in dem anderen Staat besteuert wird. Der Arbeitslohn ist unter Angabe des jeweiligen Staates trotzdem hier einzutragen, da er den Steuersatz der übrigen Einkünfte erhöht (Progressionsvorbehalt).
Von dem Arbeitslohn können Sie die Ihnen entstandenen Werbungskosten in Zusammenhang mit der ausländischen Tätigkeit abziehen, die auf einem gesonderten Blatt erläutert werden sollten.

Grenzgänger

Zeile 18

Hierzu zählen Arbeitnehmer, die im Ausland gearbeitet haben, jedoch weiterhin in Deutschland ihren Wohnsitz haben und jeden Arbeitstag wieder nach Hause zurückkehren.

Die ausländischen Einkünfte sind nur steuerpflichtig, soweit sie jährlich 800 DM übersteigen. Bitte geben Sie das Beschäftigungsland und Ihren Arbeitslohn in der ausländischen Währung an, wenn in ausländischer Währung bezahlt wurde.

Fremde Währungen

Schweizerische Abzugsteuer

Wurde Ihnen schweizerische Abzugsteuer von Ihrem schweizerischen Arbeitslohn abgezogen, so ist dies hier in Schweizer Franken einzutragen.

Zeile 19

Steuerfreie Aufwandsentschädigungen

Steuerpflichtige können Einnahmen aus nebenberuflichen Tätigkeiten im Dienst oder Auftrag einer inländischen juristischen Person des öffentlichen Rechts erhalten als oder aus:
- Übungsleiter (im Sportverein)
- Erzieher
- Ausbilder
- nebenberuflichen künstlerischen Tätigkeiten
- Für eine vergleichbare nebenberufliche Tätigkeit zur Förderung gemeinnütziger, mildtätiger und kirchlicher Zwecke.

Zeile 20

Nebenberufliche Tätigkeiten

Die nebenberufliche Pflege alter, kranker oder behinderter Menschen ist ebenso begünstigt, falls diese Tätigkeit im Rahmen eines ambulanten Pflegedienstes ausgeübt wird. Steuerfrei sind die Aufwandsentschädigungen nach § 3 Nr. 26 EStG bis zu einem jährlichen Betrag von 3.600 DM. Auch bei mehreren nebenberuflichen Tätigkeiten ist laut BFH-Urteil der Freibetrag nur einmal zu gewähren. Eine Tätigkeit gilt dann als nebenberuflich, wenn sie nicht mehr als 1/3 der Arbeitszeit eines vergleichbaren Vollzeitjobs in Anspruch nimmt.

Die Steuerbefreiung bis 3.600 DM p. a. gilt auch für o. a. nebenberufliche Tätigkeiten, die selbstständig ausgeübt werden. Diese sind jedoch dann in der Anlage GSE (s. Kapitel 7) aufzuführen. Werbungskosten können nur abgezogen werden, soweit diese 3.600 DM übersteigen.

Kurzarbeitergeld, Wintergeld, Winterausfallgeld etc.

Bitte entnehmen Sie diese Werte der(n) Lohnsteuerkarte(n). Diese vom Arbeitgeber gezahlten Lohnersatzleistungen werden nach dem Progressionsvorbehalt besteuert, d. h., sie sind selbst steuerfrei und erhöhen nur den Steuersatz der übrigen Einkünfte (§ 32 b EStG). Einzutragen sind hier z. B.:
- Kurzarbeitergeld, Wintergeld, Winterausfallgeld
- Zuschuss zum Mutterschaftsgeld

Zeile 21

Lohnersatzleistungen

▶ Verdienstausfallentschädigungen nach dem Bundesseuchengesetz
▶ Aufstockungsbeträge nach dem Altersteilzeitgesetz.

Andere Lohnersatzleistungen

Zeilen 22–23 Hier sind die Lohnersatzleistungen einzutragen (falls nicht schon im Mantelbogen auf Seite 2 geschehen). Das bezieht sich auf die Lohnersatzleistungen, die nicht vom Arbeitgeber, sondern von Sozialversicherungsträgern gezahlt wurden wie z. B.:

▶ Altersübergangsgeld

Arbeitslosengeld
▶ Arbeitslosengeld
▶ Arbeitslosenhilfe, dazu bitte die Zeiten der Arbeitslosigkeit mit genauer Datumsangabe eintragen
▶ Eingliederungsgeld
▶ Konkursausfallgeld
▶ Mutterschaftsgeld von der Krankenkasse
▶ Überbrückungsgeld
▶ Übergangsgeld
▶ Unterhaltsgeld als Zuschuss
▶ Verdienstausfallentschädigung
▶ Verletztengeld

Verletztengeld
▶ Versorgungskrankengeld
▶ Vorruhestandsgeld im Beitrittsgebiet
▶ Unterhaltsgeld aus dem europäischen Sozialfonds.

Europäischer Sozialfonds Auch diese Lohnersatzleistungen werden mit dem Progressionsvorbehalt besteuert. Fügen Sie daher immer die Leistungsnachweise Ihren Finanzamtsunterlagen bei.

In Zeile 23 tragen Sie bitte die genauen Zeiten der Nichtbeschäftigung ein, in denen Sie in keinem Dienstverhältnis standen.

Beispiel Frau Bauer hat ein zu versteuerndes Einkommen (ohne das im Kalenderjahr erhaltene Mutterschaftsgeld) von 50.000 DM. Mit dem erhaltenen Mutterschaftsgeld würde ihr zu versteuerndes Einkommen insgesamt 54.000 DM betragen, was nach der Grundtabelle einem durchschnittlichen Steuersatz von 20,33 Prozent entspricht. Dieser Steuersatz ist jedoch nur auf das steuerpflichtige Einkommen von 50.000 DM anzuwenden (= 10.165 DM Steuerabzug zuzüglich Solidaritätszuschlag und Kirchensteuer).

Arbeitnehmersparzulage

Zeile 24 Tragen Sie bitte in Formularzeile 24 die Anzahl der zusätzlich beigefügten Anlagen VL (s. Kapitel 12) ein.

Ergänzende Angaben zu den Vorsorgeaufwendungen

Für sozialversicherungspflichtige Arbeitnehmer, die Beiträge für die Krankenversicherung, Arbeitslosenversicherung und Rentenversicherung einzahlen – hierbei übernehmen die Arbeitnehmer und die Arbeitgeber jeweils die Hälfte –, entfallen diese Angaben.

Zeilen 25–30

Für welche Personengruppen sind diese Angaben relevant?

Für die nachstehend genannten Personengruppen aber sind die Angaben wichtig, da hiervon die Höhe der abzugsfähigen Vorsorgeaufwendungen laut § 10 EStG abhängt (s. Kapitel 2, Vorsorgeaufwendungen):

Abzugsfähige Vorsorgeaufwendungen

- Rentenversicherungsfreie oder auf Antrag des Arbeitgebers von der Rentenversicherungspflicht befreite Arbeitnehmer
- Beamte und Richter
- Berufssoldaten
- Beschäftigte bei Trägern der Sozialversicherung
- Geistliche
- Studenten
- Nicht rentenversicherungspflichtige Steuerpflichtige mit Altersversorgung ohne eigene Beitragsleistung (z. B. Vorstandsmitglieder einer AG, Gesellschafter-Geschäftsführer einer GmbH, denen eine betriebliche Pensionsanwartschaft seitens der GmbH zugesichert wurde)
- Arbeitnehmer mit Versorgungsbezügen (pensionierte Beamte)
- Arbeitnehmer mit Altersruhegeld aus der gesetzlichen Rentenversicherung (weiterbeschäftigte Altersrentner).

Auf was müssen sich diese Personengruppen einstellen?

Bei diesen Personengruppen erfolgt daher eine Kürzung des Vorwegabzuges, da die Altersversorgung entweder von staatlicher Seite oder aber von der Kapitalgesellschaft geleistet wurde. Für Beamte oder Vorstandsmitglieder sowie beherrschende Gesellschafter-Geschäftsführer gilt Folgendes: Diese Personen sollten entsprechend die Formularzeile 27 ankreuzen.

Vorwegabzug

> **TIPP** Der Vorwegabzug wird nicht automatisch vom Finanzamt gekürzt, wenn z. B. beherrschende Gesellschafter-Geschäftsführer vonseiten der GmbH keine Altersversorgung zugesichert bekommen haben (Pensionszusage). Falls in der Formularzeile 29 jedoch das entsprechende Kästchen angekreuzt wird, dann entfällt die Kürzung des Vorwegabzuges. Es sind höhere Vorsorgeaufwendungen abzugsfähig.

> **Seite 2 der Anlage N**

Werbungskosten

Zeilen 31–63 Auf der für Sie besonders wichtigen zweiten Seite der Anlage N tragen Sie die Werbungskosten ein, mit denen Sie – wie Sie sich denken können – eine Menge Steuern sparen können. Mit Werbungskosten sind (nach § 9 [1] Satz 1 EStG) alle Ausgaben gemeint, die zum Erwerb, zur Sicherung und Erhaltung der Einnahmen die-

Private Lebensführung nen. Sie sind streng abzugrenzen von den Kosten der privaten Lebensführung (nach § 12 EStG).

Beispiel Ein tragbarer Computer, den Sie sich beispielsweise für Videospiele oder zum Surfen im Internet kaufen, ist eine Ausgabe der privaten Lebensführung. Schaf-

Außendienst *fen Sie sich das Gerät dagegen an, weil Sie als Angestellter im Außendienst damit schneller Aufträge abwickeln können, Ihre Umsätze und den entsprechenden Verdienst steigern und dadurch letztlich dazu beitragen, Ihren Arbeitsplatz zu sichern, dann handelt es sich bei der Ausgabe um Werbungskosten.*

Allgemein gilt für Werbungskosten:
Eine steuerfreie Erstattung von Aufwendungen durch den Arbeitgeber ist bei der Werbungskostenermittlung abzuziehen, ebenso sonstige Erstattungen, z. B. durch eine Versicherung.
Eine steuerpflichtige Erstattung durch den Arbeitgeber dagegen ist nicht bei Ihrer Werbungskostenaufstellung abzuziehen, da diese Erstattungen von Ihnen versteuert wurden.

Dienstreisen
> **TIPP** Im Zweifelsfall sollten Sie zu den Erstattungen Bescheinigungen von Ihrem Arbeitgeber verlangen. Dies gilt insbesondere bei Dienstreisen, Einsatzwechseltätigkeit und Fahrtätigkeit. Setzen Sie außerdem in Zweifelsfragen lieber zu viel Werbungskosten an als zu wenig. Streichen kann das Finanzamt immer noch. Nehmen Sie aber eine Werbungskostenkürzung nicht widerspruchslos hin (s. Kapitel 14).

Arbeitnehmerpauschbetrag

Kürzung des Bruttoarbeitslohns Das Finanzamt berücksichtigt bei den Einkünften aus nichtselbstständiger Tätigkeit (nach § 9 a Nr. 1 EStG) automatisch den Arbeitnehmerpauschbetrag von jährlich 2.000 DM, d. h., Ihr Bruttoarbeitslohn wird zur Ermittlung Ihrer Einkommensteuer um diesen Betrag gekürzt.
Wegen dieser automatischen Berücksichtigung wirken sich nur solche Werbungskosten steuermindernd aus, die über der Summe von 2.000 DM liegen.

Werbungskosten

– 2 –

Zeile	Werbungskosten								
31	Wege zwischen Wohnung und Arbeitsstätte (Entfernungspauschale)								
32	Die Wege wurden ganz oder teilweise zurückgelegt mit einem eigenen oder zur Nutzung überlassenen			privaten Pkw	Firmenwagen	Letztes amtl. Kennzeichen			
33	Arbeitsstätte in (Ort und Straße) – ggf. nach besonderer Aufstellung –					Arbeitstage je Woche		Urlaubs- und Krankheitstage	
34									
35	Arbeitsstätte lt. Zeile	aufgesucht an	einfache Entfernung	mit PKW	zurückgelegte Entfernung mit öffentl. Verkehrsmitteln, Motorrad, Fahrrad o.ä., als Fußgänger oder Mitfahrer einer Fahrgemeinschaft		Behinderungsgrad mind. 70 oder mind. 50 und Merkzeichen „G"	72 Entfernungspauschale	
36	40	41 Tagen	km	68 km		km	Ja	61	Bei Behinderung = 2
37	43	44 Tagen	km	69 km		km	Ja	62	Bei Behinderung = 2
38	46	47 Tagen	km	70 km		km	Ja	63	Bei Behinderung = 2
39	65	66 Tagen	km	71 km		km	Ja	67	Bei Behinderung = 2
							49 DM	49	
40	Aufwendungen für Fahrten mit öffentlichen Verkehrsmitteln (ohne Flug- und Fährkosten)								
41	Vom Arbeitgeber gezahlter Fahrtkostenersatz					73 steuerfrei gezahlt	50 pauschal besteuert	50	
42	Beiträge zu Berufsverbänden (Bezeichnung der Verbände)						51	51	
43	Aufwendungen für Arbeitsmittel – soweit nicht steuerfrei ersetzt – (Art der Arbeitsmittel bitte einzeln angeben.) DM							73	
44						+ ▶	52	52	
45	Weitere Werbungskosten (z. B. Fortbildungskosten, Reisekosten bei Dienstreisen, Fahrtkosten bei Einsatzwechseltätigkeit, Flug- und Fährkosten) – soweit nicht steuerfrei ersetzt –								
46						+			
47						+ ▶	53	53	
48	Pauschbeträge für Mehraufwendungen für Verpflegung					Vom Arbeitgeber steuerfrei ersetzt ▼			
49	bei Einsatzwechseltätigkeit		bei Fahrtätigkeit						
50	Abwesenheit mind. 8 Std. Zahl der Tage × 10 DM =	Abwesenheit mind. 14 Std. Zahl der Tage × 20 DM	Abwesenheit von 24 Std. Zahl der Tage × 46 DM	Summe		DM – ▶	54	54	
51	Mehraufwendungen für doppelte Haushaltsführung Der doppelte Haushalt wurde aus beruflichem Anlass begründet			Beschäftigungsort					
52	Grund	am	und hat seitdem ununterbrochen bestanden bis 2001	Es bestand bereits eine frühere doppelte Haushaltsführung am selben Beschäftigungsort		vom – bis			
53	Eigener Hausstand Nein Ja, in		seit	Falls nein, wurde Unterkunft am bisherigen Ort beibehalten? Nein Ja					
54	Kosten d. ersten Fahrt zum Beschäftigungsort u. d. letzten Fahrt zum eigenen Hausstand mit öffentlichen Verkehrsmitteln	mit eigenem Kfz Entfernung	km ×		DM =	DM			
55	Fahrtkosten für Heimfahrten einfache Entfernung ohne Flugstrecken	km ×		× 0,80 DM =	DM				
56	Kosten für öffentliche Verkehrsmittel (ohne Flug- und Fährkosten)				DM			64	Werbungskosten zu Zeile 7
57	Höherer Betrag aus Zeile 55 oder 56				+			57	Werbungskosten zu Zeilen 15 und 16
58	tatsächliche Kfz-Kosten bei Behinderten / Flug- und Fährkosten für Heimfahrten (lt. Nachweis)				+			58	Werbungskosten zu Zeilen 14 und 18
59	Kosten der Unterkunft am Arbeitsort (lt. Nachweis)				+			59	Werbungskosten zu Zeilen 9 und 10
60	Verpflegungsmehraufwendungen							60	Werbungskosten zu Zeile 11
61	Abwesenheit mind. 8 Std. Zahl der Tage × 10 DM	Abwesenheit mind. 14 Std. Zahl der Tage × 20 DM	Abwesenheit von 24 Std. Zahl der Tage × 46 DM		▶ +				
62					+				
63	Vom Arbeitgeber steuerfrei ersetzt				– ▶	55	55		

> **TIPP** Tragen Sie trotzdem alle Ihnen entstandenen Werbungskosten einzeln ein, damit, falls Sie sich verrechnet haben sollten, die höheren Zahlen vom Finanzamt zugrunde gelegt werden.

Fahrtkosten zwischen Wohnung und Arbeitsstätte

Zeilen 31–41

Ab 2001 können Arbeitnehmer unabhängig vom benutzten Verkehrsmittel eine Entfernungspauschale für die Entfernung zwischen Wohnung und Arbeitsstätte geltend machen. Diese beträgt nach § 9 Abs.1 Nr. 4 EStG für jeden Arbeitstag, an dem die Arbeitsstätte aufgesucht wurde:
- Für die ersten zehn Entfernungskilometer jeweils 0,70 DM und
- Für jeden weiteren Entfernungskilometer jeweils 0,80 DM

Diese Aufwendungen dürfen auch angesetzt werden, wenn der Arbeitnehmer selbst gar nicht gefahren ist.

Entfernungspauschale

Die Entfernungspauschale ist auf einen Höchstbetrag von jährlich 10.000 DM begrenzt. Entstehen durch die Benutzung öffentlicher Verkehrsmittel höhere Aufwendungen, ist ein Werbungskostenabzug möglich, wenn die Kosten nachgewiesen werden können (§ 9 Abs. 2 EStG). Ein über die Pauschale hinausgehender Betrag wird auch anerkannt, wenn der Arbeitnehmer einen eigenen oder einen ihm überlassenen Pkw benutzt, z. B. einen Firmenwagen. Der Mehraufwand ist dem Finanzamt durch Belege (Benzin-, Inspektions-Reparaturrechnungen) nachzuweisen. Für Flugstrecken gilt die Entfernungspauschale nicht, hier werden nur die tatsächlich entstandenen Kosten berücksichtigt. Die Entfernungskilometer bis zum Flughafen können durch die Entfernungspauschale berücksichtigt werden, sofern die Strecken innerhalb der kürzesten Straßenverbindung liegen.

Kreuzen Sie in Zeile 32 an, ob Sie zumindest eine Teilstrecke mit dem eigenen Pkw oder einem Firmenwagen gefahren sind. Tragen Sie das letzte amtliche Kennzeichen ein.

In Zeile 33 und 34 tragen Sie Arbeitsstätten sowie Arbeitstage ein. Bei einer Fünf-Tage-Woche werden unter Berücksichtigung der Urlaubstage 230 Arbeitstage für Fahrtkosten, bei einer Sechs-Tage-Woche bis zu 280 Arbeitstage anerkannt.

In die Zeilen 36–39 tragen Sie die Anzahl der Arbeitstage je Arbeitsstätte, die gesamten Entfernungskilometer sowie die auf das jeweilige Verkehrsmittel entfallenden Kilometer ein. Sind Sie z. B. teilweise mit eigenem Pkw gefahren, teilweise von

Fahrgemeinschaft

Ihrem Kollegen in dessen Auto mitgenommen worden, tragen Sie die Tage mit den in Ihrem Pkw zurückgelegten Kilometern und die restlichen Entfernungskilometer in die Spalte »Mitfahrer einer Fahrgemeinschaft« ein.

Öffentliche Verkehrsmittel

Aufwendungen für öffentliche Verkehrsmittel (Arbeitswege per Flugzeug, Bahn oder Taxi) können die Entfernungspauschale übersteigen. Sie werden in tatsächlicher Höhe in die Zeile 40 eingetragen.

Wichtig: Die Entfernungspauschale ist nur noch für die kürzeste Straßenverbindung möglich!

Durch die Entfernungspauschale sind alle Aufwendungen für die Fahrten zwischen Wohnung und Arbeitsstätte abgegolten. Somit sind Unfallkosten nicht mehr abzugsfähig, nur noch auf einer beruflich bedingten Umwegfahrt zur oder von der Arbeitsstätte.

Unfallkosten

Fahrgemeinschaften

Für Teilnehmer einer Fahrgemeinschaft ist die Entfernungspauschale besonders interessant. Sie ist grundsätzlich auf einen Höchstbetrag von jährlich 10.000 DM pro Teilnehmer begrenzt. Diese Begrenzung gilt nicht für Tage, an denen Sie Ihren eigenen Pkw eingesetzt haben. Deshalb müssen Sie in den Zeilen 36–39 die entsprechenden Angaben machen. Wenn Sie einen weiten Weg zur Arbeitsstätte zurücklegen und immer mit dem eigenen Pkw oder Firmenwagen gefahren sind, gilt die Kostendeckelung von 10.000 DM nicht. Alle Mitfahrer können – auch wenn ihnen keine Aufwendungen entstanden sind – trotzdem die Entfernungspauschalen bis jeweils 10.000 DM jährlich abziehen. Jeder Teilnehmer einer Fahrgemeinschaft trägt als Entfernung zwischen Wohnung und Arbeitsstätte die kürzeste Straßenverbindung ein. Umwege zum gemeinsamen Treffpunkt oder Umwege für das Abholen anderer Fahrmitglieder und Unfälle auf diesen Strecken bleiben außer Ansatz.

Kürzeste Streckenverbindung

EXTRA-TIPP Ehegatten, die gemeinsam in einem Pkw zur Arbeit fahren, haben beide Anspruch auf die Entfernungspauschale. Dies gilt auch dann, wenn sie beim gleichen Arbeitgeber beschäftigt sind.

Haben Sie vom Arbeitgeber für die Fahrten zwischen Wohnung und Arbeitsstätte steuerfreien oder pauschal versteuerten Fahrtkostenersatz erhalten, mindert das Ihre abzugsfähigen Werbungskosten. Übernehmen Sie den auf Ihrer Lohnsteuerkarte in den Zeilen 17 und 18 vermerkten Betrag in die Zeile 41.
Mit der Entfernungspauschale sind sämtliche Fahrzeugkosten abgegolten, auch Garagenmieten, Parkgebühren und Reparaturkosten.
Das Finanzamt unterscheidet immer zwischen Entfernungs- und gefahrenen Kilometern. Im Klartext heißt das nichts anderes, als dass Sie bei den Entfernungskilometern praktisch nur den Hinweg, also die Hälfte der gefahrenen Strecke, ansetzen dürfen. Generell unterschieden werden dann noch bei der Pkw-Benutzung:

Fahrtkostenersatz

▶ Einfacher Kilometersatz = 0,70/0,80 DM je Entfernungskilometer; es handelt sich hier um die Entfernungspauschale, die unabhängig vom gewählten Verkehrsmittel gewählt wird (Ausnahme s. o.).

Kilometersätze 2001

Kapitel 4: Die Anlage N

▶ Erhöhter Kilometersatz = 1,16 DM je Entfernungskilometer (z. B. für behinderte Arbeitnehmer und für dienstliche Fahrten, z. B. Fortbildung, Kundenbesuche etc.)

Erhöhter Kilometersatz

TIPP Lassen Sie sich nicht verwirren, wenn zum Teil auch von 0,58 DM pro gefahrenem Kilometer gesprochen wird. Hierbei handelt es sich um den erhöhten Kilometersatz, denn ein Entfernungskilometer besteht immer aus zwei gefahrenen Kilometern. Und 0,58 x 2 ergibt genau die oben erwähnten 1,16 DM je Entfernungskilometer.

TIPP Es ist immer die kürzeste Verbindung zwischen Wohnung und Arbeitsstätte anzugeben. Für beruflich veranlasste Umwegstrecken (z. B. wenn der Arbeitnehmer auf dem Arbeitsweg noch bei einem Kunden etwas abholen muss) dürfen die tatsächlich entstandenen Kosten angesetzt werden, z. B. mit der erhöhten Kilometerpauschale.

Einsatzwechseltätigkeit

Arbeitnehmer mit ständig wechselnden Einsatzstellen (Monteure, Beschäftigte von Zeitarbeitsfirmen, Bauarbeiter) haben im Betrieb keine regelmäßige Arbeitsstätte. Keine Einsatzwechseltätigkeit liegt vor, wenn der Arbeitnehmer zwar an wechselnden Einsatzstellen beschäftigt ist, jedoch seine regelmäßige Arbeitsstätte im Betrieb des Arbeitgebers hat.
Die Kosten sind wie folgt als Werbungskosten abzugsfähig:

Kilometerpauschalen

Fahrtkosten mit eigenem Pkw
1,16 DM pro Entfernungskilometer (entspricht 0,58 DM pro gefahrenen Kilometer), wenn die Entfernung Wohnung–Einsatzstelle mehr als 30 Kilometer beträgt und auch nur für die ersten drei Monate an derselben Einsatzstelle. Dies gilt sowohl für die Fahrten zwischen Wohnung und Einsatzstelle als auch für die Fahrten zwischen den einzelnen Einsatzstellen.

0,70/0,80 DM pro Entfernungskilometer nach den Regelungen der Entfernungspauschalen für Fahrten zwischen Wohnung und Arbeitsstätte, wenn die Entfernung Wohnung–Einsatzstelle weniger als 30 Kilometer beträgt oder sobald mehr als drei Monate an derselben Einsatzstelle gearbeitet wird. Wenn Ihr Arbeitgeber Sie von einem vereinbarten Treffpunkt zu der jeweiligen Arbeitsstätte fährt, entstehen Ihnen ebenfalls nur Fahrtkosten zwischen Wohnung und Arbeitsstätte.

> **TIPP** Wenn Sie an einem Arbeitstag an mehreren Einsatzstellen beschäftigt sind, reicht es für den Ansatz der erhöhten Kilometerpauschale von 0,58 DM pro gefahrenen Kilometer aus, wenn nur eine der Einsatzstellen mehr als 30 Kilometer von zu Hause entfernt ist.

Mehrere Einsatzstellen

Es kommt häufig vor, dass z. B. Monteure für die ersten drei Monate die erhöhten Kilometerpauschalen ansetzen können und danach nur die Fahrtkosten, wie sie für die Entfernung zwischen Wohnung und Arbeitsstätte festgelegt sind.

Steuerfreie und pauschal besteuerte Arbeitgeberleistungen mindern Ihre abzugsfähigen Werbungskosten.

Verpflegungsmehraufwand

Es können bei einer vorliegenden Einsatzwechseltätigkeit die gleichen Verpflegungspauschalen wie bei Dienstreisen angesetzt werden.

Verpflegungspauschalen

Fahrtkosten bei Behinderten

Arbeitnehmer mit einer Körperbehinderung von mindestens 70 Prozent oder von mindestens 50 Prozent, wenn eine erhebliche Geh- und Stehbehinderung vorliegt, können die erhöhten Kilometersätze oder die nachgewiesenen tatsächlichen Kosten abziehen. Ohne Nachweis der Kosten können pauschal bei der Benutzung des eigenen Pkw 1,16 DM für jeden Entfernungskilometer angesetzt werden.

Zeilen 36–39

Kreuzen Sie in den Zeilen 36–39 das entsprechende Feld an, und fügen Sie Ihrer Steuererklärung eine Kopie Ihres Behindertenausweises bei.

Zusatzfahrten

Arbeitsunterbrechung

Zusätzliche Wege an einem Arbeitstag zur Arbeitsstätte wegen Arbeitsunterbrechungen können nicht mehr als Werbungskosten berücksichtigt werden; die Entfernungspauschale gilt nur für eine Fahrt pro Arbeitstag zur Arbeitsstätte. Eine Ausnahme bilden die Fahrtkosten für Behinderte (s. dort).

> **TIPP** Zusätzliche Fahrten an arbeitsfreien Tagen wegen Überstunden, Vertretung an Wochenenden etc. werden mit den einfachen Kilometersätzen abgerechnet (außer bei Behinderten).

Mehrere Arbeitsstätten

Mehrere Arbeitgeber oder -stätten

Fährt ein Arbeitnehmer täglich zu mehreren Arbeitsstätten seines Arbeitgebers oder arbeitet er für mehrere Arbeitgeber, kann er die Fahrtkosten als Werbungskosten abziehen.

Beispiel: *Der Arbeitnehmer fährt an einem Tag von seiner Wohnung zur Arbeitsstätte 1, von dort aus zur Arbeitsstätte 2 und von dort den Weg zur Wohnung zurück. Er zieht folgende Fahrtkosten ab:*
Halbe Entfernungspauschale für den Weg von der Wohnung zur Arbeitsstätte 1
Volle Entfernungspauschale für den Weg von der Arbeitsstätte 1 zur Arbeitsstätte 2
Halbe Entfernungspauschale für den Weg von der Arbeitsstätte 2 zur Wohnung

Zweitwohnung

Lebensmittelpunkt

Hat der Arbeitnehmer mehrere Wohnungen, sind die Wege von einer Wohnung, die nicht am nächsten zur Arbeitsstätte liegt, nur dann mit der Entfernungspauschale zu berücksichtigen, wenn sie den Lebensmittelpunkt des Arbeitnehmers bildet. Bildet die Wohnung nicht den Lebensmittelpunkt, wird die Entfernungspauschale für die Strecke von der ersten Wohnung zur Arbeitsstätte berücksichtigt.

Jobticket und Bahncard

Öffentliche Verkehrsmittel

Die Aufwendungen werden durch die Entfernungspauschale berücksichtigt (s. dort). Steuerfreie Arbeitgeberzuschüsse zu den Aufwendungen für Fahrten zwischen Wohnung und Arbeitsstätte und steuerfreie Sachbezüge in Form eines unentgeltlichen oder verbilligten Jobtickets sind von den sich nach der Entfernungspauschale ergebenden Werbungskosten zu kürzen.

Bahnfahrten

Übersteigen die Kosten für öffentliche Verkehrsmittel (z. B. Bahncard) die Aufwendungen nach der Entfernungspauschale, können die nachgewiesenen Kosten für das Verkehrsmittel abgezogen werden. Dies kann bei kurzen Entfernungen zutreffend sein.

Tatsächliche Kfz-Kosten mit Einzelnachweis statt Pauschalen

Tatsächliche Kfz-Kosten

Schon bei einem Auto der unteren Mittelklasse sind die echten Kilometerkosten meist höher als die steuerlichen Pauschalen. Behinderte Arbeitnehmer sowie Arbeitnehmer, die ihr Fahrzeug zusätzlich zu den Fahrten zwischen Wohnung und Arbeitsstätte auch für andere berufsbedingte Fahrten oder nur für Dienstreisen verwenden, können die Kraftfahrzeugkosten mit den tatsächlich entstandenen Kosten oder mit den zutreffenden Kilometerpauschalen abrechnen. Das Finanzamt verlangt dann eine Aufstellung der tatsächlichen Kfz-Kosten nach dem folgenden Muster:

Anlage zur Einkommensteuererklärung für 2001

Steuerpflichtiger: _____

Steuernummer: _____

An das Finanzamt _____

Einzelnachweis zu den tatsächlichen Kfz-Kosten
Beispielrechnung für ein Neufahrzeug   Einzelnachweis

Fahrzeugtyp: _____

Amtliches Kennzeichen: _____

Kaufdatum (Tag, Monat, Jahr): _____

Kaufpreis (inkl. MwSt.): . . . . 37.500 DM

Gesamtkosten lt. Belegen

Absetzung für Abnutzung (AfA 16,67 % vom Kaufpreis), ND 6 Jahre . . . 6.250 DM

Versicherung . . . . 1.250 DM

Kfz-Steuer . . . . 300 DM

Beitrag Automobilclub . . . . 50 DM   ADAC-Beiträge

Autoschutzbrief . . . . 110 DM

TÜV, ASU . . . . 200 DM

Benzin laut Quittungen (evtl. Schätzung, falls verloren) . . . . 5.800 DM

Öl, sonstige Betriebsstoffe, Pflegemittel . . . . 180 DM

Wagenwäsche . . . . 600 DM

Reparaturen (Inspektionen) . . . . 2000 DM

Garagenmiete . . . . 720 DM

Zinsen Autokredit
(privat oder Bank, ohne Tilgung) . . . . 2.400 DM

Leasingraten, Leasingsonderzahlung . . . . DM   Leasingraten

Kosten bei einer Fahrleistung von 25.000 km/Jahr . . . . 19.860 DM

Kosten pro km (Betrag durch Fahrleistung) . . . . **0,79 DM**

Kapitel 4: Die Anlage N

Computerfahrtenbuch

> **Fahrtenbuch führen!**
> Zusätzlich zu der Kostenaufstellung verlangt das Finanzamt, dass auf Dauer ein Fahrtenbuch geschrieben wird (gibt es im Schreibwarenhandel), aus dem die privat und beruflich gefahrenen Kilometer hervorgehen. Denn nur der Anteil der beruflichen Fahrten kommt in die Berechnung hinein. Hilfe versprechen auch die vielfach angebotenen Computerfahrtenbücher, aber Vorsicht: Sie werden nicht in jedem Fall anerkannt (abhängig von der jeweiligen Oberfinanzdirektion und dem jeweiligen Computerprogramm). Ehe Sie Geld für ein Computerfahrtenbuch ausgeben, sollten Sie deshalb unbedingt bei Ihrem Finanzamt nachfragen, ob das Hilfsmittel anerkannt wird. Wenn ja, können Sie übrigens auch die Kosten für das Fahrtenbuch in die Gesamtkostenaufstellung hineinnehmen.

Angaben zu Dienstreisen

Für Dienstreisen sind Angaben zu machen über:
▸ Datum und Zeitangabe bei Abfahrt und Ankunft der Reise
▸ Ort der Reise und Reiseroute
▸ Reisezweck und Angaben über die besuchten Kunden/Geschäftspartner etc.

Das folgende Muster für Kfz-Kostennachweise auf Grundlage des Fahrtenbuchs zeigt, wie Ihre Anlage zur Einkommensteuererklärung aussehen sollte:

Anlage zur Einkommensteuererklärung für 2001

Steuerpflichtiger: _____

Steuernummer: _____

An das Finanzamt _____

Nachgewiesene Kfz-Kosten/Dienstreisen

Angaben zum Fahrzeug

Fahrzeugtyp: _____

Amtliches Kennzeichen: _____

| Tachostand am 31.12.2001: |
| Tachostand am 01.01.2001: |

−

| Jahresfahrleistung (Differenz): |

=

Nachgewiesene Kfz-Kosten

Datum	Ziel	Zweck	Tachostand Beginn	Tachostand Ende	Zurückgelegte Kilometer

Aufschlüsselung der im Jahr gefahrenen Kilometer

Meine Jahresfahrleistung 2001 in Höhe von ... Kilometer (wie oben) ergibt sich wie folgt:

Fahrten		Kilometer		Kosten pro km (lt. besond. Aufstellung)		Kfz-Kosten
Dienstreisen laut Fahrtenbuch (von oben, gefahrene Kilometer)			×		=	
Für Behinderte, sonst Zeile auslassen: Fahrten zwischen Wohnung und Arbeitsstätte an ... Tagen (einfache Entfernung sind Werbungskosten aus nichtselbstständiger Arbeit)	+		×		=	
Hin- und Rückfahrten zur vermieteten Immobilie an ... Tagen, gefahrene km (Summe angeben bei Werbungskosten aus Vermietung/Verpachtung)	+		×		=	
Besuchsfahrten zum kranken Ehepartner, gesamte km (Summe angeben als außergewöhnliche Belastung)	+		×		=	
Privatfahrten	+		entfällt		entfällt	

Summe Kilometer
(Jahresfahrleistung, muss mit eingangs genanntem Wert übereinstimmen) =

Summe Kfz-Kosten =

Kapitel 4: Die Anlage N

Abzugsfähige Unfallkosten nur für berufliche Umwegfahrten

Autounfall

Unfallkosten, die bei Fahrten zwischen Wohnung und Arbeitsstätte entstehen, sind mit der Entfernungspauschale abgegolten.

Ereignet sich jedoch ein Unfall auf einer beruflich bedingten Umwegfahrt des Arbeitnehmers zur oder von der Arbeitsstätte, sind auch die Unfallkosten auf dieser Umwegstrecke zusätzlich zur Entfernungspauschale abzugsfähig.

Abzugsfähig sind, sofern keine Erstattung von Arbeitgeber oder Versicherung erfolgte, die folgenden Kosten (Aufstellung beifügen), wenn keine Trunkenheit am Steuer vorlag und der Unfall nicht absichtlich verursacht wurde:

Abzugsfähige Unfallkosten

- Die Reparaturkosten sowohl für den eigenen Pkw als auch für den Pkw des Unfallgegners.
- Wertminderungen des eigenen Pkws, sofern das Fahrzeug nicht repariert wird, d. h. die Differenz zwischen dem steuerlichen Buchwert vor dem Unfall und dem Zeitwert nach dem Unfall.
- Kosten für Mietwagen, der in der Zeit geliehen wird, während das Auto in der Werkstatt ist.
- Unfallnebenkosten wie Anwaltskosten, Gerichtskosten, Taxikosten, Abschleppkosten, Portokosten etc.
- Finanzierungskosten der Unfallkosten (Zinsen und Gebühren bei einem notwendigen Kredit).

TIPP Die Unfallkosten sind bei beruflich bedingten Umwegfahrten dann zusätzliche Kosten, die neben den Pauschsätzen für die beruflichen Fahrten berücksichtigt werden.
Bei Einzelnachweis der Kosten werden zur Ermittlung der Kosten pro Kilometer die Unfallkosten nicht mitberücksichtigt.
Die beruflich bedingten Unfallkosten werden in voller Höhe als weitere Werbungskosten (Formularzeilen 45–47) angesetzt.

Anlage zur Einkommensteuererklärung für 2001

Steuerpflichtiger: _____

Steuernummer: _____

An das Finanzamt _____

Aufstellung von Unfallkosten auf beruflich bedingten Umwegfahrten

Sehr geehrte Damen und Herren,

am ... erlitt ich um ... Uhr mit meinem Fahrzeug, amtliches Kennzeichen ..., einen Unfall.
Ich befand mich zu diesem Zeitpunkt auf einer beruflich bedingten Umwegfahrt, nämlich   Art der Fahrt
▶ auf der Fahrt von bzw. zur Arbeit
▶ auf einer Dienstreise bzw. einem Dienstgang
▶ _____

Folgende Kosten entstanden im Zusammenhang mit dem Unfall:
Anwaltskosten		_____	Aufstellung
Arzt-/Krankenhauskosten (Zuzahlung)	+	_____	der Kosten
Gerichtsgebühren	+	_____
Leihwagenkosten anteilig für berufliche Fahrten	+	_____
Reparaturkosten für das Kfz	+	_____
Reparaturkosten (sonstige, Kleidung, Ladung usw.)	+	_____
Sachverständigenkosten	+	_____
Wertminderung des Kfz	+	_____
Sonstige Ausgaben (Telefon, Porto, Taxi usw.)	+	_____
Zwischenergebnis	=	_____
abzüglich Erstattungen (Arbeitgeber, Versicherung, Gegner)	–	_____
Gesamtsumme	=	_____

_____
Datum, Unterschrift

Kapitel 4: Die Anlage N

> ✉ **Musterbrief: Erklärung des Arbeitgebers zu Unfallkosten**
>
> Absender ... *(Ihre Firma)*
>
> **Bescheinigung zur Vorlage beim Finanzamt**
>
> Wir bestätigen hiermit, dass sich unser/e Mitarbeiter/in ... *(Name)*
> am ... *(Tag)*
> um ... *(Uhrzeit)*
> in ... *(Ort)*
> mit seinem/ihrem privaten Kfz ... *(Typ, Marke)*
> mit dem amtlichen Kennzeichen ...
> auf einer beruflich bedingten Fahrt befand.
>
> Anlass der Fahrt war ... *(kurze Beschreibung, z. B. Posteinlieferung, Botenfahrt).*
>
> * Unfallkosten in Höhe von ... DM *(Betrag)* wurden von uns steuerfrei erstattet.
>
> ... *(Datum)* ... *(Unterschrift, Firmenstempel)*

Bescheinigung des Arbeitgebers

Beiträge zu Berufsverbänden

Zeile 42

Berufsverbände

Diese Beiträge stellen abzugsfähige Werbungskosten dar, sofern sie rein beruflich veranlasst sind (immer Belege beifügen). Es ist dabei unerheblich, ob die Beiträge freiwillig geleistet wurden oder ob sie Pflichtbeiträge darstellen.
Bei den Beiträgen zu den Berufsverbänden handelt es sich beispielsweise um Zahlungen an:
- Gewerkschaften
- Beamtenverbände
- Journalistenverbände
- Steuerberaterkammern
- Hartmann-Bund für Ärzte
- Kraftfahrerschutzbund für Berufskraftfahrer.

Arbeitsmittel

Zeilen 43–44

Unter Arbeitsmittel versteht das Finanzamt nur Aufwendungen für Gegenstände, die zur Ausübung oder Erledigung des Berufes eingesetzt werden, soweit diese nicht vom Arbeitgeber gestellt werden. Die Abzugsfähigkeit der Arbeitsmittel ist in § 9 EStG geregelt.

Kosten für Arbeitsmittel

> **TIPP** Voll abzugsfähig sind diese Werbungskosten stets im Jahr der Bezahlung (nach dem so genannten Abflussprinzip nach § 11 [2] EStG), sofern die Anschaffungskosten brutto (inkl. Mehrwertsteuer) 928 DM pro Arbeitsmittel nicht übersteigen. Man spricht in diesem Fall auch von so genannten geringwertigen Wirtschaftsgütern (GWG).

Arbeitsmittel

Sind die Anschaffungskosten höher als 928 DM (inkl. 16 Prozent Mehrwertsteuer) und wird der angeschaffte Gegenstand (Wirtschaftsgut) länger als ein Jahr beruflich genutzt, werden die Anschaffungskosten auf die voraussichtliche Nutzungsdauer des Wirtschaftsgutes verteilt (nach § 7 [1] EStG). Bei neuen Wirtschaftsgütern von Arbeitnehmern wird normalerweise eine Verteilung auf fünf Jahre vorgenommen. In Einzelfällen kann die Nutzungsdauer auch drei Jahre betragen, z. B. bei Computern.

Nutzungsdauer

Beispiel Anschaffung eines neuen Aktenschrankes für den Arbeitsplatz zu Hause am 5.7.2001 für 1.800 DM. Die Nutzungsdauer beträgt zehn Jahre, was einen Abschreibungssatz von 10 Prozent bedeutet (100 : 10 = 10 %).

Aktenschrank

Zugang Aktenschrank 5.7.2001 .... 1.800 DM
AfA 10 % = 180 DM jedoch für ein halbes Jahr .... 90 DM
Buchwert Aktenschrank 31.12.2001 .... 1.710 DM

In den folgenden neun Jahren würde die AfA jeweils 180 DM (10 % von 1.800 DM) betragen, im letzten Jahr dann 90 DM. Lineare Abschreibung bedeutet, dass diese in gleichen Jahresbeträgen erfolgt.

> **TIPP** Nach der so genannten Vereinfachungsregel des Abschnitts 44 (2) EStR wird die Abschreibung für das betreffende Arbeitsmittel für das ganze Jahr gewährt, sofern die Anschaffung bzw. erstmalige Nutzung bis zum 30.6. des Jahres erfolgte.

Abschreibung

Die durch Halbierung wegfallende Abschreibung geht aber nicht verloren, da das halbe Jahr angehängt wird. Wird das Arbeitsmittel beschädigt, zerstört, gestohlen, entstehen Ihnen Werbungskosten, auch wenn die Beschädigung oder der Verlust des Arbeitsmittels nicht mit der beruflichen Nutzung zusammen hängen. Eine außergewöhnliche technische oder wirtschaftliche AfA kann aber nur berücksichtigt werden, wenn das Schadensereignis nicht im Privatbereich des Steuerpflichtigen liegt.

> Können Sie keine Kosten für Arbeitsmittel nachweisen, sind jährlich 200 DM pauschal abzugsfähig, die Sie in die Zeilen 43–44 eintragen. Es liegt im Ermessen des Finanzamts, ob er auf den Nachweis des Betrags verzichtet. Nach Urteil des Finanzgerichts Brandenburg gibt es keinen Anspruch auf die Pauschale.

Pauschale von 200 DM

ABC der sonstigen Werbungskosten und Arbeitsmittel

Aktentasche

Eine Aktentasche kann steuerlich abgesetzt werden, wenn eine private Nutzung ausgeschlossen ist, z. B. bei Betriebsprüfern, Versicherungsvertretern etc.

Arbeitskleidung

Typische Berufskleidung

Nur typische Berufskleidung, die eine private Nutzung völlig ausschließt, kann abgesetzt werden. Nicht abzugsfähig ist z. B. bei Versicherungsvertretern der schicke Anzug, der abends auch noch in der Disko getragen werden könnte.
Abzugsfähig dagegen sind z. B. Aufwendungen für:
- Dienstkleidung bei Polizeibeamten und allen anderen Uniformträgern
- Schwarzer Anzug eines Leichenbestatters
- Arztkittel
- Sportkleidung bei Trainern
- Overall oder typische Latzhose bei Arbeitern
- Schutzkleidung wie spezielle Schuhe mit Stahlkappe oder Helme.

Nicht abzugsfähig sind z. B. Kosten für Garderobe und Schminke von Schauspielerinnen oder Fernsehansagerinnen, da diese Dinge auch privat zu nutzen sind.

Reinigungskosten

> **TIPP** Neben den Aufwendungen für Berufskleidung sind auch die Reinigungskosten bei Nachweis absetzbar, wenn auf den Quittungen vermerkt ist, welche Kleidungsstücke gereinigt wurden. Können Sie keinen Nachweis für die Reinigungskosten erbringen, wird für die Reinigung typischer Berufskleidung meistens eine Pauschale von 200 DM anerkannt (s. Arbeitsmittel). Dies liegt jedoch im Ermessen des Finanzamtes.

Arbeitszimmer

Man kann Werbungskosten dann geltend machen, wenn sich auch die berufliche Notwendigkeit plausibel machen lässt, wenn man also beispielsweise zu Hause für den Arbeitgeber arbeitet, berufliche Fortbildung in einem häuslichen Arbeitszimmer durchführt oder wenn der Arbeitgeber einem in der Firma keinen geeigneten Arbeitsplatz zur Verfügung stellt.
Das häusliche Arbeitszimmer kann unabhängig von den Eigentumsverhältnissen geltend gemacht werden, also sowohl in einer Mietwohnung als auch in einem

Eigenheim oder einer Eigentumswohnung. Folgende allgemeine Voraussetzungen sind für die steuerliche Anerkennung als Arbeitszimmer zu beachten:
Die Einrichtung des Arbeitszimmers Es dürfen keine privaten Gegenstände im häuslichen Arbeitszimmer vorhanden sein, da ansonsten das Finanzamt eine private Mitveranlassung annimmt und der gesamte Werbungskostenabzug für das Arbeitszimmer verloren geht. Es erfolgt hier keine Aufteilung in einen privaten und beruflichen Anteil wie z. B. bei Kfz- oder Telefonkosten. Steuerschädliche Einrichtungsgegenstände sind z. B. Fernseher, Wäscheschrank, Bügelbrett, Gästebett etc.

Einrichtungsgegenstände

Wichtig: Die Finanzbeamten prüfen in Einzelfällen an Ort und Stelle das tatsächliche Vorhandensein des Arbeitszimmers und die Voraussetzungen für die steuerliche Anerkennung. Sie sollten daher für derartige »Überfälle« immer gewappnet sein. Nach 19 Uhr müssen Sie nach einem Urteil des FG Köln jedoch keinem Finanzbeamten mehr die Haustür öffnen, aber dann haben diese sowieso schon seit Stunden Feierabend.

»Überfälle« vom Finanzamt

Die Größe von Wohnung oder Haus ist ebenfalls von Bedeutung für die steuerliche Anerkennung des Arbeitszimmers. Es muss für alle Haushaltszugehörigen außerhalb des beruflich genutzten Zimmers noch ausreichend Platz für den notwendigen Wohnbedarf vorhanden sein. Eine Zweizimmerwohnung reicht bei einer Familie mit Kind z. B. nicht aus. Das Arbeitszimmer muss außerdem räumlich getrennt von den privaten Räumen liegen. Eine Abtrennung durch einen Vorhang oder Raumteiler reicht nicht aus, es muss sich um ein abgeschlossenes Zimmer handeln. Auch eine zum Wohnzimmer hin offene Galerie, die beruflich genutzt wird, reicht nicht aus, um als Arbeitszimmer anerkannt zu werden.

Räumliche Trennung

Achtung: Muss das Arbeitszimmer erst durchquert werden, um in andere private Räume zu gelangen, entfällt der steuerliche Abzug. Ausnahme: Man durchquert das Arbeitszimmer, um in das Schlafzimmer zu gelangen. Bildet das Arbeitszimmer hingegen den einzigen Zugang zum Garten oder zur Terrasse, liegt Steuerschädlichkeit vor, da die private Mitbenutzung überwiegt.

Erreichbarkeit des Arbeitszimmers

Umgekehrt gilt: Kann das Arbeitszimmer nur nach Durchqueren des Wohnraumes erreicht werden, ist dies nicht steuerschädlich.
Keine Abzugsfähigkeit besteht mehr für Arbeitnehmer, die in der Firma einen festen Arbeitsplatz haben und zu Hause weniger als 50 Prozent ihrer gesamten beruflichen Arbeitszeit verbringen. Das bedeutet bei einem Ganztagsjob, dass ein Arbeitnehmer nach achtstündigem Bürojob nochmals mindestens acht Stunden im

Acht Stunden im Arbeitszimmer

häuslichen Arbeitszimmer beruflich tätig sein müsste, um die Kosten als Werbungskosten geltend machen zu können.

Beschränkte Abzugsfähigkeit besteht für Arbeitnehmer, die mehr als 50 Prozent ihrer gesamten beruflichen Arbeiten zu Hause erledigen. Das gilt zum Beispiel für:
- Richter
- Angestellte Rechtsanwälte
- Steuerberater
- Architekten
- Unternehmensberater
- Notare

Außerdem gilt die beschränkte Abzugsfähigkeit auch für Arbeitnehmer, denen in der Firma oder beim Dienstherrn kein fester Arbeitsplatz zur Verfügung steht, z. B.:
- Lehrer
- Gerichtsvollzieher
- Außendienstmitarbeiter

Betriebsausgaben

> **TIPP** Arbeitnehmer, die zwar einen festen Arbeitsplatz haben, jedoch nachweisbar weniger als 50 Prozent ihrer Arbeitszeit in ihrem häuslichen Arbeitszimmer verbringen und gleichzeitig nebenberuflich selbstständig sind, können ihr häusliches Arbeitszimmer bis 2.400 DM als Betriebsausgaben geltend machen (s. Kapitel 7). Die beschränkte Abzugsfähigkeit des häuslichen Arbeitszimmers wurde durch Urteil des Bundesverfassungsgerichts vom 07.12.99, Az. 2 BvR 301/98, DStRE 1999 940, als Verfassungskonform bestätigt.

Für die oben aufgeführten Fälle sind die abzugsfähigen Werbungskosten auf den jährlichen Höchstbetrag von 2.400 DM begrenzt. Es handelt sich nicht um einen pauschalen Abzug, die Kosten müssen nachgewiesen werden. Auch wenn das Arbeitszimmer nur für ein paar Monate im Kalenderjahr bestand, können die Kosten bis 2.400 DM abgezogen werden. Der Höchstbetrag von 2.400 DM jährlich beinhaltet auch die Ausstattungskosten wie Tapeten, Teppichboden, Vorhänge, Lampen etc. Handelt es sich jedoch um Ausstattungsstücke, die gleichzeitig Arbeitsmittel sind und die ausschließlich beruflich genutzt werden, z. B. der Computer, ist ein zusätzlicher Werbungskostenabzug über den Höchstbetrag von 2.400 DM möglich (BFH 21.11.1997, VI R 4/97, BFH/NV 1998, S. 657).

Ein Arbeitszimmer für beide Ehepartner

> Nutzen Ehegatten zusammen ein häusliches Arbeitszimmer, und treffen dabei die gesamten Abzugsvoraussetzungen zu, dann kann jeder der Ehegatten Aufwendungen bis maximal jährlich 2.400 DM absetzen.

Unbegrenzter Werbungskostenabzug des Arbeitszimmers besteht, wenn das Arbeitszimmer den Mittelpunkt der gesamten beruflichen Betätigung darstellt. Dies setzt voraus, dass der Steuerpflichtige an keinem anderen Ort als in seinem häuslichen Arbeitszimmer dauerhaft tätig sein kann.

Bei nebenberuflich selbstständig Tätigen ist das nicht der Fall, da hier der Mittelpunkt am Arbeitsplatz liegt. Sie können jedoch das Arbeitszimmer für die nebenberuflich selbstständige Tätigkeit eventuell begrenzt (s. o.) abziehen.

Nebenberufliche Selbstständige

Für Heim- und Außendienstmitarbeiter im Versicherungs- und Handelsgewerbe, Journalisten (soweit diesen im Betrieb kein Arbeitsplatz zur Verfügung gestellt wird) und unter der Voraussetzung, dass die Tätigkeiten im häuslichen Arbeitszimmer einen wesentlichen Teil der gesamten Arbeitszeit beanspruchen, kann der unbegrenzte Abzug möglich sein. Prüfen Sie also, in welche Klasse Sie einzustufen sind.

TIPP Mieten Sie ein Arbeitszimmer bei Nachbarn oder Freunden, dann sind die Kosten ebenfalls unbeschränkt abzugsfähig.

Miete eines Arbeitszimmers

EXTRA-TIPP Nutzen Sie in Ihrer Wohnung ein Zimmer oder einen Kellerraum als Lager für Arbeitsmittel (Werbepräsente, Warenmuster, Ware), sind die Kosten in vollem Umfang abzugsfähig. Hierzu zählen auch Renovierungs- und Reinigungskosten (FG Düsseldorf 19.10.2000, Az: 15 K 7678/98 E).

Welche Kosten sind abzugsfähig, wie werden sie ermittelt?

Wird das beruflich genutzte Arbeitszimmer als solches vom Finanzamt anerkannt, dann sind die Raumkosten und die Aufwendungen für die Einrichtung und Unterhaltung des Raumes als Werbungskosten abziehbar.

TIPP Auch wenn Sie unsicher sind, ob das Arbeitszimmer anerkannt wird, sollten Sie es probieren: Setzen Sie die Kosten einfach an. Es ist oft nur eine Frage der Argumentation und von daher immer einen Versuch wert.

Ermittlung der anteiligen Raumkosten

Die anteiligen Raumkosten des Arbeitszimmers berechnen sich immer nach dem Verhältnis der Fläche des Arbeitszimmers zu der gesamten Wohnfläche des Hauses oder der Wohnung, egal, ob es sich um eine Mietwohnung oder um Wohneigentum handelt. Hierbei gibt es zwei Berechnungsmethoden:

Anteilige Raumkosten

Kapitel 4: Die Anlage N

Keller und Waschräume

Ohne Nebenräume: Die Verteilung wird hier nach dem Verhältnis der Quadratmetergröße des Arbeitszimmers zur tatsächlichen Wohnfläche (nach §§ 42–44 der II. Berechnungsverordnung für Wohnraum) vorgenommen. Hierbei werden keine Nebenräume wie Speicher, Keller, Waschräume, Terrassen etc. mit in die Berechnung einbezogen.

Mit Nebenräumen: Die Verteilung wird hier nach dem Verhältnis der Quadratmetergröße des Arbeitszimmers zu der gesamten Wohn- und Nutzfläche einschließlich der Nebenräume angesetzt. Hier zählt dann nicht nur die Fläche des Arbeitszimmers alleine, sondern es wird anteilmäßig auch die Fläche der Nebenräume wie Speicher, Keller, Waschräume, Terrassen etc. in der Berechnung mitberücksichtigt.

Berechnungsformel für Arbeitszimmer

Nach dem folgenden Schema können Sie ausrechnen, wie viel Prozent der gesamten Wohnungskosten auf das Arbeitszimmer entfallen.

Berechnung der Größe des Arbeitszimmers

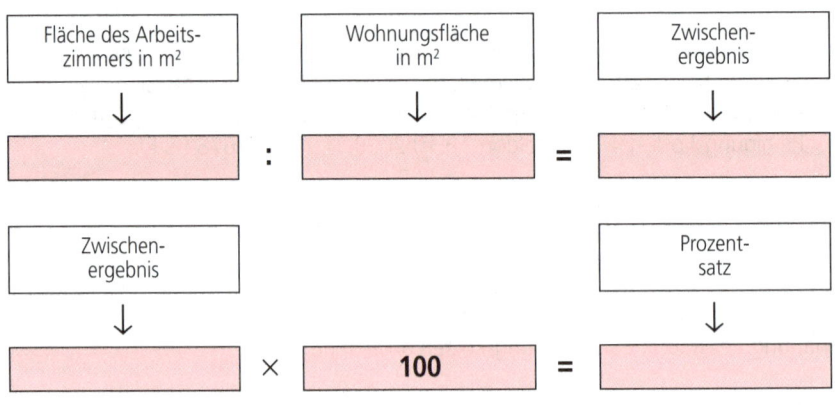

Beträgt die Gesamtwohnfläche 150 m², und das Arbeitszimmer ist 15 m² groß, können also zehn Prozent abgesetzt werden.

Erhaltungsaufwand

> **TIPP** Die Kosten für Einrichtung und Unterhaltung des Arbeitszimmers werden nicht prozentual aufgeteilt, sondern fließen zunächst vollständig in die Kostenaufstellung mit ein. Handelt es sich um selbstständige Wirtschaftsgüter von mehr als 928 DM (inkl. MwSt.), sind diese abzuschreiben (s. Abschreibung von Arbeitsmitteln). Eine Malerrechnung von 2.000 DM ist jedoch sofort abzuziehen, da hier kein Wirtschaftsgut vorliegt, sondern Erhaltungsaufwand.

Abzugsfähige Kosten als Mieter oder Eigentümer

Diese Kosten können Sie als Mieter anteilig im Rahmen der für Sie geltenden Höchstbeträge absetzen:
- Warmmiete
- Heizkosten
- Stromkosten
- Wasserkosten
- Hausratversicherung
- Glasversicherung
- Alle Nebenkosten, die der Vermieter umlegt (Grundsteuer etc.).
- Hausreinigungskosten
- Kosten für Allgemeinflächen (z. B. für Flur, Haustürbereich, Dach)
- Renovierungskosten am Haus, falls nicht vom Vermieter getragen.

Glasversicherung

Kurz gesagt, hier sind alle Kosten abzusetzen, die Sie typischerweise als Mieter bezahlen sowie im Umlageverfahren berechnet bekommen.

Diese Kosten können Sie als Mieter und Eigentümer der Immobilie (Haus/Wohnung) voll im Rahmen der für Sie geltenden Höchstbeträge absetzen:
- Reinigungskosten (auch für Putzfrau) für das Arbeitszimmer
- Reinigungsmittel für Arbeitszimmer
- Renovierungskosten für das Zimmer durch eine Fachfirma (Maler, Teppichverleger; nicht ansetzbar sind Eigenleistungen)
- Ausstattung des Arbeitszimmers (Teppich, Rollos, Gardinen).

Renovierungskosten

Kurz gesagt, hier können Sie nur die direkt anfallenden Kosten für das Arbeitszimmer selbst absetzen.

Diese Kosten können Sie als Eigentümer der Immobilie (Haus/Wohnung) anteilig im Rahmen der für Sie geltenden Höchstbeträge absetzen:
- Schuldzinsen
- Gebäude-AfA, (nur lineare AfA, s. Kapitel 10, lt. BFH 30.6.95, VI R 39/94)
- Reparaturen
- Grundbesitzabgaben (Grundsteuer, Abwassergebühren, Müllabfuhr)
- Versicherungen (Gebäude-, Hausrat-, Haftpflicht-, Öltank-Haftpflichtversicherung)
- Strom
- Wasser
- Schornsteinfeger
- Heizkosten
- Sonstige allgemeine Haus-/Wohnungskosten.

Heizkosten

Kurz gesagt, hier sind alle Kosten abzusetzen, die Sie als Eigentümer der Immobilie treffen, inklusive aller Erhaltungsaufwendungen. Beim Wohngeld kommt es allerdings auf die Zusammensetzung an.

Kapitel 4: Die Anlage N

> **Extratipps für Eigentümer**
>
> **Alleineigentum eines Ehegatten** Gehört einem der Ehegatten das Wohneigentum allein, und der andere nutzt das häusliche Arbeitszimmer, muss ein Mietvertrag (wie unter fremden Dritten) abgeschlossen werden. Der Nutzer des Arbeitszimmers kann dann die Miete für das Zimmer einschließlich Nebenkosten als Werbungskosten abziehen, während der andere Ehegatte die Miete versteuern muss, jedoch abzüglich anteiliger Kosten und AfA, was dann meist nicht nachteilig ist.
>
> **Gemeinsames Eigentum** Gehört die Immobilie beiden Ehegatten, wird hinsichtlich der Gebäude-AfA für das Arbeitszimmer zunächst angenommen, dass jeder Ehegatte die Kosten seines Anteils bezahlt hat. Anteilige Gebäude-AfA für das Miteigentum des anderen Ehegatten sind grundsätzlich nicht abziehbar. Die selbst gezahlten Kosten für das Arbeitszimmer können jedoch als Werbungskosten abgezogen werden, auch wenn sie auf den Gebäudeteil des Ehegatten entfallen.

Vermietung an den Ehegatten

Beispiel für die Berechnung der abzugsfähigen Kosten des Arbeitszimmers bei Miteigentum: Die Eheleute Schmitz kaufen eine Eigentumswohnung für 400.000 DM zu gleichen Miteigentumsanteilen. Herr Schmitz bezahlt 300.000 DM, Frau Schmitz 100.000 DM des Kaufpreises. Der Gebäudeteil beträgt 320.000 DM, der Grund- und Bodenteil liegt bei 80.000 DM.
Frau Schmitz nutzt als Gerichtsvollzieherin ein häusliches Arbeitszimmer mit einem Flächenanteil von 15 Prozent des Hauses. Sie kann dementsprechend für diese beruflich genutzte Fläche und für die von ihr getragenen Anschaffungskosten auf das Gebäude einen Betrag von 15 Prozent von 320.000 DM (das entspricht 48.000 DM) als AfA ansetzen.
Bemessungsgrundlage der AfA sind die auf das Arbeitszimmer entfallenen Anschaffungskosten, soweit sie der Kostenbeteiligung des Steuerpflichtigen entsprechen (BFG-Urteil 23.08.99, GrS 1/97, BFH/NV 2000 S. 131).

Auch wenn ein Arbeitszimmer steuerlich nicht anerkannt wird, sind die beruflich genutzten Einrichtungsgegenstände (Schreibtisch, Schreibsessel, Arbeitstisch, Arbeitslampe, Aktenschrank) trotzdem als Werbungskosten abzugsfähig, weil es sich um Arbeitsmittel (s. dort) handelt, die zur Ausübung des Berufes notwendig sind.
Dies gilt auch dann, wenn sich die Gegenstände in privaten Räumen wie z. B. Schlafzimmer, Wohnzimmer oder auf Galerien etc. befinden.
Die Kosten für Arbeitsmittel im Arbeitszimmer sind neben dem jährlichen Höchstbetrag von 2.400 DM abzugsfähig, auch wenn es sich um Ausstattungskosten für das Arbeitszimmer handelt (BFH-Urteil vom 21.11.1997, Az: VI R 4/97).

Arbeitslampe

Bewerbungskosten

Hier handelt es sich immer um Werbungskosten, ganz egal, ob die Bewerbung Erfolg hatte oder nicht. Abzugsfähig sind:
- Kosten für Büromaterial, Porto, Fotokopien, Bewerbungsfotos
- Fahrkosten und ggf. Verpflegungsmehraufwand bei längerer Abwesenheit ab acht Stunden
- Übernachtungskosten.

Büromaterial

Bewirtungskosten

Es handelt sich um Werbungskosten, wenn die Bewirtung ausschließlich beruflich veranlasst ist. Dies ist z. B. dann der Fall, wenn der Arbeitnehmer Geschäftsfreunde seines Arbeitgebers bewirtet und die Kosten nicht von diesem steuerfrei erstattet werden. Meistens spricht dies zwar für eine private Mitveranlassung, es kann sich dann jedoch um Repräsentationskosten handeln, die bei ausreichender Begründung abzugsfähig sind. Es kommt auch oft vor, dass ein leitender Arbeitnehmer nicht alle Spesen mit seinem Arbeitgeber abrechnet, ihm jedoch trotzdem aufgrund seiner Position u. a. bei geschäftlichen Aquisitionen Bewirtungskosten entstanden sind.

Berufliche Veranlassung

> **TIPP** Wenn ein Arbeitnehmer erfolgsabhängige Bezüge erhält, werden Bewirtungsaufwendungen auch bei der Bewirtung von Arbeitskollegen anerkannt, wenn diese zu höheren Arbeitsleistungen motiviert werden sollen. **Achtung:** Die Bewirtung von Berufskollegen gilt ansonsten nicht als beruflich veranlasst.

Bewirtung eines Kollegen

Entstehen Bewirtungsaufwendungen des Arbeitnehmers auf Dienstreisen, dann können zusätzlich die Verpflegungspauschalen für Dienstreisen (s. dort) als Werbungskosten abgezogen werden, sofern die zeitlichen Voraussetzungen (v. a. die Abwesenheitszeiten) erfüllt sind (Abschnitt 39 Abs. 1 Satz 3 LStR 1998, R 23 Abs. 2 EStR 1998).

Abzugsfähigkeit der Bewirtungsaufwendungen
Abzugsfähig sind 80 Prozent des Rechnungsbetrages, bei Arbeitnehmern ist die Bemessungsgrundlage immer der Bruttobetrag inklusive gesetzlicher Mehrwertsteuer.

> **TIPP** Trinkgeld gehört ebenfalls zu den Bewirtungskosten und kann, wenn es bis zu zehn Prozent des Rechnungsbetrages und höchstens 50 DM beträgt, ebenfalls mit 80 Prozent abgezogen werden. Allerdings muss dies dabei der Trinkgeldempfänger handschriftlich bestätigen.

Abzugsfähiges Trinkgeld

Kapitel 4: Die Anlage N

Formvorschriften für den Abzug der Bewirtungsaufwendungen
Die Rechnungen müssen seit 1.1.1995 maschinell erstellt und registriert werden (Abschn. 21 [7] Satz 13 EStR). Die Rechnung muss folgende Angaben enthalten:

Name und Ort des Gastgebers
- ▶ Name und Anschrift der Gaststätte, Datum der Bewirtung
- ▶ Alle Speisen und Getränke mit den jeweiligen Preisen
- ▶ Namen der bewirteten Personen
- ▶ Anlass der geschäftlichen Bewirtung
- ▶ Ort, Datum und Unterschrift des Gastgebers
- ▶ Gesamtpreis des geschäftlichen Essens mit Angabe des MwSt.-Satzes in Prozent.

Bei Beträgen über 200 DM müssen Name und Wohnort des Gastgebers auf dem Beleg sowie die MwSt. angegeben sein. Eine Bewirtung in der eigenen Wohnung gilt als nicht beruflich veranlasst und ist nach § 12 EStG nicht abzugsfähig.

Computer

Es handelt sich um Arbeitsmittel, sofern die Computer nahezu bis ganz ausschließlich beruflich verwendet werden. Die private Mitveranlassung für den Erwerb des Computers muss geringfügig sein. Nicht abzugsfähig sind allerdings reine Spielcomputer und -programme. Das Finanzamt verlangt eine Erläuterung zur beruflichen Notwendigkeit der Anschaffung. Aber in den meisten Berufen muss man heute Briefe in nicht handschriftlicher Form verfassen. Absetzbar sind:

Spielprogramme
- ▶ Hardware (Zentraleinheit, Tastatur, Monitor, Maus und Kabel)
- ▶ Software, Disketten, Diskettenboxen, Computerzeitschriften
- ▶ Speichermedien zur Datensicherung (selbstständiges Wirtschaftsgut)

Für nach dem 31.12.2000 angeschaffte Wirtschaftsgüter gelten neue AfA-Sätze.

Abschreibung über drei Jahre
Personal-Computer werden über drei Jahre abgeschrieben, sofern die Anschaffungskosten über 928 DM (inkl. MwSt.) liegen (BFH, Az X B 237/94). Ebenfalls über drei Jahre abgeschrieben werden Notebooks, tragbare PCs mit geringem Speicher sowie Workstations (neue AfA-Tabelle des BMF ab 2001).

Software und Anschaffungspreis
Computersoftware wird als eigenständiges Wirtschaftsgut behandelt und mit der Hardware abgeschrieben, sofern sie zusammen mit jener ohne gesonderte Rechnung geliefert wird. Ansonsten wird System- und Anwendersoftware als immaterielles Wirtschaftsgut über drei Jahren abgeschrieben. Unter 928 DM (inkl. MwSt.) können die Kosten als geringwertiges Wirtschaftsgut sofort abgeschrieben werden.

Ausschließliche berufliche Nutzung

> **TIPP** Aufwendungen eines Arbeitnehmers für ein Computerprogramm können als Werbungskosten abzugsfähig sein, auch wenn der PC steuerlich nicht als Arbeitsmittel anerkannt wurde. Sie müssen die nahezu ausschließlich berufliche Nutzung nachweisen können (FG Rheinland Pfalz v. 15.03.2000, Az 1 K 1484/98).

Computer und Software

Werbungskostenabzug für PC auch bei privater Mitbenutzung möglich
Aufwendungen für einen privat angeschafften PC können in Kosten der privaten Lebensführung und in abziehbare Werbungskosten aufgeteilt werden. Der Steuerpflichtige muss die Aufteilung selbst ermitteln und schlüssig darlegen können.
Ein Werbungskostenabzug der Aufwendungen ist auch möglich, wenn die private Mitbenutzung über zehn Prozent liegt (Erlass FinMin NRW 08.12.2000, S. 2354-1-VB3).

Private Mitbenutzung

Computer mit Internetanschluss, wann zahlt das Finanzamt mit?
Häufig erkennt das Finanzamt die PC-Kosten steuerlich nicht an, wenn ein Internet-Zugang vorhanden ist. Begründung: Der Internetzugang beinhaltet eine überwiegend private Nutzung des PC. Der Werbungskostenabzug wird nach einem Urteil des FG Rheinland-Pfalz (10.05.99, Az: 7 K 5068/98, EFG 2000, S. 169) auch dann gewährt, wenn eine nur untergeordnete private Mitbenutzung unter zehn Prozent

Internetanschluss

⚡ Blitzübersicht: Computer, Fax, Telefon – so wird abgeschrieben

Arbeitsmittel	Bei der Abschreibung zu beachten	
Computerhardware Zentraleinheit einschließlich Festplatte, Maus, Tastatur, Monitor und Anschlusskabel gelten als zusammengehörig und müssen zusammen abgeschrieben werden. Beim Drucker scheiden sich die Geister: Das Finanzgericht München meint, dass er ebenso wie die anderen Geräte der so genannten Peripherie zuzuschreiben ist (Entscheidungen der Finanzgerichte 1993, S. 214); die Oberfinanzdirektion Bremen ist der Ansicht, der Drucker sei ein selbstständiges Wirtschaftsgut, das demzufolge auch getrennt abgeschrieben werden kann (OFD Bremen, S. 2208 – St 200). Ein neuer Monitor kann als selbstständiges Wirtschaftsgut sofort abgeschrieben werden, wenn die Anschaffungskosten nicht über 928 DM brutto liegen (FG Rheinland-Pfalz, Az: 6 K 1960/98, 28.10.99).	Der Kaufpreis für ein Wirtschaftsgut kann im Jahr der Zahlung voll als Werbungskosten abgesetzt werden, wenn es nicht mehr als 800 DM netto gekostet hat. Bei teureren Wirtschaftsgütern richtet sich die Abschreibung nach der Nutzungsdauer. Wird das Gerät in der zweiten Jahreshälfte angeschafft, kann es nur mit der halben Jahresrate abgeschrieben werden. Die Nutzungsdauer beträgt bei Anschaffung nach dem 31.12.2000 für die Hardware drei Jahre, Workstations werden sieben Jahre abgeschrieben.	*Computer, Fax und Telefon*

Arbeitsmittel	Bei der Abschreibung zu beachten
Computersoftware Im Gegensatz zur Hardware ist die Software ein so genanntes immaterielles Wirtschaftsgut (wie Rechte oder Patente).	Die Abschreibung funktioniert ebenso wie bei der Hardware. Ausnahme: War das Programm teurer als 800 DM netto, muss der Abschreibungsbetrag im Jahr der Anschaffung auf den Monat exakt berechnet werden.
Fax Kombigeräte (Telefon, Fax und Anrufbeantworter in einem Gerät) sind nur anteilig absetzbar. Wird das Fax also überwiegend oder sogar ausschließlich beruflich genutzt: Einzelgerät mit eigenem Anschluss.	Abschreibung der Anschaffungskosten wie bei der Hardware. Sofort absetzbar sind Folgekosten (Papier, Farbbänder, Druckpatrone), Gebühren und Anschlusskosten, aber natürlich nur der beruflich bedingte Anteil (ggf. Sendeberichte aufheben).
Folgekosten Ausgaben für Papier, Disketten, Farbbänder, Computermöbel und Anpassung, Verbesserung (Update-Versionen) oder Pflege von Programmen.	Folgekosten können sofort als Werbungskosten abgesetzt werden. Voraussetzung: Es darf kein neues Wirtschaftsgut entstehen. Computermöbel müssen u. U. über 13 Jahre abgeschrieben werden.
Telefon Wenn Arbeitnehmer aus betrieblichen Gründen immer erreichbar sein müssen, erkennt das Finanzamt auch Kosten für tragbare oder in Kfz installierte Mobiltelefone an.	Abgesetzt werden können Kosten fürs Telefon (Anschaffung, Gebühren, Einbau, Anschluss), soweit sie beruflich bedingt sind. Notizen über die beruflichen Gespräche sind wegen der Gebührenberechnung hilfreich. Sonst schätzt das Finanzamt. Haben Anschaffung, Anschluss und Einbau mehr als 800 DM netto gekostet, wird (wie bei Hardware) abgeschrieben. Anzusetzen sind nur fünf Jahre, sofern die Anschaffung nach dem 31.12.2000 erfolgte; vorher galten vier Jahre.

Folgekosten

Ausschließlich berufliche Nutzung der Gesamtnutzung vorhanden ist. Die nahezu ausschließlich berufliche Nutzung muss dem Finanzamt nachgewiesen werden. Weniger Probleme haben Arbeitnehmer, die ihre beruflichen Informationen aus einem firmeneigenen Intranet beziehen.

TIPP Die Kosten für einen PC sind bei beruflicher Nutzung auch mit Soundkarte und Lautsprechern als Werbungskosten abzugsfähig, weil diese mittlerweile zur Standardausrüstung gehört (FG Rheinland-Pfalz 02.05.2000, Az: 2 K 2340/98).

> **TIPP** Stellt der Arbeitgeber Ihnen zu Hause einen betrieblichen PC und/oder Telekommunikationsgeräte zur Verfügung, die Sie auch privat nutzen können, ist dieser Vorteil nach § 3 Nr. 45 EStG lohnsteuerfrei. Wichtig ist, dass die Geräte im Eigentum des Arbeitgebers bleiben und nur dem Arbeitnehmer zur Verfügung stehen.

Dienstreisen, Reisekosten

Es handelt sich um Werbungskosten, falls Reisekosten beruflich veranlasst sind und (nach § 9 [1] Satz 1 EStG) zum Erwerb, zur Sicherung und Erhaltung der Einnahmen dienen und dem Steuerpflichtigen Kosten entstehen (z.B. Nutzung des Privat-Pkws), die vom Arbeitgeber nicht oder nur teilweise erstattet werden. — Erstattung von Reisekosten
Dienstreisen liegen immer dann vor, wenn die regelmäßige Arbeitsstätte vorübergehend verlassen wird oder keine solche vorliegt. Das trifft z.B. in den folgenden Fällen zu:

- Der Arbeitgeber schickt Sie auf Geschäftsreise, zu Kunden oder in andere Filialen.
- Es fallen Messebesuche an, sofern die Messe mit dem Beruf zusammenhängt.
- Fahrten zu Fortbildungsveranstaltungen
- Es wird längstens für drei Monate bei vorübergehender Auswärtstätigkeit an derselben Tätigkeitsstätte gearbeitet (z.B. Monteure, wobei nach drei Monaten auch die auswärtige Tätigkeitsstätte als regelmäßige Arbeitsstätte zählt).
- Es wird an ständig sich örtlich verändernden Tätigkeitsstätten und bei täglich mehrfach wechselnden Tätigkeitsstätten innerhalb einer Gemeinde oder deren Umgebung gearbeitet (Handelsvertreter, Versicherungsvertreter).
- Fahrten eines Außendienstmitarbeiters ohne regelmäßige Betriebsstätte
- Es werden Studienreisen unternommen.

> **Achtung:** Keine Dienstreise bei allgemeinen Bildungs- oder Kulturreisen, auch nicht wenn ein Lehrer seinen Job als eine kulturelle Tätigkeit ansieht. — Bildungsreisen

Reisekosten Zu den Reisekosten gehören in allen Fällen die kompletten Fahrtkosten (Abschn. 38 LStR), alle Verpflegungsmehraufwendungen (Abschn. 39 LStR), sämtliche Übernachtungskosten (Abschn. 40 LStR) sowie auch die Reisenebenkosten (Abschnitt 40 [4] EStR), die noch detaillierter erläutert werden.
Fahrtkosten Diese sind in der nachgewiesenen Höhe abzugsfähig, egal welches Transportmittel genutzt wurde. Bei Benutzung des eigenen Kfz können entweder die tatsächlichen Kosten (s. Kfz-Kosten, erläutert bei Seite 2 der Anlage N) bzw. die Pauschalen für die erhöhten Kilometersätze geltend gemacht werden. — Taxi, Bahn, Bus

Fahrzeug	Kilometersatz in Pfennig je km seit 01.01.2001
Pkw	58 Pf.
Motorrad, Motorroller	25 Pf.
Moped/Mofa	15 Pf.
Fahrrad	7 Pf.

Nimmt der Arbeitnehmer einen Kollegen in seinem eigenen Pkw mit, so erhöhen sich diese Kilometerpauschalen um 0,03 DM je gefahrenen Kilometer; bei Mitnahme auf dem eigenen Motorrad/Motorroller um 0,02 DM je Kilometer.

Diese erhöhten Kilometersätze bzw. tatsächlichen Kfz-Kosten sowie andere nachgewiesene Fahrtkosten können als Werbungskosten abgezogen werden, wenn es sich um eine Strecke handelt, die in eine der nachfolgenden Kategorien fällt:

▶ Fahrten zwischen der Wohnung oder einer regelmäßigen Arbeitsstätte und einer auswärtigen Tätigkeitsstätte oder Unterkunft
▶ Fahrten zwischen mehreren auswärtigen oder regelmäßigen Arbeitsstätten oder in einem weiträumigen Arbeitsgebiet innerhalb desselben Dienstverhältnisses
▶ Fahrten zwischen einer Unterkunft am Ort und der auswärtigen Tätigkeitsstätte.

Pauschbeträge **Verpflegungsmehraufwand** Diese Kosten können bei Vorliegen einer Dienstreise nur noch als Pauschbeträge geltend gemacht werden. Diese Regelung gilt übrigens gleichermaßen für Inlands- wie Auslandsdienstreisen.

Mehrtägige Geschäftsreisen

Pauschbeträge für Verpflegungsmehraufwand bei Inlandsreisen, Arbeit auf wechselnden Einsatzstellen und als Fahrer je Kalendertag	
Dienstreisen	Pauschbetrag in DM
Eintägige Geschäfts- und Dienstreisen: Verpflegungsmehraufwand bei Abwesenheit von	
unter 8 Stunden	entfällt
mindestens 8 Stunden	10
mindestens 14 Stunden	20
Mehrtägige Geschäfts- und Dienstreisen: Verpflegungsmehraufwand bei Abwesenheit von	
unter 8 Stunden an angebrochenen Tagen	entfällt
mindestens 8 Stunden an angebrochenen Tagen	10
mindestens 14 Stunden an angebrochenen Tagen	20
mindestens 24 Stunden	46

Folgende Punkte sind dabei besonders zu berücksichtigen:
- Bei mehreren Dienstreisen an einem Kalendertag sind die Abwesenheitszeiten für diesen Tag aufzuaddieren.
- Es erfolgt keine Kürzung der Pauschsätze bei unentgeltlichen oder teilentgeltlichen Mahlzeiten.
- Eine Tätigkeit, die nach 16 Uhr beginnt und vor acht Uhr des folgenden Kalendertages ohne Übernachtung endet, wird wie folgt berücksichtigt: Die Abwesenheitszeiten der beiden Tage werden addiert und als Auswärtstätigkeit an dem Kalendertag der überwiegenden Abwesenheit abgerechnet.

Frühstück ist herauszurechnen

Die Übernachtungskosten im Inland müssen stets nachgewiesen werden. Hierzu zählen nur die reinen Unterkunftskosten, Kosten für Frühstück etc. sind herauszurechnen. Enthält die Hotelrechnung auch Kosten für das Frühstück, so ist die Rechnung um neun Mark pro Kalendertag zu kürzen. Enthalten Auslandsrechnungen Kosten für das Frühstück, ist die Auslandsverpflegungspauschale für mehrtägige Dienstreisen um 20 Prozent zu kürzen. Für Auslandsdienstreisen (Abschn. 39 [4] LStR) gelten je nach Dauer länderunterschiedliche Pauschsätze. Die Übernachtungskosten können anders als bei Inlandsreisekosten ohne Nachweis pauschal angesetzt werden. Zum Teil gelten für Großstädte und Metropolen erhöhte Sätze:

Neun Mark pro Kalendertag

Pauschbeträge für Verpflegungsmehraufwand und Übernachtungen bei Auslandsreisen für Reisetage ab 01.01.2001				
Land	Verpflegungsmehraufwand in DM pro Tag bei Abwesenheit von			Übernachtungsgeld
	mind. 24 Std.	zwischen 14 und 24 Std.	zwischen 10 und 14 Std.	
Afghanistan	78	52	26	140
Ägypten	60	40	20	160
Albanien	48	32	16	110
Algerien	72	48	24	90
Andorra	60	40	20	160
Angola	78	52	26	150
Äquatorialguinea	78	52	26	140
Argentinien	120	80	40	220
Armenien	42	28	14	110
Äthiopien	66	44	22	240
Aserbeidschan	60	40	20	220
Australien	78	52	26	150

Land	Verpflegungsmehraufwand			Übernachtungs-geld
	mind. 24 Std.	zwischen 14 und 24 Std.	zwischen 10 und 14 Std.	
Bahamas	78	52	26	140
Bahrain	102	68	34	180
Bangladesch	54	36	18	200
Barbados	78	52	26	140
Belgien	78	52	26	150
Benin	54	36	18	130
Bolivien	54	36	18	110
Bosnien-Herzegowina	60	40	20	150
Botsuana	54	36	18	140
Brasilien	72	48	24	130
• Rio de Janeiro	90	60	30	260
• Sao Paulo	90	60	30	160
Brunei (Darussalam)	84	56	28	160
Bulgarien	42	28	14	140
Burkina Faso	54	36	18	110
Burundi	78	52	26	180
Chile	66	44	22	130
China	90	60	30	180
• Peking	96	64	32	150
• Taiwan	78	52	26	230
• Shanghai	108	72	36	220
Costa Rica	66	44	22	160
Côte d'Ivoire	66	44	22	140
Dänemark	90	60	30	110
• Kopenhagen	96	64	32	180
Dominikanische Republik	72	48	24	170
Dschibuti	96	64	32	180
Ecuador	48	32	16	140
El Salvador	60	40	20	180
Eritrea	54	36	18	140
Estland	66	44	22	140
Fidschi	60	40	20	110
Finnland	78	52	26	150
Frankreich	78	52	26	100
• Paris	96	64	32	160
• Bordeaux, Straßbourg	78	52	26	130
• Lyon	78	52	26	160
Gabun	84	56	28	150
Gambia	78	52	26	140
Georgien	84	56	28	260
Ghana	60	40	20	130
Griechenland	60	40	20	120
Guatemala	66	44	22	150

Übernachtungen bei Auslandsreisen

Land	Verpflegungsmehraufwand			Übernachtungs-geld
	mind. 24 Std.	zwischen 14 und 24 Std.	zwischen 10 und 14 Std.	
Guinea	72	48	24	160
Guinea-Bissau	54	36	18	120
Guyana	78	52	26	140
Haiti	72	48	24	150
Honduras	60	40	20	150
Indien	54	36	18	220
• Bombay	66	44	22	290
• New Delhi	54	36	18	260
Indonesien	72	48	24	200
Irak	78	52	26	140
Iran, Islamische Republik	36	24	12	180
Irland	84	56	28	160
Island	102	68	34	210
Israel	96	64	32	240
Italien	72	48	24	160
• Mailand	78	52	26	200
Jamaika	78	52	26	180
Japan	156	104	52	220
• Tokio	156	104	52	260
Jemen	72	48	24	180
Jordanien	84	56	28	160
Jugoslawien (Serbien/Montenegro)	72	48	24	130
Kambodscha	66	44	22	90
Kamerun	54	36	18	110
Kanada	78	52	26	160
Kap Verde	78	52	26	140
Kasachstan	60	40	20	140
Katar	84	56	28	200
Kenia	72	48	24	200
Kirgisistan	36	24	12	120
Kolumbien	48	32	16	110
Komoren	78	52	26	140
Kongo	108	72	36	220
Kongo, Demokratische Republik, (früher Zaire)	156	104	52	240
Korea, Demokratische Republik	114	76	38	160
Korea, Republik	108	72	36	210
Kroatien	54	36	18	110
Kuba	78	52	26	150
Kuwait	72	48	24	170
Laotische Demokr. Volksrep.	60	40	20	120
Lesotho	48	32	16	110
Lettland	54	36	18	120

Land	Verpflegungsmehraufwand			Übernachtungs-geld
	mind. 24 Std.	zwischen 14 und 24 Std.	zwischen 10 und 14 Std.	
Libanon	78	52	26	190
Liberia	78	52	26	140
Libysch-Arab. Dschamahirija	162	108	54	200
Liechtenstein	90	60	30	160
Litauen	54	36	18	160
Luxemburg	78	52	26	140
Madagaskar	48	32	16	160
Malawi	60	40	20	180
Malaysia	72	48	24	100
Malediven	72	48	24	180
Mali	66	44	22	120
Malta	60	40	20	110
Marokko	72	48	24	100
Mauretanien	60	40	20	110
Mauritius	84	56	28	220
Mazedonien	48	32	16	130
Mexiko	66	44	22	100
Moldau, Republik	36	24	12	150
Monaco	78	52	26	100
Mongolei	60	40	20	140
Mosambik	60	40	20	150
Myanmar (früher Burma)	66	44	22	110
Namibia	48	32	16	90
Nepal	60	40	20	140
Neuseeland	84	56	28	160
Nicaragua	60	40	20	120
Niederlande	78	52	26	140
Niger	60	40	20	140
Nigeria	84	56	28	230
Norwegen	108	72	36	220
Oman	96	64	32	150
Österreich	66	44	22	130
• Wien	72	48	24	160
Pakistan	42	28	14	150
Panama	84	56	28	150
Papua-Neuguinea	72	48	24	170
Paraguay	48	32	16	140
Peru	66	44	22	170
Philippinen	72	48	24	200
Polen	54	36	18	120
• Breslau	60	40	20	160
• Warschau	72	48	24	200

Spesensätze für Auslandsreisen

Land	Verpflegungsmehraufwand			Übernachtungs-geld
	mind. 24 Std.	zwischen 14 und 24 Std.	zwischen 10 und 14 Std.	
Portugal	60	40	20	140
• Lissabon	66	44	22	140
Ruanda	54	36	18	120
Rumänien	30	20	10	70
• Bukarest	48	32	16	200
Russische Föderation	48	32	16	80
• Moskau	108	72	36	250
• St. Petersburg	90	60	30	200
Sambia	54	36	18	140
Samoa	54	36	18	110
San Marino	78	52	26	150
Sao Tomé und Principe	78	52	26	140
Saudi-Arabien	108	72	36	150
• Riad	108	72	36	210
Schweden	96	64	32	200
Schweiz	84	56	28	160
Senegal	66	44	22	120
Sierra Leone	60	40	20	250
Simbabwe	54	36	18	140
Singapur	72	48	24	140
Slowakei	42	28	14	140
Slowenien	48	32	16	120
Somalia	78	52	26	140
Spanien	60	40	20	150
• Barcelona	60	40	20	180
• Kanarische Inseln	60	40	20	100
Sri Lanka	60	40	20	170
Sudan	78	52	26	230
Südafrika	54	36	18	100
Swasiland	78	52	26	140
Syrien, Arabische Republik	84	56	28	240
Tadschikistan	54	36	18	100
Tansania, Vereinigte Republik	66	44	22	220
Thailand	60	40	20	150
Togo	48	32	16	110
Tonga	60	40	20	70
Trinidad und Tobago	84	56	28	180
Tschad	72	48	24	165
Tschechische Republik	48	32	16	150
Tunesien	60	40	20	120
Türkei	48	32	16	130
• Ankara, Izmir	54	36	18	130
Turkmenistan	72	48	24	100

Land	Verpflegungsmehraufwand			Übernachtungs-geld
	mind. 24 Std.	zwischen 14 und 24 Std.	zwischen 10 und 14 Std.	
Uganda	48	32	16	130
Ukraine	72	48	24	160
Ungarn	54	36	18	150
Uruguay	84	56	28	170
Usbekistan	96	64	32	180
Vatikanstadt	72	48	24	160
Venezuela	72	48	24	230
Vereinigte Arabische Emirate	96	64	32	130
• Dubai	96	64	32	190
Vereinigte Staaten von Amerika (USA)	96	64	32	220
• New York	120	80	40	250
• Atlanta, Boston, S. Francisco, Seattle	108	72	36	250
Vereinigtes Königreich von Großbritannien	84	56	28	110
• London	108	72	36	210
• Manchester	84	56	28	180
Vietnam	42	28	14	90
• Ho-Chi-Minh-Stadt	60	40	20	120
Weißrussland	42	28	14	120
Zentralafrikanische Republik	54	36	18	100
Zypern	60	40	20	130

Auch auf Reisen ins Ausland sind steuerlich einige Punkte besonders zu beachten:

▶ Für eintägige Auslandsreisen und Rückreisetage ist der Pauschbetrag des letzten ausländischen Tätigkeitsortes maßgebend.

Keine Zwischenlandungen
▶ Bei Flugreisen gilt das Land als erreicht, wenn das Flugzeug landet, wobei Zwischenlandungen unberücksichtigt bleiben.

▶ Bei Flugdauer von mehr als zwei Kalendertagen gilt für Zwischenzeiten der Pauschbetrag für Österreich, bzw. es wird der Pauschbetrag für den Ort angesetzt, der zuletzt vor 24 Uhr Ortszeit erreicht wurde.

▶ Bei Schiffsreisen gilt der für Luxemburg geltende Pauschbetrag und für die Tage der Ein-/Ausschiffung der Pauschbetrag des jeweiligen Hafenortes.

Inlandsreisekosten
Übernachtungskosten Bei Inlandsreisekosten (Auslandsreisen s. vorstehende Tabelle) können Übernachtungskosten nur laut Einzelnachweis (z. B. Hotelrechnung) als Werbungskosten abgezogen werden, ggf. können diese auch geschätzt werden. Ist in der Übernachtungsrechnung Frühstück enthalten, sind die Verpflegungsmehraufwendungen, die gleichzeitig beansprucht werden, um neun Mark je Tag zu kürzen, im Ausland um 20 Prozent des jeweiligen Pauschbetrages bei mehrtägiger Dienstreise.

Der Arbeitgeber darf dem Arbeitnehmer entweder die tatsächlichen Übernachtungskosten oder den Pauschbetrag von 39 DM für jede Inlandsübernachtung steuerfrei ersetzen, wenn die Unterkunft nicht unentgeltlich oder teilentgeltlich war (nur die evtl. verbleibende Differenz kann als Werbungskosten noch in die Steuererklärung einfließen). Der Pauschbetrag bei Übernachtung im Schlafwagen oder in einer Schlafkabine (Fernfahrer) kann nur dann steuerfrei ersetzt werden, wenn die Übernachtung in anderer Unterkunft begonnen oder beendet wurde.

Fernfahrer

Achtung: Ein Wechsel zwischen Erstattung der Übernachtungskosten und dem Pauschbetrag während einer mehrtägigen Reise ist nicht zulässig.

Die steuerfreie Erstattung durch den Arbeitgeber bei einer Übernachtung im Fahrzeug ist grundsätzlich unzulässig.
Reisenebenkosten Zusätzlich zu den Fahrtkosten und Verpflegungsmehraufwendungen können bei Dienstreisen (lt. Abschn. 40 (a) LStR) noch folgende, tatsächliche Aufwendungen als Werbungskosten geltend gemacht werden:
▶ Fernsprech- und Faxgebühren für berufliche Korrespondenz
▶ Berufliche Unfallversicherung oder Auslandsversicherungen
▶ Porto, Büromaterial
▶ Beförderungs- und/oder Aufbewahrungskosten für Gepäck
▶ Reisegepäckversicherungen, soweit sie sich auf die Dienstreise beschränken.

Porto, Büromaterial

Reisekostenerstattung Ihr Arbeitgeber kann Ihnen die Spesen (Verpflegungsmehraufwand und Übernachtungskosten) in Höhe der gültigen Pauschsätze erstatten, bzw. in derjenigen Höhe, in der sie der Arbeitnehmer als Werbungskosten von der Steuer absetzen kann. Ihr Arbeitgeber kann Ihnen auch über die gesetzlichen Pauschalen hinaus Reisekostenerstattungen zukommen lassen. Der übersteigende Betrag muss dann vom Arbeitgeber pauschal mit 25 Prozent besteuert werden. Die Erstattung bleibt beim Arbeitnehmer steuerfrei, sofern die Pauschalen nicht um mehr als 100 Prozent überschritten werden (§ 40 [2] Satz 1 Nr. 4 EStG). Beträgt der Zuschuss des Arbeitgebers jedoch mehr als 100 Prozent der jeweiligen Pauschale, dann wird der übersteigende Betrag für den Arbeitnehmer wie ganz normaler steuerpflichtiger Arbeitslohn behandelt.

Reisekostenerstattung

Zuschuss des Arbeitgebers

Einsatzwechseltätigkeit

Arbeitnehmer, die typischerweise nur an ständig wechselnden Tätigkeitsstätten eingesetzt werden (Leiharbeiter, Bau- und Montagearbeiter, Auszubildende, für die es keinen Mittelpunkt als Ausbildungsstätte gibt), können weitere Werbungskosten geltend machen:

Zeilen 49–50

Fahrtkosten Die Fahrtkosten werden bei Einsatzwechseltätigkeit wie bei Reisekosten (s. dort) mit den erhöhten Kilometersätzen abgerechnet, wenn folgende Voraussetzungen vorliegen:

- Die Einsatzstelle liegt mehr als 30 km von der Wohnung entfernt.
- Hier sind für die ersten drei Monate die erhöhten Kilometerpauschalen von 0,58 DM je gefahrenen Kilometer bzw. die tatsächlichen Kfz-Kosten geltend zu machen; nach Ablauf der drei Monate allerdings wird die Tätigkeitsstätte zur regelmäßigen Arbeitsstätte.

Einsatzstelle mehr als 30 km von zu Hause entfernt

- Es wird an einem Arbeitstag an mehreren Einsatzstellen gearbeitet, von denen mindestens eine über 30 km von der Wohnung des Arbeitnehmers entfernt liegt.
- Es liegen Fahrten zwischen mehreren Einsatzstellen vor.
- Bei Eintritt der folgenden Voraussetzungen werden die Fahrten nur mit der Entfernungspauschale (wie Fahrten zwischen Wohnung und Arbeitsstätte) berücksichtigt:
- Einsatzstelle liegt weniger als 30 km von der Wohnung des Arbeitnehmers entfernt.
- Es werden an einem Arbeitstag mehrere Einsatzstellen angefahren, von denen allerdings keine mehr als 30 km von der Wohnung entfernt ist.

Dreimonatsfrist

- Die Dreimonatsfrist ist überschritten, d. h., es wird mehr als drei Monate an der gleichen Einsatzstelle gearbeitet, die mehr als 30 km von der Wohnung entfernt liegt.
- Die Fahrten von der Wohnung des Arbeitnehmers führen stets zu einem gleich bleibenden Treffpunkt, von dem aus der Arbeitgeber den oder die Arbeitnehmer mit seinem Fahrzeug und auf eigene Kosten zu der jeweiligen Einsatzstelle fährt.

Verpflegungskosten Es können die gleichen Verpflegungspauschalen wie bei Dienstreisen angesetzt werden; hier gilt nicht die Dreimonatsfrist wie bei den Fahrtkosten /Abschnitt 39 Abs. 1 Satz 5 LStR). Voraussetzung für den Abzug der Verpflegungskosten für Einsatzwechseltätigkeit ist, dass der Arbeitnehmer im Betrieb des Unternehmers keine regelmäßige Arbeitsstätte hat.

Nach Abschnitt 37 Abs. 2 LStR 1999 wird der Betrieb dann als regelmäßige Arbeitsstätte angesehen, wenn der Arbeitnehmer dort mindestens 20 Prozent seiner vertraglichen Arbeitszeit oder durchschnittlich im Kalenderjahr einen Arbeitstag je Woche tätig wird. Für diese Fälle können an den Tagen der Abwesenheit vom Betrieb Aufwendungen für Dienstreisen angesetzt werden.

Fachbücher

Name des Autors und Titel

Es handelt sich um Arbeitsmittel, sofern die Bücher themenmäßig eindeutig dem jeweiligen Beruf zugeordnet werden können und keine private Mitveranlassung gegeben ist. Aus dem Beleg müssen Name des Autors und der Titel der Zeitschrift bzw. des Buches erkennbar sein, der Vermerk Fachliteratur alleine reicht nicht aus. Tageszeitungen, die sich ausschließlich an einen bestimmten Bezieherkreis richten

(z. B. Handelsblatt oder Börsenzeitung), sind ebenfalls abzugsfähig; dasselbe gilt für Brancheninformationen (z. B. Lebensmittelzeitung). Allgemeine Tageszeitungen sind nicht als Fachliteratur absetzbar. Bei Musikern und Musikredakteuren sind auch CDs als Fachliteratur absetzbar.

Fahrtätigkeit

Hier werden Arbeitnehmer angesprochen, die ihre regelmäßige Betriebsstätte in einem Fahrzeug haben und nicht an einem festen Betriebssitz, also z. B. Berufskraftfahrer, Taxifahrer, Busfahrer, Straßenbahnfahrer, Lokführer und Zugbegleitpersonal, Müllfahrzeugführer oder Beifahrer.

Zeilen 49–50

> **Achtung:** Keine Fahrtätigkeit im zuvor beschriebenen Sinne liegt vor bei Polizeibeamten im Streifendienst, Zollbeamten im Grenzaufsichtsdienst, bei Kraftfahrern im Zustelldienst, Verkaufsfahrern, Kundendienstmonteuren, Fahrlehrern, Binnenschiffern und bei Seeleuten.

Fahrkosten bei Fahrtätigkeit Bis zur Übernahme des Berufsfahrzeuges können die Fahrten zwischen Wohnung des Arbeitnehmers und Berufsfahrzeug mit der Entfernungskilometerpauschale wie Fahrtkosten zwischen Wohnung und Arbeitsstätte geltend gemacht werden. Die erhöhten Kilometersätze bzw. tatsächlichen Kfz-Kosten wie bei Dienstreisen sind nur zu berücksichtigen, wenn das Berufsfahrzeug an ständig wechselnden Einsatzorten übernommen wird.
Verpflegungskosten Es gelten auch hier die gleichen Verpflegungspauschalen wie bei Dienstreisen und damit kein Einzelnachweis der Kosten.

Wechselnde Einsatzorte

Fortbildungskosten

Fortbildungskosten können als Werbungskosten geltend gemacht werden, falls die angestrebte Qualifikation zum bereits ausgeübten Beruf passt und kein Berufswechsel stattfindet. Die Fortbildung muss also dazu dienen, im bereits ausgeübten Beruf auf dem Laufenden zu bleiben, die Karriereleiter hinaufzusteigen oder im ausgeübten Beruf wieder eine Stelle zu finden.

Weiterbildung

> **TIPP** Fortbildungskosten sind im vollen Umfang unbegrenzt als Werbungskosten absetzbar, während die hiervon abzugrenzenden Aus- und Weiterbildungskosten (Sonderausgaben) beschränkt abzugsfähig sind (s. Kapitel 2, Sonderausgaben).

Bei folgenden Tätigkeiten handelt es sich um anerkennbare Fortbildungskosten:
- Studiengänge an Fachschulen ohne akademischen Abschluss
- Zweitstudien, die auf einem bereits abgeschlossenen Studium aufbauen ergänzen.
- Volkshochschulkurse oder Abendschulkurse, falls diese Kurse und Studien der Fortbildung im ausgeübten Beruf dienen.

Die Finanzverwaltung erkennt Fortbildungsmaßnahmen in verschiedenen Fällen an. Das gilt für folgende Kosten und Personengruppen:
- Gerichts- und Schulreferendare, die sich auf das zweite Staatsexamen vorbereiten.

Doktorarbeit
- Promovenden, deren Doktorarbeit im Rahmen eines bereits bestehenden Dienstverhältnisses geschrieben wird.
- Habilitationskosten
- Meisterprüfung eines Gesellen; abzugsfähig sind auch die Kosten zur Herstellung des Meisterstücks.
- Bürokaufleute, die eine Fremdsprachenschule besuchen.
- Bei der Vorbereitung für die Steuerberaterprüfung bei einem angestellten Diplom-Kaufmann, Diplom-Betriebswirt, Bilanzbuchhalter oder Steuerfachgehilfen
- Bei der Weiterbildung eines Handwerksmeisters zum staatlich geprüften Betriebswirt oder praktischen Betriebswirt HWL
- Beim Hochschulstudium eines Grund- und Hauptschullehrers für das Lehramt an Realschulen
- Bei approbierten Humanmedizinern, die den Beruf des Kiefer- und Gesichtschirurgen anstreben und nach ihrem Facharztstudium hinterher Zahnmedizin studieren.

Abzugsfähig sind folgende Kosten:
- Kurs-, Studiengebühren

Prüfungsgebühren
- Prüfungsgebühren
- Fahrtkosten mit eigenem Pkw (wie Dienstreisen, s. dort) und Fahrten mit öffentlichen Verkehrsmitteln zu den Kursen und evtl. Lerngemeinschaften
- Fachliteratur
- Büromaterial
- Portokosten
- Telefon- und Faxkosten

Übernachtungskosten
- Verpflegungsmehraufwendungen (s. Dienstreisen) und Übernachtungskosten
- Kosten für ein Arbeitszimmer (s. dort, da nur ein eingeschränkter Abzug möglich ist).

Geschenke

Werbungskosten können geltend gemacht werden, wenn die Geschenke aus beruflichen Gründen an Geschäftskunden des Arbeitgebers oder mögliche künftige Kunden erfolgen und der Arbeitgeber diese nicht ersetzt. Voraussetzung ist, dass sie der Steigerung des Firmenumsatzes und damit des Arbeitnehmereinkommens dienen. Ein wesentlicher Teil des Gehalts des Arbeitnehmers muss dabei umsatzbezogen sein.Die Kosten müssen allerdings angemessen sein, und der entsprechende Beleg muss den Namen des Beschenkten enthalten sowie den beruflichen Anlass. Abzugsfähig sind 75 DM pro Empfänger und pro Jahr. Übersteigen die jeweiligen Geschenkaufwendungen 75 DM, sind sie insgesamt nicht abzugsfähig. — Angemessenheit

TIPP Bei leitenden Angestellten (Geschäftsführern, Bankdirektoren, Versicherungsvertretern, Prokuristen, Produktmanagern etc.) werden die Kosten auch ohne erfolgsabhängige Provisionseinnahmen anerkannt, da diese üblicherweise aufgrund ihrer beruflichen Position zur Erhaltung der geschäftlichen Beziehungen diese Aufwendungen tätigen und nicht jeden Beleg mit dem Arbeitgeber abrechnen. — Leitende Angestellte

Kontoführungsgebühren

Werden pauschal jährlich mit 30 DM als Werbungskosten anerkannt.

Schreibtisch

Ist ein Arbeitsmittel, wenn dieser nahezu ausschließlich beruflich genutzt wird. Dies kommt häufig bei Versicherungsvertretern, Lehrern, Richtern, kaufmännischen Angestellten und Journalisten vor. Die Kosten für einen beruflich genutzten Schreibtisch sind auch dann abzugsfähig, wenn dieser nicht in einem Arbeitszimmer steht. Steht der Schreibtisch im Arbeitszimmer, sind die Kosten über den Höchstbetrag von jährlich 2.400 DM für das häusliche Büro abzugsfähig. — Journalisten

Sprachreisen

Die Ausgaben sind Werbungskosten, wenn nachgewiesen werden kann, dass für den jeweiligen Beruf Sprachkenntnisse erforderlich sind. Wenn Sie nicht gerade als Reiseleiter oder Übersetzer tätig sind, müssen Bescheinigungen des Arbeitgebers über die berufliche Notwendigkeit der sprachlichen Fortbildung vorgelegt werden. Bei Sprachkursen im Ausland werden nach einem Urteil des BFH (IV R 153/79, BStBl 1980, Teil II, S. 746) folgende Voraussetzungen geprüft: — Übersetzer
- ▶ Ist der Ort der Veranstaltung ein typisches Touristenziel, das in der Hauptreisezeit angesteuert wurde?
- ▶ Sieht das Kursprogramm an unterrichtsfreien Tagen gemeinsame private Veranstaltungen vor?

▶ Ist genügend unterrichtsfreie Zeit für Privatvergnügen eingeplant?
▶ Hätten Sie einen gleichwertigen Sprachkurs auch im Inland absolvieren können?
▶ Liegt eine Anwesenheitsbescheinigung vor?

Anwesenheitsbescheinigung

Tauchen anhand dieser Prüfpunkte Zweifel daran auf, dass die Reise ausschließlich beruflich veranlasst war, dann ist eine steuerliche Anerkennung von Werbungskosten ausgeschlossen.

Steuerberatungskosten

Die Ausgaben müssen in Zusammenhang mit Arbeitnehmereinkünften stehen, d. h. für die Erstellung der Einkommensteuererklärung oder von Lohnsteuerermäßigungsanträgen sowie Rechtsbehelfsverfahren wegen Arbeitnehmereinkünften anfallen. Ansonsten sind die Kosten stets als Sonderausgaben (s. Kapitel 2) oder eventuell in Zusammenhang mit anderen Einkunftsarten (Vermietung und Verpachtung, selbstständige oder gewerbliche Einkünfte etc.) abzugsfähig.

Rechtsbehelfsverfahren

Sonderausgabenpauschbetrag

> **TIPP** Prüfen Sie immer zuerst, ob die Steuerberatungsrechnung als Werbungskosten abgezogen werden kann. Oft ist dieser Abzug günstiger als der Sonderausgabenabzug, vor allem, wenn sonst keine Sonderausgaben vorliegen (ist häufig der Fall, wenn Steuerpflichtige nicht mehr in der Kirche sind) und die Werbungskosten aus nichtselbstständiger Tätigkeit ohne die Steuerberatungskosten schon 2.000 DM jährlich übersteigen. Dann gibt es zusätzlich noch den Sonderausgabenpauschbetrag.

Steuerberatungskosten sind immer nur in dem Jahr abzugsfähig, in dem sie gezahlt wurden. Dabei spielt es keine Rolle, ob es sich um eine Beratung für das aktuelle Steuerjahr oder für ein schon länger zurückliegendes Jahr handelt.

Studienreisen

Studienreisen werden bei Werbungskosten anerkannt, wenn diese Reisen ausschließlich berufliche Gründe haben und keine private Mitveranlassung gegeben ist. Studienreisen kommen häufig bei Lehrern vor. Falls diese jedoch nur eine Bildungsreise durchführen, um Land und Leute kennen zu lernen, entfällt der Werbungskostenabzug.

Falls die berufliche Notwendigkeit (z. B. durch Bescheinigung des Regierungspräsidenten bei Lehrern) nachgewiesen werden kann, sind folgende Kosten abzugsfähig:
▶ Reisekosten (Flug-, Bahn-, Pkw-Kosten, Übernachtungskosten, Verpflegungspauschalen)

- Kosten für Mietwagen am Ort der Studienreise
- Kurs-, Studien-, Bibliotheks-, Prüfungsgebühren
- Fachliteratur, Büromaterial, Portokosten, Telefongebühren.

Folgende Merkmale signalisieren den Abzug der Studienreiseaufwendungen als Werbungskosten:
- Einheitlicher Teilnehmerkreis
- Straffe Organisation der Studienreise, die kaum Zeit für ein mögliches Privatvergnügen lässt
- Ein Lehrprogramm, das den Teilnehmern berufsspezifisch gerecht wird   Lehrprogramm
- Dienstbefreiung oder Sonderurlaub durch den Arbeitgeber
- Eventuelle Zuschüsse durch den Arbeitgeber.

Gegen eine rein berufliche Studienreise sprechen:
- Begleitung durch den Ehegatten oder Kinder
- Kombination mit Privaturlaub
- Fehlendes Kurs- oder Fortbildungsprogramm.

Werden bei einem Privaturlaub jedoch Tageskurse oder berufliche Veranstaltungen besucht, ist zwar nicht die gesamte Reise abzugsfähig, es können jedoch die Kosten für die jeweilige Veranstaltung abgerechnet werden.   Tageskurse

Taschenrechner

Gilt als Arbeitsmittel, wenn dieser nahezu ausschließlich beruflich genutzt wird.

Telefon- und Telefaxkosten

Können Arbeitsmittel sein, was die Anschaffung der Geräte betrifft. Die laufenden Gebühren oder Betriebsmittel (z. B. Batterien, Faxpapier) sind Werbungskosten, wenn dem Finanzamt nachgewiesen werden kann, dass das häusliche Telefon bzw. Telefax beruflich genutzt wird. Das gilt auch für die berufliche Nutzung eines privaten Internetanschlusses und sonstiger Online-Verbindungen. Hier lässt das Finanzamt auch eine private Nutzung zu, der berufliche Anteil ist durch Einzelverbindungsnachweise über einen Zeitraum von zwölf Monaten nachzuweisen (BMF-Schreiben 16.10.2000, BStBl 2001 I, S. 1421). Der daraus resultierende berufliche Anteil kann für die folgenden zwei Jahre zugrunde gelegt werden, sofern sich die Verhältnisse nicht wesentlich ändern. Nach Ablauf von zwei Jahren müssen neue Ermittlungen durch Einzelnachweis geführt werden.   Betriebsmittel

Die Kosten für den PC sind nicht in die Aufwendungen für die Online-Verbindungen und den Internetanschluss einzubeziehen, sondern gesondert zu ermitteln (s. Computer). Die beruflichen Anteile für Internetanschluss und PC-Nutzung sind meistens nicht identisch.

Hat der Arbeitnehmer zwei private Telefonanschlüsse in seiner Wohnung und kann er anhand von Einzelverbindungsnachweisen bei einem Anschluss die ausschließlich berufliche Nutzung nachweisen (hier sind auch die eingehenden Gespräche zu berücksichtigen), darf er die Kosten für diesen Anschluss zu 100 Prozent als Werbungskosten abziehen. Der zweite private Anschluss bleibt unberücksichtigt.

Ist nur ein Telefonanschluss vorhanden, muss der berufliche Anteil durch Einzelverbindungsnachweis der Telefongesellschaft ermittelt werden. Anschaffungskosten der Geräte, Grund- und Gesprächsgebühren sind nur für die beruflichen Gespräche abzugsfähig. Der anhand der Einzelverbindungsnachweise ermittelte Prozentsatz der beruflichen Gespräche ist auf die Anschaffungskosten und die Grundgebühren anzuwenden. Abzugsfähig sind:

Anschaffungskosten für ein Handy

- Anschaffungskosten des Telefons, auch Mobiltelefons. Falls die Anschaffungskosten über 928 DM (inkl. 16 Prozent MwSt.) liegen, sind sie auf die voraussichtliche Nutzungsdauer zu verteilen (Absetzung für Abnutzung = AfA). Diese beträgt fünf Jahre.
- Anschaffungskosten für Anrufbeantworter und dazugehörige Ansage- oder Reinigungskassetten
- Gesprächseinheiten bzw. Faxeinheiten
- Anschaffungskosten der Freisprechanlagen für Autotelefone.

Liegt die berufliche Nutzung bei 40 Prozent, können Sie von allen Kosten 40 Prozent als Werbungskosten abziehen. Bei Anschaffung eines Telefon-/Faxgerätes über 928 DM sind als Anschaffungskosten nur 40 Prozent abschreibungsfähig.

Die bisherige Betragsstaffelung entfällt.

Internetanschluss

Internetkosten

Die Kosten für das Internet werden auf der Grundlage der Abrechnungen der Telefongesellschaft, des Netzbetreibers oder sonstigen Providers nach der Zeit der Internetnutzung in einen beruflichen und privaten Anteil aufgeteilt. Nach dem so ermittelten beruflichen Anteil werden auch die Aufwendungen für Anschaffung, Einbau, Leasing oder Miete als Werbungskosten berücksichtigt.

Erstattungen des Arbeitgebers für die beruflich veranlassten Telefon-, Mobil-, Autotelefon- und Onlinegebühren sind nach § 3 Nr. 50 EStG steuerfrei.

Wichtig: Die Vorteile aus der privaten Mitbenutzung betrieblicher Telefon- und PC-Anschlüsse sind rückwirkend ab 2000 lohnsteuerfrei! So holen Sie sich vom Finanzamt die für 2000 bereits gezahlten Lohnsteuern zurück: Sie lassen sich vom Arbeitgeber eine Bescheinigung über die Höhe des Sachbezuges (PC, Handy- oder Telefonnutzung) geben; der ist im Bruttolohn für 2000 auf der Lohnsteuerkarte enthalten. Beantragen Sie beim Finanzamt mit folgendem Musterschreiben die Erstattung der zu viel gezahlten Lohnsteuern unter Beifügung der Bescheinigung des Arbeitgebers:

Sehr geehrte Damen und Herren,
in meinem Bruttoarbeitslohn 2000 ist nach der beigefügten Lohnsteuerbescheinigung der Sachbezugswert der privaten Telefonnutzung (oder PC, Handy, Internet) am Arbeitsplatz in Höhe von xy DM enthalten. Dieser geldwerte Vorteil ist nach § 3 Nummer 45 in Verbindung mit § 52 Absatz 5 EStG rückwirkend seit 01.01.2000 lohnsteuerfrei. Daher bitte ich um Erstattung dieser zu viel gezahlten Lohnsteuern im Rahmen der Einkommensteuerveranlagung 2000!

Zu viel bezahlte Lohnsteuer

EXTRA-TIPP Übernimmt Ihr Arbeitgeber die Internetkosten Ihres häuslichen PC, schenkt oder überlässt er Ihnen verbilligt einen PC, kann er diese Vorteile pauschal mit 25 Prozent versteuern. Das gilt auch für Zubehör, Internetzugang und die Zuschüsse für die Internetnutzung, soweit alle Vorteile zusätzlich zum ohnehin geschuldeten Arbeitslohn gezahlt werden (§ 40 Absatz 2 Nr. 5 EStG).

Trinkgeld

Kann zu den Werbungskosten gehören, wenn es im Rahmen von geschäftlichen Bewirtungsaufwendungen (s. dort) gezahlt und quittiert wird.

Umzugskosten

Umzugskosten werden als Werbungskosten berücksichtigt, wenn der Umzug beruflich veranlasst ist und nicht vom Arbeitgeber oder aus öffentlichen Kassen die Kosten erstattet wurden. Eine berufliche Veranlassung besteht:

Berufliche Veranlassung

- ▶ Der Umzug erfolgte wegen eines Berufs- oder Arbeitsplatzwechsels.
- ▶ Der Umzug erfolgte für die erstmalige Aufnahme einer beruflichen Tätigkeit.
- ▶ Der Umzug liegt im überwiegenden beruflichen Interesse des Arbeitgebers (Bestätigung geben lassen), und/oder es wird sogar eine Dienstwohnung bezogen.
- ▶ Bei Vorliegen einer doppelten Haushaltsführung wird in die Zweitwohnung ein- oder ausgezogen.
- ▶ Durch den Umzug erfolgt eine erhebliche Fahrzeitverkürzung für die Strecke Wohnung–Arbeitsstätte (Abschnitt 41 [1] Nr. 1 LStR).
- ▶ Der Arbeitnehmer kommt nach dem Umzug viel leichter zur Arbeitsstätte, weil er z. B. jetzt zu Fuß zur Arbeit gehen kann.

Kapitel 4: Die Anlage N

Verkürzte Wegstrecke

> **Achtung, wichtige Urteile zur erforderlichen Fahrzeitverkürzung**
> **Zeitersparnis** Die Zeitersparnis muss täglich mindestens eine Stunde betragen. Bei Ehegatten darf die Zeitersparnis nicht aufaddiert werden, jeder muss für sich die Zeitersparnis ermitteln (BFH, VI R 17/95, BStBl 1995, Teil II, S. 728).
> **Wegstrecke** Hin- und Rückfahrt zwischen Wohnung und Arbeit muss sich um mindestens neun Kilometer verkürzen (BFH, VI R 95/81, BStBl 1983, Teil II, S. 16).
> **Ortsdurchfahrten** Der Wegfall aufreibender Ortsdurchfahrten wird als berufliche Veranlassung akzeptiert (FG Rheinl.-Pfalz, 1 K 2214/94, EFG 1995, S.515).
> **Eigenheim** Selbst der Umzug in ein zuvor erworbenes Eigenheim wird als beruflich veranlasst anerkannt, wenn die o. a. Voraussetzungen erfüllt sind (BFH v. 6.11.86, VI R 106/85 BStBl 1987, Teil II, S. 81).

Abzugsfähig sind bei einem beruflich veranlassten Umzug nach dem Bundesumzugskostengesetz vom 11.12.1990 (BGBl 1990 I S. 2682, Auszug BStBl 1991 I S. 154) sowie nach der Auslandsumzugskostenverordnung vom 04.05.1991 (BGBl 1991 I S. 1072) die Pauschbeträge für die sonstigen Umzugsauslagen in Höhe:

Pauschbetrag für Umzug

Personenkreis	Werte seit 01.01.2001
Verheiratete	2.450 DM
Ledige	1.027 DM
Jede weitere Person	452 DM

Mit jeder weiteren Person sind Verwandte (bis zum vierten Grad, außer Ehegatten), ledige Stief- und Pflegekinder oder verschwägerte Personen (bis zum zweiten Grad) gemeint, die zum alten Haushalt gehörten und ebenfalls in die neue Wohnung ziehen.

> **TIPP** Die Pauschbeträge erhöhen sich um jeweils 50 Prozent, wenn der Steuerpflichtige bereits zum zweiten Mal innerhalb der letzten fünf Jahre aus beruflichen Gründen umziehen musste.

Der Höchstbetrag für durch Umzug bedingte Unterrichtskosten für ein Kind beträgt 2.581 DM. Bis zu 1.268 DM sind die Aufwendungen zu 100 Prozent, darüber hinaus nur zu 75 Prozent als Werbungskosten abzugsfähig. Die Notwendigkeit der zusätzlichen Unterrichtskosten (Nachhilfeschulen) muss durch eine Schulbescheinigung nachgewiesen werden. Wenn der Steuerpflichtige nicht aus einer eigenen Wohnung, sondern nur aus einem Zimmer bei den Eltern ausgezogen ist, werden die Pauschbeträge bei Verheirateten auf 30 Prozent und bei Alleinstehenden auf 20 Prozent gekürzt. Die gleichen Kürzungen erfolgen für Arbeitnehmer, die nicht in eine separate Wohnung umziehen.

Separate Wohnung

> **Wichtig:** Auch der Umzug ins eigene Familienheim ist steuerlich abzugsfähig, wenn der Umzug beruflich veranlasst ist.

Für Auslandsumzüge werden nach der Auslandsumzugskostenverordnung folgende Pauschalen anerkannt:

Auslandsumzug

Ausstattungsbeitrag beim Auslandsumzug
a) für Verheiratete (soweit nicht unter b) . . . . 10.952 DM
b) für Ledige oder Verheiratete, bei denen der Ehegatte nicht mit an den neuen Dienstort zieht . . . . 8.762 DM
c) Aufwendungen für klimabedingte Kleidung . . . . 1.785 DM

Diese Pauschalen gelten dann, wenn für die sonstigen Umzugskosten keine Einzelbelege vorgelegt werden können oder wenn die tatsächlichen Kosten niedriger als der Pauschalbetrag sind. Bei Einzelnachweis werden ansonsten die in der folgenden Checkliste Umzugskosten genannten Aufwendungen anerkannt:

Checkliste sonstige Umzugskosten
- Trinkgeld an Packer bis acht Mark für jeden angefangenen Möbelwagenmeter
- Kosten für Auf- und Abhängen von Rollos, Gardinen etc.
- Kosten für Ab- und Aufbau von Herden, Heizgeräten, Öfen etc.
- Kosten für Ab- und Aufbau von Antennen, Kabel-, Fax- und Telefonanschlüssen
- Kosten für das Anschaffen und Ändern von Vorhängen und Rollos. Berücksichtigt wird auch der Arbeitslohn für das Anfertigen von Gardinen bis zu 2/3 der Kosten, falls die Anschaffung notwendig war. Für Zimmer, die vollständig mit neuen Fenstervorhängen ausgestattet werden müssen, gelten folgende Höchstsätze:
  Jahresarbeitslohn bis 25.000 DM: . . . . 200 DM je Zimmer
  von 25.001 bis 35.000 DM: . . . . 220 DM je Zimmer
  über 35.000 DM: . . . . 240 DM je Zimmer
- Für Küchen, Badezimmer und sonstige mit Fenstern ausgestattete Nebenräume gelten 80 DM (bis zu 2,5 m² Fensterfläche) bzw. 110 DM (Fläche über 2,5 m²).
- Kosten für Schönheitsreparaturen der bisherigen Wohnung, sofern der Steuerpflichtige laut Mietvertrag dazu verpflichtet ist (gilt nicht für die neue Wohnung).
- Auslagen für das Anschließen von Beleuchtungskörpern, Kochherden und Öfen
- Auslagen für die Änderung und Erweiterung von Elektro-, Gas- und Wasserleitungen, sofern dies für die bisherigen Geräte notwendig ist.
- Auslagen für den Einbau eines Wasserenthärters für Spülmaschinen bis 100 DM.
- Auslagen für neue Glühbirnen bei Wechsel der Stromspannung

Trinkgeld für die Möbelpacker

Wasserenthärter

- Auslagen für den Ersatz oder das Ändern von Rundfunk- und Fernsehantennen und der entsprechenden Geräte bis 200 DM
- Kosten für die Anschaffung von vorgeschriebenen Abfalleimern (Mülltrennung)
- Auslagen für den Anschluss oder die Übernahme eines Fernsprechanschlusses
- Kosten für die Umschreibung von Personalausweis, Führerschein, Kfz-Unterlagen und Kfz-Nummernschild

Maklerkosten
- Ortsübliche Maklerkosten bis zur Höhe einer Monatskaltmiete für die Vermietung der alten Wohnung
- Kosten für Schulbücher und Umschulungsgebühren, die durch einen Schulwechsel der Kinder entstehen.
- Lagern und Unterstellen von Umzugsgut (gilt jedoch nur für Auslandsumzüge)
- Beschaffung technischer Geräte (Klimageräte – nur bei Auslandsumzügen)
- Beschaffung klimagerechter Kleidung, sofern es sich um Berufskleidung handelt und diese privat nicht getragen wird (nur bei Auslandsumzügen).

Inseratskosten
- Inseratskosten für eine neue Wohnung
- Ortsübliche Maklerkosten für die neue Wohnung (nur bei Anmietung)
- Anschaffungskosten für einen Kochherd bis 450 DM, für neue Öfen bis zu 320 DM je Zimmer, wenn die alte Wohnung vom Vermieter damit ausgestattet war oder die Anschaffung wegen eines anderen Elektrosystems erforderlich ist. Weiterhin werden zusätzlich bei Einzelnachweis folgende Kosten anerkannt:

Transportkosten

Umzugsfirma
Hierzu zählen die Rechnung der Spedition und Zahlungen an Freunde. Bis 500 DM je Empfänger sind sogar steuerfrei (nach § 22 Nr. 3 EStG). Transportkosten sind außerdem:
- Zwischenlagerung von Hausrat
- Transport von Hausrat und Haustieren
- Verpflegung von Hilfskräften
- Reparatur- oder Wiederbeschaffungskosten für beim Umzug beschädigte Gegenstände in Höhe des Zeitwerts (soweit keine Versicherungsentschädigung).

Reisekosten

Fahrtkostenerstattung
Hierzu zählen Fahrtkosten und Verpflegungskosten. Sämtliche Fahrten mit eigenem Pkw, die in Zusammenhang mit dem Umzug stehen sind mit 0,58 DM je gefahrenen Kilometer abzugsfähig. Diese Kilometersätze gelten auch für Fahrtkostenerstattungen an mithelfende Freunde. Fahrtkosten mit öffentlichen Verkehrsmitteln oder Taxi werden in Höhe der belegten Kosten anerkannt, auch für Haushaltsmitglieder. Für Verpflegungskosten und Übernachtungskosten werden die gleichen Pauschalen gewährt wie bei Dienstreisen (s. dort). Diese gelten auch für den Ehegatten sowie für Verpflegungs- oder Übernachtungskosten, die bei der Wohnungssuche entstehen.

Zusätzliche Mietkosten

Konnte aus beruflichen Gründen die alte Wohnung nicht rechtzeitig gekündigt werden, muss der Steuerpflichtige die Miete für die alte Wohnung bis zum fristgemäßen Kündigungstermin zahlen. Diese zusätzlichen Mietkosten sind für die Zeit des Auszuges bis zur frühestmöglichen Mietvertragsauflösung als Werbungskosten abzugsfähig.

Doppelte Mietkosten

Die Kosten für die Weitervermietung der alten Wohnung werden in Höhe bis zu einer Monatsmiete berücksichtigt. Mietzahlungen für die neue Wohnung werden für einen Zeitraum von längstens drei Monaten als Werbungskosten berücksichtigt, wenn gleichzeitig noch für die alte Wohnung Miete gezahlt werden musste und die neue Wohnung noch nicht bezogen werden konnte.

Zieht der Steuerpflichtige aus einem Eigenheim aus, das nicht rechtzeitig vermietet werden kann, kann dieser Mietausfall in Ausnahmefällen bis zu 1,5 Jahren zur ortsüblichen Miete als Werbungskosten abgezogen werden, wenn die Vermietung oder der Verkauf erwiesenermaßen nicht gelungen ist. Sogar bis zum Einzug kann die neue Miete abgezogen werden (BFH I R 61/93, BStBl 1994, Teil II, S. 323).

Das gilt für Eigenheimbesitzer:

Zieht der Steuerpflichtige in ein Eigenheim, sind die Kosten vor Bezug nicht als Werbungskosten abzugsfähig, auch wenn noch für die alte Wohnung Miete gezahlt wird. Die Mietzahlungen können abgezogen werden, wenn eine vorzeitige Vertragsauflösung nicht möglich war.

Aufwendungen für eine an die Bank zu zahlende Vorfälligkeitsentschädigung wegen Verkauf des Eigenheims sind ebenso wenig Werbungskosten wie Veräußerungsverluste und Finanzierungskosten wegen des Verkaufs.

Achtung: Zuschüsse des Arbeitgebers zum Umzug sind bis zur Höhe der Beträge steuerfrei, die der Steuerpflichtige anderefalls als Werbungskosten absetzen könnte. Liegt der Arbeitgeberzuschuss unter den tatsächlichen Kosten oder den geltenden Pauschalen, kann die Differenz geltend gemacht werden.

Zuschuss des Arbeitgebers

Doppelte Haushaltsführung

Doppelte Haushaltsführung liegt nach Abschnitt 43 LStR vor, wenn der Arbeitnehmer bei seiner Auswärtstätigkeit am Beschäftigungsort übernachtet, dabei ist die Anzahl der Übernachtungen unerheblich. Eine doppelte Haushaltsführung liegt nicht vor, solange die auswärtige Beschäftigung nach Abschnitt 37 Abs. 3 LStR als Dienstreise anzusehen ist.

Zeilen 51–63

Berechnungsformel für Umzugskosten

Pauschale Kosten
Transportkosten bei Benutzung des eigenen Fahrzeugs

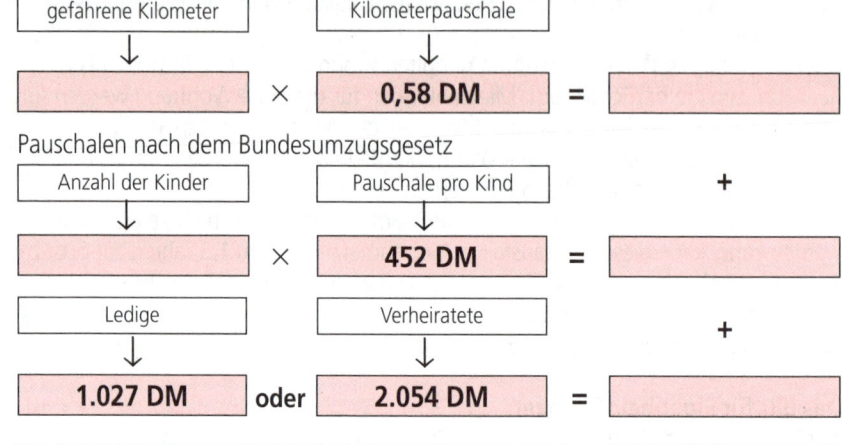

Statt der Pauschalen nach dem Bundesumzugsgesetz können Sie auch nach Einzelposten abrechnen, und zwar für:

Amtliche Gebühren	
Änderung des Personalausweises	+
Anschluss bzw. Übernahme eines Telefons	+
Antennen	+
Anzeigen (Zeitungsinserate)	+
Kauf oder Änderung von Vorhängen	+
Kosten für den Anschluss elektrischer Geräte	+
Kosten für den Ein- oder Ausbau von Haushaltsgeräten	+
Kosten für die Neuanschaffung von Elektrogeschirr	+
Müllbehälter	+
Neue Glühbirnen	+
Neue Pkw-Kennzeichen	+
Renovierungskosten in der alten Wohnung	+
Schulbücher (wenn Schulwechsel erforderlich)	+
Trinkgeld für die Möbelpacker	+
Endsumme nach Einzelposten	=

Berechnung der Umzugskosten

Weitere Abrechnung nach Belegen:

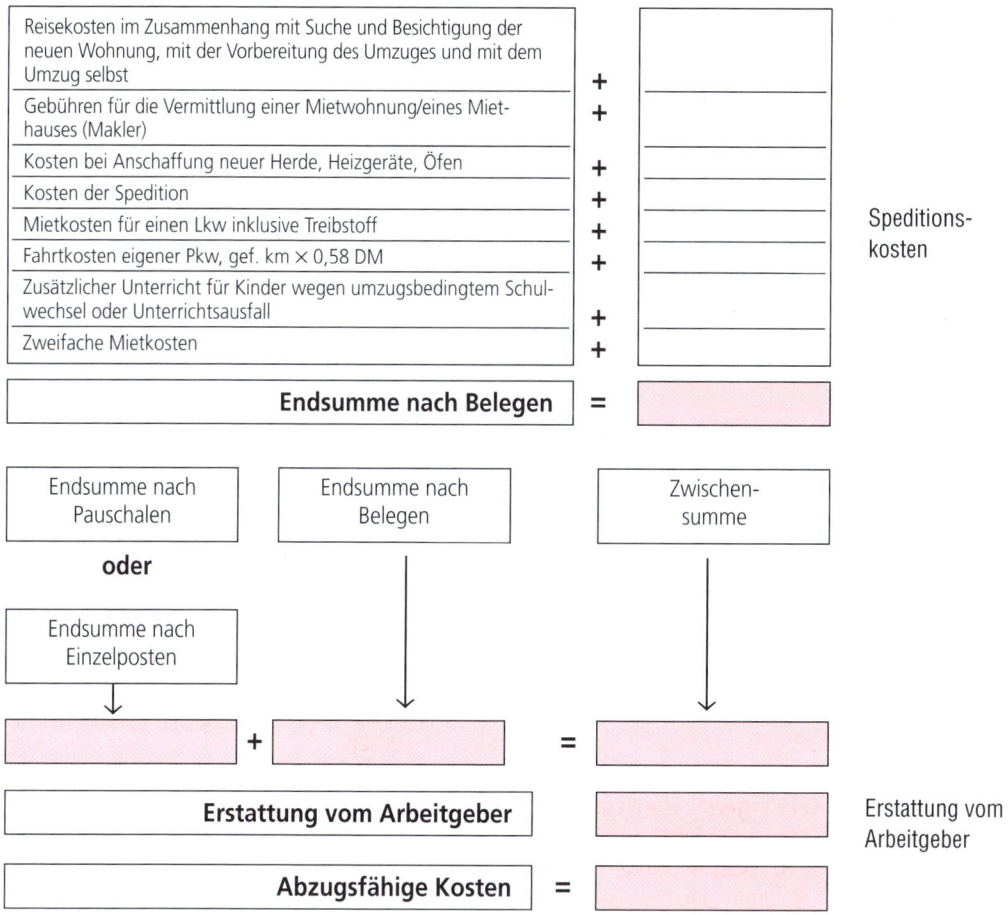

Reisekosten im Zusammenhang mit Suche und Besichtigung der neuen Wohnung, mit der Vorbereitung des Umzuges und mit dem Umzug selbst	+	
Gebühren für die Vermittlung einer Mietwohnung/eines Miethauses (Makler)	+	
Kosten bei Anschaffung neuer Herde, Heizgeräte, Öfen	+	
Kosten der Spedition	+	
Mietkosten für einen Lkw inklusive Treibstoff	+	
Fahrtkosten eigener Pkw, gef. km × 0,58 DM	+	
Zusätzlicher Unterricht für Kinder wegen umzugsbedingtem Schulwechsel oder Unterrichtsausfall	+	
Zweifache Mietkosten	+	

Beruflicher Anlass Der Grund für die Einrichtung des zweiten Hausstandes muss beruflich veranlasst sein, z. B. wenn Sie von Ihrem Arbeitgeber an einen anderen Beschäftigungsort versetzt werden, bei einem neuen Arbeitgeber erstmalig am neuen Beschäftigungsort Ihre Stelle antreten oder bei einem neuen Arbeitgeber nur einen befristeten Arbeitsvertrag am neuen Beschäftigungsort haben. Die berufliche Veranlassung zeigt sich darin, dass Sie durch die Errichtung des zweiten Hausstandes erhebliche Kosten- und Zeitersparnisse für die Fahrten Wohnung–Arbeitsstätte erzielen. Kosten für eine beruflich veranlasste doppelte Haushaltsführung können

Zweitwohnung am Beschäftigungsort

Verheiratete und allein stehende Arbeitnehmer

verheiratete und allein stehende Arbeitnehmer (BFH 5.10.94, VI R 62/90, BStBl 1995, Teil II, S. 180) geltend machen, wenn sie folgende Voraussetzungen erfüllen:
- ▶ Es muss ein eigener Hausstand vorhanden sein.
- ▶ Der alte Wohnsitz muss Mittelpunkt des Lebensinteresses bleiben.
- ▶ Der Zweitwohnsitz wird aus beruflichen Gründen notwendig.

Damit Sie wissen, ob sich die Mühe, die entsprechenden Formularzeilen auszufüllen, lohnt, folgen zusätzlich einige rechtlich anerkannte Beispiele für die berufliche Veranlassung der doppelten Haushaltsführung.

In die Anlage N müssen Sie zuerst den Grund für die doppelte Haushaltsführung (dHf) eintragen (Versetzung, Probezeit etc.) sowie das Datum des Beginnes der dHf und deren Ende. Besteht die dHf über den Jahreswechsel hinaus, ist hier der 31.12. des Jahres anzugeben. Arbeitnehmer, die ihren nicht berufstätigen Ehegatten mit in die Zweitwohnung am Arbeitsort nehmen, können Kosten für dHf bis zu der Höhe geltend machen, die für den berufstätigen Ehegatten alleine angemessen ist.

Eigener Hausstand am alten Beschäftigungsort

Mittelpunkt des Lebensinteresses

Am alten Beschäftigungsort muss ein eigener Hausstand unterhalten werden, der den Mittelpunkt des Lebensinteresses bildet und an den der Arbeitnehmer immer wieder zurückfährt, da er dort seine persönlichen und privaten Bindungen hat (Abschn. 43 [3] LStR sowie Abschn. 42 [3] LStR). Es muss während der beruflich bedingten Abwesenheit des Arbeitnehmers in dieser Wohnung kein hauswirtschaftliches Leben herrschen, d. h., es müssen sich dort keine Familienangehörigen aufhalten.

Nur bei größeren Entfernungen und bei Wohnungen im Ausland muss während der Abwesenheit hauswirtschaftliches Leben herrschen, pro Kalenderjahr muss mindestens eine Familienheimfahrt angetreten werden.

Kein eigener Hausstand am alten Beschäftigungsort

Ist am alten Beschäftigungsort kein eigener Hausstand vorhanden, können nur begrenzt Aufwendungen geltend gemacht werden (Abschnitt 43 Abs. 5 LStR). Dies ist z. B. dann der Fall, wenn ein allein stehender Arbeitnehmer am alten Beschäftigungsort bei den Eltern gewohnt hat. In diesem Falle können Aufwendungen für eine Übergangszeit von drei Monaten nach Aufnahme der Beschäftigung am neuen Beschäftigungsort geltend gemacht werden, und danach werden Werbungskosten für die restlichen 21 Monate nur dann berücksichtigt, wenn der Arbeitnehmer

Dreimonatige Übergangszeit

- ▶ nur für eine verhältnismäßig kurze Dauer am selben Ort beschäftigt wird (Probezeit, Lehrgang, befristetes Arbeitsverhältnis) oder
- ▶ sich in einem Ausbildungsverhältnis befindet oder
- ▶ längerfristig oder auf Dauer an einem Ort beschäftigt wird und umzugsbereit ist, aber noch keine passende Wohnung gefunden hat.

Ein Neubeginn der Dreimonatsfrist bedeutet den Wechsel der Zweitwohnung am neuen Beschäftigungsort.

> **Wichtige Urteile: Doppelte Haushaltsführung ist aus den folgenden Gründen anzuerkennen:**
>
> **Gesundheitliche Gründe** Sie können die täglichen Fahrten zwischen Wohnung und Arbeitsstätte aus gesundheitlichen Gründen nachweislich nicht zurücklegen (BFH 9.3.79, VI R 223/77, BStBl 1979, Teil II, S. 520).
> **Eheschließung** Sie und Ihr Ehegatte haben vor der Eheschließung an verschiedenen Orten gewohnt und gearbeitet und machen nach der Eheschließung eine der Wohnungen zur Familienwohnung, wobei sich die Wohn- und Arbeitssituation ansonsten nicht ändert (BFH, VI R 44/88, BStBl 1990, Teil II, S. 321).
> **Wohnung am alten Wohnort** Ein Ehegatte zieht am neuen Beschäftigungsort mit den gemeinsamen Kindern in eine Wohnung, die zum Familienwohnsitz gemacht wird, und der andere Ehegatte behält am alten Wohn- und Arbeitsort die Wohnung bei (BFH, VI R 149/84, BStBl 1987, Teil II, S. 852).
> **Private Gründe** Ein verheirateter Arbeitnehmer bezieht aus privaten Gründen mit seiner Familie eine Wohnung außerhalb des Arbeitsortes und nimmt erst nach einiger Zeit am alten Beschäftigungsort aus beruflichen Gründen eine Zweitwohnung (BFH, VI R 76/84, BStBl 1988, Teil II, S. 358). Oder der zweite Haushalt wird später aus privaten Gründen beibehalten (BFH, VI R 157/85, BStBl 1989, Teil II, S. 103).
> **Drei Wohnungen** Ehegatten, die beide auswärts beschäftigt sind und an ihrem jeweiligen Beschäftigungsort wohnen, nehmen jeder für sich Kosten für die doppelte Haushaltsführung in Anspruch; sie nutzen also praktisch drei Wohnungen (BFH 6.10.94, BStBl 1995, Teil II, S. 184).
> **Anzahl der Heimfahrten** Der BFH hat mit Urteil vom 10.02.2000 (Az: VI R 60/98, DStR 2000 S. 728) entschieden, dass im Einzelfall auch drei Heimfahrten in die ursprüngliche Wohnung ausreichen, um weiterhin vom »Mittelpunkt des Lebensinteresses« ausgehen zu können. Dann müssen aber die intakten Beziehungen zum Heimatort dargelegt werden (Vereinszugehörigkeit, Verwandte usw.).

Familienwohnung

Zweiter Haushalt

Wohnung am Beschäftigungsort
Die Zweitwohnung am neuen Arbeitsort kann eine Miet- oder Eigentumswohnung bzw. ein Haus sein, ebenso ein möbliertes Zimmer, ein Hotelzimmer, eine Unterkunft bei Freunden, in Kasernen etc. Die Unterbringung kann entgeltlich oder un-

Hotelzimmer

entgeltlich erfolgen. Im letzteren Fall können dann allerdings keine Unterkunftskosten angesetzt werden.

In jedem Fall muss die alte Wohnung Mittelpunkt des Lebensinteresses bleiben. Deshalb sollte die Zweitwohnung am neuen Arbeitsort auch nicht größer oder teurer sein als die alte Wohnung am Heimatort.

> **TIPP** Die Kosten für doppelte Haushaltsführung sind bei Arbeitnehmern auch absetzbar, wenn am neuen Beschäftigungsort noch keine Zweitwohnung gefunden wurde, jedoch anhand von schriftlichen Wohnungsgesuchen, z. B. Inseraten, die Bemühungen um eine neue Bleibe nachgewiesen werden können (BFH, VI R 65/80, BStBl 1983, Teil II, S. 629).

Kostenabzug

Zeitliche Befristung

Es gilt seit 1996 eine maximale zeitliche Befristung für den Abzug der Aufwendungen auf zwei Jahre, die auch rückwirkend Gültigkeit hat.

Besteht die dHf seit 1.1.1999, ist sie für die Steuererklärung 2001 nicht mehr zu berücksichtigen.

Ausnahme: Bei einem Wechsel des Arbeitsortes und der auswärtigen Wohnung beginnt die Zweijahresfrist neu zu laufen.

Statt der auf zwei Jahre begrenzten Mehraufwendungen für die doppelte Haushaltsführung kann der Arbeitnehmer alternativ alle Heimfahrten wie Fahrten zwischen Wohnung und Arbeitsstätte geltend machen (BFH 02.10.92, VI R 11/91, BStBl 1993 II S. 113).

> **Achtung:** Der Zeitraum für die Anerkennung der doppelten Haushaltsführung wird durch Urlaub oder Krankheit nicht verlängert.
> Lediglich Unterbrechungen von zwölf Monaten können zu einem Neubeginn der Laufzeit führen.

Fahrtkosten

Diese können geltend gemacht werden für den Beginn und das Ende der dHf mit den erhöhten Kilometerpauschalen (0,58 DM je km), wobei die letzte Fahrt in dem Jahr anzusetzen ist, in dem sie entsteht.

Wird kein Pkw genutzt, sind die Fahrten mit öffentlichen Verkehrsmitteln nachzuweisen (Bahn, Flugzeug etc.).

Familienheimfahrt

Es wird eine wöchentliche Familienheimfahrt zwischen Beschäftigungsort und Erstwohnsitz mit 0,80 DM je Entfernungskilometer berücksichtigt. Hier handelt es sich um die neue Entfernungspauschale, auf die Art des Verkehrsmittels kommt es nicht

Kosten für die Zweitwohnung

an. Die Pauschale gilt nicht für Flugstrecken, hier müssen die Kosten durch Belege nachgewiesen und in die Zeile 58 eingetragen werden. Für die An- und Abfahrten zum Flughafen kann die Entfernungspauschale abgezogen werden; tragen Sie die Angaben in Zeile 55 ein. In Zeile 56 tragen Sie die Kosten für öffentliche Verkehrsmittel für Ihre Familienheimfahrten ein. Den höheren Betrag von Zeile 55 oder 56 übernehmen Sie in die Zeile 57.

Fahren Sie mit einem Firmenwagen, können Sie die Entfernungspauschale nicht geltend machen.

Nach Ablauf der Zweijahresfrist können jedoch – auch bei Benutzung eines Dienst- oder Firmenwagens – die Aufwendungen für Heimfahrten wie Fahrten zwischen Wohnung und Arbeitsstätte berücksichtigt werden.

TIPP Können Sie aus beruflichen Gründen keine Familienheimfahrt durchführen, machen Sie stattdessen die Kosten für eine Besuchsfahrt der Ehefrau oder der minderjährigen Kinder in Höhe der sonst üblichen Familienheimfahrten geltend. Es sind in diesem Fall allerdings keine Kosten für Unterkunft und Verpflegung zu berücksichtigen. — *Besuchsfahrt*

Kosten der gemieteten Unterkunft im Inland

Entstehen Ihnen Kosten für die Zweitwohnung/das Haus, können Sie die Kosten (bis zu zwei Jahre lang) bei Nachweis durch Zahlungsbelege, Kontoauszüge oder Mietverträge ansetzen. Ansetzbar sind z. B.: — *Zeile 59*

- Kosten für Miete zzgl. aller Nebenkosten
- Hausratversicherung und Glasversicherung
- Maklerkosten für die Wohnungsvermittlung
- Arbeitslohn einer Haushilfe
- Umzugskosten (s. dort)
- Ausstattungskosten für die Wohnung (s. ebenfalls bei Umzugskosten).

Hausratversicherung

Die Anschaffungskosten für Mobiliar müssen auf die voraussichtliche Nutzungsdauer verteilt werden, sofern sie jeweils über 928 DM (inkl. MwSt.) liegen. Ansonsten können sie im Jahr der Zahlung voll als Werbungskosten berücksichtigt werden. — *Abschreibung von Mobiliar*

Achtung: Weil die doppelte Haushaltsführung nur für zwei Jahre steuerlich berücksichtigt wird, ergibt sich eine Tücke: Einrichtungsgegenstände für die Zweitwohnung, die jeweils mehr als 928 DM gekostet haben, sind nur für zwei Jahre mit den Abschreibungsbeträgen abzugsfähig. Da die Nutzungsdauer jedoch meistens zehn Jahre beträgt, ist der Rest verloren. — *Mehr als 928 DM*

Kapitel 4: Die Anlage N

Beispiel *Sie kaufen im Februar eine Sitzgarnitur für 3.000 DM. Die Nutzungsdauer beträgt zehn Jahre, die jährliche Abschreibung für Abnutzung also 300 DM. Steuerlich absetzbar sind in diesem Fall nur zweimal 300 DM. Kaufen Sie dagegen vier Sessel à 750 DM, und geben Sie somit insgesamt ebenfalls 3.000 DM aus, sind die Kosten im Jahr der Anschaffung voll abzugsfähig, da jedes einzelne Wirtschaftsgut unter 928 DM liegt.*

> **TIPP** Berücksichtigen Sie schon beim Kauf, dass Sie möglichst Rechnungen einreichen sollten, die den Betrag von 928 DM nicht übersteigen.

Eigenheim am neuen Beschäftigungsort

Eigentumswohnung

Kaufen Sie am neuen Beschäftigungsort eine Eigentumswohnung bzw. ein Haus, gibt es folgende steuerliche Varianten:

Unterkunftskosten Der Steuerpflichtige kann die Aufwendungen für Zinsen, Reparaturkosten, Grundbesitzabgaben, Schornsteinfeger, Verbrauchskosten und AfA (§ 7 [4] bzw. [5] EStG, s. Kapitel 9) als Unterkunftskosten geltend machen. Es sind die gleichen Werbungskosten wie bei vermieteten Immobilien.

Es können jedoch nur Kosten in Ansatz gebracht werden, die nicht über den Aufwand für eine angemessene Mietwohnung hinausgehen. Dies gilt ebenfalls nur für zwei Jahre.

Alleineigentum

Vermietung an Ehegatten Steht die Immobilie am neuen Beschäftigungsort im Alleineigentum des anderen Ehegatten, kann ein Mietvertrag (mit bis zu 50 Prozent verbilligter ortsüblicher Vermietung für nahe Angehörige) geschlossen werden. Der vermietende Ehegatte setzt die Mietkosten im Rahmen der doppelten Haushaltsführung voll an.

Der andere Ehegatte muss die (geringeren) Mietzahlungen zwar versteuern, kann aber sämtliche Kosten gegenrechnen, was sich steuerlich bei Immobilien mit Hypothekenlast auszahlt. Dies gilt jedoch auch nur für zwei Jahre.

Eigenheimzulage Der Arbeitnehmer beansprucht die Eigenheimzulage (für acht Jahre, falls er die Immobilie so lange selbst bewohnt, und falls die Einkommensvoraussetzungen zutreffen und kein Objektverbrauch eingetreten ist, s. Kapitel 11).

Unentgeltliche Überlassung

Steht die Immobilie im Alleineigentum des anderen Ehegatten, kann auch hier wegen unentgeltlicher Überlassung an den anderen Ehegatten ggf. die Eigenheimzulage beansprucht werden.

Ein Abzug der Werbungskosten wie Zinsen, Reparaturen etc. ist dann allerdings nicht mehr möglich.

In diesem Fall sind zusätzlich nur noch die Kosten für alle Fahrten zwischen Familienwohnsitz bzw. Zweitwohnsitz und Arbeitsplatz mit der Entfernungspauschale abzugsfähig. Im Zweijahreszeitraum können ab dem 1. Kilometer schon 0,80 DM, danach nur wie Fahrten zwischen Wohnung und Arbeitsstätte berücksichtigt werden, dies aber ohne eine zeitliche Begrenzung.

Verpflegungsmehraufwendungen

Diese können für die ersten drei Monate nach Begründung der doppelten Haushaltsführung pauschal mit den für Dienstreisen genannten Sätzen angesetzt werden. Für den vollen Abwesenheitstag werden täglich 46 DM und für die Hin- und Rückreisetage je nach Abwesenheit zehn DM bzw. 20 DM täglich angesetzt. Dienstreisen werden auf die Dreimonatsfrist angerechnet.

Zeile 61

> **Tipp** Überzeugen Sie Ihren Arbeitgeber, Ihnen für die doppelte Haushaltsführung die Aufwendungen steuerfrei zu ersetzen. Dies ist bei den Verpflegungsaufwendungen bis zur Höhe der maßgeblichen Werbungskosten möglich. Die notwendigen Aufwendungen für die Zweitwohnung dürfen in den ersten drei Monaten mit 39 DM und für evtl. folgende 21 Monate mit 8 DM pro Übernachtung steuerfrei ersetzt werden, es sei denn, der Arbeitgeber stellt dem Arbeitnehmer unentgeltlich eine Wohnung zur Verfügung. Der Arbeitgeber kann auch die Fahrtkosten im Rahmen der doppelten Haushaltsführung steuerfrei ersetzen, allerdings nicht nach Ablauf der Zweijahresfrist.

Steuerfreier Ersatz vom Arbeitgeber

Wenn Sie alle für Sie entstandenen Kosten der doppelten Haushaltsführung ermittelt und eingetragen haben, müssen Sie noch die eventuell steuerfrei erstatteten Arbeitgeberzuschüsse lt. Zeile 63 abziehen.

Kapitel 5: Die Anlage KAP

Kassieren Sie Zinsen, Dividenden, Gewinnausschüttungen oder Erträge aus anderen Kapitalanlagen? Die Anlage KAP

In diesem Kapitel erfahren Sie

▶ wann Sie dieses Formular ausfüllen müssen	201
▶ in welchen Fällen der Zinsabschlag entfällt	201
▶ welche Sparerträge wie besteuert werden	203
▶ wann eine Nichtveranlagungsbescheinigung Sinn macht	204
▶ bis zu welcher Höhe Zinsen generell ohne Abzug bleiben	205
▶ wie Sie Ihre Einnahmen aufstellen	209
▶ welche Erträge nach dem Halbeinkünfteverfahren besteuert werden	213
▶ welche Werbungskosten absetzbar sind	214

Einkünfte aus Kapitalvermögen

Welche Einkünfte hier erfasst werden

In dieser Anlage KAP werden (auf Seite 1) Einkünfte aus Kapitalvermögen oder Kapitalbeteiligungen an Unternehmen (nach § 20 EStG) erfasst, das sind z. B. Einnahmen aus in- und ausländischem Kapitalvermögen als:

Kapitaleinkünfte

- Zinserträge (auf sämtlichen Konten, z. B. Sparbücher, Girokonten, Sparverträge, aber auch Rentenpapiere, Bundesschatzbriefe und bar bezahlte Zinsen an Sie)
- Wertpapiererträge
- Aktiendividenden
- GmbH-Gewinnausschüttungen

Wann müssen Sie die Anlage KAP überhaupt ausfüllen?

Die erste Seite des Formulars ist auszufüllen, wenn

- Ihre Einnahmen aus Kapitalvermögen 3.100 DM (Ledige) oder 6.200 DM (Verheiratete) übersteigen. Hierzu gehören alle steuerpflichtigen und nach dem Halbeinkünfteverfahren steuerfreien Einnahmen unabhängig davon, ob und in welcher Höhe sich ein Freistellungsauftrag ausgewirkt hat.

Freistellungsgrenzen

- einbehaltene Zinsabschlag-, Kapitalertrag-, Körperschaftsteuer anzurechnen/zu erstatten ist.
- Körperschaftsteuer aufgrund des erteilten Freistellungsauftrages vom Kreditinstitut vergütet wurde.

TIPP Liegt Ihr Steuersatz unter 19,9 Prozent (2001) beziehungsweise liegt Ihr zu versteuerndes Einkommen unter den Grundfreibeträgen, dann bekommen Sie normalerweise die Zinsabschlagsteuern zurück.
Falls Sie Aktienbeteiligungen, Investmentfonds mit Aktienbeteiligungen oder Genossenschaftsanteile besitzen, sollten Sie die Anlage KAP in jedem Fall immer abgeben. Damit können Sie die für das Wirtschaftsjahr 2000 einbehaltenen Körperschaft- und Kapitalertragsteuern sowie den Solidaritätszuschlag angerechnet bzw. voll erstattet bekommen (bei niedrigem Einkommen).

Steuererstattung

Achten Sie aber darauf, die vergütete Körperschaftsteuer in die Zeile 21 einzutragen und nicht nur die einbehaltene Körperschaftsteuer in die Spalte 6 der Zeilen 18–20.

So blicken Sie durch bei der Zinsabschlagsteuer

Wenn die Einnahmen aus Kapitalvermögen über den Freibeträgen von jährlich 3.100 DM bzw. 6.200 DM liegen, wird ein Zinsabschlag auf die Erträge von 30 Prozent, bei so genannten Tafelgeschäften von 35 Prozent vorgenommen.

Sonderfall Tafelgeschäfte

Tafelgeschäfte sind Wertpapiergeschäfte, bei denen Sie die Wertpapiere direkt ausgehändigt bekommen (so genannte »effektive Stücke«), diese selbst im Schließfach verwahren und die sie gegen Abschneiden der Zinscoupons Zinsen in bar kassieren können.

Das alles geht anonym, solange das jeweilige Geschäft ein Volumen von 30.000 DM nicht übersteigt (Geldwäschegesetz).

Bei der Einkommensteuerveranlagung können die einbehaltenen Beträge wie eine Einkommensteuervorauszahlung angerechnet werden, sofern Sie Gläubiger der Kapitalerträge sind.

Wann der Zinsabschlag entfällt

Kein Zinsabschlag

In diesen nachfolgend genannten Fällen wird von Ihren Zinsen kein Zinsabschlag vorgenommen:

- ▶ Die Erträge werden bei ausländischen Kreditinstituten (oder bei ausländischen Filialen inländischer Banken) erwirtschaftet.
- ▶ Die erhaltenen Zinsen stammen aus Girokonten mit einem Zins von maximal einem Prozent.
- ▶ Es handelt sich um Bausparzinsen; der Bausparer erhält eine Arbeitnehmersparzulage oder Wohnungsbauprämie, oder der Bauspar-Guthabenzinssatz beträgt nur bis zu einem Prozent.
- ▶ Die Zinsen gehen auf ein Kontoguthaben zurück; sie betragen nicht mehr als 20 DM jährlich und werden nur einmal jährlich gutgeschrieben.
- ▶ Die Zinsen stammen aus privaten Darlehen.
- ▶ Wenn die Erträge aus Lebensversicherungsverträgen resultieren, deren Laufzeit mindestens zwölf Jahre beträgt.
- ▶ Die Sparer haben ihren Wohnsitz im Ausland, ob sie nun Deutsche sind oder nicht.

Der Freistellungsauftrag

Grundsätzlich können Sie den Zinsabschlag durch die Erteilung eines Freistellungsauftrages (Formulare erhalten Sie bei jeder die Bank) bis zu einem Freibetrag von 3.100 DM für Alleinstehende beziehungsweise 6.200 DM für Verheiratete verhindern.

Beziehen Sie Zinseinnahmen von mehreren Kreditinstituten, können Sie die Freistellungsaufträge auch auf die entsprechenden Banken aufteilen.

Übersteigen Ihre Zinseinnahmen 3.100 DM bzw. 6.200 DM, wird Ihnen zunächst das jeweilige Freistellungsvolumen angerechnet und die Zinsabschlagsteuer nur von dem eventuell noch verbleibenden Betrag einbehalten.

> **Wichtig:** Seit 1.4.1999 werden auch Dividenden aus Aktienfonds in den Kapitalertragsteuerabzug miteinbezogen.

Wie viel Kapitalertragsteuer Ihnen das Finanzamt von Ihrer Sparanlage wegnimmt:

Art der Sparanlage	Vorschrift des Einkommensteuergesetzes	Kapitalertragsteuer-Abzug in Prozent	Erleichterungen
Sparbuchzinsen, Wertpapierzinsen, sonstige Kapitalforderungen	§ 20 [1] Nr. 7 EStG	30	Freistellungsauftrag, Nichtveranlagungsbescheinigung
Zinsen aus Tafelgeschäften	§ 43 a [1] Nr. 2 EStG	35	Keine
Außerplan- und rechnungsmäßige Zinsen aus den Sparanteilen kurz laufender Lebensversicherungen	§ 20 [1] Nr. 6 EStG	25	Freistellungsauftrag, Nichtveranlagungsbescheinigung
Einnahmen als stiller Gesellschafter	§ 20 [1] Nr. 4 EStG	25	Freistellungsauftrag, Nichtveranlagungsbescheinigung
Dividenden aus Kapitalgesellschaften und Aktienfonds (GmbH-Gewinnausschüttungen, Aktiendividenden)	§ 20 [1] Nr. 1 EStG	20	Bei Nichtveranlagungsbescheinigung kann Erstattung durch das Bundesamt für Finanzen erfolgen
Zinsen aus Wandelanleihen, Gewinnobligationen, Genussrechten	§ 20 [1] Nr. 7 EStG	20	Wie bei Dividenden
Steuerpflichtige Kapitalerträge und Zwischengewinne in- und ausländischer Investmentzertifikate	§§ 38b, 39 KAGG	30	NV-Bescheinigung Freistellungsauftrag

Freistellungsaufträge für Ehegatten

Gemeinsam veranlagte Ehegatten müssen den Banken ihre Freistellungsaufträge gemeinsam erteilen, sowohl für getrennte als auch für gemeinsame Konten. Der Antrag eines Ehegatten allein reicht nicht aus: Die Freistellungsaufträge für die Zinsabschlagsteuer müssen alle Personenangaben beider Ehepartner sowie beide Unterschriften enthalten. Das Freistellungsvolumen beträgt insgesamt 6.200 DM für beide Ehegatten.

Getrennte und gemeinsame Konten

Freistellungsaufträge für getrennt Lebende
Getrennt veranlagte Ehegatten und nicht verheiratete Lebenspartner erteilen den Banken jeder für sich die Freistellungsaufträge. Jeder erhält ein Freistellungsvolumen von 3.100 DM.

Freistellungsaufträge für minderjährige Kinder
Auch Kinder müssen ihre Zinserträge freistellen lassen. Es ist für jedes minderjährige Kind ein gesonderter Freistellungsauftrag auszufüllen und von den Eltern zu unterschreiben. Besitzt ein Kind Konten bei mehreren Kreditinstituten (Bausparkassen, Sparbüchern etc.), dann ist auch in diesem Fall das Freistellungsvolumen von je 3.100 DM zwischen den Banken aufzuteilen.

Kapitaleinkünfte der Kinder

Wichtig: Kapitaleinkünfte der Kinder sind nicht in die Anlage KAP der Eltern einzutragen, da Kindern eigene Freibeträge zustehen. Möchten Kinder (egal welchen Alters) die Erstattung einbehaltener Steuern beantragen, sind eigene Steuererklärungen abzugeben, die bei minderjährigen Kindern von den Eltern zu unterschreiben sind. Meistens kann für ein Kind auch eine Nichtveranlagungsbescheinigung beantragt werden.

Änderung der Freistellungsaufträge
Freistellungsaufträge können befristet oder unbefristet erteilt werden, sie können auch jederzeit widerrufen oder geändert werden.

Sonderfall Nichtveranlagungsbescheinigung

Nichtveranlagungsbescheinigung bei geringen Einkommen
Beziehen Sie nur ein sehr geringes Einkommen, was z. B. als Rentner oder als Kind der Fall sein dürfte, und zahlen Sie keine Einkommensteuer, dann können Sie jederzeit bei dem für Sie zuständigen Finanzamt eine Nichtveranlagungsbescheinigung beantragen. Diese so genannte NV-Bescheinigung wird Ihnen für bis zu drei Jahren erteilt. Diese Bescheinigung ist dann der/den jeweiligen Bank/en vorzulegen. Damit entfällt der Zinsabschlag für Sie ebenso wie die Abgabe einer Steuererklärung.

Mitteilung an das Finanzamt

Achtung: Die Banken müssen dem Bundesamt für Finanzen die exakte Höhe der tatsächlich freigestellten Kapitaleinkünfte ihrer Kunden mitteilen und nicht nur die Höhe des Freistellungsauftrags! Stellt das Bundesamt für Finanzen fest, dass die Kapitaleinkünfte das gesetzlich gültige Freistellungsvolumen überschreiten, erfolgt eine Kontrollmitteilung an das zuständige Wohnsitzfinanzamt des Steuerpflichtigen! Und das schreitet dann zur Tat, sprich zur Kontrolle!

Steuerfreies Kapitalvermögen

⚡ Blitzübersicht: Einnahmen aus Spar- und Bausparguthaben sowie privaten Darlehen

Wie viel Kapitalvermögen bleibt ab 2001 steuerfrei?

Zinssatz in Prozent	steuerfreies Kapitalvermögen für Ledige in DM	steuerfreies Kapitalvermögen für Verheiratete in DM
2,0	155.000	310.000
2,5	124.000	248.000
3,0	103.333	206.666
3,5	88.571	177.142
4,0	77.500	155.000
4,5	68.888	137.777
5,0	62.000	124.000
5,5	56.363	112.727
6,0	51.666	103.333
6,5	47.692	88.571
7,0	44.285	88.571
7,5	41.300	82.600
8,0	38.750	77.500
8,5	36.400	72.800
9,0	34.400	68.800

Steuerfreie Kapitaleinnahmen

Die Anlage KAP besteht 2001 aus zwei Seiten und gliedert sich in verschiedene Bereiche:
1. Kapitalerträge, für die Sie und/oder Ihr Ehegatte alleinige Gläubiger sind
2. Ihre inländischen Kapitalerträge dürfen Sie nicht aufaddieren und in eine Spalte eintragen, sondern zunächst gliedern nach:

▶ Zinsen und andere Kapitalerträge ohne Dividenden (eintragen in die Zeilen 3–15).
▶ Dividenden und ähnliche Erträge, für die nach den vorliegenden Steuerbescheinigungen noch das Anrechnungsverfahren gilt (eintragen in die Zeilen 17–21).
▶ Dividenden und ähnliche Erträge, für die nach den vorliegenden Steuerbescheinigungen das Halbeinkünfteverfahren gilt (eintragen in die Zeilen 23–27).
▶ Die ausländischen Kapitalerträge werden in die Zeilen 33–35 eingetragen.
▶ Sind Sie nicht alleiniger Gläubiger der Kapitalerträge, sondern haben Erträge aus Beteiligungen, für die ein Miteigentumsanteil gesondert festgestellt wird, tragen Sie diesen Anteil in die Zeilen 37–46 ein.
▶ Die auf Ihren Miteigentumsanteil entfallenden anzurechnenden Steuern geben Sie in den Zeilen 48–52 an. Es handelt sich um einbehaltene Zinsabschlag-, Kapitalertrag-, Körperschaftsteuern und Solidaritätszuschlag.

Gliederung der inländischen Kapitalerträge

Kapitel 5: Die Anlage KAP

▶ Die Werbungskosten für die jeweiligen Kapitalerträge werden gegliedert in die Zeilen 54–60 eingetragen.

▶ Formularseite 1

Zinserträge

Die Einnahmen aus Kapitalvermögen sind in den Spalten 2 und 3 in voller Höhe einzutragen, unabhängig davon, ob sie dem Kapitalertrag- oder Zinsabschlagsteuer-Abzug unterlegen haben oder nicht.
In Spalte 4 werden die Zinserträge eingetragen, die aufgrund des Freistellungsauftrages nicht versteuert wurden.
Das Finanzamt erhält hierdurch eine erste Kontrollmöglichkeit, ob die zulässige Freistellungshöhe (Alleinstehende 3.100 DM und Verheiratete 6.200 DM) beachtet wurde.

Anrechenbare Steuerbeträge

Steuerbescheinigungen im Original

In Spalte 6 ist dann die vom jeweiligen Anlageinstitut einbehaltene Zinsabschlagsteuer einzutragen anhand der Steuerbescheinigung/en, die von den Banken angefordert werden müssen und dem Finanzamt im Original vorzulegen sind.
In Zeile 5 tragen Sie die einbehaltene Kapitalertragsteuer aus den Erträgen der Zeilen 4–35 ein.
Ebenfalls in Spalte 5 ist die Kapitalertragsteuer einzutragen, die sofort vom Schuldner der Erträge (Bank, Lebensversicherungsgesellschaft, Gesellschaft) einbehalten und an das Finanzamt abgeführt wird.

Zeile 15

In Zeile 15 tragen Sie die Summe der anzurechnenden Zinsabschlagsteuer und Kapitalertragsteuer ein.
Die anzurechnenden Solidaritätszuschläge zur Kapitalertragsteuer/Zinsabschlag (z. Z. 5,5 Prozent) tragen Sie dann in einer Summe in die Zeile 52 (Seite 2 Anlage KAP) ein.

Wie funktioniert die Anrechnung?

Kapitalertragsteuern, Zinsabschlagsteuern und Solidaritätszuschlag aus den Kapitalerträgen werden wie eine Vorauszahlung zur Einkommensteuer behandelt. Die Anrechnung erfolgt bei der Einkommensteuerveranlagung.
Liegt das zu versteuernde Einkommen unter den Grundfreibeträgen, erfolgt eine Erstattung der einbehaltenen Beträge durch das Finanzamt.
Liegen Ihre Kapitaleinkünfte über den Freibeträgen für Kapitalvermögen (3.100/ 6.200 DM), müssen sie mit Ihrem persönlichen Steuersatz versteuert werden. Ihre Vorauszahlungen in Form der einbehaltenen Steuern werden dabei angerechnet.

Anlage KAP

Anlage KAP 2001

Name und Vorname / Gemeinschaft

Steuernummer

☐ zur Einkommensteuererklärung
☐ zur Feststellungserklärung

Bitte Steuerbescheinigung(en) im Original beifügen!

99 54

Einkünfte aus Kapitalvermögen, Anrechnung von Steuern

Zeile	Inländische Kapitalerträge	Einnahmen (einschließlich freigestellter Einnahmen, anzurechnender/vergüteter Kapitalertragsteuer / Zinsabschlag / Solidaritätszuschlag, Körperschaftsteuer)			In Spalten 2 und 3 enthaltene Einnahmen ohne Steuerabzug aufgrund von Freistellungsaufträgen	Anzurechnen sind inländische(r):	
1		Steuerpfl. Person / Gemeinschaft		Ehefrau		Kapitalertragsteuer	Zinsabschlag
2	Zinsen und andere Erträge (ohne Dividenden)	Ehemann DM		DM	DM	lt. beigefügter Steuerbescheinigungen	
3		2		3	4	DM | Pf 5	DM | Pf 6
4	aus Guthaben und Einlagen (z. B. Sparguthaben)						
5	aus Bausparguthaben						
6	aus festverzinslichen Wertpapieren (einschließlich Stückzinsen)						
7	aus Tafelgeschäften mit festverzinslichen Wertpapieren						
8	aus Investmentanteilen (einschließlich Zwischengewinne)						
9	aus sonstigen Kapitalforderungen jeder Art, die dem Zinsabschlag unterliegen (z. B. Instandhaltungsrücklagen)						
10	aus Wandelanleihen und Gewinnobligationen						
11	aus Lebensversicherungen, soweit einkommensteuerpflichtig						
12	aus stiller Gesellschaft / bei partiarischen Darlehen						
13	die vom Finanzamt für Steuererstattungen gezahlt wurden						
14	aus sonstigen Kapitalforderungen jeder Art die **nicht** dem Zinsabschlag unterliegen (z. B. Darlehen zwischen Privatpersonen)						
15	Summe der Zeilen 4 bis 14	30		31		35	40
16							
17	Dividenden und ähnliche Erträge – Anrechnungsverfahren –					Körperschaftsteuer DM | Pf	
18	aus Aktien und anderen Anteilen (auch bei Tafelgeschäften)						
19	aus Investmentanteilen						
20	Summe der Zeilen 18 und 19	14		15		60	34
21	Summe der vergüteten Körperschaftsteuer	88 DM	Pf				
22							
23	Dividenden und ähnliche Erträge – Halbeinkünfteverfahren –						
24	aus Aktien und anderen Anteilen (auch bei Tafelgeschäften)						
25	aus Investmentanteilen						
26	aus Leistungen einer nicht von der Körperschaftsteuer befreiten Körperschaft, Personenvereinigung oder Vermögensmasse						
27	Summe der Zeilen 24 bis 26	16		17		61	
28							

Anlage KAP für Einkünfte aus Kapitalvermögen – Aug. 2001

Kapitel 5: Die Anlage KAP

– 2 –

Zeile		Einnahmen (einschließlich freigestellter Einnahmen, anzurechnender / vergüteter Kapitalertragsteuer / Zinsabschlag / Solidaritätszuschlag, Körperschaftsteuer)		In Spalten 2 und 3 enthaltene Einnahmen ohne Steuerabzug aufgrund von Freistellungsaufträgen	Anzurechnen ist inländischer Zinsabschlag lt. beigefügter Steuerbescheinigung
	Ausländische Kapitalerträge Anlage AUS beachten	Steuerpfl. Person Ehemann Gemeinschaft	Ehefrau		
30		DM	DM	DM	DM | Pf
31	(Einnahmen einschließlich der anzurechnenden / abzuziehenden ausländischen Quellensteuern, die in den Zeilen 5 bis 35 der Anlage AUS einzutragen sind, soweit sie nicht aus inländischem Sondervermögen stammen.)	2	3	4	5
32					
33	Erträge aus ausländischen Investmentanteilen	22	23		62
34	Zinsen aus Spargutthaben, festverzinslichen Wertpapieren und sonstige ausländische Kapitalerträge	32	33		63
35	Dividenden ggf. einschließlich Avoir fiscal	24	25		
36					
	Erträge aus Beteiligungen	Steuerpfl. Person Ehemann Gemeinschaft	Ehefrau		
37					
38	1. Beteiligung (Gemeinschaft, Finanzamt, St.Nr.)				
39	2. Beteiligung (Gemeinschaft, Finanzamt, St.Nr.)				
40	Inländische Zinsen und andere Erträge einschließlich Erträge aus Sondervermögen (ohne Dividenden)	42	43		
41	Ausländische Zinsen und andere Erträge (ohne Dividenden)	44	45		
42	Inländische Dividenden und ähnliche Erträge, für die noch das Anrechnungsverfahren gilt (einschließlich Erträge aus Sondervermögen)	46	47		
43	Inländische Dividenden und ähnliche Erträge, für die das Halbeinkünfteverfahren gilt (einschließlich Erträge aus Sondervermögen)	48	49		
44	Ausländische Dividenden ggf. einschließlich Avoir fiscal	50	51		
45	Erträge aus Gesellschaften / Gemeinschaften / ähnlichen Modellen i. S. d. § 2 b EStG, für die das Halbeinkünfteverfahren nicht gilt				
46	Dividenden und ähnliche Erträge aus Gesellschaften / Gemeinschaften / ähnlichen Modellen i. S. d. § 2 b EStG, für die das Halbeinkünfteverfahren gilt				
47					

Zeile	**Anzurechnende Steuern**	Kapitalertragsteuer	Zinsabschlag	Körperschaftsteuer
48	aus Beteiligungen und anderen Einkunftsarten	DM | Pf	DM | Pf	DM | Pf
49	Anzurechnende Kapitalertragsteuer / anzurechnender Zinsabschlag / anzurechnende Körperschaftsteuer aus Beteiligungen und anderen Einkunftsarten	64	65	66
50				

Zeile	**Anzurechnende Solidaritätszuschläge**		
51		DM | Pf	
52	Summe aller anzurechnenden Solidaritätszuschläge zur Kapitalertragsteuer / zum Zinsabschlag	39	
53			

Zeile	**Werbungskosten**	Steuerpfl. Person Ehemann Gemeinschaft	Ehefrau	davon gesondert und einheitlich festgestellt
54				
55	Werbungskosten zu den inländischen Kapitalerträgen lt. den Zeilen 4 bis 14, 18, 19, 40 und 42	12	13	
56	Werbungskosten zu den inländischen Kapitalerträgen lt. den Zeilen 24 bis 26 und 43	82	83	
57	Werbungskosten zu den ausländischen Dividenden lt. den Zeilen 35 und 44	86	87	
58	Werbungskosten zu den ausländischen Kapitalerträgen lt. den Zeilen 33, 34 und 41	18	19	
59	Abzuziehende ausländische Steuern nach § 34 c Abs. 2 und 3 EStG zu den Zeilen 33 bis 35, 41 und 44	26	27	
60	Werbungskosten zu den Beteiligungen an Gesellschaften / Gemeinschaften / ähnlichen Modellen i. S .d. § 2 b EStG lt. Zeile 45			
61	Werbungskosten zu den Beteiligungen an Gesellschaften / Gemeinschaften / ähnlichen Modellen i. S. d. § 2 b EStG lt. Zeile 46			

Verschiedene Einnahmeformen

TIPP Möchten Sie die Anrechnung bzw. Erstattung der Zinsabschlagsteuer beantragen, haben aber in den Vorjahren keine Zinseinkünfte angegeben, wird das Finanzamt in den Vorjahren schnüffeln. Können Sie die plötzliche Kapitalherkunft nicht plausibel begründen, droht Ihnen eventuell ein Verfahren wegen Steuerhinterziehung. Sie können im Falle einer Selbstanzeige (am besten durch Steuerberater, um Formfehler zu vermeiden) zwar straffrei ausgehen. Es sind aber eventuell für zehn zurückliegende Jahre Steuern und Hinterziehungszinsen nachzuzahlen. Es gibt Steuerpflichtige, die deshalb lieber auf die Anrechnung gewisser Zinsabschlagsteuern verzichten.

Verfahren wegen Steuerhinterziehung

Aufstellung der verschiedenen Einnahmen

Zeilen 4–15

In Formularzeile 4
- Zinseinnahmen aus Sparbüchern sowie ferner anderen Einlagen bei Geldinstituten
- Zinsen aus Festgeldern, Bonussparverträgen
- Zinsen aus Grundschulden und gesicherten Darlehen

In Formularzeile 5
- Zinsen aus Bausparguthaben, soweit diese nicht zu den Einkünften aus Vermietung und Verpachtung gehören (s. Kapitel 8).

In Formularzeile 6
- Zinsen aus festverzinslichen Wertpapieren, Anleihen, Pfandbriefen, Bundesschatzbriefen Typ A und B einschließlich der Stückzinsen.

In Formularzeile 7
- Erträge aus Tafelgeschäften (hier wurden 35 Prozent einbehalten)

Tafelgeschäfte

In Formularzeile 8
- Erträge aus Investmentanteilen einschließlich Zwischengewinne.

In Formularzeile 9
- Erträge aus sonstigen Kapitalforderungen, die dem Zinsabschlag unterliegen. *Beispiel:* Erträge aus einer Mietkaution (muss der Mieter versteuern) oder Erträge aus anteiligem Guthaben eines Rücklagenkontos, wenn Sie eine selbst genutzte Eigentumswohnung besitzen. Bei vermieteten Wohnungen handelt es sich dann um Einnahmen aus Vermietung und Verpachtung.

In Formularzeile 10
- Wandelanleihen, Gewinnobligationen

In Formularzeile 11
- Zinsen aus der Auszahlung von Lebensversicherungsverträgen. Die Voraussetzung hierbei ist, dass die Auszahlung ist vor Ablauf einer Frist von zwölf Jahren erfolgt.

Lebensversicherungsverträge

In Formularzeile 12
Stiller Gesellschafter In diese Zeile tragen Sie Einkünfte eines typischen stillen Gesellschafters ein. Einkünfte (das kann Gewinn oder Verlust sein) eines atypischen stillen Gesellschafters, der auch am Kapital und den stillen Reserven beteiligt ist, gehören dagegen in die Anlage GSE (s. Kapitel 7).

Zinsen aus einem partiarischen Darlehen gehören ebenfalls in Zeile 12. Hier erhält der Gläubiger für sein gewährtes Darlehen keine Zinsen, sondern Gewinnanteile am Unternehmen.

Zeile 13 In Formularzeile 13 tragen Sie die Zinsen ein, die das Finanzamt Ihnen in 2001 für Einkommensteuererstattungen aus früheren Jahren gezahlt hat.

Gemeinschaft Sind mehrere Personen an den Kapitaleinkünften beteiligt, entnehmen Sie Ihren Anteil dem Feststellungsbescheid der Gemeinschaft, für die eine gesonderte Feststellungserklärung abzugeben ist. Tragen Sie den Namen der Gemeinschaft, deren Steuernummer und Ihre jeweiligen anteiligen Einnahmen sowie ggf. Steuerabzugsbeträge in die Zeilen 37–46 (Seite 2 Anlage KAP) ein.

Zeile 14 In Formularzeile 14
Sonstige Kapitalforderungen Hier tragen Sie die Einkünfte aus sonstigen Kapitalforderungen ein, für die kein Zinsabschlag vorgenommen wurde, z. B. Zinsen aus privaten Darlehen.

Zeile 15 In Formularzeile 15
Hier tragen Sie bitte die Summen der Zeilen 4–14 ein.

> **Formularseite 2**

Ausländische Kapitalerträge

Zeilen 30–35 Ausländische Kapitalerträge werden hier eingetragen einschließlich der ausländischen Quellensteuern, die angerechnet oder abgezogen werden können. Gleichzeitig ist die Anlage AUS auszufüllen (s. Kapitel 8). Die Angaben entnehmen Sie Ihrer Ertragnisaufstellung.

Anlage AUS

In die Spalten 2 und 3 tragen Sie Ihre ausländischen Kapitalerträge ein. Es handelt sich um die Bruttobeträge inklusive der anzurechnenden oder vergüteten Kapitalertragsteuer/Zinsabschlagsteuer/Solidaritätszuschlag sowie Körperschaftsteuer. In die Spalte 4 schreiben Sie die ausländischen Kapitalerträge, von denen aufgrund Ihres Freistellungsauftrages kein Steuerabzug vorgenommen wurde.

In die Spalte 5 tragen Sie bitte die auf die ausländischen Erträge entfallende anzurechnende Kapitalertragsteuer bzw. Zinsabschlagsteuer ein. Die ausländische Quellensteuer ist in der Anlage AUS in den Zeilen 7–35 (Kapitel 8) aufzuführen, damit sie auf die deutsche Einkommensteuer angerechnet oder vom Gesamtbetrag der Einkünfte abgezogen werden kann (Zeile 59).

Zeile 59

Erträge aus Beteiligungen

Wenn Sie für ausgeschüttete Dividenden aus Anteilen an einer französischen Kapitalgesellschaft die Steuergutschrift (avoir fiscal) beansprucht haben, müssen Sie in Zeile 35 die Dividende zzgl. der Steuergutschrift eintragen. Damit die Steuergutschrift angerechnet wird, füllen Sie ferner die Anlage AUS in den Zeilen 34 und 35 aus.
Sind Sie an den ausländischen Erträgen nur beteiligt und nicht alleiniger Gläubiger, gehören die Einnahmen in die Zeilen 37–46 der Anlage KAP.

Was gehört zu den ausländischen Kapitaleinkünften?
▶ Zinsen aus Kapitalforderungen aus dem Ausland, sofern der Schuldner der Zinserträge nicht im Inland wohnt.
▶ Erträge aus Guthaben in DM oder Euro bei ausländischen Kreditinstituten.   Ausländische
▶ Dividenden von Aktien ausländischer Unternehmen, deren Aktien in Deutschland gehandelt und deren Dividenden durch inländische Banken gezahlt werden.   Kapitalerträge
▶ Erträge aus Guthaben in ausländischer Währung, deren Verwaltung einer ausländische Bank hat, die Gutschrift der Zinserträge jedoch über eine inländische erfolgt.
▶ Erträge aus Anleihen ausländischer Schuldner in DM oder Euro, die bei einer inländischen Bank verwahrt werden.
▶ Erträge aus Kapitalvermögen, das durch ausländischen Grundbesitz besichert ist.

Wichtig: Diese Erträge müssen auch eingetragen werden, wenn keine ausländische Quellensteuer einbehalten wurde!

Diese Erträge zählen aber zu den inländischen Kapitaleinkünften (Seite 1 Anlage KAP):
▶ Aktiendividenden inländischer Unternehmen, deren Aktien auch im Ausland gehandelt werden und deren Dividenden durch ausländische Banken ausgezahlt werden. Es handelt sich hier oft um deutsche Aktien, die an ausländischen Börsenplätzen gekauft wurden.   Inländische
▶ Guthaben in ausländischer Währung bei inländischen Banken (Dollar-Festgeld bei einer deutschen Bank).   Kapitalerträge

Erträge aus Beteiligungen
Wenn Sie nicht alleiniger Gläubiger der Erträge sind, sondern anteilige Kapitaleinkünfte aus Beteiligungen erzielt haben, müssen Sie Ihren Gewinn- oder Verlustanteil in die Zeilen 37–46 eintragen.
Diesen Anteil müssen Sie nicht selbst errechnen, sondern er wird von dem Finanzamt der Gemeinschaft durch Feststellungsbescheid mitgeteilt. Diese Zahl(en) übernehmen Sie aus diesem Bescheid in Ihre Steuererklärung.

Kapitel 5: Die Anlage KAP

In den Zeilen 38 und 39 geben Sie die Gemeinschaft bzw. die Beteiligung an, aus der die erklärten Erträge aus den Zeilen 40–46 stammen. Tragen Sie das Finanzamt der Gemeinschaft und diese Steuer-Nr. ein.

> **Wichtig:** Das Finanzamt berücksichtigt automatisch auch »vergessene« Gewinn- oder Verlustanteile aus Gemeinschaften. Das Feststellungsfinanzamt der Gemeinschaft schickt immer entsprechende Mitteilungen an die Wohnsitzfinanzämter der Beteiligten!

Zeilen 40–46 Ihre anteiligen Einnahmen ordnen Sie den Zeilen 40–46 zu. In Ihrem Feststellungsbescheid sind auch die auf Ihren Anteil entfallenden anzurechnenden Steuern aufgeführt. Es handelt sich um die Kapitalertragsteuer, die Körperschaftsteuer sowie den Solidaritätszuschlag. Damit diese Steuern bei Ihrer Einkommensteuerveranlagung berücksichtigt werden, müssen diese Beträge in die Zeile 49 eingetragen werden. Die auf Ihren Anteil entfallenden Werbungskosten tragen Sie nach ihrer sachlichen Zugehörigkeit in die Zeilen 55–60 ein.

Zeile 52
> **Wichtig:** Die Summe aller anzurechnenden Solidaritätszuschläge (lt. Steuerbescheinigungen) zur Kapitalertragsteuer/Zinsabschlagsteuer tragen Sie in die Zeile 52 ein. Es handelt sich hier um den einbehaltenen Solidaritätszuschlag aus Beteiligungen sowie aus Einzelanlagen.

Dividenden und ähnliche Erträge

Erträge aus Investmentfonds Dividenden aus Aktien, Gewinnausschüttungen einer GmbH und Erträge aus Investmentfonds werden in den Zeilen 17–27 erklärt. Zu diesen Gewinnen gehören auch die Zwischengewinne, die bei Veräußerung von Investmentanteilen eingenommen wurden.

Die beim Erwerb von Investmentpapieren gezahlten Zwischengewinne sind negative Einnahmen (keine Werbungskosten), die von den Einnahmen aus Wertpapieren abgezogen werden. Hat Ihre Bank die positiven Einnahmen bereits mit negativen Einnahmen saldiert, tragen Sie nur den Unterschiedsbetrag ein.

In den Zeilen 18, 24 und 34 erklären Sie Ihre Einnahmen aus:
- Aktien
- Genussrechten, mit denen Sie das Recht am Gewinn und Liquidationserlös einer Kapitalgesellschaft erworben haben
- Beteiligungen an Erwerbs- und Wirtschaftsgenossenschaften
- Beteiligungen an einer Gesellschaft mit beschränkter Haftung (GmbH)
- der Veräußerung von Dividendenscheinen
- einer Kapitalherabsetzung von Körperschaften oder Personenvereinigungen.

Dividenden

Die Zuordnung entnehmen Sie den Angaben Ihrer vorliegenden Steuerbescheinigung, die Sie dem Finanzamt im Original einreichen müssen. Hieraus geht auch hervor, ob die Versteuerung nach dem Anrechnungsverfahren (Zeile 18) oder dem Halbeinkünfteverfahren (Zeile 24) erfolgt.

Dividenden und Gewinnausschüttungen, die Sie im Jahr 2001 für 2000 erhalten haben, werden noch nach dem Anrechnungsverfahren besteuert. Die Bruttoeinnahmen müssen versteuert werden, dafür können Körperschaftsteuer, Kapitalertragsteuer sowie Solidaritätszuschlag bei der Einkommensteuerveranlagung angerechnet werden. Sämtliche Beträge entnehmen Sie Ihren Steuerbescheinigungen zum Eintrag in die Zeilen 17–21. Wurde Ihnen aufgrund Ihres Freistellungsauftrages bereits Körperschaftsteuer vergütet, tragen Sie die Beträge lt. Ihrer Steuerbescheinigung bzw. Dividendengutschrift in die Zeile 21 ein. Die vergütete Körperschaftsteuer verringert die Bemessungsgrundlage für die Festsetzung Ihres Solidaritätszuschlages.

Gewinnausschüttungen

Zeilen 17–21

Das neue Halbeinkünfteverfahren (Zeilen 23–27)

Dividenden und Gewinnausschüttungen werden ab dem Veranlagungsjahr 2001 beim Anteilseigner nur noch zur Hälfte versteuert (§ 3 Nr. 40 d EStG). Die Gewinne der ausschüttenden Kapitalgesellschaft werden nur mit 25 Prozent besteuert. Hier handelt es sich um eine Definitivsteuer, sie ist beim Anteilseigner keine anrechenbare Steuer mehr. Daher fehlt in der Anlage KAP auch in den Zeilen 23–27 die Spalte »Körperschaftsteuer«. Durch diese Neuregelung werden nur Steuerpflichtige mit einem Einkommensteuersatz ab 40 Prozent begünstigt. Die Kapitalertragsteuer von 20 Prozent ist weiterhin eine anrechenbare Steuer. Wurden in 2001 Ihre Dividenden schon nach dem Halbeinkünfteverfahren versteuert (z. B. weil das Wirtschaftsjahr der Gesellschaft nicht mit dem Kalenderjahr übereinstimmt), können auch nur noch die darauf entfallenden Werbungskosten **hälftig** berücksichtigt werden (§ 3c Abs. 2 EStG). Der Werbungskostenpauschbetrag wird allerdings in voller Höhe abgezogen, wenn keine tatsächlichen Werbungskosten nachgewiesen werden können.

Definitivsteuer

Beispiel: *Die xy-GmbH schüttet am 30.12.2001 an ihren Gesellschafter Schmitz 80.000 DM Gewinne aus. Hiervon muss die GmbH 25 Prozent Definitivsteuer zahlen (20.000 DM). Von den verbleibenden 60.000 DM sind 20 Prozent (12.000 DM) Kapitalertragsteuer zu zahlen, so dass noch 48.000 DM an Herrn Schmitz ausgeschüttet werden können. Herr Schmitz hat einen persönlichen Einkommensteuersatz von 40 Prozent.*

Einkommensteuerbelastung für Herrn Schmitz:	
Nettodividende	48.000 DM
auf die ESt anrechenbare Kapitalertragsteuer	+ 12.000 DM
Einkünfte aus Kapitalvermögen § 20 EStG	60.000 DM
noch zu 50 % anzusetzen	30.000 DM

Kapitel 5: Die Anlage KAP

abzüglich Werbungskostenpauschbetrag (oder Hälfte der nachgewiesenen Beträge)	./. 100 DM
Einkünfte vor Abzug des Sparerfreibetrages	29.900 DM
abzüglich Sparerfreibetrag nach § 20 Abs. 4 EStG	./. 3.000 DM
zu versteuernde Einkünfte aus Kapitalvermögen	26.900 DM
hierauf zu zahlende Einkommensteuer (ohne KiSt und Soli) 40 %	10.760 DM
hierauf anrechenbare Kapitalertragsteuer	./. 12.000 DM
Einkommensteuererstattung	**1.240 DM**

Vereine und Stiftungen

Leistungen von Versicherungsvereinen auf Gegenseitigkeit, sonstigen juristischen Personen des privaten Rechtes, nicht rechtsfähigen Vereinen, Anstalten, Stiftungen oder anderen Zweckvermögen des privaten Rechts, die noch nicht in den Zeilen 18 oder 24 erklärt wurden, sind in Zeile 26 einzutragen.

Diese Einkünfte nach § 20 Abs. 1 Nr. 9 EStG werden auch nach dem Halbeinkünfteverfahren besteuert, die einbehaltene Körperschaftsteuer ist nicht mehr anrechenbar.

Werbungskosten

Zeilen 54–61

Werbungskosten aus Kapitalvermögen sind alle Ausgaben, die durch Ihr Kapitalvermögen veranlasst sind, soweit Erträge daraus entstehen. Die Werbungskosten werden stets im Jahr der Belastung geltend gemacht. Es handelt sich dabei beispielsweise um:

- ▶ Depotgebühren
- ▶ Gebühren für die Erträgnisaufstellung

Fachliteratur

- ▶ Fachzeitschriften oder Fachbücher zur Erzielung von Kapitaleinkünften
- ▶ Schuldzinsen für das durch Kredite finanzierte Kapitalvermögen
- ▶ Bausparabschlussgebühren
- ▶ Steuerberatungskosten oder sonstige Beratungskosten in Zusammenhang mit Kapitaleinkünften

Fahrtkosten

- ▶ Fahrtkosten zu Aktionärshauptversammlungen oder Banken mit 0,58 DM je gefahrenem Kilometer (wie Dienstreisen)
- ▶ Übernachtungs- und Verpflegungsaufwendungen (in angemessener Höhe) für Geschäftsreisen, die in Zusammenhang mit Kapitaleinkünften stehen.
- ▶ Kontoführungsgebühren
- ▶ Beiträge zu Wertpapierschutzverbänden

Software

- ▶ Software für die Wertpapierverwaltung
- ▶ Kosten für die Schließfachmiete bei der Bank, sofern dort Wertpapiere aufbewahrt werden.

▶ Anteilige Telefon- und Faxkosten für Gespräche mit Bank und Vermögensverwalter
▶ Vermögensverwaltung, soweit Vermögen verwaltet wird, das nicht nur spekulativ ist, sondern auch Erträge abwirft.

Telefon- und Faxkosten

Werbungskosten für ausländische Kapitalerträge werden zunächst in die Zeilen 57 und 58 eingetragen und gleichzeitig in den Zeilen 8 bis 11 der Anlage AUS, hier aufgeteilt nach den verschiedenen Staaten.

Werbungskostenpauschbetrag

Falls bei Ihnen keine derartigen Werbungskosten angefallen sind, berücksichtigt das Finanzamt automatisch jährlich einen Werbungskostenpauschbetrag von 100 DM für Alleinstehende und 200 DM für Verheiratete.

Ein steuerlich zu berücksichtigender Verlust ist in diesem Fall nur möglich, wenn die tatsächlichen Werbungskosten die Einnahmen aus Kapitalvermögen übersteigen.

Sparerfreibetrag

Nach den Werbungskosten beziehungsweise nach dem Werbungskostenpauschbetrag werden die Einnahmen aus Kapitalvermögen um den Sparerfreibetrag von 3.100 DM bzw. 6.200 DM gekürzt. Hierdurch darf kein Verlust aus Kapitalvermögen entstehen!

Sparerfreibetrag

Kapitel 6: Die Anlage SO

Bekommen Sie Rente, Unterhalt vom geschiedenen Ehegatten oder Abgeordnetenbezüge? Haben Sie Gewinne oder Verluste aus privaten Veräußerungsgeschäften mit Wertpapieren oder Immobilien? Die Anlage SO

In diesem Kapitel erfahren Sie:

- ▶ wie Sie Ihre Renteneinkünfte angeben — 217
- ▶ wie sich Ihr Rentenbescheid aufbaut — 220
- ▶ wie Ihre Krankenversicherung zum Tragen kommt — 220
- ▶ wie die verschiedenen Rentenarten besteuert werden — 223
- ▶ welche Gewinne aus privaten Veräußerungsgeschäften steuerfrei bleiben — 224
- ▶ wie es sich mit Abgeordnetenbezügen verhält — 225
- ▶ wie Sie Ihren Spekulationsgewinn berechnen — 225
- ▶ welche Steuerpflicht bei besonderen Einnahmen auf Sie zukommt — 228

Renteneinkünfte nach § 22 EStG

Es können für Sie und Ihren Ehegatten jeweils zwei verschiedene Renten in die Anlage SO eingetragen werden. Falls Sie noch weitere Renten beziehen, müssen diese aufgeführt werden und sind auf einem gesonderten Blatt aufzulisten.
Von den Renteneinkünften werden die Pensionen unterschieden, die in die Anlage N einzutragen sind und einer anderen Besteuerung unterliegen. Es ist möglich, dass ein Steuerpflichtiger sowohl Renten als auch eine Pension bezieht.

Sonderfall Pension

Altersrenten

Wird diese Rente auf Lebenszeit gezahlt, handelt es sich um eine Leibrente, die nur mit dem Ertragsanteil versteuert wird (s. Tabelle zu Formularzeile 73 des Mantelbogens auf Seite 79f.). Die Höhe des Ertragsanteiles richtet sich nach dem Lebensalter des Rentenberechtigten zu Beginn des Rentenbezuges. Je älter der Rentenanwärter ist, desto geringer ist der Ertragsanteil, der bestimmt, welcher Betrag der Rente überhaupt zu den steuerlichen Einnahmen wird.

Zeile 2

Beispiel Herr Neuheimer ist 65 Jahre alt und erhält eine jährliche Altersrente von 30.000 DM. Der Ertragsanteil laut Tabelle zu § 22 EStG beträgt 27 Prozent. Somit wird nur ein Betrag von 8.100 DM als steuerliche Einnahme berücksichtigt.
Die jeweiligen Renteneinnahmen für Altersrenten entnehmen Sie bitte Ihren von der BfA oder LVA ausgestellten Rentenbescheiden. Haben Sie eine oder mehrere Altersrenten bezogen, kreuzen Sie dies bitte in Formularzeile 2 an.

	Beispiel für einen Rentenbescheid			
	Zeitraum			
	1.1.–30.6.19..		1.7.–31.12.19..	
Berechnung	Bisherige Monatsbeträge		Neue Monatsbeträge	
	DM	Pf.	DM	Pf.
Rentenbetrag	1.700	–	1.751	–
Beitragsanteil zur Krankenversicherung	110	50	113	82
Beitragsanteil zur Pflegeversicherung	14	45	14	88
Auszuzahlender Betrag	1.575	05	1.622	30

Kapitel 6: Die Anlage SO

Anlage SO 2001

Sonstige Einkünfte – für sonstige Einkünfte – Aug. 2001

Anlage SO, Seite 2

– 2 –

Zeile	Private Veräußerungsgeschäfte			
30	**Grundstücke und grundstücksgleiche Rechte** (z. B. Erbbaurecht)			
31	Bezeichnung des Grundstücks (Lage) / des Rechtes			
32	Zeitpunkt der Anschaffung (z. B. Datum des Kaufvertrags, Zeitpunkt der Entnahme aus dem Betriebsvermögen) — Datum		Zeitpunkt der Veräußerung (z. B. Datum des Kaufvertrags, auch nach vorheriger Einlage ins Betriebsvermögen) — Datum	
33	Nutzung des Grundstücks bis zur Veräußerung	zu eigenen Wohnzwecken von – bis m²	zu anderen Zwecken, z. B. als Arbeitszimmer, zur Vermietung von – bis	m²
34	In den Zeilen 35 bis 40 bitte nur den steuerpflichtigen Anteil erklären.		Stpfl. / Ehemann / Gemeinschaft DM	Ehefrau DM
35	Veräußerungspreis oder an dessen Stelle tretender Wert (z. B. Teilwert, gemeiner Wert)			
36	Anschaffungs- / Herstellungskosten oder an deren Stelle tretender Wert (z. B. Teilwert, gemeiner Wert) ggf. zzgl. nachträglicher Anschaffungs-/Herstellungskosten		–	–
37	Absetzungen für Abnutzung / Erhöhte Absetzungen / Sonderabschreibungen		+	+
38	Werbungskosten im Zusammenhang mit dem Veräußerungsgeschäft		–	–
39	Gewinn / Verlust		10	11
40	Gewinne / Verluste aus weiteren Veräußerungen von Grundstücken und grundstücksgleichen Rechten (Erläuterungen bitte auf einem besonderen Blatt)		12	13
41	**Andere Wirtschaftsgüter** (insbesondere Wertpapiere)			
42	Art des Wirtschaftsguts			
43	Zeitpunkt der Anschaffung (z. B. Datum des Kaufvertrags) — Datum		Zeitpunkt der Veräußerung (z. B. Datum des Kaufvertrags) — Datum	

Zeile		Dem Halbeinkünfteverfahren unterliegend		Nicht dem Halbeinkünfteverfahren unterliegend	
44					
45		Stpfl. / Ehemann / Gemeinschaft DM	Ehefrau DM	Stpfl. / Ehemann / Gemeinschaft DM	Ehefrau DM
46	Veräußerungspreis oder an dessen Stelle tretender Wert (z. B. gemeiner Wert)				
47	Anschaffungskosten (ggf. gemindert um Absetzung für Abnutzung) oder an deren Stelle tretender Wert (z. B. Teilwert, gemeiner Wert)	–	–	–	–
48	Werbungskosten im Zusammenhang mit dem Veräußerungsgeschäft	–	–	–	–
49	Gewinn / Verlust	26	27	14	15
50	Gewinne / Verluste aus weiteren Veräußerungen von anderen Wirtschaftsgütern (Erläuterungen bitte auf einem besonderen Blatt)	28	29	16	17

Zeile	**Termingeschäfte** (z. B. Optionen, Optionsscheine, Futures)		
51			
52	Bezeichnung des Termingeschäfts		
53	Zeitpunkt des Erwerbs des Rechts (z. B. Kauf eines Optionsscheins) — Datum	Zeitpunkt der Beendigung des Rechts — Datum	
54		Stpfl. / Ehemann / Gemeinschaft DM	Ehefrau DM
55	Differenzausgleich, Geldbetrag oder sonstiger Vorteil aus dem Termingeschäft		
56	Werbungskosten im Zusammenhang mit dem Termingeschäft (z. B. Aufwendungen für den Erwerb des Rechts)	–	–
57	Gewinn / Verlust	18	19
58	Gewinne / Verluste aus weiteren Termingeschäften (Erläuterungen bitte auf einem besonderen Blatt)	20	21
59	**Anteile an Einkünften**		
60	Gemeinschaft, Finanzamt, Steuernummer	22	23
61	In Zeile 60 enthaltene Einkünfte, für die das **Halbeinkünfteverfahren** gilt	24	25
62	Die nach Maßgabe des § 10 d Abs. 1 EStG in 2000 vorzunehmende Verrechnung nicht ausgeglichener negativer Einkünfte 2001 aus privaten Veräußerungsgeschäften soll lt. **Anlage VA** begrenzt werden.		

219

Kapitel 6: Die Anlage SO

Zeile 12 Als Rentenbetrag müssten Sie beispielsweise bei diesem Bescheid in die Formularzeile 12 eintragen:
6 x 1.700 DM = 10.200 DM
6 x 1.751 DM = 10.506 DM
Summe (Formularzeile 12) = 20.706 DM

Krankenversicherungsbeiträge

Pflegeversicherung

Erhalten Sie (abhängig von der Rentenhöhe) steuerfreie Zuschüsse zu Ihrer Krankenversicherung, ist als Rentenbetrag in Formularzeile 12 immer nur die Rentensumme ohne den Krankenversicherungszuschuss einzutragen. Ihren Beitragsanteil zur Krankenversicherung und Pflegeversicherung (zuzüglich zu den Ausgaben für sonstige, evtl. bestehende Krankenzusatzversicherungen) tragen Sie bitte bei den Vorsorgeaufwendungen im Mantelbogen ein. Ziehen Sie davon aber die eventuell erhaltenen Krankenversicherungszuschüsse wieder ab.

Berufs- und Erwerbsunfähigkeitsrenten

Zeile 3

Zeitrenten

Diese Renten sind abgekürzte Leibrenten. Sie werden nicht lebenslang, sondern nur für eine begrenzte Zeit gezahlt. Daher werden hier die Ertragsanteile nach einer gesonderten Tabelle ermittelt. Diese Tabelle finden Sie in Zusammenhang mit der Formularzeile 73 des Mantelbogens auf Seite 79f.).

Leibrenten

Wird eine solche Rente in eine normale Leibrente umgewandelt, ist dies in Formularzeile 11 einzutragen. Dies ist meist dann der Fall, wenn mit Ablauf des 65. Lebensjahres eine Berufs- oder Erwerbsunfähigkeitsrente in eine lebenslange Altersrente umgewandelt wird. Dies bedeutet den Beginn einer neuen Rente und dass deren Ertragsanteil neu nach der entsprechenden Tabelle für Leibrenten zu ermitteln ist.

Witwen- und Witwerrenten

Zeile 4 Hier wird zwischen der großen und der kleinen Witwenrente unterschieden.
Kleine Witwenrente erhält derjenige, der unter 45 Jahre alt ist, keine zu berücksichtigenden Kinder hat und nicht berufs- oder erwerbsunfähig ist. Der Ertragsanteil wird nach der Tabelle für Leibrenten in besonderen Fällen ermittelt, wobei angenommen wird, dass die Rente mit Vollendung des 45. Lebensjahres in eine lebenslange große Witwenrente umgewandelt wird.
Große Witwenrente, die ein unter 45 Jahre alter Rentenberechtigter bezieht, weil er ein waisenrentenberechtigtes Kind erzieht, ist ebenfalls wie eine abgekürzte Leibrente nach der Tabelle für Zeitrenten zu versteuern. Voraussetzung ist, dass die Erziehung des waisenrentenberechtigten Kindes mit Vollendung des 18. Lebensjahres endet, bevor der Rentenempfänger das 45. Lebensjahr vollendet hat. Danach wird bis zur Vollendung des 45. Lebensjahres die kleine Witwenrente gezahlt, die wiederum als abgekürzte Leibrente zu versteuern ist.

Die große Witwenrente wird unter folgenden Bedingungen gezahlt: — **Bedingungen für die große Witwenrente**
- Der Rentenberechtigte erzieht mindestens ein Kind, das sein 18. Lebensjahr noch nicht vollendet hat.
- Der Rentenberechtigte versorgt ein Kind, das wegen körperlicher, geistiger oder seelischer Gebrechen außerstande ist, sich selbst zu unterhalten.
- Der Rentenberechtigte hat das 45. Lebensjahr schon vollendet.
- Der Rentenberechtigte ist berufs- oder erwerbsunfähig.

Berufs- oder Erwerbsunfähigkeit

Hat der Rentenberechtigte das 45. Lebensjahr vollendet, erhält er die große Witwenrente. Sie wird als lebenslängliche normale Leibrente nach § 22 EStG versteuert.

Waisenrente
Kinder, die bis zum 18. Lebensjahr bzw. bei Berufsausbildung bis zum 27. Lebensjahr Waisenrente beziehen, versteuern ihre Rente selbst. Die Rentenbezüge sind nicht in der Anlage KAP der Eltern aufzuführen. Erhält das Kind bereits eigene sonstige Bezüge, ist ggf. eine eigene Steuererklärung für das Kind abzugeben.

Sonstige Ruhegelder
Hierzu gehören beispielsweise Bergmannsrenten oder Knappschaftsruhegelder, die ebenfalls entsprechend der Bescheide in das Formular aufzunehmen sind. — **Zeile 5**

Renten aus Grundstücksveräußerungen
Haben Sie ein bebautes oder unbebautes Grundstück gegen Zahlung einer lebenslangen Rente (Rentenbasis) veräußert, dann werden die Rentenzahlungen auch mit dem Ertragsanteil wie lebenslange Leibrenten versteuert. — **Zeile 6**

Es muss sich jedoch um echte Renten (s. Kapitel 2, Sonderausgaben) handeln, die vertraglich vereinbart wurden. Ratenzahlungen auch über lange Zeiträume fallen nicht darunter.

Renten aus Versicherungsverträgen
Hierzu zählen Renten aus privaten Lebens- oder Rentenversicherungsverträgen, die wie lebenslange Leibrenten zu versteuern sind. — **Zeile 7**

Weitere Renten
Hierzu zählen sonstige private Renten, z. B. aus Geschäftsveräußerung etc. — **Zeile 8**

Steuerfrei und damit nicht einzutragen sind: — **Steuerfreie Renten**
- Rentenzuschüsse wegen Kindererziehung (§ 3 Nr. 1 b EStG)
- Hinterbliebenen- und Versicherungsrenten aus der gesetzl. Unfallversicherung
- Wiedergutmachungsrenten
- Zuschüsse der Rentenversicherung zur Krankenversicherung der Rentner (§ 3 Nr. 14 EStG).

In Formularzeile 9 tragen Sie bitte den Zeitpunkt ein, an dem der Rentenanspruch entstanden ist. Auf den Zeitpunkt der erstmaligen Zahlung kommt es nicht an, da die Beträge eventuell rückwirkend nachgezahlt werden. Dies ist wichtig zur Ermittlung des richtigen Ertragsanteiles.

Todesfallbegrenzung In Formularzeile 10 ist einzutragen, ob die Rente auf den Todesfall des Berechtigten begrenzt ist. Dies ist immer bei lebenslangen Leibrenten zutreffend.

In Formularzeile 11 ist das Datum einzutragen, zu dem eventuell die abgekürzte Leibrente in eine normale Leibrente umgewandelt wird oder wann die Rente endet.

In Formularzeile 12 ist der zugeflossene Rentenbetrag (entnehmen Sie den Rentenbescheiden, privaten Verträgen oder Kontoauszügen) einzutragen.

Eventuell erhaltene Rentennachzahlungen für mehrere (frühere) Jahre sind in Formularzeile 15 zu erfassen; es handelt sich hier um Beträge, die in Zeile 12 nicht enthalten sind. In Formularzeile 13 tragen Sie den Ertragsanteil nach § 22 EStG bzw. § 55 EStDV ein, mit dem Ihre Rente besteuert wird (s. Kapitel 2 zu Sonderausgaben, hier: Rentenzahlungen).

Werbungskosten bei Renten und wiederkehrenden Bezügen

Zeile 14

Pauschbetrag

Ohne Nachweis entstandener Kosten wird hier für jeden Steuerpflichtigen automatisch ein jährlicher Werbungskostenpauschbetrag von 200 DM berücksichtigt. Nach Werbungskosten können hier z. B. sein:
- Kosten für die Inanspruchnahme eines Rentenberaters
- Fachzeitschriften oder Fachbücher über Renten
- Zinsen zur Finanzierung eines Versorgungsausgleiches nach Ehescheidung

Steuerberatungskosten
- Steuerberatungs- oder Rechtsanwaltskosten, falls die Beratung oder eventuelle gerichtliche Vertretung im Zusammenhang mit diesen Einkünften i. S. v. § 22 EStG steht.

Stellen Sie diese Werbungskosten auf einem Extrablatt als Anlage zur Steuererklärung zusammen, und fügen Sie entsprechende Belege bei.

Andere wiederkehrende Bezüge

Zeile 16–19

Unterhaltszahlungen

Die folgenden Bezüge, die nicht zu den Renten gehören, werden nicht mit dem Ertragsanteil, sondern voll versteuert. Es handelt sich hier um Bezüge, die in gewissen Zeitabständen wiederkehren und nicht zu anderen Einkunftsarten gehören. Grundlage sind meistens Verträge zwischen Geber und Empfänger der Zahlung. Es handelt sich hier zum Beispiel um Unterhaltszahlungen, die in Formularzeile 18 einzutragen sind.

Unterhalt Haben Sie Unterhaltszahlungen von Ihrem geschiedenen oder dauernd getrennt lebenden Ehegatten erhalten und die Zustimmung zum so genannten

Realsplitting erteilt (s. Kapitel 13), müssen Sie die erhaltenen Bezüge (nach § 22 Nr. 1 a EStG) bis 27.000 DM versteuern. Die hierdurch entstehenden steuerlichen Nachteile werden Ihnen (gesetzlich geregelt) vom Unterhaltszahler erstattet. In Formularzeile 19 können Sie entweder die tatsächlich entstandenen Werbungskosten (Rechtsanwalts- oder Steuerberatungs-, Gerichtskosten etc.) eintragen, oder das Finanzamt berücksichtigt den Werbungskostenpauschbetrag von jährlich 200 DM.

⚡ Blitzübersicht: So werden Renten besteuert

Art der Rente	Steuerpflicht	
Altersrente	Mit dem normalen Ertragsanteil (s. Seite 79) steuerpflichtig. Die Höhe des Ertragsanteils ist abhängig vom Alter zu Beginn der Rentenzahlung.	Altersrente
Andere **gesetzliche Rentenversicherungen**	Mit dem normalen Ertragsanteil steuerpflichtig. Die Höhe des Ertragsanteils ist abhängig vom Alter zu Beginn der Rentenzahlung.	
Aus **privaten Rentenversicherungen** bis zum Tod	Besteuerung mit dem jeweiligen Ertragsanteil	
Berufsunfähigkeits- bzw. Erwerbsunfähigkeitsrente	Mit dem besonderen Ertragsanteil steuerpflichtig. Die Höhe des Ertragsanteils richtet sich nach der Laufzeit der Rente.	
Gesetzliche Unfallrente	Steuerfrei	Unfallrente
Große Witwenrente	Besteuerung mit dem normalen Ertragsanteil, wenn die Leistung voraussichtlich auf Lebenszeit gewährt wird.	
Kleine Witwenrente	Mit dem besonderen Ertragsanteil steuerpflichtig. Die Höhe des Anteils richtet sich nach der Laufzeit der Rente.	
Leibrente, z. B. wegen Vermögens- oder Grundbesitzübertragung	Ertragsanteil ist steuerpflichtig.	Leibrente
Rente als dauernde Last, z. B. bei Immobilien	Steuerpflicht in voller Höhe	
Schadenersatzrente nach Unfällen wegen vermehrter Bedürfnisse	Steuerfrei	
Unterhaltsrente	Steuerfrei	
Waisenrente	Mit dem besonderen Ertragsanteil steuerpflichtig. Die Höhe des Ertragsanteils richtet sich nach der voraussichtlichen Laufzeit.	Waisenrente

Einkünfte aus der privaten Vermietung beweglicher Gegenstände

Wohnwagen, Pkw, Klavier

Sollten Sie bewegliche Gegenstände wie z. B. Pkw, Klavier etc., also keine Immobilien (dies wären Einkünfte aus Vermietung i. S. v. § 21 EStG) aus Ihrem Privatvermögen (also nicht Betriebsvermögen; dann sind die Einnahmen bei der entsprechenden Einkunftsart anzugeben) vermieten, so sind diese Einnahmen und die dadurch entstandenen Werbungskosten in den Formularzeilen 20 bis 23 als sonstige Leistungen zu erklären.

Einkünfte aus gelegentlichen Vermittlungen

Vermittlungstätigkeit

Zu den sonstigen Leistungen (§ 22 Nr. 3 EStG) können z. B. Provisionen aus der gelegentlichen Vermittlung von Versicherungs- oder Bausparverträgen oder eines Auto- oder Grundstückskaufs gehören, wenn die Vermittlung eher zufällig (gelegentlich) erfolgte. Sollte die Vermittlungstätigkeit von vornherein auf Wiederholung ausgerichtet sein (auch wenn nur nebenberuflich), so handelt es sich um Einkünfte aus Gewerbebetrieb (§ 18 EStG) und nicht um Einkünfte aus sonstigen Leistungen. Dies wird von der Finanzverwaltung auch dann so beurteilt, falls der Vermittler nur selten einen Abschluss erzielt, weil das Geschäft so schlecht läuft, und er eben sehr selten (gelegentlich) erfolgreich ist; es sind ebenfalls gewerbliche Einkünfte. Hier ist die Grenze zwischen gelegentlicher Vermittlung und (neben-)beruflicher Vermittlung zwar fließend, aber die Finanzämter sehen dies im Laufe der Jahre immer strenger.

Sonstige Leistungen

Zeilen 20–23

Hierzu zählen alle Leistungen (§ 22 Nr. 3 EStG), soweit sie keiner anderen Einkunftsart zuzuordnen sind, z. B.:

Andere Einkünfte

▶ Einkünfte aus der privaten Vermietung beweglicher Gegenstände (z. B. eines Autos)
▶ Einkünfte aus gelegentlichen Vermittlungen

Diese Einnahmen sind nach Abzug der Werbungskosten (Zeile 22) bis zur Freigrenze von jährlich 499 DM steuerfrei. Liegen die Einnahmen darüber, sind sie voll steuerpflichtig.

Steuergrenzen

Auch hier gilt wieder: Es handelt sich um keinen Freibetrag, sondern um eine Freigrenze. Überschreiten Sie die Grenze von 499 DM auch nur um eine Mark, dann sind die gesamten Einkünfte vollständig steuerpflichtig.

Freigrenze statt Freibetrag

Tragen Sie Ihre Einnahmen in die Formularzeile 21 ein. Die eventuellen Werbungskosten (Formularzeile 22) sind in dem Jahr zu erfassen, in dem die betreffende Einnahme zugeflossen ist, auch wenn die Werbungskosten dafür früher entstanden sind. Entsteht ein Verlust, weil die Werbungskosten höher sind, ist eine Verrechnung mit anderen positiven Einkünften ausgeschlossen. Diese Verluste mindern jedoch nach § 22 Nr. 3 Satz 4 EStG die Einkünfte, die der Steuerpflichtige in dem vorangegangenen Kalenderjahr oder in den folgenden Veranlagungsjahren aus Leistungen

i. S. v. § 22 Nr. 3 EStG erzielt. Mit einer Eintragung in Zeile 24 kann der Rücktrag eines negativen Betrages laut Zeile 23 beschränkt werden.

Abgeordnetenbezüge

Es handelt sich hierbei um Entschädigungen, Amtszulagen, Zuschüsse zu Kranken- und Pflegeversicherungsbeiträgen, Übergangsgelder, Überbrückungsgelder, Sterbegelder, Versorgungsbezüge und dergleichen mehr, die aufgrund eines inländischen Abgeordnetengesetzes oder des Europa-Abgeordnetengesetzes an den Steuerpflichtigen gezahlt werden. Die Versteuerung dieser Bezüge regelt § 22 Nr. 4 EStG. Die ausgestellten Bescheinigungen über erhaltene Abgeordnetenbezüge enthalten sowohl steuerpflichtige als auch steuerfreie Bezüge, letztere sind z. B. die Aufwandsentschädigungen sowie Tage- oder Sitzungsgelder. Sind in diesen Bezügen auch Versorgungsbezüge enthalten, sind diese gegebenenfalls in die Formularzeile 28 einzutragen. Die mit den steuerfreien Aufwandsentschädigungen, Tage- und Sitzungsgeldern in Zusammenhang stehenden Ausgaben können ebenso wenig als Werbungskosten berücksichtigt werden wie eventuelle Wahlkampfkosten.

Zeilen 25–28

Aufwandsentschädigung

In Zeile 29 tragen Sie Ihre Gewinne oder Verluste aus Anteilen an Steuersparmodellen im Sinne § 2 b EStG ein. Die steuerlichen Ergebnisse Ihres Sparmodells werden Ihnen von dem Wirtschaftsprüfer der Gesellschaft einmal jährlich mitgeteilt. Mehr darüber erfahren Sie im Kapitel 17.

Zeile 29

▶ **Formularseite 2**

Private Veräußerungsgeschäfte

Hierbei handelt es sich um Veräußerungsgeschäfte des Privatvermögens, bei denen ein bestimmter Zeitraum zwischen Anschaffung und Verkauf unterschritten wird. Als private Veräußerungsgeschäfte (bis 31.12.1998 hieß das noch Spekulationsgeschäft) gelten nach § 23 EStG:

Zeilen 30–62

▶ Veräußerungsgeschäfte bei unbebauten und bebauten Grundstücken, bei denen der Zeitraum zwischen Anschaffung und Veräußerung nicht mehr als zehn Jahre beträgt. Ein innerhalb dieses Zeitraumes hergestelltes Gebäude ist einzubeziehen. Hiervon ausgenommen sind Wirtschaftsgüter, die im Zeitraum zwischen Anschaffung oder Fertigstellung und Veräußerung ausschließlich zu eigenen Wohnzwecken oder im Jahr der Veräußerung und in den beiden vorangegangenen Jahren zu eigenen Wohnzwecken genutzt wurden.

Grundstücksgeschäfte

Zeilen 30–40

▶ Veräußerungsgeschäfte bei anderen Wirtschaftsgütern, insbesondere Wertpapieren, bei denen der Zeitraum zwischen Anschaffung und Veräußerung nicht mehr als ein Jahr beträgt.

Zeilen 41–50

- Veräußerungsgeschäfte, bei denen die Veräußerung der Wirtschaftsgüter früher erfolgt als der Erwerb.
- Termingeschäfte, durch die der Steuerpflichtige einen Differenzausgleich oder einen durch den Wert einer veränderlichen Bezugsgröße bestimmten Geldbetrag oder Vorteil erlangt, sofern der Zeitraum zwischen Erwerb und Beendigung des Rechts auf einen Differenzausgleich, Geldbetrag oder Vorteil nicht mehr als ein Jahr beträgt. Zertifikate, die Aktien vertreten, und Optionsscheine gelten als Termingeschäfte.

Zeilen 50–58

Verkaufen Sie erst nach Ablauf der o. a. Zeiträume, sind die Gewinne steuerfrei.

Tauschgeschäfte

Zu den Veräußerungsgeschäften gehören neben einem Verkauf auch ein Tausch, die Einbringung von Wirtschaftsgütern aus dem Privatvermögen in ein Betriebsvermögen oder die Einbringung in eine Kapitalgesellschaft gegen Gesellschaftsrechte. Haben Sie Wirtschaftsgüter veräußert, die bei den übrigen sechs Einkunftsarten zu erfassen sind, ist der Gewinn dort zu versteuern (z. B. Anlage GSE, s. ab Seite 230).

Spekulationsgewinne

Achtung: Spekulationsgewinne bis 999 DM jährlich pro Person sind steuerfrei. Da dies aber kein Freibetrag ist, sind höhere Gewinne vollständig zu versteuern, also nicht nur der Betrag, der 999 DM übersteigt.

Bei Ehegatten bleiben somit 1.998 DM jährlich aus privaten Veräußerungsgeschäften steuerfrei, jedoch nur, wenn das Wirtschaftsgut beiden Ehegatten gehört oder jeder für sich Gewinne aus eigenen Depots realisiert.

Spekulationsverluste

Verrechnung von Verlusten

Diese dürfen nur bis zur Höhe anderer Spekulationsgewinne des gleichen Kalenderjahres verrechnet werden. Ein darüber hinausgehender Verlust darf nicht mit dem Verlustabzug (nach § 10 d EStG) berücksichtigt werden und bleibt Privatvergnügen.

Rückwirkende Verlängerung der Spekulationsfrist verfassungswidrig!
Immobilienverkäufer, die in die Fristenfalle geraten sind und auf die Steuerfreiheit des Immobilienverkaufs nach zwei Jahren vertraut haben, können aufatmen. Der BFH entschied mit Urteil vom 05.03.01 (Az: IX B 90/00), dass die rückwirkende Verlängerung verfassungswidrig ist. Dies gilt für Immobilien-verkäufe, für die die Spekulationsfrist in der vor dem 01.01.1999 geltenden Fassung bereits abgelaufen war, also alle Anschaffungen vor dem 01.01.1997.
Beispiel: Die vermietete Eigentumswohnung wurde am 31.12.1996 erworben und am 15.04.1999 wieder verkauft. Ein Spekulationsgewinn bleibt hier steuerfrei! Das letzte Wort hat jetzt das Bundesverfassungsgericht.

Spekulationsgewinn mit Grundstücken

TIPP Alle Betroffenen sollten gegen ihren Einkommensteuerbescheid Einspruch einlegen, auf das vorstehende Urteil verweisen, das Ruhen des Verfahrens beantragen und zusätzlich die Aussetzung der Vollziehung beantragen.

Einspruch einlegen

Ermittlung des Spekulationsgewinnes für Grundstücke und grundstücksgleiche Rechte

Der Spekulationsgewinn ist die Differenz aus dem erzielten Veräußerungspreis und den Anschaffungs- oder Herstellungskosten und den Veräußerungskosten. Der Veräußerungspreis ist in Formularzeile 35 einzutragen, die damaligen Anschaffungs- oder Herstellungskostenkosten in Formularzeile 36.

Die Anschaffungs- oder Herstellungskosten lt. Zeile 36 werden gekürzt um die Absetzungen für Abnutzungen und Sonderabschreibungen, soweit sie bei der Einkunftsermittlung nach § 2 Abs. 1 Satz 1 Nr. 4–6 EStG abgezogen wurden. Hiervon ausgenommen sind Abzugsbeträge nach § 10 e oder § 10f EStG und die Eigenheimzulage.

Gewinnermittlung

Dies gilt nur für Veräußerungsgeschäfte, bei denen das Grundstück/die Immobilie nach dem 31.07.1995 angeschafft oder bei Herstellung/Neubau nach dem 31.12.1998 fertig gestellt wurde. Dann wird der einfachen Logik »Veräußerungspreis (Zeile 35) abzüglich Anschaffungs- und Herstellungskosten (Zeile 36) sowie beanspruchte AfA-Beträge und Werbungskosten ist gleich Einkünfte aus privatem Veräußerungsgeschäft (Zeile 39)« gefolgt. Einjähriger Verlustrücktrag sowie unbegrenzter Verlustvortrag mit Gewinnen nach § 23 Abs. 1 EStG ist möglich. Verluste aus privaten Veräußerungsgeschäften dürfen nach § 23 Abs. 3 EStG im Veranlagungsjahr nur bis zur Gewinnhöhe aus anderen privaten Veräußerungsgeschäften ausgeglichen werden. Seit 1999 dürfen jedoch Verluste aus privaten Veräußerungsgeschäften mit Veräußerungsgewinnen des vorangegangenen Kalenderjahres und der folgenden Veranlagungszeiträume verrechnet werden. Ausgeschlossen ist ein Verlustausgleich mit positiven Einkünften anderer Einkunftsarten. Veräußerungsgewinne dürfen jedoch mit negativen Einkünften anderer Einkunftsarten verrechnet werden. Den Verlustrücktrag eines in Zeile 39 eingetragenen negativen Betrages können Sie durch Eintragung in Zeile 62 beschränken. Die zusätzliche Anlage VA müssen Sie dem Finanzamt mit den übrigen Steuerformularen einreichen.

Ermittlung der Anschaffungs- oder Herstellungskosten

Eine Anschaffung liegt nur bei entgeltlichem Erwerb des Wirtschaftsgutes vor. Hierzu gehören insbesondere Kaufpreis und Kaufpreisnebenkosten.

Veräußerungskosten

Diese vermindern den eventuellen Spekulationsgewinn. Es sind alle Kosten, die der Verkäufer im Zusammenhang mit der Veräußerung zu tragen hat, z. B. Maklercourtage, Notarkosten, Gerichtskosten etc.

Notar- und Gerichtskosten

Kapitel 6: Die Anlage SO

⚡ Blitzübersicht: Steuerpflicht von besonderen Einnahmen und Einmalzahlungen

Abfindung oder Zahlung wegen …	Steuerpflicht
… der Abgabe eines längerfristig bindenden **Kaufangebotes** über ein Grundstück	ja
… der Abtretung von **Rückkaufsrechten** an Grundstücken	nein
… der **Aufgabe einer Wohnung** unter besonderen Voraussetzungen	ja
… der **Beschränkung** der Grundstücksnutzung	ja
… des Einhaltens einer **Bausperre**	nein
… der einmaligen **Bürgschaftsvermittlung**	ja
… der Einräumung eines **Vorkaufsrechtes**	ja
… der Errichtung und Veräußerung von **Kaufeigenheimen**	nein
… privater **Devisentermingeschäfte**	nein
… der regelmäßigen **Mitnahme eines Arbeitskollegen** auf den Fahrten zwischen Wohnung und Arbeitsstätte	ja
… der Rücknahme eines Widerspruchs an Mitglieder oder Sprecher einer **Bürgerinitiative**	ja
… **Streikunterstützung**	nein
… einer Vereinbarung, das **Bauvorhaben** des Zahlenden zu dulden	ja
… des Verkaufs von bis zu drei **Wohnungen** oder Eigenheimen aus dem eigenen Vermögen	nein
… eines vertraglich vereinbarten umfassenden **Wettbewerbsverbotes**	ja
… der Verwertung freiwillig eingesammelter leerer **Pfandflaschen**	ja
… des Verzichtes auf die Einhaltung des gesetzlich vorgeschriebenen **Grenzabstands** eines auf dem Nachbargrundstück errichteten Gebäudes	ja
… des Verzichtes auf ein testamentarisch vermachtes, **obligatorisches Wohnrecht** im privaten Bereich	nein
… des Verzichtes des Inhabers eines **eingetragenen Warenzeichens** auf seine Abwehrrechte	ja
… eines **Wertpapieroptionsgeschäftes** an den Optionsgeber	ja
… der wissenschaftlichen Versuche an medizinischen **Probanden**	ja

Spekulationsgewinne oder -verluste

Einkünfte eines privaten Veräußerungsgeschäftes von Grundstücken und grundstücksgleichen Rechten

Veräußerungspreis	=	
Veräußerungskosten und sonstige Werbungskosten	−	
Anschaffungs- oder Herstellungen	−	
Anschaffungskosten (Grunderwerbsteuer, Makler, Gerichts- oder Notarkosten)	=	
Zwischensumme	−	
Als Werbungskosten abgezogene Abschreibungsbeträge	+	
Spekulationsgewinn oder -verlust	=	

Beispiel *Frau Moga verkauft am 31.8.2001 die erst 2000 erworbene und fertig gestellte Eigentumswohnung in den neuen Bundesländern. Der Kaufpreis betrug 350.000 DM, die Anschaffungsnebenkosten 25.000 DM, der Verkaufspreis 335.000 DM. Frau Moga hat bisher eine Sonder-AfA nach § 4 Fördergebietsgesetz in Höhe von 135.000 DM als Werbungskosten abgezogen. Es entstanden Veräußerungskosten in Höhe von 2.000 DM. Steuerliche Auswirkung:*

Fördergebietsgesetz

Verkaufspreis		335.000 DM
Veräußerungskosten		./. 2.000 DM
Herstellungskosten mit Nebenkosten	375.000 DM	
./. Sonder-AfA § 4 Fördergebietsgesetz	./. 135.000 DM	
./. lineare AfA § 7 Abs. 4 EStG	./. 9.000 DM	
anrechenbare Herstellungskosten	= 231.000 DM	./. 231.000 DM
Spekulationsgewinn		102.000 DM

Termingeschäfte

Der Gewinn oder Verlust Ihres Termingeschäftes ist der Differenzausgleich oder der durch den Wert einer veränderbaren Bezugsgröße bestimmte Geldbetrag oder Vorteil. Diese Werte tragen Sie in die Zeile 55 ein, die hierfür angefallenen Werbungskosten in die Zeile 56.

Zeilen 51–58

Bei Selbstständigkeit oder Firmenbeteiligung: die Anlage GSE

In diesem Kapitel erfahren Sie:

- ▶ wer die Anlage GSE ausfüllen muss — 231
- ▶ welche Berufe der Gewerbesteuerpflicht unterliegen — 233
- ▶ was als Gewinn oder Verlust eines Betriebes zählt — 234
- ▶ worauf Selbstständige bei ihren Kfz-Kosten achten sollten — 241
- ▶ welche Betriebsausgaben steuermindernd wirken (von A–Z) — 242
- ▶ welche wichtigen Regelungen Existenzgründer kennen sollten — 244
- ▶ was unter degressiver Afa zu verstehen ist — 246
- ▶ wer als Freiberufler zählt — 251
- ▶ wie eine Einnahmen-Überschuss-Rechnung erstellt wird — 255
- ▶ welche Einkünfte angegeben werden müssen — 256
- ▶ wie Aufwandsentschädigungen abgesetzt werden können — 258

Für alle Unternehmer

Die Anlage GSE ist für alle Unternehmer gemacht, d. h. für alle, die selbstständig, an einer Firma beteiligt sind oder einen selbstständigen Nebenberuf ausüben. Auf die Unternehmensgröße kommt es dabei nicht an, denn auch selbstständige Nebenberufler müssen dieses Formular ausfüllen.

Die komplette Unternehmensbesteuerung allerdings kann und soll in diesem Buch nicht dargestellt werden, weil sie allein schon mehrere Bände füllen würde. Wir beschäftigen uns deshalb vor allem mit den wichtigsten Punkten der Unternehmensbesteuerung für Nebenberufler und wollen zugleich aber auch den größeren Unternehmern einige Anstöße für weiterführende Gespräche mit Ihrem steuerlichen Berater geben.

Unternehmensbesteuerung

▶ Für welche Unternehmer ist die Seite 1 wichtig?

Zunächst kreuzen Sie bitte an, ob Sie die Anlage GSE als Bestandteil Ihrer Einkommensteuererklärung oder der Feststellungserklärung für eine Gemeinschaft (mehrere Firmenbeteiligte) abgeben.

Die Anlage GSE Seite 1 erfasst die Einkünfte aus Gewerbebetrieben sowohl für Sie als Einzelunternehmer (Formularzeilen 1–5) als auch als Mitunternehmer (Formularzeilen 6–8). Falls Sie Ihren Betrieb oder Anteile an Ihrem Betrieb veräußert haben, wird dieser Veräußerungsgewinn bzw. -verlust ebenfalls auf Seite 1 erfasst.

Einzel- und Mitunternehmen

> **Achtung:** Verluste werden entweder in Rot eingetragen oder mit einem Minuszeichen davor versehen.

Die Einkünfte aus Gewerbebetrieb regelt § 15 EStG. Sie sind zu unterscheiden von den selbstständigen Einkünften. Diese sind in § 18 EStG erfasst. Den Gewinnbegriff eines Unternehmens allgemein regelt § 4 EStG. Eine gewerbliche Tätigkeit liegt z. B. bei folgenden Voraussetzungen vor:
▶ Gewinnerzielungsabsicht der Tätigkeit.
▶ Die Tätigkeit wird selbstständig und nachhaltig (auf eine bestimmte Dauer hin) ausgeübt.
▶ Durch diese Tätigkeit nehmen Sie am allgemeinen wirtschaftlichen Verkehr teil.

Gewinnerzielungsabsicht

> **Achtung:** Erwirtschaften Sie über mehr als fünf Jahre ausschließlich Verluste, unterstellt das Finanzamt Liebhaberei und erkennt Ihnen die wichtige Gewinnerzielungsabsicht ab. Das kann nachträglich zu hohen Steuernachzahlungen führen, wenn Ihnen die Verluste wieder aberkannt werden (Einkommen-, Gewerbe- und Umsatzsteuer).

Kapitel 7: Die Anlage GSE

Anlage GSE — Bitte Anlage St beifügen! — **2001**

Name und Vorname / Gesellschaft

Steuernummer

☐ zur Einkommensteuererklärung
☐ zur Feststellungserklärung

Einkünfte aus Gewerbebetrieb

Zeile		Steuerpfl. Person Ehemann	Ehefrau		
		Gesellschaft		99	44
1	**Gewinn** (ohne die Beträge in den Zeilen 14, 17 und 25; bei ausländischen Einkünften: Anlage AUS beachten)	Bitte nur volle DM-Beträge eintragen.			
		DM	DM		
2	als Einzelunternehmer / der Gesellschaft (Art des Gewerbes; bei Verpachtung: Art des vom Pächter betriebenen Gewerbes) 1. Betrieb	10	11		
3					
4	Weitere Betriebe	12	13		
5	lt. gesonderter Feststellung (Betriebsfinanzamt und Steuernummer)	58	59		
6	als Mitunternehmer (Gesellschaft, Finanzamt, Steuernummer) 1.	14	15		
7	2.	16	17		
8	Gesellschaften / Gemeinschaften / ähnliche Modelle i. S. d. § 2 b EStG				
9	Einkünfte, für die das **Halbeinkünfteverfahren** gilt, sind in den Gewinnen des Kj. 2001 (Zeilen 3 bis 7 und 25) in folgender Höhe enthalten. Berechnung auf besonderem Blatt.	24	25		
10	Summe der für 2001 festzusetzenden (anteiligen) Gewerbesteuer-Messbeträge der Betriebe lt. Zeilen 3 bis 7 und 25. Berechnung auf besonderem Blatt.	85	86		
	Veräußerungsgewinn vor Abzug etwaiger Freibeträge				
11	bei Veräußerung / Aufgabe				
12	– eines ganzen Betriebs, eines Teilbetriebs, eines Mitunternehmeranteils (§ 16 EStG), – eines einbringungsgeborenen Anteils an einer Kapitalgesellschaft (§ 21 UmwStG) – in gesetzlich gleichgestellten Fällen, z. B. Wegzug ins Ausland (zum Antrag auf ermäßigte Besteuerung nach § 34 Abs. 1 EStG – sog. Fünftel-Regelung – vgl. Zeile 45 des Hauptvordrucks):	Steuerpfl. Person Ehemann Gesellschaft	Ehefrau	99	45
		Bitte nur volle DM-Beträge eintragen.			
		DM	DM		
13	Veräußerungsgewinn, wenn der **Freibetrag nach § 16 Abs. 4 EStG** wegen dauernder Berufsunfähigkeit oder Vollendung des 55. Lebensjahrs beantragt wird.				
14	Für nach dem 31.12.1995 erfolgte Veräußerungen / Aufgaben wurde der Freibetrag nach § 16 Abs. 4 EStG bei keiner Einkunftsart in Anspruch genommen.	24	25		
15	In Zeile 14 enthaltener steuerpflichtiger Teil, für den das **Halbeinkünfteverfahren** gilt	32	33		
16	In Zeile 14 enthaltener Veräußerungsgewinn, für den der **ermäßigte Steuersatz** des § 34 Abs. 3 EStG wegen dauernder Berufsunfähigkeit oder Vollendung des 55. Lebensjahrs beantragt wird	34	35		
17	Veräußerungsgewinn, wenn der **Freibetrag nach § 16 Abs. 4 EStG nicht** beantragt wird oder **nicht zu gewähren ist**	30	31		
18	In Zeile 17 enthaltener steuerpflichtiger Teil, für den das **Halbeinkünfteverfahren** gilt	36	37		
19	In Zeile 17 enthaltender Veräußerungsgewinn, für den der **ermäßigte Steuersatz** des § 34 Abs. 3 EStG wegen dauernder Berufsunfähigkeit oder Vollendung des 55. Lebensjahrs beantragt wird	38	39		
20	In Zeile 19 enthaltener steuerpflichtiger Teil, für den das **Halbeinkünfteverfahren** gilt	40	41		
21	Veräußerungsgewinn bei Veräußerung von Anteilen an Kapitalgesellschaften nach § 17 EStG, § 6 AStG, § 13 UmwStG und in gesetzlich gleichgestellten Fällen	28	29		
22	In Zeile 21 enthaltener steuerpflichtiger Teil, für den das **Halbeinkünfteverfahren** gilt	42	43		
23	Zu den Zeilen 11 bis 22: Erwerber ist eine Gesellschaft, an der die veräußernde Person oder ein Angehöriger beteiligt ist (Erläuterungen auf einem besonderen Blatt).				
24	**Sonstiges** In den Zeilen 3 bis 8 enthaltene begünstigte sonstige Gewinne i. S. d. § 34 Abs. 2 Nr. 2 bis 5 EStG (zum Antrag auf ermäßigte Besteuerung vgl. Zeile 45 des Hauptvordrucks)	55	56		
25	Zuzurechnendes Einkommen der Organgesellschaft (Gesellschaft, Finanzamt, Steuer-Nr.)	66	67		
26	Anteile an Kapitalgesellschaften, Bezugsrechte sind 2001 übertragen worden. (Einzelangaben auf einem besonderen Blatt.)				
27	**Gewerbliche Tierzucht /-haltung:** außer Ansatz gelassene Verluste In den Zeilen 3 bis 7, 14 und 17	DM enthaltene ungekürzte Gewinne	DM verrechnete Verluste aus and. Jahren	DM	
28	**Gewerbliche Termingeschäfte:** außer Ansatz gelassene Verluste In den Zeilen 3 bis 7, 14 und 17	DM enthaltene ungekürzte Gewinne	DM verrechnete Verluste aus and. Jahren	DM	
29	Die nach Maßgabe des § 10 d Abs. 1 EStG in 2000 vorzunehmende Verrechnung nicht ausgeglichener negativer Einkünfte 2001 aus Zeile 27 / 28 soll lt. **Anlage VA** begrenzt werden.				

Anlage GSE für Einkünfte aus Gewerbebetrieb und selbständiger Arbeit – Aug. 2001

Gewerbliche Tätigkeit

Gewerbeeinkünfte sind nicht nur einkommen-, sondern auch gewerbesteuerpflichtig. Einzelunternehmeninhaber und Personengesellschaft-Mitinhaber können – im Gegensatz zu Kapitalgesellschaften – die Gewerbe- auf ihre Einkommensteuer anrechnen lassen.

Beispiele für selbstständige gewerbliche Tätigkeiten (Gewerbesteuerpflicht)

Anlageberater/Finanzanalyst	**Kartograf**	
Apotheken-Inventurbüro	**Kfz-Sachverständige** ohne Ingenieur-	
Architekt, wenn er im Rahmen seiner be-	examen, dessen Tätigkeit keine mathe-	
ratenden Tätigkeit an der Vermittlung	matisch-technischen Kenntnisse wie die	
von Geschäftsabschlüssen indirekt be-	eines Ingenieurs voraussetzt	
teiligt ist	**Klavierstimmer**	
Artist	**Konstrukteur**	Konstrukteur
Ärztepropagandist	**Krankenpflegehelfer**	
Auktionator	**Künstleragent**	
Bäckerei	**Makler**	
Baubetreuer (Bauberater), wenn er sich	**Marktforschungsberater**	
nur mit wirtschaftlicher, d. h. finanzieller	**Masseur,** wenn er überwiegend oder	
Betreuung von Bauprojekten befasst	ausschließlich kosmetische oder Schön-	
Bauleiter	heitsmassagen durchführt	
Begleitagentur	**Medizinischer Bademeister,** sofern er	
Beratungsstellenleiter eines Lohn-	nicht auch Diagnosen stellt	
steuerhilfevereins	**Medizinischer Fußpfleger**	Fußpfleger
Berufssportler	**Mode- und Werbefotografen** ebenso	
Buchführungshelfer	wie die, die Modefotos an Verlage liefern	
Buchmacher	**Public-Relations-Berater**	
Bühnenvermittler	**Rechtsbeistand,** wenn er Auszüge aus	
Detektiv	Gerichtsakten für Versicherungsgesell-	
EDV-Berater im Bereich der Anwender-	schaften anfertigt	
softwareentwicklung	**Rezeptabrechner** für Apotheken	
Erbensucher	**Rundfunkermittler** (zur Feststellung von	
Finanz- und Kreditberater	Schwarzhörern)	
Fitnessstudio (keine unterrichtende	**Schadensregulierer**	
Tätigkeit)	**Treuhänderische Tätigkeit** eines Steu-	
Fotomodel	erberaters in Immobilienangelegen-	
Gutachter, wenn er Einrichtungsgegen-	heiten	
stände und Kunstwerke schätzt	**Vereidigte Kursmakler**	
Hausverwalter, die gleichzeitig mehrere	**Vermittler von Leiharbeitern**	
Grundstücke verwalten und ständig	**Versicherungsvertreter,** auch dann,	
mehrere Hilfskräfte beschäftigen	wenn er nur für ein Versicherungsun-	Versicherungs-
Heileurythmist	ternehmen tätig ist bzw. sein darf	vertreter
Industriepropagandist	**Vortragswerber**	
Ingenieur (Werber für Lieferfirmen)	**Werbeberater**	
Inventurbüro	**Zolldeklarant**	

Die Gewinnermittlung

Art der Gewinnermittlung

Um das wirtschaftliche bzw. steuerliche Ergebnis eines Gewerbebetriebes zu ermitteln, muss eine Buchführung erstellt werden.

Abgeleitete Buchführungspflicht

Buchführungspflicht

Kaufleute, die nach dem Handelsrecht verpflichtet sind, eine Buchführung zu erstellen, müssen die Bücher auch für die Ermittlung der Besteuerungsgrundlagen führen.

Originäre Buchführungspflicht

Außerdem sind Gewerbetreibende immer buchführungspflichtig, wenn eine oder mehrere Grenzen überschritten sind:

- Die jährlichen Umsätze übersteigen 500.000 DM.
- Der Gewinn aus Gewerbebetrieb übersteigt 48.000 DM jährlich.
- Der Gewinn aus Land- und Forstwirtschaft übersteigt jährlich 48.000 DM.
- Die selbst bewirtschafteten land- und forstwirtschaftlichen Flächen haben einen Wirtschaftswert von mehr als 40.000 DM (§ 46 BewG).

Wenn auch nur eine dieser Grenzen überschritten wird, muss zur Ermittlung des wirtschaftlichen Ergebnisses eine Bilanz mit Gewinn- und Verlustrechnung erstellt werden. Wer über keine kaufmännischen Vorkenntnisse verfügt, lässt seine Bilanz von einem Steuerberater erstellen. Die Buchführungspflicht beginnt mit dem Wirtschaftsjahr, das auf die Bekanntgabe der Mitteilung seitens der Finanzverwaltung zur Buchführungspflicht folgt. Sie endet zum Abschluss des Wirtschaftsjahres, das auf die Bekanntgabe der Finanzverwaltung folgt, dass die Buchführungspflicht entfällt.

Kleingewerbe

Gewerbetreibende, für die weder die abgeleitete noch die originäre Buchführungspflicht besteht (Kleingewerbetreibende), können ihren Gewinn bzw. Verlust aus Gewerbebetrieb häufig nach der Einnahmen-Überschuss-Rechnung (nach § 4 [3] EStG) durch Gegenüberstellung der Einnahmen und Ausgaben nach dem Zufluss- bzw. Abflussprinzip für das betreffende Wirtschaftsjahr ermitteln. Dies ist die weitaus einfachere und bequemere Art.

Eigenverbrauch

> **Wichtig:** Neben den laufenden betrieblichen Einnahmen werden auch so genannte private Entnahmen sonstiger Leistungen oder Gegenstände aus dem Betriebsvermögen als Einnahme erfasst. Diese Einnahmen sind als sonstige Leistungen nach § 3 Abs. 1 UStG auch umsatzsteuerpflichtig, sofern die Anschaffungs- oder Herstellungskosten des Gegenstandes mit Umsatzsteuer belastet waren und der Unternehmer umsatzsteuerpflichtig ist.

Von den laufenden Einnahmen werden die Betriebsausgaben abgezogen (nach § 4 [4–8] EStG), die ähnlich wie die Werbungskosten bei Arbeitnehmern betrieblich veranlasst sein müssen.

Mehrere Betriebe Falls Sie mehrfach gewerblich tätig sind, und es sich um unterschiedliche Branchen und Betriebe handelt, ist für jeden Betrieb ein eigener Jahresabschluss (Bilanz mit Gewinn- und Verlustrechnung oder Einnahmen-Überschuss-Rechnung) zu erstellen und das Ergebnis in die Formularzeilen 1–5 einzutragen.

Unterschiedliche Branchen

Mitunternehmer Sind Sie Mitunternehmer einer gewerblich tätigen Firma, z. B. einer BGB-Gesellschaft (ebenso für OHG, KG), wird für die Gemeinschaft ein Jahresabschluss sowie eine einheitliche und gesonderte Gewinnfeststellung (nach § 180 AO) erstellt. Tragen Sie Finanzamt und Steuernummer dieser Gemeinschaft sowie Ihren Anteil in die Formularzeilen 6–8 ein. Diesen Anteil finden Sie in der Feststellungserklärung auf dem Formular ESt 1, 2, 3. Ihr Finanzamt am Wohnsitz erhält vom Feststellungsfinanzamt der Firma eine entsprechende Mitteilung. Anteilige Einkünfte an Verlustzuweisungsgesellschaften und ähnlichen Modellen tragen Sie in Zeile 10 ein.

Gesonderte Gewinnfeststellung

Anrechnung der Gewerbesteuer

Einzelunternehmer und Mitgesellschafter eines Personenunternehmens (z. B. OHG, KG) können erstmalig für das Veranlagungsjahr 2001 die betriebliche Gewerbesteuer pauschal auf ihre Einkommensteuer anrechnen lassen.

Die Anrechnung ist aber auf den Teil der Einkommensteuer beschränkt, der auf die Einkünfte aus Gewerbebetrieb entfällt. Angerechnet wird das 1,8fache des Gewerbesteuer-Messbetrages, bei Mitunternehmern das 1,8fache des anteiligen Messbetrages. Dafür entfällt die bisherige Tarifbegrenzung nach § 32 c EStG. Zur Anrechnung tragen Sie in die Zeile 10 die Summe der für 2001 festzusetzenden (evtl. anteiligen) Gewerbesteuer-Messbeträge der Betriebe ein, für die Sie in den Zeilen 3 bis 7 bzw. 21 Einkünfte angegeben haben.

Anrechnung der Gewerbesteuer

Musterberechnung der Gewerbesteuer-Messbeträge zur Anrechnung bei der Einkommensteuer

Elektromeister Schmitz erzielt in 2001 einen Gewinn in Höhe von 100.000 DM, der identisch ist mit dem Gewerbeertrag (keine Kürzungen und Hinzurechnungen i.S.v. §§ 8 und 9 GewStG). Herr Schmitz hat Sonderausgaben und außergewöhnliche Belastungen in Höhe von 25.000 DM.

Vorläufiger Gewerbeertrag	100.000 DM
./. Freibetrag (§11 Abs.1 Satz 3 GewStG)	./. 48.000 DM
= verbleibender Gewerbeertrag	52.000 DM

Ermittlung des Gewerbesteuer-Messbetrages (§ 11 GewStG) Staffeltarif

1 % von 24.000 DM	240 DM
+ 2 % von 24.000 DM	480 DM

	+ 3 % von 4.000 DM		120 DM
	Gewerbesteuer-Messbetrag		840 DM
	x Hebesatz der Gemeinde (hier 450 %)	4,5 x	840 DM
	= Gewerbesteuer		3.780 DM

	Berechnung der Einkommensteuer		
	Einkünfte aus Gewerbebetrieb		100.000 DM
Musterberechnung der	./. abzugsfähige Gewerbesteuer		3.780 DM
Gewerbesteuer-	Summe der Einkünfte		96.220 DM
Messbeträge	./. Sonderausgaben, außergewöhnliche Belastungen		25.000 DM
	zu versteuerndes Einkommen		71.220 DM
	Einkommensteuer (Splittingtarif)		10.678 DM
	./. 1,8facher GewSt-Messbetrag (1,8 x 840 DM)	./.	1.512 DM
	= verbleibende Einkommensteuer		9.166 DM
	zuzüglich Solizuschlag 5,5 %	+	504 DM

Herr Schmitz müsste in diesem Beispiel in die Zeile 10 den Betrag von 840 DM eintragen, um die Anrechnung der Gewerbesteuer zu erreichen. Die Berechnung muss auf einer gesonderten Anlage erfolgen.

Zeile 9 Die Zeile 9 ist für die Einzelunternehmer und Personengesellschaften relevant, die in ihrem Betriebsvermögen Anteile an Kapitalgesellschaften besitzen. Die hieraus gezahlten Dividenden und Gewinnausschüttungen werden erstmalig für das Veranlagungsjahr 2001 nach dem Halbeinkünfteverfahren (s. Kapitel 5) versteuert. Diese Gewinne sind bereits in den Zeilen 3–7 bzw. 25 enthalten. Sie müssen in Zeile 9 jedoch nochmals gesondert ausgewiesen werden, da sie nur zur Hälfte steuerpflichtig sind, während der übrige Gewinn der normalen Steuerprogression unterliegt.
Nach § 3 Nr. 40a EStG sind Dividenden und Gewinnausschüttungen für 2001 nur noch zur Hälfte steuerpflichtig.

Veräußerungsgewinne bzw. -verluste eines Betriebes

Zeilen 11–23
Aufgabenbilanz

Gewinne aus der Veräußerung sowohl des ganzen Gewerbebetriebes als auch eines Teilbetriebes sowie bei Betriebsaufgabe gehören zu den Einkünften aus Gewerbebetrieb. Hier ist zusätzlich zum laufenden Jahresabschluss eine Aufgabebilanz (nach § 16 EStG) zu erstellen. Das laufende Ergebnis des Gewerbebetriebes wird in den Formularzeilen 1–8 erfasst, der Gewinn oder der Verlust aus der Veräußerung bzw. Aufgabe in den Formularzeilen 11–23.
Der laufende Gewinn eines gewerblichen Betriebes wird normal besteuert, während der Veräußerungsgewinn nach Abzug eines Freibetrages nach § 34 Abs. 1 EStG rech-

Veräußerungsgewinne und -verluste

nerisch auf fünf Jahre verteilt wird. Für diesen Fall müssen Sie im Mantelbogen die Zeile 45 ankreuzen. Als Veräußerungsgewinn versteht § 16 (2) EStG den Betrag, um den der Veräußerungspreis nach Abzug der Veräußerungskosten den Wert des Betriebsvermögens übersteigt. Der Veräußerungsgewinn ist bei Steuerpflichtigen, die das 55. Lebensjahr vollendet haben oder dauernd berufsunfähig sind, um einen Freibetrag von 100.000 DM zu kürzen. Dieser Freibetrag wird nach § 16 Abs. 4 EStG jedem Steuerpflichtigen nur einmal gewährt. Der Freibetrag von 100.000 DM ermäßigt sich um den Betrag, um den der Veräußerungsgewinn 300.000 DM übersteigt. Bei einem Veräußerungsgewinn ab 400.000 DM wirkt sich der Freibetrag nicht mehr aus.

Veräußerungsgewinn

Freibetragsregelung

Wahlrecht ab 2001 für Veräußerungsgewinne: Fünftelregelung oder halber Steuersatz

Veräußerungs- oder Aufgabegewinne eines Betriebes, Teilbetriebes oder Mitunternehmeranteiles nach §§ 16, 18 Abs. 3 EStG können neben der Freibetragsregelung auf Antrag statt nach der Fünftelregelung mit dem halben Steuersatz nach § 34 Abs. 3 EStG, mindestens jedoch mit dem Eingangsteuersatz (2001 19,9 Prozent) versteuert werden. Voraussetzung:

▶ Die Inanspruchnahme nur einmal im Leben des Steuerpflichtigen möglich.
▶ Der Steuerpflichtige hat das 55. Lebensjahr vollendet oder ist dauernd berufsunfähig i.S. der Sozialversicherung.
▶ Die Veräußerungsgewinne übersteigen nicht den Betrag von 10 Millionen DM (ab 2002: 5 Millionen Euro).
▶ Bei mehreren Betriebsveräußerungen in einem Veranlagungsjahr ist der halbe Steuersatz nur für eine Veräußerung oder Aufgabe möglich.

Eine Doppelförderung (Fünftelregelung und halber Steuersatz) scheidet aus.

Zeile 16

Wahlrecht

> **Wichtig:** Das Wahlrecht besteht nur für die Veräußerungsgewinne eines Betriebes (§ 34 Abs. 2 Nr. 1 EStG), nicht für die anderen außerordentlichen Einkünfte des § 34 Abs. 2 Nr. 2-5 EStG). Hier gilt die Fünftelregelung.

Kein Wahlrecht bei außerordentlichen Einkünften

Unternehmensverkauf: So rechnet das Finanzamt

1. Versteuerung des Veräußerungsgewinnes nach der Fünftelregelung

Angenommen, ein Unternehmer (58 Jahre, verheiratet) verkauft 2001 seinen Gewerbebetrieb für 500.000 DM. Die laufenden Einkünfte aus dem Betrieb betragen 240.000 DM.
Die abzugsfähigen Aufwendungen zur Ermittlung des zu versteuernden Einkommens betragen 20.000 DM (Sonderausgaben, außergew. Belastungen, Freibeträge). Die Einkommensteuerbeträge erhöhen sich noch um den Solidaritätszuschlag von 5,5 Prozent auf die Einkommensteuer zuzüglich Kirchensteuer von 8 oder 9 Prozent.

Fünftelregelung

237

2. Versteuerung mit dem halben Steuersatz

Statt nach der Fünftelregelung kann der Veräußerungsgewinn in 2001 auch mit dem halben durchschnittlichen Steuersatz versteuert werden. Dann ist der Veräußerungsgewinn in die Zeile 18 einzutragen.

Es würden folgende Steuern fällig; auch hier entfällt der Freibetrag wegen der Höhe des Veräußerungsgewinnes:

Halber Steuersatz	Laufende Einkünfte 2001	240.000 DM
	Veräußerungsgewinn 2001	500.000 DM
	./. Sonderausgaben, außergewöhnliche Belastungen	20.000 DM
	zu versteuerndes Einkommen 2001	720.000 DM
	Einkommensteuer darauf 48,5 %,	
	somit halber Steuersatz 24,25 %	
	Einkommensteuer auf den Veräußerungsgewinn (500.000 DM)	121.250 DM
	Einkommensteuer auf die laufenden Einkünfte (220.000 DM)	68.126 DM
	Einkommensteuer gesamt in 2001	189.376 DM

Fazit: Die Versteuerung mit dem halben Steuersatz ist bei hohen Veräußerungsgewinnen günstiger als die Fünftelregelung!

	Unternehmensverkauf, Versteuerung n.d. Fünftelregelung		
Einkommensteuer	Laufende Einkünfte		240.000 DM
	außerordentliche Einkünfte (Freibetrag entfällt hier)	+	500.000 DM
	abzügl. Sonderausgaben, außergewöhnliche Belastungen	./.	20.000 DM
	danach zu versteuerndes Einkommen	=	720.000 DM
	abzügl. außerordentliche Einkünfte	./.	500.000 DM
	verbleibendes zu versteuerndes Einkommen	=	220.000 DM
	Einkommensteuer nach Splittingtabelle		68.126 DM
	verbleibendes zu versteuerndes Einkommen		220.000 DM
	zuzüglich 1/5 der außerordentlichen Einkünfte	+	100.000 DM
	erhöhtes zu versteuerndes Einkommen	=	320.000 DM
	Einkommensteuer auf erhöhtes Einkommen nach Splittingtabelle		116.602 DM
	Ermittlung des Unterschiedsbetrages		
	Einkommensteuer auf erhöhtes Einkommen		116.602 DM
	Einkommensteuer auf verbleibendes zu versteuernde Einkommen	./.	68.126 DM
	Unterschiedsbetrag	=	48.476 DM
	Unterschiedsbetrag x 5	=	242.380 DM
	Endgültige Einkommensteuer		
	Einkommensteuer auf verbleibendes zu versteuerndes Einkommen		68.126 DM
	Einkommensteuer auf außerordentliche Einkünfte	+	242.380 DM
	danach Einkommensteuer 2001 gesamt	=	310.506 DM

Was ist zu beachten, wenn der Betrieb eingestellt werden soll?

Zu beachten ist, dass auch bei Einstellung des Betriebes Steuern anfallen können. Denn nicht nur der Verkauf, sondern auch die bloße Einstellung des Betriebes gilt als Veräußerung (§ 16 Abs. 3 EStG) – obwohl hier kein Geld in die Kasse fließt, und ein Veräußerungsgewinn oft nur auf dem Papier steht (durch Aufdeckung stiller Reserven). Als Einnahme angesetzt werden hier die echten Erlöse aus tatsächlich veräußerten Wirtschaftsgütern und/oder die Entnahmen der Wirtschaftsgüter aus dem Betriebsvermögen in das Privatvermögen.

Stille Reserven

Werden Wirtschaftsgüter des (ehemaligen) Betriebsvermögens veräußert und sind Erwerber und Veräußerer dieselbe Person, wird die Aufgabe des Gewerbebetriebes nicht als außerordentlicher, sondern als laufender Gewinn angesetzt.

Bei der Übernahme ins Privatvermögen wird für die Wirtschaftsgüter der »gemeine Wert« angesetzt. Er soll dem Wert entsprechen, den ein fremder Dritter noch für das Wirtschaftsgut bezahlen würde. Ein kleiner Trost für den Unternehmer kann allenfalls sein, dass bei Betriebsaufgabe dieselben Freibeträge gelten wie bei einem Verkauf.

Übernahme ins Privatvermögen

In Zeile 14 tragen Sie Ihren Veräußerungs-/Aufgabegewinn ein, wenn Sie den Freibetrag nach § 16 Abs. 4 EStG beantragen. Kann der Freibetrag nicht gewährt werden, ist das Ergebnis Ihrer Betriebs-/Anteilsveräußerung in die Zeile 17 einzutragen.

Veräußerungsgewinne bei wesentlicher Beteiligung (§ 17 EStG)

Hier handelt es sich um Gewinne, die bei der Veräußerung von im Privatvermögen gehaltenen Anteilen an Kapitalgesellschaften (GmbH-Anteile sowie Genussscheine oder ähnliche Beteiligungen, Aktien) entstehen, wenn es sich um eine wesentliche Beteiligung handelt. Das heißt, der Veräußerer ist bzw. war in den letzten fünf Jahren mit mindestens einem Prozent unmittelbar oder mittelbar beteiligt. Veräußerungsgewinn ist der Betrag, um den der Veräußerungspreis abzüglich der Veräußerungskosten die Anschaffungskosten übersteigt.

Zeile 21

GmbH-Anteile oder Aktien

Nach § 17 Abs. 3 EStG mindert sich der Gewinn aus der Veräußerung einer wesentlichen Beteiligung an einer Kapitalgesellschaft um einen Freibetrag von maximal 20.000 DM.

Der konkrete Freibetrag errechnet sich jedoch nach dem prozentualen Anteil der Beteiligung an der Kapitalgesellschaft. Bei einer 50-prozentigen Beteiligung betrüge der Freibetrag also nur noch 10.000 DM.

Der Freibetrag ermäßigt sich noch mal um den Betrag, um den der Veräußerungsgewinn den Teil von 80.000 DM übersteigt, der dem veräußerten Anteil an der Kapitalgesellschaft entspricht. Ein Gewinn von 100.000 DM liegt um 20.000 DM über der Grenze von 80.000 DM. Diese 20.000 DM kürzen den anteiligen Freibetrag (entsprechend des Beteiligungsverhältnisses) um 50 Prozent, sodass in diesem Fall kein Freibetrag mehr abgezogen werden dürfte.

Betriebsveräußerung mit Anteilen an einer Kapitalgesellschaft

Zeile 22

Steuereinsparungen

Wenn Einzelunternehmer oder Personengesellschaften Betriebsvermögen veräußern, in dem Anteile an einer Kapitalgesellschaft enthalten sind, gilt eine steuerliche Besonderheit: Der auf die Beteiligung an der Kapitalgesellschaft entfallende Veräußerungsgewinn wird ab 2001 mit dem Halbeinkünfteverfahren besteuert und ist somit nach § 3 Nr.40 Satz 1b EStG steuerfrei. Dieser anteilige Veräußerungsgewinn wird dann weder mit dem durchschnittlichen Steuersatz noch nach der Fünftelregelung besteuert. Damit Sie von der hälftigen Steuerfreiheit profitieren, tragen Sie den anteiligen Veräußerungsgewinn für die veräußerte Kapitalbeteiligung in die Zeile 22 ein.
In die Zeile 16 oder 19 tragen Sie Ihren Veräußerungsgewinn ein, wenn Sie die ermäßigte Besteuerung mit dem halben Steuersatz nach § 34 Abs. 3 EStG beantragen.
Die Zeile 23 ist anzukreuzen, wenn der Erwerber eine Gesellschaft ist, an der die veräußernde Person oder dessen Angehöriger beteiligt ist.

Entschädigungen

Zu den außerordentlichen, steuerbegünstigten Einkünften nach § 34 Abs. 2 EStG zählen neben den Veräußerungsgewinnen auch Entschädigungen i.S.v. § 24 Nr. 1 EStG. Es handelt sich hier um Leistungen, die als Ersatz für entgangene oder entgehende Einnahmen oder für die Aufgabe oder Nichtausübung einer Tätigkeit, für die Aufgabe einer Gewinnbeteiligung oder einer Anwartschaft auf eine solche gezahlt werden. Hierzu zählen auch die Ausgleichszahlungen an Handelsvertreter und Versicherungsvertreter nach § 89 des HGB. Weitere steuerbegünstigte Einnahmen nach § 34 Abs. 2 EStG sind Leistungen

▶ Für eine mehrjährige Tätigkeitsvergütung
▶ Als Nutzungsvergütungen und Zinsen, wenn sie für einen Zeitraum von mehr als drei Jahren nachgezahlt werden
▶ Wegen außerordentlichen Holznutzungen i.S.v. § 34 b Abs.1 Nr. 1 EStG.

Diese in den Zeilen 3 bis 8 bereits enthaltenen steuerbegünstigten Gewinne tragen Sie gesondert in die Zeile 24 ein. Sie werden nach der Fünftelregelung des § 34 Abs. 1 EStG besteuert. Kreuzen Sie Zeile 45 des Mantelbogens an, wenn Sie diese Steuerermäßigung beantragen.

Veräußerungsgewinne für Nicht-Gewerbetreibende (Freiberufler)

werden auf der 2. Formularseite in die Zeilen 45–55 eingetragen.

Kraftfahrzeugkosten

Nutzen Sie Ihren Pkw zu mehr als 50 Prozent betrieblich, zählt er zum Betriebsvermögen. Die Aufwendungen sind in einen betrieblichen und privaten Anteil aufzuteilen. Sie können den betrieblichen Anteil entweder durch Einzelnachweis der Kosten oder durch die pauschalen Kilometersätze von 0,58 DM pro gefahrenem Kilometer ermitteln. Bei der pauschalen Betriebsausgabenermittlung werden laut Fahrtenbuch nur die betrieblichen Fahrten angesetzt.

Werden alle angefallenen Kfz-Kosten als Betriebsausgaben angesetzt, muss der private Anteil dagegengerechnet werden (s. Berechnung lt. Blitzübersicht). Bei Vorlage eines ordentlichen Fahrtenbuches (s. Kapitel 4, Fahrtkosten) und aller angefallenen Belege können statt der Prozentsätze für die Fahrten zwischen Wohnung und Arbeitsstätte auch die tatsächlichen Aufwendungen steuerlich angesetzt werden (§ 4 [5] Nr. 6 EStG).

Fahrtenbuch

> **Wichtig:** Die Ermittlung des Privatanteiles gilt auch für gemietete oder geleaste Kraftfahrzeuge, sofern sie zu Ihrem Betriebsvermögen gehören.

Gehört Ihr Pkw nicht zu Ihrem Betriebs-, sondern zu Ihrem Privatvermögen, gelten folgende steuerlichen Abzugsmöglichkeiten:

▶ Sie führen ein Fahrtenbuch und setzen die pauschalen Kilometersätze von 0,58 DM für jeden gefahrenen Kilometer als Betriebsausgabe ab. In dieser Pauschale sind alle Kraftfahrzeugkosten enthalten, z. B. Abschreibung, Leasingrate, Reparaturkosten, Benzinkosten, Parkgebühren etc.
▶ Sie führen ein Fahrtenbuch und ermitteln die Privatfahrten ganz genau. Als Betriebsausgabe abzugsfähig ist der betriebliche Anteil an der Gesamtfahrleistung.
▶ Sie führen kein Fahrtenbuch und ermitteln den Privatanteil durch Einprozentmethode.

Pkw im Privatvermögen

> **TIPP** Behinderte mit einem Behindertengrad von mindestens 70 Prozent oder mindestens 50 Prozent mit einer erheblichen Geh- und Stehbehinderung können ihre tatsächlichen Kosten für Fahrten zwischen Wohnung und Betrieb sowie für Familienfahrten als Betriebsausgaben von den Einnahmen abziehen. Dies gilt allerdings nur für eine Hin- und Rückfahrt je Arbeitstag (ansonsten s. Fahrtkosten Kapitel 3). Die Einprozentregelung gilt auch für Behinderte.

Geh- und Sehbehinderte

> ⚡ **Blitzübersicht: Kfz-Kosten bei Selbstständigen – darauf müssen Sie besonders achten**
>
> **Fahrten zwischen Wohnung und Arbeitsstätte** Gehört Ihr Pkw zum Betriebsvermögen (zutreffend bei über 50%iger betrieblicher Nutzung), sind die laufenden Pkw-Kosten Betriebsausgaben. Die private Nutzung stellt eine steuerpflichtige (für Einkommen- und ggf. Umsatzsteuer) sonstige Leistung dar.
>
> **Privatnutzung** Die Regelung der Privatnutzung eines betrieblichen Pkws sieht vor, dass folgende Privatnutzung eines im Betriebsvermögen gehaltenen Pkw anzusetzen ist:
>
> *Einprozentregelung*
> ▸ Für jeden Kalendermonat ein Prozent des Listenpreises zum Zeitpunkt der Erstzulassung
> ▸ zuzüglich Kosten für Sonderausstattung
> ▸ einschließlich Umsatzsteuer
>
> Nur durch die Vorlage eines ordnungsgemäß angelegten Fahrtenbuches und der einzelnen Belege kann der Privatanteil evtl. niedriger angesetzt werden.
>
> *Positiver Unterschiedsbetrag*
> **Unterschiedsbetrag** Aufwendungen für die Fahrten zwischen Wohnung und Arbeitsstätte können nur in Höhe des positiven Unterschiedsbetrages zwischen 0,03 Prozent des inländischen Listenpreises (§ 6 [1] Nr. 4 EStG) je Monat und Entfernungskilometer sowie der Kilometerpauschale wie für Arbeitnehmer nach § 9 Abs. 1 Nr. 4, 5 sowie Absatz 2 EStG berücksichtigt werden (s. Kapitel 3: Privatnutzung von Firmenwagen des Arbeitgebers). Der so ermittelte positive Unterschiedsbetrag erhöht den betrieblichen Gewinn.

Kostendeckelung für private Nutzung

Privater Nutzungsanteil
Der Privatanteil sowie die nicht als Betriebsausgaben abzugsfähigen Kfz-Kosten können die tatsächlich entstandenen Kfz-Aufwendungen übersteigen. Damit hier nicht ein steuerpflichtiger Gewinn entsteht, ist eine Kostendeckelung vorzunehmen.

Der private Nutzungsanteil sowie die nicht abzugsfähigen Kfz-Kosten dürfen höchstens in Höhe der Gesamtkosten angesetzt werden, sodass sich die Beträge neutralisieren. Zulässig ist auch eine Kostendeckelung von 50 Prozent der Gesamtkosten, sodass 50 Prozent der angefallenen Kosten inkl. AfA als Betriebsausgabe abzugsfähig bleiben.

ABC der steuermindernden Betriebsausgaben

Die folgende Aufstellung gibt wichtige Hinweise zu den häufigsten Fragen, die sich im Rahmen der Ausgaben stellen.

Steuermindernde Betriebsausgaben

Welche Kosten sind auf keinen Fall abzugsfähig?

Privatausgaben

▶ Sämtliche Aufwendungen, die privat veranlasst oder zum großen Teil privat mitveranlasst sind.
▶ Geldbußen, Ordnungsgelder, Verwarnungsgelder, die gerichtlich verhängt wurden, dürfen den betrieblichen Gewinn auch dann nicht mindern, wenn sie betrieblich veranlasst sind (s. auch unter dem Stichwort Bestechungsgeld).
▶ Zinsen auf hinterzogene Steuern.

Abschreibung (Absetzung für Abnutzung, AfA)

Kann bei Gebäuden wie bei Einkünften aus Vermietung und Verpachtung (s. Kapitel 9) vorgenommen werden. Die lineare AfA für Betriebsausstattungen, z. B. Autos, Möbel, Maschinen, im Finanzamtsdeutsch selbstständige Wirtschaftsgüter, kann in gleich bleibenden Beträgen vorgenommen werden. Die Verteilung der Anschaffungskosten erfolgt dadurch auf die voraussichtliche Nutzungsdauer von zwei bis zehn Jahren, wenn der Anschaffungspreis des Wirtschaftsgutes netto (ohne Umsatzsteuer) 800 DM übersteigt (siehe AfA-Tabelle Seite 247f.).

Autos, Möbel, Maschinen

Ansparabschreibung

Kleine und mittlere Betriebe sowie Existenzgründer sollen durch die Möglichkeit einer antizipierten Abschreibung auf künftige betriebliche Investitionen gefördert werden. Die Voraussetzung für eine derartige Förderung ist, dass bei bilanzierenden Gewerbetreibenden und Selbstständigen das Betriebsvermögen nicht höher als 400.000 DM, bei Land- und Forstwirten der Einheitswert des Betriebes nicht höher als 240.000 DM veranschlagt wurde.

Betriebliche Investitionen

> **Wichtig:** Gewerbetreibende und Freiberufler, die nicht bilanzieren, sondern ihren Gewinn nach der Einnahmen-Überschuss-Rechnung laut § 4 (3) EStG ermitteln, sind nicht an diese Wertgrenzen gebunden.

Für neue bewegliche Wirtschaftsgüter ab 2001 kann eine steuerfreie Rücklage bzw. ein Betriebsausgabenabzug (Einnahmen-Überschuss-Rechnung) von bis zu 40 Prozent der voraussichtlichen Anschaffungs- oder Herstellungskosten vorgenommen werden (§ 7 g [3–7] EStG). Es handelt sich dabei um Wirtschaftsgüter, die bis zum Ende des zweiten auf das Jahr der Rücklagenbildung folgenden Wirtschaftsjahres angeschafft oder hergestellt werden. Sobald für das begünstigte Wirtschaftsgut Abschreibungen vorgenommen werden, ist die Rücklage in Höhe von 40 Prozent der

Betriebsausgabenabzug

Anschaffungs- oder Herstellungskosten Gewinn erhöhend aufzulösen (§ 7 g [4] Satz 1 EStG).

Zwangsauflösung

Wird das Wirtschaftsgut nicht angeschafft und somit nicht abgeschrieben, erfolgt eine Gewinn erhöhende Zwangsauflösung der Rücklage mit einem Zuschlag von sechs Prozent je Wirtschaftsjahr. Die am Bilanzstichtag gebildeten Rücklagen dürfen je Betrieb 300.000 DM nicht übersteigen (§ 7 g [3] Satz 5 EStG).

Obwohl die Betriebe, die Ihren Gewinn nach der Einnahmen-Überschuss-Rechnung nach § 4 (3) EStG ermitteln, eigentlich keine Rücklagen bilden können, weil sie nicht bilanzieren, werden ihnen (nach § 7 g [6] EStG) die gleichen steuerlichen Vergünstigungen gewährt. Die Rücklage wird hier durch einen fiktiv angenommenen Betriebsausgabenabzug ersetzt. Die Auflösung der Rücklage erfolgt in diesem Fall durch eine fiktive Einnahme.

Für Kleinunternehmer

> **TIPP** Durch den richtigen Einsatz der Ansparabschreibung können sich gerade für Kleinunternehmen sehr interessante Gestaltungsmöglichkeiten ergeben. Darüber sollten Sie anhand der konkreten Situation ein ausführliches Gespräch mit ihrem Steuerberater führen.

Sonderförderung für Existenzgründer (§ 7 g [7] EStG)

Als Existenzgründer i. S. v. § 7 g (7) Satz 2 Nr. 1 EStG gelten natürliche Personen, die innerhalb der letzten fünf Jahre vor dem Jahr der Betriebsgründung weder an einer Kapitalgesellschaft (GmbH, AG) unmittelbar oder mittelbar zu mehr als 1/10 beteiligt waren noch Einkünfte hatten aus Land- und Forstwirtschaft, gewerblicher oder selbstständiger Tätigkeit.

Existenzgründer können die Ansparabschreibung für den Gründungszeitraum von sechs Jahren beanspruchen. Hierbei handelt es sich um das Jahr der Betriebseröffnung und die nächsten fünf Jahre.

Steuerliche Erleichterungen für Existenzgründer

Höchstbetrag der Rücklagenbildung

- ▶ Das Wirtschaftsgut wird bis zum Ende des fünften auf das Jahr der Rücklagenbildung folgenden Wirtschaftsjahres angeschafft oder hergestellt.
- ▶ Der Höchstbetrag der Rücklagenbildung beträgt für den sechsjährigen Gründungszeitraum 600.000 DM.
- ▶ Die Rücklage muss im Jahr der Anschaffung oder Herstellung des Wirtschaftsgutes, spätestens am Ende des fünften auf die Rücklagenbildung folgenden Jahres aufgelöst werden.
- ▶ Unterbleibt die betriebliche Investition, entfällt der Gewinn erhöhende Strafzuschlag von sechs Prozent.

Die Betriebsübernahme im Wege der vorweggenommenen Erbfolge gilt steuerlich nicht als Existenzgründung. Dies gilt nach § 7 g Abs. 7 Satz 3 EStG auch nicht bei Betriebsübernahmen nach Auseinandersetzungen mit einer Erbengemeinschaft.

Arbeitszimmer

Die wichtigsten Regelungen hierzu sind in Kapitel 4 (ab S. 136, besonders S. 164) dargestellt. Es ist aber folgende Einschränkung zu beachten:
Gebäudeabschreibung Errichten Eheleute gemeinsam ein Gebäude und ein Ehegatte nutzt einen Teil des Hauses für seine selbstständige bzw. gewerbliche Tätigkeit (z. B. Versicherungsvertretung, Arztpraxis), kann der selbstständig tätige Ehegatte die anteilige Gebäudeabschreibung nur für seine Gebäudehälfte ansetzen, weil nur dieser Gebäudeteil zu seinem Betriebsvermögen gehört. Der Unternehmer-Ehegatte kann auch sämtliche anderen Gebäudekosten (Zinsen, Hausstrom, Grundbesitzabgaben, Versicherungen) nur für seine Gebäudehälfte ansetzen, sofern das Haus im Miteigentum des anderen Ehegatten steht.

Gemeinsames Haus

TIPP Möchte der Unternehmer-Ehegatte sämtliche Kosten als Betriebsausgaben absetzen, muss mit dem anderen Ehegatten über dessen Gebäudehälfte ein Mietvertrag abgeschlossen werden, der einem Fremdvergleich standhält (BFH 9.11.95, VI R 60/92 sowie BFH 23.11.95, IV R 50/94), also wie ein Mietvertrag mit Fremden ausgestaltet ist.

Mietvertrag

Auch ein Selbstständiger kann die Kosten für das Arbeitszimmer nur geltend machen, wenn es den Mittelpunkt der gesamten beruflichen Tätigkeit bildet (§ 4 [5] Nr. 6 b EStG). Die Kosten dürfen jedoch nur dann als Betriebsausgaben geltend gemacht werden, wenn sie fortlaufend, zeitnah und zudem auf getrennten Konten aufgezeichnet werden, außerdem müssen die Kosten monatlich erfasst werden.
Steht das Haus ganz im Eigentum des anderen Ehegatten, muss über die gesamte beruflich genutzte Fläche ein Mietvertrag abgeschlossen werden, damit der selbstständig oder gewerblich Tätige die Raumkosten geltend machen kann.

Bewirtungsaufwendungen

Hier gelten die gleichen Regelungen wie bei Arbeitnehmern (s. Kapitel 4). Bewirtungen aus geschäftlichem Anlass sind nach § 4 Abs. 5 Nr. 2 EStG nur bis 80 Prozent der Aufwendungen als Betriebsausgabe abzugsfähig. Für den nicht abzugsfähigen Anteil der Bewirtungsaufwendungen (20 Prozent) ist der Vorsteuerabzug für Unternehmer ausgeschlossen.

Arbeitnehmerbewirtung

Reine betriebsinterne Arbeitnehmerbewirtungen (Weihnachtsfeier, Betriebsausflug, Betriebsfest) sind zu 100 Prozent abzugsfähig.

Degressive AfA

Bewegliche Wirtschaftsgüter des Anlagevermögens (s. in diesem ABC unter Abschreibung) können wahlweise linear (in gleich bleibenden Jahresbeträgen) oder degressiv (in fallenden Beträgen) abgeschrieben werden (§ 7 [2] EStG).

Beispiel *Ein Computer im Wert von 1.200 DM soll abgeschrieben werden. Die lineare Abschreibung über drei Jahre bringt in jedem Jahr einen Abschreibungsbetrag von 400 DM. Bei der degressiven Abschreibung können bei Anschaffung oder Herstellung nach dem 31.12.2000 20 Prozent abgeschrieben werden – macht 240 DM.*

20 Prozent vom Restwert

Im nächsten Jahr dürfen aber nur noch 20 Prozent von 960 DM Restwert (nämlich der Anschaffungswert 1.200 DM abzüglich 240 DM Abschreibung fürs erste Jahr) abgeschrieben werden, das macht 192 DM für das zweite Jahr. Im dritten Jahr dürfen wieder 20 Prozent vom Restwert abgeschrieben werden, der jetzt nur noch 768 DM beträgt, also 154 DM. Und so weiter.

Ob linear oder degressiv abgeschrieben wird, kann der Unternehmer selbst entscheiden. Man sollte sich für den Weg entscheiden, der im Einzelfall die meisten Vorteile bringt. Ein Wechsel von der degressiven AfA zur linearen ist grundsätzlich möglich, der umgekehrte Fall jedoch nicht.

Wechselmöglichkeit

Wichtig: Wenn Sie sich für die degressive AfA entschieden haben, darf diese höchstens das Doppelte der linearen Abschreibung betragen und 20 Prozent nicht übersteigen. Sie können von der degressiven AfA zur linearen wechseln. Dies kann ab dem dritten Jahr günstiger sein, da die degressive Abschreibung ja jährlich abnimmt. Ein Wechsel von der linearen zur degressiven Abschreibung ist nach § 7 (3) EStG untersagt.

Wichtig: Durch die Verringerung des degressiven AfA-Satzes von bisher 30 auf 20 Prozent ist die degressive AfA im ersten Jahr nur noch günstiger bei einer Nutzungsdauer des Wirtschaftsgutes von mindestens sechs Jahren. Bei einer längeren Nutzungsdauer ist die degressive AfA in den ersten Jahren erheblich günstiger. Prüfen Sie genau, wie Sie Ihre Betriebsausgaben verlagern möchten. Nehmen Sie die degressive AfA in Anspruch, sind Absetzungen für außergewöhnliche technische oder wirtschaftliche Abnutzung unzulässig. Eine Ausnahme ist die Sonder-AfA nach § 7g Abs.1-2 EStG zur Förderung kleiner und mittlerer Betriebe.

Abschreibung beweglicher Wirtschaftsgüter

Achtung: Neue AfA-Tabelle (linear) für nach dem 30.12.2000 angeschaffte oder hergestellte Wirtschaftsgüter

Wirtschaftsgut	Linearer AfA-Satz in %	Betriebsgewöhnliche Nutzungsdauer in Jahren	
Alarmanlage	9,00	11	
Aufzüge mobil	9,00	11	
Aufzüge stationär	6,70	15	
Autotelefone	20,00	5	
Barkassen	5,00	20	
Beleuchtung (Außen-, Straßen)	5,30	19	
Bepflanzungen in Gebäuden	10,00	10	
Beschallungsanlagen	11,00	9	
Bilder (Aquarelle, Grafiken)	20,00	20	
Bürocontainer	10,00	10	
Büromöbel	7,70	13	Büromöbel
Cassettenrecorder	14,29	7	
CD-Player	14,29	7	
Computer (Personal-)	33,33	3	
Drucker	33,33	3	
Druckmaschinen	7,70	13	
EC-Kartenleser	12,50	8	
Etikettiermaschinen	7,70	13	
Fahrräder	14,29	7	
Faxgeräte	16,67	6	
Fernschreiber	16,67	6	
Fernsprechnebenstellenanlagen	10,00	10	
Fotogeräte	14,29	7	
Frankiermaschine	12,50	8	
Geldprüfgeräte	14,29	7	
Geschirrspülmaschinen	14,29	7	
Getränkeautomaten	14,29	7	
Großrechner	14,29	7	
Grünanlagen	6,67	15	
Handy	20,00	5	Handy
Heftmaschinen	7,70	13	
Heizgeräte (Raum-, mobil)	11,11	9	
Industriestaubsauger	14,29	7	
Kameras	14,29	7	
Klimageräte (mobil)	9,00	11	
Kommunikationssendgeräte, allgem.	12,50	8	
Kopiergeräte	14,29	7	
Kreditkartenleser	12,50	8	

247

Kapitel 7: Die Anlage GSE

	Wirtschaftsgut	Linearer AfA-Satz in %	Betriebsgewöhnliche Nutzungsdauer in Jahren
	Kühlschränke	10,00	10
	Kunstwerke (Skulpturen)	6,67	15
	Kuvertiermaschinen	12,50	8
	Ladeneinbauten	12,50	8
	Ladeneinrichtungen	12,50	8
	Laptops	33,33	3
	Leinwände	12,50	8
	Lichtreklame	11,11	9
	Mikrowellengeräte	12,50	8
Monitore	Monitore	14,29	7
	Motorräder	14,29	7
	Notebooks	33,33	3
	Notstromaggregate	5,26	19
	Overheadprojektoren	12,50	8
	Panzerschränke	4,35	23
	Parkplätze (Kies, Schotter, Schlacken)	11,11	9
	Peripheriegeräte (Drucker, Scanner)	33,33	3
	Pkw	16,67	6
	Präsentations- und Datensichtgeräte	12,50	8
Radios	Radios	14,29	7
	Reißwölfe	12,50	8
	Registrierkassen	16,67	6
	Scanner	33,33	3
	Schaufensteranlagen	12,50	8
	Schaukästen	11,11	9
	Schreibmaschinen	11,11	9
	Solaranlagen	10,00	10
	Stahlschränke	7,14	14
	Stempelmaschinen	12,50	8
Teppiche	Teppiche (hochw. ab 1.000 DM/qm)	6,67	15
	Teppiche normal	12,50	8
	Teppichreinigungsgeräte (mobil)	14,29	7
	Toilettenkabinen	11,11	9
	Tresore	4,35	23
	Überwachungsanlagen	9,09	11
	Ventilatoren	7,14	14
	Verpackungsmaschinen (Folienschweißgeräte)	7,69	13
	Videogeräte	14,29	7
	Vitrinen	11,11	9
Workstations	Workstations	33,33	3
	Zeiterfassungsgeräte	12,50	8
	Zigarettenautomaten	12,50	8

Doppelte Haushaltsführung

Wird ein Firmenfahrzeug innerhalb der für zwei Jahre möglichen doppelten Haushaltsführung für Familienheimfahrten genutzt, gehört der Unterschiedsbetrag zwischen 0,002 Prozent des inländischen Listenpreises einerseits und der Entfernungspauschale nach § 9 Abs. 1 EStG andererseits zu den nicht abziehbaren Betriebsausgaben (§ 4 [5] Nr. 6 EStG).
Anstelle des Pauschbetrages von 0,002 Prozent je Entfernungskilometer treten die tatsächlichen Aufwendungen, wenn der Steuerpflichtige diese anhand eines fortlaufend geführten Fahrtenbuches nachweisen kann (siehe hierzu auch Kapitel 4, doppelte Haushaltsführung).

Firmenfahrzeug

Fortbildungskosten

Es darf sich dabei nicht um Ausbildungskosten handeln. Die feinen Unterschiede werden in Kapitel 4 detailliert erläutert.

Geringwertige Wirtschaftsgüter

Unter Geringwertigen Wirtschaftsgütern (GWG) versteht man selbstständige Wirtschaftsgüter, deren einzelner Nettoanschaffungswert den Betrag von 800 DM (netto) nicht übersteigt. GWGs können im Wirtschaftsjahr ihrer Anschaffung oder Herstellung sofort abgeschrieben werden (§ 6 [2] EStG), d. h., sie müssen nicht mit der AfA über Jahre hin abgeschrieben werden.

Nettoanschaffungswert

Geschäftskauf, Firmenwert

Wurde der gewerbliche Betrieb gekauft, also entgeltlich erworben, dann handelt es sich um einen derivativen Firmenwert, der ein abnutzbares Wirtschaftsgut darstellt und in 15 Jahren abgeschrieben wird (§ 6 [1] Nr. 2 in Verbindung mit § 7 [1] Satz 3 EStG). Der Wert einer erworbenen freiberuflichen Praxis stellt ebenso ein immaterielles Wirtschaftsgut dar (derivativer Firmenwert), das eine Nutzungsdauer (Abschreibungsdauer) zwischen drei und fünf Jahren hat, bei einer Sozietätsgründung werden sechs bis zehn Jahre Nutzungsdauer angenommen.

Wirtschaftsgüter

> **Achtung:** Wurde der Betrieb nicht entgeltlich erworben, sondern neu gegründet und der Kundenstamm beispielsweise selbst aufgebaut, existiert nur ein originärer Firmenwert, der nicht abschreibungsfähig ist, da die Anschaffungskosten fehlen.

Geschenke an Geschäftsfreunde/Kunden

Diese Aufwendungen können nur als Betriebsausgabe abgezogen werden, wenn ihr Nettoanschaffungswert 75 DM je Empfänger pro Jahr nicht übersteigt (s. auch Kapitel 4). Liegen die Anschaffungskosten höher, entfällt der gesamte Abzug, sowohl bei der Einkommensteuer als auch beim Vorsteuerabzug.

Gegenleistung

> **TIPP** Nicht unter dieses Abzugsverbot fallen Zuwendungen, die als Entgelt für eine bestimmte Gegenleistung des Empfängers gelten.

Reisekosten

Es gibt für Selbstständige keine Unterschiede zu den Regelungen für Arbeitnehmer (s. Kapitel 4). Es gelten hier dieselben Regeln für Fahrtkosten, Verpflegungsmehraufwendungen, Übernachtungskosten und Reisenebenkosten auch im Fall von Auslandsreisen.

Sonder-AfA

Einheitswert

Nach § 7 g EStG kann für neue bewegliche Wirtschaftsgüter des Anlagevermögens, die im Jahr der Anschaffung oder Herstellung im Betrieb des Steuerpflichtigen zu mindestens 90 Prozent betrieblich genutzt werden und die mindestens ein Jahr in dieser inländischen Betriebsstätte verbleiben, neben der AfA lt. § 7 [1] oder 2 EStG (lineare oder degressive AfA) eine Sonder-AfA von insgesamt bis zu 20 Prozent der Kosten in den ersten fünf Jahren vorgenommen werden.
Voraussetzung ist, dass der Einheitswert des Betriebes bei bilanzierenden Gewerbetreibenden und Selbstständigen 400.000 DM, der Einheitswert für Betriebe der Land- und Forstwirtschaft 240.000 DM nicht übersteigt. Für Gewerbetreibende und Selbstständige, die ihren Gewinn nach der Einnahmen-Überschuss-Rechnung nach § 4 [3] EStG ermitteln, gilt die Höchstgrenze von 400.000 DM Betriebsvermögen immer als erfüllt.
Für nach dem 31.12.2000 angeschaffte oder hergestellte Wirtschaftsgüter ist Voraussetzung für die 20%ige Sonder-AfA, dass für ein funktionsgleiches Wirtschaftsgut vorher die Ansparabschreibung nach § 7 g Abs. 3–7 EStG berücksichtigt wurde.

Steuerberatungskosten

Sonderausgaben

Der Abzug als Betriebsausgaben oder Werbungskosten (s. Kapitel 4, Werbungskosten) hat Vorrang vor dem Sonderausgabenabzug und bringt die größere steuerliche

Entlastung. Steuerberatungskosten für die Erstellung der Einkommensteuererklärung sind Sonderausgaben (§ 10 [1] Nr. 6 EStG, s. Kapitel 2, Sonderausgaben), während Kosten in Zusammenhang mit der Erstellung der Finanz- und Lohnbuchhaltung sowie aller betrieblichen Steuererklärungen und des Jahresabschlusses stets Betriebsausgaben sind. Dies gilt auch für betriebliche Beratungsrechnungen.

Erstellung der Finanz- und Lohnbuchhaltung

Telefon, Telefax

Als Betriebsausgabe abzugsfähig sind
▶ Anschaffungskosten der Geräte (auch Handy)
▶ laufende Gebühren
▶ Anschlusskosten, Reparaturkosten.

Für die private Nutzung der Telekommunikationskosten (s. Kapitel 4, Werbungskosten) wird ein Privatanteil als sonstige Leistungen versteuert, der ggf. auch umsatzsteuerpflichtig ist. Dieser Privatanteil wird entweder pauschal geschätzt (mindestens 30 Prozent der geltend gemachten Telekommunikationskosten) oder, besonders wenn der Privatanteil geringer ausfallen soll, anhand geeigneter Belege über die geführten Gespräche/Faxe nachgewiesen.

Privatanteil

Wichtig: Kfz-Kosten, PC- und Telefon-/Telefaxkosten können in einen betrieblichen und privaten Anteil aufgeteilt werden, während bei anderen Wirtschaftsgütern das Aufteilungsverbot nach § 12 EStG greift: Wirtschaftsgüter gehören entweder zum Betriebsvermögen oder zum Privatvermögen.

Aufteilungsverbot

 Seite 2 der Anlage GSE

Zeilen 30–59

Hier werden die Einkünfte aus selbstständiger Tätigkeit erfasst (§ 18 EStG), bei der keine Gewerbesteuerpflicht besteht. Allgemein wird dann davon gesprochen, dass der Unternehmer als Freiberufler tätig ist.

Freiberufliche Tätigkeiten

Die Voraussetzungen für die Annahme einer selbstständigen Tätigkeit sind dieselben wie für Gewerbetreibende: Die Tätigkeit muss selbstständig und nachhaltig ausgeübt sein, mit Gewinnerzielungsabsicht betrieben werden, und der Unternehmer muss am allgemeinen wirtschaftlichen Verkehr teilnehmen. Laut Einkommensteuergesetz gibt es drei Gruppen selbstständiger Tätigkeiten:

Kapitel 7: Die Anlage GSE

– 2 –

Einkünfte aus selbständiger Arbeit

Steuerpfl. Person Ehemann / Gesellschaft — Ehefrau — 99 22
Bitte nur volle DM-Beträge eintragen: DM | DM

Zeile		DM	DM
30	**Gewinn** (ohne Veräußerungsgewinne in den Zeilen 48 und 51) aus freiberuflicher Tätigkeit (genaue Berufsbezeichnung oder Tätigkeit)		
31			
32		12	13
33	lt. gesonderter Feststellung (Finanzamt und Steuernummer)		
34		58	59
35	aus Beteiligung (Gesellschaft, Finanzamt, Steuernummer) 1. Beteiligung		
36		16	17
37	aus allen weiteren Beteiligungen		
38		18	19
39	aus Gesellschaften / Gemeinschaften / ähnlichen Modellen i. S. d. § 2 b EStG		
40	aus anderer selbständiger Arbeit (genau bezeichnen)		
41		20	21
42	aus allen weiteren Tätigkeiten (genau bezeichnen)		
43		22	23
44	Einkünfte, für die das **Halbeinkünfteverfahren** gilt, sind in den Gewinnen des Kj. 2001 (Zeilen 31 bis 38 und 40 bis 43) in folgender Höhe enthalten. Berechnung auf besonderem Blatt.	62	63
45	**Veräußerungsgewinn** vor Abzug etwaiger Freibeträge bei Veräußerung / Aufgabe eines ganzen Betriebs, eines **Teilbetriebs** oder eines **Mitunternehmeranteils** (§ 16 EStG)		
46	(zum Antrag auf ermäßigte Besteuerung nach § 34 Abs. 1 EStG – sog. Fünftel-Regelung – vgl. Zeile 45 des Hauptvordrucks):		
47 48	Veräußerungsgewinn, wenn der **Freibetrag** nach § 16 Abs. 4 EStG wegen dauernder Berufsunfähigkeit oder Vollendung des 55. Lebensjahrs **beantragt** wird. Für nach dem 31.12.1995 erfolgte Veräußerungen / Aufgaben wurde der Freibetrag nach § 16 Abs. 4 EStG bei keiner Einkunftsart in Anspruch genommen.	24	25
49	In Zeile 48 enthaltener steuerpflichtiger Teil, für den das **Halbeinkünfteverfahren** gilt	52	53
50	In Zeile 48 enthaltener Veräußerungsgewinn, für den der **ermäßigte Steuersatz** des § 34 Abs. 3 EStG wegen dauernder Berufsunfähigkeit oder Vollendung des 55. Lebensjahrs beantragt wird	54	55
51	Veräußerungsgewinn, wenn der **Freibetrag** nach § 16 Abs. 4 EStG **nicht beantragt** wird oder **nicht zu gewähren** ist	28	29
52	In Zeile 51 enthaltener steuerpflichtiger Teil, für den das **Halbeinkünfteverfahren** gilt	56	57
53	In Zeile 51 enthaltener Veräußerungsgewinn, für den der **ermäßigte Steuersatz** des § 34 Abs. 3 EStG wegen dauernder Berufsunfähigkeit oder Vollendung des 55. Lebensjahrs beantragt wird	64	65
54	In Zeile 53 enthaltener steuerpflichtiger Teil, für den das **Halbeinkünfteverfahren** gilt	66	67
55	Zu den Zeilen 45 bis 54: Erwerber ist eine Gesellschaft, an der die veräußernde Person oder ein Angehöriger beteiligt ist (Erläuterungen auf einem besonderen Blatt)		
56	**Sonstiges**		
57	In den Zeilen 31 bis 43 enthaltene begünstigte sonstige Gewinne i. S. d. § 34 Abs. 2 Nr. 2 bis 4 EStG (zum Antrag auf ermäßigte Besteuerung vgl. Zeile 45 des Hauptvordrucks):	50	51
58	Aufwandsentschädigung aus der Tätigkeit als _____ Gesamtbetrag DM	davon als steuerfrei behandelt DM	Rest enthalten in Zeile(n)

Selbstständige freiberufliche Tätigkeiten

▶ freie Berufe (§ 18 EStG), z. B. Ärzte, Rechtsanwälte, Architekten, Steuerberater, Wirtschaftsprüfer, Journalisten und Redakteure,
▶ staatliche Lotterieeinnehmer, wenn sie nicht Gewerbetreibende sind,
▶ sonstige selbstständige Tätigkeiten.

Klassische freie Berufe

Abgrenzung zu den Gewerbetreibenden

Die Abgrenzung zwischen Freiberuflern und Gewerbetreibenden ist nicht ganz unproblematisch. Es gilt: Die Einkünfte der Freiberufler unterliegen im Gegensatz zu denen der Gewerbetreibenden nicht der Gewerbesteuer. Außerdem können Freiberufler bzw. selbstständig Tätige ihren Gewinn unabhängig von Betriebs-, Umsatz- und Gewinngröße nach der Einnahmen-Überschuss-Rechnung ermitteln. In der Liste von § 18 EStG sind zwar die »klassischen« freien Berufe genannt; was unter »sonstigen freien Berufen« verstanden wird, gibt oft Anlass zu Diskussionen.

Beispiele für selbstständige freiberufliche Tätigkeiten
EDV-Berater im Bereich der Systemtechnik
Hebamme
Heilmasseur
Industriedesigner
Insolvenzverwalter; **Wirtschaftsprüfer/Steuerberater**, wenn diese Tätigkeit gesondert als eine sonstige selbstständige Tätigkeit zu betrachten ist.
Journalist, Redakteur
Kfz-Sachverständiger, wenn dessen Gutachtertätigkeit mathematisch-technische Kenntnisse voraussetzt.
Kunsthandwerker, wenn er nach eigenen Entwürfen arbeitet.
Modeschöpfer, wenn er als Künstler anerkannt ist.
Patentberichterstatter mit wertender Tätigkeit
Psychotherapeut/Psychologe
Steuerberater
Synchronsprecher
Tanz- und Unterhaltungsorchester, wenn es einen bestimmten Qualitätsstandard aufweisen kann.
Werbung (künstlerisch) wenn eigenschöpferische Leistung vorhanden
Zahnpraktiker

EDV-Berater

Journalist

Steuerberater

Kapitel 7: Die Anlage GSE

Wann werden Betriebseinnahmen und Betriebsausgaben erfasst?

Einnahmen-Überschuss-Rechnung

Bei der Gewinnermittlungsart der Einnahmen-Überschuss-Rechnung (§ 4 [3] EStG) werden die Betriebseinnahmen in dem Jahr verbucht, in dem sie zufließen, auch wenn es sich nur um Anzahlungen oder Vorschüsse handelt. Die Betriebsausgaben werden ebenfalls in dem Jahr verbucht, in dem sie geleistet wurden, auch wenn es sich nur um Abschlagszahlungen handelt.

Scheckzahlung
Zufluss (Verbuchung der Einnahme) bei Entgegennahme des Schecks.
Abfluss (Verbuchung als Ausgabe) bei Hingabe des Schecks bzw. bei Übersendung per Post mit Einwurf in den Briefkasten.

Überweisung
Abfluss liegt vor bei Eingang des Überweisungsträgers bei der Bank.

Wechsel
Zufluss mit Einlösung oder Diskontierung des hingegebenen Wechsels, ebenso der Abfluss.

Regelmäßig wiederkehrende Einnahmen

Wiederkehrende Einnahmen

Hier gilt eine Besonderheit: Regelmäßig wiederkehrende Einnahmen gelten in dem Kalenderjahr als bezogen, zu dem sie wirtschaftlich gehören. Dies gilt für regelmäßig wiederkehrende Einnahmen, die kurze Zeit vor Beginn und kurze Zeit nach Beendigung des Kalenderjahres, zu dem sie wirtschaftlich gehören, zufließen. Als kurzer Zeitraum wird hier ein Zeitraum bis zu zehn Tagen verstanden.

Gewinn bei freiberuflich Tätigen

Zeilen 30–34

Laufender Gewinn

Der laufende Gewinn (ohne Veräußerungsgewinn) eines freiberuflich Tätigen wird in die Formularzeilen 30–32 auf Seite 2 der Anlage GSE eingetragen. Wird der Gewinn einheitlich und gesondert festgestellt, z. B. wenn mehrere selbstständig Tätige das Unternehmen betreiben, ist das Betriebsfinanzamt mit der Steuernummer und der entsprechende Gewinn- oder Verlustanteil desjenigen einzutragen, der die Einkommensteuererklärung abgibt (Formularzeilen 33–34).

Die nachfolgende Tabelle gibt ein gutes Muster einer Einnahmen-Überschuss-Rechnung. Mit diesem Muster können Sie ganz leicht Ihren Gewinn aus freiberuflicher Tätigkeit feststellen. Bitte beachten Sie hierbei vor allem die Behandlung der Umsatzsteuer (Mehrwertsteuer bzw. Vorsteuer).

Muster für eine Einnahmen-Übserschuss-Rechnung

Betriebseinnahmen

Einnahmen netto (ohne MwSt. – diese wird unten als Umsatzsteuer gesondert als Einnahme ausgewiesen)		
Kfz-Nutzung (privater Anteil)	+	
Telefon (privater Anteil)	+	
Umsatzsteuer	+	
Zinseinnahmen (betriebliches Girokonto)	+	
Summe der Betriebseinnahmen	=	

Betriebseinnahmen

Betriebsausgaben
(ohne MwSt. – diese wird unten als bezahlte Vorsteuer gesondert als Ausgabe ausgewiesen)

Betriebsausgaben

Abschreibung auf Anlagegüter		
Betriebsanmeldung	+	
Büromaterial	+	
Fax	+	
Geringwertige Wirtschaftsgüter	+	
Kfz-Kosten pauschal	+	
Kosten des Geldverkehrs	+	
Material	+	
Telefon	+	
Bezahlte Vorsteuern	+	
Summe der Betriebsausgaben	=	

Summe der Betriebsausgaben	Summe der Betriebseinnahmen	Überschuss oder Verlust
↓	↓	↓
	−	=

Firmenbeteiligungen

Zeilen 35–38

Vorsicht: Gewerbesteuer

In diesen Zeilen werden weitere Firmenbeteiligungen im Rahmen einer selbstständigen Tätigkeit erfasst. Und hier kann es kritisch werden. Denn wenn ein Freiberufler mit einer Tätigkeit gewerblich tätig wird, wird ebenfalls das gesamte Unternehmen gewerblich tätig. Er muss also auf alle Einnahmen Gewerbesteuer zahlen.
Beispiel: *Ein Journalist verkauft nebenbei noch Zeitschriften und Bücher.*

Abfärbtheorie

Wichtig: Die unternehmerische Vereinigung mehrerer Freiberufler ist steuerunschädlich. Sobald aber ein Nichtfreiberufler als Unternehmer einbezogen wird, dann wird die gesamte Firma zum Gewerbebetrieb (so genannte Abfärbtheorie) und somit auch gewerbesteuerpflichtig.

In Zeile 39 tragen Sie Ihre Gewinne oder Verluste aus Verlustzuweisungsgesellschaften i. S. v. § 2 b EStG ein. Diese Ergebnisse werden Ihnen vom Wirtschaftsprüfer mitgeteilt.

Gewinne aus anderer selbstständiger Tätigkeit

Zeilen 40–43

Diese Gewinne oder Verluste werden in die Formularzeilen 40–43 eingetragen. Es handelt sich dabei z. B. um Einkünfte aus Vermögens- und Konkursverwaltung, Aufwandsentschädigungen für eine ausgeübte ehrenamtliche Tätigkeit etc.

Einkünfte aus selbstständiger Nebentätigkeit

Selbstständige Nebentätigkeit

Übt ein Steuerpflichtiger neben seiner hauptberuflichen Tätigkeit noch eine nebenberufliche selbstständige Tätigkeit aus, stellt dies auch eine selbstständige Tätigkeit dar (§ 18 EStG, z. B. Rechtsanwalt arbeitet als nebenberuflicher Uni-Professor etc.). Falls bei einer solchen Tätigkeit mangels Nachweis von Betriebsausgaben und mangels Buchführung keine Einnahmen-Überschuss-Rechnung erstellt wird, greift statt dessen die steuerfreie Aufwandsentschädigung (§ 3 Nr. 26 EStG).

Steuerfreie Aufwandsentschädigung

Zeile 56

Altenpflege

Aufwandsentschädigungen für eine nebenberufliche Tätigkeit als Übungsleiter, Ausbilder, Erzieher oder für eine vergleichbare Arbeit, für nebenberufliche künstlerische Tätigkeiten oder für die nebenberufliche Pflege alter, kranker oder behinderter Menschen im Dienst oder Auftrag einer inländischen juristischen Person des öffentlichen Rechts oder einer Einrichtung zur Förderung gemeinnütziger, mildtätiger oder kirchlicher Zwecke gelten unter bestimmten Voraussetzungen bis jährlich 3.600 DM als steuerfrei. Als angemessene Aufwandsentschädigung sind die Einnahmen dieser o. a. Tätigkeiten bis zur Höhe von jährlich 3.600 DM anzusehen.

Was bedeutet nebenberuflich?
Eine Tätigkeit wird dann nebenberuflich ausgeübt, wenn sie nicht mehr als ein Drittel der Arbeitszeit für einen vergleichbaren Vollzeitjob beansprucht. Das gilt auch bei mehreren Nebenberufen.

> **Achtung:** Auch wer keinen Hauptberuf ausübt, der kann nebenberuflich tätig sein, z. B. Studenten, Rentner, Arbeitslose, Vermieter, Hausfrauen.

Ist die gezahlte Aufwandsentschädigung für oben angeführte nebenberufliche Tätigkeiten höher als 3.600 DM, unterliegt sie nach Abzug des Steuerfreibetrages von 3.600 DM der Einkommensteuer. Dieser Steuerfreibetrag wird auch bei mehreren gleichzeitigen o. a. nebenberuflichen Tätigkeiten nur einmal gewährt.   **Steuerpflicht**

> **Achtung:** Ein weiterer Abzug von Betriebsausgaben ist bei Inanspruchnahme des Steuerfreibetrags von 3.600 DM ausgeschlossen.

Betriebsausgabenpauschale

Mangels ordnungsgemäßer Aufzeichnungen werden für bestimmte Berufsgruppen bestimmte Betriebsausgabenpauschalen nach § 18 EStG anerkannt. Ein weiterer Betriebsausgabenabzug ist dann jedoch ausgeschlossen.

Schriftsteller/Journalisten Wer hauptberuflich selbstständig eine schriftstellerische oder journalistische Tätigkeit ausübt, kann statt Einzelnachweis der Betriebsausgaben eine Betriebsausgabenpauschale von 30 Prozent der Einnahmen beanspruchen, höchstens bis 4.800 DM jährlich.   **Autoren**

Künstlerische Nebentätigkeit Bei einer schriftstellerischen, künstlerischen und wissenschaftlichen Nebentätigkeit sowie Lehr-, Vortrags- und Prüfungstätigkeit kann die Betriebsausgabenpauschale 25 Prozent der Einnahmen, höchstens jedoch 1.200 DM betragen. Dieser Höchstbetrag wird seitens der Finanzverwaltung nur einmal gewährt, auch wenn mehrere solche Tätigkeiten ausgeübt werden.   **Dozenten**

Nebenberufliche Volksmusiker erhalten eine Betriebsausgabenpauschale bis zur Höhe der Einnahmen, höchstens aber 1.200 DM jährlich.   **Musiker**

Nebenberufliche Kirchenmusiker erhalten eine Betriebsausgabenpauschale bis 25 Prozent der Einnahmen, höchstens bis 600 DM jährlich oder 50 DM monatlich.

Hebammen erhalten eine Betriebsausgabenpauschale von 25 Prozent der Einnahmen, höchstens 3.000 DM.

Tagesmütter können pauschal für jedes betreute Kind zwischen 480 DM und 750 DM monatlich als Betriebsausgabe abziehen.

Veräußerungsgewinn (§ 18 [3] EStG)

Zeilen 45–55 Ein Veräußerungsgewinn beim Verkauf oder Teilverkauf einer freiberuflichen Steuerberatungs- oder Rechtsanwaltskanzlei sowie Arztpraxis etc. wird in den Formularzeilen 45–48 erfasst. Ein Veräußerungsgewinn kann auch bei Einstellung des Betriebes entstehen. Hier gelten die gleichen Freibetragsregelungen, Altersgrenzen und Besteuerungen nach Abzug des Freibetrages wie beim Verkauf eines gewerblichen Betriebes (s. dort).

Aufwandsentschädigungen

Zeile 58 Hierzu zählen z. B. Vergütungen für eine ehrenamtliche Tätigkeit als Gemeinderat, Stadtrat, ehrenamtlicher Bürgermeister, Kreisrat etc. Es können entweder die **Ausgabenabzug** tatsächlichen Ausgaben von den jeweiligen Einnahmen abgezogen werden, falls diese die steuerfreien Aufwandsentschädigungen übersteigen, oder die steuerfreien Pauschalen in Anspruch genommen werden. Als steuerfreie Aufwandsentschädigungen gelten hierbei auch die Fahrten von der Wohnung bis zum Sitzungsort.
Andere aus öffentlichen Kassen gezahlte Aufwandsentschädigungen sind nur inso-
Verdienst- und weit steuerfrei, als sie den tatsächlichen Aufwand des Empfängers nicht übersteigen
Zeitausfall und nicht für Verdienst- oder Zeitausfall gezahlt werden (§ 3 Nr. 12 EStG).

Steuerfreie Entschädigungen für Gemeinderats- und Kreistagsmitglieder		
Ehrenamtliche Gemeinderatsmitglieder in einer Stadt oder Gemeinde mit einer Einwohnerzahl von	monatlich	jährlich
maximal 20.000	175 DM	2.100 DM
20.001 bis 50.000	280 DM	3.360 DM
50.001 bis 150.000	345 DM	4.140 DM
150.001 bis 450.000	435 DM	5.520 DM
mehr als 450.000	520 DM	6.240 DM
Ehrenamtliche Kreistagsmitglieder in einem Landkreis mit einer Einwohnerzahl von		
maximal 250.000	345 DM	4.140 DM
mehr als 250.000	435 DM	5.520 DM

Übungsleiterfreibetrag

Aufwandsentschädigungen für einen nebenberuflich tätigen Übungsleiter sind bis zu einem Betrag in Höhe von jährlich 3.600 DM steuerfrei (Formularzeile 58).

Kraftfahrzeugkosten

Nutzt ein Freiberufler seinen im Betriebsvermögen befindlichen Pkw privat sowie für Fahrten zwischen Wohnung und Betrieb, gelten die gleichen Regelungen für den privaten Nutzungsanteil (Einprozentversteuerung) wie bei gewerblich Tätigen (s. dort).

> **Achtung:** Grundlage ist das genaue Führen eines Fahrtenbuches (erhältlich im Schreibwarenhandel)! Dieses wird vom Finanzamt bei Ungereimtheiten nachgeprüft.

Noch mehr Tipps für Unternehmer mit häuslichem Arbeitszimmer

In stetigem Bemühen, die Gaben an den Fiskus gering zu halten, sollten Unternehmer folgende kreative Lösungen zum Abzug ihres häuslichen Arbeitszimmers wählen:
1. Sie haben Ihren Firmensitz nicht zu Hause, möchten jedoch das häusliche Arbeitszimmer über die 2.400-DM-Grenze hinaus geltend machen: Beschäftigen Sie einen Mitarbeiter in Ihrem häuslichen Büro, in dem Sie selbst nicht tätig sind. Das kann natürlich auch die Ehefrau oder eines Ihrer Kinder sein. Entscheidend für die steuerliche Anerkennung sind schriftliche Arbeitsverträge wie unter fremden Dritten und die tatsächliche Ausübung des Dienstverhältnisses.

2.400-DM-Grenze

2. Sie nutzen einen Raum in Ihrem Eigenheim/Mietshaus als Aktenlager oder Besprechungsraum für Ihre Arbeit– dann ist der volle Betriebsausgabenabzug der Aufwendungen möglich.
3. Wird der Büroraum nicht nur von den Mitarbeitern, sondern auch vom Unternehmer selbst beruflich genutzt, erfolgt eine Aufteilung im Verhältnis der Nutzungszeiten.
Je höher die Nutzung durch die Arbeitnehmer ist, desto größer fällt der Abzug der Aufwendungen für das häusliche Arbeitszimmer aus.

> **TIPP:** Wenn das häusliche Arbeitszimmer als Unternehmer-Betriebsstätte anzusehen ist, entfallen die Abzugsbeschränkungen.

Bekommen Sie Geldzahlungen aus dem Ausland? Die Anlage AUS

In diesem Kapitel erfahren Sie:

▶ welche Arten von ausländischen
   Einkünften es gibt   261

▶ mit welchen Staaten ein Doppel-
   besteuerungsabkommen besteht   261

▶ wie die anteilige deutsche Einkommen-
   steuer ermittelt wird   263

▶ wie der Abzug der einbehaltenen
   ausländischen Steuer passiert   266

▶ welche anderen Einkünfte neben dem
   Kapitalvermögen für das Finanzamt
   interessant sind   266

▶ warum Dividenden aus Frankreich einen
   Sonderfall darstellen   269

▶ weshalb die Seite 2 der Anlage AUS nur
   der Steuerberater ausfüllen sollte   270

Einkünfte aus dem Ausland

Was ist die Anlage AUS?

Die Anlage AUS ist immer eine zusätzliche Anlage zu anderen Anlagen, mit denen Sie Ihre Einkunftsarten bestimmen, z. B. zur Anlage KAP, Anlage N, Anlage GSE, Anlage V, in denen Sie Ihre steuerpflichtigen Einkünfte angegeben haben. Mit der Anlage AUS können Sie die Anrechnung bzw. den Abzug gezahlter ausländischer Steuern beantragen. Die hierfür gültigen Ermäßigungen sind in § 34 c EStG geregelt. Wichtig: Haben beide Ehegatten ausländische Einkünfte erhalten, muss jeder für sich eine eigene Anlage AUS abgeben!

Was sind ausländische Einkünfte?

Ausländische Einkünfte

Es gibt zwei Arten ausländischer Einkünfte: Einkünfte aus einem Staat ohne so genanntes Doppelbesteuerungsabkommen (abgekürzt DBA) und Einkünfte aus Staaten mit DBA.
Das Doppelbesteuerungsabkommen soll vermeiden, dass ein Steuerpflichtiger, der Einkünfte aus mehreren Staaten bezieht oder in mehreren Staaten Vermögen hat, in zwei oder mehreren Staaten voll steuerpflichtig wird.

Ohne Doppelbesteuerungsabkommen

Ohne DBA Stammen Ihre Einkünfte aus einem Staat ohne DBA, unterliegen die Einkünfte der deutschen Einkommensteuer. Die ausländischen gleichartigen Steuern werden hier auf die deutsche Einkommensteuer angerechnet (nach § 34 c [1] EStG).

> **TIPP** Auf Antrag wird die ausländische Steuer nach § 34 c (2) EStG bei der Ermittlung der Einkünfte wie Werbungskosten abgezogen, was in Einzelfällen günstiger sein kann.

Mit Doppelbesteuerungsabkommen

Mit DBA Falls mit dem anderen Staat ein Doppelbesteuerungsabkommen besteht, sind die Einkünfte je nach Regelung entweder in Deutschland steuerpflichtig oder steuerfrei, wobei im letzteren Fall die Höhe der ausländischen Einkünfte Einfluss auf den Steuersatz bezüglich des im Inland zu versteuernden Einkommens hat (sog. Progressionsvorbehalt, s. auch Kapitel 2).

Mit welchen Staaten besteht ein Doppelbesteuerungsabkommen?

Mit den in der folgenden Tabelle aufgeführten Ländern besteht ein DBA bezüglich der Steuern von Einkommen und Vermögen; weitere Abkommen befinden sich in Verhandlung. Mit einigen Ländern gibt es mittlerweile Sonderabkommen bezüglich der Erbschaftsteuern sowie den Einkünften von Luftfahrtunternehmen.

⚡ Blitzübersicht zur Doppelbesteuerung

Wenn Sie persönliche oder geschäftliche Beziehungen zu den folgenden Staaten unterhalten, sollten Sie die jeweiligen zwischenstaatlichen Vereinbarungen kennen und beachten. Angegeben ist das Datum der jeweils neuesten zwischenstaatlichen Vereinbarung:

Zwischenstaatliche Vereinbarungen

Staat	Abkommen gilt seit	Staat	Abkommen gilt seit
Ägypten	08.12.1987	Mauritius	15.03.1978
Argentinien	13.07.1978	Mexiko	23.02.1993
Australien	24.11.1972	Namibia	02.12.1993
Bangladesch	29.05.1999 (gilt nicht für Vermögensteuer)	Neuseeland	20.10.1978
		Niederlande	21.05.1991
		Norwegen	04.10.1991
Belgien	11.04.1967	Österreich	08.07.1992
Bolivien	30.09.1992	Pakistan	14.07.1994 (gilt nicht für Vermögensteuer)
Brasilien	27.06.1975		
Bulgarien	02.06.1987		
China (ohne Hongkong)	10.06.1985	Philippinen	22.07.1983
Côte d'Ivoire	03.07.1979	Polen	24.10.1979
Dänemark	22.11.1995	Portugal	15.07.1980
Ecuador	07.12.1982	Rumänien	29.06.1973
Estland	29.11.1996	Russische Föderation	29.05.1996
Finnland	05.07.1979	Sambia	30.05.1973
Frankreich	28.09.1989	Schweden	14.07.1992
Griechenland	18.04.1966	Schweiz	21.12.1992
Indien	19.06.1995	Simbabwe	22.04.1988
Indonesien	30.10.1990	Singapur	19.02.1972
Iran	20.12.1968	Spanien	05.12.1966
Irland	17.10.1962	Sri Lanka	13.09.1979
Island	18.03.1971	Südafrika	25.01.1973
Israel	20.07.1977	Thailand	10.07.1967
Italien	18.10.1989	Trinidad und Tobago	04.04.1973
Jamaika	08.10.1974	Tschechien	19.12.1980
Japan	17.02.1983	Türkei	16.04.1985
Jugoslawien	26.03.1987	Tunesien	23.12.1975
Kanada	17.07.1981	Slowakei	19.12.1980
Kenia	17.05.1977	Ukraine	03.07.1995
Korea, Republik	14.12.1976	Ungarn	18.07.1977
Kuwait	04.12.1987	Uruguay	05.05.1987
Lettland	21.02.1997	Venezuela	08.02.1995
Liberia	25.11.1970	Vereinigtes Königreich Großbritannien	23.03.1970
Litauen	22.07.1997		
Luxemburg	15.06.1973	Vereinigte Staaten von Amerika	29.08.1989
Malaysia	08.04.1977		
Malta	17.09.1974	Vietnam	16.11.1995
Marokko	07.06.1972	Zypern	09.05.1974

Doppelbesteuerungsabkommen

Beispiel So funktioniert die Ermittlung des Höchstbetrages für die Steueranrechnung: Herr Post ist 65 Jahre alt, verheiratet und hat Einkünfte aus einem Gewerbebetrieb in Höhe von 100.000 DM. Er bezieht zusätzlich sonstige Einkünfte von 7.500 DM, seine Sonderausgaben und Freibeträge betragen 5.000 DM. In den Einkünften aus Gewerbebetrieb sind ausländische Einkünfte aus einem Staat ohne DBA in Höhe von 15.000 DM enthalten. Die auf die ausländischen Einkünfte entfallende anteilige deutsche Einkommensteuer ist wie folgt zu ermitteln:

Summe der Einkünfte	107.500 DM
abzgl. Altersentlastungsbetrag	– 3.720 DM
Gesamtbetrag der Einkünfte	103.780 DM
abzgl. Sonderausgaben und Freibeträge	– 5.000 DM
zu versteuerndes Einkommen	98.780 DM
Einkommensteuer darauf nach Splittingtabelle	18.932 DM
anteilige deutsche Einkommensteuer	**2.641 DM**

(18.932 DM x 15.000 DM): 107.500 DM
Maximal bis zu diesem Betrag kann die ausländische Steuer angerechnet werden.

Ermittlung des Steueranrechnungshöchstbetrags

Anrechnung

> **Seite 1 der Anlage AUS**

Benennung der Staaten

Hier geben Sie die Staaten an, aus denen Sie als in Deutschland Ansässiger in Deutschland steuerpflichtige Einkünfte beziehen. Das ist wichtig für die Anrechnung der ausländischen Steuern:
▶ Die ausländische Steuer muss der deutschen Einkommensteuer entsprechen.
▶ Sie muss auf die Einkünfte entfallen, die in Deutschland steuerpflichtig sind.
▶ Sie wird nur insoweit angerechnet, als auf diese Einkünfte deutsche Einkommensteuer anfällt (Höchstbetragsrechnung, s. Beispiel oben).

Zeilen 1–3

Steuerpflicht

Verschiedene Einkünfte aus Kapitalanlagen

Das Finanzamt will wissen, welche Einnahmen Sie mit Ihren Kapitalanlagen erzielen. Geben Sie deshalb bitte auf jeden Fall an, um welche Art der Kapitalanlagen es sich handelt, beispielsweise um:
▶ Dividenden oder Zinsen
▶ Hypothekenzinsen oder stille Beteiligungen.
Die Einkünfte aus den jeweiligen Ländern müssen nach deutschem Steuerrecht ermittelt werden. Es sind auch die Einkünfte anzugeben, die in Deutschland steuerpflichtig sind, für die aber im Ausland noch keine Steuer abgeführt wurde. Beträge

Zeilen 4–18

Zeilen 5–7

Kapitel 8: Die Anlage AUS

Anlage AUS   **2001**

Name und Vorname

Steuernummer

☐ zur Einkommensteuererklärung
Jeder Ehegatte mit ausländischen Einkünften hat eine eigene Anlage AUS abzugeben.

☐ zur Feststellungserklärung

99   9

Ausländische Einkünfte und Steuern

Steuerpflichtige ausländische Einkünfte, die in den Anlagen GSE, KAP, SO, L und / oder V enthalten sind – Anrechnung und Abzug ausländischer Steuern –

Zeile		1. Staat	2. Staat	3. Staat	4. Staat	Inländisches Sondervermögen (z. B. Inländische Investmentfonds) mit allen Einkünften aus ausländischen Quellen
2		31	34	37	39	
3	**Kapitalvermögen**					
4		Einkunftsquellen	Einkunftsquellen	Einkunftsquellen	Einkunftsquellen	
5	Einnahmen aus Zeile 33, 34 und 41 der Anlage KAP (getrennt nach Staaten)	DM	DM	DM	DM	
6	50 % der Einnahmen aus Zeile 35 und 44 der Anlage KAP (getrennt nach Staaten)					
7	Einnahmen (Summe der Zeilen 5 und 6)	50	53	56	68	
8	Werbungskosten zu Zeile 5 (ohne ausländische Steuern lt. Zeile 11)					
9	50 % der Werbungskosten zu Zeile 6 (ohne ausländische Steuern lt. Zeile 11)					
10	Werbungskosten (Summe der Zeilen 8 und 9)	51	54	57	69	
11	Abzuziehende ausl. Steuern nach § 34 c Abs. 2 und 3 EStG zu den Zeilen 5 und 6	52	55	58	70	
12	Einnahmen aus allen inl. Sondervermögen, die aus ausl. Quellen stammen, für die das Halbeinkünfteverfahren **nicht** gilt					DM
13	50 % der Einnahmen aus allen inl. Sondervermögen, die aus ausl. Quellen stammen, für die das Halbeinkünfteverfahren gilt					
14	Einnahmen (Summe der Zeilen 12 und 13)					59
15	Werbungskosten zu Zeile 12					
16	50 % der Werbungskosten zu Zeile 13					
17	Abzuziehende ausl. Steuern nach § 34 c Abs. 2 u. 3 EStG zu den Zeilen 12 u. 13					
18	Werbungskosten (Summe der Zeilen 15 bis 17)					88
19	**Andere Einkunftsarten** (einschließlich der Einkünfte nach § 20 Abs. 2 AStG) – bei mehreren Einkunftsarten: Einzelangaben bitte auf besonderem Blatt –	Einkunftsquellen	Einkunftsquellen	Einkunftsquellen	Einkunftsquellen	
20						
21	Einkünfte	10 DM	12 DM	14 DM	16 DM	
22	Abgezogene ausländische Steuern nach § 34 c Abs. 2 und 3 EStG					
23	**Anzurechnende ausländ. Steuern** (für alle Einkunftsarten) insgesamt	11	13	15	17	87
24	In Zeile 23 enthaltene fiktive ausländische Steuern nach DBA					
25	Die Eintragungen auf Seite 2 entfallen bei allen weiteren Anlagen AUS.					

Anlage AUS – Ausländische Einkünfte – Aug. 2001

in ausländischer Währung müssen nach dem amtlichen Kurs zum Zeitpunkt des Zu- oder Abflusses umgerechnet werden.
In die Zeile 5 übertragen Sie die ausländischen Kapitalerträge, die bereits in Ihrer Anlage KAP (Kapitel 5) in den Zeilen 33, 34 und 41 enthalten sind. Die Einkünfte müssen in der Anlage AUS aber für jeden Staat gesondert aufgeführt werden.
Haben Sie ausländische Dividenden erhalten, werden diese nach dem Halbeinkünfteverfahren besteuert, das heißt, dass nach § 3 Nr. 40 EStG nur 50 Prozent der Erträge steuerpflichtig sind. In den Zeilen 35 und 44 der Anlage KAP haben Sie bereits Ihre ausländischen Dividenden vermerkt. In Zeile 6 der Anlage AUS tragen Sie – getrennt nach Staaten – jetzt nur 50 Prozent dieser Einnahmen ein. In Zeile 7 ziehen Sie die Summen aus den Zeilen 5 und 6.

Ausländische Dividenden

Werbungskosten
Da die ausländischen Einkünfte nach deutschem Steuerrecht ermittelt werden, sind die Einnahmen um die mit ihnen zusammenhängenden Betriebsausgaben oder Werbungskosten zu kürzen. Können Sie keine Ausgaben nachweisen, werden die Pauschbeträge nach § 9a EStG berücksichtigt. In die Zeile 8 gehören die Werbungskosten, die mit den ausländischen Kapitaleinkünften lt. Zeile 5 der Anlage AUS in Zusammenhang stehen. In die Zeile 9 tragen Sie die Hälfte der Werbungskosten ein, die für die ausländischen Dividenden lt. Zeile 6 der Anlage AUS entstanden sind. Da ausländische Dividenden für 2001 nur zur Hälfte steuerpflichtig sind, dürfen auch die Werbungskosten nur zur Hälfte abgezogen werden.
Zur Ermittlung der ausländischen Kapitaleinkünfte darf der Sparerfreibetrag nach § 20 Abs. 4 EStG von jährlich 3.100 DM/6.200 DM abgezogen werden, sofern er auf die ausländischen Einkünfte entfällt und hierdurch kein Verlust aus Kapitalvermögen entsteht.

Werbungskosten

Zeilen 8–9

Wichtig: Bewahren Sie bezüglich der entsprechenden Ausgaben für die ausländischen Einnahmen alle Belege auf, da die ausländischen Einkünfte nach deutschem Steuerrecht zu ermitteln sind. Anfallende Kosten werden ohne Nachweis nicht anerkannt.

Nachweise über anfallende Kosten

In den darauf folgenden Spalten der Formularzeile 11 müssen Sie eine Entscheidung treffen, ob Sie den Abzug oder die Anrechnung der ausländischen Steuern beantragen oder nicht. Hier ist ein Eintrag vorzunehmen, wenn Sie die gezahlten ausländischen Steuern wie Werbungskosten abziehen möchten.

Anrechnung der einbehaltenen ausländischen Steuer
Die auf die entsprechenden Einkünfte angefallenen ausländischen Steuern werden nach § 34 c (1) EStG angerechnet, soweit sie der deutschen Einkommensteuer ent-

Zeilen 23–24

sprechen. Fügen Sie bitte den Nachweis über die gezahlte ausländische Steuer bei (§ 68 b EStDV). Beachten Sie, dass eine Anrechnung der ausländischen Steuern nur für die ausländischen Einkünfte in Betracht kommt, die bei der deutschen Einkommensteuerveranlagung als Einkünfte einbezogen sind.

Sind die Einkünfte in Deutschland steuerfrei (z. B. Einkünfte aus Kapitalvermögen unter dem Sparerfreibetrag), kann auch die ausländische Steuer nicht angerechnet werden.

Abzug der einbehaltenen ausländischen Steuer

Nach § 34 c (2) EStG kann der Abzug der ausländischen Steuer wie der Werbungskosten bei der Ermittlung der Einkünfte beantragt werden, was in den meisten Fällen ungünstiger ist.

Günstiger ist dies nur in den folgenden Fällen:

Zeilen 11–17
- Die ausländischen Einkünfte sind negativ, dann scheidet die Anrechnung sowieso aus, da auf negative Einkünfte keine deutsche Einkommensteuer anfällt.
- Der Gesamtbetrag der Einkünfte ist negativ.
- Die ausländischen Einkünfte sind durch den Sparerfreibetrag begünstigt.

Die abzuziehende ausländische Steuer nach § 34 c Abs. 2 EStG zu den Zeilen 5 und 6 tragen Sie in die Zeile 11 ein.

Ausländische Investmentsfonds
Erträge aus ausländischen Investmentfonds werden getrennt nach Staaten in der Zeile 3 berücksichtigt. Die dazugehörigen Werbungskosten und ausländischen Steuern müssen für jeden Fonds getrennt in den Zeilen 8–18 berücksichtigt werden.

Inländisches Sondervermögen aus ausländischen Quellen

Ausschüttungen auf Anteilscheine an inländischem Sondervermögen (z. B. Investmentfonds) aus ausländischen Quellen werden in einer Summe in der Zeile 12 berücksichtigt, sofern das Anrechnungsverfahren der einbehaltenen Steuern gilt. Werden die Einkünfte nach dem Halbeinkünfteverfahren versteuert, tragen Sie in Zeile 13 nur die Hälfte der Einkünfte ein. In den Zeilen 15 und 16 ordnen Sie diesen Einnahmen die jeweiligen Werbungskosten zu, die Summe tragen Sie in die Zeile 18 ein.

Andere Einkunftsquellen

Zeilen 19–22
In diesen Zeilen geben Sie bitte die Einkunftsquellen an, die nicht zu den Kapitalvermögen gerechnet werden.

Dazu gehören beispielsweise Einkünfte aus ausländischen Gewerbebetrieben, aus selbstständigen Tätigkeiten sowie Einkünfte aus der Vermietung und Verpachtung ausländischer Grundstücke oder auch Einkünfte aus der Land- und Forstwirtschaft etc.

Formularseite 2

– 2 –

Zeile								
30	**Pauschal zu besteuernde Einkünfte i. S. d. § 34 c Abs. 5 EStG**					38	DM	
	In Zeile 21 nicht enthaltene Einkünfte, für die die Pauschalierung beantragt wird							
31	**Hinzurechnungsbesteuerung nach den §§ 7 bis 14 AStG**							
	Anzusetzender Hinzurechnungsbetrag lt. Feststellung des Finanzamts							
32	Finanzamt, Steuernummer			Staat		40	DM	
33	Auf Antrag nach § 12 Abs. 1 AStG anzurechnende ausländische Steuern lt. Feststellung					41		
34	**Dividendenbesteuerung nach DBA-Frankreich**					48		
	Steuerpflichtige französische Dividenden, die in den Anlagen GSE, L und / oder KAP enthalten sind							
35	Französische Steuergutschrift (Avoir fiscal) – Art. 20 Abs. 1 b, bb DBA-Frankreich – lt. beigefügter Bescheinigung					49		

Zeile	**Nicht nach DBA steuerfreie negative Einkünfte i. S. d. § 2 a Abs. 1 EStG** zu den Zeilen 2 bis 35							
36		aus dem Staat	nach § 2 a Abs.1	noch nicht verrechnete Verluste 1992 bis 2000	nicht ausgleichsfähige Verluste/Gewinnmindg. 2001	enthalten in Anlage u. Zeile	positive Einkünfte 2001	enthalten in Anlage u. Zeile	Summe der Spalten 3, 4 und 6
37		1	2	3	4	5	6	7	8
38	1		Nr.	DM	DM		DM		DM
			EStG						
39	2		Nr.						
			EStG						
40	3		Nr.						
			EStG						
41	4		Nr.						
			EStG						

Zeile	**Nach DBA steuerfreie Einkünfte / Progressionsvorbehalt**				
42					
43	**Einkünfte i. S. d. § 32 b EStG** ohne steuerfreien Arbeitslohn lt. Anlage N Zeile 15				Einkünfte DM
	aus dem Staat		aus der Einkunftsquelle	Einkunftsart	
44	1				60
45	2				61
46	3				62
47	In den Zeilen 44 bis 46 enthaltene				
48	Gewinne aus gewerblichen Betriebsstätten, für die die Hinzurechnung nach § 2 Abs. 3 Satz 3 und Abs. 4 EStG, § 2 Abs. 1 Satz 3 und Abs. 2 AIG vorzunehmen ist				66
49	außerordentliche Einkünfte i. S. d. §§ 34, 34 b EStG, soweit nicht in Zeile 48 enthalten				67
50	Zu den Zeilen 44 bis 46: Unter bestimmten Voraussetzungen erfolgt eine Mitteilung über die Höhe der in Deutschland steuerfreien Einkünfte an den anderen Staat. Einwendungen gegen eine solche Weitergabe bitte als Anlage beifügen.				

Zeile	**Nach DBA steuerfreie negative Einkünfte i. S. d. § 2 a Abs. 1 EStG**						
51		aus dem Staat	nach § 2 a Abs.1	noch nicht verrechnete Verluste 1992 bis 2000	nicht ausgleichsfähige Verluste/Gewinnmindg. 2001	positive Einkünfte 2001	Summe der Spalten 3, 4 und 5	positive Summe lt. Spalte 6 enthalten in Zeile
52		1	2	3	4	5	6	7
53	1		Nr.	DM	DM	DM	DM	
			EStG					
54	2		Nr.					
			EStG					
55	3		Nr.					
			EStG					
56	4		Nr.					
			EStG					

Zeile	**Meldungen nach § 138 Abs. 2 der Abgabenordnung**	
57	Bis zum Zeitpunkt der Abgabe dieser Steuererklärung habe ich	
58	☐ Betriebe oder Betriebsstätten im Ausland gegründet oder erworben.	☐ mich an ausländischen Personengesellschaften beteiligt.
59	☐ Beteiligungen an nicht unbeschränkt körperschaftsteuerpflichtigen Körperschaften, Personenvereinigungen und Vermögensmassen erworben, mit denen unmittelbar eine Beteiligung von mindestens 10 % oder mittelbar eine Beteiligung von mindestens 25 % an deren Kapital oder Vermögen erreicht wurde.	
60		
61	Die entsprechenden Meldungen mit Vordruck BfF 2	☐ wurden bereits abgegeben. ☐ sind beigefügt. ☐ Ich bitte um Übersendung von Vordrucken (BfF 2).

Anzurechnende ausländische Steuer

Anrechnung ausländischer Steuer

Beantragen Sie die Anrechnung der ausländischen Steuer auf die deutsche Einkommensteuer (s. Seite 266), wird die Summe für alle Einkunftsarten in Zeile 23 berücksichtigt.

In diesem Fall sind die Zeilen 11–17 für Sie nicht relevant, denn es gilt immer: entweder Abzug der ausländischen Steuer wie Werbungskosten oder Anrechnung auf die deutsche Einkommensteuer!

Sind in den Werbungskosten der Zeilen 15–18 ausländische Steuern enthalten, brauchen Sie in Zeile 23 nichts einzutragen. Dieses Besteuerungswahlrecht kann für jeden Staat gesondert ausgeübt werden.

Der Abzug der Steuern als Werbungskosten ist z. B. dann günstiger, wenn er zu Verlusten führt. Scheidet eine Anrechnung der ausländischen Steuern aus, weil z. B. die Einkünfte in Deutschland wegen der Freibetragsregelungen nicht steuerpflichtig sind, dürfen sie als Werbungskosten abgezogen werden (Zeilen 11 und 17).

Fiktive Steuern

Zeile 24

Aufgrund einiger Vorschriften des Doppelbesteuerungsabkommens (z. B. für Argentinien und Brasilien) wird hier nicht die tatsächlich gezahlte Steuer, sondern eine fiktive (erdachte) Steuer angerechnet.

Zur Anrechnung dieser fiktiven Steuern müssen Sie die bereits in den Zeilen 7 oder 21 enthaltenen Einnahmen nochmals auf einem Blatt gesondert aufführen und die Wertpapiere genau bezeichnen. Ein Abzug der fiktiven Steuern ist nicht zulässig, hier entfällt das Wahlrecht.

▶ Seite 2 der Anlage AUS

Pauschal zu besteuernde Einkünfte (Formularzeile 30)

Pauschbetrag

Nach § 34 c (5) EStG kann die zuständige Finanzverwaltung die Einkommensteuer, die auf die ausländischen Einkünfte entfällt, mit Zustimmung des Bundesministeriums für Finanzen in einem Pauschbetrag von 25 Prozent festsetzen (BStBl 1984 I S. 252). Es wird häufig so verfahren, wenn sich die Anrechnung der ausländischen Steuern nach § 34 c (1) EStG für die Finanzverwaltung als zu schwierig herausstellt. Ja, auch das soll vorkommen.

Diese Einkünfte und Steuern dürfen Sie dann jedoch keinesfalls in den Formularzeilen 20–25 der Anlage AUS oder aber in anderen Anlagen aufführen.

Tragen Sie in Zeile 30 die begünstigten Einkünfte ein, für die Sie den Pauschalsteuerersatz beantragen. Erläutern Sie die Ermittlung der Einkünfte auf einem gesonderten Blatt, das Finanzamt nimmt Ihnen leider die Berechnung nicht ab!

Auslandseinkünfte

Hinzurechnungsbetrag (Formularzeilen 31–33)

Dieser Hinzurechnungsbetrag, in den Formularzeilen 31–33, ist zunächst schon in Ihren Anlagen KAP oder GSE enthalten. Sie müssen ihn hier dann nur noch in dem Fall eintragen, wenn Ihnen hierüber eine besondere Bescheinigung des Finanzamtes, die so genannte einheitliche und gesonderte Feststellung, vorliegt. Dies gilt auch für Formularzeile 32. In die Zeile 33 tragen Sie die auf den Hinzurechnungsbetrag entfallenden, vom Finanzamt gesondert festgestellten ausländischen Steuern ein. In bestimmten Fällen können Sie hier dann mit einer Einkommensteuererstattung rechnen.

Besondere Bescheinigung des Finanzamts

Sonderfall Dividenden aus Frankreich

Beziehen Sie Dividenden aus Frankreich, erhalten Sie hierüber auf Antrag eine Steuergutschrift (Avoir fiscal). Die in der Formularzeile 34 einzutragenden Dividenden sind bereits in den Anlagen KAP, GSE oder L enthalten. In Formularzeile 35 tragen Sie die Steuergutschrift ein, die Sie mit dem Vordruck RF 1A bei der französischen Steuerverwaltung beantragen. Den Vordruck können Sie beim Ministère De L'Économie Et Des Finances, Direction Des Services Generaux Et De L'Information, 9, Rue D'Uzes, F-75094 Paris Cedex 02, beantragen. In die Zeile 34 der Anlage AUS tragen Sie den Betrag aus Spalte 8 des Vordruckes RF 1A und in die Zeile 35 den Betrag aus Spalte 7 des Vordruckes ein.

Vordruck RF 1A

Negative ausländische Einkünfte

Wenn Sie in 2001 negative ausländische Einkünfte erzielt haben, die nach dem DBA nicht steuerfrei sind, können diese nach § 2a Abs.1 EStG nur mit positiven Einkünften derselben Art aus demselben Staat ausgeglichen werden. Tragen Sie in die Zeilen 38–41 den Staat ein, aus dem Sie die Einkünfte bezogen haben, und nennen Sie in der Spalte 2 die Einkunftsart durch Angabe der Nr. des § 2a Abs.1 EStG.

Zeilen 36–41

Was müssen Sie bei ausländischen Verlusten beachten?

Diese Eintragungen müssen Sie auch vornehmen, wenn Sie in den Jahren 1992 bis 2000 ausländische Verluste nach § 2 a Abs. 1 EStG erzielt haben. Ausländische Verluste aus 1992 bis 2000, die noch nicht mit ausländischen positiven Einkünften verrechnet wurden, werden in Spalte drei eingetragen.

Die negativen Einkünfte aus 2001 werden in Spalte vier eingetragen; geben Sie in Spalte fünf an, ob und in welcher Anlage und Zeile zur Einkommensteuererklärung diese Verluste enthalten sind. In Spalte sechs sind die positiven ausländischen Einkünfte 2001 derselben Art und aus demselben Staat einzutragen. In Spalte sieben geben Sie an, in welcher Anlage und Zeile zur Einkommensteuererklärung diese positiven Einkünfte enthalten sind.

Ehegatten mit Zusammenveranlagung

> **Wichtig** für Ehegatten mit Zusammenveranlagung: Verluste eines Ehegatten können mit positiven Einkünften des anderen Ehegatten derselben Art und aus demselben Staat verrechnet werden, sofern sie nicht mit eigenen positiven ausländischen Einkünften verrechnet werden können.
> Jeder Ehegatte mit ausländischen Einkünften muss eine eigene Anlage AUS ausfüllen und der Einkommensteuererklärung beifügen!

Sofern in Spalte acht ein eventuell noch nicht verbrauchter Verlust enthalten ist, kann dieser in 2001 nicht mehr berücksichtigt werden.

Was müssen Sie bei positiven Einkünften beachten?

Wenn keine verbleibenden Verluste vorhanden sind, müssen positive Einkünfte aus 2001, sofern sie nicht zum Verlustausgleich geführt haben, in der Anlage zur Einkommensteuererklärung enthalten sein.

Die gezahlten ausländischen Steuern müssen auch dann in die Zeilen 11–13 bzw. 23 oder 24 eingetragen werden, wenn die ausländischen Einkünfte bei der Besteuerung nicht berücksichtigt werden.

Doppelbesteuerungsabkommen

Die am 31.12.2000 und 31.12.2001 noch verbleibenden ausländischen Verluste werden vom Finanzamt gesondert festgestellt.

Sind die ausländischen Einkünfte aufgrund eines Doppelbesteuerungsabkommens in Deutschland steuerfrei, dürfen sie nicht in den üblichen Anlagen zur Einkommensteuererklärung enthalten sein.

Progressionsvorbehalt

Zeilen 43–46

Progressionsvorbehalt

Das betrifft allerdings nicht die Anlage N für die Arbeitnehmereinkünfte. Diese steuerfreien Einkünfte unterliegen jedoch dem Progressionsvorbehalt, erhöhen also den Steuersatz für die übrigen inländischen Einkünfte.

In Spalte eins müssen Sie den Staat eintragen, aus dem die Einkünfte stammen.

In Spalte zwei schreiben Sie bitte die Einkunftsquelle, als Beispiel wären u. a. Zinsen zu erwähnen.

In Spalte drei sollte die Art der Einkünfte, wie z. B. Einkünfte aus Kapitalvermögen, eingetragen werden. Die vierte Spalte bleibt der Höhe der Einkünfte vorbehalten.

In die Zeilen 43–46 gehören auch außerordentliche ausländische Einkünfte, sowie solche Einkünfte, die in Zeile 48 angegeben werden. Verluste nach § 2 a Abs. 1 EStG werden jedoch in die Zeilen 53–56 eingetragen.

Welche Einkünfte unterliegen nicht dem Progressionsvorbehalt?

Zeile 49

Die nach einem Doppelbesteuerungsabkommen in Deutschland steuerfreien außerordentlichen Einkünfte werden nach § 32 b EStG bei der Berechnung des Progressi-

onsvorbehaltes nur mit einem Fünftel besteuert. Als Beispiel wären u. a. Veräußerungsgewinne aus einer ausländischen gewerblichen Betriebsstätte zu erwähnen.
Tragen Sie diese außerordentlichen Einkünfte in Zeile 49 ein.
Die außerordentlichen Einkünfte müssen in den Zeilen 44–46 schon enthalten sein.

Eintragen der steuerfreien negativen Einkünfte
Hier sind die nach einem Doppelbesteuerungsabkommen steuerfreien negativen Einkünfte nach § 2 a Abs. 1 EStG einzutragen. Bitte beachten Sie hier die analogen Erläuterungen zu den Zeilen 36–41.
Vermerken Sie in Spalte 7, auf welche Zeile der Zeilen 44–46 sich die angegebenen Einkünfte beziehen.

Zeile 51–56

> **TIPP** Da die Vorschriften im Zusammenhang mit Auslandseinkünften äußerst kompliziert und zudem auch noch uneinheitlich sind, wenden Sie sich bitte an einen Steuerberater. Ohne genaue Prüfung des Einzelfalles und ohne Berücksichtigung der tagesaktuellen Steuersituation ist es praktisch nicht möglich, ausländische Einkünfte vorteilhaft zu versteuern.

Sie besitzen Immobilien, Sie sind Vermieter oder Verpächter? Die Anlage V

In diesem Kapitel erfahren Sie:

- ▶ was in die Anlage V einzutragen ist — 273
- ▶ wem Mieteinnahmen normalerweise zugerechnet werden — 274
- ▶ welche Angaben zum Objekt erforderlich sind — 274
- ▶ welche Einnahmen steuerpflichtig sind und welche nicht — 277
- ▶ was man unter Werbungskosten versteht — 280
- ▶ wann man Werbungskosten geltend machen kann — 282
- ▶ welche Werbungskosten es gibt — 282
- ▶ welche Aufwendungen vom Finanzamt berücksichtigt werden — 286
- ▶ wie Sie Gebäude abschreiben können — 290
- ▶ wie man Gebäudekosten ermittelt — 292
- ▶ wie man Einkünfte aus Vermietung und Verpachtung berechnet — 300

Einkünfte aus Vermietung und Verpachtung

Was gehört in die Anlage V?

Ganz gleich, ob Sie eine Immobilie als Geldanlage besitzen und diese vermieten oder verpachten: In jedem Fall ist die Anlage V auszufüllen, wenn Sie Einkünfte aus Vermietung und Verpachtung beziehen wie beispielsweise:

- Einkünfte, die aus der Vermietung von Häusern oder Wohnungen entstehen.
- Einkünfte aus Vermietung von Gewerbeflächen
- Einkünfte aus Verpachtung unbebauter Grundstücke
- Einkünfte aus Untervermietung, von angemieteten Räumen ebenso wie von Eigentumsflächen (wenn die Einkünfte niedriger als 1.000 DM im Jahr ausfallen, dann kann auf die Anlage V verzichtet werden)
- Einkünfte, die sich aus der Vermietung von Garagen, Stellplätzen oder Gärten ergeben.
- Einkünfte aus Vermietung von Reklameflächen
- Einkünfte aus Vermietung von Schiffen
- Überlassung von Erbbaurechten, Urheberrechten.

Vermietung und Verpachtung

Falls Sie mehrere Objekte vermieten, muss für jedes Objekt eine gesonderte Anlage V abgegeben werden.

> **Achtung:** Besitzen Sie eine Immobilie, die Sie nicht vermieten, sondern die Sie unentgeltlich überlassen oder selbst nutzen, müssen Sie entweder die Anlage EZ 1A (Kapitel 11) oder die Anlage FW (Kapitel 10) ausfüllen.

Falls das vermietete Objekt nicht einer Privatperson gehört, sondern im Betriebsvermögen steht, werden die Einnahmen und Ausgaben jeweils in der entsprechenden Einkunftsart erfasst, z. B. in der Anlage GSE.

Es sind Mischfälle möglich, wenn z. B. in einem Mehrfamilienhaus eine Wohnung selbst genutzt oder unentgeltlich überlassen und eine Wohnung vermietet wird und eventuell noch gewerbliche Räume genutzt werden. In solch einem Fall müssen die Kosten nach Quadratmetern aufgeteilt werden.

Mischfälle

Das gehört nicht in die Anlage V

Ausschließlich zu eigenen Wohnzwecken genutzte Immobilien oder unentgeltlich an Dritte überlassener Wohnraum wird in den Anlagen FW (Kapitel 10) oder EZ1A (Kapitel 11) erfasst.

Der Veräußerungsgewinn aus dem Verkauf von Immobilien. Dieser gehört evtl. in die Anlage SO (Spekulationsgewinn), wenn zwischen Kauf und Verkauf einer nicht selbst genutzten Immobilie weniger als zehn Jahre liegen.

Verkauf

Entsteht ein Veräußerungsgewinn aus dem Verkauf einer vorher vermieteten Immobilie nach Ablauf von zehn Jahren, ist dieser steuerfrei und wird nirgendwo erfasst. **Gewerblicher Grundstückshandel** Dieser wird in der Anlage GSE erfasst und gehört zu den Einkünften aus Gewerbebetrieb. Gewerblicher Grundstückshandel liegt vor, wenn Sie innerhalb von fünf Jahren mehr als drei Objekte veräußern. Bis zu drei Objekten zählt der Veräußerungsvorgang zur privaten Vermögensverwaltung und wird nirgendwo erfasst.

Mehr als drei Objekte in fünf Jahren

> **Wichtig:** Einkünfte aus Vermietung und Verpachtung (V+V) ergeben sich aus Mieteinnahmen minus Werbungskosten.

Verlustrück- und -vortrag

Die Einkünfte aus Vermietung und Verpachtung können auch negativ sein. Dieser Verlust wird dann mit Ihren übrigen positiven Einkünften verrechnet, allerdings seit 1999 nur in begrenzter Höhe.
Der Verlust mindert Ihr zu versteuerndes Einkommen und damit Ihre persönliche Steuerlast. Beachten Sie hier die Anmerkungen zur neuen Mindestbesteuerung zu § 2 Abs. 3 EStG sowie § 10d EStG (Kapitel 2).

▶ **Formularseite 1**

Mieteinnahmen

Erklärung

Tragen Sie Namen und Steuernummer ein. Kreuzen Sie bitte an, ob die Anlage V zur Einkommensteuererklärung, Körperschaftsteuererklärung (bei Kapitalgesellschaften, z. B. GmbH) oder aber zur Feststellungserklärung (Grundstücksgemeinschaften) abgegeben wird.

Wem werden die Einkünfte zugerechnet?

Eigentümer

Die Mieteinnahmen werden von demjenigen versteuert, der die Einkünfte erzielt. Dies ist normalerweise der bürgerlich-rechtliche Eigentümer. Es kann jedoch auch der wirtschaftliche Eigentümer sein, der sich an dem Objekt einen so genannten Vorbehaltsnießbrauch vorbehalten hat.

Angaben zum Objekt

Zeilen 1–6

Tragen Sie zunächst die genaue Lage des Objektes ein mit Postleitzahl, Straße, Hausnummer sowie das Anschaffungs- bzw. Fertigstellungsdatum. Bei einem neu

Anlage V

Anlage V Lfd. Nr. d. Anlage ☐
☐ zur Einkommensteuererklärung
☐ zur Körperschaftsteuererklärung
☐ zur Feststellungserklärung

2001

Name und Vorname / Gemeinschaft / Körperschaft

Steuernummer

Bitte Anlage St beifügen!

Einkünfte aus Vermietung und Verpachtung
(Bei ausländischen Einkünften: Anlage AUS beachten.)

Zeile		Angeschafft am	Fertig gestellt am	Bitte nur volle DM-Beträge eintragen. DM
	Einkünfte aus dem bebauten Grundstück			
1	Lage des Grundstücks / der Eigentumswohnung (Ort, Straße, Hausnummer)			
2	Eigengenutzter oder unentgeltlich an Dritte überlassener Wohnraum			m²
3	**Mieteinnahmen für Wohnungen** (ohne Umlagen) — Erdgeschoss DM / 1. Obergeschoss DM / 2. Obergeschoss DM / 3. Obergeschoss DM / weitere Geschosse DM			
4	Anzahl / Wohnfläche m² (je Geschoss)			
5	**für andere Räume** (ohne Umlagen) DM / DM / DM / DM / DM			
6	Einnahmen für an Angehörige vermietete Wohnungen (ohne Umlagen) — Anzahl / Wohnfläche m²			
7	Umlagen, verrechnet mit Erstattungen (z. B. Wassergeld, Flur- und Kellerbeleuchtung, Müllabfuhr, Zentralheizung usw.) auf die Zeilen 3 und 5 entfallen			
8	auf die Zeile 6 entfallen			
9	Vereinnahmte Mieten für frühere Jahre / auf das Kalenderjahr entfallende Mietvorauszahlungen aus Baukostenzuschüssen			
10	Einnahmen aus Vermietung von Garagen, Werbeflächen, Grund und Boden für Kioske usw. sowie erstattete Umsatzsteuer			
11	Öffentliche Zuschüsse nach § 88 d II. WoBauG oder zu Erhaltungsaufwendungen, Aufwendungszuschüsse, Guthabenzinsen aus Bausparverträgen und sonstige Einnahmen — Gesamtbetrag DM / davon entfallen auf Wohnungen lt. Zeile 2 − DM =			
12	**Summe der Einnahmen**			
13	**Summe der Werbungskosten** (Übertrag aus Zeile 57)			−
14	**Überschuss** (zu übertragen nach Zeile 16 oder nach Zeile 17 der zusammenfassenden Anlage V)			=

Zeile		Stpfl. / Ehemann Gesellschaft DM	Ehefrau DM	
15	In diese Spalten bitte nur volle DM-Beträge eintragen.	20	21	99 25 20
16	Zurechnung des Betrags aus Zeile 14			21
17	Summe der Beträge aus Zeile 14 aller weiteren Anlagen V	50	51	50
18	**Anteile an Einkünften** aus (Gemeinschaft, Finanzamt, Steuer-Nr.)			51
19	Bauherrengemeinschaften / Erwerbergemeinschaften	76	77	76
20	geschlossenen Immobilienfonds	74	75	77
21	Grundstücksgemeinschaften	56	57	74
22		58	59	75
23		24	25	56
24	Gesellschaften / Gemeinschaften / ähnlichen Modellen i. S. d. § 2 b EStG			57 58 59
25	**Andere Einkünfte** — Einkünfte aus Untervermietung von gemieteten Räumen (Berechnung auf bes. Blatt)	66	67	
26/27	Einkünfte aus Vermietung und Verpachtung unbebauter Grundstücke, von anderem **unbeweglichem Vermögen**, von **Sachinbegriffen** sowie aus **Überlassung von Rechten** (Erläuterung auf besonderem Blatt)	52	53	

Anlage V für Einkünfte aus Vermietung und Verpachtung – Aug. 2001

Nebenkosten-erstattung

erworbenen und vermieteten Objekt erzielt der Käufer Einkünfte ab dem Zeitpunkt des wirtschaftlichen Überganges (Datum steht im Kaufvertrag), bei Herstellung des Objektes ab Fertigstellung bzw. Erstvermietung.

In die Formularzeilen 3–5 tragen Sie, ggf. für jede Etage, die jährlich erzielte Kaltmiete (ohne Nebenkostenvorauszahlungen des Mieters) ein. Zusätzlich geben Sie die Anzahl der Wohnungen pro Etage sowie die Wohnfläche der vermieteten Wohnung(en) an.

In die Formularzeile 7 tragen Sie gesondert die vom Mieter an Sie gezahlten jährlichen Nebenkosten (Umlagen) ein, wobei Sie Ihre Nebenkostenerstattungen an den Mieter wieder abziehen können.

Haben Sie in 2001 Mieteinnahmen aus früheren Jahren oder Baukostenzuschüsse erhalten, sind diese in Formularzeile 9 aufzuführen.

Haben Sie Garagen, Kfz-Einstellplätze oder Werbeflächen vermietet, tragen Sie die Jahresmieteinnahme 2001 in Formularzeile 10 ein.

Umsatzsteuer (Formularzeile 10)

Vermietungseinkünfte sind nach § 4 UStG umsatzsteuerfrei. Falls Sie jedoch aufgrund des Wahlrechtes zuzüglich gesetzlicher Mehrwertsteuer vermieten, gehört die vereinnahmte Mehrwertsteuer zu den Mieteinnahmen.

Wahlrecht

Eine eventuell erstattete Vorsteuer muss in dem Jahr der Erstattung als Mieteinnahme angesetzt werden, eventuell nachgezahlte Mehrwertsteuer wird als Werbungskosten wieder abgezogen.

Warmmietenversteuerung

Setzen Sie in Formularzeile 3 die vereinnahmte Kaltmiete ohne die erhaltenen Nebenkosten für jedes Geschoss bzw. jede Wohnung an. Für jedes Geschoss sind die Anzahl der Wohnungen und die Wohnfläche anzugeben.

Umlagefähige Kosten

Für die Berechnung der Wohnfläche sind keine Keller, Dachböden, Schuppen und Garagen zu berücksichtigen. Raumteile mit einer lichten Höhe zwischen ein und zwei Metern sowie Balkone, Loggien und Dachgärten werden nur mit der hälftigen Fläche miteinbezogen.

Mieteinnahmen für andere Räume werden in Zeile 5 eingetragen.

Als Nebenkostenzahlungen gelten auch pauschale Nebenkostenzahlungen, für die keine jährliche Abrechnung erfolgt. Rechnen Sie mit dem Mieter jährlich ab, so sind die Nebenkostennachzahlungen des Mieters Einnahmen aus früheren Jahren

Werbungs-kosten

(Formularzeile 9) und Nebenkostenerstattungen des Vermieters Werbungskosten (Seite 2 der Anlage V).

Bei der Ermittlung der erhaltenen Einnahmen gilt der Zehntageszeitraum. Einnahmen vom 21.12.2000 bis 31.12.2000 sowie vom 1.1.2002 bis 10.1.2002, die für 2001 gezahlt wurden, werden steuerlich in 2001 erfasst.

Checkliste für Ihre Einnahmen aus V+V

Abgesehen von den o. a. beschriebenen laufenden Mieteinnahmen können noch folgende Zahlungen fließen:
Baukostenzuschüsse sind Mieteinnahmen.
Bausparguthabenzinsen sind steuerpflichtige Einnahmen, soweit der jeweilige Bausparvertrag im Zusammenhang mit dem Grundstück steht, für das die Einnahmen bezogen werden. Bitte stellen Sie auch für die Bausparkonten Freistellungsaufträge oder lassen Sie die Zinsabschlagsteuer bzw. den Solidaritätszuschlag anrechnen (siehe Kapitel 5).
Kautionen sind keine Mieteinnahmen, da sie dem Mieter gehören. Zinsen aus dem Mietkautionskonto sind vom Mieter zu versteuern. Der Vermieter muss dem Mieter eine jährliche Zinsbescheinigung der Bank über die Zinsabschlagsteuer aushändigen, damit diese bei der Einkommensteuerveranlagung des Mieters angerechnet werden kann.
Mieterzuschüsse sind steuerpflichtige Mieteinnahmen.
Mietvorauszahlungen sind steuerpflichtige Mieteinnahmen.
Nebenkostenvorauszahlungen sind Mieteinnahmen, wenn die Warmmietenversteuerung erfolgt.
Nutzungsentschädigungen, die als Ersatz für entgangene Mieteinnahmen gezahlt werden, sind steuerpflichtige Einnahmen.
Umsatzsteuererstattungen stellen Mieteinnahmen im Jahr der Rückerstattung dar, wenn auf die Umsatzsteuerbefreiung nach § 4 UStG verzichtet wurde. Dies kommt häufig bei der Vermietung von gewerblich genutzten Räumen (Geschäftslokale, Ladenlokale, Büros etc.) vor.
Zinsen aus Instandhaltungs-Rücklagenkonten stellen keine Einnahmen aus Vermietung und Verpachtung, sondern Einnahmen aus Kapitalvermögen dar. (Sie brauchen also die Anlage KAP).
Die hier einbehaltene Zinsabschlagsteuer und der Solidaritätszuschlag können durch Vorlage entsprechender Steuerbescheinigungen bei der Einkommensteuerveranlagung angerechnet werden, sofern der Wohnungsverwalter die Zinseinnahmen und den Zinsabschlag entsprechend den Miteigentumsanteilen aufteilt.
Aufwendungsbeihilfen Zuschüsse aus öffentlichen Mitteln an den Vermieter, z. B. Aufwendungsbeihilfen nach dem II. Wohnungsbaugesetz oder Zinszuschüsse, die nicht zurückgezahlt werden müssen, sind steuerpflichtige Einnahmen.
Zuschüsse aus öffentlichen Mitteln zur Finanzierung der Anschaffungs- oder Herstellungskosten stellen keine laufenden Mieteinnahmen dar, sondern bilden eine Minderung der Anschaffungs- oder Herstellungskosten für die Abschreibungsbemessungsgrundlage.

Versicherungsentschädigungen stellen keine Mieteinnahmen dar. Falls eine Versicherungsentschädigung für einen am Gebäude entstandenen Schaden gezahlt wurde, werden die Versicherungsentschädigungen von den Werbungskosten, die durch die Schadensbeseitigung entstehen, abgezogen.

Vereinnahmte Mieten aus verbilligter Überlassung

Verbilligte Überlassung

Dies kommt häufig vor bei Vermietung an Angehörige. Falls Sie verbilligt, also laut jeweiligem Mietspiegel zu einem Preis unter der ortsüblichen Miete vermieten, sind diese Kaltmieteinnahmen gesondert in der Formularzeile 6 zu erfassen.

Die gezahlten Nebenkostenvorauszahlungen für die verbilligte Vermietung an Angehörige gehören in die Zeile 8.

Zeilen 6–8

Die verbilligte Überlassung ist in einen entgeltlichen und in einen unentgeltlichen Teil aufzuteilen, wenn die gezahlte Miete die ortsübliche Marktmiete um mehr als 50 Prozent unterschreitet (§ 21 [2] Satz 2 EStG).

In diesem Fall dürfen die Werbungskosten, die auf den unentgeltlichen Teil entfallen, nicht abgezogen werden.

Werden jedoch nur 45 Prozent der ortsüblichen Miete gezahlt, sind auch nur 45 Prozent der entstandenen Werbungskosten einschließlich Abschreibung abzugsfähig.

> **TIPP** Beträgt die tatsächlich gezahlte Miete einschließlich der Umlagen mindestens 50 Prozent der ortsüblichen Marktmiete, so sind sämtliche Werbungskosten abzugsfähig (Abschnitt 162 [5] Satz 3 EStR).

Voraussetzungen

Das ist zur Anerkennung der verbilligten Vermietung nötig:
- ▶ Die gezahlte Miete darf die 50-Prozent-Grenze nicht unterschreiten, sie sollte eher bei ca. 55 bis 60 Prozent liegen. Steigt der Mietspiegel, ist die Miete entsprechend anzupassen.
- ▶ Es muss schriftliche Verträge wie zwischen fremden Dritten geben.
- ▶ Es muss eine pünktliche Bezahlung der Miete am besten auf ein Vermieterkonto erfolgen, also nicht in bar. Laut Urteil des Finanzgerichtes Düsseldorf (Az 8K 872/96) wird eine Barzahlung der Miete unter Angehörigen jedoch auch anerkannt, Überweisungen sind jedoch unproblematischer.
- ▶ Die Miete muss aus eigenen Mitteln des Mieters gezahlt werden. (Ausnahme: Vermieten Eltern eine Wohnung an unterhaltsberechtigte, nicht verheiratete Kinder, darf die Miete mit dem Barunterhalt der Eltern verrechnet werden. BFH 19.10.99, Az IX R 30/98, DStR 2000, S. 109)

Einnahmen aus Umlagen

Einnahmen aus den Umlagen laut Mietvertrag (für Wasser, Hausstrom, Heizkosten, Reinigungskosten, Grundbesitzabgaben etc.) sind immer in den Formularzeilen 7 oder 8 zu erfassen, auch wenn der Mieter laut vertraglicher Vereinbarung einzelne, vom Vermieter geschuldete Nebenkosten übernimmt. Einnahmen aus der Vermietung von Garagen, Werbeflächen etc. werden in Formularzeile 10 erfasst.

Zeilen 7–11

Wurden zu den Erhaltungsaufwendungen Zuschüsse aus öffentlichen Mitteln oder Aufwendungszuschüsse gezahlt, sind diese wie bisher für die Baumaßnahme als Einnahme in Formularzeile 11 zu erfassen. Hiervon ist der Betrag abzuziehen, der auf eigengenutzte oder unentgeltlich an Dritte überlassene Wohnungen entfällt. Haben Sie Zuschüsse aus öffentlichen Mitteln zur Finanzierung von Anschaffungs- oder Herstellungskosten erhalten, werden diese in der Zeile 60 (Seite 2 Anlage V) erfasst und von der Bemessungsgrundlage für die Abschreibung abgezogen.

Erhaltungsaufwendungen

Anteile an Vermietungseinkünften

Gehört Ihnen das Haus oder die Wohnung nicht allein, sondern gibt es mehrere Miteigentümer, beziehen Sie anteilige Einkünfte aus Vermietung und Verpachtung.

Zeilen 18–24

Dies ist unter den folgenden Voraussetzungen der Fall:
▶ Bauherren/Erwerbergemeinschaft
▶ Geschlossener Immobilienfonds
▶ Grundstücksgemeinschaft.

Mehrere Eigentümer

Für diese Fälle muss eine so genannte Feststellungserklärung der Gemeinschaft erstellt werden. Hierfür muss die Gesellschaft die folgenden Formulare einreichen:
▶ ESt 1, 2, 3 B
▶ ESt 1 B
▶ Anlage FB
▶ Anlage V

Formulare

Es gelten die gleichen steuerlichen Vorschriften wie bei einzelnen Eigentümern.

> **Achtung:** Diese Steuererklärung ist bei dem Finanzamt einzureichen, in dessen Bezirk die Verwaltung des Hauses liegt.

Der entsprechende steuerliche Gewinn oder Verlust wird nach den Miteigentumsanteilen aufgeteilt.

Miteigentumsanteile

Es können noch weitere so genannte Sonderwerbungskosten oder Sonderbetriebsausgaben des einzelnen Beteiligten berücksichtigt werden. Das für jeden einzelnen

Zeilen 19–23

Miteigentümer relevante Ergebnis wird dann durch Mitteilung des Finanzamtes der Gemeinschaft dem Wohnsitzfinanzamt jedes einzelnen Beteiligten mitgeteilt. Tragen Sie in die Formularzeilen 19–23 den Namen der Gemeinschaft, die Steuernummer und das Ergebnis ein. Falls ein solches Ergebnis noch nicht vorliegt, wird dies von Amts wegen eingetragen, wenn Sie Namen und Steuernummer der Gemeinschaft eingesetzt haben.

Keine Feststellungserklärung

> **Achtung:** Ehegatten, die gemeinsam Immobilien besitzen, müssen keine Feststellungserklärung abgeben, da Sie zusammen veranlagt werden. Die Angaben gehören in die Anlage V der Einkommensteuererklärung.

Sind Sie an Verlustzuweisungsgesellschaften i. S. § 2 b EStG beteiligt, tragen Sie den Gewinn oder Verlust in die Zeile 24 ein. Das steuerliche Ergebnis erhalten Sie von dem Wirtschaftsprüfer der Gesellschaft.

Andere Einkünfte, Untervermietung

Untervermietung

Wenn Sie angemietete Räume untervermieten, tragen Sie bitte das Ergebnis in Formularzeile 25 ein. Ziehen Sie dafür von der erhaltenen Miete aus der Untervermietung die anteilige (nur für die untervermieteten Flächen) von Ihnen gezahlte Miete inklusive der Werbungskosten für die untervermieteten Räume ab. Als Ergebnis erhalten Sie den zu berücksichtigenden Gewinn oder Verlust aus der Untervermietung.

Das Finanzamt kann aber auf die Versteuerung nach Abschnitt 161 (1) EStR verzichten, wenn die Einnahmen jährlich 1.000 DM nicht übersteigen, und es sich dabei um vorübergehende Untervermietung handelt. Dann entfallen die Werbungskosten.

Ackerland

Einkünfte aus der Vermietung von unbebauten Grundstücken, anderen unbeweglichem Vermögen bzw. Einkünfte aus der Überlassung von Rechten werden, ebenfalls nach Abzug der entsprechenden Werbungskosten, in Formularzeile 26 eingetragen.

> **Seite 2 des Mantelbogens**

Werbungskosten

Einnahmen und Ausgaben

Die Einkünfte aus Vermietung und Verpachtung ergeben sich durch Gegenüberstellung der Einnahmen gegen die Ausgaben, also den Werbungskosten. Das Ergebnis kann positiv oder negativ sein, wobei das steuerliche Ergebnis nicht dem tatsächlichen wirtschaftlichen Ergebnis entspricht. Denn es werden noch die Abschreibungen

Werbungskosten aus dem bebauten Grundstück

– 2 –

Zeile	Werbungskosten			Nur ausfüllen, wenn die Aufwendungen für das Gebäude nur teilweise Werbungskosten sind (siehe Anleitung zu den Zeilen 30 bis 56).				Werbungskosten
30	aus dem bebauten Grundstück in Zeile 1							
31				Gesamtbetrag DM	Ausgaben, die nicht mit Vermietungseinkünften zusammenhängen			(ggf. Spalte 1 abzüglich Spalte 4)
32					ermittelt durch direkte Zuordnung	ermittelt verhältnismäßig	nicht abziehbarer Betrag DM	Bitte nur volle DM-Beträge eintragen. DM
33				1	2	3	4	5
34	Absetzung für Abnutzung nach den §§ 7, 7 b Abs. 1 S. 2 EStG ☐ linear ☐ degressiv ___% ☐ wie 2000 ☐ lt. bes. Blatt					%		
35	Erhöhte Absetzungen nach § 7 k EStG (Zeilen 61 und 62 beachten) ☐ wie 2000							
36	nach § 14 a BerlinFG ☐ wie 2000							
37	nach § 14 d BerlinFG (Zeile 62 beachten) ☐ wie 2000							
38	nach den §§ 7 h, 7 l EStG Schutzbaugesetz ☐ wie 2000 ☐ lt. bes. Blatt							
39	Sonderabschreibungen nach § 4 Fördergebietsgesetz ☐ wie 2000 ☐ lt. bes. Blatt							
40	Schuldzinsen (ohne Tilgungsbeträge)							
41	Geldbeschaffungskosten (z. B. Schätz-, Notar-, Grundbuchgebühren)							
42	Renten, dauernde Lasten (Einzelangaben auf besonderem Blatt)							
43	2001 voll abzuziehende Erhaltungsaufwendungen, die direkt zugeordnet werden können				✗			
44	verhältnismäßig zugeordnet werden							
45	Auf bis zu 5 Jahre zu verteilende Erhaltungsaufwendungen nach den §§ 11 a, 11 b EStG (Objekte in Sanierungsgebieten, Baudenkmale)							
46	Gesamtaufwand ___ DM		davon 2001 abzuziehen ___ DM					
47	Erhaltungsaufwendungen aus früheren Jahren	aus 1997 ___ DM + aus 1999 ___ DM +	aus 1998 ___ DM ▶ aus 2000 ___ DM ▶					
48								
49	Grundsteuer, Straßenreinigung, Müllabfuhr							
50	Wasserversorgung, Entwässerung, Hausbeleuchtung							
51	Heizung, Warmwasser							
52	Schornsteinreinigung, Hausversicherungen							
53	Hauswart, Treppenreinigung, Fahrstuhl							
54	Verwaltungskosten							
55	Sonstiges							
56								
57	**Summe der Werbungskosten** (zu übertragen nach Zeile 13)							
58								

Zeile	**Zusätzliche Angaben**		
59			
60	2001 vereinnahmte oder bewilligte Zuschüsse aus öffentlichen Mitteln zu den Anschaffungs-/Herstellungskosten (Erläuterungen auf besonderem Blatt)	Stpfl. / Ehemann ___ DM	Ehefrau ___ DM
61	In Fällen des § 7 k EStG (Zeile 35) Mittel aus öffentlichen Haushalten wurden unmittelbar oder mittelbar	☐ gewährt.	☐ nicht gewährt.
62	In Fällen des § 7 k EStG / § 14 d BerlinFG und bei Buchwertentnahme nach § 6 Abs. 1 Nr. 4 Satz 4 EStG vor dem 1. 1. 2001:	☐ Bescheinigung nach § 7 k Abs. 3 EStG ist beigefügt.	

gegengerechnet, die eine Verteilung der Anschaffungs- oder Herstellungskosten auf die Nutzungsdauer darstellen und somit dem Wertverlust eines Gebäudes oder Hauses Rechnung tragen.

Wirtschaftliche Nutzung

> **Achtung:** Werbungskosten können nur von demjenigen geltend gemacht werden, der das Gebäude auch wirtschaftlich nutzt, d. h., der die Einnahmen erzielt oder erzielen möchte.

Veräußerung einer Immobilie

Es werden nur die Aufwendungen steuerlich zum Abzug zugelassen, die objektiv im Zusammenhang mit der Vermietung des Objektes stehen und subjektiv dazu dienen, die Einnahmen zu erhalten bzw. zu steigern. Dabei scheiden Kosten im Zusammenhang mit der Veräußerung einer Immobilie aus (z. B. Inseratskosten wegen Verkauf einer Immobilie oder Zinsen, die noch aus einem Darlehen nach Verkauf verbleiben). Aufwendungen für selbst genutzte oder unentgeltlich an Dritte überlassene Wohnungen können hier nicht als Werbungskosten berücksichtigt werden. Bei den Ausgaben wird folgende Unterscheidung vorgenommen:
Vorweggenommene Werbungskosten Sie entstehen auch vor Erzielung der Einnahmen, stehen aber in einem engen wirtschaftlichen Zusammenhang mit den späteren Einnahmen.
Vergebliche Werbungskosten Darunter versteht man Werbungskosten für Aufwendungen, die nicht dazu führen, dass Einnahmen entstehen. Hier muss jedoch dargelegt werden, dass die Einkunftserzielungsabsicht vorgelegen hat, die Aufwendungen dann aber doch erfolglos waren.

Erfolglose Aufwendungen

Nachträgliche Werbungskosten, also Werbungskosten nach Verkauf der Immobilie, sind in der Regel nicht abzugsfähig.
Werbungskosten für leerstehende Immobilien sind abzugsfähig, wenn die Vermietungsabsicht durch Inserate oder Maklerträge nachgewiesen werden kann. Steht die zur Vermietung bestimmte Immobilie wegen Renovierung leer, können die Werbungskosten auch während dieses Leerstandes abgezogen werden.

Leer stehende Immobilien

Checkliste für Vermieter: ABC der Werbungskosten

Abbruchkosten sind nur Werbungskosten, wenn der Restwert eines Gebäudes wegen außergewöhnlicher Abnutzung abgeschrieben wird. Dies ist der Fall, wenn mit dem Abriss drei Jahre nach Erwerb begonnen wird. Die Kosten können auch Herstellungskosten sein.

Abschlussgebühren für Bausparverträge sind nur Werbungskosten, wenn der Vertrag im Zusammenhang mit der Finanzierung des Gebäudes oder Grundstückes oder einer Renovierung steht.
Abschreibungen sind immer Werbungskosten (s. gesonderter Abschnitt).
Abstandszahlungen an Mieter sind nur Werbungskosten, wenn diese für eine vorzeitige Räumung der Wohnung geleistet werden. Die Aufwendungen sind keine Werbungskosten, wenn die Abfindung im Zusammenhang mit Verkauf oder Selbstnutzung der Immobilie steht.   — Abfindungen
Annoncen wegen Vermietung
Bauwesenversicherung
Bewirtschaftungskosten, beispielsweise Heizung, Gas, Wasser, Strom, Grundbesitzabgaben, Schornsteinfeger oder Hausverwaltungskosten etc. gehören immer zu den Werbungskosten.
Dauernde Lasten gehören immer zu den Werbungskosten, wenn sie im Zusammenhang mit dem Erwerb der Immobilie stehen.   — Dauernde Lasten
Disagio (s. Finanzierungskosten)
Erbbauzinsen
Fachliteratur kann nur bei den Werbungskosten angesetzt werden, wenn sie im Zusammenhang mit Vermietungs- oder steuerlichen Angelegenheiten steht.
Grundsteuer
Gutachterkosten sind Werbungskosten, wenn sie wegen Finanzierung oder Umschuldung sowie für nicht erworbene Objekte als vergebliche Werbungskosten entstanden sind.   — Gutachterkosten
Hausmeisterkosten
Hausstrom
Hausverwaltungskosten
Heizkosten außer in der Zeit der Bauphase, da sind sie Herstellungskosten.
Inseratskosten nur wegen Vermietung, nie wegen Verkauf   — Inserate
Instandhaltungsaufwendungen (s. Erhaltungsaufwendungen in den Formularzeilen 43–48)
Kabelanschluss für die Mieter
Kanalisationsbeiträge für den nachträglichen Anschluss an bereits vorhandene Kanalisation
Kanalreinigung
Kontoführung (s. Finanzierungskosten)
Maklergebühren für Vermietung einer Immobilie oder Finanzierungsberatung
Möbel nur bei möblierter Vermietung. Diese müssen auf die voraussichtliche Nutzungsdauer abgeschrieben werden, sofern das einzelne Wirtschaftsgut netto 800 DM ohne Mehrwertsteuer übersteigt. Ansonsten sind sie sofort abzugsfähig im Jahr der Bezahlung.   — Möblierung

Prozesskosten	**Müllabfuhr**
	Notargebühren wegen Grundschuldbestellung
	Prozesskosten wegen Mieterstreitigkeiten, nicht wegen Baumängeln; diese sind Herstellungskosten.
	Rechtsanwaltskosten (s. Prozesskosten)
	Reisekosten sind im Zusammenhang mit der Betreuung einer vermieteten Immobilie abzugsfähig, ebenso Fahrtkosten und Kosten für Verpflegungsmehraufwand, sofern sie nicht während der Bauphase entstehen.
Verpflegungs-mehraufwand	**Rentenzahlungen** im Zusammenhang mit dem Erwerb der Immobilie
	Reparaturen (s. Erhaltungsaufwendungen in Formularzeilen 43–48)
	Schornsteinfegergebühren
	Steuerberatungskosten im Zusammenhang mit der Beratung oder Erstellung der Steuererklärungen, die mit der Immobilie zusammenhängen.
	Straßenreinigungsgebühren
	Telefon- und Faxkosten anteilig für Vermietungsangelegenheiten
	Umsatzsteuer, die an das Finanzamt gezahlt wird.
	Versicherungen, z. B. Gebäude-, Glas-, Haftpflicht-, Rechtsschutz- und Öltankhaftpflichtversicherung
Vorsteuern	**Vorsteuern** (bei Einnahmen plus Umsatzsteuer), die in den Eingangsrechnungen (z. B. Strom, Heizung, Reparaturen, Schornsteinfeger usw.) enthalten sind.
	Zinsen (s. Finanzierungskosten)

Aufteilung der Werbungskosten

Prozentuale Aufteilung

Die zweite Seite der Anlage V hat fünf verschiedene Spalten, in denen die Werbungskosten in bestimmten Fällen in abziehbare und nicht abziehbare Aufwendungen aufgeteilt werden müssen. Die Aufteilung entfällt, wenn die gesamte Fläche der Wohnung vermietet wird oder zur Vermietung bestimmt ist.

Nur in den folgenden Fällen ist bei den Wohnungskosten eine prozentuale Aufteilung vorzunehmen:

▶ Die Wohnung wurde zu einem Preis unter 50 Prozent der ortsüblichen Marktmiete vermietet.

▶ Die Wohnung wurde unentgeltlich mit gesicherter Rechtsposition überlassen.

▶ Die Wohnung wurde teilweise beruflich genutzt (Arbeitszimmer, Büro, Lager etc.) oder selbst genutzt.

Teilweise berufliche Nutzung

Tragen Sie zunächst in Spalte 1 den Gesamtbetrag der Aufwendungen ein. Falls eine Aufteilung in Frage kommt, können die Kosten direkt in Spalte 2 zugeordnet oder aber prozentual nach den Nutzflächen aufgeteilt werden. Der dann ermittelte Prozentsatz (Spalte 3) ergibt den nicht abzugsfähigen Betrag, der nun in Spalte 4 einzutragen ist. Subtrahieren Sie den Betrag aus Spalte 4 von dem aus Spalte 1, und

Sie erhalten die noch verbleibenden abzugsfähigen Werbungskosten (Spalte 5). Diese Aufteilung ist bei Vorliegen der entsprechenden Voraussetzungen (s. o.) für alle geltend gemachten Werbungskosten vorzunehmen.

Werbungskostenreihenfolge laut Anlage V

Finanzierungskosten

Hierzu zählen Schuldzinsen, soweit sie im Zusammenhang mit der Finanzierung von Anschaffungs- oder Herstellungskosten, von Erhaltungsaufwendungen oder sonstigen Werbungskosten aus Vermietung und Verpachtung stehen. Dazu zählen:

▶ Bereitstellungszinsen
▶ Erbbauzinsen
▶ Bausparzinsen
▶ Grundschuld- und Hypothekenzinsen.

Zeile 40

Schuldzinsen

> **Achtung:** Ist das Grundstück mit einer Hypothek belastet, die nicht wirtschaftlich im Zusammenhang mit der Immobilie steht, sondern nur der rechtlichen Absicherung eines anderen Darlehens dient, sind die Zinsen bei diesem Objekt nicht abzugsfähig.

Hypothek

Sie können bei einer anderen Einkunftsart als Aufwand geltend gemacht werden oder stellen Kosten der privaten Lebensführung (i. S. v. § 12 EStG) dar. Das sind:

▶ Zinsen aus privaten Darlehen
▶ Zinsen aus Krediten zur Abfindung von Miterben
▶ Verzugszinsen wegen verspäteter Zahlung an Verkäufer
▶ Zwischenfinanzierungszinsen.

Disagio Das so genannte Abgeld bei einer Darlehensaufnahme stellt im Jahr der Bezahlung bzw. Einbehaltung durch die Bank sofort abzugsfähige Werbungskosten dar. Einfach ausgedrückt, das Disagio beschreibt die Differenz vom Bruttokredit zum Nettoauszahlungsbetrag.

Ein Disagio ist wie eine Zinsvorauszahlung zu behandeln, der Darlehensnehmer erhält dadurch günstigere Zinskonditionen.

Günstige Zinsen

> **Achtung:** Zwischen der Bezahlung des Disagios und der Auszahlung des Darlehens dürfen nicht mehr als drei Monate verstreichen.

Wird ein Darlehen in Raten ausgezahlt (dies kann entweder nach Bauabschnitt oder nach Baufortschritt geschehen) und das Disagio bei der ersten Auszahlung schon einbehalten oder gezahlt, ist es nur abzugsfähig, wenn die erste Darlehensrate über zehn Prozent des Gesamtdarlehens liegt.

Geldbeschaffungskosten

Finanzierungsberatungskosten, die von Betriebswirten, Unternehmensberatern, Steuerberatern, Finanzierungsberatern etc. berechnet werden, können angesetzt werden.

Zeile 41

Gerichtskosten gehören dann zu den Finanzierungskosten, wenn sie die Eintragung einer Grundschuld oder Hypothek betreffen.

Maklerkosten können ebenfalls Finanzierungskosten sein, wenn sie wegen einer Finanzierungsberatung anfallen.

Notarkosten gehören dann zu den Finanzierungskosten, wenn sie Grundschuld- oder Hypothekenbestellungen betreffen.

Grundschuld

Renten, dauernde Lasten

Wurde das Grundstück gegen Zahlung einer Leibrente oder dauernden Last erworben, stellen diese Zahlungen Werbungskosten dar. Rentenzahlungen sind mit dem Ertragsanteil, dauernde Lasten in voller Höhe abzugsfähig (s. § 22 EStG, Kapitel 5 der Anlage KAP).

Zeile 42

Damit die Aufwendungen anerkannt werden, müssen dem Finanzamt die entsprechenden notariellen Verträge eingereicht werden.

Erhaltungsaufwendungen

Bei Erhaltungs- bzw. Reparaturaufwendungen (Formularzeile 43) muss zunächst bei größeren Aufwendungen zwischen einem sofort abzugsfähigen Erhaltungsaufwand und nachträglichen Anschaffungs- oder Herstellungskosten unterschieden werden. Erhaltungsaufwendungen können im Jahr der Bezahlung sofort als Werbungskosten abgezogen werden.

Zeilen 43–48

Vermieten Sie eine Eigentumswohnung, sind auch die vom Verwalter ausgewiesenen Reparaturen abzugsfähig. Die Instandhaltungsrücklage kann erst im Jahr der Bezahlung der Instandhaltungsaufwendungen aus der Rücklage als Werbungskosten steuerlich berücksichtigt werden.

Instandhaltungsrücklage

Achtung: Herstellungsaufwendungen oder nachträgliche Anschaffungskosten können nur durch die Abschreibung geltend gemacht werden und ermöglichen somit nur eine langfristig gesehene steuerliche Erleichterung.

Wie unterscheidet man Erhaltungsaufwand von Herstellungsaufwand?

Herstellungsaufwand liegt bei einem bestehenden Gebäude immer dann vor, wenn es durch die bauliche Veränderung bzw. Schaffung neuer Flächen und Anlagen eine erhebliche Wertsteigerung erfährt, in seinem Wesen erheblich verändert wird oder eine Substanzvermehrung bzw. Verbesserung erfährt. Beispiele hierfür sind Fahrstuhleinbau, Ausbau vom Dachgeschoss, Flächenänderungen etc. Erhaltungsaufwand liegt vor, wenn Altes durch Neues ersetzt wird.

Dachgeschossausbau

Erhaltungsaufwand liegt unter den folgenden Voraussetzungen vor:
- Es erfolgte keine wesentliche bauliche Veränderung.
- Alte Einrichtungen wurden nur durch neue ausgetauscht.
- Die Aufwendungen kehren regelmäßig wieder.
- Es erfolgte keine Substanzvermehrung, der Zustand sollte nur erhalten bleiben.
- Es erfolgte nur eine Anpassung auf den neuesten technischen Stand.

Substanzvermehrung

> **TIPP** Aufwendungen bis netto 4.000 DM (ohne Mehrwertsteuer) je Baumaßnahme können auf Antrag als sofort abzugsfähiger Erhaltungsaufwand berücksichtigt werden.

Wenn das Finanzamt wegen der Anerkennung herumzickt

Fallen Herstellungskosten und Aufwendungen, die sonst als Erhaltungsaufwendungen bewertet werden, in einen engen räumlichen und zeitlichen Zusammenhang, sieht das Finanzamt hier einen einheitlichen wirtschaftlichen Vorgang und zählt diese Aufwendungen insgesamt zu den Herstellungskosten. Laut BFH-Urteil IV 62/94 können diese Aufwendungen jedoch nur insgesamt als Herstellungskosten berücksichtigt werden, wenn die Baumaßnahmen technisch zusammenhängen. Werden die baulichen Maßnahmen zwar in zeitlichem, nicht aber räumlichem Zusammenhang durchgeführt, dann müssen sie als sofort abzugsfähiger Erhaltungsaufwand berücksichtigt werden.

Einheitlicher wirtschaftlicher Vorgang

Laut Abschnitt 157 (4) EStR sind Aufwendungen, die im Zusammenhang mit der Anschaffung eines Gebäudes gemacht werden, als anschaffungsnaher Aufwand (Herstellungskosten) zu behandeln, wenn sie im Verhältnis zum Kaufpreis hoch sind und eine wesentliche Verbesserung des Gebäudes erfolgt.

Verhältnis zum Kaufpreis

Ob jedoch ein solcher anschaffungsnaher, nicht sofort abzugsfähiger Aufwand vorliegt, ist für die ersten drei Jahre nach Anschaffung nicht zu prüfen, wenn die Instandhaltungsaufwendungen der ersten drei Jahre (netto, ohne Mehrwertsteuer) insgesamt 15 Prozent der Gebäudeanschaffungskosten nicht übersteigen, sofern das Gebäude nach dem 31.12.1993 angeschafft wurde.

Einspruch einlegen

Wichtig: Die strenge Regelung mit dem anschaffungsnahen Aufwand scheint zu kippen. Wenn Ihr Finanzamt Ihre umfangreichen Erhaltungsaufwendungen in den ersten drei Jahren nicht als Werbungskosten, sondern als anschaffungsnahen Aufwand qualifiziert, legen Sie in jedem Fall Einspruch gegen den Einkommensteuerbescheid ein. Verweisen Sie auf das derzeit beim BFH anhängige Verfahren unter Az: IX R 39/97; IX R 61/99 sowie IX R 73/99. Beantragen Sie das Ruhen des Verfahrens bis zur Entscheidung des obersten Finanzgerichtes.

Immobilienerben

Vorteile für Immobilienerben
Haben Sie das Gebäude durch Schenkung oder Erbschaft erworben, sind die umfangreichen Erhaltungsaufwendungen in den ersten Jahren sofort abzugsfähig. Nachträgliche Herstellungskosten, die nur über die Abschreibung berücksichtigt werden, liegen nur dann vor, wenn die Maßnahmen zu einer ganz wesentlichen Verbesserung des Gebäudes und einer Erweiterung der Wohnfläche führen (BFH 21.11.2000, Az: IX R 40/98 sowie Abschnitt 157 EStH).

Größere zu verteilende Erhaltungsaufwendungen

Geschicktere Verteilung der Steuerlast

Größere Erhaltungsaufwendungen nach §§ 11 a, 11 b EStG zur Erhaltung eines Gebäudes können auf zwei bis fünf Jahre gleichmäßig verteilt werden, sofern es sich um den Erhaltungsaufwand bei Gebäuden in Sanierungsgebieten und städtebaulichen Entwicklungsbereichen (§ 11 a EStG) oder um Aufwendungen zur Erhaltung von Baudenkmalen (§ 11 b EStG) handelt. Sofern hier auch teilweise Aufwendungen nach den §§ 11 a und 11 b EStG auf selbstgenutzte Flächen entfallen, können die Aufwendungen nach § 10 f Abs. 2 EStG berücksichtigt werden (s. Kapitel 10, Analge FW). Größere Erhaltungsaufwendungen nach § 82 b EStDV, die vor dem 1.1.1999 entstanden sind, jedoch in 1999 gezahlt wurden, dürfen letztmalig auf bis zu fünf Jahren verteilt werden (1999 – 2003), was eine geschicktere Verteilung der Steuerlast möglich macht. Voraussetzung für die Verteilung der Aufwendungen ist, dass die Grundfläche der zu Wohnzwecken genutzten Räume mehr als die Hälfte der gesamten Nutzfläche beträgt und das Gebäude nicht zum Betriebsvermögen gehört. Sind die größeren Erhaltungsaufwendungen in der Zeit vor 1999 entstanden und haben Sie seinerzeit die Verteilung der Aufwendungen gewählt, können Sie die noch nicht berücksichtigten Aufwendungen in den Zeilen 45–48 eintragen. Es handelt sich dann um die Aufwendungen aus den Jahren 1997–1999.

Abschreibung von Gebäuden

Umlagefähige Nebenkosten

Hier tragen Sie die beschriebenen Aufwendungen ein. Es handelt sich hier um die umlagefähigen Nebenkosten wie:
- Grundbesitzabgaben (Grundsteuer, Müllabfuhr und Straßenreinigung, Zeile 49)
- Wasser, Abwasser, Hausstrom (Formularzeile 50)
- Heizung, Warmwasser (Formularzeile 51)
- Schornsteinreinigung, Hausversicherungen (Formularzeile 52)
- Hausmeister, Treppenreinigung, Fahrstuhlkosten (Formularzeile 53).

Zeilen 49–56

Umlagefähige Nebenkosten

Nicht umlagefähige Nebenkosten, die auch Werbungskosten sind

Verwaltungskosten
(Formularzeile 54) Das können Kosten für den Verwalter einer Wohnungseigentümergemeinschaft sein oder ein von Ihnen beschäftigter Hausverwalter.

Sonstige Kosten
In den Zeilen 55 und 56 können sämtliche sonstigen, im Zusammenhang mit der Vermietung entstandenen Kosten angegeben und auf einem gesonderten Blatt aufgelistet werden:
- Büromaterial, Porto, anteilige Telefon- und Telefaxkosten, Reisekosten
- Beiträge zum Haus- und Grundbesitzerverein
- Steuerberatungskosten, Rechtsanwaltskosten
- Umsatzsteuernachzahlungen und gezahlte Vorsteuerbeträge
- Abstandszahlungen an Mieter
- Inseratskosten wegen Vermietung
- Abschreibung von Einrichtungsgegenständen bei möblierter Vermietung.

Kosten der Instandhaltungsrücklage bei vermieteten Eigentumswohnungen. Dies ist aber nur im Jahr der Bezahlung der Erhaltungsaufwendungen aus der Rücklage möglich.

Handelt es sich um geringwertige Wirtschaftsgüter (Nettobetrag bis 800 DM je Einrichtungsstück oder 928 DM brutto für nicht umsatzsteuerpflichtige Vermieter), dann können die Aufwendungen noch im Jahr der Bezahlung abgezogen werden. Bei höheren Aufwendungen werden die Einrichtungsgegenstände auf fünf bis zehn Jahre linear, in gleich bleibenden Beträgen, wie folgt abgeschrieben:
- Zehn bis dreizehn Jahre Nutzungsdauer bei Möbeln, Einbauküchen, Elektrogeräten,
- fünf bis acht Jahre Nutzungsdauer bei Teppichen und Vorhängen.

Bei gebrauchten Gegenständen ist die Nutzungsdauer geringer.

Zeilen 55–56

800-Mark-Grenze

Nutzungsdauer

Abschreibung des Gebäudes

AfA-Arten

Zeile 34

Da der Kaufpreis für die zur Vermietung bestimmte Immobilie Anschaffungskosten bzw. bei Neubau Herstellungskosten darstellt, können diese Aufwendungen nur durch die Abschreibungen steuerlich berücksichtigt werden. Zu unterscheiden sind:
▶ AfA für Bauherren, die Neubauten errichten oder errichten lassen.
▶ AfA für Käufer, die bestehende Bauten nach dem Jahr der Fertigstellung erwerben.
▶ AfA für vermietete Immobilien in den neuen Bundesländern
▶ AfA für Umbauten.

Grund- und Bodenkosten

Diese Abschreibungsarten haben folgende Gemeinsamkeiten:
Bemessungsgrundlage für die AfA sind immer die Anschaffungs- oder Herstellungskosten für das Gebäude. Grund- und Bodenkosten (einschließlich Nebenkosten für Grund und Boden) müssen herausgerechnet werden.
Es gibt keine Höchstgrenze für die AfA-Bemessungsgrundlage.

Mehrere Objekte

Es gibt keine Objektbeschränkung, die AfA bei vermieteten Immobilien kann parallel für mehrere Objekte auch nacheinander oder parallel beansprucht werden. Die Höhe der AfA richtet sich in jedem Fall danach, ob die Wohnung für Wohnzwecke oder für betriebliche Zwecke genutzt wird.

Absetzung für Abnutzung nach § 7 [4] EStG

Diese lineare Gebäude-AfA nach § 7 (4) EStG bleibt jährlich gleich und gilt für bestehende Gebäude, die nicht bis zum Jahr der Fertigstellung erworben wurden.
▶ Sie beträgt jährlich vier Prozent für Gebäude, die zum Betriebsvermögen gehören und nicht Wohnzwecken dienen mit Baugenehmigungsantrag nach 31.3.1985.
▶ Sie beträgt jährlich zwei Prozent für Gebäude, die zum Privatvermögen gehören mit Fertigstellung nach dem 31.12.1924.
▶ Sie beträgt jährlich 2,5 Prozent für Gebäude, die vor dem 1.1.1925 fertig waren.

Datum des Bauantrags

Hat der Steuerpflichtige das Gebäude selbst hergestellt oder bis zum Jahr der Fertigstellung erworben, gelten die degressiven Abschreibungen nach § 7 (5) EStG. Das Datum des Bauan- oder des Kaufvertrages bestimmt die Höhe der degressiven AfA. Die Bemessungsgrundlage ist der reine Gebäudeanteil ohne Grund- und Bodenkosten.

Absetzung für Abnutzung nach § 7 (5) EStG

Steuerpflichtige, die selbst ein zur Vermietung bestimmtes Gebäude herstellen oder vom Bauträger bis spätestens Ende des Jahres der Fertigstellung erwerben, können höhere AfA-Beträge als Werbungskosten ansetzen. Es handelt sich um eine Jahres-

AfA, die immer für ein volles Jahr gewährt wird, während die lineare AfA nach § 7 (4) EStG nach Monaten zeitanteilig gewährt wird (pro rata temporis). Dies ist z. B. dann der Fall, wenn der Steuerpflichtige das Gebäude erst während des Jahres erworben oder verkauft hat.

Absetzung für Abnutzung

Die degressiven AfA-Prozentsätze sind höher als die lineare AfA, wirken sich somit steuerlich günstiger aus. Ihre Höhe richtet sich nach dem Zeitpunkt der Anschaffung bzw. dem Zeitpunkt der Bauantragstellung. Die degressive Gebäude-AfA wird auch gewährt, wenn Sie an einem bestehenden Gebäude einen völlig neuen Gebäudetrakt zur späteren Vermietung errichten. Hierzu zählt nicht der Dachgeschossausbau.
Entnehmen Sie die für Sie gültigen AfA-Sätze der nachstehenden Tabelle:

Degressive Gebäude-AfA

Antrag auf Bau-genehmigung oder Abschluss des Kaufvertrags	Gebäudeverwendung		Wohnzweck Betriebs- oder Privatvermögen
	kein Wohnzweck		
	Das Gebäude gehört zum		
	Betriebsvermögen	Privatvermögen	
nach dem 31. März 1985	4 x 10 % 3 x 2,5 % 18 x 2,5 %	8 x 5 % 6 x 2,5 % 36 x 1,25 %	4 x 7 % 6 x 5 % 6 x 2 %
nach dem 28. Febr. 1989			
nach dem 31. Dez. 1993 und vor dem 01. Jan. 2001 angeschafft oder mit Herstellung begonnen	lineare Abschreibung gemäß § 7 Abs. 4 EStG: 25 x 4 %		
nach dem 31. Dez. 1994		lineare Abschreibung gemäß § 7 Abs. 4 EStG: 50 x 2 % oder 40 x 2,5 %	24 x 1,25 %
nach dem 31. Dez. 1995			8 x 5 % 6 x 2,5 % 36 x 1,25 %
Bauantrag nach dem 31. März.1985 und Herstellung oder Anschaffung nach dem 31. Dez. 2000	33 x 3 %		

Achtung: Die degressive AfA nach § 7 [5] EStG können Sie nur in Anspruch nehmen, wenn Sie die zur Vermietung bestimmte Immobilie spätestens bis zum Ende des Jahres der Fertigstellung (31.12.) erwerben.

Ebenso in die Zeile 34 gehört die Restwert-AfA von 2,5 Prozent der Gebäudekosten nach Abzug der beanspruchten AfA nach § 7 b Abs.1 Satz 2 EStG für selbst genutztes Wohneigentum.

Gebäudekosten

Grunderwerbsteuer

Bei Kauf einer bestehende Immobilie, stehen die Anschaffungskosten im Kaufvertrag. Der Grundstücksanteil wird herausgerechnet (Eigentumswohnung = Miteigentumsteil). Weitere Anschaffungsnebenkosten für den Grund und Boden sind z. B. (jeweils anteilig gerechnet): Grunderwerbsteuern, Maklerkosten, Notargebühren wegen Kaufvertrag, Gerichtskosten wegen Eigentumsumschreibung.

Beispiel *Macht der Kaufpreis für das Grundstück 20 Prozent aus, sind von den Anschaffungsnebenkosten 20 Prozent für den Grund- und Bodenanteil abzuziehen.*

Rechenmuster zur Ermittlung der Gebäudekosten

Abschreibungskosten

Nachfolgend eine Anleitung für die Berechnung der Gebäudekosten. Familie Schmidt möchte die Abschreibungskosten für ihr Haus ermitteln, das sie vor drei Monaten für 600.000 DM gekauft hat. Bitte ersetzen Sie die kursiven Zahlen durch Ihre individuellen.

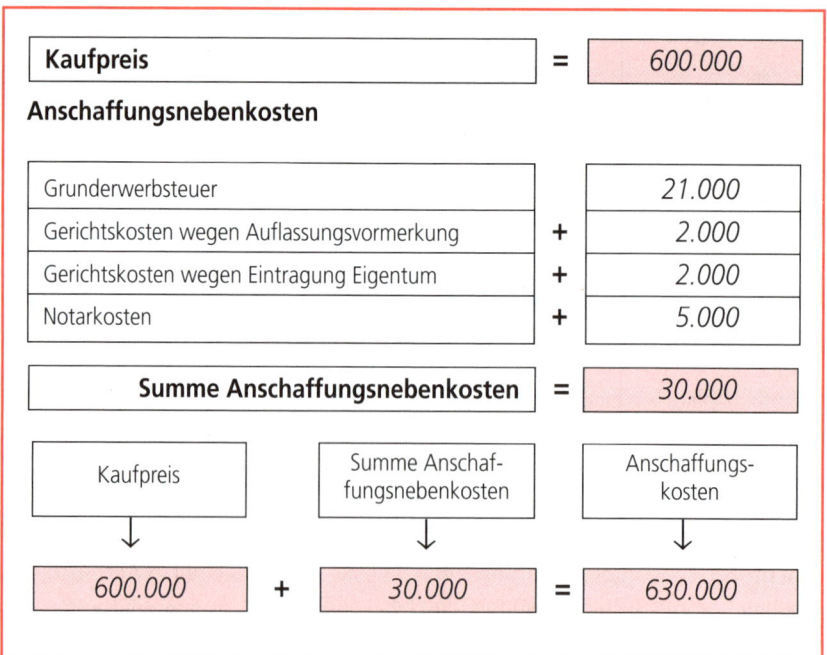

Grund- und Bodenanteil

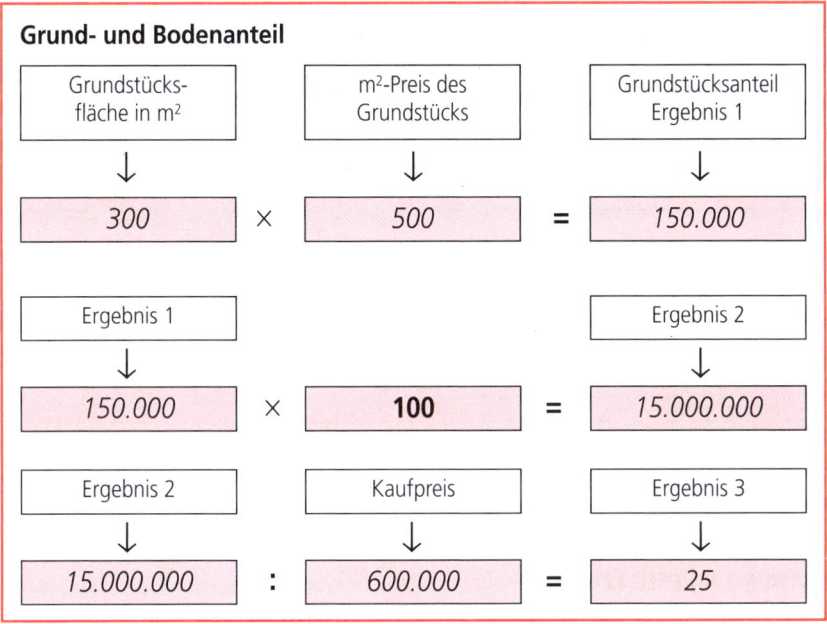

Der Grund- und Bodenanteil von Gebäuden muss vom gesamten Kaufpreis herausgerechnet werden, da er nicht abschreibungsfähig ist.

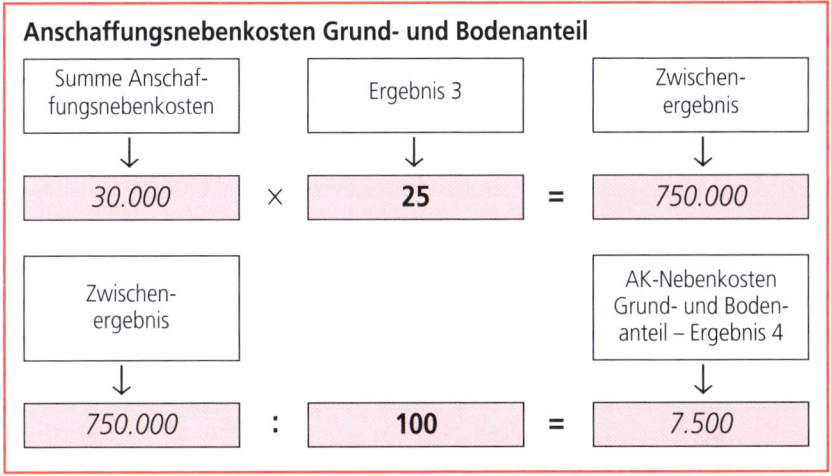

Kapitel 9: Die Anlage V

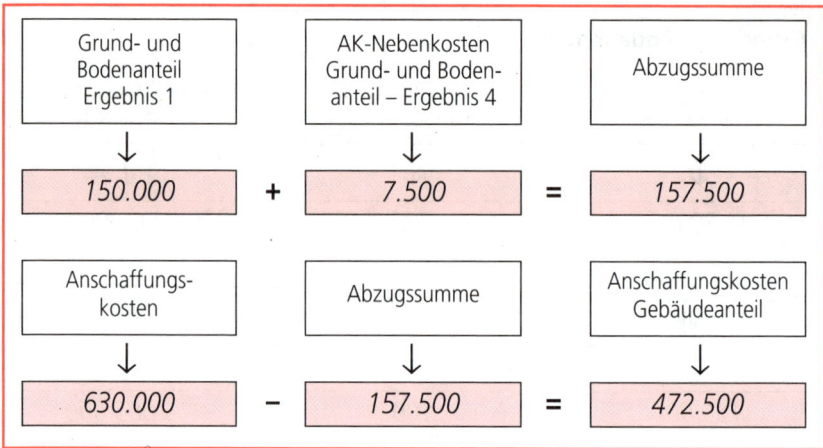

Schließlich wird der gesamte Grund- und Bodenanteil von den Gesamtanschaffungskosten abgezogen.

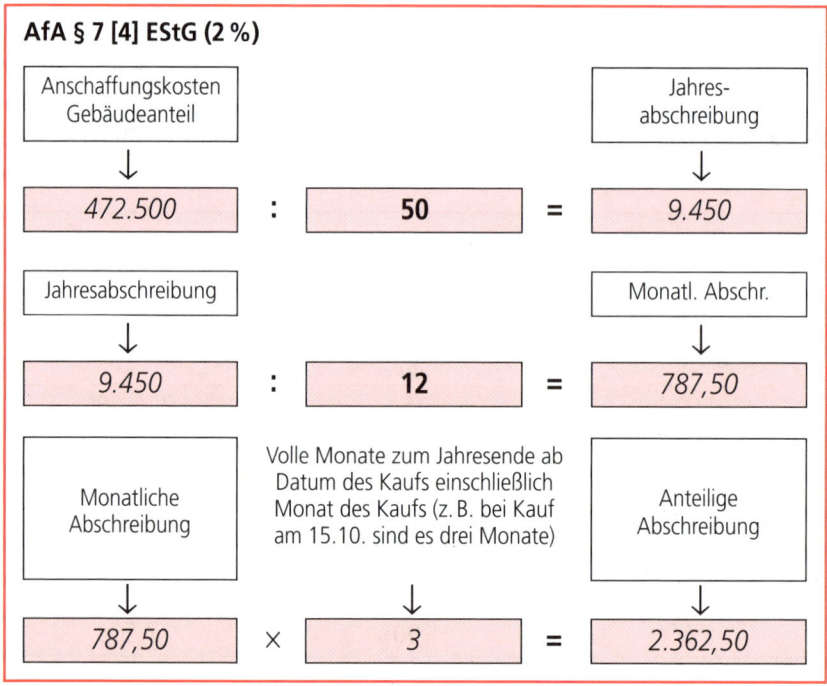

Wenn Sie Bauherr sind

In diesem Fall sind die Herstellungskosten alle Aufwendungen, die mit der Errichtung des Gebäudes zusammenhängen. Aufwendungen für Grund und Boden sind dann der Kaufpreis des Grundstückes zuzüglich Grunderwerbsteuer.
Kaufen Sie einen Neubau von einem Bauträger, müssen auch hier die anteiligen Anschaffungs- bzw. Herstellungsnebenkosten für das Grundstück herausgerechnet werden.

Kaufpreis plus Grunderwerbsteuer

Achtung: Eventuelle nachträgliche Anschaffungs- oder Herstellungskosten werden zu den bisherigen Gebäudekosten hinzugerechnet und erhöhen die bisherige AfA.

Haben Sie ein Grundstück geerbt oder unentgeltlich erworben, werden die AfA-Beträge des Rechtsvorgängers fortgeführt.
Tragen Sie im Zusammenhang mit dem Erwerb oder durch nachträgliche umfangreiche Erhaltungsaufwendungen eigene Kosten, können diese die bisherige Abschreibung erhöhen.

Erhöhte Absetzung für Sozialwohnungen nach § 7 k EStG/§ 14 d BerlinFG

Bei Neubauten mit Sozialbindung (Belegungs- und Mietpreisbindungen) können folgende AfA-Beträge beansprucht werden, wenn es sich um auf mindestens zehn Jahre vermietete Wohnungen handelt, für die keine öffentlichen Mittel und Gelder verwendet wurden:

Zeile 35 und 37

- Im Jahr der Fertigstellung und in den folgenden vier Jahren jeweils bis zehn Prozent (5 x 10 %)
- Danach für fünf Jahre sieben Prozent
- Danach 3,33 Prozent vom Restwert der Anschaffungs- oder Herstellungskosten, wenn für die Wohnung weder AfA nach § 7 (5) EStG noch sonstige Sonder-AfA oder erhöhte AfA beansprucht wurde.

Weitere Voraussetzungen für eine erhöhte Absetzung:
Bauantrag und Kaufvertrag müssen nach dem 28.2.1989 erfolgt sein. Die Fertigstellung muss vor dem 1.1.1996 erfolgt sein und die Wohnung muss bei Bauantrag oder kauf nach dem 31.12.1992 mit Mietpreisbindung an Personen vermietet werden, die im Jahr der Fertigstellung Arbeitnehmer des Vermieters sind.
Für Wohnungen in Westberlin (§ 14 d BerlinFG) gilt, dass auch öffentliche Mittel beansprucht worden sein dürfen. Die AfA nach § 7 k EStG gilt in den neuen Bundes-

Restwert von Anschaffungs- und Herstellungskosten

⚡ Blitzübersicht: Abschreibungen für Aus- und Umbauten

	Gesetzliche Grundlage		
	§ 7 k EStG (Neubauten mit Sozialbindung)	§ 7 h EStG	§ 7 i EStG
Begünstigte Baumaßnahmen	Neubauten mit Sozialbindung (Mietpreisbindung) ohne öffentliche Mittel	Modernisierungs- und Instandsetzungsmaßnahmen gemäß § 177 des Baugesetzbuches an Gebäuden in Sanierungsgebieten und in städtebaulichen Entwicklungsbereichen	Baumaßnahmen, die nach Art und Volumen dazu beitragen, ein Gebäude als Baudenkmal zu erhalten oder seine sinnvolle Nutzung (wieder) zu ermöglichen.
Höhe der Begünstigung	5 Jahre 10 %, 5 Jahre 7 %, danach 3,33 % vom Restwert der AK oder HK	10 Jahre jeweils bis zu 10 % der begünstigten Herstellungskosten	10 Jahre jeweils bis zu 10 % der begünstigten Herstellungskosten
Besondere Voraussetzungen	Bauantrag oder Kauf nach dem 28.2.1989 und Fertigstellung vor dem 1.1.1996	Behördliche Bescheinigung der Gemeinde, dass die gesetzlichen Voraussetzungen nach § 7 h [1] EStG erfüllt sind.	Bescheinigung der für den Denkmalschutz zuständigen Behörde, dass die gesetzlichen Voraussetzungen nach § 7 i [1] EStG erfüllt sind.

ländern nur bei Erwerb oder Herstellung nach dem 31.12.1990. § 14 d BerlinFG erlaubt die Inanspruchnahme der erhöhten AfA bei Mehrfamilienhäusern, die in Westberlin liegen.

Es gibt kein Baukindergeld nach § 34 f EStG. Es sind stattdessen teilweise erhöhte Absetzungen laut der Formularzeile 41 gültig. Diese erhöhten Absetzungen gelten jedoch nur für Gebäude, die vor dem 1.1.1987 hergestellt oder erworben wurden.

Erhöhte Absetzungen nach § 7 h EStG (früher § 82 g EStDV)

Sanierungsgebiete

In diesen Fällen werden Modernisierungs- und Instandsetzungsmaßnahmen für Gebäude in Sanierungsgebieten und im städtebaulichen Entwicklungsbereich gefördert. Statt der AfA nach §§ 7 (4) und (5) EStG oder §§ 14 a, 15 BerlinFG können

im Jahr der Herstellung und in den folgenden neun Jahren bis zu zehn Prozent abgeschrieben werden.
Dies gilt in den neuen Bundesländern für Modernisierungsmaßnahmen, die nach dem 31.12.1990 ausgeführt wurden.
Es ist dem Finanzamt durch eine Bescheinigung nachzuweisen, dass es sich um ein Sanierungsgebiet handelt.

Zeile 38

Erhöhte Absetzungen nach § 7 i EStG (früher § 82 i EStDV)

Die Herstellungskosten für Baumaßnahmen an Gebäuden, die unter Denkmalschutz stehen, können statt der linearen oder degressiven AfA der §§ 7 (4) und (5) EStG nun im Herstellungsjahr und in den darauf folgenden neun Jahren mit zehn Prozent abgeschrieben werden.

Denkmalschutz

Zeile 38

Sonderabschreibungen für die neuen Bundesländer (§ 4 Fördergebietsgesetz)

Haben Sie ein Gebäude zur Vermietung in den neuen Bundesländern erworben, gibt es zusätzlich zur linearen AfA nach § 7 Abs. 4 EStG im Jahr der Anschaffung und in den folgenden vier Jahren Sonderabschreibungen nach § 4 Fördergebietsgesetz.
Begünstigt sind Anzahlungen auf Anschaffungskosten und Teilherstellungskosten.
Diese Abschreibungsmöglichkeiten wurden vom Gesetzgeber reduziert.
Achten Sie auf das Datum des Erwerbs bzw. der Anzahlung auf die Anschaffungskosten oder Zahlung der tatsächlich entstandenen Teilherstellungskosten.

Zeile 39

Fördergebietsgesetz

Anschaffung bzw. Anzahlung auf Anschaffungskosten oder entstandene Teilherstellungskosten vor dem 1.1.1997

Von den Anschaffungs- oder Herstellungskosten eines Gebäudes, Gebäudeteilen, Eigentumswohnungen, gewerblich genutzter Flächen können neben der linearen AfA nach § 7 (4) EStG in den ersten fünf Jahren Sonderabschreibungen nach §§ 3 und 4 Fördergebietsgesetz in Höhe von bis zu 50 Prozent geltend gemacht werden. Der Erwerb von Gebäuden, die zum Privatvermögen gehören, ist nur begünstigt, wenn die Anschaffung spätestens im Jahr der Fertigstellung erfolgt und keine degressive oder erhöhte AfA beansprucht wird. Auch gilt als AfA-Bemessungsgrundlage nur der Gebäudeanteil. Die Inanspruchnahme einer zusätzlichen degressiven AfA ist unzulässig. Die 50%ige Sonderabschreibung konnte auch schon

Privatvermögen

im ersten Jahr beansprucht werden, sie muss nicht auf fünf Jahre verteilt werden, die Verteilung kann beliebig erfolgen.

Anteilige Grund- und Bodenkosten

> **TIPP** Nach dem Fördergebietsgesetz können auch Anzahlungen auf Anschaffungskosten und Teilherstellungskosten abgeschrieben werden (sonst erst nach Fertigstellung des Gebäudes). Es darf sich aber nicht um willkürliche Zahlungen handeln, sondern nur um Zahlungen für ein bestimmtes Gebäude. Auch hier müssen die anteiligen Grund- und Bodenkosten durch Schätzung herausgerechnet werden.

Anschaffung oder Herstellung nach dem 31.12.1996 und vor dem 1.1.1999

Bei Anschaffung oder Herstellung eines zur Vermietung bestimmten Gebäudes nach dem 31.12.1996 hat der Gesetzgeber die Abschreibungsmöglichkeiten wie folgt reduziert:

Bis zu 50 Prozent, wenn vor dem 01.01.1997 Anzahlungen auf Anschaffungskosten geleistet wurden oder Teilherstellungskosten entstanden sind.

Eigenbetriebliche Nutzung

40 Prozent für die Modernisierung und Sanierung von vermieteten Gebäuden und in einem verarbeitenden Gewerbe eigenbetrieblich genutzten Räumen (§ 4 [2] Satz 3 FördG).

25 Prozent, wenn das Gebäude mindestens für fünf Jahre an Privatleute vermietet wird (§ 4 [2] Satz 2 Nr. 1 FördG).

20 Prozent, wenn das Gebäude keinen Wohnzwecken dient (z. B. Vermietung an Gewerbetreibende) oder weniger als fünf Jahre an Privatleute vermietet wird (§ 4 [2] Satz 2 Nr. 2 b FördG).

Teilherstellungskosten

> **Wichtig:** Haben Sie vor dem 1.1.1997 bereits Anzahlungen oder Teilherstellungskosten geleistet, gilt für Sie die alte, günstigere Regelung, auch wenn das Gebäude erst später fertig gestellt wird!

Willkürlich zu hohe Anzahlungen werden vom Finanzamt nicht anerkannt. Wenn das Gebäude jedoch im folgenden Jahr fertig gestellt wird, gelten Zahlungen nicht mehr als willkürlich. Hier stützt sich die Finanzverwaltung auf § 3 der Makler- und Bauträgerverordnung.

> **TIPP** Für die Sonderabschreibungen nach dem Fördergebietsgesetz gibt es keine Objektbeschränkung, sie können für beliebig viele Objekte beansprucht werden, egal, wie hoch die Anschaffungs- bzw. Herstellungskosten sind.

Denken Sie auch an die lineare AfA
Zusätzlich zu den beliebig zu verteilenden Sonderabschreibungen können Sie die lineare AfA in Höhe von jährlich zwei Prozent der Gebäudekosten abziehen!

Größerer Erhaltungsaufwand bzw. nachträgliche Herstellungskosten in den neuen Bundesländern nach dem 31.12.1990 und vor dem 1.1.1997

Für diese Aufwendungen an Gebäuden in den neuen Bundesländern kann in den ersten fünf Jahren ebenfalls die 50 %ige AfA beansprucht werden, sobald die entsprechenden (umfangreichen) Erhaltungsaufwendungen beendet sind.

Handelt es sich nur um kleine Reparaturen, stellen diese sofort abzugsfähige Werbungskosten dar. — *Kleine Reparaturen*

Der Restwert der nachträglichen Herstellungs- bzw. Modernisierungsarbeiten des Gebäudes ist dann vom sechsten bis zehnten Jahr in gleichen Jahresbeträgen linear abzuschreiben.

Die o. a. Aufwendungen sind also innerhalb von zehn Jahren sofort als Werbungskosten oder Betriebsausgaben abzusetzen. Berücksichtigt werden Aufwendungen, die nach dem 31.12.1990 und vor dem 1.1.1997 entstanden sind (§ 4 [3] FördG).

Änderungen für Modernisierungsarbeiten nach dem 31.12.1996

Haben Sie nach dem 31.12.1996 Ihr Gebäude in den neuen Bundesländern modernisiert, beträgt die Sonder-AfA 40 Prozent der Baumaßnahmen. Der Abschreibungszeitraum beginnt erst in demjenigen Jahr, in dem die Baumaßnahmen abgeschlossen wurden. — *40 Prozent*

Im Formular müssen Sie nun addieren und zurückblättern!
Addieren Sie nun bitte alle abzugsfähigen Werbungskosten aus Spalte 5 (Seite 2), und schreiben Sie die Summe in Zeile 57. — *Werbungskosten addieren*

Diese Summe übertragen Sie dann auf die erste Seite der Anlage V in Formularzeile 13.
Die Summe der Werbungskosten subtrahieren Sie dann von der Summe der Einnahmen laut Formularzeile 12.
Sie erhalten die Einkünfte aus Vermietung und Verpachtung des jeweiligen Objektes, die in Formularzeile 14 einzutragen sind.
Bei dieser Rechnung kann sich hier nun ein positiver Betrag (Gewinn) oder ein negativer Betrag (Verluste bitte in Rot eintragen oder mit Minuszeichen versehen) ergeben.

Für jedes Objekt eine eigene Anlage

> **Achtung:** Vermieten Sie mehrere Immobilien, müssen Sie für jedes Objekt eine eigene Anlage V erstellen. Die Summe der Ergebnisse tragen Sie in einer Anlage V in Formularzeile 17 ein.

Zusätzliche Angaben

Zeilen 59–62 Öffentliche zuschüsse

Hier werden eventuell erhaltene Zuschüsse aus öffentlichen Mitteln zu den Anschaffungs- oder Herstellungskosten eingetragen.

Rechenmuster für Einkünfte aus Vermietung und Verpachtung

Auf den folgenden Seiten wird in tabellarischer Form ein Rechenmuster für die Einkünfte aus Vermietung und Verpachtung vorgestellt.
Im Anfang werden die allgemein üblichen Einnahmemöglichkeiten aufgeführt. Anschließend werden die Ausgaben, also die Aufwendungen für größere Maßnahmen zur Instandhaltung, im Einzelnen genannt.

Einnahmen

Einnahmen

Mieten für:	Gewerbliche Räume		
	Wohnräume	+	
	Einstellplätze	+	
	Andere Einnahmen	+	
	Pauschale Umlagen	+	
	Öffentliche Mittel	+	
	Summe der Einnahmen	=	

Sanierungskosten

Ausgaben

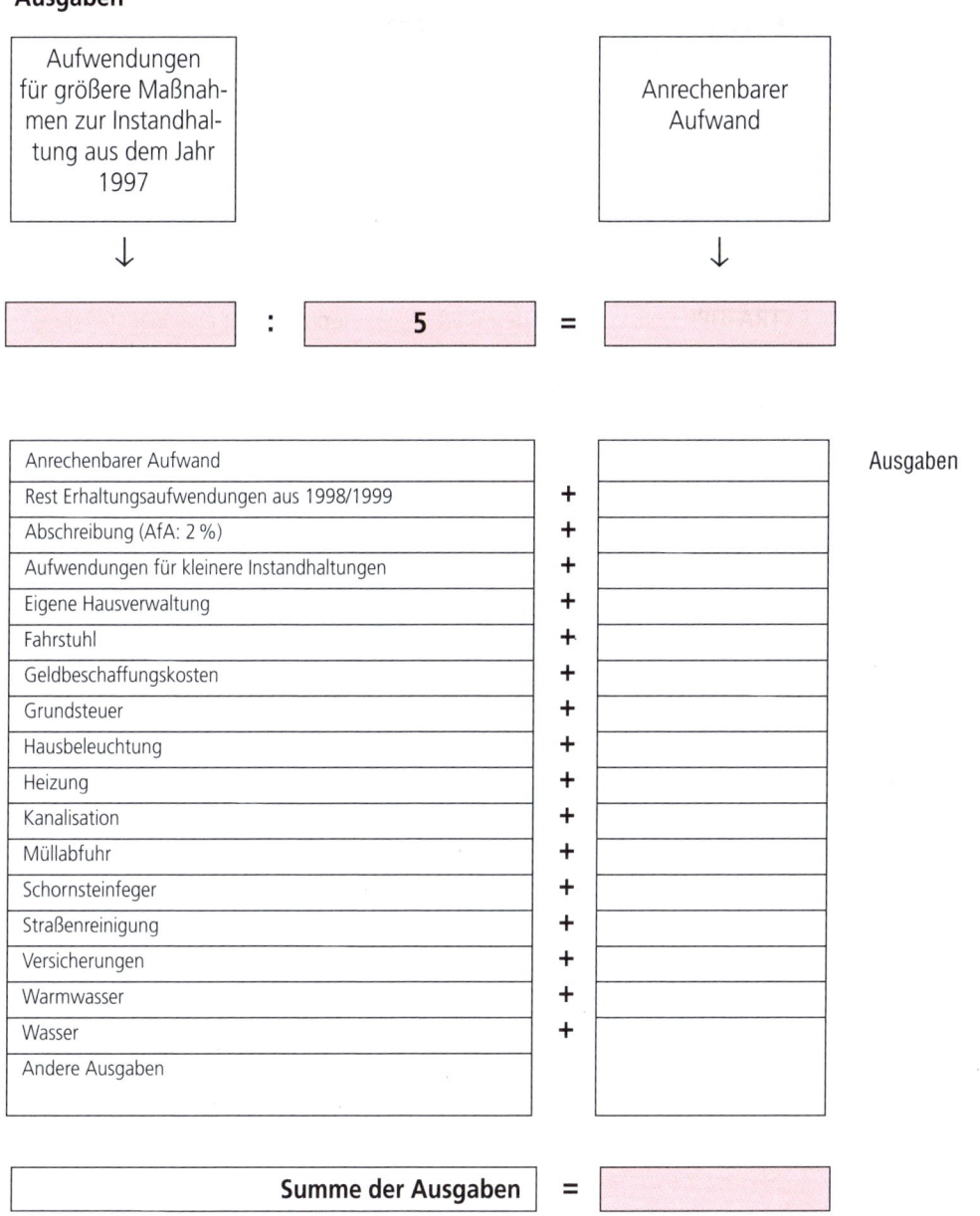

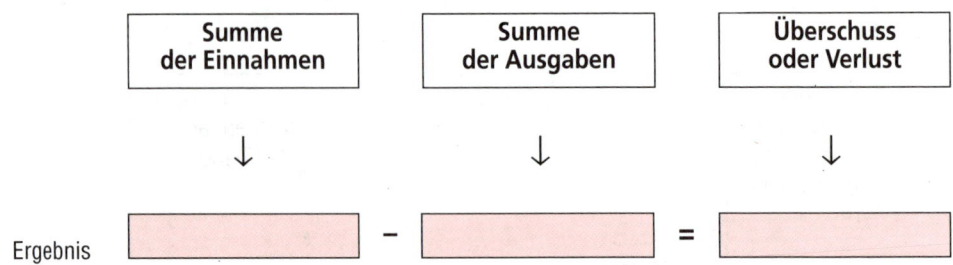

Ergebnis

Leer stehende Wohnung

EXTRA-TIPP Denken Sie an den Werbungskostenabzug für eine leer stehende Wohnung.
Solange Sie Ihre Vermietungsabsicht belegen können, z. B. durch Vermietungsinserate oder schriftlichen Maklerauftrag, dürfen Sie sämtliche Kosten inkl. Schuldzinsen und AfA als Werbungskosten abziehen, auch wenn hier – auch für längere Zeit – keine Einnahmen gegenüberstehen.
Wenn das Finanzamt deswegen Schwierigkeiten machen sollte, verweisen Sie auf das BFH-Urteil vom 21.09.2000, Az: IX B 75/00).

Erhaltungsaufwendungen

EXTRA-TIPP Wenn Sie die absehbare Selbstnutzung Ihrer noch vermieteten Immobilie planen, sollten Sie anstehende »typische« Erhaltungsaufwendungen noch vor Ende des Mietverhältnisses durchführen.
Wann Sie die Rechnungen bezahlen, ist unerheblich. Sie können dann alle Instandhaltungskosten noch als Werbungskosten abziehen.
Umfangreiche Umbauten, z. B. die Umgestaltung eines bisherigen großen Wohnraumes zum Luxusbadezimmer, werden allerdings nicht als Werbungskosten anerkannt, da hier die private Verwendung zu offensichtlich ist (BFH 20.02.2001, Az: IX R 49/98).

Der Bauunternehmer ist pleite

EXTRA-TIPP Was zahlt der Fiskus, wenn der Bauunternehmer in Konkurs geht?
Leider ist dieser Fall heutzutage in der Praxis gar nicht so selten. Sie beauftragen einen Bauträger (oder zumeist – sehr zu Ihrem Nachteil – eine GmbH) mit der Errichtung einer zur Vermietung bestimmten Immobilie und leisten Anzahlungen.
Dann geht der Bauunternehmer pleite, und es ist meistens nichts mehr zu holen!

Wenn das Bauvorhaben von einem anderen Unternehmer fortgeführt wird, dürfen Sie die an den »Pleitegeier« gezahlten Anzahlungen sofort als Werbungskosten geltend machen.

Diese vergeblichen Werbungskosten zählen hier nicht zu den Herstellungskosten des Gebäudes (BFH 17.05.2000, Az: X R 87/98, DStRE 2000 S. 1236)! Ändern Sie Ihre Absichten und nutzen Sie die Immobilie dann nach Fertigstellung selbst, entfällt der Werbungskostenabzug! Clever ist es, die Immobilie einige Jahre befristet zu vermieten und dann doch selbst einzuziehen!

# Wenn Sie vor dem 1.1.1996 Wohneigentum erworben oder dafür einen Bauantrag gestellt haben: die Anlage FW

In diesem Kapitel erfahren Sie:

▶ warum der 1.1.1996 für Bauanträge so wichtig war   305

▶ welche staatlichen Förderungen es gibt   305

▶ wie Sie die Herstellungskosten ermitteln   309

▶ wie die Förderung für die ersten acht Jahre ausgerechnet wird   312

▶ welche Voraussetzungen für die Förderung gegeben sein müssen   313

▶ mit wie viel Baukindergeld Sie rechnen können   313

▶ welche Vorkosten anerkannt und abzugsfähig sind   315

▶ wie die Ausgaben für Immobilien abgesetzt werden können   316

▶ wie sich die Nutzung der Immobilie auswirkt   319

Änderung der Eigenheimförderung

Achtung: Wegen Änderung der Eigenheimförderung seit dem 1.1.1996 sind wichtige Unterscheidungen zu treffen:
Vor dem 1.1.1996 Die Anlage FW betrifft nur Altfälle, in denen der Bauantrag vor dem 1.1.1996 gestellt oder das Eigenheim vor 1996 erworben wurde.
Ab 1996 Die Anlage FW wird – mit Ausnahme für den Vorkostenabzug (Formularzeilen 51–55) – nicht von denjenigen verwendet, die ab 1996 Wohneigentum zur Selbstnutzung gekauft oder gebaut haben. In diesen Fällen profitieren Sie von der neuen Eigenheimzulage, deren Förderungen in Kapitel 11 dargestellt sind.
Ein Wahlrecht zwischen der alten § 10 e-Förderung (mit dieser Anlage FW) und der neuen Eigenheimzulagenförderung (Kapitel 11) besteht, wenn Kaufvertrag bzw. Bauantrag zwischen dem 27.10.1995 und dem 31.12.1995 erfolgt sind.

Neue Förderung

Deshalb betrifft diese Anlage FW 2001 hauptsächlich nur noch Steuerpflichtige, die ihr Eigenheim in 1994 oder später (bis 31.12.1995) fertig gestellt bzw. gekauft und bezogen haben. Die Zeilen 8–24 der Seite eins müssen Sie ausfüllen, wenn Sie Ihre Wohnung bereits vor dem 01.01.1987 in den alten Bundesländern (Zeilen 17–20) oder vor dem 01.01.1991 in den neuen Bundesländern (Zeilen 9–13) angeschafft oder hergestellt haben. Sie können hier eine Förderung nach § 10 f EStG oder § 7 Fördergebietsgesetz beantragen. Und weil wir davon ausgehen, dass diejenigen, die ihr Eigenheim seit Jahren selbst nutzen, auch die entsprechende steuerliche Förderung beanspruchen, behandeln wir dieses Kapitel nicht so ausführlich.

Achtung: Falls Sie die Wohneigentumförderungen nach § 10 e EStG sowie § 34 f EStG eventuell bisher in Ihrer Einkommensteuererklärung vergessen haben, können Sie diese bis zum Ende des Abzugszeitraumes und bezüglich des Baukindergeldes nach § 34 f (3) EStG in den zwei zurückliegenden bzw. folgenden Veranlagungsjahren nachholen.

Nachforderung

Welche Förderungen gibt es?

Grundförderung nach § 10 e EStG, § 15 b BerlinFG

Eine der Förderungen für ab 1994 selbst genutzte Wohnungen ist z. B. die Grundförderung nach § 10 e EStG, § 15 b BerlinFG. Sie besagt, dass die Abzugsbeträge wie Sonderausgaben vom Gesamtbetrag der Einkünfte abgezogen werden können,

§ 10 e EStG

Kapitel 10: Die Anlage FW

Anlage FW 2001

zur Einkommensteuererklärung

zur Feststellungserklärung

Förderung des Wohneigentums

Zeile								
1	Lage der Wohnung (Ort, Straße, Hausnummer)					Im Ferien- oder Wochenendgebiet belegen		Zum Dauerwohnen baurechtlich zugelassen
2	Eigentümer (Namen, ggf. Miteigentumsanteile)							
3	Einfamilienhaus / Eigentumswohnung	Anderes Haus mit	Wohnungen	davon eigengenutzt:	Anzahl	Ausbau / Erweiterung einer eigengenutzten Wohnung	Bau einer unentgeltlich überlassenen Wohnung im eigenen Haus	
4	Kaufvertrag vom	Baubeginn gestellt am	Baubeginn am	Angeschafft am	Fertig gestellt am	Eigengenutzt / unentgeltlich überlassen ab	Nutzfläche des Hauses m²	
5	Der Abzugsbetrag wird für ein Folgeobjekt beansprucht.	Anschaffung / Herstellung erfolgte anlässlich der Verlegung des Wohnsitzes in das Beitrittsgebiet.		Fläche der Wohnung / Erweiterung / des Anbaus m²		davon eigenbetrieblich / beruflich genutzt oder vermietet m²		
6	Für folgende Objekte wurden bereits Abzugsbeträge / erhöhte Absetzungen beansprucht:							
7	Für das Objekt lt. Zeile 1 wurde ein Antrag auf Eigenheimzulage gestellt (zum Vorkostenabzug vgl. die Zeilen 51 bis 55).							
8								
9	**Eigengenutzte Wohnung im Beitrittsgebiet bei Anschaffung oder Herstellung vor dem 1. 1. 1991**							
10						DM	99	46
11	Aufwendungen nach § 7 Fördergebietsgesetz wie im Vorjahr					60		
12	Erhaltungsmaßnahmen nach § 10 f Abs. 2 EStG	fertig gestellt 1991–2000 wie Vorjahr	fertig gestellt 2001 DM	Abzugsbetrag 10 %	=	62		
13	Herstellungskosten nach § 10 f Abs. 1 EStG	fertig gestellt 1991–2000 wie Vorjahr	fertig gestellt 2001 DM	Abzugsbetrag 10 %	=	63		
14								
15								
16	**Steuerbegünstigungen für Gebäude bei Anschaffung oder Herstellung vor dem 1. 1. 1987**							
17	Die Zeilen 18 – 20 gelten nicht für Objekte im Beitrittsgebiet					DM		
18	Gesamtbetrag der erhöhten Absetzungen nach § 14 a BerlinFG wie im Vorjahr					82	82	
19	Erhaltungsmaßnahmen nach § 10 f Abs. 2 EStG (z. B. aus Zeile 46 Spalte 4 der Anlage V)	wie Vorjahr	fertig gestellt 2001 DM	Abzugsbetrag 10 %	=	71	71	
20	Herstellungs- / Anschaffungskosten nach § 10 f Abs.1 EStG (z. B. für 2001 Zeile 38 Spalte 4 Anlage V)	wie Vorjahr	fertig gestellt 2001 DM	Abzugsbetrag 10 %	=	73	73	
21								
22	**Anteile an den Steuerbegünstigungen** Gemeinschaft, Finanzamt, Steuernummer							
23								
24	Gesondert und einheitlich festgestellter Betrag					85	85	

Anlage FW zur Förderung des Wohneigentums – Aug. 2001

die Höhe der Steuerersparnis ist also abhängig von Ihrem persönlichen Steuersatz. Im Gegensatz zur neuen Eigenheimzulage werden Spitzenverdiener bevorzugt. Die Grundförderung beträgt nach § 10 e (1) EStG für alle selbst genutzten Wohnungen:
Bei Neubauten (bis zwei Jahre nach der Herstellung) in den ersten vier Jahren sechs Prozent der Anschaffungs- bzw. Herstellungskosten zuzügl. 50 Prozent des Grund- und Bodenanteiles höchstens bis zur Bemessungsgrundlage von 330.000 DM.
Bei Altbauten bis zur Bemessungsgrundlage von 150.000 DM. In den darauf folgenden vier Jahren beträgt die Abschreibung fünf Prozent.

Bemessungs-
grundlage

Objekte im Beitrittsgebiet

Haben Sie eine zur Selbstnutzung bestimmte Wohnung im Beitrittsgebiet vor dem 01.01.1991 angeschafft oder fertig gestellt, steht Ihnen die Förderung nach § 7 Fördergebietsgesetz oder § 10 f Abs.1 oder 2 EStG zu. Nach § 7 Fördergebietsgesetz können Sie Herstellungs- oder Erhaltungsaufwendungen im Jahr der Zahlung und in den folgenden neun Jahren jeweils bis zu 10 Prozent wie Sonderausgaben abziehen. Begünstigt sind Aufwendungen bis zu 40.000 DM und nach § 8 Abs. 3 Fördergebietsgesetz Aufwendungen, die auf nach dem 31.12.1990 und vor dem 01.01.1999 vorgenommene Herstellungs- und Erhaltungskosten entfallen.

Zeilen 8–13

Ostdeutsche
Objekte

Sind Ihnen Herstellungskosten oder Erhaltungsaufwendungen für zu eigenen Wohnzwecken genutzte Baudenkmäler oder Gebäude in Sanierungsgebieten entstanden, erhalten Sie die Förderung nach § 10f Abs.1 oder 2 EStG, sofern hierfür keine Abzugsbeträge nach § 10 e EStG oder Eigenheimzulage beansprucht wurden. Für Erhaltungsaufwendungen an o. a. Gebäuden können im Jahr der Beendigung der Baumaßnahme und den folgenden neun Jahren jeweils bis zu 10 Prozent der Aufwendungen wie Sonderausgaben abgezogen werden, sofern sie nicht nach den §§ 10 e (6) bzw. 10 i EStG (Vorkosten) abgezogen wurden. Die gleiche Förderung erhalten Sie für Herstellungskosten an Baudenkmälern oder Gebäuden in Sanierungsgebieten, sofern die Wohnung selbst genutzt wird.

Baudenkmäler

Haben Sie Ihre Wohnung nach dem 31.12.1986 – im Beitrittsgebiet nach dem 31.12.1990 angeschafft, hergestellt oder ausgebaut und erweitert, müssen Sie die Seite 2 der Anlage FW ausfüllen. Hier beantragen Sie Steuerbegünstigungen nach § 7 Fördergebietsgesetz sowie § 10 f EStG für Baumaßnahmen nach den o. a. Stichtagen für selbst genutzte Gebäude im Beitritts- oder Gebäuden in Sanierungsgebieten (s. Zeilen 8–13). Nach § 10 h EStG können Sie von den Aufwendungen zur Herstellung einer Wohnung im Jahr der Fertigstellung und in den drei folgenden Jahren bis zu 6 Prozent (höchstens 19.800 DM) und in den folgenden vier Jahren bis zu 5 Prozent (höchstens 16.500 DM) wie Sonderausgaben abziehen, vorausgesetzt, dass

Jahr der Fertig-
stellung

▶ der Steuerpflichtige nach dem 30.9.1991 den Bauantrag gestellt oder mit der Herstellung begonnen hat

Zeile 45

Kapitel 10: Die Anlage FW

– 2 –

Steuerbegünstigungen für die Anschaffung / Herstellung von Wohneigentum ab 1.1.1987, im Beitrittsgebiet ab 1.1.1991

Zeile							
30	**Abzugsbetrag nach § 10 e EStG / § 15 b BerlinFG** bei Kaufvertrag / Bauantrag / Herstellungsbeginn vor dem 1.1.1996:				Abzugsbetrag wie 2000	20 DM	20
31	☐ Nach besonderer Berechnung	Grund und Boden insgesamt DM (1)	davon 50% DM (2)	Gebäude DM (3)	Eine Zusammenstellung der erstmals geltend gemachten Aufwendungen		Zweitobjekt / Feststellungen: Abzugsbetrag ohne GdE-Prüfung 17
32	Anschaffungs- / Herstellungskosten				hat vorgelegen.		
33	Nachträgliche Anschaffungs- / Herstellungskosten 2001	+	+		ist beigefügt.		Abzugsbetrag mit GdE-Prüfung 31
34	Summe		+	+	▶		
35	Auf die eigengenutzte Wohnung entfallen			% =			
36	Von Zeile 35 entfallen auf eigenbetrieblich / beruflich genutzte oder vermietete Räume	Art der Nutzung		% =	–		
37	**Bemessungsgrundlage** (höchstens 330 000 DM, bei Kaufvertrag nach dem 31.12.1993 einer mehr als 2 Kj. vor der Anschaffung fertig gestellten Wohnung: 150 000 DM; bei § 15 b BerlinFG 300 000 DM)						
38	Abzugsbetrag nach § 10 e EStG Kaufvertrag / Bauantrag / Herstellungsbeginn nach dem 30.9.91 6% (1. bis 4. Jahr) 5%		nach § 15 b BerlinFG % =				Abzugsbetrag ohne Günstigerprüfung 26
39	Nachholung von Abzugsbeträgen Beträge lt. Zeile 33 Spalten 2 und 3, ggf. gekürzt entsprechend den Zeilen 35 bis 37	DM	davon % = +				Kaufvertrag / Bauantrag / Herstellung 1 = 1.10. bis 31.12.91 2 = ab 1.1.92
40	die vor 2001 nicht in Anspruch genommen wurden (nur bei Kaufvertrag / Bauantrag / Herstellungsbeginn nach dem 30.9.1991)		+		Summe Zeilen 38 bis 40 ▶	22 10	10
41	2001 werden in Anspruch genommen						
42	**Steuerbegünstigungen für bestimmte Baumaßnahmen**						
43	i. S. d. § 10 f EStG, des Schutzbaugesetzes und § 7 Fördergebietsgesetz an der eigengenutzten Wohnung		Abzugsbetrag wie Vorjahr			11 29	11 Nachholungsbetrag
44	Bei Fertigstellung 2001: Aufwendungen nach § 10 f EStG	DM	davon 10 % = +		▶		
45	Herstellungskosten für eine unentgeltlich überlassene Wohnung im eigenen Haus (§ 10 h EStG)	DM	davon % =			24	24
46	**Aufwendungen für die Wohnung** bei Kaufvertrag / Bauantrag / Herstellungsbeginn vor dem 1.1.1996, wenn kein Antrag auf Eigenheimzulage gestellt wird:					25	§ 10 h EStG ohne GdE-Prüfung = 1
47	**Vor Bezug** der eigengenutzten Wohnung (Zeilen 30 bis 41) oder der überlassenen Wohnung (Zeile 45) entstandene Aufwendungen (§ 10 e Abs. 6, § 10 h Satz 3 EStG)						
48	Schuldzinsen +	Damnum	Geldbeschaffungskosten =	DM			
49	Erhaltungsaufwendungen +	andere Aufwendungen	= +		▶	12	12
50							
51	**Vorkostenabzug bei einer nach dem Eigenheimzulagengesetz begünstigten Wohnung**						
52	Das Objekt steht im ☐ Alleineigentum. ☐ Miteigentum zu %.					40	Pauschale Ja = 1
53	Bei Anschaffung / Fertigstellung 2001 und Kaufvertrag / Bauantrag / Herstellungsbeginn vor dem 1.1.1999: Vorkostenpauschale (§ 10 i EStG), wenn die Eigenheimzulage für 2001, 2002 oder 2003 in Anspruch genommen wird.					42	Anteil in DM
54	Bei Kaufvertrag vor dem 1.1.1999: 2001 geleistete Erhaltungsaufwendungen (§ 10 i EStG) bei Alleineigentum					41	41
55	Anteil an den 2001 geleisteten Erhaltungsaufwendungen (§ 10 i EStG) bei Miteigentum					43	43
56	**Steuerermäßigung für Kinder** bei Inanspruchnahme eines Abzugsbetrags nach § 10 e Abs. 1 bis 5 EStG / § 15 b BerlinFG Antrag auf Steuerermäßigung nach § 34 f Abs. 2 und 3 EStG:					16	Kinder i. S. d. § 34 f EStG Ansch. / Herst. nach 1990
57	Im Begünstigungszeitraum gehörten Kinder auf Dauer zum Haushalt (vgl. „Anlage[n] Kinder")					Zahl der Kinder	
58	**Anteile an den Steuerbegünstigungen** Gemeinschaft, Finanzamt, Steuernummer			Gesondert und einheitlich festgestellter Betrag	2001 werden in Anspruch genommen		
59							

308

- die Baumaßnahmen an einem Gebäude im Inland durchgeführt wurden, in dem der Steuerpflichtige auch selbst wohnt
- die Wohnung keine Ferien- oder Wochenendwohnung ist
- die Wohnung voll unentgeltlich an Verwandte oder Verschwägerte in gerader Linie oder Geschwistern überlassen wird.
- vor dem 01.01.1996 mit der Herstellung begonnen wurde bzw. der Bauantrag gestellt wurde
- der Gesamtbetrag der jährlichen Einkünfte bei Ledigen 120.000 DM und bei Verheirateten 240.000 DM nicht übersteigt
- die Aufwendungen nicht in die Bemessungsgrundlagen der §§ 7 Fördergebietsgesetz, 10 e, 10 f Abs. 1, 10 g, 52 Abs. 21 Satz 6 EStG einbezogen sind.

Gesamtbetrag der jährlichen Einkünfte

Anlage zur Einkommensteuererklärung für 2001

Steuerpflichtiger: _____

Steuernummer: _____

An das Finanzamt _____

Erklärung zur Förderung selbst genutzten Wohnungseigentums

Erklärung

Erworben wurde am ... (Datum eintragen) als ... (Objektart angeben, z. B. Eigentumswohnung oder Haus, Altbau oder Neubau) in ... (Anschrift der Wohnung angeben) zur Selbstnutzung. Tag des Einzugs: ... (Datum angeben).

 Formularseite 2, Anlage FW

Ermittlung der Herstellungskosten

Herstellungskosten

Herstellungskosten laut Kaufvertrag	=

Grunderwerbsteuer		
Gerichtskosten	+	
Maklergebühren wegen Vermittlung	+	
Notarkosten wegen Kaufvertrag	+	

Anschaffungsnebenkosten	=

Kapitel 10: Die Anlage FW

Fahrten zur Baustelle während der Bauphase

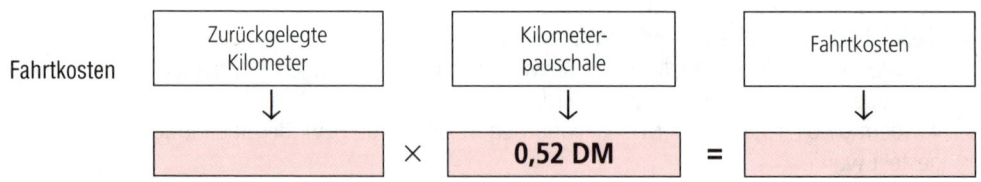

Anschaffungskosten Grund- und Bodenanteil

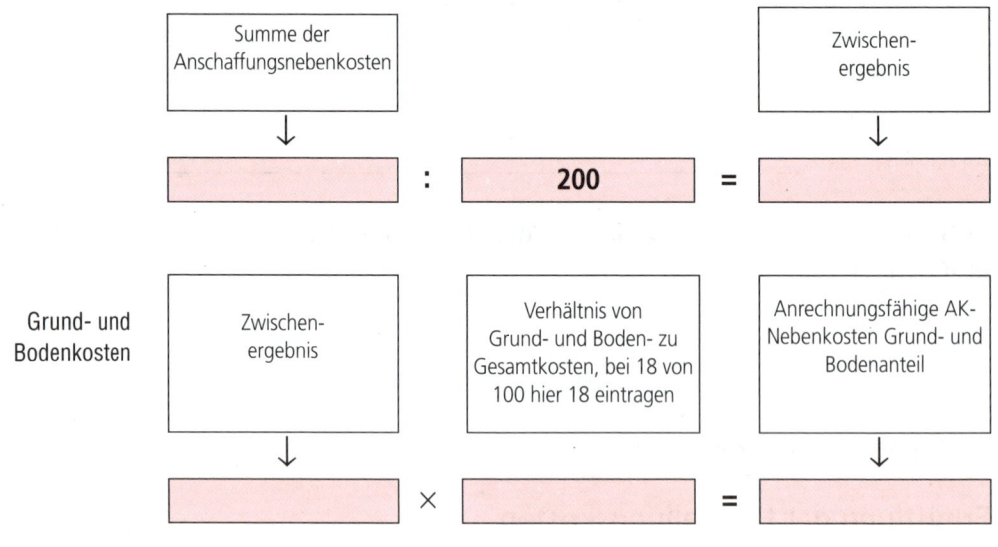

Grund- und Bodenanteil

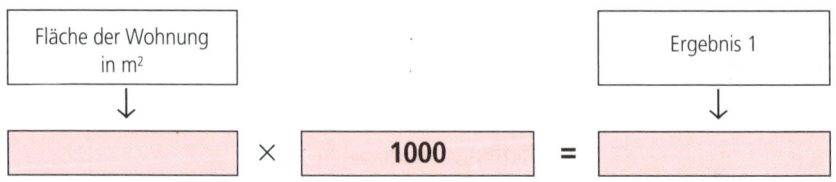

Ermittlung der Herstellungskosten

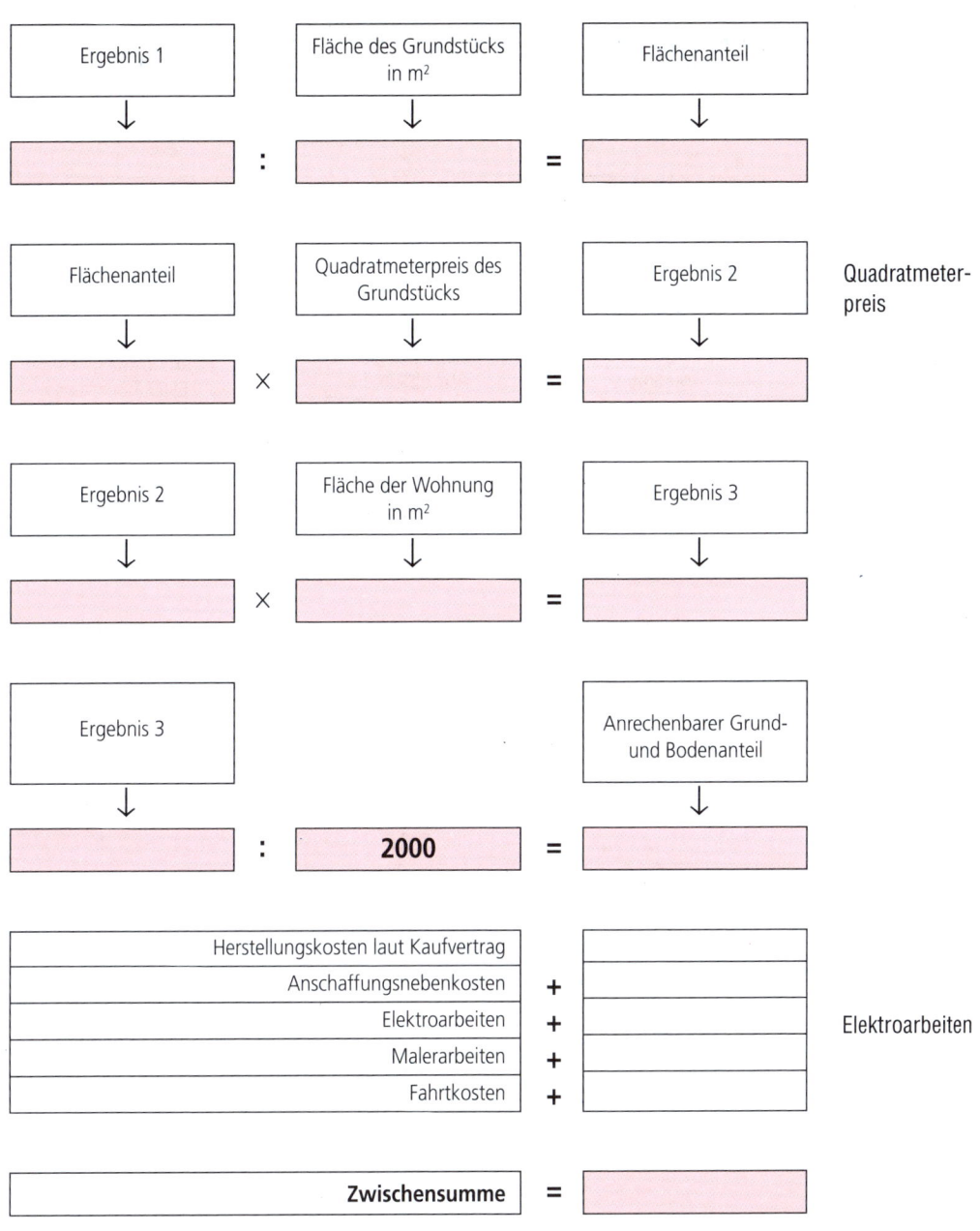

Kapitel 10: Die Anlage FW

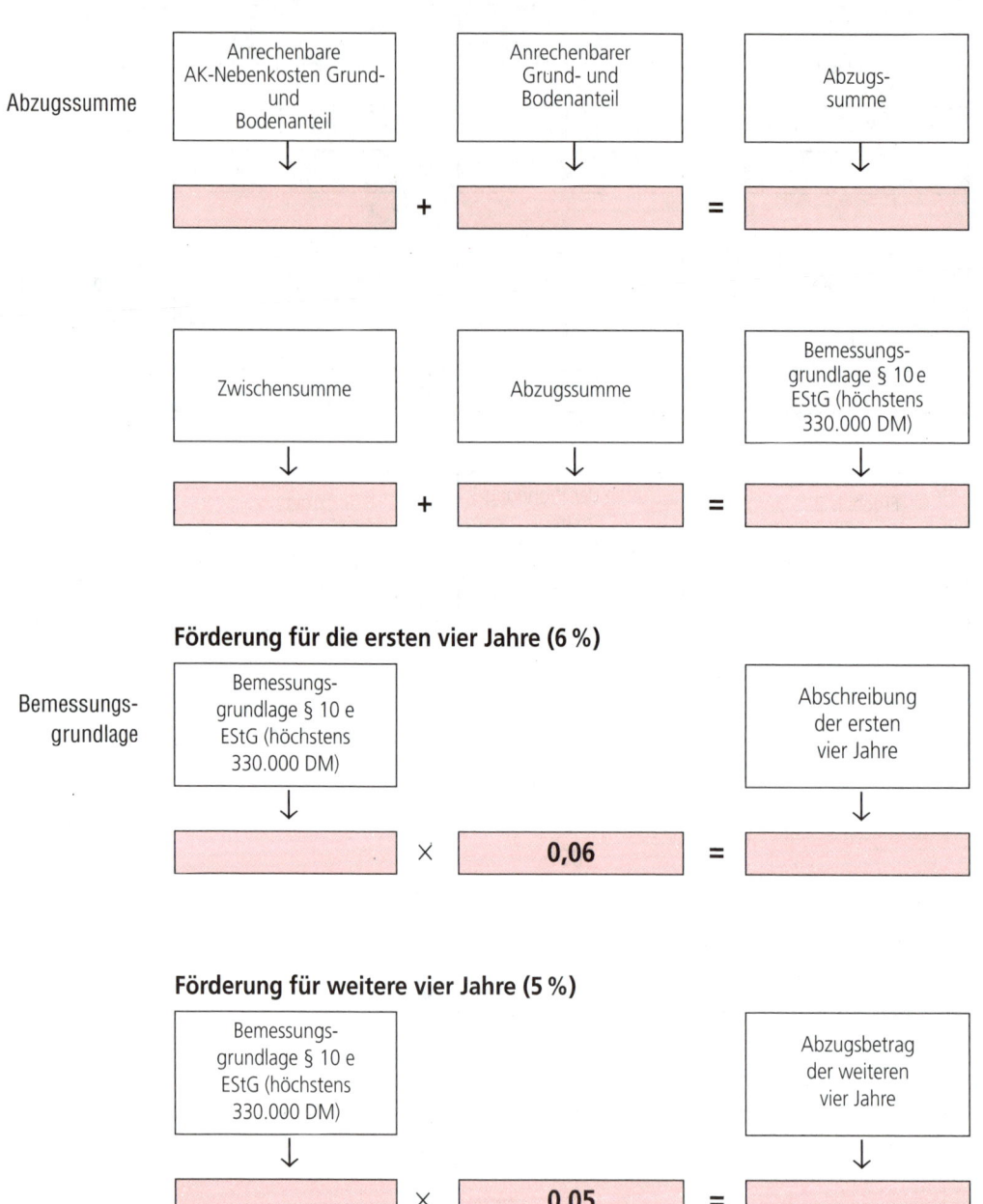

Voraussetzungen für die Förderung

Kein Objektverbrauch Es liegt kein Objektverbrauch vor, es wurde also noch keine AfA nach § 7 b oder 10 e EStG für einen achtjährigen Zeitraum beansprucht. Ehegatten haben jeder für sich Anspruch auf die Förderung.
Achtjähriger Zeitraum

Die Einkommensgrenzen werden unterschritten. Der Gesamtbetrag der Einkünfte darf bei Alleinstehenden 120.000 DM und bei Verheirateten 240.000 DM nicht überschreiten.

Lage Die Wohnung ist im Inland gelegen.

Besitzverhältnisse Die geförderte Person ist Eigentümer des Gebäudes und des Grund und Bodens.

Entgeltlicher Erwerb Die geförderte Wohnung ist entgeltlich erworben worden. Bei Schenkungen entfällt die steuerliche Förderung.

Gefördert werden übrigens auch Wochenend- und Ferienwohnungen, nicht jedoch Wohnungen in ausgewiesenen Kur- oder Feriengebieten, wenn die Wohnungen nicht ganzjährig bewohnt werden können. Haben Sie nach dem 31.12.1990 und vor dem 1.1.1995 eine weitere Immobilie in den neuen Bundesländern angeschafft oder hergestellt, erhalten Sie zusätzlich die Grundförderung nach § 10 e EStG, unabhängig von einer früheren Inanspruchnahme der §§ 7 b bzw. 10 e EStG. Voraussetzung: Sie oder Ihr Ehegatte leben dort.
Wochenend- und Ferienwohnungen

Die Grundförderung gilt auch bei Anbauten oder Ausbauten, nicht jedoch bei Schwarzbauten, was dem Gedanken der staatlichen Förderwürdigkeit entgegenstehen würde.
Altbauten und Ausbauten

TIPP Ziehen Sie vor Ablauf des achtjährigen Förderzeitraumes aus Ihrer Wohnung aus, können Sie die nicht ausgeschöpften Jahre auf ein Folgeobjekt übertragen, sofern Sie innerhalb von drei Jahren in das neue Heim einziehen. Die neue Förderung wäre dann jedoch die Eigenheimzulage nach neuem Recht, nicht mehr die Förderung nach § 10 e EStG.
Folgeobjekt

Ausbauten

Ausbauten und Erweiterungen sind ebenfalls acht Jahre lang förderungswürdig, ggf. als Zweitobjekt für den Ehegatten. Hierfür gibt es auch Baukindergeld.

Baukindergeld

Steuerpflichtige, die Wohneigentumsförderung nach altem Recht (§ 10 e EStG oder § 15 b BerlinFG laut Zeilen 30–41) beanspruchen, erhalten für jedes zum Haushalt
Zeilen 22–24 und 56–59

Baukindergeld gehörige Kind, für das Kindergeld gezahlt wird oder der Kinderfreibetrag gewährt wird, das Baukindergeld (§ 34 f EStG). Es wird direkt einkommensunabhängig von der jeweiligen Steuerschuld abgezogen.

Entscheidend ist, dass das Kind in dem Begünstigungszeitraum zu irgendeinem Zeitpunkt zum Haushalt des Steuerpflichtigen gehört hat und diese Haushaltszugehörigkeit auf Dauer angelegt war.

Baukindergeld i. S. v. § 34 f EStG erhalten Sie wie die Förderung nach § 10 e EStG jedoch nur, wenn die Einkommensgrenzen nach § 10 e Abs. 5 a EStG nicht überschritten werden (s. Voraussetzungen für die Förderung).

⚡ Blitzübersicht: Das alte Baukindergeld
(nach § 10 e EStG, vor 1.1.1996)

Beginn der Anschaffung oder Herstellung der selbst genutzten Wohnung	Baukindergeld je Kind
Wohnung Berlin-West 1.1.1990 bis 31.12.1990	750 DM
nach 31.12.1990	1.000 DM

Tragen Sie zur Antragstellung die Zahl der berücksichtigungsfähigen Kinder in die Zeile 57 ein.

Zeilen 38–41

Bauantrag oder Abschluss des Kaufvertrages nach dem 30.9.1991:

Steuerbegünstigungen Die Steuerbegünstigungen können nachgeholt werden, wenn sie sich in einem Veranlagungszeitraum nicht auswirken sollten. Das wäre der Fall, wenn keine Einkommensteuerpflicht entsteht (§ 34 f [3] EStG).

Die Beträge können entweder in den beiden vorangegangenen Veranlagungszeiträumen oder bis zum Ende des Veranlagungszeitraumes und noch bis zu zwei Jahre danach von der Steuerschuld abgezogen werden. Die Steuerermäßigungen nach § 34 f EStG können in einem Kalenderjahr nur für ein Objekt beansprucht werden.

Sind Ihnen in 2001 noch nachträgliche Anschaffungskosten für Ihre selbst genutzte oder unentgeltlich überlassene Immobilie entstanden, so können Sie hierfür auch für die Vorjahre die AfA-Beträge nachholen.

Sie erhalten dann für jedes Jahr des Begünstigungszeitraumes rückwirkend nach § 10 e EStG fünf oder sechs Prozent, im Fall des § 15 b Abs.1 BerlinFG für die ersten beiden Jahre jeweils zehn Prozent und ab dem 3. Jahr jeweils drei Prozent.

Bauantrag oder Abschluss des Kaufvertrages nach dem 31.12.1991:

Die Steuerermäßigungen nach § 34 f Abs. 2 und 3 EStG können allerdings nur bis zur Höhe der Bemessungsgrundlage der Abzugsbeträge nach § 10 e Abs 1 oder 2 EStG in Anspruch genommen werden. Die dafür benötigte Bemessungsgrundlage können Sie der Zeile 37 der Anlage FW entnehmen. Der Abzug des Baukindergeldes ist unabhängig von der Inanspruchnahme des Kinderfreibetrages; dieser kann ggf. auf die Großeltern übertragen worden sein.   *Bemessungsgrundlage der Abzugsbeiträge*

Für bestimmte Baumaßnahmen gibt es neben den Abzugsbeträgen nach § 10 e Abs.1-5 EStG /§ 15 BerlinFG zusätzliche Steuervergünstigungen. Es handelt sich hier um Aufwendungen nach den §§ 7 Fördergebietsgesetz sowie 10 f EStG, die unter den folgenden Voraussetzungen in Höhe von 10 Prozent wie Sonderausgaben abgezogen werden können: Nach § 7 Fördergebietsgesetz können Aufwendungen, die auf vor dem 01.01.99 vorgenommenen Herstellungs- oder Erhaltungsaufwendungen entfallen, im Jahr der Zahlung und in den folgenden neun Jahren jeweils bis zu 10 Prozent wie Sonderausgaben abgezogen werden. Begünstigt sind Aufwendungen bis zu 40.000 DM. Die Aufwendungen müssen vor dem 01.01.99 entstanden sein. Tragen Sie in Zeile 43 den Abzugsbetrag aus dem Vorjahr ein.   *Zeilen 42–45*

Nach § 10 f EStG können Aufwendungen für ein selbstgenutztes oder unentgeltlich überlassenes Gebäude, das Baudenkmal ist oder im Sanierungsgebiet oder städtebaulichen Entwicklungsgebiet liegt, im Jahr der Entstehung und in den folgenden neun Jahren bis zu 10 Prozent als Sonderausgaben abziehen. Die Voraussetzungen der §§ 7 h sowie 7 i EStG müssen vorliegen. Es darf sich dabei nicht um Aufwendungen handeln, die bereits nach den §§ 7 h, 7 i, 10 e EStG oder dem Eigenheimzulagengesetz begünstigt wurden. In Zeile 45 tragen Sie Ihre Herstellungsaufwendungen für eine an Verwandte unentgeltlich überlassene Wohnung ein, die nach § 10 h EStG gefördert wird, was bereits am Anfang des Kapitels erläutert wurde.   *Zeile 45*

Vorkosten

Bei den Vorkosten handelt es sich um Kosten, die Ihnen vor Bezug des erworbenen oder errichteten Eigenheims entstanden sind, sofern es sich nicht um Anschaffungs- oder Herstellungskosten handelt. Dieser Vorkostenabzug nach § 10 i EStG ist nur für eigenheimzulagenbegünstigte Wohnungen möglich, wenn der Kaufvertrag vor dem 1.1.1999 abgeschlossen wurde oder mit der Herstellung vor dem 1.1.1999 begonnen wurde. Als Herstellungsbeginn gilt für baugenehmigungspflichtige Bauten der Zeitpunkt der Bauantragstellung, bei baugenehmigungsfreien Objekten der Zeitpunkt der Einreichung der Bauunterlagen.   *Zeilen 51–55*

Zeitpunkt

Vorkostenabzug bei Inanspruchnahme der Eigenheimzulage

Beanspruchen Sie die Eigenheimzulage für 2001, 2002 oder 2003, können Sie die Vorkostenpauschale nach § 10 i EStG von 3.500 DM beantragen, indem Sie Zeile 53 ankreuzen. Hiermit sind alle Vorkosten (Disagio, Finanzierungskosten) abgegolten mit Ausnahme der Erhaltungsaufwendungen. Hierfür können Sie nach § 10i Abs. 1 Nr. 2 EStG Aufwendungen bis 22.500 DM als Sonderausgaben abziehen, sofern diese Kosten vor dem Einzug entstanden sind (Renovierung, kleine Umbauten, Zeile 54). Der Vorkostenabzug gilt auch, wenn Sie Ihre Wohnung unentgeltlich Angehörigen überlassen.

Sonderausgaben

Die Erhaltungsaufwendungen vor Bezug der Wohnung sind – im Gegensatz zur Vorkostenpauschale – auch dann als Sonderausgabe abzugsfähig, wenn Sie keinen Anspruch auf die Eigenheimzulage haben (z. B. wegen Überschreitung der Einkunftsgrenzen oder wegen Objektverbrauch). Entscheidend ist, dass ein nach dem Eigenheimzulagengesetz begünstigtes Objekt angeschafft wurde und Aufwendungen entstanden sind. Die Eigenheimzulage beantragen Sie mit dem Formular EZ 1A (s. Kapitel 11). Gibt es mehrere Eigentümer, für die in 2001 Erhaltungsaufwendungen entstanden sind, werden die Beträge nach den Miteigentumsanteilen aufgeteilt.

Mehrere Eigentümer

Checkliste zu Ausgaben für Immobilien

Kauf und Bau von Immobilien

Welche Kosten sind bei Kauf und Bau von Immobilien wo absetzbar? Die jeweils genannten Ausgaben sind absetzbar als:

❶ Anschaffungs- und Herstellungskosten (wird bei Abzugsbetrag voll angerechnet)
❷ Anschaffungskosten des Grundstücks (wird bei Abzugsbetrag halb angerechnet)

Vorkosten

❸ Vorkosten (in voller Höhe sofort absetzbar, wenn vor dem Einzug entstanden)
☹ nicht absetzbar.

Aufwendungen für ...

Abbruchkosten • in Verbindung mit Neubau • kein Zusammenhang		❶ ❷	Anschluss für die Kanalisation	❶
			Anschluss für Wasser, Gas, Wärme, Strom	❶
Abstandszahlungen zur Ablösung von dinglichen Rechten		❶	Ansiedlungsbeiträge	❷
Abstandszahlung an Vormieter bei vermieteter Wohnung		❸	Architektenhonorar	❶
			Auflassungsgebühren • für die Wohnung • für das Grundstück	❶ ❷
Alarmanlage		❶		
Anliegerbeiträge		❷		
Anschaffungsnahe Kosten		❶	Badezimmerofen	❶
Anschaffungspreis • für das Gebäude • für das Grundstück		❶ ❷	Bauabnahme und -genehmigung	❶
			Baufachliteratur	❶

Abstandszahlungen

Absetzbarkeit von Immobilienkosten

Aufwendungen für...

Baumaterial		Baumaterial
• aus Enttrümmerung ①	Geldbeschaffungskosten ③	
• aus Privatvermögen ①	(Provisionen und Gebühren)*	
Bauplanung	Gerichtskosten bei Zwangsversteigerung	
• Ursprüngliche ①	• für Gebäudekauf ①	
• Änderung ①	• für Grundstückskauf ②	
Bausparvertrag ③	Grundbuchkosten	
(Abschlussgebühren, Kontoführung)*	• Wohnung ①	
	• Grundstück ②	
Bauwesenversicherung ③	Grunderwerbsteuer (anteilig) ①	
Bauzeitzinsen ③	②	
Beiträge nach dem Abgaben- ②	Grundsteuer ③	Grundsteuer
gesetz der Gemeinde	Gutachterkosten	
Beitrag an Bauberufsgenossen- ①	• für Wohnung ①	
schaft (bei Eigenerrichtung)	• für Kredit* ③	
Beitrag für Kinderspielplatz ①	Heizungsanlage mit Heizkörpern ①	
Bereitstellungszinsen* ③	Herde und Öfen, wenn ortsüblich ①	
Breitbandkabel ①	Hofbefestigungen ②	
Disagio* ③	Kabelanschlussgebühren ②	
Diebstahl von Baumaterial ①	an die Gemeinde	
Eigenleistungen ☹	Kegelbahn ☹	
Einbaumöbel	Kinderspielplatz (eigener) ☹	
• Herd, Spüle, Besenkammer, ①	Maklerprovision	
Küchenentlüftung	• für Wohnung ①	Makler-
• Andere ☹	• für Grundstück ②	provision
	• für Grundschuldbestellung* ③	
Einfriedungen wie Hecken ①	Notarkosten	
oder Büsche	• für Wohnung ①	
Einstellplätze ①	• für Grundstück ②	
Erdaushub ①	• für Grundschuldbestellung* ③	
Erschließungsbeiträge ②	Reisekosten	
Fahrstuhl ①	• anteilig für Besichtigung des ①	
Fahrtkosten zum Haus oder ①	gekauften Objektes ②	
zur Baustelle	• für Besichtigung nicht ☹	
	gekaufter Objekte	
Fahr- und Gehwege ①	• für Einholung von Kredit- ③	
Fernsehantenne ①	angeboten zur Finanzierung*	
Fremdarbeit ohne Entgelt ☹	Rentenbarwert als »Preis« des ①	Rentenbarwert
(Nachbarschaftshilfe)	Gebäudes	
Fundamentverstärkung ①	Reparatur- und Renovierungs- ③	
Fußgängerzone ②	kosten (bis 15 % der Anschaf-	
Garage	fungskosten, max. 22.500 DM)	
• Anschaffungs- bzw. Herstellungspreis ①	Richtfestkosten ①	
• Grundstück ②	Sanitäre Anlagen ①	

317

Aufwendungen für ...			
Schnellbaukosten	☺	Umzäunungen	☺
Schranktrennwände	☹	Übernommene Verbindlichkeiten unter anteiliger Anrechnung des Kaufpreises	☺
Schwimm- und Planschbecken	☹		
Speicheranlagen	☺	Verlorene Anzahlungen wegen Konkurs des Bauunternehmers	❸
Statikerhonorar	☺		
Steuerberaterkosten • für die Anschaffung der Wohnung	☺	Wasserenthärtungsanlage	☺
		Wohnzimmermarkise	☺
• für Kauf des Grundstücks	❷	Zinsen*	❸
Straßenanliegerbeiträge	❷	Zuschüsse • vom Arbeitgeber	☺
Straßenzufahrt	❷	• aus öffentlicher Hand	☹
Teppichböden • fest verlegt • auf Estrich	☺ ☺	Zuschüsse für Straßenausbau	❷

(Zeilenangaben links: Speicheranlagen, Teppichböden)

Zeilen 46–50 Beanspruchen Sie die alte Wohnraumförderung nach § 10e EStG (bei Anschaffung oder Bauantrag vor dem 01.01.96), können Sie in den Zeilen 48 und 49 Ihre Kosten vor Bezug eintragen, auch wenn Sie in 2001 nicht in die Wohnung eingezogen sind. Die Kosten sind in voller Höhe im Jahr der Bezahlung als Sonderausgaben nach § 10 e Abs. 6 EStG abzugsfähig. Bei Instandhaltungsaufwendungen vor Bezug müssen Sie beachten, dass das Finanzamt diese nicht als nachträgliche Herstellungskosten bewertet, die dann insgesamt nicht mehr als Vorkosten berücksichtigt werden könnten. Aufwendungen für Instandhaltung, die innerhalb der ersten drei Jahre nach Anschaffung entstehen, sind dann nachträgliche Herstellungskosten, sofern sie netto (ohne gesetzl. MwSt.) mehr als 15 Prozent der Gebäudekosten betragen. Wenn Sie diese Grenze nicht überschreiten, bleibt Ihnen der Vorkostenabzug erhalten, hier jedoch bei den Erhaltungsaufwendungen nur bis zum Höchstbetrag von 22.500 DM, wenn der Kaufvertrag nach dem 31.12.1993 abgeschlossen wurde. Diese Vorkosten können auch als Sonderausgaben abgezogen werden, sofern die Abzugsbeträge nach den §§ 10 e oder 10 h EStG nicht beansprucht werden können oder wollen. Die Aufwendungen für Vorkosten müssen belegt werden.

Grundstücksgemeinschaft bei Unverheirateten

Zeilen 58–59 Bewohnen Sie mit Ihrem unverheirateten Partner eine Eigentumswohnung, bilden Sie eine Grundstücksgemeinschaft. Es sind die gleichen Formulare einzureichen wie die Feststellungserklärungen bei Vermietung und Verpachtung (Kapitel 10). Der

Grundbetrag nach § 10 e EStG wird nach Miteigentumsanteilen aufgeteilt, Vorkosten ebenso. Das Baukindergeld erhält nur der, zu dem die Kinder gehören.

Baukindergeld

Selbst genutzte Wohnung im Mehrfamilienhaus

Haben Sie ein Haus mit mehreren Wohnungen erworben, und leben Sie selbst in einer davon, so müssen die Anschaffungs- bzw. Herstellungskosten in einen selbst genutzten bzw. vermieteten Teil aufgeteilt werden. Dies geschieht ähnlich wie bei der Aufteilung in eigengenutzte und betrieblich genutzte Räume.

Haus mit mehreren Wohnungen

Steuerliche Begünstigung bei doppelter Haushaltsführung

Falls Sie am Beschäftigungsort ein Eigenheim bewohnen, können hier die steuerlichen Vergünstigungen der Eigentumsförderung nach § 10 e EStG beansprucht werden. Es dürfen daneben nur noch Fahrtkosten zwischen Wohnung und Arbeitsstätte bzw. Erstwohnsitz mit der Entfernungspauschale angesetzt werden. Die Aufwendungen für doppelte Haushaltsführung können nicht angesetzt werden.

Beruflich genutzte Räume

Zur Ermittlung der Bemessungsgrundlage für die Eigenheimförderung (§ 10 e EStG) werden beruflich genutzte Räume zuerst herausgerechnet. Der Grund- und Bodenanteil der beruflich genutzten Quadratmeter muss ebenfalls herausgerechnet werden.

Ermittlung der Bemessungsgrundlage

Herstellung einer Wohnung

Wenn Sie in einem bereits bestehenden Haus neuen Wohnraum schaffen, führen die folgenden Maßnahmen nicht zu einer steuerlichen Förderung i. S. v. § 10 e EStG:
▶ Verbindung von Wohnungen
▶ Reparaturen in einer bisher unbewohnten Wohnung
▶ Wohnungsverkleinerung bzw. -vergrößerung
▶ Nutzungsänderung.

Nachholung von Abzugsbeträgen

Der Steuereffekt des § 10 e EStG ist an das Einkommen gekoppelt. Liegt es in einem Jahr unter dem Grundfreibetrag, wirkt sich die Abschreibung für dieses Jahr nicht mehr aus. Nach § 10 e Abs. 3 EStG können die in einem Jahr nicht beanspruchten Abzugsbeträge bis zum Ende des achtjährigen Abzugszeitraumes abgezogen werden, wenn Bauantrag oder Kaufvertrag nach dem 30.9.1991 erfolgt sind.

Grundfreibetrag

Zeilen 39–41

Stichtag

Der Erwerb von selbst genutztem Wohneigentum ab 1996: die Anlage EZ 1A

In diesem Kapitel erfahren Sie:

▶ welche Objekte gefördert werden　321

▶ was bei Ausbauten und Erweiterungen beachtet werden muss　321

▶ welche zeitlichen Voraussetzungen für die Gewährung der Förderung gegeben sein müssen　324

▶ wie hoch die Eigenheimzulage ausfällt　325

▶ welche Antragsfristen einzuhalten sind　326

▶ warum Änderungen während der Förderung angegeben werden müssen　327

▶ was unter Objektverbrauch zu verstehen ist　330

▶ wie Sie die Anschaffungs- und Herstellungskosten ermitteln　332

▶ welche ökologischen Förderungen es gibt　338

▶ wie Sie Ihre Eigenheimzulage selbst ausrechnen　346

Objektförderung

Die frühere Rechtslage (§ 10 e Einkommensteuergesetz) förderte selbst genutztes Wohneigentum durch einen Abzug vom Gesamtbetrag der Einkünfte. Die steuerliche Auswirkung richtete sich nach der Höhe des persönlichen Steuersatzes. Besserverdienende wurden somit bevorzugt behandelt.

Das Eigenheimzulagengesetz (EigZulG) ersetzt diese bisherige Steuerförderung durch eine einkommensunabhängige Zulage, die für einen Zeitraum von acht Jahren gewährt wird.

Eigenheimzulagengesetz

> **Achtung:** Die Höhe der staatlichen Subventionen für selbst genutztes Wohneigentum wächst also nicht mehr mit der Höhe des Einkommens, sondern wird für alle Einkommensschichten in gleicher Höhe ausgezahlt.

Selbst wenn Sie arbeitslos sind oder nur ein sehr geringes Einkommen haben, bekommen Sie, anders als in den Vorjahren, vom Finanzamt den jährlichen Zuschuss für die eigengenutzte Wohnung.

Welche Objekte werden gefördert?

Sie erhalten die Eigenheimzulage für:
- Im Inland gelegene eigengenutzte oder an nahe Angehörige unentgeltlich überlassene Einfamilienhäuser
- Wohnungen im eigenen Haus
- Eigentumswohnungen, sofern diese nicht in einem Feriengebiet liegen, das als solches ausgewiesen ist.

Unentgeltliche Überlassung

Ausbauten und Erweiterungen

Diese sind nach § 2 (2) EigZulG ebenfalls zulagenberechtigt, sofern sie an einer eigengenutzten Wohnung erfolgen und neuen Wohnraum schaffen. Hierzu zählen insbesondere:
- Dachgeschossausbauten
- Umbau von Räumen, die vorher anders genutzt wurden und künftig Wohnzwecken dienen
- Umbau von Wohnräumen, die dem heutigen Standard angepasst werden.

Aus- und Umbau

Bei den Erweiterungen müssen Wohnräume geschaffen werden, die den Bestimmungen der zweiten Berechnungsverordnung für Wohnraum gerecht werden. Deshalb sind folgende Bauten, die nachträglich aus- oder angebaut wurden, nicht voll anrechenbar:

- Räume mit einer lichten Höhe von weniger als zwei Metern (Umwandlung von Kellerräumen)
- Wintergärten, Schwimmbäder
- Keller, Waschküchen, Trockenräume, Vorratsräume und Garagen.

> **Tipps für Anbauten**
> **Ein Wintergarten** kann begünstigt sein, wenn er aufgrund der Raumhöhe und Beleuchtung als Zimmer für den dauernden Aufenthalt geeignet ist.
> **Garage und Carport** können zulagenbegünstigt sein, wenn sie zu einer begünstigten Wohnung gehören und mit dieser eine Einheit bilden und nicht nachträglich errichtet wurden.

Maximal 2.500 DM

Die Ausbauten und Erweiterungen werden mit ihren Herstellungskosten ebenfalls acht Jahre lang gefördert, das Alter des ausgebauten Hauses ist dabei unbedeutend. Die Zulage für die Ausbauten wird seit 1997 nur noch mit 2,5 Prozent der Herstellungskosten, maximal 2.500 DM berücksichtigt. Die Gesamtförderung darf mit den Kinderzulagen 50 Prozent der Herstellungskosten nicht übersteigen.

Beispiel Familie Fuchs baut ihr Dachgeschoss aus und hat drei Kinder. Die Kosten betragen 60.000 DM. Familie Fuchs erfüllt im Übrigen die Voraussetzungen für die Inanspruchnahme der Eigenheimzulage. Die maximale Förderung beträgt:

Fördergrundbetrag	2,5 % von 60.000 DM	= 1.500 DM
Kinderzulage	3 x 1.500 DM	= 4.500 DM
Zulagen pro Jahr	1.500 DM + 4.500 DM	= 6.000 DM
Zulagen für acht Jahre	8 x 6.000 DM	= 48.000 DM
Kappungsgrenze	50 % von 60.000 DM	= 30.000 DM
Förderungszeitraum	5 Jahre à 6.000 DM	= 30.000 DM

Förderungszeitraum

> **Wichtig:** Von den Einschränkungen sind nur die Ausbauten und Erweiterungen betroffen, mit Bauantragstellung nach dem 31.12.1996. Für die Ausbauten und Erweiterungen, bei denen 1996 der Bauantrag gestellt wurde, entfällt die Kappungsgrenze von 50 Prozent der Herstellungskosten. Diese Ausbauten werden zudem auch noch mit fünf Prozent der Herstellungskosten von maximal 100.000 DM zuzüglich Kinderzulagen gefördert. Entscheidend ist dabei der Bauantrag, der Eingang der Bauunterlagen oder der tatsächliche Baubeginn.

Zweite Wohnung

Wird jedoch eine vollständige zweite Wohnung errichtet, entfällt die Kürzung der Bemessungsgrenze. Die Grundförderung beträgt weiterhin fünf Prozent der Herstellungskosten, maximal 5.000 DM zuzügl. Kinder- und Ökozulagen.

Welche Objekte werden nicht gefördert?

Für folgende Objekte erhalten Sie keine Eigenheimzulage:
- Typische Ferien- oder Wochenendwohnungen
- Schwarzbauten (ohne Baugenehmigung)
- Vom Ehegatten angeschaffte Wohnungen nach Ablauf des Förderzeitraumes
- Wohnungen, für die AfA als Betriebsausgaben oder Werbungskosten im Rahmen der doppelten Haushaltsführung abgezogen wurde.

Ablauf des Förderzeitraumes

Neue Rechtslage für Bauten auf fremdem Grund und Boden

Voraussetzung für die Inanspruchnahme steuerlicher Abzugsbeträge für selbst genutztes oder an Verwandte unentgeltlich überlassenes Wohneigentum war bisher, dass der Anspruchsberechtigte auch bürgerlich-rechtlicher Eigentümer des Grund-und Bodens war, auf dem er das Gebäude errichtete. Wenn Kinder auf dem Grundstück ihrer Eltern ein Haus zur Selbstnutzung bauten, erhielten Sie keine steuerliche Förderung.

Vererbliches Nutzungsrecht
Wenn vor Beginn der Grundstücksbebauung ein vererbliches Nutzungsrecht für die voraussichtliche Nutzungsdauer der Wohnung vereinbart wird, wird der Berechtigte wirtschaftlicher Eigentümer des Grund und Bodens. Nach dem BFH-Urteil vom 27.11.1996 erhält der Bauherr dann die Eigenheimzulage für den achtjährigen Förderzeitraum, wenn sonst alle Voraussetzungen vorliegen.
Wird das Eigentum am Grund und Boden im Wege der vorweggenommenen Erbfolge nach Herstellung der selbst genutzten Wohnung übertragen, steht dem Anspruchsberechtigten für den restlichen Zeitraum die Eigenheimzulage zu (abgekürzter Förderzeitraum).
Beispiel Herr Weber baut 1999 auf dem Grundstück seines Vaters ein Einfamilienhaus. Im Jahr 2001 überträgt sein Vater das Eigentum unentgeltlich auf seinen Sohn. Herr Weber kann für sechs Jahre (2001 bis 2006) die Eigenheimzulage beanspruchen.
Hätte der Vater vor Bauantrag ein vererbliches Nutzungsrecht übertragen, könnte Herr Weber die Eigenheimzulage für die vollen acht Jahre beanspruchen.

Vererbliches Nutzungsrecht

Eigenheimzulage für acht Jahre

Spätere Grundstücksübertragung
Wird eine spätere Grundstücksübertragung nicht von vornherein vereinbart oder sogar ausgeschlossen, erfolgt keine Kürzung des Förderzeitraumes, da wie bisher auch der so genannte Aufwendungsersatzanspruch entsteht und die spätere Grundstücksübertragung als Anschaffung gilt.

Rechtslage für unentgeltliche Überlassung

Der Eigennutzung wird die unentgeltliche Überlassung an Angehörige (§ 15 AO) gleichgestellt, wenn diese die Immobilie zu eigenen Wohnzwecken nutzen. Begünstigt wird beispielsweise die unentgeltliche Überlassung an Eltern oder an ein schon berufstätiges Kind.
Als Angehörige gelten z. B. folgende Personen:

Eltern und Kinder

- Eltern
- Kinder
- Geschwister
- Verlobte
- Großeltern
- Ehegatten und geschiedene Ehegatten.

Im Formular EZ 1A müssen Sie in Formularzeile 33f. angeben, ob Sie die Wohnung selbst nutzen oder aber unentgeltlich an Angehörige überlassen. Falls Letzteres zutrifft, dann geben Sie bitte sämtliche Namen und auch das genaue Verwandtschaftsverhältnis an.

Unterhaltsverpflichtung

> **TIPP** Die Zulage wird nach neuester Rechtsprechung auch gewährt, wenn Sie die Wohnung bzw. das Haus im Rahmen der Unterhaltsverpflichtung unentgeltlich an Ihren geschiedenen Ehegatten überlassen.

Zeitliche Voraussetzungen für die Gewährung der Förderung

Die neue Eigenheimzulage wird zwar erst ab 1996 ausgezahlt, entscheidend ist aber, wann Sie Ihr Haus rechtsverbindlich gekauft bzw. bei Neubauten den verbindlichen Bauantrag gestellt haben.
Die Eigenheimzulage wird jedoch nur für die Jahre gezahlt, in denen alle Voraussetzungen vorliegen.

Vorsicht Neujahrsfalle!

Verkürzter Anspruch

Beispiel Sie haben im Jahr 2000 ein Haus zur Eigennutzung gekauft, und der Übergang des wirtschaftlichen Eigentums war ebenfalls bereits in 2000. Sie ziehen jedoch erst im Jahr 2001 ein.
Somit besteht ein verkürzter Anspruch auf die Eigenheimzulage auf sieben Jahre (2001 bis 2007).

Die Sache mit der Baugenehmigung

Schwarzbauten werden grundsätzlich nicht gefördert. Aber: Wird eine Baugenehmigung erst nachträglich erteilt, beginnt der Förderzeitraum erst ab diesem Zeitraum (§ 11 [1] Satz 3 EigZulG).
Falls keine Baugenehmigung vorgeschrieben ist, wird unterstellt, dass die Baumaßnahme den baurechtlichen Vorschriften entspricht.

Baurechtliche Vorschriften

Höhe der Eigenheimzulage

Die Eigenheimzulage besteht aus dem Fördergrundbetrag sowie aus der Kinderzulage, auf die später eingegangen wird.

Der Fördergrundbetrag

Der Fördergrundbetrag beträgt bei Neubauten jährlich fünf Prozent der Bemessungsgrundlage von maximal 100.000 DM, also 5.000 DM jährlich.
Bei Altbauten beträgt der Fördergrundbetrag jährlich 2,5 Prozent der Bemessungsgrundlage von maximal 100.000 DM, was also einem Betrag von 2.500 DM jährlich entspricht.

Höchstbeträge

> **TIPP** Als Neubau gilt nicht unbedingt nur ein gerade im Zeitpunkt des Erwerbs fertig gestelltes Haus: Wollen Sie in den Genuss der erhöhten Zulage gelangen, müssen Sie die zur Selbstnutzung bestimmte Immobilie bis zum Ende des zweiten Kalenderjahres nach dem Jahr der Fertigstellung erworben haben.

Beispiel *Eine Wohnung wurde im Jahr 1999 fertig gestellt. Wenn Sie diese Wohnung bis zum 31.12.2001 kaufen, dann können Sie den erhöhten Fördergrundbetrag für Neubauten beantragen.*
Die Auszahlung der Eigenheimzulage ist steuerfrei.

Fördergrundbetrag

Wie beantrage ich die Zulage, wie und wann wird sie ausgezahlt?

Damit Sie die für Sie relevanten Zulagen im Zusammenhang mit dem neuen Eigenheimzulagengesetz erhalten, müssen Sie Folgendes beachten:
Sie sollten im ersten Antragsjahr für die erstmalige Festsetzung der Zulage(n) die ausgefüllte Anlage EZ 1A dem Finanzamt einreichen.
Die für Sie wichtigen Bestimmungen und Vorschriften werden im § 12 Eigenheimzulagengesetz geregelt.

> **Entscheidend ist das Datum**
> **Erwerber** eines bestehenden Gebäudes haben ein Wahlrecht.
> Liegt das Datum des notariell beurkundeten Kaufvertrages zwischen dem 27.10.1995 und dem 31.12.1995, können Sie zwischen der alten Förderung (nach § 10 e EStG, s. Anlage FW in Kapitel 10) und der neuen Eigenheimzulage wählen. Die Entscheidung für das alte Recht ist lohnend, wenn Sie Besserverdiener sind. Liegt das Datum des notariell beurkundeten Kaufvertrages nach dem 31.12.1995, greift lediglich das neue Eigenheimzulagengesetz.
> **Sind Sie Bauherr,** errichten also eine Neubauwohnung bzw. ein Haus, ist hier das Datum des Bauantrages entscheidend. Bauvoranfragen reichen allerdings nicht aus; maßgeblich ist der Eingangsstempel der zuständigen baurechtlichen Behörde. Ist der Bauantrag zwischen dem 27.10.1995 und dem 31.12.1995 eingegangen, haben Sie das gleiche Wahlrecht wie ein Erwerber. Liegt das Datum des Bauantrages nach dem 31.12.1995, greift auch hier nur das neue Eigenheimzulagengesetz.

27.10.1995 bis 31.12.1995

Bauvoranfragen

Der Förderanspruch

Ein Anspruch auf Förderung entsteht mit Beginn der Nutzung der angeschafften oder hergestellten Wohnung entweder zu eigenen Wohnzwecken oder durch die unentgeltliche Überlassung an einen Angehörigen zu Wohnzwecken. Der Förderzeitraum beträgt acht Jahre.

> **Achtung:** Entscheidend ist nur das Datum Ihres Einzuges. Auf den Zeitpunkt des Notarvertrages, des Bauantrages oder der Fertigstellung bzw. Anschaffung der Immobilie kommt es für das Entstehen des Anspruchs auf die Eigenheimzulage nicht an.

Einzugstermin

Antragsfristen

Der Antrag auf Eigenheimzulage muss bis zum Ablauf des vierten Kalenderjahres, das auf das Jahr folgt, in dem der Anspruch auf Zulage entstanden ist, gestellt werden. Für die Berechnung der Antragsfrist ist deshalb zu beachten, wann der Zulagenanspruch beginnt. Dies ist nicht immer das Jahr der Anschaffung oder Fertigstellung.

Beispiel Frau Klug hat im Jahr 1998 eine Eigentumswohnung erworben, die sie zunächst vermietet. Sie zieht erst im Jahr 2001 selbst in die Wohnung ein. Der Anspruch auf die Zulage beginnt ebenfalls in 2001.

Festsetzungsverjährung

Änderungen

Mit dem Ablauf des Jahres 2001 beginnt auch die Vierjahresfrist, die am 31.12.2005 endet. Hat Frau Klug bis zu diesem Stichtag keinen Antrag auf Eigenheimzulage gestellt, führt dies zum Verlust der Zulage für jedes Jahr, das aus der Frist von vier Jahren herausgefallen ist (Festsetzungsverjährung).

Erfüllen Sie alle gesetzlichen Voraussetzungen, erhalten Sie acht Jahre lang, jeweils zum 15.3. eines Jahres, automatisch die für Sie gültigen Zulagen aufs Konto überwiesen. Dies geschieht unabhängig davon, ob Sie für das Vorjahr schon eine Steuererklärung abgegeben haben.

Gesetzliche Voraussetzungen

Steuererklärung und Zulagenauszahlung haben nichts miteinander zu tun. Sie müssen nur einmal dieses Formular ausfüllen.

Änderungen während der Förderung

Sollten sich innerhalb des Förderzeitraumes Änderungen bezüglich der Voraussetzungen für die Gewährung der Zulage ergeben, müssen Sie das dem Finanzamt schriftlich mitteilen (§12 EigZulG). Es erfolgt dann eine Neufestsetzung bzw. Anpassung in positiver wie negativer Weise.

Neufestsetzung

Beispiel Nach Ablauf des dritten Förderjahres heiratet Ihre Tochter und zieht aus der elterlichen Wohnung aus. Sie erhalten dann für die restlichen fünf Jahre für dieses Kind keine Kinderzulage mehr. Wird im dritten Jahr ein weiteres Kind geboren, kann dafür bis zum Ende des achten Jahres die Kinderzulage zusätzlich beansprucht werden.

Nach § 15 EigZulG wird die Zulage auch für zurückliegende Jahre bis zum Eintritt der Verjährung (vier Jahre) gezahlt. Ihr Finanzamt und/oder Ihr Steuerberater hält für Sie die Anlage EZ 1A bereit.

Nachträgliche Vergütung

 1. Formularseite des Antrags auf Eigenheimzulage

Tragen Sie bitte zunächst ganz oben das Jahr ein, für das Sie erstmalig die Eigenheimzulage erhalten. Es ist das Jahr Ihres Einzuges in die Wohnung bzw. das Anschaffungs- oder Fertigstellungsjahr. Ab diesem Jahr erhalten Sie dann die Zulage automatisch für acht Jahre, falls Sie alle Voraussetzungen erfüllen. Tragen Sie dann bitte auf der ersten Seite Ihre persönlichen Daten ein, wie sie im Formular abgefragt werden.

Einzugsjahr

Einkommensteuerpflicht

Kreuzen Sie hier bitte an, ob Sie zur Einkommensteuer veranlagt werden oder nicht. Die Steuererklärung ist nicht Voraussetzung für die Einreichung des Antrages.

Zeilen 3 und 11

Kapitel 11: Die Anlage EZ 1A

Antrag auf Eigenheimzulage ab dem Jahr

An das Finanzamt

Steuernummer

Anspruchsberechtigte
bei gemeinschaftlichem Eigentum von Ehegatten: Ehemann

Telefonische Rückfragen tagsüber unter Nr.

Zeile			
1	Name		Anschrift
2	Vorname		Titel d. Anspre./Ehemanns / Titel d. Ehefrau
3	Geburtsdatum (Tag Monat Jahr) — Zur Einkommensteuer veranlagt? Ja / Nein		Anrede / Ansprb. Person / Postempfänger
4	Bei Wohnsitzwechsel: bisheriges Finanzamt/Steuernummer		
5	Straße und Hausnummer		
6	Postleitzahl, derzeitiger Wohnort		
7	Verheiratet seit dem / Verwitwet seit dem / Geschieden seit dem / Dauernd getrennt lebend seit dem		
8			
9	Vorname des **Ehegatten**		
10	ggf. von Zeile 1 abweichender Name		
11	Geburtsdatum (Tag Monat Jahr) — Zur Einkommensteuer veranlagt? Ja / Nein		Art der Bescheid-Kennzeichnung
12	Bei Wohnsitzwechsel: bisheriges Finanzamt/Steuernummer		Art der Zulagenfestsetzung
13	Straße und Hausnummer, Postleitzahl, derzeitiger Wohnort (falls von Zeilen 5 und 6 abweichend)		Ablehnungsbescheid
14			Angaben zur Erstattung
15			Bescheid ohne Anschrift Ja = 1

Bankverbindung — Bitte stets angeben!
Die angegebene Bankverbindung gilt auch für andere Auszahlungen des Finanzamts, z.B. für Einkommensteuererstattungen

Zahl d. zusätzlichen Bescheide

Zeile		
17	Kontonummer	Bankleitzahl
18	Geldinstitut (Zweigstelle) und Ort	
19	Kontoinhaber Name (im Fall der Abtretung bitte amtlichen Abtretungsvordruck beifügen) lt. Zeilen 1 u. 2 oder:	
20		

Empfangsvollmacht
Der Bescheid soll nicht mir/uns zugesandt werden, sondern:

Zeile		
22	Name	
23	Vorname	
24	Straße und Hausnummer oder Postfach	
25	Postleitzahl, Wohnort	

OFD Hmb **EZ 1 A** – Antrag auf Eigenheimzulage – (ID) 02.2001

Formularseite 2

– 2 –

Zeile						
	99	15	**Begünstigte Wohnung** Lage der Wohnung (falls vom derzeitigen Wohnsitz lt. Zeile 5 und 6 abweichend)		Im Ferien- oder Wochenendgebiet belegen	Zum Dauerwohnen baurechtlich zugelassen
27	22		Straße und Hausnummer			
28	20		Postleitzahl, Ort			
29			Eigentümer	Name		Miteigentumsanteil %
30				Name		Miteigentumsanteil %
	99	20	Die Eigenheimzulage wird beantragt als	Erwerber	Kaufvertrag vom 20	Übergang von Besitz, Nutzen und Lasten am 21	Baujahr 22
32			auch bei Ausbau/ Erweiterung	Bauherr 25	Bauantrag gestellt am 26	Baubeginn am	Jahr d. Fertigstellung 27
33			Eigengenutzt / unentgeltlich an Angehörige zu Wohnzwecken überlassen		seit	30	
34			Bei unentgeltlicher Nutzungsüberlassung	Name des Nutzenden, Verwandtschaftsverhältnis			
35			Erhöhte Absetzungen (z. B. nach § 7 b EStG) / Abzugsbeträge (z. B. nach § 10 e EStG) / Eigenheimzulage				
			wurden noch nicht beansprucht.	wurden für folgende Objekte beansprucht (bei Ehegatten: auch Name des Eigentümers):			
36							
37							
38			Die Eigenheimzulage wird für ein Folgeobjekt beantragt	Lage des Erstobjekts, Begünstigungszeitraum			
39				*) 1 = übrige Fälle, 2 = Ehefrau bei Zusammenveranlagung, 3 = beide Ehegatten bei Zusammenveranlagung		Anspruchsberechtigter *)	
			Anschaffungskosten / Herstellungskosten				
40			Angeschafft / hergestellt wurde			10	
41			Einfamilienhaus Eigentumswohnung	einschließlich Anschaffungskosten des Grund und Bodens		DM 11	Miteigentum %
42			Ausbau / Erweiterung einer eigengenutzten Wohnung	ohne Anschaffungskosten des Grund und Bodens		DM 32	Ausbau/Erweiterung Ja=1
43			Anderes Haus (einschl. Anschaffungskosten d. Grund u. Bodens)	Anzahl der Wohnungen	Nutzfläche m² = 100 % =	DM	Letztes Begünstigungsjahr 31
44			Auf die Nutzfläche der eigengenutzten / unentgeltlich an Angehörige zu Wohnzwecken überlassenen Wohnung entfallen		m² = % =	DM ▶	DM
45			Werden Teile der Wohnung nicht zu eigenen Wohnzwecken genutzt:				
46			Wohnfläche der Wohnung		m² = 100 %		
47			davon entfallen auf eigenbetrieblich / beruflich genutzte, vermietete oder an Nicht-Angehörige überlassene Räume		m² = % = –	DM	
48			Bemessungsgrundlage			40	40
49			Bei Miteigentum: Anteil an der Bemessungsgrundlage			46	46
50			Nur bei gesonderter und einheitlicher Feststellung: Festgestellter Anteil an der Bemessungsgrundlage	Finanzamt, Steuernummer		41	41
51							
52			**Ökologische Zusatzförderung**				
53			Für Wärmepumpenanlagen, Solaranlagen, Anlagen zur Wärmerückgewinnung				
54			Bei Selbstbau: Aufwendungen für vor Bezug – und vor dem 1.1. 2003 – eingebaute Anlagen (auch wenn in Zeile 48 enthalten)			42	42
55			Bei Anschaffung einer Neubauwohnung vor dem 1.1. 2003: Von den Anschaffungskosten entfallen auf diese Anlage (in Zeile 48 enthalten)			43	43
56			Bei Miteigentum: Anteil an den Beträgen in Zeile 54 oder 55			47	47
57			Nur bei gesonderter und einheitlicher Feststellung: Festgestellter Anteil an den Aufwendungen	Finanzamt, Steuernummer		44	44
58			Für vor dem 1.1. 2003 fertiggestellte oder im Jahr der Fertigstellung angeschaffte Niedrigenergiehäuser: Der Jahres-Heizwärmebedarf unterschreitet um mindestens 25% den nach der Wärmeschutzverordnung geforderten Wert (Wärmebedarfsausweis ist beigefügt)			45	Ja=1

329

Empfangsbevollmächtigung

Zeilen 22–25 Hier können Sie, wie schon im Mantelbogen, Seite 1, einen Empfangsbevollmächtigten benennen, der Ihren Bescheid erhalten soll.

 2. Formularseite des Antrags auf Eigenheimzulage

Begünstigte Wohnung

Zeilen 27–28

Dauergebrauch

Tragen Sie bitte die Adresse Ihrer erworbenen Wohnung bzw. des Hauses ein. Vergessen Sie nicht anzukreuzen, ob Ihr neues Heim in einem Feriengebiet liegt. Wenn dies der Fall sein sollte, hätten Sie schlechte Karten, weil dann die Zulagen entfallen. Die Wohnung muss auch zum Dauerwohnen baurechtlich zugelassen sein.

Miteigentümer

Zeilen 29–30

Grundstücksgemeinschaft

Hier müssen alle Eigentümer eingetragen werden sowie deren prozentuale Miteigentumsanteile. Bei Ehegatten ist der Miteigentumsanteil des jeweiligen Ehegatten nicht automatisch 50 Prozent. Liegt die zu fördernde Wohnung im Besitz einer Grundstücksgemeinschaft (z. B. nichtverheiratete Paare), ist die Eintragung des Anteils besonders wichtig, da jeder Miteigentümer die Zulage nur prozentual vom Miteigentumsanteil erhält.

Beispiel Hubert und Ingrid sind nicht verheiratet und erwerben am 1.4.2001 gemeinsam eine Neubauwohnung zur Selbstnutzung für 400.000 DM. Hubert erwirbt das Haus zu 80 Prozent, Ingrid gehören davon 20 Prozent. Beide bekommen die Höchstförderung von 5.000 DM, wobei Hubert 4.000 DM erhält und Ingrid 1.000 DM. Voraussetzung ist natürlich, dass die Einkommensgrenzen unterschritten werden und kein Objektverbrauch vorliegt.

Objektverbrauch

Zwei Objekte für Ehegatten

Ähnlich wie die alte Förderung nach § 10 e EStG wird die Zulage immer nur für ein selbst genutztes Objekt gezahlt, bei Ehegatten für zwei (verschiedene) Objekte. Sind Sie an einer Wohnung nur prozentual beteiligt, führt dies auch zum so genannten Objektverbrauch. So nennt man es, wenn Sie die Förderung schon einmal acht Jahre erhalten haben. Dann ist dies für eine weitere Immobilie ausgeschlossen. Zum Objektverbrauch für die Gewährung der Eigenheimzulage führen folgende Objekte und Voraussetzungen:

- Eigengenutzte Wohnung
- Eigengenutztes Haus
- Unentgeltliche Überlassung an Angehörige
- Anbauten und Erweiterungen an eigengenutzten Wohnungen oder an unentgeltlich überlassenen Wohnungen.

Anbauten und Erweiterungen

Beispiel Hubert und Ingrid sind nicht verheiratet und Eigentümer ihres selbst genutzten Einfamilienhauses. Sie bekommen beide die Zulage. Sie heiraten 2000 und bekommen zwar beide weiterhin jeder die Zulage, es ist aber bei beiden Objektverbrauch eingetreten. Hätten sie das selbst genutzte Einfamilienhaus erst nach der Heirat erworben, hätte ein Ehepartner die Zulage bis zur Höchstgrenze erhalten. Der andere hätte dann Anspruch auf die Zulage für eine andere Immobilie.

Haben Sie früher schon einmal Vorteile für selbst genutztes Wohneigentum in Anspruch genommen (Absetzungen i. S. v. § 7 b EStG oder § 10 e EStG sowie Absetzungen des § 15 (1–4) BerlinFG sowie § 15 b BerlinFG), ist bei Ihnen ebenfalls Objektverbrauch eingetreten. Sie erhalten keine Zulage mehr. Sind Sie verheiratet, kann eventuell der andere Ehepartner die Zulage für Ihre eigengenutzte Wohnung noch erhalten.

Frühere Förderung

> **Achtung:** Die neue Rechtslage sieht vor, dass auch die unentgeltliche Überlassung an Angehörige zum Objektverbrauch für die Eigenheimzulage führt. Hier ist die Regelung des § 10 h EStG günstiger. Falls Sie ein Wahlrecht haben, sollten Sie diese Möglichkeit auf jeden Fall prüfen.

Vergangene Förderungen

In diesen Zeilen müssen Sie alle selbst genutzten oder unentgeltlich überlassenen Objekte angeben, für die im Sinne der oben genannten Vorschriften bereits in der Vergangenheit steuerliche Förderungen gewährt wurden. Bei Ehegatten ist auch der Name des Eigentümers anzugeben, da nicht immer beide Ehegatten Eigentümer laut Grundbuch sind.

Zeilen 35–37

Eigentümer

Folgeobjekt

Falls Sie die Eigenheimzulage für ein Folgeobjekt beanspruchen, gilt Folgendes: Nutzen Sie Ihre eigengenutzte Wohnung nicht bis zum Ende des achtjährigen Förderungszeitraumes, können Sie die alte Grundförderung (§ 10 e EStG) bzw. die Eigenheimzulage nicht mehr in Anspruch nehmen. Für die nicht ausgenutzten Jahre des achtjährigen Förderungszeitraumes können Sie die restlichen Jahre auf ein Folgeobjekt übertragen, wenn Sie sonst alle Voraussetzungen dafür erfüllen.

Zeile 38

Übertragung

Es gelten auch die Jahre als ausgenutzt, in denen Sie wegen Überschreiten der Einkommensgrenzen oder fehlender Selbstnutzung in der Vergangenheit keine steuerliche Förderung erhalten haben.

Erwerben Sie dann wieder ein Haus (Wohnung) zur Eigennutzung oder unentgeltlichen Überlassung, können Sie die Eigenheimzulage nur für die restlichen Jahre des achtjährigen Förderzeitraumes beanspruchen.

Kein zeitlicher Zusammenhang

Wichtig: Zwischen dem ersten und dem zweiten Objekt muss, anders als bei der alten Förderung nach § 10 e EStG, kein zeitlicher Zusammenhang bestehen.

Beispiel Herr Schmitz hat für die Jahre 1988 bis 1991 die Förderung (nach § 10 e EStG) geltend gemacht. In den Jahren 1992 bis 1994 hat er die Wohnung nicht selbst genutzt, sondern an eine Familie vermietet. Ende 1994 verkauft er die Wohnung.

Somit gelten sieben Jahre als steuerlich ausgenutzt. Für ein Folgeobjekt könnte er z. B. die Eigenheimzulage nur noch für ein Jahr beanspruchen. Der neue (restliche) Förderungszeitraum beginnt mit Ablauf des Jahres, in dem Sie das Erstobjekt letztmals zu eigenen Wohnzwecken nutzten.

Zwischenzeitliche Vermietung

Nach neuester Rechtsprechung steht Herrn Schmitz die restliche Eigenheimzulage für ein Jahr auch dann zu, wenn er in sein Haus zurückzieht, das er zwischenzeitlich vermietete.

TIPP Die Förderung für das erste Objekt und das Folgeobjekt können nicht in einem Jahr erfolgen. Als Folgeobjekt gelten auch Ausbauten und Erweiterungen.

Anschaffungskosten/Herstellungskosten

Zeilen 40–50

Die Anschaffungs- oder Herstellungskosten der eigengenutzten oder unentgeltlich überlassenen Wohnung müssen immer angegeben werden. Anders als bei der alten Förderung (§ 10 e EStG) werden hier auch die vollen Anschaffungskosten für Grund und Boden hineingerechnet. Die alte Förderung dagegen hat nur den hälftigen Grundstücksanteil berücksichtigt.

Für die Ermittlung der Anschaffungs- bzw. Herstellungskosten als Bemessungsgrundlage für die Gewährung der Eigenheimzulage wird auf Kapitel 9 verwiesen. Es werden bezüglich der neuen Eigenheimförderung die gleichen Kostenarten hinzugerechnet, jedoch ohne Kürzung der Grundstückskosten (Formularzeile 41).

Checkliste für Anschaffungskosten von Gebäuden

Zweck oder Art der Aufwendung		Betrag	
Ablösung für ein Wohn- oder Nießbrauchsrecht	+		
Auflassungsgebühren	+		
Gerichtskosten beim Kauf im Zwangsvollstreckungsverfahren	+		
Grundbucheintragung	+		
Grundpfandrechte des Ersteigerers, wenn durch Grundstückswert gedeckt	+		
Grunderwerbsteuer	+		Grundgewerbesteuer
Kosten für Gutachten zur Wertbestimmung des gekauften Grundstücks mit Gebäude	+		
Kaufpreis	+		
Maklerprovision	+		
Notarkosten	+		
Reisekosten im Zusammenhang mit Vertragsabschluss und Besichtigung des Gebäudes	+		Reisekosten
Rentenbarwert als Gegenleistung für den Kauf des Grundstücks mit Gebäude	+		
Steuerberatungskosten, beispielsweise für die Grunderwerbsteuererklärung oder für die Beratung in Verbindung mit der Grunderwerbsteuerpflicht	+		
Telefonkosten	+		Telefonkosten
Verbindlichkeiten, wenn sie in Anrechnung des Kaufpreises eingegangen sind.	+		
Summe	=		

An- und Ausbauten

Bei An- bzw. Ausbauten gibt es Folgendes zu beachten:
Da bei An- bzw. Ausbauten die Grundstückskosten entfallen, weil das Grundstück ja bereits vorhanden war, sind lediglich die reinen Ausbaukosten anzusetzen (Formularzeile 42).

Zeile 42

Kapitel 11: Die Anlage EZ 1A

Checkliste für Herstellungskosten von Gebäuden

	Zweck oder Art der Aufwendung		Betrag
	Abbruchkosten, wenn für den Bau des Gebäudes erforderlich		
Abfindung	Abfindung für die Baulast	+	
	Ablösekosten für die Verpflichtung zur Errichtung von Parkplätzen	+	
	Abstandszahlung zur Ablösung von Nutzungsrechten Dritter	+	
	Alarmanlage	+	
	Anschlusskosten für Strom, Gas, Wasser, Fernwärme	+	
	Antenne	+	
	Bauabnahme	+	
Baumaschinen	Baumaschinen	+	
	Baumaterial	+	
	Betreuungskosten	+	
	Bodenbeläge	+	
	Breitbandkabel und Anschlusskosten (zum Radio- und Fernsehempfang)	+	
	Dachstuhl mit Eindeckung	+	
	Einbaumöbel als wesentliche Bestandteile des Gebäudes	+	
	Einzelöfen	+	
	Elektroinstallation	+	
	Erdarbeiten, Planierung	+	
Fahrstuhl	Fahrstuhl	+	
	Fenster und Fenstergitter	+	
	Gebühr für die Baugenehmigung	+	
	Heizkosten zum Trocknen des Neubaus	+	
	Heizungsanlage mit Heizkörpern	+	
	Honorar für den Architekten	+	
	Kosten der Bauplanung	+	

Zweck oder Art der Aufwendung	Betrag	
Kosten fürs Richtfest	+	
Kosten für Fahrten beispielsweise zur Baustelle	+	
Küchenentlüftungsanlage	+	
Küchenspüle	+	
Lüftungsanlage	+	
Malerarbeiten	+	
Mängelbeseitigung am Bau und Prozesskosten, die damit in Verbindung stehen.	+	Mängelbeseitigung
Markise	+	
Putzarbeiten	+	
Rohbaukosten	+	
Sanitäranlagen	+	
Spenglerarbeiten	+	Spengler
Telefonkosten	+	
Teppichböden, wenn sie auf Estrich verlegt oder mit dem Untergrund fest verbunden sind.	+	
Trinkgelder	+	
Türen	+	Türen
Verlegung von Fliesen	+	
Zäune oder ähnliche Grundstücksmarkierungen im einheitlichen Zusammenhang mit Nutzung und Funktion des Gebäudes	+	
Summe	=	

Mehrere Wohnungen

Falls Sie die Zulage für ein Haus mit mehreren Wohnungen beantragen, von denen Sie eine selbst nutzen oder unentgeltlich an Angehörige überlassen, ist dies in Formularzeile 43 und 44 anzugeben. Bitte geben Sie hier die Anzahl der Wohnungen im Haus sowie die gesamte Nutzfläche (einschließlich Kellerräumen oder Anbauten für Hallenbad) an. Es sind dann zunächst die 100%igen Anschaffungs- bzw. Herstellungskosten anzugeben.

Zeile 43 und 44

Checkliste für Anschaffungskosten von Grund und Boden

	Zweck oder Art der Aufwendung		Betrag
Abbruchkosten	Abbruchkosten, wenn das Grundstück von vornherein mit der Absicht erworben wurde, darauf vorhandene Gebäude abzureißen und der Abbruch nicht in enger zeitlicher Verbindung zum Bau eines neuen Gebäudes steht.	+	
	Anschlussgebühren für die Kanalisation, die von der Gemeinde betrieben wird.	+	
	Ansiedlungsbeiträge	+	
	Auflassungsgebühren	+	
	Beiträge für eine Fußgängerzone, wenn sie ohne Rücksicht auf die Nutzung des Grundstücks erhoben werden.	+	
Strom, Gas, Wasser	Beiträge für Strom-, Gas-, Wasser- und Wärmeanlagen außerhalb des Grundstücks	+	
	Beiträge nach dem Abgabengesetz der Gemeinde für Herstellung, Anschaffung und Ergänzung öffentlicher Einrichtungen und Anlagen sowie für die Verbesserung von Verkehrsflächen	+	
	Erschließungsbeiträge	+	
	Grunderwerbsteuer	+	
	Kaufpreis des Grundstücks	+	
Maklergebühren	Maklergebühren	+	
	Notariatskosten für Grundstückskauf	+	
	Reisekosten	+	
	Restbuchwert für ein Gebäude, das in Abbruchabsicht erworben wurde und der nicht zu den Herstellungskosten eines neuen Gebäudes zählt (bei wertlosen Aufbauten zum Zeitpunkt des Kaufs)	+	
	Straßenanliegerbeiträge	+	
	Telefonkosten	+	
	Zuschüsse für Erweiterung oder Ausbau einer Ortsstraße	+	
	Summe	=	

Bemessungsgrundlage

In Formularzeile 43 geben Sie die Quadratmeterfläche der eigengenutzten oder überlassenen Wohnung an sowie den prozentualen Anteil an der Gesamtfläche. Diesen Prozentsatz multiplizieren Sie mit den eingangs ermittelten Gesamtherstellungskosten. Dies ergibt dann die Bemessungsgrundlage für die Zulage bzw. die Herstellungskosten für die zu fördernde Wohnung.

Zeile 43

Beispiel Das Haus hat drei Wohnungen mit einer Gesamtnutzfläche von 400 m². Ihre eigengenutzte Wohnung hat 100 m² Wohnfläche, was einen Anteil an der gesamten Nutzfläche von 25 Prozent ausmacht. Die Herstellungskosten (Gebäude inkl. Grundstückskosten) für das Haus betrugen 800.000 DM. Sie rechnen demnach 800.000 DM x 25 % = 200.000 DM. Diesen Betrag tragen Sie als tatsächliche Bemessungsgrundlage in die rechte Spalte ein, wobei diese Bemessungsgrundlage den Höchstbetrag von 100.000 DM bereits überschreitet.

Herstellungskosten

Arbeitszimmer, Untervermietung

Nutzen Sie Teile Ihrer Wohnung nicht zu eigenen Wohnzwecken, weil Sie eventuell einzelne Räume untervermietet haben oder beruflich nutzen (Arbeitszimmer), sind die Formularzeilen 44–48 der zweiten Formularseite relevant.

Zeilen 44–48

Sie tragen zunächst die gesamte Wohnfläche Ihrer Wohnung ein und darunter die Fläche der nicht eigengenutzten oder überlassenen Fläche. Den dann ermittelten prozentualen Anteil an den Herstellungskosten der nicht eigengenutzten Fläche tragen Sie in die rechte Spalte ein. Diese Summe wird von den eingangs ermittelten gesamten Herstellungskosten für Ihre Wohnung abgezogen.

Wohnfläche

Beispiel Ihre Wohnung hat 100 m² Wohnfläche. Hiervon nutzen Sie als selbstständiger Journalist 20 m² Bürofläche, was als nicht eigengenutzt zählt. Der Anteil an der Gesamtfläche beträgt 20 Prozent. Die Herstellungskosten für Ihre Wohnung betrugen 200.000 DM. Hiervon sind dann 20 Prozent = 40.000 DM abzuziehen. Es würde sich für dieses Beispiel in Formularzeile 48 eine Bemessungsgrundlage von 160.000 DM ergeben.

Sind Sie Miteigentümer, tragen Sie bitte in Formularzeile 49 Ihren prozentualen Anteil an der errechneten Bemessungsgrundlage ein.

Bemessungsgrundlage

Grundstücksgemeinschaften

Gehört Ihnen die selbst genutzte oder unentgeltlich überlassene Wohnung nicht allein, sondern gibt es mehrere Eigentümer, bilden diese eine Grundstücksgemeinschaft. Dies ist unabhängig davon, ob alle Miteigentümer die Wohnung zu eigenen Wohnzwecken nutzen. Bei Grundstücksgemeinschaften hat jeder Miteigentümer einen Anteil an der Eigenheimzulage (§ 9 [2] Satz 3 EigZulG), sofern er die Einkommensgrenzen im An-

Zeile 50

tragsjahr nicht überschreitet und kein Objektverbrauch bei ihm eingetreten ist. Für diesen Fall wird der Anteil der einzelnen Parteien einheitlich und gesondert festgestellt. Es ist dann eine gesonderte Steuererklärung (Feststellungserklärung) zu erstellen, deren nähere Darstellung ein eigenes umfangreiches Kapitel ergeben würde.

> **Achtung:** Bitte wenden Sie sich in solchen komplizierten Fällen unbedingt an einen Steuerberater.

Feststellungserklärung

Eine Grundstücksgemeinschaft erhält auch eine eigene Steuernummer. Falls Ihr Anteil durch eine solche Feststellungserklärung ermittelt wurde, müssen in Zeile 50 das betreffende Finanzamt und die Steuernummer der Gemeinschaft eingetragen werden, und Ihr Anteil (entspr. der Anlage ESt 1, 2, 3 B) der Feststellungserklärung muss in Ihrem persönlichen Antrag auf Eigenheimzulagengewährung eingesetzt werden.

Ökologische Zusatzförderung

Zeilen 52–58

Haben Sie bei Ihrem Hausbau an die Umwelt gedacht, gibt es unter bestimmten Voraussetzungen zusätzlich zum Fördergrundbetrag zwei verschiedene Ökozulagen.

Energiesparendes Heizen, Zulage für Wärmeerzeugung

Zusatzförderung

Sowohl im Rahmen der Herstellung als auch im Fall des Erwerbs einer Wohnung ist der Einbau von Wärmepumpenanlagen, Solaranlagen oder einer Wärmerückgewinnungsanlage begünstigt. Sie erhalten hierfür eine Zusatzförderung von jährlich zwei Prozent der aufgewendeten Kosten, höchstens 500 DM (§ 9 [3] Satz 1 EigZulG), dies auch für acht Jahre. Technische Voraussetzung hierfür ist, dass die Wärmepumpe bestimmte Leistungen erbringt. So muss z. B. eine Elektrowärmepumpe eine Leistungszahl von mindestens 4 aufweisen. Elektrische Sole-Wasser-Wärmepumpenanlagen müssen eine Mindestleistungszahl von 3,8 haben. Diese erhöhten Leistungszahlen gelten für alle Anlagen, deren Einbau nach dem 31.12.2000 abgeschlossen sein wird. Solaranlagen werden nur als Sonnenkollektoren (Wassererwärmung) gefördert, nicht als Solarzellen, die lediglich Strom erzeugen. Die zeitliche Voraussetzung bedingt, dass die Baumaßnahmen vor Beginn der Nutzung zu eigenen Wohnzwecken und vor dem 1.1.2003 abgeschlossen sind.

Ökozulage

> **TIPP** Falls Sie sich eine Wohnung anschaffen, in der bereits derartige energiesparende Heizungsanlagen enthalten sind, steht Ihnen die zusätzliche Ökozulage zu, wenn Sie die Wohnung bis zum Ende des zweiten auf das dem Fertigstellungsjahr folgenden Jahres und vor dem 1.1.2003 anschaffen. Die anteiligen Kosten für die Baumaßnahmen müssen aus dem Kaufpreis herausgerechnet werden.

Energiesparendes Bauen, Niedrigenergiehäuser

Diese Zulage erhalten Sie für besondere Wärmedämmung Ihres Hauses. Die technische Voraussetzung bedingt, dass der Jahres-Heizwärmebedarf Ihres Gebäudes den nach der Wärmeschutzverordnung geforderten Wert um mindestens 25 Prozent unterschreitet. Als Nachweis müssen Sie einen Wärmebedarfsausweis (i. S. v. § 12 Wärmeschutzverordnung) vorlegen (vom Architekten). Die zeitliche Voraussetzung ist, dass die Anschaffung der Wohnung bis zum Ende des Jahres der Fertigstellung erfolgt, das Gebäude also fast neu ist (§ 9 [4] Satz 1 EigZulG). Die Anschaffung muss, wie die Zulage für energiesparendes Heizen, z. Zt. vor dem 1.1.2003 erfolgen. Die Höhe der Zulage beträgt jährlich 400 DM, dies ebenfalls für einen achtjährigen Förderungszeitraum.

Wärmebedarfsausweis

> **Achtung:** Beide Ökozulagen werden nicht für Ausbauten und Erweiterungen gezahlt. Sie werden jedoch bei Vorliegen der Voraussetzungen parallel für ein Gebäude genehmigt.

Zur Angabe im Formular rechnen Sie für die Zulage energiesparendes Heizen entweder bei Eigenleistung die Materialkosten oder bei Anschaffung den anteiligen Kaufpreis an der Immobilie aus. Die Kosten müssen vor Bezug anfallen. Für die Beantragung der Ökozulage für Wärmedämmung müssen Sie keine Einzelberechnung, sondern nur den Nachweis des Architekten beifügen. Für Grundstücksgemeinschaften wird der jeweilige Anteil laut Feststellungsbescheid herausgerechnet (s. o.).

Vorkosten

▶ 3. Formularseite des Antrags auf Eigenheimzulage

Erwerb von Genossenschaftsanteilen

Durch das neue Eigenheimzulagengesetz wird unter bestimmten Voraussetzungen der Erwerb von Genossenschaftsanteilen gefördert. Dies gilt, wenn Sie sich an einer Genossenschaft beteiligen, von der Sie später die bereits jetzt gemietete Wohnung erwerben (§ 17 EigZulG). Dies ist insbesondere für die neuen Bundesländer interessant. Voraussetzungen für die Förderung sind:

Zeilen 59–62

Datum Die Genossenschaft darf erst nach dem 1.1.1995 in das Genossenschaftsregister eingetragen worden sein.

Rechtsgrundlage Die Satzung der Genossenschaft muss den Mitgliedern unwiderruflich ein vererbliches Recht einräumen, die bereits jetzt zu eigenen Wohnzwecken genutzte Wohnung zu erwerben.

Genossenschaftsregister

Kapitel 11: Die Anlage EZ 1A

99 15 Begünstigte Genossenschaftsanteile
(Satzung der Genossenschaft, Registerauszug und Benachrichtigung der Genossenschaft über die Beitrittszulassung bitte beifügen)

Zeile 59 | 50 | Name der nach dem 1.1.1995 in das Genossenschaftsregister eingetragenen Genossenschaft

99 20
61 | Höhe der Geschäftsanteile | | 51 | DM
62 | Einzahlung auf die Geschäftsanteile | 53 Datum | 52 | DM
63 | Beitrittszulassung vom | 50 |

99 16 Angaben für die Kinderzulage

Für das Kind erhält der Anspruchsberechtigte oder sein Ehegatte Kindergeld/ einen Kinderfreibetrag oder einen Betreuungsfreibetrag

Der andere Elternteil ist Miteigentümer der Wohnung (ausgenommen Miteigentümer-Ehegatten) oder hat ebenfalls begünstigte Genossenschaftsanteile erworben

Kinderzulage
1 = 1, 2 = ½
3 = 0

Vorname des haushaltszugehörigen Kindes (ggf. auch abweichender Familienname) | Geboren am

65 | 1 |
66 | | 31 | | | 51
67 | 2 | 32 | | | 52
68 | 3 | 33 | | | 53
69 | 4 | 34 | | | 54

Einkunftsgrenze
70
71
72 | Der Gesamtbetrag der Einkünfte des Jahres, für das erstmals dieser Antrag gestellt wird, wird zusammen mit
73 | dem Gesamtbetrag der Einkünfte des vorangegangenen Jahres voraussichtlich | DM | nicht übersteigen.
74

Zusätzliche Angaben
75
76 | Bewilligte Zuschüsse aus öffentlichen Mitteln (Bitte Bewilligungsbescheid beifügen) | DM
77 | ☐ Die Eigenheimzulage wurde bereits für den Erwerb von Genossenschaftsanteilen in Anspruch genommen
78 | in den Jahren | Finanzamt / Steuernummer
79
80
81
82

Unterschrift
Bei der Anfertigung dieses Antrags hat mitgewirkt:

83 | Ich versichere, daß ich die Angaben wahrheitsgemäß nach bestem Wissen und Gewissen gemacht habe.
84 | Ich werde dem Finanzamt unverzüglich Änderungen der Verhältnisse mitteilen, die zu einer Minderung oder dem Wegfall der Eigenheimzulage führen, insbesondere wenn in einem Jahr des Förderzeitraums
85 | – die Eigennutzung oder die unentgeltliche Nutzungsüberlassung endet, weil die Wohnung z.B. vermietet, veräußert oder verschenkt wird;
86 | – für ein Kind, für das die Kinderzulage gewährt wird, das Kindergeld / der Kinderfreibetrag oder der Betreuungsfreibetrag wegfällt.
87 | Mir ist **bekannt**, daß die Angabe falscher Tatsachen sowie das Unterlassen einer Anzeige über die Änderung der Verhältnisse strafrechtliche Folgen nach sich ziehen kann.
88
89
90 | Datum, Unterschrift(en); der Antrag ist eigenhändig, bei gemeinschaftlichem Eigentum von Ehegatten von beiden zu unterschreiben

Muster: Bescheid zur Eigenheimzulage

Finanzamt München VI
Deroystr. 4, 80335 München

80335 München, 10.08.99
Deroystr. 4

Herr und Frau
Zangenheber
Metzstraße 17
81667 München

Bescheid über Eigenheimzulage ab 1999
F e s t s e t z u n g

	Eigenheim-zulage 1999	Eigenheim-zulage 2000	Eigenheim-zulage 2001	Eigenheim-zulage 2002
Festgesetzt werden ...	DM 6.500,00	DM 6.500,00	DM 6.500,00	DM 6.500,00

	Eigenheim-zulage 2003	Eigenheim-zulage 2004	Eigenheim-zulage 2005	Eigenheim-zulage 2006
Festgesetzt werden ...	DM 6.500,00	DM 6.500,00	DM 6.500,00	DM 6.500,00

Lage des Objekts: Metzstraße 17, 81667 München

Berechnung der Eigenheimzulage
Berechnung des Fördergrundbetrages
Bemessungsgrundlage   DM 100.000
    5 v.H. der Bemessungsgrundlage   DM 5.000

Berechnung der Kinderzulage
    Stefan 10.11.1998   DM 1.500

Eigenheimzulage   DM 6.500

Die noch nicht fälligen Beträge werden ohne erneute Antragstellung
jeweils zum 15.3. ausgezahlt.

E r l ä u t e r u n g e n
Bitte teilen Sie dem Finanzamt unverzüglich Änderungen der Verhältnisse mit, die
zu einer Erhöhung/Minderung oder dem Wegfall der Eigenheimzulage führen,
insbesondere wenn in einem Jahr des Förderzeitraumes
– die Eigennutzung oder die unentgeltliche Nutzungsüberlassung endet, weil die
Wohnung z. B. vermietet, veräußert oder verschenkt wird;
– für ein Kind eine Kinderzulage nicht mehr zu gewähren ist.

Dazu genügt es bereits, wenn die Mehrheit der Genossenschaftsmitglieder der Begründung von Wohnungseigentum schriftlich zugestimmt hat.
Mindestwert Es müssen hierbei mindestens Genossenschaftsanteile im Wert von 10.000 DM erworben werden.

Höhe der Förderung

2.400 DM pro Jahr

Die Eigenheimzulage (Fördergrundbetrag) für Genossenschaftsanteile wird nur einmal im Leben des Steuerpflichtigen gezahlt. Bemessungsgrundlage ist die Höhe der geleisteten Einlage, von der bis zu einem jährlichen Zulagenhöchstbetrag von 2.400 DM jährlich drei Prozent gefördert werden. Der Förderzeitraum beträgt ebenfalls acht Jahre.

500 DM pro Jahr und Kind

Neben diesem Fördergrundbetrag werden auch Kinderzulagen in Höhe von jährlich 500 DM pro Kind gezahlt. Verheiratete oder nichtverheiratete Eltern, die einer Wohnungsbaugenossenschaft nach dem 31.12.1998 beigetreten sind, können nicht mehr die doppelte Kinderzulage für ein gemeinsames Kind erhalten. Die Kinderzulage wird in diesen Fällen für ein gemeinsames Kind nach § 17 EigZulG jeweils hälftig gezahlt. Fördergrundbetrag und Kinderzulage dürfen jedoch in dem achtjährigen Förderzeitraum die geleistete Einlage nicht überschreiten.

Beispiel Herr Ost erwirbt Genossenschaftsanteile in Höhe von 10.000 DM und erhält eine Zulage von 300 DM, also 2.400 DM für den achtjährigen Förderzeitraum. Für seine drei Kinder bekäme er acht Jahre lang je 500 DM = 12.000 DM (8 x 1.500 DM). Da dies den Wert seiner Genossenschaftsanteile überschreitet, werden die Zulagen nur bis zur Höhe von 10.000 DM ausgezahlt.

Zeilen 59–62

Bitte tragen Sie in die Formularzeilen 59–62 die entsprechenden Daten vollständig ein, und fügen Sie die Satzung der Genossenschaft sowie den Registerauszug bei.

Kinderzulage

Zeilen 65–69

Die Kinderzulage, die zusätzlich zum Fördergrundbetrag (und evtl. zu den Ökozulagen) gezahlt wird, macht die neue Förderung erst richtig lukrativ. Sie ersetzt das frühere Baukindergeld (nach § 34 f EStG). Sie erhalten für jedes Kind, für das Sie oder Ihr Ehegatte Kindergeld oder Freibeträge für Kinder erhalten, zusätzlich zum Fördergrundbetrag 1.500 DM jährlich (§ 9 [5] Satz 1 EigZulG).

Früheres Baukindergeld

Achtung: Die Kinderzulage erhalten Sie nur dann, wenn Sie auch die Voraussetzungen für die Inanspruchnahme des Fördergrundbetrages erfüllen.

Kinder, die zu Beginn des Kalenderjahres das 18. Lebensjahr noch nicht vollendet haben, werden uneingeschränkt berücksichtigt. Bei über 18 Jahre alten Kindern gelten die gleichen Voraussetzungen wie zur Gewährung des Kinderfreibetrages. Insbesondere ist zu prüfen, ob die Einkommensgrenze für Kinder von jährlich 14.040 DM (2001) nicht überschritten wird (s. Kapitel 3, § 32 [4 und 5] EStG). Ein Kind kann somit unter bestimmten Voraussetzungen (niedrige Einkünfte und Berufsausbildung, Studium etc.) bis zum 27. Lebensjahr berücksichtigt werden. Während der Wehrdienst- oder Ersatzdienstzeiten bekommen Sie keinen Kinderfreibetrag und somit auch keine Zulage. Dafür verlängert sich aber der Zeitraum, in dem ein Kind wegen Berufsausbildung berücksichtigt wird über das 27. Lebensjahr hinaus.

Berufsausbildung und Studium

Haushaltszugehörigkeit des Kindes
Die Kinderzulage erhalten Sie nur, wenn das Kind im Förderzeitraum in Ihrem Haushalt lebt bzw. zu irgendeinem Zeitpunkt dort lebte und die Haushaltszugehörigkeit auf Dauer angelegt war (§ 9 [5] Satz 2 EigZulG). Den so genannten Mittelpunkt des Lebensinteresses muss bzw. musste der gemeinsame Haushalt darstellen, auch wenn das Kind vorübergehend auswärts wohnt, z. B. wegen Berufsausbildung, Studium oder aus sonstigen Gründen.
Haben Sie z. B. in 2000 mit Ihrer Tochter Ihr Eigenheim bezogen, die in 2001 zu ihrem Freund zieht, erhalten Sie trotzdem weiter die Kinderzulage für Ihre Tochter, sofern Sie für diese Anspruch auf Kindergeld oder die Freibeträge für Kinder haben.

Halbierung der Kinderzulage
Sind die Eltern eines Kindes nicht verheiratet, bekommen sie für das gemeinsame Kind je die Hälfte der Kinderzulage. Voraussetzung ist dabei aber, die Eltern haben gemeinsam eine Wohnung erworben und leben darin zusammen.
Haben z. B. beide Elternteile Kinder aus erster Ehe und leben zusammen in einem Haushalt, stehen den Steuerpflichtigen die vollen Kinderzulagen zu.

Unverheiratete

Höchstbetrag der Zulage
Die Begrenzung der Zulagen auf den Höchstbetrag der Anschaffungs- oder Herstellungskosten bezieht sich auf den Fördergrundbetrag und die Kinderzulage zusammen. Dies ist insbesondere dann zu prüfen, wenn die Förderung sich auf einen (nicht so teuren) Anbau bezieht und man für mehrere Kinder die Kinderzulage beansprucht; Anschaffungs- bzw. Herstellungskosten dürfen nicht überschritten werden.

Begrenzung

Einkommensgrenze bei Kaufvertrag oder Bauantrag bis zum 31.12.1999

Sie können die Eigenheimzulage ab dem Jahr in Anspruch nehmen, in dem Ihr Gesamtbetrag der Einkünfte (s. Kapitel 1 sowie § 2 [3] EStG) zusammen mit dem Gesamtbetrag der Einkünfte des Vorjahres 240.000 DM bei Alleinstehenden und

Zeile 73

Gesamt-einkünfte 480.000 DM bei zusammen veranlagten Ehegatten nicht übersteigt (§ 5 Satz 1 und 2 EigZulG). Somit wird der Gesamtbetrag der Einkünfte des Antragsjahres mit dem des Vorjahres addiert.

Betriebs-prüfung

> **Achtung:** Erhöht sich im Nachhinein für die betreffenden Jahre z. B. durch eine Betriebsprüfung der Gesamtbetrag der Einkünfte, wird der Bescheid über die Gewährung der Eigenheimzulage aufgehoben, und das Geld muss zurückgezahlt werden. Vermindert sich Ihr Gesamtbetrag der Einkünfte innerhalb des Förderzeitraumes, können Sie eventuell doch noch die Zulage erhalten.

Erfüllen Sie diese Einkommensgrenzen im Antragsjahr, erhalten Sie die Zulagen für den Förderzeitraum, auch wenn sich Ihr Einkommen in den Folgejahren erhöht.

Einkunftsgrenze bei Kaufvertrag oder Bauantrag nach dem 31.12.1999

Haben Sie nach dem 31.12.1999 den Kaufvertrag geschlossen oder den Bauantrag gestellt, verringern sich die Einkunftsgrenzen auf 320.000 DM (Verheiratete) sowie 160.000 DM (Ledige) für die beiden betreffenden Jahre. Für jedes Kind, für das im Erstjahr die Voraussetzungen für die Kinderzulage zutreffen, erhöhen sich diese Einkunftsgrenzen um 60.000 DM für Verheiratete sowie um jeweils 30.000 DM für nicht verheiratete Antragsteller.

Zusätzliche Angaben

Zeilen 75–78 Falls Sie Zuschüsse aus öffentlichen Mitteln erhalten oder bereits die Eigenheimzulage für Genossenschaftsanteile in Anspruch genommen haben, ist dies in den betreffenden Formularzeilen anzugeben.

Vorkostenabzug (§ 10 i EStG)

Einschränkung des Vorkostenabzugs Bei Kauf oder Bauantragstellung nach dem 31.12.1998 ist der bisherige Vorkostenabzug nicht mehr möglich. Bei den Vorkosten handelt es sich um Kosten, die Ihnen vor Bezug des erworbenen oder errichteten Eigenheims entstanden sind, sofern es sich nicht um Anschaffungs- oder Herstellungskosten handelt.

Eigenheimzulagenbegünstigte Wohnungen

Dieser Vorkostenabzug nach § 10 i EStG ist nur für eigenheimzulagenbegünstigte Wohnungen möglich, wenn der Kaufvertrag vor dem 1.1.1999 abgeschlossen wurde oder mit der Herstellung vor dem 1.1.1999 begonnen wurde. Als Herstellungsbeginn gilt für baugenehmigungspflichtige Bauten der Zeitpunkt der Bauantragstellung, bei baugenehmigungsfreien Objekten der Zeitpunkt der Einreichung der

Bauunterlagen. Den Vorkostenabzug beantragen Sie bitte auf der Anlage FW (siehe dazu die Erläuterungen in Kapitel 10 zu den Vorkosten), da es sich in solch einem Fall um Sonderausgaben handelt und nicht um eine auszuzahlende Zulage, die Sie mit der Anlage EZ 1A beantragen.

Folgende Aufwendungen können Sie bei Vorliegen der zeitlichen Voraussetzungen dann noch abziehen:
Beanspruchen Sie die Eigenheimzulage für 2001, 2002 oder 2003, können Sie die Vorkostenpauschale nach § 10 i EStG von 3.500 DM beantragen. Hiermit sind alle Vorkosten (Disagio, Finanzierungskosten) abgegolten, mit Ausnahme der Erhaltungsaufwendungen. Erhaltungsaufwendungen

Hierfür können Sie nach § 10 i Abs. 1 Nr. 2 EStG Aufwendungen bis 22.500 DM als Sonderausgaben abziehen, sofern diese Kosten vor dem Einzug entstanden sind (Renovierung oder kleine Umbauten).

Der Vorkostenabzug gilt auch, wenn Sie Ihre Wohnung unentgeltlich an Angehörige überlassen.

Die Erhaltungsaufwendungen vor Bezug der Wohnung sind – im Gegensatz zur Vorkostenpauschale – auch dann als Sonderausgabe abzugsfähig, wenn Sie keinen Anspruch auf die Eigenheimzulage haben (z.B. wegen Überschreitung der Einkunftsgrenzen oder wegen Objektverbrauch). Entscheidend ist nur, dass ein nach dem Eigenheimzulagengesetz begünstigtes Objekt angeschafft wurde und die entsprechenden Aufwendungen entstanden sind. Überschreitung der Einkunftsgrenzen

Ganz im Gegensatz zur Eigenheimzulage wirkt sich der Vorkostenabzug jedoch nur auf die Höhe des zu versteuernden Einkommens aus und ist somit progressionsabhängig.

Je höher Ihr Einkommen, desto mehr wirkt sich der Vorkostenabzug auf die Steuerbelastung aus. Es erfolgt also keine Auszahlung seitens des Finanzamtes wie bei der Eigenheimzulage, sondern die Vorkosten werden (wie bei der alten Eigenheimförderung nach § 10 e EStG) wie Sonderausgaben behandelt.

Wichtig für Mehrfach-Häuslebauer: Der Vorkostenabzug für Erhaltungsaufwendungen ist nicht an die Inanspruchnahme der Eigenheimzulage gekoppelt. Diese Kosten können (bei Nachweis) auch bei Überschreiten der Einkommensgrenzen oder bei Objektverbrauch wie Sonderausgaben abgezogen werden. Mehrere Häuser

Sonderfälle

Schenkung Gehören Sie zu den Glücklichen, die eine Wohnung oder ein Haus zur Selbstnutzung geschenkt, also unentgeltlich übertragen bekommen haben, können Sie keine Eigenheimzulage beanspruchen. Grund: Ihnen sind für die übertragene Immobilie keine Anschaffungs- oder Herstellungskosten entstanden. Unentgeltliche Übertragung

Teilentgeltlicher Erwerb Bekommen Sie ein Haus zwar unentgeltlich übertragen, übernehmen aber als Gegenleistung die noch bestehenden Hypothekenbelastungen, dann können Sie die Eigenheimzulage beanspruchen. Sie erhalten hier den Zulagensatz von 2,5 Prozent der Bemessungsgrundlage.

Mittelbare Grundstücksschenkung Bekommen Sie Geld geschenkt mit der Auflage, hierfür ein bestimmtes Grundstück zu erwerben, stellt dieser Vorgang einen unentgeltlichen Erwerb im Sinne des Eigenheimzulagengesetzes dar, und Sie können keine Zulage beanspruchen (s. Schenkung).

Erbfall **Erbfall** Hier entfällt die Eigenheimzulage, da keine Anschaffungskosten anfielen. Hat der Erblasser aber vor seinem Tod die Eigenheimzulage beansprucht und nicht verbraucht, kann man für die noch verbleibenden Jahre die Zulage beanspruchen.

Ehegattenübertragungen **Ehegattenübertragungen** Nach § (2) 1 Satz 3 EigZulG kann ein Ehegatte, der eine Wohnung von dem anderen Ehegatten erwirbt, die Zulage nicht beanspruchen. Dies gilt auch, wenn eine nachträgliche Trennung erfolgt.

Tausch Erwerben Sie ein Grundstück durch Hingabe eines anderen Grundes, ist dieser Akt zulagenberechtigt. Der Verkehrswert des hingegebenen Grundes zzgl. weiterer Kosten stellt die Anschaffungskosten für die Zulage dar (Höchstbetrag beachten).

Rechenmuster für die Eigenheimzulage

Fördergrundbetrag nach § 9 [2] EigZulG

Neubauten	**Neubauten** 5 % der Anschaffungs- oder Herstellungskosten, maximal 5.000 DM jährlich	=
Altbauten	**oder Altbauten oder Anbauten** 2,5 % der begünstigten Anschaffungs- oder Herstellungskosten, maximal 2.500 DM jährlich; bei Anbauten insgesamt nicht mehr als 50 % der Herstellungskosten	=

Ökozulagen nach § 9 [3] und [4] EigZulG

Energiesparende Heizung 2 % der begünstigten Anschaffungs- oder Herstellungskosten, maximal 500 DM jährlich	+
Energiesparendes Bauen 400 DM jährlich	+

Fördergrundbeträge

Kinderzulagen nach § 9 [5] EigZulG

Für jedes zum Haushalt gehörende Kind mit Kindergeld oder Kinderfreibetrag: 1.500 DM jährlich	+	
Summe	=		Summe Grundbetrag

Für den Grundbetrag und die anderen Zulagen gilt eine Förderungshöchstdauer von acht Jahren, sodass sich daraus folgende Gesamtsummen ergeben:

Fördergrundbetrag

Neubauten	40.000 DM
Altbauten	20.000 DM

Ökozulagen

Energiesparende Heizung	4.000 DM	
Energiesparendes Bauen	3.200 DM	Energiebewusstes Bauen

Kinderzulage je Kind	12.000 DM

Achtung: Bitte berücksichtigen Sie, dass die Höhe der Zulagen in dem achtjährigen Förderzeitraum die Anschaffungs- oder Herstellungskosten nicht übersteigen darf. Bei Anbauten dürfen sie nicht mehr als 50 Prozent der Herstellungskosten betragen.

Nicht mehr als 50 Prozent

Vergleich von alter Förderung (§ 10 e EStG) und Eigenheimzulagengesetz

Um was geht's?	Altes Recht	Neues Recht
Abzugs- bzw. Förderbetrag bei Neubauten	4 × 19.800 DM 4 × 16.500 DM	8 Jahre lang je 5 % der Bemessungsgrundlage von maximal 100.000 DM
bei Altbauten	4 × 9.000 DM 4 × 7.500 DM	8 Jahre lang je 2,5 % der Bemessungsgrundlage von maximal 100.000 DM

Vergleich von alter Förderung (§ 10 e EStG) und Eigenheimzulagengesetz

Um was geht's?	Altes Recht	Neues Recht
Anwendungszeitpunkt:	vor dem 1.1.1996	nach dem 31.12.1995
Auszahlung der Förderung	Nachdem die Einkommensteuerveranlagung erfolgt ist.	Regelmäßig am 15. März jährlich (max. 8 Jahre)
Baukindergeld bzw. Kinderzulage (unabhängig vom Einkommen)	1.000 DM je Kind und Jahr	1.500 DM je Kind und Jahr
Begünstigte Objekte	Wohnungen, Anbauten und Erweiterungen in Eigennutzung	Wie nebenstehend, auch ohne Entgelt an Angehörige überlassene Objekte im Sinne v. § 15 Abgabenordnung
Bemessungsgrundlage	Herstellungs- und Anschaffungskosten für Gebäude zuzügl. 50 % der Anschaffungskosten für Grund und Boden, maximal 330.000 DM bei Neubauten, 150.000 DM bei Altbauten	Wie nebenstehend, jedoch 100 % der Anschaffungskosten für Grund und Boden, maximal 100.000 DM
Einkommensgrenze	Nur für die Jahre begünstigt, in denen bei Alleinstehenden 120.000 DM, bei Verheirateten 240.000 DM als Gesamteinkünfte nicht überschritten werden.	Kaufver- oder Bauantrag bis zum 31.12.1999: Begünstigung ab dem Jahr, in dem die Gesamteinkünfte Lediger max. 240.000 DM/ Verheiratete 480.000 DM betragen; Vorjahr mitgerechnet; S. 330). Nach dem 31.12.1999 verringern sich die Einkunftsgrenzen auf 160.000/320.000DM sowie für jedes Kind um 30.000/60.000 DM.
Folgeobjekt	Begünstigt, sofern die Anschaffungs- oder Herstellungskosten in zeitlichem Zusammenhang mit dem Ende der Eigennutzung des Erstobjektes stehen.	Der zeitliche Zusammenhang entfällt.

Vergleich von alter Förderung (§ 10 e EStG) und Eigenheimzulagengesetz

Um was geht's?	Altes Recht	Neues Recht
Objektbeschränkung	Je Person ein Objekt begünstigt, zwei Objekte bei Zusammenveranlagung, Anrechnung der §-7 b-AfA oder §-10 e-Förderung	Wie nebenstehend
Ökozulage bei Installation von Anlagen zur Wärmerückgewinnung und Nutzung von Sonnenenergie	entfällt	8 Jahre lang jeweils 2 % der Aufwendungen, maximal 500 DM jährlich Investitionsabschluss vor 1.1.2003
Niedrigenergiehäuser	entfällt	8 Jahre eine Pauschzulage von 400 DM pro Jahr; fertig vor 1.1.2003
Steuerersparnis bzw. Förderzulage	Vom Steuersatz abhängig: in 2001 zwischen 19,9 und 48,5 % zuzügl. Kirchensteuer und Solidaritätszuschlag	Bei Neubauten 5.000 DM jährlich, bei Altbauten 2.500 DM jährlich. 100.000 DM = 100 % der Bemessungsgrundlage als Höchstförderungsbetrag mit Kinderzulage
Vorkostenabzug (wie Sonderausgaben bei der Einkommensteuerveranlagung)	Auch bei Überschreiten der Einkommensgrenzen und bei Objektverbrauch möglich. Erhaltungsaufwendungen bis maximal 22.500 DM. Sonstige Aufwendungen: keine Begrenzung	Die folgenden Abzüge sind nur noch möglich, wenn Anschaffung oder Herstellungsbeginn vor dem 1.1.1999 liegen: Erhaltungsaufwendungen wie nebenstehend, unabhängig davon, ob Eigenheimzulage gewährt wird. Sonstige Aufwendungen: Pauschaler Abzug in Höhe von 3.500 DM, sofern die Eigenheimzulage innerhalb der ersten 3 Jahre beansprucht wird.
Zulage für Anteile an einer Wohnungsbaugenossenschaft	entfällt	Fördergrundbetrag: 8 Jahre lang jährlich 3 % der Einlage, maximal 2.400 DM. Kinderzulage: 500 DM pro Jahr und Kind. Als Förderobergrenze gilt die geleistete Einlage.

Kapitel 12: Die Anlage VL

Wenn Sie als Arbeitnehmer vermögenswirksame Leistungen bekommen: die Anlage VL

In diesem Kapitel erfahren Sie:

▶ wer diese Anlage zur Einkommensteuererklärung ausfüllen soll — 351

▶ welche Sparleistungen in welcher Höhe gefördert werden — 351

▶ welche Wertpapier-Vermögensbeteiligungen förderbar sind — 352

▶ was Alleinstehende mit und ohne Kindern beachten müssen — 353

▶ welche Grenzen für Geschiedene oder getrennt Lebende gelten — 353

▶ was das Fünfte Vermögensbildungsgesetz (5. VermBG) ermöglicht — 355

▶ welche Festlegungsfristen Sparer beachten müssen — 357

Förderung der Vermögensbildung

Diese – bereits ausgefüllte – zusätzliche Anlage zur Einkommensteuererklärung erhalten Sie automatisch von Ihrem Anlageinstitut, wenn Sie (und/oder Ihr Ehegatte) Arbeitnehmer sind, und Ihr Arbeitgeber für Sie (nach dem 5. Vermögensbildungsgesetz bzw. dem Wohnungsbauprämiengesetz) sog. vermögenswirksame Leistungen anlegt.

Arbeitnehmer

> **Wichtig:** Falls dies bei Ihnen zutrifft, bitte unbedingt zusätzlich zur Anlage N die Anlage VL (bei Ehegatten gegebenenfalls zweifach) dem Finanzamt einreichen, denn es gibt unter bestimmten Voraussetzungen zusätzliches Geld vom Finanzamt!

Die Förderung der Vermögensbildung besteht im Wesentlichen in der Gewährung von Arbeitnehmersparzulagen, die steuer- und sozialversicherungsfreie Einnahmen darstellen, während die vermögenswirksamen Leistungen steuerlich wie ein zusätzlicher Arbeitslohn anzusehen sind. Sie erhalten entweder die vermögenswirksamen Leistungen zusätzlich zum Arbeitslohn, oder Ihr Arbeitgeber legt sie aus Ihrem Arbeitslohn bei dem jeweiligen Anlageinstitut direkt an. Die häufigsten Anlageformen sind:

Sparzulagen

- Bausparverträge
- Kapitallebensversicherungsverträge
- Fondssparpläne
- Ratensparverträge.

Welche Sparleistungen werden gefördert und in welcher Höhe?

Bauspar- und Wohneigentumsförderung

Die Sparleistung von Bausparern wird mit einer 10prozentigen Wohnungsbauprämie vom Staat gefördert (nach dem Wohnungsbauprämiengesetz).
Der geförderte Höchstsparbetrag beträgt jährlich Einzahlungen von 1.000 DM für nicht verheiratete Steuerpflichtige (Ledige) beziehungsweise 2.000 DM für verheiratete Steuerpflichtige. Die Einkommensgrenzen betragen:

Bausparen

- für ledige Steuerpflichtige 50.000 DM zu versteuerndes Einkommen
- für verheiratete Steuerpflichtige 100.000 DM zu versteuerndes Einkommen.

> **TIPP** Die deutlichen Verbesserungen bei der Wohnungsbauprämie gelten im vollen Umfang auch für bereits bestehende und nicht erst für neu abgeschlossene Bausparverträge. Bei Altverträgen empfiehlt sich deshalb unter Umständen eine Anhebung der bisherigen Einzahlungen.

Altverträge

Sonstige geförderte Sparanlagen

Obergrenzen Für alle Sparverträge zu Wertpapiervermögensbeteiligungen wird die Sparleistung mit der Gewährung einer privaten Arbeitnehmersparzulage in Höhe von zehn Prozent jährlich, jedoch höchstens bis 936 DM für Ledige bzw. 1.872 DM für Verheiratete (falls beide Arbeitnehmer sind) gefördert. Für diese Sparanlagen gelten die Einkommensgrenzen laut Tabelle, Seite 355.

Diese Sparanlagen sind beispielsweise:
- Aktien des Arbeitgebers
- Wandelschuldverschreibungen Ihres Arbeitgebers
- Anteilscheine an Wertpapiersondervermögen
- Anteilscheine an Beteiligungssondervermögen
- Anteilscheine an Wertpapiervermögen ausländischen Rechts

Genussscheine
- Genussscheine mit Gewinnanspruch
- Geschäftsguthaben bei Genossenschaften Ihres Arbeitgebers, sonst nur bei Kreditinstituten
- GmbH-Stammeinlage oder Geschäftsanteil Ihres Arbeitgebers
- Beteiligung als stiller Gesellschafter
- Darlehensforderung gegen Ihren Arbeitgeber

Genussrechte
- Genussrechte am Unternehmen Ihres Arbeitgebers mit Gewinnanspruch.
- gemischtes Wertpapier- und Grundstücks-Sondervermögen sowie Investmentanteil- Sondervermögen (Dachfonds). Mindestens 60 Prozent des Fondsvermögens muss in Aktien und stillen Beteiligungen angelegt werden.

Wichtig: Die Anlage im Altersvorsorge-Sondervermögen ist nicht zulagenbegünstigt.

Die häufigste Anlageform ist jedoch der Bausparvertrag, die Sparzulage ist hier die so genannte staatliche Arbeitnehmersparzulage.

Achtung: Ratensparverträge werden ebenso wie Einzahlungen in Lebensversicherungsverträge schon seit 1996 nicht mehr vom Staat gefördert.

Ratensparverträge oder Kapitallebensversicherungsverträge

Kapitallebensversicherungsvertrag Wenn Sie vor dem 1.1.1989 Ratensparverträge oder auch Kapitallebensversicherungsverträge mit vermögenswirksamen Leistungen abgeschlossen haben, dann sollten Sie unbedingt Folgendes beachten: Altverträge dieser Art werden nämlich nur noch mit einer reduzierten staatlichen Prämie von jährlich zehn Prozent aus 624 DM gefördert.

Sparförderung für Alleinstehende nach dem Wohnungsbau-Prämiengesetz

Einkommensgrenze des steuerpflichtigen Einkommens:	50.000 DM
Begünstigter Höchstsparbetrag:	1.000 DM
Höchstprämie im Jahr:	100 DM
Prämiensatz in Prozent:	10 %

	Bruttojahreslohn nach allgemeiner Lohnsteuertabelle
Alleinstehende ohne Kinder	56.023 DM

Alleinstehende mit Kindern

Dieser Abschnitt betrifft allein stehende Erziehungsberechtigte, die einen Haushaltsfreibetrag und einen vollen Kinderfreibetrag sowie einen vollen Betreuungsfreibetrag für Kinder unter 16 Jahren bekommen, mit denen sie in einer so genannten Höchstbetragsgemeinschaft nach dem Wohnungsbau-Prämiengesetz leben.

Höchstbetragsgemeinschaft

Anzahl der Kinder	Bruttojahreslohn nach allgemeiner Lohnsteuertabelle
1	71.575 DM
2	81.511 DM

Geschiedene, Ledige oder in dauernder Trennung lebende Ehegatten mit Kind

Dies gilt für Geschiedene, Ledige oder in dauernder Trennung lebende Ehegatten, die das Sorgerecht für das Kind haben, sofern der andere Elternteil verpflichtungsgemäß Unterhalt zahlt. Diese Elternteile haben Anspruch auf einen halben Kinderfreibetrag sowie den vollen Haushaltsfreibetrag und für Kinder unter 16 Jahren darüber hinaus den Betreuungsfreibetrag.

Unterhaltszahlungen

Anzahl der Kinder	Bruttojahreslohn nach allgemeiner Lohnsteuertabelle
1	68.119 DM
2	74.599 DM

Alleinstehende ohne Sorgerecht

Halber Kinderfreibetrag

Dies gilt für Alleinstehende ohne Sorgerecht, die keinen Haushaltsfreibetrag erhalten, aber einen halben Kinder- jedoch keinen Betreuungsfreibetrag bekommen (keine Höchstbetragsgemeinschaft nach dem Wohnungsbau-Prämiengesetz).

Anzahl der Kinder	Bruttojahreslohn nach allgemeiner Lohnsteuertabelle
1	59.479 DM
2	62.935 DM

Sparförderung für Verheiratete (ein Arbeitnehmer)

Einkommensgrenze des steuerpflichtigen Einkommens:	100.000 DM
Begünstigter Höchstsparbetrag:	2.000 DM
Höchstprämie im Jahr:	200 DM
Prämiensatz in Prozent:	10 %

Anzahl der Kinder	Bruttojahreslohn nach allgemeiner Lohnsteuertabelle
0	110.046 DM
1	119.982 DM
2	129.918 DM
3	139.854 DM
4	149.790 DM

Sparförderung für Verheiratete (beide Arbeitnehmer)

Einkommensgrenze des steuerpflichtigen Einkommens:	100.000 DM
Begünstigter Höchstsparbetrag:	2.000 DM
Höchstprämie im Jahr:	200 DM
Prämiensatz in Prozent:	10 %

Anzahl der Kinder	Bruttojahreslohn nach allgemeiner Lohnsteuertabelle
0	112.046 DM
1	121.982 DM
2	131.918 DM

5. Vermögensbildungsgesetz

Einkommensgrenzen, begünstigte Höchstbeträge vermögenswirksamer Leistungen und Arbeitnehmersparzulagen nach dem Fünften Vermögensbildungsgesetz (5. VermBG) in 2001

Kinderfreibeträge sind hier nicht berücksichtigt, weil im betreffenden Einkommensbereich das Kindergeld vorteilhafter ist.

Kindergeld vorteilhafter

Einkommensgrenze des steuerpflichtigen Einkommens:	35.000 DM
Verheiratete:	70.000 DM
Begünstigter Höchstbetrag vermögenswirksamer Leistungen für **Bausparen und unmittelbare Verwendung:**	936 DM
Verheiratete (2 Arbeitnehmer):	1.872 DM
Arbeitnehmersparzulage	
Höchstbetrag im Jahr	93,60 DM
Verheiratete (2 Arbeitnehmer):	187,20 DM
Prozentsatz	10 %
Begünstigter Höchstbetrag vermögenswirksamer Leistungen für **Beteiligungssparen in Produktivkapital**	800 DM
Verheiratete (2 Arbeitnehmer)	1.600 DM
Arbeitnehmersparzulage Höchstbetrag im Jahr	160 DM
Verheiratete (2 Arbeitnehmer)	320 DM
Prozentsatz	20 %

Bei verheirateten Paaren gilt generell: entweder Zusammenveranlagung oder Erfüllung der Voraussetzungen dafür.

Zusammenveranlagung

Empfänger	Bemerkungen	Bruttojahreslohn nach allgemeiner Lohnsteuertabelle
Alleinstehende mit Sorgerecht und vollem Kinderfreibetrag, Haushaltsfreibetrag, Kinderbetreuungspauschbetrag	keine Kinder 1 Kind 2 Kinder	41.023 56.575 66.511
Alleinstehende ohne Sorgerecht, aber mit halbem Kinderfreibetrag und ohne Haushaltsfreibetrag	1 Kind 2 Kinder	44.479 47.935
Alleinstehende mit Sorgerecht, halbem Kinderfreibetrag, vollem Haushaltsfreibetrag und Kinderbetreuungspauschbetrag	1 Kind 2 Kinder	53.119 59.599
Verheiratete ohne Kinder	1 Arbeitnehmer 2 Arbeitnehmer	80.046 82.046
Verheiratete mit 1 Kind	1 Arbeitnehmer	89.982
Verheiratete mit 2 Kindern	1 Arbeitnehmer	99.918
Verheiratete mit 3 Kindern	1 Arbeitnehmer	109.854
Verheiratete mit 4 Kindern	1 Arbeitnehmer	119.790
Verheiratete mit 1 Kind	2 Arbeitnehmer	91.982
Verheiratete mit 2 Kindern	2 Arbeitnehmer	101.918

Checkliste: Wofür bekommen Sie Sparerförderung?

Folgende Anlageformen des Arbeitgebers für seine -nehmer werden nach dem Fünften Vermögensbildungsgesetz durch die Gewährung der Arbeitnehmersparzulage gefördert:

Wertpapiere
1. Sparbeiträge des Arbeitnehmers aufgrund von Wertpapieren oder andere Vermögensbeteiligungssparverträgen (§ 4)
2. Aufwendungen des Arbeitnehmers aufgrund von Wertpapierkaufverträgen (§ 5)
3. Aufwendungen des Arbeitnehmers aufgrund von Beteiligungsverträgen (§ 6) oder Beteiligungskaufverträgen (§ 7)

Bausparverträge
4. Aufwendungen des Arbeitnehmers nach dem WoPG, insbesondere Bausparbeiträge (§ 2 Abs. 1 Nr. 4)
5. Aufwendungen des Arbeitnehmers bei unmittelbarer wohnungswirtschaftlicher Verwendung (§ 2 Abs. 1 Nr. 5)
6. Sparbeiträge des Arbeitnehmers aufgrund von Kontensparverträgen (§ 8)
7. Beiträge des Arbeitnehmers zu Kapitallebensversicherungsbeiträgen (§ 9)
Einmalige vermögenswirksame Leistungen werden in allen Fällen begünstigt, laufende Leistungen nur bei den Nr. 1, 4 und 7
8. Beiträge in gemischtes Wertpapier- oder Grundstücks-Sondervermögen sowie in Investmentanteil-Sondervermögen (Dachfonds) i. S. § 2 Abs. 1 Nr. 1 VermBG.

Einkommensgrenzen und Höchstbeträge vermögenswirksamer Leistungen

Höchstbetrag
Der Höchstbetrag begünstigter vermögenswirksamer Leistungen je Kalenderjahr und Arbeitnehmer beträgt 800 DM für die Nr. 1 bis 3 und zusätzlich 936 DM für die Nr. 4 und 5. Die Arbeitnehmersparzulage beträgt 20 Prozent der genannten Höchstbeträge für die Nr. 1 bis 3 (in den neuen Bundesländern 25 Prozent) und 10 Prozent für die Nr. 4 und 5. Voraussetzung ist in allen Fällen nach § 13, dass die Einkommensgrenzen von 35.000 DM/70.000 DM (Ledige/zusammen veranlagte Ehegatten) nicht überschritten werden.

Wohnungsbauprämie
Wichtig: Bausparbeiträge können nicht mehr als Sonderausgaben abgezogen werden (§ 10 EStG, s. Kapitel 2). Sie können hierfür nur die Wohnungsbauprämie beantragen, wenn Sie die Einkommensgrenzen unterschreiten.

Trügerische Einkommensgrenzen

Grundlage für den Prämienanspruch bzw. die Auszahlung der Arbeitnehmersparzulage ist immer das zu versteuernde Einkommen. Ihr Bruttoeinkommen kann durch die Gewährung der persönlichen Freibeträge wesentlich über den bisher genannten Beträgen liegen. Lassen Sie sich deshalb nicht gleich durch einen schnellen Blick auf die Einkommensgrenzen abschrecken, auch die in unseren Tabellen gezeigten Werte können ein trügerisches Bild vermitteln. Selbst für Spitzenverdiener wäre es leicht möglich, durch geschickte Gestaltung der steuerlichen Situation noch in den Genuss der Sparzulage zu kommen. In der Praxis aber werden meist fälschlich die Beträge als Bruttoeinkommen verstanden, ohne dass dabei die Auswirkungen von Werbungskosten, Sonderausgaben oder außergewöhnlichen Belastungen auf das zu versteuernde Einkommen berücksichtigt werden. Lassen Sie sich also nicht durch Höchstbetragsangaben verwirren, sondern prüfen Sie mit dem Muster zur Ermittlung Ihrer persönlichen Steuerschuld (auf Seite 18ff.), ob nicht doch Ansprüche geltend zu machen wären. Die Anlage VL wird von dem jeweiligen Anlageinstitut direkt maschinell ausgedruckt. Sie können diese dann, falls

Spitzenverdiener

Persönliche Steuerschuld

Festlegungsfristen

Anlagearten gemäß § 2 des Fünften Vermögensbildungsgesetzes	Festlegungs- oder Sperrfristen in Jahren
1. Wertpapier- und Vermögensbeteiligungssparvertrag (§ 4)	7
a) Aktien des Arbeitgebers u. a.	7
d) Anteilscheine an Beteiligungssondervermögen	7
c) Anteilscheine an Wertpapiersondervermögen	7
e) Anteilscheine an Wertpapiervermögen ausländ. Rechts	7
i) Beteiligung als stiller Gesellschafter	7
j) Darlehensforderung gegen Arbeitgeber	7
k) Genussrecht am Arbeitgeberunternehmen mit Gewinnanspruch	7
f) Genussscheine mit Gewinnanspruch	7
g) Geschäftsguthaben bei Genossenschaften des Arbeitgebers, sonst nur bei Kreditinstituten	7
h) GmbH-Stammeinlage oder -Geschäftsanteil des Arbeitgebers	7
b) Wandelschuldverschreibungen des Arbeitgebers u. a.	7
2. Wertpapierkaufvertrag gemäß § 5, Nr. 1 a) – 1f)	6
3. Beteiligungsvertrag (§ 6) oder Beteiligungskaufvertrag (§ 7) gemäß Nr. 1 g)	6
4. Bausparverträge (Aufwendungen nach WoPG)	7
5. Direkte wohnungswirtschaftliche Aufwendungen	–
6. Kapitalversicherungsvertrag (§ 9)*	12

* Kapitalversicherungsverträge, die bis zum 31.12.1988 abgeschlossen worden sind, bleiben auf zwölf Jahre begünstigt – bei einem Höchstbetrag begünstigter vermögenswirksamer Leistungen von bis zu 624 DM (entspricht 62,40 DM Höchstbetrag der Arbeitnehmersparzulage) und zehn Prozent Sparzulage. Für die Nr. 1–3 erhalten Arbeitnehmer mit Hauptwohnsitz in den neuen Bundesländern bis zum Jahr 2004 eine Arbeitnehmersparzulage von 25 Prozent, höchstens 200 DM im Jahr.

die oben angegebenen Einkommensgrenzen auf Sie zutreffen und Sie zulagen- bzw. prämienberechtigt sind, ohne eigenen Aufwand der Steuererklärung beiheften.

> **Wichtig:** Sparen Sie zwar vermögenswirksame Leistungen an, beantragen Sie aber weder die Arbeitnehmersparzulage noch die Wohnungsbauprämie, entfällt die Abgabe der Anlage VL.

Wer zahlt die Sparzulage aus?

Nach Ablauf der Sperrfrist

Das Finanzamt setzt die Arbeitnehmersparzulage zunächst nur fest. Ausgezahlt wird sie von Ihrem zuständigen Finanzamt erst nach Ablauf der so genannten Sperrfrist, die für die Anlage einzuhalten ist.

Sperrfristen

Festlegungsfristen

Die staatliche Förderung gibt es nur bei längerfristigen Anlagen, deshalb gibt es die Sperrfristen bzw. Festlegungsfristen, die je nach Anlageform unterschiedlich sind. Wenn diese nicht eingehalten werden, muss die Arbeitnehmersparzulage zurückgezahlt werden. Wann die Sperrfrist endet, ist in der jeweiligen vom Anlageinstitut ausgedruckten Anlage VL vermerkt.

> **Wichtig:** Die Abgabefristen beim Finanzamt bitte unbedingt beachten. Die Frist für die Beantragung der Arbeitnehmersparzulage für 2001 läuft am 31.12.2003 ab, also immer nach Ende des zweiten auf das Veranlagungsjahr folgenden Jahres.

Sparvertrag durch Kontensparen

Keine Arbeitnehmersparzulage

Der Arbeitnehmer kann mit einem Kreditinstitut einen Sparvertrag abschließen. Die Bank legt ein gesondertes Konto an, es handelt sich um Kontensparen.
Für diese Anlageform gibt es keine Arbeitnehmersparzulage mehr. Deshalb ist das Kontensparen nur ratsam für Anleger, die über den gültigen Einkommensgrenzen liegen, sowieso keine Arbeitnehmersparzulage erhalten und mit der Bank einen hohen Guthabenzinssatz vereinbaren können.
Arbeitnehmer, die unter den gültigen Einkommensgrenzen liegen, sollten sich für eine der anderen Anlageformen entscheiden, für die sie die Sparzulage erhalten. Verträge, die bis zum 31.12.1998 abgeschlossen wurden, werden mit einer AN-Sparzulage von zehn Prozent, höchstens 624 DM im Jahr gefördert.

Tipps für Arbeitnehmer ohne eigene Vermögensanlagen und Geringverdiener

Begünstigte Personen Außer bei Wertpapierkaufverträgen, Beteiligungs-Verträgen und Beteiligungskaufverträgen können die Leistungen des Arbeitgebers auch zugunsten folgender Personen erfolgen:

- Ehegatte (mit dem der Arbeitnehmer seit mindestens Anfang des maßgeblichen Jahres verheiratet ist)
- Kinder, die zu Beginn des maßgeblichen Kalenderjahres das 17. Lebensjahr noch nicht vollendet haben.
- Eltern (bzw. ein Elternteil), wenn der Arbeitnehmer die Voraussetzungen als Kind erfüllt.

Begünstigte Personen

Aushilfs- und Teilzeitkräfte Vermögenswirksame Leistungen können auch für Aushilfs- bzw. Teilzeitkräfte vom Arbeitgeber angelegt werden, auch wenn der Arbeitslohn pauschal versteuert wird bzw. der Arbeitgeber die pauschalen Sozialversicherungsbeiträge zahlt. Vom Arbeitgeber können dem Arbeitnehmer jährlich 300 DM steuerfrei gezahlt werden, wenn Wertpapiere oder Beteiligungen unentgeltlich oder verbilligt sind (§ 19 a EStG).

Pauschale Versteuerung

Festlegungsfrist

Sechs Jahre – der Arbeitnehmer kann vorzeitig über das Guthaben verfügen, wenn:
- Der Arbeitnehmer oder sein Ehegatte wird kurz nach Vertragsabschluss völlig erwerbsunfähig oder stirbt.
- Der Arbeitnehmer wird kurz nach Vertragsabschluss für mindestens ein Jahr arbeitslos und ist dies noch im Zeitpunkt der Vertragsauflösung.
- Der Arbeitnehmer gibt seine nichtselbstständige Tätigkeit nach Vertragsabschluss auf und macht sich selbstständig.
- Der Arbeitnehmer heiratet nach Vertragsabschluss vor der Vertragsauflösung.

Verwendungsmöglichkeiten des Kontensparens

- Übergang vom Kontensparen zur Wertpapieranlage, wenn die Bank die Anlage festlegt: Erwerb von Wertpapieren, Rentenschuldverschreibungen, Bundesanleihen, ausländischen Investmentanteilen.
- Übergang vom Konten- zum Bausparen: Vor Ablauf der Festlegungsfrist können die Sparbeiträge auf einem Bausparkonto des Steuerpflichtigen oder dessen Ehegatten überwiesen werden, solange die Bausparsumme noch nicht ausgezahlt ist.

Bundesanleihen

Wichtig: Es darf keine schädliche Beleihung oder gar eine Abtretung der Bausparsumme vorliegen.

Wenn Sie Unterhalt an einen geschiedenen Ehegatten zahlen: die Anlage U

In diesem Kapitel erfahren Sie:

- wie man Unterhaltsleistungen steuerlich geltend machen kann — 361
- in welchen Fällen sich das Einreichen der Anlage U lohnt — 361
- welche steuerlichen Folgen der Abzug als Sonderausgaben beim Antragsteller hat — 361
- wie sich der Abzug beim Unterhaltsempfänger auswirkt — 363
- was der Abschnitt A enthält — 366
- welche Sach- und Barleistungen berücksichtigt werden — 367
- was man unter einer typischen Unterhaltsaufwendung versteht — 367
- wie ein Musterbrief zum Widerspruch gegen Abzug aussieht — 368
- wann es für Sie günstig ist, Wohneigentum zu überlassen — 369

Leben Sie von Ihrem Ehegatten dauernd getrennt oder sind Sie geschieden und werden nach der Grundtabelle versteuert, haben Sie zwei Möglichkeiten, Ihre Unterhaltsleistungen steuerlich geltend zu machen:

- **Sonderausgaben** Abzug als beschränkt abzugsfähige Sonderausgaben i. S. v. § 10 (1) Nr. 1 EStG (sog. Realsplitting), jährlich bis zu 27.000 DM.
- **Außergewöhnliche Belastungen** Abzug als außergewöhnliche Belastungen i. S. v. § 33 a (1) EStG jährlich bis zu 14.040 DM, sofern der Unterhaltsempfänger geringe Einkünfte hat (s. Kapitel 1).

Zwei Möglichkeiten

Beide Möglichkeiten schließen sich gegenseitig aus, hier gilt nur entweder – oder.

Unter welchen Voraussetzungen können Sie die Anlage U einreichen, und wann lohnt es sich?

Wenn Sie die drei im Folgenden aufgezählten Voraussetzungen erfüllen, können Sie die Anlage U einreichen:

Drei Voraussetzungen

Getrennt lebend Sie müssen von Ihrem Ehegatten dauernd getrennt leben oder von diesem geschieden sein.

Wohnsitz im Ausland Der Unterhaltsempfänger muss nicht unbedingt im Inland wohnen, sondern kann auch durch die ausländische Steuerbehörde die Versteuerung der Unterhaltszahlungen nachweisen. Voraussetzung dafür ist aber, dass der Unterhaltsempfänger in einem anderen EU/EWR-Mitgliedstaat ansässig ist und dort bei der Steuerbehörde geführt wird.

Zustimmung Der Unterhaltsempfänger muss dem von Ihnen gestellten Antrag schriftlich zustimmen.

TIPP Falls der Unterhaltsempfänger die eben erwähnte Unterschrift verweigert, wenden Sie sich an einen guten Anwalt für Familienrecht. Nach § 894 ZPO (Zivilprozessordnung) können Sie den Unterhaltsempfänger gerichtlich zu einer Zustimmung zwingen. Die erforderliche Zustimmung des Unterhaltsempfängers erfolgt in diesem Fall dann durch eine rechtskräftige Verurteilung.

Gerichtliche Erzwingung der Unterschrift

Wahlrecht Sonderausgaben (Realsplitting) und außergewöhnliche Belastungen

Steuerliche Folgen beim Unterhaltszahler bzw. Antragsteller

Abzug als Sonderausgaben Der Abzug als Sonderausgaben ist auf einen Höchstbetrag von jährlich 27.000 DM begrenzt. Die jeweils geleisteten Aufwendungen mindern ohne Abzug Ihre Einkünfte. Das Prinzip des Realsplittings bedeutet, dass der Unterhaltsempfänger im Gegenzug diese Aufwendungen versteuern muss. Dieser entsprechende steuerliche Nachteil beim Unterhaltsempfänger ist vom Unterhaltszahler, falls er die Anlage U seinem Finanzamt einreicht, auszugleichen.

Hier lohnt sich genaues Rechnen

Beispiel für lohnenden Abzug mit der Anlage U
Herr Schmitz zahlt an seine Exfrau 2.000 DM Unterhalt pro Monat und kann folglich 24.000 DM jährlich als Sonderausgaben geltend machen. Durch den Abzug dieser Unterhaltsaufwendungen hat Herr Schmitz einen steuerlichen Vorteil von jährlich 6.000 DM. Frau Schmitz muss die entsprechenden Zahlungen als sonstige Einkünfte versteuern. Es ergibt sich für sie ein steuerlicher Nachteil von 3.000 DM. Diesen Betrag muss Herr Schmitz ihr erstatten.
Der durch den Abzug als Sonderausgaben verursachte steuerliche Vorteil des Herrn Schmitz beläuft sich also nur noch auf 3.000 DM.

Beispiel für nicht lohnenden Abzug mit der Anlage U
Herr Mayer, der wieder verheiratet ist (Versteuerung nach Splittingtabelle), zahlt seiner geschiedenen Ehefrau jährlich 24.000 DM Unterhalt. Mit Abzug der Aufwendungen als Sonderausgaben hat er ein zu versteuerndes Einkommen von 80.000 DM, was eine Einkommensteuerbelastung (ohne Solidaritätszuschlag und Kirchensteuer) von 13.184 DM ausmacht. Ohne den Abzug der Aufwendungen beträgt sein zu versteuerndes Einkommen 104.000 DM und die Einkommensteuerbelastung 20.608 DM, sein Steuervorteil zunächst 7.424 DM. Seine Ex-Ehefrau hat mit Versteuerung der Unterhaltsaufwendungen ein zu versteuerndes Einkommen von 100.000 DM, was nach der Grundtabelle (ohne Solidaritätszuschlag und Kirchensteuer) eine Steuerbelastung von 29.272 DM ausmacht. Ohne Versteuerung der Unterhaltsaufwendungen würde ihr zu versteuerndes Einkommen 76.200 DM betragen, was eine Steuerbelastung von 19.063 DM ausmachen würde. Der steuerliche Nachteil, den Herr Mayer ihr ausgleichen muss, beträgt 10.209 DM.
Herr Mayer müsste, wenn er die Unterhaltsaufwendungen als Sonderausgaben laut Anlage U geltend machen würde, seiner Exehefrau mehr Geld zurückzahlen, als sein steuerlicher Vorteil beträgt.

> **Fazit:** Liegt das Einkommen des Unterhaltsempfängers relativ hoch und/oder wird der Unterhaltszahler eventuell sogar wieder nach der Splittingtabelle für Verheiratete versteuert, ist genau zu prüfen, ob sich der Abzug noch lohnt.

Ausgleich steuerlicher Nachteile

Der steuerliche Nachteil des Unterhaltsempfängers ist vom Antragsteller auch auszugleichen, wenn sich beim Empfänger mit Versteuerung der Unterhaltszahlungen eine Steuererstattung ergibt. Diese würde ja ohne zusätzliche Versteuerung der Unterhaltszahlungen noch höher ausfallen, deshalb ist auch hier die exakte Differenz zu ermitteln.

> **TIPP** Um auszurechnen, ob sich für Sie die Abgabe der Anlage U lohnt, müssen Sie ungefähr die Höhe des Einkommens des Unterhaltsempfängers kennen und ggf. durch einen Steuerbescheid der Gegenseite bestätigen lassen. Bitte nehmen Sie keine Erstattungen ins Blaue hinein vor!

Was verdient Ihr Expartner?

Steuerliche Folgen beim Unterhaltsempfänger

Beantragt der Unterhaltsleistende den steuerlichen Abzug der Unterhaltsaufwendungen als Sonderausgaben nach § 10 Abs. 1 Nr. 1 EStG durch Abgabe der Anlage U, hat die Gegenseite diese Einkünfte nach § 22 Nr. 1 a EStG nach Abzug eines Werbungskostenpauschbetrages von jährlich 200 DM als »Sonstige Einkünfte« in der Anlage SO voll zu versteuern. Der Antragsteller muss den steuerlichen Nachteil ausgleichen.

> **Wichtig:** Das Finanzamt kann durch den Erhalt der Unterhaltsaufwendungen verursachte vierteljährliche Einkommensteuervorauszahlungen beim Unterhaltsempfänger festsetzen, wenn der Antragsteller sie laufend absetzt.

Vorauszahlungen

Für diesen Fall muss der Antragsteller, der durch den Abzug der Sonderausgaben (Unterhaltszahlungen) den steuerlichen Vorteil hat, diese Vorauszahlungen übernehmen. Meistens entfällt dann nach Erhalt der Steuerbescheide der auszugleichende steuerliche Nachteil. Hier muss dann jedoch eine genaue Abrechnung erfolgen, was in der Regel ohne Steuerfachmann nicht möglich ist.

Vorauszahlungen

Abzug als außergewöhnliche Belastungen i. S. v. § 33 a (1) EStG. Falls Sie die Unterhaltszahlungen als außergewöhnliche Belastungen geltend machen wollen, muss der Unterhaltsempfänger hierzu keine Zustimmung erteilen. Der Abzug dieser Aufwendungen ist jedoch auf einen jährlichen Betrag von 14.040 DM begrenzt, unabhängig vom Alter des Unterhaltsempfängers. Der Abzug als außergewöhnliche Belastungen nach § 33 a EStG ist auch bei Wohnsitz des Unterhaltsempfängers im Ausland möglich; hierzu wird auf Kapitel 2 verwiesen. Falls die Einkünfte des Unterhaltsempfängers jährlich den Betrag von 1.200 DM übersteigen, wird der Höchstbetrag um den ihn übersteigenden Betrag gekürzt.

Beispiel für entfallenden Abzug

Herr Weber macht für 2001 14.040 DM Unterhaltszahlungen als außergewöhnliche Belastung geltend. Seine geschiedene Ehefrau hat eigene Einkünfte von 20.000 DM (ohne Unterhaltseinnahmen). Die eigenen Einkünfte der Frau übersteigen den anrechenbaren Betrag von 1.200 DM um 18.800 DM. Somit kann Herr Weber nach § 33 a EStG nichts mehr absetzen.

Kapitel 13: Die Anlage U

Finanzamt

Steuernummer

Bitte beachten Sie die Erläuterungen auf der letzten Seite.

Anlage U
für Unterhaltsleistungen an den geschiedenen oder dauernd getrennt lebenden Ehegatten

☐ zum Lohnsteuer-Ermäßigungsantrag
☐ zur Einkommensteuererklärung
☐ zum Antrag auf Anpassung der Einkommensteuer-Vorauszahlungen

200__

A. Antrag auf Abzug von Unterhaltsleistungen als Sonderausgaben

Antragsteller

Name | Geburtsdatum

Anschrift

Ich beantrage, folgende Unterhaltsleistungen an meinen in Abschnitt B genannten geschiedenen oder dauernd getrennt lebenden Ehegatten als Sonderausgaben nach § 10 Abs. 1 Nr. 1 EStG abzuziehen.

	Barleistungen	Sachleistungen lt. beigefügter Belege
Von den im Kalenderjahr tatsächlich erbrachten Unterhaltsleistungen oder – bei Anträgen vor Ablauf des Kalenderjahres – von den voraussichtlichen Unterhaltsleistungen werden zum Abzug als Sonderausgaben geltend gemacht:	DM	DM

In den oben angegebenen Beträgen sind keine Unterhaltsleistungen für Kinder enthalten.

Mir ist bekannt, dass eine **Rücknahme** dieses Antrags **nicht** zulässig ist und dass ein im Lohnsteuer-Ermäßigungs- oder Einkommensteuer-Vorauszahlungsverfahren gestellter Antrag auch bei der Einkommensteuerveranlagung für das selbe Kalenderjahr bindend ist.

Datum und Unterschrift

B. Zustimmung zum Antrag A

Unterhaltsempfänger

Name | Geburtsdatum

Anschrift

Zuständiges Finanzamt und Steuernummer

Ich stimme hiermit dem Antrag auf Abzug von Unterhaltsleistungen als Sonderausgaben **dem Grunde nach** zu.

Die Zustimmung ist erstmals für das oben eingetragene Kalenderjahr gültig. Sie gilt – solange sie nicht widerrufen wird – auch für alle darauf folgenden Kalenderjahre.

Mir ist bekannt, dass ich die Zustimmung nur vor Beginn des Kalenderjahrs, für das sie erstmals nicht gelten soll, gegenüber dem für mich zuständigen Finanzamt widerrufen kann.

Außerdem ist mir bekannt, dass ich **Unterhaltsleistungen** bis zum Höchstbetrag von 27 000 DM abzüglich der Werbungskosten (mindestens Pauschbetrag von 200 DM) als sonstige Einkünfte **versteuern** muss, soweit sie vom Geber als Sonderausgaben abgezogen werden können.

Nur bei in einem anderen Mitgliedstaat der Europäischen Union (EU)/des Europäischen Wirtschaftsraumes (EWR) ansässigen Unterhaltsempfängern

☐ Ich bestätige, dass die empfangenen Unterhaltsleistungen in dem Staat, in dem ich ansässig bin, besteuert werden. Die entsprechende Bescheinigung der zuständigen ausländischen Steuerbehörde ist beigefügt.

Datum und Unterschrift

☐ Die Zustimmung des Unterhaltsempfängers vom _____ liegt dem Finanzamt bereits vor.

Anlage U (2000) für Unterhaltsleistungen – Aug. 2000 — 1. Ausfertigung für das Finanzamt –

Anlage U, Seite 2

Finanzamt

Steuernummer

Fernsprecher

Verfügung

1. **Finanzamt** ....

Durchschrift wird für die Steuerakten (Einkommensteuerveranlagungen und ggf. Anpassung der Einkommensteuer-Vorauszahlungen) des unter B genannten **inländischen** Unterhaltsempfängers übersandt.

Im Auftrag

2. Durchschrift von 1. an das deutsche Finanzamt abgesandt am _____
   Namenszeichen und Datum

3. Z. d. A. – Zustimmungserklärung auch für Folgejahre aufbewahren –

I. A.

Namenszeichen und Datum

Kapitel 13: Die Anlage U

Beispiel dafür, wann sich der Abzug beim Unterhaltszahler auswirkt
Herr Weber macht für das Jahr 2001 14.040 DM Unterhaltszahlungen als außergewöhnliche Belastungen geltend, seine geschiedene Ehefrau hat eigene Einkünfte von 8.000 DM. Die eigenen Einkünfte übersteigen somit den anrechenbaren Betrag von 1.200 DM um 6.800 DM, sodass Herr Weber noch 7.240 DM geltend machen kann.

Höchstgrenze 14.040 DM

TIPP Der Abzug der Unterhaltsaufwendungen als außergewöhnliche Belastungen ist für den Antragsteller meistens nachteilig, da sich der Höchstbetrag von 14.040 DM wegen der Einkünfte des Unterhaltsempfängers meistens nicht auswirkt.

Weitere Folgen für den Unterhaltsempfänger
Der Unterhaltsempfänger muss diese Unterhaltsleistungen nicht versteuern, auch wenn der Antragsteller sie steuerlich in Abzug bringt.

Freibeträge für Kinder

Kein Kindesunterhalt
Falls Sie sich für die Anlage U entschieden haben, müssen Sie wissen, dass hier nur der Ehegatten- bzw. Exehegattenunterhalt zu berücksichtigen ist. Der Kindesunterhalt wird in diesem Formular nicht eingerechnet. Hierfür gibt es Kinderfreibeträge bzw. Kindergeld und die übrigen für Kinder geltenden steuerlichen Entlastungen (s. Kapitel 3).

 Abschnitt A der Anlage U

Der Unterhaltszahler trägt zunächst das Jahr ein, für das er den steuerlichen Abzug beantragt, sowie sein Finanzamt (vergessen Sie auf keinen Fall, Ihre Steuernummer einzutragen).

Der Kopf der Anlage

Bitte kreuzen Sie rechts oben im Formular an, für welchen Antrag Sie die steuerlichen Erleichterungen geltend machen. Dabei kann es sich um folgende Anträge handeln:
▶ Einkommensteuererklärung
▶ Lohnsteuerermäßigungsantrag für die Eintragung eines Freibetrages auf der Lohnsteuerkarte
▶ Antrag auf Anpassung der Einkommensteuervorauszahlungen.

Der Antragsteller (also der Unterhaltszahler) trägt sodann zuerst seine persönlichen Daten ein.

Sach- und Barleistungen

Im folgenden Abschnitt werden die geltend gemachten Aufwendungen verzeichnet. Es werden sowohl Sach- als auch Barleistungen (ist meistens der Fall) berücksichtigt, und dies bis zu einem Höchstbetrag von 27.000 DM jährlich. Bei Sachleistungen ist der Wert zu schätzen bzw. durch Belege (notfalls Eigenbelege über Sachwerte, falls Anschaffungsbeleg nicht vorliegt) nachzuweisen. Zu den Barleistungen gehören auch Banküberweisungen oder eventuelle Scheckzahlungen. Hier sind als Beleg die Kontoauszüge beizufügen, damit das Finanzamt sieht, dass Sie die geltend gemachten Aufwendungen auch erbracht und den Höchstbetrag nicht etwa mit einem Pauschbetrag verwechselt haben. Bitte kreuzen Sie dann unbedingt an, dass in den aufgeführten Aufwendungen kein Kindesunterhalt enthalten ist.

27.000 DM im Jahr

Kontoauszüge

Wichtig: Einen einmal gestellten Antrag kann man nicht mehr zurückziehen. Er kann aber evtl. in den Beträgen korrigiert werden. Wurde der Antrag im Rahmen eines Lohnsteuerermäßigungsantrages oder Antrages auf Herabsetzung der Einkommensteuervorauszahlungen gestellt, hat er ebenfalls bindende Wirkung für die Einkommensteuererklärung des betreffenden Kalenderjahres. Auch eine einmal erteilte Zustimmung des Unterhaltsempfängers kann für das betreffende Jahr nicht mehr gestoppt werden. Ein Antrag für mehrere Jahre ist möglich, kann aber nur vor Beginn des geltenden Kalenderjahres wieder negiert werden.

Keine Zurückziehung möglich

▶ Abschnitt B der Anlage U

Im unteren Abschnitt notieren Sie bitte Namen, Geburtsdatum, Anschrift (sowie zuständiges Finanzamt mit Steuernummer, falls bekannt) des Unterhaltsempfängers. Ferner muss der Unterhaltsempfänger dann (durch Ankreuzen) bestätigen, dass er dem steuerlichen Abzug der Aufwendungen beim Unterhaltszahler zustimmt – erstmals für das im Formular eingetragene Kalenderjahr. Sie gilt für alle darauf folgenden Jahre für die gleiche Höhe, sofern sie nicht widerrufen wird. Ein Widerruf der zuvor erteilten Zustimmung seitens des Unterhaltsempfängers ist nur vor Beginn des Kalenderjahres möglich, für das der Abzug beantragt wird.

Zustimmung

Typische Unterhaltsaufwendungen

Nun geht es um typische Unterhaltsaufwendungen an geschiedene oder getrennt lebende Ehegatten als Sonderausgaben und als außergewöhnliche Belastungen:
▶ Unterhaltszahlungen, die aufgrund eines Scheidungsurteiles oder einer freiwilligen Vereinbarung gezahlt werden müssen (ohne Kindesunterhalt).

✉ Musterbrief zum Widerspruch gegen den Abzug von Unterhaltszahlungen

Widerspruch

Absender ... *(Name, Anschrift, ggf. Telefon)*
Datum ... *(Tag dieses Schreibens angeben)*

An das Finanzamt ... *(Hier tragen Sie das für Sie zuständige Finanzamt ein)*

Meine Steuernummer ... *(Ihre Steuernummer entnehmen Sie dem letzten Bescheid)* sowie die Steuernummer ... *(des Unterhaltszahlers, die z. B. einer hoffentlich vorhandenen Kopie der Anlage entnommen werden kann)* von ... *(Name und Anschrift des Unterhaltszahlers).*

Sehr geehrte Damen und Herren,

im vergangenen Jahr habe ich durch meine Unterschrift auf der Anlage U zugestimmt, dass die von ... *(Name des Zahlers wiederholen)* an mich geleisteten Unterhaltszahlungen abzugsfähig sind. Ich möchte diesem Abzug für das kommende Jahr widersprechen und bitte darum, diesen Widerruf zu den Akten zu nehmen.

Mit freundlichen Grüßen

Unterschrift ... *(eigenhändige Unterschrift)*

Krankenkassenbeiträge
- Beiträge zur privaten Kranken-, Renten-, Berufs- und Erwerbslosenversicherung, die für den anderen gezahlt wurden.
- Ausgaben für die Berufs-, Schul- oder Fortbildung des anderen
- Leistungen, die aus besonderen Anlässen aufgebracht werden müssen, z. B. im Krankheitsfall des anderen.

Sachzuwendungen
- Sachzuwendungen wie z. B. Tabakwaren, Kosmetikartikel und sogar alkoholische Getränke in angemessenem Umfang
- Ausgleichszahlungen an den anderen, der durch das Realsplitting finanzielle Nachteile in Form von Steuernachzahlungen hat.
- Kosten für die Unterbringung im Altersheim
- Mietzahlungen, wenn der andere in der Mietwohnung bleibt und der Steuerpflichtige die Mietzahlungen übernimmt.

Achtung: Beachten Sie bitte, dass das Überlassen von Haushaltsgeräten steuerrechtlich keine Unterhaltszahlung darstellt.

Barunterhalt

Wohnungsüberlassung oder Barunterhalt?

Statt Barunterhalt kann der Zahlungsverpflichtete auch Wohneigentum an den Unterhaltsberechtigten überlassen. Hierfür kann es folgende Steuervorteile geben:

Wohnungsüberlassung

Unentgeltliche Überlassung
1. Der Unterhaltsverpflichtete beansprucht die Eigenheimzulage, sofern die übrigen Voraussetzungen vorliegen (s. Kapitel 10) oder
2. der Unterhaltsverpflichtete zieht folgende Beträge als Sonderausgabe ab:
▶ Grundsteuer und sonstige städtische Abgaben (Müll, Abwasser)
▶ Gas, Wasser, Strom, Heizöl (Betriebskosten)
▶ verbrauchsunabhängige Nebenkosten wie Versicherungen, Verwaltungskosten, Schornsteinfeger (BFH Az: XI R 127/96).

Betriebskosten

> **Wichtig:** Es entstehen hier keine Verluste aus der Vermietung und der Verpachtung!

Unterhaltszahlung und Vermietung an den Exehepartner
In jedem Fall ist eine Vermietung an den Exehepartner steuerlich die günstigere Lösung für den Unterhaltszahler! Es wird ein Mietvertrag abgeschlossen, der Unterhaltsverpflichtete darf an den geschiedenen Ehegatten verbilligt vermieten (bis zu 50 Prozent der ortsüblichen Miete), sodass weniger Mieteinnahmen versteuert werden müssen. Gleichzeitig können alle Aufwendungen (Zinsen, AfA, Reparaturen etc.) als Werbungskosten abgesetzt werden, sodass eventuell ein Verlust aus Vermietung und Verpachtung entsteht. Der zusätzlich gezahlte Barunterhalt führt zum Sonderausgabenabzug!

Mietvertrag mit Exehepartner

> **Extratipp: Unterhaltsabzug**
>
> Die Unterhaltszahlungen für im Ausland lebende Expartner sind jetzt abzugsfähig. Geschiedene oder getrennt lebende Exehepartner können den gezahlten Unterhalt auch dann bis zur Höhe von 27.000 DM als Sonderausgabe abziehen, wenn der Unterhaltsempfänger nicht in Deutschland, sondern in einem anderen EU/EWR-Staat lebt. Dies jedoch nach § 1 a [1] Nr. 1 EStG nur dann, wenn die Versteuerung der erhaltenen Unterhaltszahlung in dem betreffenden Staat durch eine Bescheinigung der ausländischen Steuerbehörde nachgewiesen wird. Auch hier muss der Unterhaltszahler dem Empfänger die durch die Unterhaltszahlung entstehenden Mehrsteuern ausgleichen.

Versteuerung der erhaltenen Unterhaltszahlung

Probleme mit dem Finanzamt? So setzen Sie Ihre Rechte durch

In diesem Kapitel erfahren Sie:

- ▶ warum Sie sich freuen dürfen, wenn der Steuerbescheid zu Ihren Gunsten abweicht — 371
- ▶ welche Verfahren vor dem Bundesverfassungsgericht anhängig sind — 372
- ▶ was Sie tun können, wenn der Steuerbescheid zu Ihren Ungunsten abweicht — 373
- ▶ wie man eine Änderung des Steuerbescheides beantragt — 374
- ▶ wann welche Form des Einspruchs erforderlich ist — 375
- ▶ wie Sie Einsprüche verschiedener Art erheben können — 377
- ▶ was ein Präklusionsverfahren ist — 382
- ▶ was zu tun ist, wenn der Einspruch ohne Erfolg blieb — 383
- ▶ wie ein Finanzgerichtsverfahren abläuft — 390
- ▶ welche Forderungen das Finanzamt stellen kann — 399

Nachdem Sie Ihre Einkommensteuererklärung für das betreffende Veranlagungsjahr beim Finanzamt eingereicht haben, warten Sie nun auf Ihren Einkommensteuerbescheid. Und Sie gehen natürlich davon aus, dass Sie in absehbarer Zeit Ihren lang ersehnten Urlaub mit der erwarteten Finanzspritze des Finanzamtes antreten können. Falls Sie unglücklicherweise eine Steuernachzahlung erwarten, haben Sie hoffentlich deren Höhe entweder selbst mit unserer Hilfe ausgerechnet oder von einem Fachmann ausrechnen lassen. Es wäre schließlich unschön, wenn Sie eine unangenehme Überraschung erleben sollten, auf die Sie nicht vorbereitet sind. Leider zeigt die Praxis jedoch, dass das Finanzamt allen Erwartungen oft einen Strich durch die Rechnung macht und das Ergebnis im Steuerbescheid abweicht.

Einkommensteuerbescheid

Der Steuerbescheid weicht zu Ihren Gunsten ab

Weicht das Ergebnis im Steuerbescheid zu Ihren Gunsten ab, freuen Sie sich einfach. Sie werden von sich aus jetzt natürlich nichts unternehmen. Dies könnte jedoch das Finanzamt tun, falls Ihr Finanzbeamter sich verrechnet haben sollte und dies im Nachhinein (z. B. durch nachträgliche Prüfung vom Sachgebietsleiter) bemerkt wird.

Abwarten

> **TIPP** Bei sehr hohen Abweichungen bitte den Bescheid von einem Steuerberater prüfen lassen. Dies ist nicht teuer und verschafft Sicherheit (s. Kapitel 15).

Prüfen lassen

Steht der Steuerbescheid nach § 164 AO unter dem Vorbehalt der Nachprüfung, kann ihn das Finanzamt, wenn es den eigenen Irrtum bemerkt, jederzeit mit schriftlicher Begründung und Benennung der gesetzlichen Vorschriften ändern. Zu viel erstattete Beträge, die Sie schon längst ausgegeben haben, können zurückgefordert werden. Falls Sie eine Nachzahlung leisten mussten, kann sich auch diese erhöhen.

Rückforderungen

> **Achtung:** Chance für vergessliche Steuerzahler: Von der Vorläufigkeit des Steuerbescheides nach § 164 AO (steht oben drauf) können aber auch Sie profitieren. Sie können nämlich jederzeit einen Änderungsantrag stellen, wenn einzelne Posten z. B. aus Vergesslichkeit von Ihnen in der Erklärung nicht berücksichtigt wurden.

Vergesslichkeit

Bevor Sie sich also zu früh über eine gute Nachricht vom Finanzamt freuen, lesen Sie bitte immer auch (wie bei allen Verträgen) das Kleingedruckte direkt über dem Zahlenwust. Hier können folgende Zusätze stehen:

Festsetzung

So ein Bescheid kann nur im Rahmen einer Betriebsprüfung oder Steuerfahndung von der Finanzverwaltung geändert werden. Sie haben also normalerweise Ruhe.

Vorläufige Festsetzung nach § 165 AO

Offene Verfahren

Letztere Vorschrift definiert nur die Vorläufigkeit bezüglich der zahlreichen beim Bundesverfassungsgericht anhängigen Verfahren. Die Einkommensteuerbescheide bezüglich dieser Verfahren sind noch offen und werden, wenn das betreffende Urteil vom Bundesverfassungsgericht oder Bundesfinanzhof ergangen ist, ohne Ihren gesonderten Antrag geändert. Für alle anderen Punkte wird der Bescheid jedoch bestandskräftig und ist durch das Finanzamt nicht mehr zu ändern.

Vorbehalt der Nachprüfung nach § 164 AO

Vier Jahre Festsetzungsfrist

Diese Vorschrift ist wichtig für Sie, da das Finanzamt hier, wenn es den eigenen Irrtum bemerkt, jederzeit etwas ändern kann. Dies ist leider auch für zurückliegende Jahre möglich, falls dieser Vorbehalt nach § 164 AO in den früheren Bescheiden ebenfalls vorlag. Der Steuerbescheid kann sogar innerhalb der Festsetzungsfrist von vier Jahren noch nachträglich geändert werden, jedoch auf Antrag des Steuerpflichtigen auch zu seinen Gunsten.

> **Achtung:** Eine Änderung seitens des Finanzamtes kann teuer werden, deshalb unbedingt die Steuerbescheide der letzten zehn Jahre aufbewahren und immer prüfen, ob der Steuerbescheid von der Finanzverwaltung überhaupt noch zu ändern ist.

Anhängige Verfahren vor dem Bundesverfassungsgericht (BVerfG), Vorläufigkeit nach § 165 AO

Stichwort – und worum es geht	Gesetz
Anwendung der Tarifbegrenzung bei gewerblichen Einkünften für Veranlagungszeiträume ab 1994	§ 32 c EStG
Besteuerung von Versorgungsbezügen (Beamtenpensionen)	§ 19 [1] Nr. 2 EStG
Begrenzung der Vorsorgeaufwendungen	§ 10 Abs. 3 EStG
Berechnung der eigenen Einkünfte und Bezüge volljähriger Kinder	§ 32 Abs. 4 EStG

Auf der Rückseite Ihres Steuerbescheides unter der Rubrik »Erläuterungen« finden Sie eine Aufzählung der immer zahlreicher werdenden Klagen, die beim BVerfG eingereicht wurden.

Der Steuerbescheid weicht zu Ihren Ungunsten ab

Ein Steuerbescheid ist zunächst für Sie und das Finanzamt bindend. Es gibt aber zahlreiche Möglichkeiten, diese Bindung innerhalb gesetzlich geltender Fristen aufzuheben.

Zunächst sollten Sie auf der Rückseite des Bescheides die Abschnitte Rechtsbehelfsbelehrung und ggf. Erläuterungen durchlesen, da das Finanzamt Änderungen gegenüber der eingereichten Steuererklärung schriftlich begründen muss, ggf. sogar durch eine zusätzliche Anlage.

Rechtsbehelfsbelehrung

Fehlt eine solche Begründung, empfiehlt es sich, Ihren zuständigen Sachbearbeiter beim Finanzamt anzurufen.

Falls auf Ihrem Steuerbescheid nicht die Telefondurchwahl (oben rechts auf dem Steuerbescheid) vermerkt sein sollte, lassen Sie sich mit der Veranlagungsstelle für Ihre Steuernummer verbinden.

> **Achtung:** Ihr Sachbearbeiter ist verpflichtet, Ihnen die Abweichung gegenüber Ihrer Berechnung zu erläutern. Er muss die entsprechenden gesetzlichen Vorschriften benennen.
> Ist diese Begründung für Sie schon ausreichend und plausibel, können Sie den Bescheid in Ihre Ablage geben und müssen das jeweilige Ergebnis akzeptieren.

Erläuterungspflicht

Sie können den Bescheid aber auch zur Sicherheit nochmals von einem Fachmann prüfen lassen.

Dies übernehmen Steuerberater auch dann, wenn sie vorher nicht mit der Erstellung der Einkommensteuererklärung beauftragt wurden.

Checkliste zur Kontrolle des Einkommensteuerbescheides

Grundsätzlich ist der Steuerbescheid schriftlich zu erteilen (§ 157 AO) und muss folgende Angaben enthalten:
- Bezeichnung der zuständigen Behörde (Finanzamt)
- Eindeutige Bezeichnung des Steuerschuldners
- Höhe und Art der Steuerschuld (dazu gehört auch der Zeitraum, für den die Steuerfestsetzung erfolgt).

Höhe der Steuerschuld

Weiter sind noch folgende Punkte zu prüfen:

Name, Anschrift Ist der Steuerbescheid richtig bekannt gegeben worden, stimmen der Name und die Anschrift derjenigen Person, die den Steuerbescheid erhalten soll (entweder Sie oder ein Bevollmächtigter)?

Werbungs-kosten

Einnahmen Stimmen die vom Finanzamt angesetzten Einnahmen bei den entsprechenden Einkunftsarten bei Gehaltsempfängern, Vermietern, Selbstständigen etc.?
Werbungskosten Sind alle in der Steuererklärung geltend gemachten Werbungskosten, Betriebsausgaben, Sonderausgaben und außergewöhnlichen Belastungen der Höhe nach zutreffend berücksichtigt worden?
Pauschbeträge Wurden alle Tariffreibeträge, Pauschbeträge, Höchstgrenzen (Kinderfreibeträge, Haushaltsfreibetrag, Ausbildungsfreibeträge, Behindertenpauschbeträge, Hausgehilfin, Altersentlastungsbeträge) berücksichtigt und in der richtigen Höhe?
Direkt abzugsfähige Beträge Wurden Beträge, die direkt von der Steuerschuld abzuziehen sind (Baukindergeld, Spenden für politische Parteien) berücksichtigt?

Steuervorauszahlungen

Vorauszahlungen Wurden auch alle Steuervorauszahlungen berücksichtigt, die von Ihnen geleistet wurden? Beispiele:
▶ Lohnsteuerabzug (Arbeitnehmer)
▶ Vierteljährliche Einkommensteuervorauszahlungen
▶ Zinsabschlagsteuern bei Zinseinkünften
▶ Kapitalertrag- und Körperschaftsteuern (Dividenden, Aktien).
Steuertabelle Wurden Sie nach der zutreffenden Steuertabelle (Grundtabelle oder Splittingtabelle) versteuert?

Wie Sie die Änderung eines Steuerbescheides beantragen

Formelle Voraussetzungen

Falls Sie nach Prüfung des Bescheides zu dem Ergebnis gekommen sind, dass dieser fehlerhaft ist, haben Sie nach § 347 AO die Möglichkeit des Einspruchs. Für solche Rechtsbehelfsverfahren sind bestimmte formelle Voraussetzungen zu beachten, damit das Finanzamt Ihren Einspruch nicht als unzulässig i. S. v. § 358 AO zurückweist.

Einhaltung der Frist

Beweislast

Die gesetzliche Frist zur Änderung eines Steuerbescheides beträgt einen Monat nach Bekanntgabe des Steuerbescheides. Ein Steuerbescheid gilt ab dem dritten Tag nach seiner Aufgabe zur Post als bekannt gegeben. Ist Ihnen Ihr Steuerbescheid später und nicht mit Postzustellungsurkunde zugegangen, trifft das Finanzamt die Beweislast für den rechtzeitigen Zugang. Sie haben jetzt einen Monat Zeit, Einwendungen gegen den Bescheid zu erheben.
Läuft die Einspruchsfrist an einem Sonn- oder Feiertag ab, muss Ihr Einspruchsschreiben erst am darauf folgenden Werktag beim Finanzamt liegen. Dabei spielt es

Einspruch gegen den Steuerbescheid

keine Rolle, ob Sie das Schreiben im Original oder per Fax an den zuständigen Sachbearbeiter geschickt haben. (Hinweise zur Form des Einspruchs s. u.)
Beispiel Der Einkommensteuerbescheid datiert vom 16.9. eines Jahres, dann beginnt die Frist ab dem 19.9. Der Steuerbescheid wird also am 19.10. rechtskräftig. Ist dies ein Sonntag oder Feiertag, ist der Bescheid am nächsten Werktag, dem 20.10., rechtskräftig. Danach können normalerweise keine Einwendungen mehr geltend gemacht werden.

Die Frist ist gewahrt, wenn der Einspruch bis 24 Uhr bei dem zuständigen Finanzamt eingegangen ist, da der Posteingang durch einen Eingangsstempel festgehalten wird.

Tag des Posteingangs

TIPP Kommt es mit dem Finanzamt zu keiner Einigung über das Datum des Zugangs des Steuerbescheides, muss das Finanzamt den Beweis über den pünktlichen und richtigen Zugang des Steuerbescheides antreten (BFH-Urteil XI R 31/94, BStBl 1995, Teil II, S. 41). Hat Sie der Steuerbescheid nicht mit Postzustellungsurkunde erreicht, haben Sie gute Karten, da das Finanzamt den Zugang dann nicht beweisen kann.

Postzustellungsurkunde

Möchten Sie fristgerecht Einwendungen geltend machen, haben jedoch keine Zeit für eine ausführliche Begründung oder müssen sich noch beraten lassen, legen Sie bitte einen vorsorglichen Einspruch ein. Die Frist bleibt auch damit gewahrt. Die Begründung können Sie später nachreichen, das Finanzamt setzt Ihnen hierzu einen neuen Termin, der dann aber einzuhalten ist. Haben Sie die Einspruchsfrist versäumt, wird der Steuerbescheid rechtskräftig, und Sie haben Ihr Einspruchsrecht verwirkt.

Vorsorglicher Einspruch

Form des Einspruchs

Der Einspruch ist schriftlich entweder im Original (mit normaler Post) oder per Fax einzureichen. Bei Übersendung per Fax empfiehlt es sich, das Original noch mit der Post nachzuschicken. Der Einspruch muss die Namen aller im Steuerbescheid genannten Personen sowie die Steuernummer enthalten. Der Bescheid, gegen den Einspruch eingelegt wird, soll kurz bezeichnet werden, z. B. Einkommensteuerbescheid 2000 oder Einkommensteuer-Vorauszahlungsbescheid für 2001 etc. Der Einspruch muss an das richtige Finanzamt adressiert sein; dies ist die Finanzbehörde, die den Steuerbescheid erlassen hat. Ein Einspruch ist allerdings nur zulässig, wenn Sie dadurch beschwert sind. Ist Ihre tarifliche Steuerlast bereits Null, ist ein Einspruch zwecklos und ggf. nur gegen einen Grundlagenbescheid möglich, der dem Einkommensteuerbescheid zugrunde liegt.

Schriftform

Beispiel Sie besitzen mit Ihrer Schwester zusammen ein Mietshaus und beziehen Mieteinkünfte. Für Sie und Ihre Schwester ist eine so genannte Gewinnfeststellungserklärung zu erstellen. Das hieraus für Sie resultierende Ergebnis fließt in Ihre persönliche Einkommensteuererklärung ein. Ist der Gewinnfeststellungsbescheid fehlerhaft, ist automatisch auch Ihr Einkommensteuerbescheid falsch, wobei in diesem Fall der Einspruch gegen den Grundlagenbescheid, d. h. den Gewinnfeststellungsbescheid, zu stellen wäre.

Zahlungspflicht

Achtung, Zahlungspflicht trotz Einspruch: Die Einlegung des Einspruchs allein bedeutet nicht, dass Sie die eventuelle Nachforderung des Finanzamtes laut Steuerbescheid nicht fristgerecht entrichten müssen. Sie müssen in diesem Fall unbedingt über den strittigen Betrag (Differenz zwischen Bescheid und Ihrem errechneten Ergebnis) die so genannte Aussetzung der Vollziehung im Einspruchsschreiben beantragen. Sonst erscheint nach einigen Mahnungen schnell der Vollstreckungsbeamte des Finanzamtes. Außerdem gibt es für Zahlungsversäumnisse saftige Säumniszuschläge.

Aussetzung der Vollziehung

Nicht oder eingeschränkt zahlen müssen

Der Einspruch bewirkt, dass der Steuerbescheid für weitere Änderungen offen bleibt. Die Aussetzung der Vollziehung bewirkt, dass Sie zunächst nicht oder nur eingeschränkt zahlen müssen. Sollte Ihrem Einspruch aber nicht stattgegeben werden, müssen Sie auf den zur Zahlung ausgesetzten Betrag pro Monat 0,5 Prozent Aussetzungszinsen bezahlen (§§ 237 und 238 AO).

Steuerschulden sind vorrangige Schulden: Auch wenn Sie von der Richtigkeit Ihrer Steuererklärung überzeugt sind, sollten Sie im Zweifelsfall erst einmal zahlen. Sie können sich Ihr Geld noch allemal zurückholen. Aber vermeiden Sie unbedingt unnötige Vollstreckungsmaßnahmen.

Schadenersatzanspruch

TIPP Das Finanzamt muss die Steuerberatungskosten für den Einspruch bezahlen!
Da etwa 25 Prozent der Steuerbescheide vom Finanzamt falsch sind, können die entstehenden Steuerberatungskosten für das Einspruchsverfahren nicht zu Lasten des Steuerzahlers gehen. Sie können in diesem Fall, allerdings nur durch einen Rechtsanwalt, beim zuständigen Landgericht Schadenersatzansprüche nach §§ 839, 249 BGB i. V. m. Artikel 34 GG geltend machen. Hat der Finanzbeamte fahrlässig gehandelt (hierzu gehören auch Eingabefehler), und Sie gewinnen den Prozess, werden Ihnen Anwalts- und Steuerberatungskosten erstattet – aber eben auch nur dann. Verweisen Sie auf den Beschluss des Landgerichtes Berlin v. 19.09.2000 - 13 O 348/00.

✉ Musterbrief: Einspruch mit Aussetzung der Vollziehung

Absender ... *(Name, Anschrift, ggf. Telefon)*
Datum ... *(Tag dieses Schreibens angeben)*
An das Finanzamt ... *(Hier tragen Sie das für Sie zuständige Finanzamt ein, das Ihnen den Bescheid zugesandt hat; Anschrift nicht vergessen)*
– Rechtsbehelfsstelle –

Steuernummer ... *(Ihre Steuernummer entnehmen Sie dem letzten Bescheid.)*

Steuerbescheid für ... *(Kalenderjahr eintragen, worauf sich der Bescheid bezieht)* vom ... *(Datum des entsprechenden Bescheides eintragen)*

Gegen den oben genannten Bescheid erhebe ich

Einspruch.

Begründung:

* Den Einspruch lege ich zur Wahrung der Rechtsmittelfrist ein. Eine nähere Erläuterung lasse ich zu einem späteren Zeitpunkt folgen.

* Ich kann aus dem Einkommensteuerbescheid nicht ersehen, ... *(in welchen Einzelheiten und/oder mit welcher Begründung)* der Bescheid von meiner Steuererklärung abweicht. Ich bitte Sie um eine ausführliche Darlegung.

* Bei der nochmaligen Prüfung meiner Unterlagen habe ich nachträglich festgestellt, dass ich noch folgende ... *(Ausgaben/Steuervergünstigungen wie z.B. Fahrtkosten oder Baukindergeld)* für das betreffende Steuerjahr geltend machen kann. Ich bitte Sie daher, diese in voller Höhe von ... *(Betrag angeben)* DM zu berücksichtigen. Die entsprechenden Belege sind diesem Schreiben als Anlage beigelegt.

* Zu Unrecht wurden ... *(Ausgaben/Steuervergünstigungen, z.B. Pflegepauschbeträge oder Ausbildungsfreibetrag)* von Ihnen ... *(nicht anerkannt/gekürzt)*. Nach ... *(Fundstelle mit Angabe des Paragraphen oder Abschnitts und betreffendes Regelwerk, z.B. Einkommensteuergesetz oder Lohnsteuerrichtlinien angeben)* stehen mir diese Beträge in Höhe von ... *(Betrag angeben)* aber ... *(voll oder anteilig)* zu.

* Ich habe durch ... *(ein veröffentlichtes Urteil des Bundesfinanzhofes/einen veröffentlichten Verwaltungserlass, Aktenzeichen oder Fundstelle angeben)* in ... *(Titel der Veröffentlichung, ggf. mit Seitenzahl)* erfahren, dass ich für das betreffende Steuerjahr noch folgende ... *(Ausgaben/Steuervergünstigungen, z.B.*

Einspruch

Begründung

Ausgaben

Gesetz

Aussetzung	*Aufwendungen für doppelte Haushaltsführung)* geltend machen kann, und zwar in Höhe von ... *(Betrag angeben)* DM. * ... *(Der folgende vorsorgliche Antrag ist immer dann zu empfehlen, wenn das Finanzamt von Ihnen laut Steuerbescheid Nachzahlungen fordert).* Ich stelle zusammen mit diesem Einspruch den Antrag, für die Nachzahlung in Höhe von ... *(Betrag angeben)* DM die Vollziehung auszusetzen. Mit freundlichen Grüßen Unterschrift ... *(eigenhändige Unterschrift)* Anlagen

✉ Musterbrief: Vorsorglicher Einspruch ohne Antrag

Wenn Sie auf jeden Fall die Frist wahren und den Einspruch später begründen wollen oder wenn Sie den Bescheid nicht nachvollziehen können und eine Begründung begehren, verwenden Sie dieses Schreiben.

Einspruch	Absender ... *(Name, Anschrift, ggf. Telefon)* Datum ... *(Tag dieses Schreibens angeben)* An das Finanzamt ... *(Hier tragen Sie das für Sie zuständige Finanzamt ein, das Ihnen den Bescheid zugesandt hat; Anschrift nicht vergessen)* – Rechtsbehelfsstelle – Steuernummer ... *(Ihre Steuernummer entnehmen Sie dem letzten Bescheid.)* Steuerbescheid für ... *(Kalenderjahr eintragen, worauf sich der Bescheid bezieht)* vom ... *(Datum des Bescheides eintragen)* Gegen den oben genannten Bescheid erhebe ich vorsorglich zur Wahrung der Rechtsbehelfsfrist **Einspruch.** Diesen begründe ich wie folgt:
Begründung	* Bis zum heutigen Tag hatte ich keine Gelegenheit, den Bescheid innerhalb der Rechtsbehelfsfrist einer Prüfung zu unterziehen. Bis zum ... *(Datum eintragen)* werde ich den Einspruch begründen oder ggf. zurücknehmen. * Im oben genannten Bescheid ist die Summe der von Ihnen angesetzten ... *(z. B. Werbungskosten/Sonderausgaben)* geringer als die in meiner Steuererklärung geltend gemachten Einzelbeträge. Aus diesem Grund ersuche ich Sie, mir

> eine Erklärung darüber zukommen zu lassen, welche Einzelbeträge von Ihnen nicht anerkannt worden sind (bitte mit Begründung). Nach Empfang Ihrer Antwort werde ich binnen drei Wochen entscheiden, ob und in welcher Beziehung ich den Einspruch aufrechterhalte bzw. ob ich denselben zurücknehme.
>
> Unterschrift ... *(eigenhändige Unterschrift)*

✉ Musterbrief: Einspruch mit Begründung gegen Einkommensteuer-Vorauszahlungsbescheid

Bitte beachten Sie, dass die Festsetzung der Jahressteuer und die Festsetzung der Vorauszahlungen zwei getrennte und selbstständige Bescheide sind. Demzufolge sind beide Bescheide gesondert voneinander auf ihre Korrektheit hin zu prüfen und ggf. auch jeweils einzeln anzufechten. Ein Einspruch gegen den Jahressteuerbescheid ist nicht automatisch ein Einspruch gegen die Festsetzung der Vorauszahlungen. *Korrektheit prüfen*

> Absender ... *(Name, Anschrift, ggf. Telefon)*
> Datum ... *(Tag dieses Schreibens angeben)*
> An das Finanzamt ... *(Hier tragen Sie das für Sie zuständige Finanzamt ein, das Ihnen den Bescheid zugesandt hat; Anschrift nicht vergessen)*
> – Rechtsbehelfsstelle –
> Steuernummer ... *(Ihre Steuernummer entnehmen Sie dem letzten Bescheid.)*
> * Festlegung der zukünftigen Einkommensteuervorauszahlungen für das ... *(hier 1., 2., 3. oder 4. Quartal eintragen)* Quartal ... *(hier bitte das betreffende Jahr eintragen)* und folgend laut Bescheid vom ... *(Datum des Bescheides eintragen)*
> * Nachträgliche Heraufsetzung der ... *(hier eintragen, um die wie vielte Vorauszahlung des Jahres es sich handelt)* Vorauszahlung ... *(betreffendes Jahr eintragen)* laut Vorauszahlungsbescheid vom ... *(Datum des Bescheides eintragen)*
> Gegen die oben genannte Vorauszahlungsfestlegung erhebe ich
>
> **Einspruch.**
>
> * Ich stelle den Antrag, diese Vorauszahlungen gemäß dem Einkommensteuerbetrag für ... *(Jahr eintragen)* festzulegen. Dieser Betrag folgt meinem Einspruch gegen den Einkommensteuerbescheid ... *(Jahr eintragen)* vom ... *(Datum des Einspruchs eintragen)*. Die Einkommensteuervorauszahlungen sind nach § 37 [3] Satz 2 EStG generell abhängig von der zuletzt veranlagten Einkommensteuer, hier also von der im Einkommensteuerbescheid ... *(Jahr eintragen)* festgesetzten Steuer. Die angefochtenen Vorauszahlungen haben Sie nach

Einspruch

Begründung

dieser Vorschrift festgesetzt. Auch gegen den Einkommensteuerbescheid ... *(Jahr eintragen)* habe ich Einspruch eingelegt, der eine Verringerung der Einkommensteuer für ... *(Jahr eintragen)* nach sich ziehen wird. Diese Verringerung hat auch für die folgenden Jahre Bestand. Die Vorauszahlungen müssen deshalb ab dem ... *(Nummer des Quartals eintragen)* Quartal gemäß dem Resultat meines Einspruchs gegen den Einkommensteuerbescheid ... *(Jahr eintragen)* festgesetzt werden.

Aussetzung der Vollziehung

* ... *(Der folgende vorsorgliche Antrag ist immer zu empfehlen, wenn Vorauszahlungen fällig werden).* Falls vor Erledigung des Einspruchsverfahrens Vorauszahlungen anlässlich von Vorauszahlungsterminen fällig werden, stelle ich für die Minderungsbeträge hiermit einen Antrag auf Aussetzung der Vollziehung. Ich begründe diesen Antrag mit Verweis auf die Einspruchsbegründung gegen den Einkommensteuerbescheid für ... *(Jahr eintragen)* / mit dem Hinweis auf meinen begründeten Antrag auf Aussetzung der Vollziehung des Einkommensteuerbescheides für ... *(Jahr eintragen).*

Vorläufige Gewinnermittlung

* Ich stelle den Antrag, die nachträgliche Heraufsetzung der ... *(angeben, um die wie vielte Vorauszahlung es sich handelt)* Vorauszahlung für das Kalenderjahr ... *(Jahr eintragen)* zurückzunehmen. Mit Verweis auf meine Umsatzsteigerungen des Jahres ... *(Jahr eintragen)*, gemäß den Umsatzsteuervoranmeldungen, sind Sie von einer entsprechenden prozentualen Gewinnsteigerung meines Betriebes ausgegangen und haben die letzte Vorauszahlung des Jahres ... *(Jahr eintragen)* unter Berufung auf § 37 [3] Satz 3 EStG um ... *(Betrag eintragen)* DM erhöht. Allerdings habe ich den von Ihnen angenommenen Gewinn nicht erzielt, weil die Umsatzsteigerungen nur mit unverhältnismäßig gestiegenen ... *(Lohn-/Materialkosten)* zu erzielen waren. Ich verweise auf die beiliegende vorläufige Gewinnermittlung für ... *(Jahr eintragen).* Die tatsächliche Gewinnsteigerung bewirkt eine Erhöhung der Einkommensteuer für ... *(Jahr eintragen)* von nicht mehr als ... *(Summe eintragen, muss unter 5.000 DM liegen)* DM. Eine rückwirkende Erhöhung kommt aber nach § 37 [5] Satz 2 EStG nur bei einem Erhöhungsbetrag von mindestens 5.000 DM in Betracht. Deshalb muss die bisherige ... *(bitte angeben, um die wie vielte Vorauszahlung es sich handelt)* Vorauszahlung beibehalten und die nachträgliche Erhöhung zurückgenommen werden.

Ich bitte um einen baldigen Bescheid.

Mit freundlichen Grüßen

Unterschrift ... *(eigenhändige Unterschrift)*

Anlagen

✉ Musterbrief: Nachträgliche Einspruchsbegründung

Absender ... *(Name, Anschrift, ggf. Telefon)*
Datum ... *(Tag dieses Schreibens angeben)*

An das Finanzamt ... *(Hier tragen Sie das für Sie zuständige Finanzamt ein, das Ihnen den Bescheid zugesandt hat; Anschrift nicht vergessen)*
– Rechtsbehelfsstelle –

Steuernummer ... *(Ihre Steuernummer entnehmen Sie dem letzten Bescheid.)*

Einspruch vom ... *(Datum Ihres Einspruchs eintragen)* gegen den Einkommensteuerbescheid ... *(Jahr eintragen)* vom ... *(Datum des Bescheides eintragen)*

Ich stelle hiermit den Antrag, die Einkommensteuererstattung für ... *(betreffendes Jahr eintragen)* zu erhöhen.

Für meinen Antrag liefere ich folgende

Begründung:

... *(ein Einspruch lässt sich sowohl in sachlicher als auch in rechtlicher Hinsicht begründen. Unterscheiden Sie diese beiden Möglichkeiten voneinander und legen Sie sie einzeln dar.)*

* Meine Ausgaben für ... *(hier bitte den Verwendungszweck Ihrer Ausgaben angeben)* in Höhe von ... *(Betrag eintragen)* DM haben Sie nicht als ... *(Sonderausgaben/Werbungskosten ...)* akzeptiert, weil in meiner Steuererklärung keine entsprechenden Belege beigelegt waren. Ich reiche die Belege für diesen Betrag hiermit in der Anlage nach. Der angefochtene Einkommensteuerbescheid muss kraft dieser Nachweise zu meinen Gunsten geändert werden.

* Die Pauschbeträge für Fahrten zwischen Wohnung und Arbeitsstätte mit meinem Pkw wurden mir nur für 230 Tage anerkannt, weil ein Arbeitnehmer im Jahre ... *(Bezugsjahr angeben)* unter Abzug seiner Urlaubstage und einer Zugrundelegung der Fünftagewoche regelmäßig nur an 230 Tagen gearbeitet hat. Ich habe jedoch an mehr als 230 Tagen gearbeitet ... *(Begründung angeben, z. B. teilweiser Wegfall oder Kürzung des Urlaubes, Arbeit an Wochenenden usw.)*. Dies kann ich, falls notwendig, durch eine Bescheinigung meines Arbeitgebers nachweisen ... *(Beweisangebot ist wichtig)*. Die Pauschbeträge müssen deshalb entsprechend meiner Steuererklärung für ... *(Anzahl der Tage nennen)* Tage berechnet und der Einkommensteuerbescheid ... *(Jahr angeben)* in bezug auf einen entsprechend höheren Erstattungsbetrag geändert werden.

Seitliche Anmerkungen: Einspruch · Bescheid · Bescheinigung des Arbeitgebers

> **Lohnsteuer-richtlinien**
>
> * Meine Ausgaben für ... *(Verwendungszweck eintragen)* in Höhe von ... *(Betrag eintragen)* DM wurden von Ihnen nicht als ... *(Werbungskosten/Sonderausgaben ...)* akzeptiert. Dies hatten Sie mit den ... *(Lohnsteuerrichtlinien/Einkommensteuerrichtlinien)* in ... *(einer Verwaltungsanordnung/im Kommentar)* von Name ... *(nennen Sie hier den Verfasser)* begründet. Der von Ihnen vertretene Rechtsstandpunkt stimmt nicht mit der Rechtsprechung des Bundesfinanzhofs/der Finanzgerichte ... *(ggf. Aktenzeichen des Urteils und Fundstelle angeben)* überein/findet Widerspruch in der einschlägigen Fachliteratur ... *(Fundstelle und Verfasser angeben)*. Ich schließe mich der dort vertretenen Meinung an. Sollten Sie auf Ihrem Standpunkt beharren, bitte ich um eine rasche Entscheidung bezüglich meines Einspruches, damit ich eine gerichtliche Klärung in die Wege leiten kann.
>
> Mit freundlichen Grüßen
>
> Unterschrift ... *(eigenhändige Unterschrift)*

Wie geht das Finanzamt weiter vor, wie stehen die Chancen, Recht zu bekommen?

Geeignete Beweismittel

Erfolgspunkte

Falls Sie Ihren Einspruch durch Nachreichen geeigneter Beweismittel (Belege, schriftliche Aufstellungen) sowie durch Benennung eventueller gesetzlicher Vorschriften (Gesetze, Richtlinien) begründet haben, stehen Ihre Chancen gut. Dies gilt auch dann, wenn das Finanzamt (wie üblich) geneigt ist, so wenigen Einsprüchen als möglich stattzugeben. Denn dafür bekommen Sachbearbeiter Erfolgspunkte (gut für die Karriere), da Bearbeitungsstatistiken des Finanzamtes erfüllt werden müssen.

Präklusionsverfahren – Sie werden erinnert

Verschärfte Rechtsfolgen

Wird Ihr Einspruch nicht begründet, oder geben Sie dem Finanzamt nicht die nötigen Auskünfte oder Belege zur Einspruchsbegründung, gibt Ihr Sachbearbeiter spätestens nach Ablauf von zwei Monaten das Einspruchsverfahren an die Rechtsbehelfsstelle weiter. Diese setzt dann zur Klärung des außergerichtlichen Verfahrens nach § 364 b (1) AO nochmals eine Frist mit verschärften Rechtsfolgen. Lassen Sie die Frist verstreichen, erfolgt die Einspruchsentscheidung.

In jedem Fall sollten Sie sich nicht scheuen, Ihre Rechte wahrzunehmen, auch wenn es dieses Mal vielleicht nur ein Versuch gewesen ist. Es steigert Ihre Sicherheit im Umgang mit Rechtsbehelfsverfahren beim Finanzamt – und beim nächsten Mal sind Sie vielleicht der Gewinner!

Ruhen des Einspruchsverfahrens

Die Finanzämter müssen Einspruchsverfahren nach § 363 (2) AO ruhen lassen, wenn die Rechtsfrage in einem anderen Verfahren beim BFH, Bundesverfassungsgericht oder sogar beim Europäischen Gerichtshof anhängig ist.
Dies bedeutet, dass je nach Ausgang des Verfahrens bei den übergeordneten Instanzen der durch die so genannte Zwangsruhe offen gebliebene Steuerbescheid automatisch geändert wird. Der Steuerpflichtige muss nicht mehr beantragen, dass das Verfahren ruhen soll, und er muss auch nicht nochmal Einspruch gegen den Bescheid einlegen.

Anhängigkeit

Achtung: Dies gilt übrigens für alle offenen Einspruchsverfahren, die seit dem 1.1.1996 noch nicht entschieden waren, auch wenn der Steuerbescheid aus früheren Jahren stammt.

Offene Einspruchsverfahren

Die Möglichkeiten des Einspruchsergebnisses

▶ **Komplette Änderung** Das Finanzamt ändert durch Erlass eines Änderungsbescheides den Steuerbescheid in allen Punkten zu Ihren Gunsten. Glückwunsch, Sie haben gewonnen!

▶ **Teilweise Änderung** Das Finanzamt ist bereit, den angefochtenen Steuerbescheid teilweise zu ändern, und teilt die Änderungsvorschläge schriftlich mit. Sind Sie damit einverstanden, wird der Steuerbescheid in diesen Punkten geändert, d. h., Sie haben eine Kompromisslösung erreicht. Das ist immerhin besser als gar nichts.

▶ **Keine Änderung** Das Finanzamt weist den Einspruch als unbegründet zurück, Sie bekommen keinen neuen Steuerbescheid.

▶ **Rücknahme des Einspruchs** Das Finanzamt empfiehlt Ihnen mit Fristsetzung den Einspruch schriftlich zurückzunehmen. Versäumen Sie die Frist, erfolgt die Einspruchsentscheidung, die schriftliche Zusammenfassung, warum dem Einspruch nicht stattgegeben wurde.

Änderungsmöglichkeiten

Einspruchsentscheidung

Welche Chancen gibt es nach dem erfolglosen Einspruch?

Selbst wenn der Einspruch abgelehnt wurde und/oder der Steuerbescheid rechtskräftig geworden ist, haben Sie noch einen letzten Versuch, die Staatskasse um ein paar Mark zu erleichtern.

Weitere Chancen

Änderung wegen offenbarer Unrichtigkeiten des Finanzamtes i. S. v. § 129 AO

Fehler

Das Finanzamt muss Schreib-, Rechen-, Eingabe- und/oder Übertragungsfehler, die aus Versehen passiert sind, auch ohne Einspruchsverfahren ändern. Dies sogar noch bis zu vier Jahre nach Abgabe der Steuererklärung. Dieser Änderungsantrag kann sogar telefonisch gestellt werden.

> **TIPP** Selbst für den Fall, dass Sie den mechanischen Fehler schon in Ihre Steuererklärung eingebaut haben, muss das Finanzamt eine schlichte Änderung nach § 129 AO durchführen.

✉ Musterbrief: Antrag auf Änderung wegen Flüchtigkeitsfehler nach § 129 AO

Flüchtigkeitsfehler

Absender ... *(Name, Anschrift, ggf. Telefon)*
Datum ... *(Tag dieses Schreibens angeben)*

An das Finanzamt ... *(Hier tragen Sie das für Sie zuständige Finanzamt ein, das Ihnen den Bescheid zugesandt hat; Anschrift nicht vergessen)*

Steuernummer ... *(Ihre Steuernummer entnehmen Sie dem letzten Bescheid.)*

Einkommensteuerbescheid vom ... *(Datum des Bescheides angeben)*

Ich stelle hiermit einen

Antrag auf Änderung

nach § 129 Abgabenordnung.

Rechenfehler

Begründung: Ganz offenbar ist der oben genannte Steuerbescheid im Hinblick auf die Position ... *(hier angeben, wo der Fehler steckt)* fehlerhaft. Es kann sich nur um einen ... *(angeben, ob es sich um einen Rechen-, Übertragungs- oder Eingabefehler dreht)* handeln. In meiner Steuererklärung habe ich ... *(hier den ursprünglichen Betrag eintragen)* DM geltend gemacht. Im Steuerbescheid wurden aber nur ... *(Betrag eintragen, den das Finanzamt eingesetzt hat)* DM anerkannt.

Mit freundlichen Grüßen

Unterschrift ... *(eigenhändige Unterschrift)*

Schlichte Änderung § 172 AO Ein solcher Antrag auf Änderung eines Steuerbescheides kann relativ unbürokratisch, also auch formlos und telefonisch, gestellt werden. Man unterscheidet folgende Änderungsvarianten: *Formlose Änderung*
▶ Schlichte Änderung zugunsten des Steuerpflichtigen. Eine Änderung ist nur zulässig, wenn der Steuerpflichtige vor Ablauf der Rechtsbehelfsfrist (ein Monat nach Bekanntgabe des Bescheides) entweder den Antrag auf Änderung gestellt oder der Änderung zugestimmt hat.
▶ Schlichte Änderung zu Lasten des Steuerpflichtigen.
Hier ist eine Änderung innerhalb der Festsetzungsfrist (vier Jahre) jederzeit möglich. *Festsetzungsfrist*

Rechtsfolgen der schlichten Änderung
Punktuelle Entscheidung Sie ist keine umfassende Überprüfung, sondern nur eine punktuelle Entscheidung.
Keine Verböserung Das Finanzamt ist an den Antrag des Steuerpflichtigen gebunden, es kann somit keine Verschlechterung (im Amtsdeutsch heißt das dann »Verböserung«) wie beim Einspruch eintreten, da nicht der gesamte Steuerfall überprüft wird. Auch nach Ablauf der Rechtsbehelfsfrist kann der Steuerpflichtige allerdings sein Vorbringen noch erweitern.
Im Gegensatz zum Einspruch ist hier auch kein Antrag auf Aussetzung der Vollziehung möglich, ggf. jedoch eine Stundung. *Aussetzung der Vollziehung*
Berichtigungsbescheid Sie erhalten nach Ihrem Antrag einen Berichtigungsbescheid, gegen den ggf. auch der Einspruch zulässig ist.

Änderung nach § 173 AO wegen neuer Tatsachen oder Beweismittel

Falls Ihnen nach Rechtskraft des Bescheides neue Tatsachen oder Beweismittel bekannt werden, die eine Änderung zu Ihren Gunsten rechtfertigen, hat ein Antrag auf Änderung nach § 173 AO gute Erfolgsaussichten. Voraussetzung hierfür ist, dass Sie bei Ihrem Versäumnis nicht grob fahrlässig gehandelt haben. Auch hier muss das Finanzamt noch bis zu vier Jahre nach Abgabe der Steuererklärung einen bestandskräftigen Bescheid ändern. Eine Änderung zu Ihren Ungunsten aufgrund neuer Tatsachen oder Beweismittel, die dem Finanzamt nachträglich bekannt werden, ist punktuell allerdings auch immer möglich. *Neue Tatsachen*
Beispiel für Änderung zu Ihren Gunsten Sie erhalten rückwirkend für die letzten Jahre für sich, Ihren Ehegatten oder steuerlich zu berücksichtigende Kinder vom zuständigen Versorgungsamt den Schwerbehindertenausweis mit dem entsprechenden Nachweis des Grades der Körperbehinderung. Das Finanzamt muss die Steuerbescheide nach Vorlage des neuen Beweismittels nachträglich ändern, da Sie kein Verschulden an der verspäteten Einreichung der Belege trifft. *Rückwirkender Schwerbehindertenausweis*

Neue Tatsachen mitteilen

Neue Sichtweise — Grundsätzlich gilt: Wenn sich aus einem bestimmten Grund (beispielsweise wegen Vorliegen neuer Tatsachen oder Beweismittel) Ihrer Meinung nach eine neue Sichtweise des Sachverhalts ergibt, dann sollten Sie diese neuen Tatsachen dem Finanzamt unverzüglich mitteilen.
Der folgende Musterbrief hilft Ihnen dabei.

✉ Musterbrief: Antrag auf Änderung wegen neuer Tatsachen

Absender ... *(Name, Anschrift, ggf. Telefon)*
Datum ... *(Tag dieses Schreibens angeben)*

An das Finanzamt ... *(Hier tragen Sie das für Sie zuständige Finanzamt ein, das Ihnen den Bescheid zugesandt hat; Anschrift nicht vergessen)*

Steuernummer ... *(Ihre Steuernummer entnehmen Sie dem letzten Bescheid.)*
Einkommensteuerbescheid vom ... *(Datum des Bescheides angeben)*

Sehr geehrte Damen und Herren,

Gründe — Wegen ... *(angeben, ob Sie hier neue Tatsachen oder neue Beweismittel geltend machen wollen)* stelle ich hiermit einen

Antrag auf Änderung
nach § 173 Abgabenordnung.

Unkenntnis — **Begründung:** Erst jetzt habe ich Kenntnis erhalten, dass ich ... *(Ausgaben/Steuervergünstigungen)* für ... *(Zweck oder Hintergrund der Ausgaben angeben)* als ... *(hier die steuerliche Art der Ausgaben eintragen, z. B. Werbungskosten, Sonderausgaben ...)* geltend machen kann. Weder in den Erklärungsvordrucken noch in anderen Erläuterungen der Finanzverwaltung ... *(deshalb wichtig: vorher Vordrucke und Merkblätter des Finanzamtes lesen. Nur Steuervergünstigungen, die dort nicht genannt sind, haben eine Chance, nach § 173 Abgabenordnung anerkannt zu werden)* wurde ich darauf aufmerksam gemacht. Mein damaliges Versäumnis ist daher nicht von mir zu verantworten. Diesem Schreiben lege ich

Belege — eine Liste meiner Ausgaben mit den zugehörigen Belegen bei.

Mit freundlichen Grüßen

Unterschrift ... *(eigenhändige Unterschrift)*

✉ Musterbrief: Antrag auf Änderung eines unanfechtbaren (Steuer-)Bescheides wegen neuer Tatsachen

Absender ... *(Name, Anschrift, ggf. Telefon)*
Datum ... *(Tag dieses Schreibens angeben)*

An das Finanzamt ... *(Hier tragen Sie das für Sie zuständige Finanzamt ein, das Ihnen den Bescheid zugesandt hat; Anschrift nicht vergessen)*

Steuernummer ... *(Ihre Steuernummer entnehmen Sie dem letzten Bescheid.)*

Änderung des ... *(Art des Steuerbescheides angeben)* Steuerbescheides ... *(Bezugsjahr angeben)* vom ... *(Datum des Bescheides eintragen)*

Neue Tatsachen

Sehr geehrte Damen und Herren,

Gegen den oben genannten Bescheid vom ... *(Datum des Bescheides eintragen)* hinsichtlich der Festlegung der ... *(Art des Steuerbescheides eintragen)* Steuer für ... *(Bezugsjahr angeben)* habe ich seinerzeit keinen Einspruch eingelegt.

Ich stelle den Antrag, den unanfechtbar gewordenen Bescheid nach § 173 [1] Nr. 2 AO zu ändern und die Steuer für ... *(betreffendes Jahr angeben)* wegen der nachstehenden neuen Sachlage zu mindern.

Die der ... *(Art des Steuerbescheides nennen)* Steuererklärung ... *(Bezugsjahr angeben)* beigelegte Überschussrechnung enthielt ... *(zu hohe Einnahmen/zu geringe Ausgaben)*, und zwar in Höhe von ... *(Betrag eintragen)* DM. Die Einkünfte aus ... *(Art der Einkünfte angeben)* sind tatsächlich um diesen Betrag geringer. Die ursprünglich falsche Angabe ist auf einen ... *(Buchungs-/Rechenfehler der Einnahmen/Ausgaben)* bei der Verbuchung zurückzuführen. Erst bei ... *(Anlass und Umstände der Fehlerentdeckung anführen)* wurde der Fehler bemerkt. Die angeführten Tatsachen kann ich durch ... *(Angabe von Dokumenten, aus denen sich der Fehler ableitete, Nennung von Zeugen, die an dem Fehler beteiligt waren oder ihn entdeckt haben)* beweisen ... *(es muss deutlich sein, dass kein grobes Verschulden des Steuerpflichtigen vorliegt, d. h., das Verhalten der am Fehler beteiligten Personen darf nicht mit Vorsatz oder grober Fahrlässigkeit in Verbindung gebracht werden)*.

Überschussrechnung

* Den genannten Fehler habe ich selbst verursacht. Ich möchte feststellen, dass er nicht auf ein grobes Verschulden zurückzuführen ist. Ein derartiger Fehler kann auch beim Waltenlassen normaler Sorgfalt geschehen.

Eigenschuld

Unterschrift ... *(eigenhändige Unterschrift)*

Wiedereinsetzung in den vorigen Stand nach § 110 AO

Voriger Stand

Waren Sie ohne Verschulden verhindert, eine gesetzliche Frist (hier: Einspruchsfrist) einzuhalten, muss das Finanzamt Sie in den vorigen Stand einsetzen. Dies bedeutet, Sie werden rechtlich so gestellt, dass Sie noch Einspruch einlegen können. Möglich wäre dies z. B. unter den folgenden Voraussetzungen:

▶ Sie waren unverschuldet verhindert, z. B. durch eine Krankheit oder durch einen Kuraufenthalt.
▶ Sie stellen den Antrag innerhalb eines Monats nach Wegfall des Hindernisses, z. B. einen Monat nach Wegfall der Krankheit schriftlich bei Ihrem Finanzamt.

Glaubhafte Begründung

▶ Sie stellen einen schriftlichen Antrag mit glaubhafter Begründung.

Werden Sie durch einen Steuerberater vertreten, und war dieser unverschuldet verhindert, die Frist einzuhalten, werden Sie so gestellt, dass Sie Einspruch einlegen können.

✉ Musterbrief: Antrag auf Wiedereinsetzung in den vorigen Stand bei bekanntem Fristablauf

Absender ... *(Name, Anschrift, ggf. Telefon)*
Datum ... *(Tag dieses Schreibens angeben)*

An das Finanzamt ... *(Hier tragen Sie das für Sie zuständige Finanzamt ein, das Ihnen den Bescheid zugesandt hat; Anschrift nicht vergessen)*

Steuernummer ... *(Ihre Steuernummer entnehmen Sie dem letzten Bescheid.)*

Bezugsdatum

Steuerbescheid für ... *(Kalenderjahr eintragen, worauf sich der Bescheid bezieht)* vom ... *(Datum des entsprechenden Bescheides eintragen)*

Ich beantrage hiermit die

Wiedereinsetzung in den vorigen Stand
nach § 110 Abgabenordnung.

Verhinderung aus wichtigem Grund

Begründung: Ich habe vom oben genannten Steuerbescheid am ... *(Datum einsetzen)* Kenntnis erhalten. Wegen ... *(Urlaub/schwerer Erkrankung)* von ... *(genauen Zeitraum angeben: von – bis)* war ich nicht in der Lage, die Einspruchsfrist einzuhalten. Meine Angaben werden durch die beigefügten Unterlagen belegt. Ich habe die Einspruchsfrist also ohne eigenes Verschulden versäumt.

In Verbindung mit diesem Antrag erhebe ich gegen den oben genannten Steuerbescheid Einspruch.

Unterschrift ... *(eigenhändige Unterschrift)*

✉ Musterbrief: Antrag auf Wiedereinsetzung in den vorigen Stand bei Hinweis auf Fristversäumnis

Absender ... *(Name, Anschrift, ggf. Telefon)*
Datum ... *(Tag dieses Schreibens angeben)*

An das Finanzamt ... *(Hier tragen Sie das für Sie zuständige Finanzamt ein, das Ihnen den Bescheid zugesandt hat; Anschrift nicht vergessen)*
– Rechtsbehelfsstelle –

Steuernummer ... *(Ihre Steuernummer entnehmen Sie dem letzten Bescheid.)*
Einspruch/Beschwerde vom ... *(Datum des Einspruchs/der Beschwerde eintragen)* gegen den ... *(Art des Bescheides eintragen)* Bescheid vom ... *(Datum des entsprechenden Bescheides eintragen)*

In Ihrem Schreiben vom ... *(Datum des Briefes angeben)* erteilten Sie mir die Auskunft, dass mein oben genannter Rechtsbehelf erst am ... *(betreffendes Datum eintragen)* und mithin nach Ablauf der Rechtsbehelfsfrist eingetroffen ist. — Bezug

Ich stelle für die versäumte Rechtsbehelfsfrist den Antrag auf

Wiedereinsetzung in den vorigen Stand.

* Ich habe die Rechtsbehelfsfrist aus folgendem Grund nicht schuldhaft versäumt: ... *(zu beachten: Auch eine Begründung, die auf einfaches fahrlässiges Handeln oder Unterlassen zurückzuführen ist, wird nicht anerkannt.)*
Am ... *(Datum des Einwurfs)* habe ich den Brief in den Briefkasten des Postamtes in ... *(Ort eintragen)* eingeworfen. Aufschluss darüber muss auch der Poststempel auf dem Brief geben, der Ihnen zugegangen ist. Gemäß den am Briefkasten aushängenden Postlaufzeiten erreichen die bis 20 Uhr in den Postamtsbriefkasten eingeworfenen Briefe ihre Adressaten in ... *(Ort angeben)* am nächsten Werktag. Meinen Rechtsbehelf hätten Sie also bei normaler Postlaufzeit am ... *(Datum eintragen)*, d.h. noch vor Ablauf der Rechtsbehelfsfrist erhalten müssen. Die Fristüberschreitung durch die verzögerte Postzustellung fällt nicht in meine Verantwortung, und deshalb liegt kein Verschulden meinerseits vor. Falls erforderlich, kann ich meine Angaben über die normale Postlaufzeit durch eine Bescheinigung des Postamtsleiters bestätigen. — Schilderung / Fristüberschreitung

Unterschrift ... *(eigenhändige Unterschrift)*

Welche Möglichkeiten gibt es nach Ablauf des Einspruchsverfahrens?

Klagefrist Kommt es zu keiner Einigung, erlässt das Finanzamt eine Einspruchsentscheidung, gegen die Sie wiederum innerhalb eines Monats nach Erhalt Klage beim zuständigen Finanzgericht einlegen können.

✉ Musterbrief: Vorsorgliche Klageerhebung

> Absender ... *(Name, Anschrift, ggf. Telefon)*
> Datum ... *(Tag dieses Schreibens angeben)*
>
> An das Finanzgericht ... *(das für Sie zuständige Finanzgericht nennt Ihnen Ihr Finanzamt)*
>
> **Klage**
> — *Klage* (margin label)
>
> in der Steuerstreitsache
>
> Kläger:
> Name ... *(Name und vollständige Anschrift angeben)*
>
> gegen
>
> Beklagter:
> Finanzamt ... *(hier das zu verklagende Finanzamt eintragen)*
> – vertreten durch den Vorsteher –
>
> Steuernummer: ... *(Ihre Steuernummer entnehmen Sie dem letzten Bescheid.)*
>
> wegen
>
> ... *(Steuerart nennen, z. B. Einkommensteuer)* für ... *(Jahr der Erhebung eintragen)*
>
> Ich hatte bis jetzt keine Gelegenheit, die Erläuterungen in der ... *(Einspruchs-/Beschwerdeentscheidung)* vom ... *(Datum der Entscheidung eintragen)* hinsichtlich ihrer Schlüssigkeit zu überprüfen. Ich werde die Überprüfung bis zum ... *(Zeitpunkt angeben)* nachholen bzw. durch einen Steuerberater nachholen lassen. Gleichzeitig ersuche ich Sie, bis dahin auf richterliche Maßnahmen zu verzichten, die eine gebührenfreie Rücknahme der Klage behindern würden.
>
> Unterschrift ... *(eigenhändige Unterschrift)*
> Anlagen: Kopie dieser Klage

(Randmarkierung: Schlüssigkeit)

TIPP Bevor Sie Klage erheben, sollten die Erfolgsaussichten von einem Steuerberater geprüft werden. Letztere sind absolut nicht scharf auf Finanzgerichtsverfahren, da die Prozesse in der Regel sehr arbeitsaufwändig sind und nur wenig Gebühren bringen. Sie können also davon ausgehen, dass Ihr Steuerberater Sie nicht in einen unnötigen Prozess hineinzudrängen versucht.

Prüfung

✉ Musterbrief: Klageschrift mit gesetzlichen Mindesterfordernissen

Absender ... *(Name und Anschrift angeben)*
Datum ... *(Tag dieses Schreibens angeben)*

An das Finanzgericht ... *(die Anschrift des Gerichts erfahren Sie bei Ihrem Finanzamt)*

Klage

in der Steuerstreitsache

Kläger:
Name ... *(Name und vollständige Anschrift angeben)*

Kläger

gegen

Beklagter:
Finanzamt ... *(hier das zu verklagende Finanzamt eintragen)*
– vertreten durch den Vorsteher –

Beklagter

Steuernummer: ... *(Ihre Steuernummer entnehmen Sie dem letzten Bescheid.)*

wegen

... *(Art der Steuer angeben)* Steuer ... *(Jahr der Erhebung eintragen)*/Erlass/Aussetzung der Vollziehung/Stundung/Bescheidänderung

Hiermit fechte ich den Einkommensteuerbescheid für ... *(Bezugsjahr eintragen)* vom ... *(Datum des Bescheides eintragen)* in der Fassung der Einspruchsentscheidung vom ... *(Datum des betreffenden Schreibens eintragen)* an. Verlangt wird die weitere Berücksichtigung der Aufwendungen für ... *(Zweck der Aufwendungen eintragen)* in Höhe von ... *(Betrag eintragen)* DM als ... *(Werbungskosten/Betriebsausgaben/Sonderausgaben/außergewöhnliche Belastung)*. Ich behalte mir eine spätere Antragserweiterung bis zur Beendigung der mündlichen Verhandlung vor.

Berücksichtigung der Aufwendungen

Unterschrift ... *(eigenhändig unterschreiben)*

Anlagen: Kopie dieser Klage

Rechtsbeistand Finanzgerichtsverfahren dauern üblicherweise etwa zwei Jahre. Eine Vertretung durch Steuerberater oder Rechtsanwalt ist nicht zwingend notwendig, empfiehlt sich aber. Falls Sie vor dem Finanzgericht oder BFH durch einen Rechtsbeistand vertreten werden, müssen Sie diesem eine Prozessvollmacht erteilen.

Was passiert nach Ablauf des Klageverfahrens vor dem Finanzgericht?

Lässt das Finanzgericht die Revision zu, kann der Verlierer (entweder Finanzamt oder Sie) vor der nächsten Instanz klagen, dem Bundesfinanzhof. Wird die Revision nicht zugelassen, können Sie diese eventuell mit einer Beschwerde erzwingen.

So teuer wird eine Prozessniederlage bei den Finanzgerichten			
Strittiger Steuerbetrag bis	Finanzgericht (1. Instanz)*		Bundesfinanzhof (2. Instanz)
	mit Vertretung	ohne Vertretung	
600 DM	310 DM	175,00 DM	430 DM
1.200 DM	490 DM	245,00 DM	680 DM
1.800 DM	660 DM	315,00 DM	890 DM
2.400 DM	830 DM	385,00 DM	1.110 DM
3.000 DM	990 DM	455,00 DM	1.330 DM
4.000 DM	1.170 DM	507,00 DM	1.570 DM
5.000 DM	1.350 DM	560,00 DM	1.810 DM
6.000 DM	1.530 DM	612,00 DM	2.050 DM
7.000 DM	1.700 DM	665,50 DM	2.290 DM
8.000 DM	1.880 DM	717,50 DM	2.530 DM
9.000 DM	2.060 DM	770,00 DM	2.770 DM
10.000 DM	2.240 DM	822,50 DM	3.010 DM
12.000 DM	2.510 DM	927,50 DM	3.360 DM
14.000 DM	2.770 DM	1.032,50 DM	3.720 DM
16.000 DM	3.040 DM	1.137,50 DM	4.080 DM
18.000 DM	3.310 DM	1.242,50 DM	4.440 DM
20.000 DM	3.570 DM	1.347,50 DM	4.800 DM

* Lassen Sie sich von einem Anwalt oder Steuerberater vertreten, fallen nicht nur die obligatorischen Verfahrens- und Urteilsgebühren an, sondern auch zusätzlich die Prozess-, Verhandlungs- und Postgebühren Ihres Vertreters. Beim Bundesfinanzhof besteht Vertretungspflicht, d. h., Sie müssen einen Anwalt beauftragen. Die genannten Kosten kommen dann in jedem Fall auf Sie zu.

> **Achtung:** In Verfahren vor dem Bundesfinanzhof muss man sich von einem Steuerberater oder Rechtsanwalt vertreten lassen.

✉ Muster für eine Revisionseinlegung beim Bundesfinanzhof mit Fristverlängerungsantrag für die Revisionsbegründungsfrist

(Dieses Muster dient Ihrer Information. Wirklich verwenden können Sie es nicht, weil vor dem BFH eine Vertretungspflicht besteht, d. h., der Kläger kann sein Revisionsverfahren nicht selbst führen. Eine Revision ist vor dem BFH nur dann erfolgreich, wenn dem Finanzgericht ein Rechtsfehler unterlaufen ist. Eine Revision wegen eines sachlichen Fehlers ist nicht möglich.)

Revision vor dem BFH

Absender ... *(Name des Prozessbevollmächtigten, dessen Anschrift, ggf. Telefon)*
Datum ... *(Tag dieses Schreibens angeben)*

An das Finanzgericht ... *(Hier stehen Name und Anschrift Ihres Finanzgerichts; von dort wird die Klage zusammen mit den Unterlagen des Finanzamtes an den BFH geschickt.)*

Revision

in der Steuerstreitsache

Kläger und Revisionskläger:
Name ... *(Name und vollständige Anschrift angeben)*

Prozessbevollmächtigter: ... *(Hier steht der Name des Anwalts oder Steuerberaters, der den Kläger vertritt.)*
– Vollmacht ... *(liegt bei/wurde schon im Klageverfahren eingereicht/wird nachgereicht) –*

gegen

Beklagter und Revisionsbeklagter:
Finanzamt ... *(hier das zu verklagende Finanzamt eintragen)*
– vertreten durch den Vorsteher –

Steuernummer: ... *(Ihre Steuernummer entnehmen Sie dem letzten Bescheid.)*

wegen

... *(Art der Steuer nennen)* Steuer ... *(Jahr der Erhebung eintragen)*

Kläger und Revisionskläger

> Die Revision wendet sich gegen das Urteil des Finanzgerichtes ... *(Name des Finanzgerichtes eintragen)* vom ... *(Datum des Urteils angeben)* in der oben genannten Steuerrechtssache mit dem Aktenzeichen ... *(hier das vollständige Aktenzeichen des Urteils eintragen).*
>
> **Anfechtbarkeit** — Das Urteil ist mit der Revision anfechtbar, da ... *(das Finanzgericht/der Bundesfinanzhof die Revision zugelassen hat/ein Fall der zulassungsfreien Revision nach § 116 FGO vorliegt).*
>
> * Zur Begründung der Revision bitte ich, die Frist bis zum ... *(Datum eintragen)* zu verlängern. Ich bin nicht in der Lage, die Revisionsbegründung binnen der gesetzlichen Frist zu erstellen, weil ... *(sachlich überzeugende Begründung angeben).*
>
> Unterschrift ... *(Hier muss der Prozessbevollmächtigte eigenhändig unterschreiben.)*
>
> Anlagen: Kopie der Revisionsschrift ... *(ggf. die Vollmacht beilegen)*

Welche möglichen Nachteile hat ein Rechtsstreit mit dem Finanzamt?

Ermessensspielraum — Das Finanzamt kann, falls der Steuerbescheid aufgrund eines laufenden Einspruchsverfahrens noch offen ist, den Einspruch auch verschlechtern (verbösern). Es können hier z. B. die im alten Steuerbescheid gewährten steuerlichen Vergünstigungen, die im Ermessensspielraum des Sachbearbeiters lagen, wieder gestrichen werden, sodass Sie sich vielleicht schlechter stellen als vorher.

Beispiel Sie legen Einspruch gegen den Einkommensteuerbescheid 2001 ein, weil Sie der Meinung sind, das Finanzamt müsse Ihre gefahrenen Kilometer zur Arbeitsstätte in einem noch höheren Maß berücksichtigen, was zu einer weiteren Steuerersparnis von 150 DM führen würde. Da der Bescheid somit offen ist, prüft das Finanzamt den gesamten Sachverhalt neu und stellt fest, dass Spenden ohne ordnungsgemäße Spendenquittungen in Höhe von 300 DM berücksichtigt wurden, Werbungskosten aus nichtselbstständiger Tätigkeit in Höhe von 280 DM (ebenfalls ohne belegmäßigen Nachweis) sowie der Ausbildungsfreibetrag für den Sohn nicht zeitanteilig, sondern für das volle Jahr angesetzt waren.

Höhere Fahrtkosten — Das Finanzamt kann somit dem Begehren des Steuerpflichtigen zwar stattgeben und seine höheren Fahrtkosten ansetzen. Der Steuerzahler stellte sich jedoch bei einer Verböserung des Finanzamtes durch Berücksichtigung der genannten Punkte erheblich schlechter.

Die Androhung einer Verböserung kommt nicht allzu oft vor, weshalb Sie auch nicht zu zögerlich sein sollten, sich mit den staatlichen Geldeintreibern zu streiten.

Was ist, wenn Sie die Einkommensteuernachforderung des Finanzamtes momentan nicht zahlen können?

Sie haben dann die Möglichkeit, einen schriftlichen Stundungsantrag (§ 222 AO) zu stellen. Hierfür gelten die folgenden Voraussetzungen:

Stundungswürdigkeit Sie müssen stundungswürdig sein, also Ihren steuerlichen Verpflichtungen bisher stets fristgerecht nachgekommen sein und alle Zahlungen pünktlich entrichtet haben.

Stundungsbedürftigkeit Sie müssen außerdem stundungsbedürftig sein. Die Zahlung der Nachforderung muss für Sie eine erhebliche persönliche Härte bedeuten, wenn Ihre wirtschaftliche Existenz ernsthaft durch die Zahlung gefährdet wäre oder eine sachliche Härte bedeuten, wenn z. B. zu erwarten ist, dass Ihnen die Steuer in absehbarer Zeit wieder erstattet wird oder mit einer Steuererstattung aus einem anderen Steuerbescheid erstattet werden kann (so genannte Verrechnungsstundung). Der Stundungsantrag ist unter Glaubhaftmachung der wirtschaftlichen Notlage schriftlich beim Finanzamt einzureichen. Insbesondere müssen dem Finanzamt Zahlungsvorschläge unterbreitet werden. Diese Termine sollten auch unbedingt eingehalten werden. Sonst hat man beim nächsten Stundungsantrag wegen mangelnder Stundungswürdigkeit schlechte Karten. Das Finanzamt erlässt eventuell eine Stundungsverfügung, wenn o. a. Voraussetzungen vorliegen und ausgeschlossen ist, dass der Steuerpflichtige sich die Mittel auf dem privaten Kreditweg bei einer Bank oder über ein Verwandtschaftsdarlehen beschaffen kann. Auf die gesamte Stundungslaufzeit werden Stundungszinsen in Höhe von 0,5 Prozent pro Monat festgelegt. Diese sind jedoch stets günstiger als Kreditzinsen bei der Bank.

> **TIPP** Ein Kredit beim Finanzamt ist immer billiger als bei der Bank.

Wird die Stundung abgelehnt, ist hiergegen Beschwerde einzulegen oder ggf. ein neuer Antrag unter Vorbringung neuer Tatsachen zu stellen.

✉ Musterbrief: Antrag auf Stundung

Absender ... *(Name, Anschrift, ggf. Telefon)*
Datum ... *(Tag dieses Schreibens angeben)*

An das Finanzamt ... *(Hier tragen Sie das für Sie zuständige Finanzamt ein, das Ihnen den Bescheid zugesandt hat; Anschrift nicht vergessen)*
– Stundungsstelle –

Steuerrückstände	Steuernummer ... *(Ihre Steuernummer entnehmen Sie dem letzten Bescheid.)* Einkommen-/Vermögensteuer-Rückstände für ... *(Zeitraum angeben)* Ich beantrage für die oben genannten Steuerrückstände **Stundung** * des gesamten Betrages bis ... *(Zeitpunkt eintragen)* * eines Teilbetrages in Höhe von ... *(Betrag eintragen)* DM bis ... *(Zeitpunkt angeben)*
Ratenzahlungen	* durch Gewährung von ... *(Anzahl der gewünschten Raten eintragen)* Ratenzahlungen in Höhe von ... *(Betrag einer Rate eintragen)* DM. Die Zahlungen sollen am ... *(Tag der ersten Rate eintragen)* beginnen.
	Gemäß § 222 AO können Steuern im Falle einer erheblichen Härte gestundet werden, vorausgesetzt, der Steueranspruch ist durch die Stundung voraussichtlich nicht gefährdet. Beide Bedingungen treffen auf mich zu, und zwar aus folgendem Grund: ... *(Hier schildern Sie den Sachverhalt.)*
Sicherheitsleistung	* Sollten Sie eine Sicherheitsleistung als notwendig erachten, kann ich eine solche durch ... *(Geben Sie hier Sicherheiten an, die Sie beibringen können: Bankbürgschaft, Grundschuldbestellung o. ä.)* beibringen. * Wegen ... *(des geringen Stundungsbetrages/kurzen Stundungszeitraumes/ der in Aussicht stehenden Verrechnung mit Steuererstattungen)* bitte ich, auf die Stellung einer Sicherheit zu verzichten. Mit freundlichen Grüßen Unterschrift ... *(eigenhändige Unterschrift)*

Welche anderen Druckmittel des Finanzamtes gibt es, und wie schalten Sie sie aus?

Druckmittel

Falls Sie Ihre steuerlichen Pflichten nicht beachten, hält das Finanzamt verschiedene Druckmittel bereit, um die Einhaltung der Pflichten zu erzwingen.

Verspätungszuschläge laut § 152 AO

Unterliegen Sie der Pflichtveranlagung, und geben Sie Ihre Einkommensteuererklärung nicht fristgerecht (s. Kapitel 1) ab, kann das Finanzamt Verspätungszuschläge erheben, die in Ihrem Steuerbescheid bzw. Schätzungsbescheid aufgeführt werden. Die Verspätungszuschläge dürfen zehn Prozent der festgesetzten Steuer und 50.000 DM (2001) sowie 25.000 Euro (2002) nicht übersteigen.

Druckmittel des Finanzamts

Rechtsbehelf: Sie können gegen die Erhebung des Verspätungszuschlages Einspruch einlegen und Antrag auf Aussetzung der Vollziehung stellen.

Sie müssen diesen Rechtsbehelf schriftlich begründen, dies jedoch nicht unterhalb der Kleinbetragsgrenze von 20 DM. Das Finanzamt darf den Verspätungszuschlag nicht stellen, wenn die verspätete oder fehlende Abgabe der Steuererklärung nach § 152 (1) Satz 2 AO entschuldbar erscheint.
Als Begründung werden normalerweise akzeptiert:
- Krankheit, Kur
- in bestimmten Fällen auch Arbeitsüberlastung
- Krankheit von Angehörigen
- Umzug in eine andere Stadt etc.

Begründung

TIPP Die Erhebung von Verspätungszuschlägen liegt immer im Ermessen des Sachbearbeiters des Finanzamtes. Er muss diese nicht erheben, deshalb sollte man immer Einspruch einlegen. Erhöht sich im Nachhinein die Steuerforderung, so darf der Verspätungszuschlag nicht analog heraufgesetzt werden.

Ermessenssache

Säumniszuschläge nach § 240 AO

Diese Forderungen des Finanzamtes dienen als Druckmittel zur Durchsetzung fälliger Steuern, falls Sie diese nicht oder erst nach dem Zahlungstermin entrichten.
Die Erhebung von Säumniszuschlägen erfolgt kraft Gesetzes und liegt nicht im Ermessen Ihres Sachbearbeiters. Das Finanzamt gewährt Ihnen hier eine Schonfrist von fünf Tagen bei Banküberweisungen, nicht jedoch bei Bar- oder Scheckzahlung. Die Höhe der erhobenen Säumniszuschläge beträgt ein Prozent pro angefangenen Monat auf die Steuerschuld.
Die Zuschläge werden nicht zusammen mit einem Steuerbescheid, sondern gesondert durch eine Mahnung der Finanzkasse erhoben.
Sind Sie davon betroffen, können Sie schriftliche Einwendungen gegen den Säumniszuschlag aus persönlichen Billigkeitsgründen vorbringen. Diese Gründe können eine plötzliche Erkrankung des Steuerpflichtigen oder naher Angehöriger oder ein einmaliges, entschuldbares Versehen sein, wenn man sonst immer pünktlich gezahlt hat.

Schonfrist

Entschuldbares Versehen

Achtung: Wenn Sie bei der Zahlung Ihrer Steuern stets alle Schonfristen nutzen, gelten Sie nicht mehr als pünktlicher Steuerzahler, die Begründung fällt also weg!

Auch könnten Sie sachliche Billigkeitsgründe vorbringen. Die Voraussetzungen hierfür sind z. B.:
- Die Steuern, denen die Säumniszuschläge zugrunde liegen, wurden gestundet (s.o.).
- Es wurde die Aussetzung der Vollziehung eines Steuerbescheides im Finanzgerichtsverfahren erwirkt, und der Steuerpflichtige hat in der Hauptsache gewonnen.
- *Säumniszuschläge* Die Säumniszuschläge entfallen auf einen Zeitraum, in dem der Steuerpflichtige ohne jeden Zweifel überschuldet und zahlungsunfähig war.

Erlassanträge

Sie müssen sich nicht mit allen Nebenforderungen des Finanzamtes zufrieden geben, sondern können nach erfolgter Einspruchseinlegung den Erlass (§ 227 AO) bestimmter geforderter und/oder bezahlter Beträge beantragen. Als Nebenforderungen werden z. B. die Verspätungszuschläge und Säumniszuschläge bezeichnet. *Erlassbedürftigkeit* Ein solcher Erlassantrag ist ebenfalls schriftlich bei dem Finanzamt zu stellen, das die entsprechenden Nebenforderungen erhebt. Das Finanzamt kann die entsprechenden Nebenforderungen ebenfalls aus persönlichen oder sachlichen Billigkeitsgründen erlassen (s.o.). Der Steuerpflichtige muss sowohl erlassbedürftig als auch erlasswürdig sein (s. Stundungswürdigkeit sowie Bedürftigkeit).
Eine Entscheidung über den Erlassantrag liegt im Ermessen Ihres Sachbearbeiters. Falls der Erlass der Nebenforderungen abgelehnt wird, können Sie hiergegen unter Angabe einer neuen plausiblen Begründung wiederum Einspruch einlegen.

Kommunikationsschwierigkeiten

Achtung: Falls Sie eine Aussetzung der Vollziehung von Steuernachforderungen und/oder Nebenforderungen beantragen, bitten Sie auch immer Ihren Sachbearbeiter bei der Veranlagungsstelle, die Finanzkasse und Vollstreckungsstelle zu benachrichtigen. Hier gibt es schon einmal Kommunikationsschwierigkeiten, und die eine Hand weiß manchmal nicht, was die andere tut.

Verzinsung von Steuernachforderungen

Die Verzinsung der Forderung ist kein echtes Druckmittel des Finanzamtes.

Vollverzinsung i. S. v. § 233 a AO

Steuererstattungen und Steuernachforderungen werden entsprechend verzinst. Die Verzinsung beginnt nach Ablauf des Entstehungsjahres. Falls der Einkommensteuerbescheid 1999 erst im Juni 2001 ergeht und sich eine Steuererstattung ergibt,

Vollverzinsung von Erstattungen und Nachforderungen

wird diese zu Ihren Gunsten verzinst. Ergibt sich eine Nachforderung, wird diese zu Ihren Lasten verzinst. Die Höhe der Zinsen beträgt in beiden Fällen 0,5 Prozent pro angefangenen Monat, was bei einer Nachforderung der billigste Kredit ist, den Sie bekommen können.

> **Achtung:** Die Vollverzinsung müssen Sie akzeptieren. Nur wenn die Berechnung der Zinsen sachlich unrichtig ist, können Sie die Aufhebung der Verzinsung nach § 129 AO wegen offenbarer Unrichtigkeit beantragen.

Vollverzinsung muss akzeptiert werden

Stundungszinsen

Falls Sie für fällige Steuern einen Stundungsantrag erwirkt haben, werden Stundungszinsen fällig, da Ihnen das Finanzamt für einen gewissen Zeitraum Geld leiht. Diese betragen 0,5 Prozent pro angefangenen Monat.

⚡ Blitzübersicht: Forderungen des Finanzamtes

Worum geht's?	Ihr einzulegendes Rechtsmittel	Was Sie beantragen müssen, damit das Finanzamt nicht pfändet	Was Sie beantragen können, wenn Sie nicht zahlen wollen oder können
Steuernachforderung	Einspruch, evtl. Klage vor Finanzgericht und/oder BFH	Aussetzung der Vollziehung der Nachforderungen	Stundung der Nachforderungen
Verspätungszuschlag	Einspruch	Aussetzung der Vollziehung	Erlassantrag
Säumniszuschlag	Einspruch	Aussetzung der Vollziehung	Erlassantrag
Verzinsung von Steueransprüchen (Vollverzinsung, Stundungszinsen, Hinterziehungszinsen)	Einspruch gegen falsche Zinsberechnung	Aussetzung der Vollziehung	evtl. Stundung und Erlass aus Billigkeitsgründen

Hinterziehungszinsen

Steuernachforderungen, die sich aus hinterzogenen Einnahmen ergeben, sind ebenfalls (nach § 235 AO) zu verzinsen. Hiergegen kann man sich auch nicht wehren. Der Zinslauf beginnt mit dem Eintritt der Verkürzung von Steuerzahlungen und endet mit der endgültigen Zahlung der Steuern, was in der Regel teuer wird (unabhängig von evtl. Gefängnisstrafen).

Saftige Zinsen

> **TIPP** Sie sollten sich in keinem Fall scheuen, Ihre Rechte gegenüber der Finanzverwaltung wahrzunehmen. Sie sollten aber in allen Angelegenheiten, auch im Rahmen Ihrer steuerlichen Veranlagung, unbedingt kooperativ sein.

Übersichtliche Unterlagen

Dies bedeutet insbesondere die Einhaltung der vom Finanzamt gesetzten Fristen sowohl zur Abgabe der Steuererklärungen als auch zur Klärung von Sachverhalten, Nachreichen von Belegen etc. Sie sollten das Finanzamt auch nicht unnötig ärgern, indem Sie z. B. eine Kiste von Unterlagen auf den Tisch knallen, anstatt Ihre Belege in einer Mappe geordnet abzuliefern. Ansonsten kann es passieren, dass Sie je nach Geduld Ihres Sachbearbeiters ein »Q« in Ihre Akte (für Querulant) bekommen, und künftig bei Ihnen kein Auge mehr zugedrückt wird. Natürlich wird jeder Sachbearbeiter und auch jeder Sachgebietsleiter bestreiten, dass es solche Hinweise in den Akten überhaupt gibt. Denn unabhängig von Sympathien und Antipathien müsste natürlich jede Eingabe neutral und sachlich geprüft und bearbeitet werden – ohne Ansehen der Person bzw. irgendwelcher eventuell in der Vergangenheit liegenden Auseinandersetzungen. Aber in der Praxis ist das nicht der Fall. Da taucht das »Q« bzw. gelegentlich auch einmal ein »N« (für Nörgler) eben doch auf.

Aktenvermerke

Kleine Geschenke erhalten die Freundschaft?

Bestechung

Nicht ganz unkritisch ist auch der umgekehrte Fall, wenn z. B. eine Steuererklärung wegen der hohen Erstattung besonders schnell bearbeitet wird, mit dem Sachbearbeiter gutes Einvernehmen bestand, und man sich dafür einfach nur bedanken will – auch ohne jeden Hintergedanken. Normalerweise dürfen die Mitarbeiter des Finanzamtes nämlich nicht einmal eine Flasche Sekt annehmen, es könnte sich ja um Bestechung handeln. Wenn aber der Sekt anonym abgegeben wird, Sie sich z. B. im Nebenzimmer Ihres Sachbearbeiters vorstellen und bitten, das kleine Geschenk an den betreffenden Mitarbeiter auszuhändigen, ohne auf Sie als Spender hinzuweisen, kann von Bestechung keine Rede sein ...

Halten Sie unbedingt den Betriebsprüfer bei Laune!

Haben Sie Besuch vom Betriebsprüfer, sollten Sie ihm eine angenehme Arbeitsatmosphäre verschaffen. Gleiches gilt, wenn die Betriebsprüfung in den Räumen Ihres Steuerberaters stattfindet.

Kaffee und Brötchen

Bewirten Sie den Prüfer mit Kaffee, Getränken, belegten Brötchen und Gebäck, damit der Eindruck entsteht, der »Besuch« wäre willkommen. Auch wenn sie es nicht annehmen dürfen – alle Betriebsprüfer werden mittags gerne zum Essen eingeladen. Bedenken Sie immer auch das »unterirdische« Gehalt der Finanzbeamten.

Aufs rechte Maß kommt es an

Sowohl bei der »freundschaftlichen« Atmosphäre als auch bei der Kooperation kommt es auf das rechte Maß an. Natürlich sollten Sie mit dem Betriebsprüfer kooperieren, aber deswegen müssen Sie noch lange nicht jede Schublade von sich aus öffnen. Versuchen Sie sich in die Lage des Betriebsprüfers zu versetzen: Er kennt Sie und Ihren Betrieb nicht. Erzählen Sie also ausführlich, was Sie eigentlich machen, produzieren, welche Dienstleistung erbracht wird. Berichten Sie, wie das Geschäft zur Zeit läuft, welche Probleme sich ergeben. Stellen Sie ein buntes, aber realistisches Bild von sich vor.

Kooperation mit Maß

Zeigen Sie freundlich und selbstsicher alle gewünschten Unterlagen. Aber verbringen Sie heikles Material vor dem Besuch des Betriebsprüfers in andere, sichere Räume. Nichts ist schlimmer, als wenn völlig unpassend allerlei interessante »Zettelchen« und Notizen aus einem Aktenordner mit Rechnungen zum Vorschein kommen. Da wird das Interesse des Betriebsprüfers hellwach.

Bereiten Sie sich auf die Betriebsprüfung vor

Kooperieren Sie – bis zu einer bestimmten Grenze. Notfalls finden Sie diese oder jene Unterlagen einfach nicht. Dann bieten Sie einfach an, die gewünschten Unterlagen bis morgen zu suchen und zur Verfügung zu stellen.

Werden Sie im Rahmen der Betriebsprüfung von Ihrem Steuerberater vertreten, achten Sie darauf, dass dieser auch die entsprechende Bewirtung (auf Ihre Kosten) übernimmt. Wo kein Kläger, da kein Richter – der Sachgebietsleiter wird es nicht erfahren.

Positive Stimmung schaffen

Entscheidend ist, ob es Ihnen gelingt, eine positive Stimmung zu schaffen und zugleich ein glaubwürdiges Bild von sich selbst zu geben. Das ist fast so ähnlich wie bei einem Bewerbungsgespräch. Der Betriebprüfer muss in kurzer Zeit ein konkretes Bild von Ihnen gewinnen. Und die Bausteine zu diesem Bild liefern Sie selbst. Vermeiden Sie daher Übertreibungen aller Art, denn diese wirken meist negativ, sondern versuchen Sie mit emotionaler Intelligenz den Ablauf selbst zu steuern.

Bekanntlich liegt vieles im Ermessen des Betriebsprüfers. Findet er »Ungereimtheiten«, muss er eigentlich sofort die Buß- und Strafgeldsachenstelle benachrichtigen, die gegebenenfalls ein Verfahren wegen Steuerhinterziehung einleitet. Ist der Prüfer »kooperativ«, lässt er »fünf gerade sein«, oder Sie kommen mit leichter Steuerverkürzung davon. Es soll schon vorgekommen sein, dass einem Prüfer auch sonstige »geldwerte« Vorteile angeboten wurden, z. B. kostenlose Autoreparaturen, Friseurbesuche oder sogar Bargeldangebote. Doch hier gilt höchste Vorsicht!

Ermessen des Betriebsprüfers

Denken Sie jedoch daran: Jede Vorteilsgewährung an den Beamten fällt in den justiziablen Bereich der Beamtenbestechung.

Beamtenbestechung

Wie viel Steuerberatung kostet, und was Sie davon haben

In diesem Kapitel erfahren Sie:

- ▶ warum niemand das deutsche Steuerrecht so richtig durchblickt — 403
- ▶ weshalb Steuerberater zur Beratung geeigneter sind als Finanzbeamte — 403
- ▶ welche Tätigkeiten ein Steuerberater für seinen Mandanten übernimmt — 404
- ▶ warum eine Empfangsvollmacht Sinn macht — 404
- ▶ wie man eine Vertretungsvollmacht formuliert — 405
- ▶ welche Berufspflichten einem Steuerberater obliegen — 406
- ▶ in welchen Fällen eine Pflichtverletzung des Steuerberaters vorliegt — 406
- ▶ wann es sinnvoll ist, den Steuerberater zu wechseln — 407
- ▶ wie teuer Sie eine Steuerberatung kommen kann — 407

Pfadfinder im Steuerdickicht

Leider haben wir in Deutschland durch die weltweit komplizierteste Steuergesetzgebung die Situation, dass weder Steuerberater, Steuerrechtsanwälte, Richter an Finanzgerichten und/oder noch höher gestellte Ämter in allen Fragen über den notwendigen steuerlichen Durchblick verfügen. *Steuerlicher Durchblick*

Jeden Tag ändert sich ein Steuergesetz, was ein Normalverbraucher natürlich nicht merken kann, da er bei weitem nicht von allen gesetzlichen Änderungen betroffen ist. Hinzu kommt natürlich, dass der Fall der Mauer am 3.11.1989 uns nicht nur in Form eines völlig unnötigen Solidaritätszuschlages das Geld aus der Tasche gezogen hat, sondern dass die wundersame Vereinigung auch das Steuerwirrwarr mit all den Sondersubventionen, Sonderabschreibungen und Steuerbegünstigungen für unsere ostdeutschen Brüder und Schwestern erst recht vergrößert hat. Diverse neue steuerrechtliche Vorschriften im Rahmen des sicherlich für alle vorteilhaften gemeinsamen Europas haben ihr Übriges noch dazugetan. *Steuerwirrwarr*

Wie bereits in Kapitel 1 beschrieben, sind die Mitarbeiter der Finanzverwaltung sehr kooperativ, wenn es darum geht, das Steuersäckel zu füllen, was weniger in unserem und Ihrem Sinne liegen dürfte.

> »Es gibt zweierlei Beamte: Die einen sind kurz angebunden, die anderen haben eine lange Leitung.« (Werner Mitsch)

Insofern scheiden Finanzbeamte als Berater für legale Gestaltungsmöglichkeiten aus. Wenn Sie echte Hilfe suchen, sollten Sie sich deshalb an Steuerberater wenden, die nach den Vorschriften des Steuerberatungsgesetzes nach § 1 (2) StBerG Hilfeleistung in Steuersachen geben dürfen. *Hilfeleistung*

Aufgaben der Steuerberater

Steuerberater geben Ihnen qualifizierte Hilfe und Beratung in den folgenden Angelegenheiten:
- ▶ Steuerstrafsachen und Bußgeldsachen wegen einer Steuerordnungswidrigkeit
- ▶ Bei der Führung von Büchern und Aufzeichnungen sowie bei der Erstellung von Jahresabschlüssen, die für Ihre Besteuerung notwendig sind.
- ▶ Bei der Einziehung von Steuererstattungs- oder sonstigen Vergütungsansprüchen. *Vergütungsansprüche*

> **Hinweis:** Viele dieser Aufgaben werden auch durch qualifizierte, meist auf bestimmte Aufgabengebiete spezialisierte Mitarbeiter eines Steuerberaters übernommen. Dieser haftet dann jedoch in vollem Umfang für seine Erfüllungsgehilfen. *Haftung*

Welche Tätigkeiten ein Steuerberater für Sie übernimmt

Der Tätigkeitsumfang ist in § 33 des Steuerberatungsgesetzes geregelt. Danach haben Steuerberater die Aufgabe, ihre Auftraggeber in Steuersachen zu beraten, zu vertreten, ihnen bei der Bearbeitung Ihrer Steuerangelegenheiten und bei der Erfüllung Ihrer steuerlichen Pflichten Hilfe zu leisten. Das betrifft im Einzelnen folgende Dienstleistungen:

Vertretung

- ▶ Erstellung Ihrer Finanz- und Lohnbuchhaltung
- ▶ Erstellung von Jahresabschlüssen und Steuererklärungen
- ▶ Abwicklung von Betriebsprüfungen
- ▶ Hilfeleistungen in Rechtsbehelfsverfahren (s. Kapitel 14)
- ▶ Hilfeleistungen in Finanzierungs- bzw. Bankangelegenheiten.

Oftmals handelt es sich auch um Hilfeleistungen in anderen amtlichen Angelegenheiten, wenn der Mandant hiermit nicht klarkommt, oder die entsprechenden Ämter nicht hilfsbereit genug sind, z. B. bei Anträgen auf Bafög, Erziehungsgeld etc. Hiervon sind die Steuerberater jedoch nicht begeistert, da Sie mit den steuerlichen Vorschriften und Änderungen schon genug ausgelastet sind.

Steuerliche Vorschriften

Vollmachten nach § 80 (1) AO

Sie können Ihrem Steuerberater bestimmte Vollmachten erteilen, die Ihnen Ihr steuerliches Leben erheblich erleichtern. Diese sind grundsätzlich schriftlich zu erteilen und können bei der zuständigen Behörde (Finanzamt, Finanzgericht etc.) jederzeit schriftlich widerrufen werden.

Bei den Vollmachten, die Sie erteilen können, handelt es sich im Einzelnen um folgende Varianten:

Vertretungsvollmacht Hiermit beauftragen Sie Ihren Steuerberater, dass er Sie vor sämtlichen Steuerbehörden in allen Steuerangelegenheiten und/oder Bußgeldsachen vertritt.

Empfangsvollmacht Falls Sie Ihrem Steuerberater eine so genannte Empfangsvollmacht (beschränkt oder unbeschränkt) gegenüber dem Finanzamt erteilen, erhält dieser sämtliche Post des Finanzamtes. Dies hat für Sie den Vorteil, dass Ihr Fachmann Ihre Angelegenheiten sofort prüfen kann und ggf. fristgerecht (auch wenn Sie in Urlaub oder im Krankenhaus sind) das entsprechende Rechtsmittel einlegen kann. Sie erhalten dann vom Steuerberater die geprüften Unterlagen und Kopien jeglichen Schriftwechsels. Sie sparen Zeit, Porto und Telefon.

Postumleitung

Vollmacht zur Entgegennahme von Steuererstattungsansprüchen Wenn Sie Ihrem Steuerberater die entsprechende Vollmacht erteilen, kann dieser auch Ihre

✉ Muster für Vertretungs- und/oder Zustellungsvollmacht

Absender ... *(Name, Anschrift, ggf. Telefon)* Datum ... *(Tag dieses Schreibens angeben)* * An das ... *(Hier tragen Sie das für Sie zuständige Finanzamt oder das Finanzgericht jeweils mit Anschrift ein.)* Steuernummer ... *(Ihre Steuernummer entnehmen Sie dem letzten Bescheid.)* ... *(Bitte geben Sie hier an, um welche Art von Vollmacht es sich handelt: Vertretungsvollmacht, Zustellungsvollmacht oder beides.)* für den/die nachstehend genannte/n ... *(hier den Steuerberater, den Steuerbevollmächtigten oder die Steuerberatungsgesellschaft eintragen)*	Vollmacht
Berater: ... *(Hier werden Name und Anschrift des Beraters, des Bevollmächtigten oder der Gesellschaft angegeben.)*	
Der/die genannte(n) Berater/Die genannte Beratungsgesellschaft erhält hiermit die Vollmacht,	
* mich/uns bei allen Finanzbehörden zu vertreten. Im Besonderen berechtigt diese Vollmacht zur Einlegung und Zurücknahme von außergerichtlichen Rechtsbehelfen, zur Bestellung eines Vertreters und zum Empfang von Zustellungen im Zusammenhang mit dem Rechtsbehelfsverfahren.	
* mich/uns vor den Finanzgerichten in allen steuerlichen Verfahren zu vertreten. Diese Vollmacht legitimiert zu allen Prozesshandlungen, die das Verfahren angehen. Die Vollmacht erstreckt sich auch auf die Bestellung eines Vertreters, auf den Empfang von Zustellungen, auf die Einlegung und Zurücknahme von Rechtsbehelfen, auf den Verzicht von Rechtsbehelfen und auf Nebenverfahren.	Umfang
* zum Empfang von Zustellungen (§ 8 VwZG, § 80 AO). Zustellungen betrachte(n) ich/wir nur dann als wirksam, wenn sie an den bestellten Zustellungsvertreter erfolgen.	Zustellungsvertreter
* Der Bevollmächtigte ist berechtigt, Zahlungen entgegenzunehmen.	
* Der Bevollmächtigte ist nicht berechtigt, Zahlungen entgegenzunehmen.	
* Diese Vollmacht gilt bis auf Widerruf.	
* Diese Vollmacht gilt bis zum ... *(gewünschtes Datum eintragen).*	
... *(Ort angeben)* Unterschrift ... *(eigenhändige Unterschrift)*	

Erstattungen des Finanzamtes entgegennehmen, falls Sie kein Girokonto haben, bei Ehegatten Uneinigkeit besteht, wer das Geld erhalten soll oder Sie sich längere Zeit oder auf Dauer im Ausland aufhalten. Grundsätzlich darf ein Steuerberater Steuererstattungsansprüche eines Auftraggebers nur dann entgegennehmen, wenn er hierzu ausdrücklich schriftlich ermächtigt wurde.

Berufspflichten

Vertrauensperson

Dass der Steuerberater hohen Berufspflichten unterliegt, ist verständlich, denn er ist in vielen Dingen Ihre Vertrauensperson. Da er Sie in Ihrer jeweiligen persönlichen Situation nur optimal beraten kann, wenn Sie ihm sozusagen einen Finanzstriptease liefern, kommen auch sehr private Dinge zur Sprache. Denn ohne Kenntnis Ihrer speziellen Situation lassen sich oft keine optimalen steuerlichen bzw. finanziellen Gestaltungsmöglichkeiten erarbeiten, besonders dann, wenn mehrere Personen betroffen sind.

Beratungsfehler

Wichtig: Ohne ausreichendes Vertrauen Ihrerseits kann ein Steuerberater für Sie nicht effizient arbeiten. Wenn Sie ihm also wichtige Dinge vorenthalten, können sich Beratungsfehler einschleichen, die absolut vermeidbar wären und für deren Folgen Sie den Steuerberater kaum haftbar machen können.

Grundsätzlich hat ein Steuerberater seinen Beruf unabhängig, eigenverantwortlich, gewissenhaft, verschwiegen und unter Verzicht auf berufswidrige Werbung auszuüben. Ein Verstoß gegen die Standesrichtlinien wird mit drastischen Ordnungsstrafen geahndet.

Verschwiegenheit

Besonders hervorgehoben werden muss hier die Pflicht zur Verschwiegenheit. Sie entspricht exakt dem Bankgeheimnis oder der ärztlichen Schweigepflicht.
Beispiel Ein Steuerberater darf nicht ohne Ihre schriftliche Einwilligung Ihrer Hausbank über Ihre steuerlichen Belange Auskunft erteilen. Dies könnte z. B. der Fall sein, wenn die Bank wegen Erhöhung des Dispositionsrahmens wissen will, ob der jeweilige Mandant seinen steuerlichen Verpflichtungen nachkommt und wie hoch die noch offenen Steuerverbindlichkeiten sind.

Pflichtverletzung des Steuerberaters

Berufshaftpflichten

Die umfangreichen Berufshaftpflichten des Steuerberaters wurden bereits beschrieben. Er ist gesetzlich gegen alle eintretenden Schäden berufshaftpflichtversichert. Dies gilt jedoch nur für Schäden, die nachweislich sein Verschulden treffen. Den Nachweis des Verschuldens müssen Sie als Mandant erbringen.

Pflichtverletzungen

Beispiel für eine Pflichtverletzung: *Sie schicken Ihrem Steuerberater Ihren Einkommensteuerbescheid zur Prüfung. Der Bescheid ist sachlich falsch, und es muss innerhalb eines Monats nach Erhalt des Bescheides Einspruch eingelegt sowie die Aussetzung der Vollziehung beantragt werden. Die Frist wird vom Steuerberater nicht eingehalten und der Bescheid wird hierdurch rechtskräftig (Festsetzung). Da der Bescheid wichtige Freibeträge nicht berücksichtigte, die Ihnen zugestanden hätten, haben Sie einen wirtschaftlichen Schaden erlitten.* — Verpasste Frist

Hier liegt eine grobe Pflichtverletzung Ihres Steuerberaters vor. Er muss wohl seine Berufshaftpflichtversicherung in Anspruch nehmen, wenn er Ihnen den durch sein Versäumnis entstandenen finanziellen Schaden nicht aus der eigenen Tasche ersetzen will.

Beispiel ohne Pflichtverletzung: *Ihr Steuerberater hat eine Einkommensteuererstattung für das betreffende Kalenderjahr ausgerechnet. Tatsächlich enthält der Steuerbescheid jedoch eine Nachzahlung, weil einige Werbungskosten nicht anerkannt wurden und versehentlich auch die geleisteten Einkommensteuervorauszahlungen in der Vorausberechnung des Steuerberaters falsch eingesetzt wurden.* — Falsche Vorausberechnung

Dies ist keine Pflichtverletzung Ihres Steuerberaters, und er muss Ihnen hier auch keinen »Schaden« ersetzen, da Sie keinen wirtschaftlichen Nachteil erlitten haben. Die Steuererklärung wurde richtig ausgefüllt.

Ob das Finanzamt alles anerkennt, ist immer fraglich, manche Ansätze sind aber immerhin einen Versuch wert. Auch der Irrtum bei den angesetzten Vorauszahlungen für Ihre Vorausberechnung ist für Sie nicht nachteilig, da die im Steuerbescheid angesetzten Beträge ihre Richtigkeit haben.

> **TIPP** Ein guter Steuerberater ist nicht nur ein guter »Buchhalter«, sondern erarbeitet insbesondere legale steuerliche Gestaltungsmöglichkeiten. Er soll Ihnen helfen, aus Steuergeldern eigenes Vermögen bilden zu können oder aber Sie vor den Fängen der Finanzkasse retten. Sollten Sie feststellen, dass Ihr Steuerberater eigentlich nur profiskalisch, also nur wie ein Verwalter für das Finanzamt arbeitet, so sollten Sie einen anderen Berater konsultieren.

Legale Kniffe

Was kostet Sie der »Luxus« eines Steuerberaters?

Grundsätzlich nie so viel, wie Sie zunächst selbst an ihn bezahlen. Denn sämtliche Steuerberatungskosten, egal in welchen Angelegenheiten, sind steuerlich ansetzbar als Werbungskosten, Betriebsausgaben oder Sonderausgaben in dem Jahr, in dem Sie die Kosten bezahlt haben, oder, falls Sie selbstständig sind und Bilanzen abgeben, schon in dem Jahr, in dem die Forderung des Steuerberaters entsteht.

Ansetzbarkeit

407

Gebühren- Steuerberatungskosten mindern folglich immer Ihr zu versteuerndes Einkommen.
verordnung Die Gebühren richten sich nach der gesetzlich festgelegten Steuerberatergebührenverordnung (StBGebV). Hieran hat sich jeder Steuerberater zwingend zu halten. Ein Verstoß z. B. bei Unterschreitung der festgelegten Sätze ist ein Verstoß gegen die strengen Standesrichtlinien und wird von der Steuerberaterkammer geahndet.

Ein Steuerberater ist freiberuflich tätig wie Ärzte, Rechtsanwälte, Notare. Er hat genau wie diese Berufsstände bei den Gebühren einen Spielraum. Die Standesrichtlinien sehen hier vor, dass sich die Gebühren mindestens im mittleren Gebührenrahmen bewegen müssen.

> **Wichtig:** Die Gebühren des Steuerberaters stellen keine Erfolgsgebühren dar.

Viele Steuerpflichtige meinen, wenn die zu erwartende Steuererstattung hoch ausfällt, würden sich die Gebühren prozentual hiernach bemessen. Dies aber ist falsch.
Keine Erfolgs- So arbeiten nur Lohnsteuerhilfevereine, die zwar einfache Steuererklärungen erstel-
gebühr len können, jedoch keine Vertretungen für Sie übernehmen dürfen. Eine Erfolgsgebühr würde außerdem bedeuten, dass ein Mandant mit einer Steuernachzahlung gar keine Gebühren zahlen müßte, obwohl Leistungen erbracht wurden.

Die gesamte komplizierte Steuerberatergebührenverordnung soll Sie an dieser Stelle aber nicht verwirren. Deshalb nur ein paar Anhaltspunkte:
- Die Gebühr für die Einkommensteuererklärung, die fast jeden betrifft, bemisst sich immer an dem Gesamtbetrag Ihrer Einkünfte.
- Die Mittelgebühr würde hier 4/10 einer vollen Gebühr betragen (nicht 4/10 Ihres Gesamtbetrages der Einkünfte). Die folgende Tabelle zeigt Ihnen kurz, mit welchen Gebühren Sie ungefähr rechnen können. Die Angaben stellen jedoch nur Mittelwerte dar.

Fassen wir kurz zusammen:
- Alle Rechnungen, die der Steuerberater erstellt, sind steuerlich als Werbungskosten, Betriebsausgaben oder Sonderausgaben absetzbar – und zwar in dem Jahr, in dem Sie die Kosten bezahlt haben.
- Der Steuerberater darf nicht verlangen, was er will, sondern muss sich nach der Steuerberatergebührenverordnung (StBGebV) richten. Nach den Standardrichtli-
Mittlerer nien müssen sich die Gebühren im mittleren Rahmen bewegen. Etwaige Ver-
Rahmen stöße werden von der Steuerberaterkammer geahndet.
- Die Gebühr, die Sie an den Steuerberater zahlen müssen, richtet sich nicht nach der zu erwartenden Steuererstattung oder Nachzahlung, sondern bemisst sich am Gesamtbetrag Ihrer Jahreseinkünfte.

Steuerberatergebührentabelle

Was der Steuerberater von Ihnen durchschnittlich kassiert			
Summe der positiven Einkünfte*	Honorar für den Experten**	Summe der positiven Einkünfte*	Honorar für den Experten**
30.000 DM	441 DM	85.000 DM	728 DM
35.000 DM	467 DM	90.000 DM	754 DM
40.000 DM	493 DM	95.000 DM	780 DM
45.000 DM	519 DM	100.000 DM	806 DM
50.000 DM	545 DM	150.000 DM	927 DM
55.000 DM	571 DM	200.000 DM	1.018 DM
60.000 DM	597 DM	300.000 DM	1.229 DM
65.000 DM	623 DM	500.000 DM	1.510 DM
70.000 DM	649 DM	1 Million	1.910 DM
75.000 DM	676 DM	10 Millionen	**Steuerberater sparen – ab nach Monaco**
80.000 DM	702 DM		

* Jahressumme der positiven Einkünfte brutto, abzüglich Werbungskosten
** Mittelgebühr $^{3,5}/_{10}$ nach Gebührenverordnung, inkl. Bearbeitung von einfacher Anlage N (für Arbeitnehmer), Kostenpauschale und 16 % MwSt., jedoch ohne weitere Anlage (z. B. EZ 1a, FW).

Die Sonne putzen

Achten Sie bei Gebühren Ihres Steuerberaters besonders auf folgende Punkte:
▶ Der Berater muss seine einzelnen Tätigkeiten auflisten.
▶ Er muss zu jeder Position Gegenstandswerte und Berechnungshinweise geben, und
▶ es sollte auf die jeweils zulässigen Mindest- und Höchstgebührensätze hingewiesen werden.
▶ Wird der Mittelwert des Gebührensatzes überschritten, muss der Steuerberater dies begründen.
▶ Jede Rechnung muss vom Steuerberater unterschrieben sein, ein Stempel allein genügt nicht.

Mindest- und Höchstgebührensätze

Sind nicht alle genannten Punkte erfüllt, verlangen Sie eine Korrektur der Rechnung. Empfehlenswert ist es natürlich, sich vor Einschaltung des Beraters die Gebühren erläutern zu lassen.
Seit 01.07.2000 können Sie auch die Dienstleistungen der Steuerexperten aus EU-Ländern in Anspruch nehmen. Die Honorare liegen bis zu 20 Prozent unter deutschem Inlandsniveau, häufig jedoch auch die Qualität. Grund: Die ausländische Konkurrenz beherrscht die komplizierten inländischen Vorschriften zu wenig. Daher sollen (nach dem siebten Steuerberatungsänderungsgesetz) die Finanzbehörden eine Qualitätskontrolle vornehmen, was angesichts deren Überlastung wenig durchführbar sein dürfte.

Das sollten Sie bei der Steuererklärung beachten

Nachdem Sie dieses Buch bis hierher durchgearbeitet haben, müssten Sie eigentlich grundsätzlich in der Lage sein, Ihre Einkommensteuererklärung selbstständig auszufüllen und sich das Optimum herauszuholen, damit der Finanzminister keine Mark zu viel bekommt. Falls Ihnen einige Punkte oder Bestimmungen besonders kompliziert vorkommen, lassen Sie sich zum Trost gesagt sein, dass selbst gewiefte Profis, ja sogar Steuerberater und Finanzbeamte, in bestimmten Fällen ihre liebe Mühe und Not mit unserem komplizierten Steuersystem haben.

Kompliziertes Steuersystem

Wann brauchen Sie einen Steuerberater?

Falls Sie jedoch den Eindruck gewonnen haben, dass ein Steuerexperte mehr für Sie herausholen kann, lassen Sie sich von einem kompetenten Steuerberater vertreten – er ist zur absoluten Verschwiegenheit verpflichtet und kennt alle legalen Kniffs aus jahrelanger Erfahrung. Seine Kosten können Sie steuerlich wieder geltend machen. Falls Sie bereits Probleme mit dem Finanzamt haben, weil Ihre Einsprüche nicht anerkannt werden, Sie vielleicht Steuern verkürzt oder sogar hinterzogen haben, kommen Sie ebenfalls nicht ohne Steuerberater aus (evtl. mit Vertretungsvollmacht).

Vertretungsvollmacht

Formulare und Anlagen

Und hier noch einmal die wichtigsten Formulare und Anlagen auf einen Blick:
- ▶ Im Mantelbogen (Seite 42 – 119) machen Sie Angaben zur eigenen Person, wählen Sie die Veranlagungsart und tragen Sie die Sonderausgaben ein.
- ▶ Die Anlage Kinder (Seite 120 – 135) kommt nur in Frage, wenn Sie Vater/Mutter sind.
- ▶ Die Anlage N (Seite 136 – 197) betrifft alle Arbeitnehmer. Hier tragen Sie unter anderem Ihre Fahrtkosten zum Arbeitsplatz, Dienstreisekosten und sonstigen Werbungskosten ein. Auch Umzugskosten machen Sie geltend.
- ▶ Die Anlage KAP (Seite 198 – 209) ist für Sie nur interessant, wenn Sie Erträge aus Kapitalanlagen bezogen haben.
- ▶ In der Anlage SO (Seite 210 – 223) erklären Sie Einkünfte aus Renten und anderen wiederkehrenden Bezügen, Unterhaltsleistungen, privaten Veräußerungsgeschäften von Immobilien oder Wertpapieren und Abgeordnetenbezügen.
- ▶ Die Anlage GSE (Seite 224 – 249) ist lediglich von Selbstständigen/Freiberuflern auszufüllen. Neben Gewinneinnahmen sind auch Veräußerungsgewinne darzustellen.
- ▶ Die Anlage AUS (Seite 250 – 259) ist für Sie nur relevant, wenn Sie ausländische Einkünfte beziehen, bspw. Zinsen von Auslandsbankkonten. Beachten Sie bei Ihrer Erklärung, mit welchen Staaten die Bundesrepublik Deutschland ein Doppelbesteuerungsabkommen geschlossen hat.

Dienstreisekosten

- Die Anlage V (Seite 260 – 289) ist für Sie wichtig, wenn Sie Immobilienbesitz haben und regelmäßig Miete bekommen. Hier geht es um die Abschreibung von Gebäuden und um die Ermittlung tatsächlicher Gebäudekosten. *Tatsächliche Gebäudekosten*
- Die Anlage FW (Seite 290 – 305) ist nur für solche Steuerpflichtige interessant, die vor dem 1. Januar 1996 Wohneigentum erworben oder dafür einen Bauantrag gestellt haben. In diesen Fällen können Sie Förderungen beantragen.
- Die Anlage EZ 1A (Seite 306 – 335) müssen Sie ausfüllen, wenn Sie ein eigenes Haus oder eine Wohnung selbst nutzen. Hier geht es um die Höhe der Eigenheimzulage und um ökologische Zusatzförderprogramme des Bundes. *Ökologische Zusatzförderprogramme*
- Die Anlage VL (Seite 336 – 345) ist relevant für Ihre vermögenswirksamen Leistungen, die Sie als Arbeitnehmer von Ihrem Arbeitgeber bekommen.
- Die Anlage U (Seite 346 – 355) kommt für Sie nur in Frage, wenn Sie Unterhalt an einen geschiedenen Ehegatten zahlen müssen.
- Die Anlage St (alle drei Jahre), sofern Sie die Anlagen GSE (gewerbliche, selbstständige Einkünfte) und/oder V (Vermietung und Verpachtung) abgeben. Die Steuerbehörden brauchen diese Angaben für statistische Zwecke (§ 150 Abs.5 AO). Auch wenn es unnötige Arbeit macht – die Abgabe der Anlage St ist leider Pflicht. Hier müssen Sie Ihre in 2001 geltend gemachten Steuervergünstigungen (Abschreibungen, Sonderabschreibungen, Rückstellungen, Zuwendungen an Pensionskassen sowie Ihre Betriebsausgaben i. S. § 4 Abs.5 ESG) in die entsprechenden Zeilen eintragen.

Ungeschickte Steuergestaltung – rechnen Sie mit dem »dritten Mann«

Alle Finanzämter in Deutschland sind hoffnungslos überlastet, in vielen Bereichen gilt die mehr oder weniger versteckte Botschaft für alle Sachbearbeiter: bei Kleinigkeiten keine zeitaufwändigen Nach- oder Detailprüfungen, einfach abhaken. Für den Steuerzahler ist es vor allem wichtig, die Arbeits- und Denkweise der Finanzbeamten zu kennen und sich in diese hineinzuversetzen. Es ist nämlich ein Irrtum, dass der besonders penible Sachbearbeiter, der auch noch den letzten Pfennig hereinholt, am schnellsten Karriere macht. Natürlich wirkt es sich positiv aus, wenn ein Sachbearbeiter besonders »profiskalisch« (für das Steueraufkommen) vorgeht. Aber im Vordergrund stehen andere Punkte. *Besonders penible Sachbearbeiter*

So arbeiten die Finanzbeamten

Am wichtigsten ist es, dass jeder Sachbearbeiter seine Fallzahl schafft. Ebenso wichtig aber ist, dass die Bearbeitung dieser Steuererklärungen möglichst reibungslos abläuft und die anschließend erstellten Steuerbescheide auch Bestand haben. Ein Sachbearbeiter wird deshalb niemals eine Steuererklärung rigoros zusammenstreichen, um möglichst viele Steuern für den Staat zu retten. Denn andernfalls riskiert er Einsprüche gegen die von ihm erstellten Bescheide. Und so ein Einspruch führt immer dazu, dass sich der Sachgebietsleiter einschalten muss. Es entsteht zusätzlicher Zeitaufwand.

Zusätzlicher Zeitaufwand

Negative Folgen für den Sachbearbeiter
Verursacht der Sachbearbeiter unnötige Einsprüche, hat das für ihn zwei negative Folgen:
▶ Er schafft wegen des größeren Aufwandes seine erforderliche Fallzahl nicht.
▶ Er verärgert auf Dauer seinen Sachgebietsleiter und verbaut sich Karrierechancen.
Nun kann ohnehin kein Sachbearbeiter beim Finanzamt nach dem Prinzip »frei Schnauze« in den Steuererklärungen herumstreichen. Aber es gibt eine Vielzahl von Ermessensentscheidungen und Positionen, an denen man hängen bleiben oder über die man einfach hinwegschauen kann.

Praxisbeispiel: Wann bohrt der Sachbearbeiter nach?

Der Fall Ein Steuerpflichtiger hat in einem selbst genutzten Haus eine Einliegerwohnung ausgebaut – angeblich, um durch die Vermietung zusätzliche Einnahmen zu erzielen. Darüber freut sich das Finanzamt. Denn langfristig kann es dadurch mit höheren Steuereinnahmen rechnen. In dem vorliegenden Fall aber war der Hausausbau nicht zur Erweiterung der Immobilie um eine Mietwohnung vorgenommen worden, sondern der Steuerzahler hatte dadurch für sich selbst zusätzlichen Wohnraum geschaffen. Die Kosten dafür aber konnte er durch die gelieferte Begründung und die angeblich eingenommene Miete steuerlich berücksichtigen.

Einliegerwohnung

Der Verdacht Lunte roch der Sachbearbeiter, weil der Steuerzahler nur sehr geringe Mieteinnahmen angab. Im Finanzamt mochte man die ganze Geschichte vom Hausausbau zu Vermietungszwecken nicht mehr glauben und fragte deshalb telefonisch beim Steuerzahler nach, ob man sich denn die ganze Sache einmal anschauen könne. Der Steuerzahler tat begeistert. »O ja, am besten kommen Sie noch diese Woche, denn nächste Woche ist der Mieter verreist.«

Sehr geringe Mieteinnahmen

Die Entscheidungslage Jetzt musste sich der Sachbearbeiter im Finanzamt der Kreisstadt eine ganze Reihe von Fragen stellen:
▶ Hat der Mann überhaupt etwas zu verbergen, wenn er mich so bereitwillig empfangen will? Ist mein Verdacht unbegründet?
▶ Soll ich jeweils eine Stunde für Hin- und Rückfahrt und weitere Zeit für die Besichtigung aufwenden, obwohl es möglicherweise gar nichts zu sehen gibt und ich wegen nichts und wieder nichts die Abarbeitung meiner Fallzahl riskiere?
▶ Soll ich bei meinem Vorgesetzten eine Dienstfahrt anmelden und es riskieren, mich hinterher dafür rechtfertigen zu müssen?

Arbeitsweise des Finanzamts

Der Ausgang Der Sachbearbeiter vertröstete den Steuerzahler und versprach, sich am nächsten Tag erneut zu melden. Das tat er auch. Aber nicht, um einen Besichtigungstermin anzusetzen, sondern um mitzuteilen, er ließe die Steuererklärung durchgehen. In diesem Fall hatte der Bluff funktioniert.

> **Tipp** Wenn steuerliche Belange so darzustellen sind, dass ein unbeteiligter Dritter den Vorgang ohne Bedenken und Verdacht nachvollziehen kann, gibt es wegen des jeweiligen Sachverhaltes auch keinen Ärger mit dem Finanzamt.

Aus Nachlässigkeit, falschem Sicherheitsgefühl oder Unkenntnis der Arbeitsweise von Finanzbeamten kommt es immer wieder vor, dass sich Steuerzahler selbst verraten. Deshalb ist es wichtig, sich immer wieder zu fragen, wie sich der Vorgang für den Finanzbeamten darstellen könnte. Damit Ihnen dies gelingt, müssen Sie allerdings noch ein wenig mehr über die Arbeit der Finanzbeamten wissen.

Falsches Sicherheitsgefühl

Wie intensiv bearbeitet das Finanzamt Ihren Steuerfall?

Ein neuer bundeseinheitlicher Erlass, die »Grundsätze zur Neuordnung der Finanzämter und des Besteuerungsverfahrens« (GNOFÄ), sorgt dafür, dass bei den Finanzämtern alle Steuererklärungen schon im Vorwege auf zwei Stapel verteilt werden: Ein Haufen enthält die Erklärungen, die detailliert überprüft werden, auf den anderen kommen die einfachen Erklärungen, die nur abgehakt werden sollen – allerdings können auch da mal Stichproben gemacht werden. Mit einer genauen Überprüfung aller Angaben müssen nach der GNOFÄ vor allem Steuerzahler rechnen, bei denen die folgenden Punkte in der Steuererklärung auftauchen:

Stichproben

▶ Häusliches Arbeitszimmer
▶ Werbungskosten für doppelte Haushaltsführung über 10.000 DM
▶ Umzugskosten über 5.000 DM
▶ Fortbildungskosten über 4.000 DM
▶ Reisekosten über 15.000 DM
▶ Studienreisen
▶ Außerordentliche Einkünfte (z. B. Abfindungen)
▶ Erstmalige Geltendmachung von Abschreibungen und Sonderabschreibungen für ein Gebäude
▶ Grundstücksspekulationsgeschäfte
▶ Gründung von Personen- und Kapitalgesellschaften
▶ Änderung von Beteiligungsverhältnissen
▶ Langjährige Verluste aus gewerblicher oder selbstständiger Tätigkeit (wegen Verdachts auf Liebhaberei).

Fortbildungskosten

Die richtigen Steuerstrategien für Arbeitnehmer, Selbstständige oder Pensionäre

In diesem Kapitel erfahren Sie:

▶ was Freibeträge in der Lohnsteuerkarte bewirken	422
▶ was unter Sonderausgaben verstanden wird	424
▶ wie Sie die richtige Steuerklasse wählen	431
▶ wie Sie hohe Werbungskosten erreichen	434
▶ wie Sie Ihren Ehepartner anstellen	436
▶ wann der 630-Mark-Job steuerfrei ist	439
▶ wie der Firmenwagen richtig genutzt wird	445
▶ wie sich Direktversicherungen lohnen	447
▶ wie Sie als Selbstständiger Steuern sparen	452
▶ wie Sie die Abschreibung geschickt nutzen	454
▶ wie Sie als Rentner oder Pensionär Steuern sparen	471
▶ was sich für Aktionäre geändert hat	475
▶ wie Sie als Vermieter Steuern sparen	477
▶ worauf Sie bei Renovierungen achten sollten	478

Diese Möglichkeiten haben Sie als Arbeitnehmer

Sind Sie Arbeitnehmer, so ermitteln Sie Ihre steuerpflichtigen Einkünfte, indem Sie vom Bruttoarbeitslohn die Werbungskosten abziehen. Das Ergebnis sind die steuerpflichtigen Einkünfte. Daraus ergibt sich eine ganz einfache Logik:

> **Grundsatz aller weiteren Überlegungen**
> Da Ihr Bruttolohn feststeht, können Sie sich nur durch möglichst hohe Werbungskosten steuerliche Entlastung verschaffen.

Werbungskosten maximieren

Werbungskosten müssen anerkannt werden

Werbungskosten sind (nach § 9 EStG) Aufwendungen zur Erwerbung, Sicherung und Erhaltung Ihrer Einnahmen. Damit diese Aufwendungen von der Finanzverwaltung anerkannt werden, müssen sie in einem engen Zusammenhang mit dem jeweiligen Beruf stehen. Sonst zählen sie zu den nicht abzugsfähigen Kosten der privaten Lebensführung (§ 12 EStG) und können auch nicht in Abzug gebracht werden.

Monatlich mehr Lohn durch den Lohnsteuerermäßigungsantrag

Einmal im Jahr können Sie die vom Finanzamt zu viel einbehaltene Lohnsteuer mit der Steuererklärung zurückholen. Aber es gibt auch die Möglichkeit, über Steuerklassenwahl (dazu später mehr) oder Lohnsteuerermäßigungsanträge sofort weniger Steuerabzug zu haben.

Sie und eventuell auch Ihr Ehegatte können durch die Eintragung eines Lohnsteuerfreibetrages (nach § 39 a EStG) auf der Lohnsteuerkarte die Erhöhung Ihrer monatlichen Nettoeinkünfte durch die (vorhergenommene) Geltendmachung der Werbungskosten erreichen, die voraussichtlich im laufenden Jahr anfallen.

Lohnsteuerfreibetrag

> **Achtung:** Der Ermäßigungsantrag führt zur Eintragung eines Freibetrages auf Ihrer Lohnsteuerkarte. In diesem Fall sind Sie zur Abgabe einer Einkommensteuererklärung verpflichtet. Darin müssen Sie dann die einzelnen, im Ermäßigungsantrag geltend gemachten steuerlichen Abzugsbeträge durch Belege nachweisen.

Ermäßigungsantrag

Die Steuerminderung durch den Eintrag eines Freibetrags in der Lohnsteuerkarte ist nur vorläufig. Sie besitzt keinerlei Bindungswirkung für die spätere Einkommensteuerveranlagung.

Kapitel 16: Für jeden die richtige Steuerstrategie

Steuernummer	

2001

Antrag auf Lohnsteuer-Ermäßigung

Weiße Felder bitte ausfüllen oder ⊠ ankreuzen.

Zur Beachtung:

! Verwenden Sie diesen Vordruck bitte nur, wenn Sie – und ggf. Ihr Ehegatte – **erstmals** einen **Steuerfreibetrag** oder einen **höheren Freibetrag als 2000** beantragen. Wenn Sie **keinen höheren Freibetrag** als für 2000 beantragen oder **nur die Zahl der Kinderfreibeträge** und ggf. die **Steuerklasse I in II** auf der Lohnsteuerkarte geändert werden sollen, verwenden Sie an Stelle dieses Vordrucks den „Vereinfachten Antrag auf Lohnsteuer-Ermäßigung 2001".

Der Antrag kann nur bis zum **30. November 2001** gestellt werden. Nach diesem Zeitpunkt kann ein Antrag auf Steuerermäßigung nur noch bei einer Veranlagung zur Einkommensteuer für 2001 berücksichtigt werden.

Bitte fügen Sie die **Lohnsteuerkarte(n) 2001** – ggf. **auch die des Ehegatten** – **bei**. Das sorgfältige Ausfüllen des Vordrucks liegt in Ihrem Interesse; dadurch werden unnötige Rückfragen und Verzögerungen in der Antragsbearbeitung vermieden.

Für die Zulässigkeit eines Antrags auf Lohnsteuer-Ermäßigung können u. U. die Antragsgründe maßgebend sein. Aus diesem Grund sind in Abschnitt Ⓒ dieses Antrags alle Antragsgründe zusammengefasst, für die ein Antrag ohne Einschränkung möglich ist. Aus dem Abschnitt Ⓓ ergeben sich die Antragsgründe, für die ein Antrag nur dann zulässig ist, wenn die Aufwendungen und Beträge in 2001 insgesamt höher sind **als 1200 DM**. Bei der Berechnung dieser Antragsgrenze zählen Werbungskosten nur mit, soweit sie **2000 DM** übersteigen. Einzelheiten finden Sie in der Informationsschrift „Lohnsteuer 2001", die Ihnen mit der Lohnsteuerkarte 2001 zugestellt worden ist.

Haben Sie mehrere Dienstverhältnisse und ist der Arbeitslohn dem Dienstverhältnis, für das die erste Lohnsteuerkarte vorgelegt wurde, niedriger als der Betrag, bis zu dem nach der Steuerklasse des ersten Dienstverhältnisses keine Lohnsteuer zu erheben ist, trägt das Finanzamt auf Antrag auf der zweiten oder weiteren Lohnsteuerkarte einen von Ihnen bestimmten Freibetrag bis zur Höhe dieses Betrags und auf der ersten Lohnsteuerkarte einen entsprechenden Hinzurechnungsbetrag ein. Füllen Sie dazu bitte Abschnitt Ⓔ aus.

Wird Ihnen auf Grund dieses Antrags ein Steuerfreibetrag gewährt – ausgenommen Behinderten-/Hinterbliebenen-Pauschbetrag oder Änderungen nur der Zahl der Kinderfreibeträge –, sind Sie nach § 46 Abs. 2 Nr. 2 oder Nr. 4 des Einkommensteuergesetzes **verpflichtet**, für das Kalenderjahr 2001 eine **Einkommensteuererklärung abzugeben**.

Dieser Antrag ist auch zu verwenden, wenn Sie im Inland weder einen Wohnsitz noch Ihren gewöhnlichen Aufenthalt haben, Ihre Einkünfte jedoch mindestens zu 90 % der deutschen Einkommensteuer unterliegen oder die nicht der deutschen Einkommensteuer unterliegenden Einkünfte nicht mehr als 12 000 DM (dieser Betrag wird ggf. nach den Verhältnissen Ihres Wohnsitzstaates gemindert) betragen. Fügen Sie bitte die „Anlage Grenzpendler EU/EWR" oder die Anlage „Grenzpendler außerhalb EU/EWR" bei.

Nach den Vorschriften der Datenschutzgesetze wird darauf hingewiesen, dass die Angabe der Telefonnummer freiwillig im Sinne dieser Gesetze ist und im Übrigen mit der Steuererklärung angeforderten Daten auf Grund der §§ 149 ff. der Abgabenordnung und der §§ 39 Abs. 3a und 5, 39a Abs. 2 des Einkommensteuergesetzes erhoben werden.

Ⓐ Angaben zur Person

Die Angaben für den Ehegatten bitte immer ausfüllen!

Name/**Antragstellende Person**		Name/**Ehegatte**	
Vorname	Ausgeübter Beruf	Vorname	Ausgeübter Beruf
Straße und Hausnummer		Straße und Hausnummer	
Postleitzahl, Wohnort		Postleitzahl, Wohnort	
Geburtsdatum Tag Monat Jahr Religion		Geburtsdatum Tag Monat Jahr Religion	
Verheiratet seit	Verwitwet seit	Geschieden seit	Dauernd getrennt lebend seit	Telefonische Rückfragen tagsüber unter Nr.

Ich beantrage als Staatsangehöriger eines EU/EWR-Mitgliedstaates die Steuerklasse III. Die Anlage „Grenzpendler EU/EWR" ist beigefügt.	Arbeitgeber im Inland (Name, Anschrift)
Voraussichtlicher Bruttoarbeitslohn 2001 (einschl. Sachbezüge, Gratifikationen, Tantiemen usw.) DM	(einschl. Sachbezüge, Gratifikationen, Tantiemen usw.) DM
darin enthaltene steuerbegünstigte Versorgungsbezüge DM	darin enthaltene steuerbegünstigte Versorgungsbezüge DM
Voraussichtliche andere Einkünfte 2001 Einkunftsart	Einkunftsart
Höhe DM	Höhe DM
Ich werde/wir werden zur Einkommensteuer veranlagt ☐ Nein	Ja, beim Finanzamt	Steuernummer

Versicherung

Bei der Ausfertigung dieses Antrags hat mitgewirkt

Herr/Frau/Firma _____ in _____ Fernsprecher _____

Ich versichere, dass ich die Angaben in diesem Antrag und in den ihm beigefügten Anlagen wahrheitsgemäß nach bestem Wissen und Gewissen gemacht habe. Mir ist bekannt, dass erforderlichenfalls Angaben über Kindschaftsverhältnisse und Pauschbeträge für Behinderte für die Ausstellung von Lohnsteuerkarten zuständigen Gemeinde mitgeteilt werden.

OFD Hmb
LSt 3 A – C
08.00

(Datum)   (Unterschrift der antragstellenden Person)   (Unterschrift des Ehegatten)

Ermäßigungsantrag, Seite 2

Ⓑ Angaben zu Kindern

1) Die Kinder werden nur bis zum 21. Lebensjahr berücksichtigt
2) Die Kinder werden nur bis zum 27. Lebensjahr berücksichtigt
3) Bei Wehr-, die Grundwehrdienst, Zivildienst oder befreienden Dienst leisten oder geleistet haben, verlängert sich der Zeitraum der Berücksichtigung um die Dauer des Dienstes

Bitte auch Kinder eintragen, die bereits auf der Lohnsteuerkarte bescheinigt sind. Leibliche Kinder sind nicht anzugeben, wenn vor dem 1. 1. 2001 das Verwandtschaftsverhältnis durch Adoption erloschen ist oder ein Pflegekindschaftsverhältnis zu einer anderen Person begründet wurde.

Vorname des Kindes (ggf. auch abweichender Familienname)	geboren am	bei Wohnort im Ausland: Staat eintragen	Kindschaftsverhältnis zur antragstellenden		Bei Pflegekindern: Für 2001 zu erwartende Unterhaltsleistungen/ Pflegegelder DM
			Person (leibliches Kind/Adoptivkind Pflegekind)	zum Ehegatten (leibliches Kind/Adoptivkind Pflegekind)	
1					
2					
3					
4					

Bei Kindern unter 18 Jahren Nr. ___ Das in ___ eingetragene Kind ist auf der Lohnsteuerkarte noch zu berücksichtigen. Die Lebensbescheinigung ist beigefügt für das Kind in Nr. ___

Bei Kindern über 18 Jahre (nur eintragen, wenn die Einkünfte und Bezüge des Kindes nicht mehr als 14 040 DM im Kalenderjahr betragen)

Die Eintragung auf der Lohnsteuerkarte wird beantragt, weil das Kind
a) arbeitslos ist und der Arbeitsvermittlung im Inland zur Verfügung steht ¹⁾ ³⁾
b) in Berufsausbildung steht (ggf. Angabe der Schule, der Ausbildungsstelle usw.) ²⁾ ³⁾
c) sich in einer Übergangszeit zwischen zwei Ausbildungsabschnitten von höchstens 4 Monaten befindet ²⁾ ³⁾
d) eine Berufsausbildung mangels Ausbildungsplatzes nicht beginnen oder fortsetzen kann ²⁾
e) ein freiwilliges soziales oder ökologisches Jahr oder europäischen Freiwilligendienst leistet ²⁾
f) sich wegen körperlicher, geistiger oder seelischer Behinderung nicht selbst unterhalten kann

zu Nr. ___ Antragsgrund ___ vom – bis ___ Einkünfte und Bezüge während des Berücksichtigungszeitraums

Kindschaftsverhältnis der in Nr. 1 bis 4 genannten Kinder zu weiteren Personen

zu Nr. ___ ist durch Tod des anderen Elternteils erloschen am: ___ hat bestanden zu Name, letztbekannte Anschrift und Geburtsdatum dieser Personen, Art des Kindschaftsverhältnisses (einschließlich Pflegekindschaftsverhältnis)

Angaben entfallen für Kinder nicht dauernd getrennt lebender Ehegatten, für die bei jedem Ehegatten dasselbe Kindschaftsverhältnis angekreuzt ist:
Ich beantrage den vollen/halben Kinderfreibetrag, weil der andere/leibliche Elternteil des Kindes

zu Nr. ___ seine Unterhaltsverpflichtung nicht mindestens zu 75 % erfüllt | im Ausland lebt seit ___ | der Übertragung lt. Anlage K auf die Stief-/Großeltern zugestimmt hat | zu Nr. ___ seine Unterhaltsverpflichtung nicht mindestens zu 75 % erfüllt | im Ausland lebt seit ___ | der Übertragung lt. Anlage K auf die Stief-/Großeltern zugestimmt hat

Das Kind ist/war 1. 1. 2001 (oder – z. B. in Fällen der Geburt oder des Zuzugs aus dem Ausland – erstmalig in 2001) im Inland mit Wohnung gemeldet

zu Nr. ___ bei der antragst. Person/ beim nicht dauernd getrennt lebenden Ehegatten | und/oder bei sonstigen Personen (Name und Anschrift, ggf. Verwandtschaftsverhältnis zum Kind) oder in (Anschrift)

Ich beantrage als leiblicher Eltern-/Großelternteil die Steuerklasse II.
Bei Kindern, die bei beiden Elternteilen oder auch einem Großelternteil gemeldet sind, hat die Mutter/der Elternteil der Zuordnung der Kinder lt. Anlage K zugestimmt.

Ⓒ Unbeschränkt antragsfähige Ermäßigungsgründe

I. Behinderte und Hinterbliebene (Bei Kindern auch Abschnitt Ⓑ ausfüllen.)

Name	Ausweis/Rentenbescheid/Bescheinigung ausgestellt am	gültig bis	Nachweis ist beigefügt	hat bereits vorgelegen	hinterblieben	behindert	blind/ständig hilflos	geh- und stehbehindert	Grad der Behinderung	Vermerke des Finanzamts

II. Freibetrag wegen Förderung des Wohneigentums
(z. B. nach §§ 10 e, 10 i, 34 f des Einkommensteuergesetzes)
oder
wegen Verlusten aus anderen Einkunftsarten

Erstmalige Antragstellung oder Änderung gegenüber dem Vorjahr: (Bitte den Vordruck Anlage LSt 3 D ausfüllen und beifügen.)

wie im Vorjahr ___ DM

Anfrage an V-Stelle am:

Bitte Belege beifügen!

417

Kapitel 16: Für jeden die richtige Steuerstrategie

D) Beschränkt antragsfähige Ermäßigungsgründe

I. Werbungskosten der antragstellenden Person

1. Aufwendungen für Fahrten zwischen Wohnung und Arbeitsstätte
   a) Aufwendungen für Fahrten mit eigenem oder zur Nutzung überlassenem — Letztes amtl. Kennzeichen
   - privatem Pkw
   - Firmenwagen
   - Motorrad/Motorroller
   - Moped/Mofa
   - Fahrrad

   Fahrtkostenersatz des Arbeitgebers [4]: DM

   Arbeitstage je Woche — Urlaubs- und ggf. Krankheitstage — Erhöhter Kilometersatz wegen Behinderung (Behinderungsgrad mindestens 70 / Behinderungsgrad mindestens 50 und erhebliche Beeinträchtigung der Bewegungsfähigkeit) — Im Kalenderjahr volle DM

   Arbeitsstätte in (Ort und Straße) – ggf. nach besonderer Aufstellung – Einsatzwechseltätigkeit vom – bis [5] — benutzt an Tagen — einfache Entf. (km) [6] — Kilometerpauschale [7]

   b) mit öffentlichen Verkehrsmitteln — Aufwendungen DM — steuerfreier Arbeitgeberersatz – DM =

2. Beiträge zu Berufsverbänden (Bezeichnung der Verbände)

3. Aufwendungen für Arbeitsmittel (Art der Arbeitsmittel) [8] – soweit nicht steuerfrei ersetzt –

4. Weitere Werbungskosten (z. B. Fortbildungskosten und Reisekosten bei Dienstreisen) [9] – soweit nicht steuerfrei ersetzt –

5. Pauschbeträge für Mehraufwendungen für Verpflegung
   - Art der Tätigkeit
   - Abwesenheitsdauer mindestens 8 Std. — Zahl der Tage × 10 DM
   - Abwesenheitsdauer mindestens 14 Std. — Abwesenheitsdauer 24 Std.
   - Zahl der Tage × 20 DM — Zahl der Tage × 46 DM — steuerfreier Arbeitgeberersatz – DM =

6. Mehraufwendungen für doppelte Haushaltsführung — Beschäftigungsort
   Der doppelte Haushalt ist aus beruflichem Anlass begründet worden
   - Grund [6] — am — und hat seitdem ununterbrochen bestanden bis 2001 — Es bestand bereits eine frühere doppelte Haushaltsführung am selben Beschäftigungsort vom – bis
   - Eigener Hausstand: Nein / Ja, in — seit — Falls nein, wurde Unterkunft am bisherigen Ort beibehalten? Nein / Ja

   Kosten der ersten Fahrt zum Beschäftigungsort und der letzten Fahrt zum eigenen Hausstand
   - mit öffentlichen Verkehrsmitteln / mit eigenem Kfz Entfernung km × DM = DM — steuerfreier Arbeitgeberersatz – DM =

   Fahrtkosten für Heimfahrten [9]
   - mit öff. Verkehrsmitteln / mit eig. Kfz (Entfernung km) — Einzelfahrt DM / Anzahl × = DM – DM =

   Kosten der Unterkunft am Arbeitsort (lt. Nachweis) DM – DM =

   Mehraufwendungen für Verpflegung [10]
   - täglich DM × Zahl der Tage = DM – DM =

   Summe

II. Werbungskosten des Ehegatten

1. Aufwendungen für Fahrten zwischen Wohnung und Arbeitsstätte
   a) Aufwendungen für Fahrten mit eigenem oder zur Nutzung überlassenem — Letztes amtl. Kennzeichen
   - privatem Pkw — Firmenwagen — Motorrad/Motorroller — Moped/Mofa — Fahrrad

   Fahrtkostenersatz des Arbeitgebers [4]: DM

   Arbeitstage je Woche — Urlaubs- und ggf. Krankheitstage — Erhöhter Kilometersatz wegen Behinderung — Im Kalenderjahr volle DM

   Arbeitsstätte in (Ort und Straße) – ggf. nach besonderer Aufstellung – Einsatzwechseltätigkeit vom – bis [5] — benutzt an Tagen — einfache Entf. (km) [6] — Kilometerpauschale [7]

   b) mit öffentlichen Verkehrsmitteln — Aufwendungen DM — steuerfreier Arbeitgeberersatz – DM =

2. Beiträge zu Berufsverbänden (Bezeichnung der Verbände)

Übertrag

Erläuterungen

4) Nur Fahrtkostenersatz eintragen, der pauschal besteuert oder bei Einsatzwechseltätigkeit steuerfrei gezahlt wird

5) Nur auszufüllen, wenn die Einsatzstelle mehr als 30 km von der Wohnung entfernt ist

6) Kürzeste Straßenverbindung zwischen Wohnung und Arbeitsstätte

7) Kilometerpauschale:
   - PKW: 0,70 DM
   - Motorrad/-roller: 0,33 DM
   - Moped/Mofa: 0,28 DM
   - Fahrrad: 0,14 DM

   Erhöhter Kilometersatz wegen Behinderung und bei Einsatzwechseltätigkeit:
   - PKW: 1,04 DM
   - Motorrad/-roller: 0,46 DM

8) Ggf. auf besonderem Blatt erläutern

9) Die an Stelle der Kosten für Heimfahrten entstehenden Telefonkosten bitte auf besonderem Blatt erläutern

10) Nur die ersten drei Monate am Beschäftigungsort; bei Abwesenheitsdauer von:
   - mind. 8 Std.: 10 DM
   - mind. 14 Std.: 20 DM
   - 24 Std.: 46 DM

Vermerke des Finanzamts

Summe — 2000 DM

Se.: Übertragen in Vfg.

Bitte Belege beifügen!

Ermäßigungsantrag, Seite 4

	Im Kalenderjahr volle DM	Erläuterungen
noch Werbungskosten des Ehegatten		8) Ggf. auf besonderem Blatt erläutern
Übertrag von Seite 3		
3. Aufwendungen für Arbeitsmittel (Art der Arbeitsmittel) 8) – soweit nicht steuerfrei ersetzt –		9) Die an Stelle der Kosten für Heimfahrten entstehenden Telefonkosten bitte auf besonderem Blatt erläutern
4. Weitere Werbungskosten (z. B. Fortbildungskosten und Reisekosten bei Dienstreisen) 8) – soweit nicht steuerfrei ersetzt –		
5. Pauschbeträge für Mehraufwendungen für Verpflegung		10) Nur für die ersten drei Monate am Beschäftigungsort; bei Abwesenheitsdauer von: mind. 8 Std.: 10 DM mind. 14 Std.: 20 DM 24 Std.: 46 DM
Art der Tätigkeit — Abwesenheitsdauer mindestens 8 Std. — Zahl der Tage × 10 DM		
Abwesenheitsdauer mindestens 14 Std. — Zahl der Tage × 20 DM — Abwesenheitsdauer 24 Std. — Zahl der Tage × 46 DM — steuerfreier Arbeitgeberersatz — DM =		
6. Mehraufwendungen für doppelte Haushaltsführung — Beschäftigungsort		
Der doppelte Haushalt ist aus beruflichem Anlass begründet worden		
Grund 8) — am — und hat seitdem ununterbrochen bestanden bis 2001 — Es bestand bereits eine frühere doppelte Haushaltführung am selben Beschäftigungsort — vom – bis		
Eigener Hausstand: seit — Ja, in / Nein — Falls nein, wurde Unterkunft am bisherigen Ort beibehalten? Nein / Ja		
Kosten der ersten Fahrt zum Beschäftigungsort und der letzten Fahrt zum eigenen Hausstand — steuerfreier Arbeitgeberersatz		
mit öffentlichen Verkehrsmitteln / mit eigenem Kfz Entfernung km × DM = DM – DM =		
Fahrtkosten für Heimfahrten 9) — mit öffentlichen Verkehrsmitteln / mit eig. Kfz (Entfernung km) — Einzelfahrt DM — Anzahl × = DM – DM =		
Kosten der Unterkunft am Arbeitsort (lt. Nachweis) DM – DM =		
Mehraufwendungen für Verpflegung 10) — Zahl der Tage — täglich DM × = DM – DM =		
Summe		Vermerke des Finanzamts → Summe – 2000 DM

III. Sonderausgaben

Versicherungsbeiträge (z. B. Beiträge zu Renten-, Kranken-, Pflege-, Lebensversicherungen usw.) können **nicht im Ermäßigungsverfahren** geltend gemacht werden. Diese sogenannten Vorsorgeaufwendungen werden beim laufenden Lohnsteuerabzug pauschal berücksichtigt.

	Im Kalenderjahr volle DM	
1. Renten, dauernde Lasten (Empfänger, Art und Grund der Schuld)		Se.: Übertragen in Vfg.
2. Unterhaltsleistungen an den geschiedenen/dauernd getrennt lebenden Ehegatten lt. Anlage U		
3. Kirchensteuer		
4. Steuerberatungskosten		
5. Aufwendungen für die eigene Berufsausbildung oder die Weiterbildung in einem nicht ausgeübten Beruf (Bitte auf besonderem Blatt erläutern)		
6. Aufwendungen für ein hauswirtschaftliches Beschäftigungsverhältnis, für das **Pflichtbeiträge** zur inländischen gesetzlichen Rentenversicherung entrichtet werden und bei dem es sich nicht um ein geringfügiges Beschäftigungsverhältnis handelt.		
Aufwendungen DM — Leistungen aus der Pflegeversicherung DM =		
7. Schulgeld an Ersatz- oder an allgemeinbildende Ergänzungsschulen für das Kind lt. Abschn. ⑧ Nr. — Bezeichnung der Schule		
8. Spenden nur an Stiftungen — Bitte jeweils Bescheinigungen nach vorgeschriebenem Muster beifügen		→ Summe
Übrige Spenden und Beiträge		
a) für wissenschaftliche, mildtätige und kulturelle Zwecke		– 108 DM
b) für kirchliche, religiöse und gemeinnützige Zwecke		– 216 DM
c) an politische Parteien		Se.: Übertragen in Vfg.
Summe		

Bitte Belege beifügen!

419

Kapitel 16: Für jeden die richtige Steuerstrategie

[5]

IV. Außergewöhnliche Belastungen

1. Unterhalt für gesetzlich unterhaltsberechtigte und ihnen gleichgestellte Personen
(Bei mehreren Personen besonderes Blatt verwenden.)

Name und Anschrift der unterhaltenen Person

Familienstand, Beruf, Verwandtschaftsverhältnis der unterhaltenen Person | geboren am

Hat jemand Anspruch auf einen Kinderfreibetrag oder Kindergeld für diese Person?
☐ Nein   ☐ Ja

☐ Die unterstützte Person ist der geschiedene Ehegatte
☐ Die unterstützte Person ist als Kindesmutter/Kindesvater gesetzlich unterhaltsberechtigt.

Die unterstützte Person ist nicht unterhaltsberechtigt, jedoch werden bei ihr öffentliche Mittel wegen der Unterhaltszahlungen gekürzt um _____ DM

Aufwendungen für die unterhaltene Person (Art) _____ vom – bis _____ Höhe _____ DM

Diese Person hat
a) im Unterhaltszeitraum 2001: Bruttoarbeitslohn ___ DM, Werbungskosten ___ DM, Öfftl. Ausbildungshilfen[11] ___ DM, Renten, andere Einkünfte, Bezüge, Vermögen
b) außerhalb des Unterhaltszeitraums 2001: Bruttoarbeitslohn ___ DM, Werbungskosten ___ DM, Öfftl. Ausbildungshilfen[11] ___ DM, Renten, andere Einkünfte, Bezüge, Vermögen

Diese Person lebt ☐ in meinem Haushalt ☐ im eigenen/anderen Haushalt zusammen mit folgenden Angehörigen

Zum Unterhalt dieser Person tragen auch bei (Name, Anschrift, Zeitraum und Höhe der Unterhaltsleistung)

2. Ausbildungsfreibeträge:
Ein Ausbildungsfreibetrag kommt nur in Betracht, wenn Ihnen Aufwendungen für die Berufsausbildung eines Kindes entstehen, für das Sie einen Kinderfreibetrag oder Kindergeld erhalten.

(Bitte auch Abschnitt Ⓑ ausfüllen!)

1. Kind: Vorname, Familienstand _____ Aufwendungen für die Berufsausbildung _____ vom – bis

Einnahmen des Kindes
a) im Ausbildungszeitraum 2001: Bruttoarbeitslohn ___ DM, Werbungskosten ___ DM, Renten, andere Einkünfte, Bezüge
b) außerhalb des Ausbildungszeitraums 2001: Bruttoarbeitslohn ___ DM, Werbungskosten ___ DM, Renten, andere Einkünfte, Bezüge

Öffentliche Ausbildungshilfen[11] vom – bis _____ Höhe _____ DM
Andere Ausbildungshilfen[11] vom – bis _____ Höhe _____ DM

bei auswärtiger Unterbringung: auswärtige Anschrift des Kindes _____ vom – bis

2. Kind: Vorname, Familienstand _____ Aufwendungen für die Berufsausbildung _____ vom – bis

Einnahmen des Kindes
a) im Ausbildungszeitraum 2001: Bruttoarbeitslohn ___ DM, Werbungskosten ___ DM, Renten, andere Einkünfte, Bezüge
b) außerhalb des Ausbildungszeitraums 2001: Bruttoarbeitslohn ___ DM, Werbungskosten ___ DM, Renten, andere Einkünfte, Bezüge

Öffentliche Ausbildungshilfen[11] vom – bis _____ Höhe _____ DM
Andere Ausbildungshilfen[11] vom – bis _____ Höhe _____ DM

bei auswärtiger Unterbringung: auswärtige Anschrift des Kindes _____ vom – bis

3. Aufwendungen für eine Hilfe im Haushalt oder für hauswirtschaftliche Dienstleistungen bei Heim-/Pflegeunterbringung

☐ Beschäftigung einer Hilfe im Haushalt vom – bis _____ Aufwendungen im Kalenderjahr _____ DM

Name und Anschrift der beschäftigten Person oder des mit den Dienstleistungen beauftragten Unternehmens

☐ Die antragstellende Person ☐ Der Ehegatte ist/sind in einem **Heim** oder **dauernd zur Pflege** untergebracht. Es entstehen auch Kosten für Dienstleistungen, die mit denen einer Hilfe im Haushalt vergleichbar sind.

bei Heimunterbringung
☐ ohne Pflegebedürftigkeit ☐ zur dauernden Pflege   Art der Dienstleistungskosten

Unterbringung vom – bis _____ Bezeichnung, Anschrift des Heims

Antragsgründe
☐ Vollendung des 60. Lebensjahres
☐ der antragstellenden Person ☐ des Ehegatten   Die antragstellende Person, der Ehegatte, ein Kind oder eine zum Haushalt gehörende Person ist ☐ krank ☐ hilflos oder schwerbehindert

Nur bei Ehegatten: Eine gemeinsame Haushaltsführung ist wegen der Pflegebedürftigkeit eines Ehegatten nicht möglich.

Bitte Belege beifügen!

Erläuterungen

11) Bei Zahlung von Ausbildungshilfen in monatlich unterschiedlicher Höhe bitte Art, Höhe und Zeitraum auf besonderem Blatt erläutern

Vermerke des Finanzamts

Abziehbar _____ DM

Abziehbar + _____ DM

Abziehbar + _____ DM

Summe _____ DM

Übertragen in Vfg.

420

Ermäßigungsantrag, Seite 6

4. Pflege-Pauschbetrag: Ein Pflege-Pauschbetrag kommt in Betracht, wenn Sie oder Ihr Ehegatte eine nicht nur vorübergehend hilflose Person **unentgeltlich** in Ihrer Wohnung oder in deren Wohnung im Inland persönlich pflegen.

Name, Anschrift und Verwandtschaftsverhältnis der hilflosen Person

Nachweis der Hilflosigkeit: ☐ ist beigefügt. ☐ hat vorgelegen.

Vermerke des Finanzamts

Abziehbar _____ DM

Name und Anschrift anderer Pflegepersonen

5. Außergewöhnliche Belastungen allgemeiner Art
(ggf. bitte auf besonderem Blatt erläutern und zusammenstellen)
Art der Belastung (z. B. durch Krankheit, Todesfall)

| Gesamtaufwendungen DM | Abzüglich erhaltene oder zu erwartende Ersatzleistungen DM | Zu berücksichtigende Aufwendungen DM |

Übertragen in Vfg.

Vermerk des Finanzamts
Berechnung des Freibetrags nach § 33 EStG
Jahresarbeitslohn ....
abzüglich Versorgungs-Freibetrag, Altersentlastungsbetrag,
Werbungskosten (mindestens 2000 DM) ....
Zumutbare Belastung nach § 33 Abs. 3 EStG: _____ % von
_____ ergibt zumutbare Belastung

	Antragstellende Person/ Ehegatte	Außergewöhnliche Belastungen allgemeiner Art
	DM	DM
	DM	zumutbare Belastung DM
	DM	
Überbelastungsbetrag =	DM ▶ =	DM

Übertragen in Vfg.

Verteilung der Freibeträge
Werbungskosten können nur auf der Lohnsteuerkarte des Ehegatten eingetragen werden, bei dem sie entstanden sind. Wenn der Freibetrag im Übrigen anders als je zur Hälfte auf den Lohnsteuerkarten der Ehegatten aufgeteilt werden soll, dann geben Sie bitte das Aufteilungsverhältnis an (_____ : _____ %) und fügen Sie die Lohnsteuerkarte des Ehegatten bei.

Ⓔ Übertragung Freibetrag/Hinzurechnungsbetrag für ☐ die antragstellende Person ☐ den Ehegatten

Der Jahresarbeitslohn aus meinem ersten Dienstverhältnis beträgt voraussichtlich nicht mehr als
(bei sozialversicherungspflichtigen Arbeitnehmern) mit

☐ Steuerklasse I oder IV: 20 251 DM ☐ Steuerklasse II: 26 623 DM ☐ Steuerklasse III: 37 963 DM ☐ Steuerklasse V: 2 053 DM

(bei anderen Arbeitnehmern, z. B. Beamten, Empfänger von Betriebsrenten) mit

☐ Steuerklasse I oder IV: 18 415 DM ☐ Steuerklasse II: 24 031 DM ☐ Steuerklasse III: 34 831 DM ☐ Steuerklasse V: 2 053 DM

Bitte tragen Sie auf der Lohnsteuerkarte für mein zweites Dienstverhältnis einen Freibetrag in Höhe von _____ DM,

Für ein drittes oder weiteres Dienstverhältnis einen Freibetrag in Höhe von _____ DM,
und einen entsprechenden Hinzurechnungsbetrag auf der Lohnsteuerkarte für das erste Dienstverhältnis ein. **Die Lohnsteuerkarten habe ich beigefügt.**

Verfügung des Finanzamts Gültig vom _____ bis 31. 12. 2001

	Antragstellende Person DM	Ehegatte DM
1. Kinder-/Betreuungsfreibeträge i.S.d. § 39 Abs. 1 Nr. 6 EStG [12]	DM	
Pauschbeträge für Behinderte und Hinterbliebene	DM	
Freibetrag wegen Förderung des Wohneigentums usw.	DM	
Verlust aus anderen Einkunftsarten/Verlustabzug [13]	DM	
Sonderausgaben	DM	
Außergewöhnliche Belastungen in besonderen Fällen	DM	
Pflege-Pauschbetrag	DM	
Außergewöhnliche Belastungen allgemeiner Art	DM	
Zwischensumme	DM	
Werbungskosten		
Zwischensumme		
Hinzurechnungsbetrag		
zu bescheinigender Jahresfreibetrag		
bisher berücksichtigt		
zu verteilender Betrag		
Monatsbetrag		
Wochenbetrag		
Tagesbetrag		

[12] Die auf der Lohnsteuerkarte eingetragene Zahl der Kinderfreibeträge ist ggf. entsprechend zu vermindern
[13] nach Anwendung des § 2 Abs. 3 EStG

2. Hinzurechnungsbetrag auf der ersten Lohnsteuerkarte

	Jahresbetrag	Monatsbetrag	Wochenbetrag	Tagesbetrag	Gültig vom – bis
☐ bei der antragstellenden Person ☐ beim Ehegatten	DM	DM	DM	DM	– 31. 12. 2001
3. Änderung der	Steuerklasse _____	Zahl der Kinderfreibeträge _____ in _____	Steuerklasse _____	Zahl der Kinderfreibeträge _____	Gültig vom – bis – 31. 12. 2001
4. LStK und Belege an antragstellende Person zurück am	5. Bescheid zur Post am	6. Mitteilung für die Gemeinde fertigen	7. Vormerkung für ESt-Veranlagung 2001 – ggf. Veranlagungsstelle, Freibetrag zur Speicherung angewiesen – am		8. Z. d. A.

(Sachgebietsleiter) (Datum) (Sachbearbeiter)

> **Vorsicht:** Haben Sie Ihren Freibetrag zu hoch eintragen lassen, erfolgt nach Ablauf des Kalenderjahres eine Verrechnung. Es kann zu einer Nachzahlung kommen.

Steuervergünstigungen

Haben Sie Ihren Freibetrag der Höhe nach richtig eintragen lassen und die Steuervergünstigungen bereits monatlich durch geringeren Einbehalt von Lohn-, Kirchensteuer und Solidaritätszuschlag erhalten, fällt eine bisher evtl. regelmäßig hohe Einkommensteuererstattung nach Ablauf des betreffenden Jahres natürlich geringer aus. Neben den voraussichtlichen Werbungskosten können Sie ferner eintragen lassen:

Erhöhte Sonderausgaben

- ▶ Erhöhte Sonderausgaben
- ▶ Außergewöhnliche Belastungen
- ▶ Abzugsbeträge für die Förderung des Wohnungseigentums
- ▶ Verluste aus anderen Einkunftsarten.

Wie wird der Freibetrag eingetragen?

Antrag bis zum 30.11. des Abzugsjahres

Der Lohnsteuerermäßigungsantrag muss auf einem amtlichen Vordruck bei Ihrem zuständigen Finanzamt gestellt werden. Den Vordruck gibt es bei allen Finanzämtern, oft auch in Gehalts- oder Personalabteilungen und immer beim Steuerberater. Er muss dem Finanzamt bis zum 30.11. des Abzugsjahres vorliegen. Bitte fügen Sie die Lohnsteuerkarte(n) für das betreffende Abzugsjahr bei. Sollte(n) sich diese noch beim Arbeitgeber befinden, fordern Sie die Karte(n) zurück. Sofort nach Eintragung des Freibetrages händigen Sie die Lohnsteuerkarte Ihrem Arbeitgeber wieder aus.

> **Achtung:** Sobald Sie (meistens im Oktober) die Lohnsteuerkarte für das folgende Kalenderjahr erhalten, können Sie den Ermäßigungsantrag für das kommende Kalenderjahr stellen.

Falls Sie den Antrag auf Lohnsteuerermäßigung für das laufende Jahr erst im November eines Jahres stellen, wirkt sich der Freibetrag ab Beginn des auf die Antragstellung folgenden Monats auf den Lohnsteuerabzug aus. Eventuell zahlen Sie dann für den (die) letzten Monat(e) gar keine Lohnsteuer mehr.

Ohne weitere Prüfung

Wurde Ihnen bereits im Vorjahr ein Lohnsteuerfreibetrag auf der Lohnsteuerkarte eingetragen, kann das Finanzamt ohne weitere Prüfung höchstens den Freibetrag auf Ihrem Antrag eintragen, den Sie auch im Vorjahr bereits erhalten hatten.

Für Ehegatten, die beide unbeschränkt einkommensteuerpflichtig sind und Einkünfte auf ihren Lohnsteuerkarten verzeichnet haben, wird der Freibetrag vom Finanzamt je zur Hälfte eingetragen, sofern sie keine andere Verteilung beantragen.

> **Expertentipp:** Falls nur ein Ehegatte Einkünfte auf seiner Lohnsteuerkarte verzeichnet und der andere Ehegatte keine oder viel geringere Einkünfte bezieht, sollten Sie den Freibetrag voll für den Ehegatten mit den höheren Einkünften eintragen lassen (Verteilungsmaßstab 100:0). Für den Ehegatten ohne oder mit nur viel geringeren Einkünften hätte die Eintragung des Freibetrages keine oder nur eine geringe Auswirkung.

In Ihrem Lohnsteuerermäßigungsantrag müssen Sie Ihr voraussichtliches Bruttoeinkommen sowie eventuelle weitere Einkünfte des betreffenden Abzugsjahres eintragen (Renten, Einkünfte aus Vermietung und Verpachtung, gewerbliche Einkünfte etc.). Das Finanzamt benötigt diese Angaben zur Berechnung des zutreffenden Freibetrages.   *Voraussichtliches Bruttoeinkommen*

Falls das Finanzamt Ihren beantragten Freibetrag nicht oder nicht in vollem Umfang auf Ihrer Lohnsteuerkarte eintragen sollte, muss ein schriftlicher Bescheid mit Rechtsmittelbelehrung an Sie erfolgen. Gegen diesen Bescheid können Sie Einspruch einlegen. Den müssen Sie begründen, damit er nicht zurückgewiesen wird. Die Lohnsteuerkarte müssen Sie dann erneut an die Lohnsteuerstelle des Finanzamtes zurücksenden. Achten Sie darauf, ihn nicht versehentlich bei der Veranlagungsstelle einzureichen, die Ihre jährliche Einkommensteuererklärung bearbeitet. Das bringt Ihnen nur Zeitverluste ein.   *Einspruch einlegen*

Welche Beträge können eingetragen werden?

Beschränkt antragsfähige Ermäßigungsgründe (§ 39 a Abs. 1 Nr. 1–4 EStG)
Für die nachfolgenden Aufwendungen wird ein Lohnsteuerfreibetrag nur eingetragen, wenn diese die Antragsgrenze von 1.200 DM übersteigen.
▶ Werbungskosten aus nichtselbstständiger Tätigkeit

Dies gilt nur für die Werbungskosten, die über dem Arbeitnehmerpauschbetrag (nach § 9 a Satz 1 Nr. 1 Buchstabe a EStG) von jeweils 2.000 DM liegen. Was alles als Werbungskosten zu berücksichtigen sein kann, finden Sie in Kapitel 4 (ABC der sonstigen Werbungskosten und Arbeitsmittel) ab Seite 160.   *Arbeitnehmerpauschbetrag*

Beispiel Herr Traurig kommt auf Werbungskosten von 3.100 DM – er liegt also mit 1.100 DM über dem Arbeitnehmerpauschbetrag. Diese 1.100 DM kann er in den Ermäßigungsantrag aufnehmen. Weitere Kosten (siehe folgende Abschnitte) kann er nicht ansetzen. Er erreicht die Antragsgrenze von mindestens 1.200 DM nicht – und bekommt deshalb auch keine Lohnsteuerermäßigung in Form eines Freibetrages. Angenommen, Herr Fröhlich kann 3.300 DM als Werbungskosten angeben. Also liegt er mit 1.300 DM über der Antragsgrenze – und bekommt (auch ohne weitere anzusetzende Kosten) einen Freibetrag.   *Antragsgrenze*

Sonderausgaben

Sonderausgaben werden nur eingetragen, sofern sie für Ledige den Pauschbetrag von 108 DM, für Verheiratete von 216 DM jährlich übersteigen.

Was mit den Sonderausgaben gemeint ist, wird zwar im weiteren Verlauf dieses Buches noch genauer erläutert. Aber für den Ermäßigungsantrag brauchen Sie nur die folgenden Positionen zu berücksichtigen:

Höchstbetrag 27.000 DM
- ▸ **Unterhaltsleistungen** an den im Inland ansässigen geschiedenen oder dauernd getrennt lebenden Ehegatten bis zum Höchstbetrag von 27.000 DM (nach § 10 Abs. 1 Nr. 1 EStG). Voraussetzung ist, dass der andere dem Realsplitting zugestimmt hat.

    Sind Sie sich nicht mehr sicher, dann denken Sie bitte einmal ganz kurz zurück: Haben Sie jemals zu Ihrer Steuererklärung eine Anlage U mit der Unterschrift des anderen beim Finanzamt eingereicht? Wenn dieser Fall auf Sie zutrifft, haben Sie Realsplitting.

- ▸ **Renten und dauernde Lasten** aufgrund vertraglicher Vereinbarungen (nach § 10 Abs. 1 Nr. 1 a EStG), falls diese keine Werbungskosten (selten bei Arbeitnehmern) oder Betriebsausgaben darstellen (siehe hierzu die Seiten 79 bis 85).

Steuerberatungskosten
- ▸ **Steuerberatungskosten** (nach § 10 Abs. 1 Nr. 6 EStG), falls diese weder als Werbungskosten noch als Betriebsausgaben geltend gemacht werden.

- ▸ **Aufwendungen für die Berufsausbildung** oder die Weiterbildung in einem nicht ausgeübten Beruf bis jährlich 1.800 DM pro Antragsteller. Erfolgt im Zeitraum der Aus- und Weiterbildung eine auswärtige Unterbringung, erhöht sich dieser Betrag auf jährlich 2.400 DM (nach § 10 Abs. 1 Nr. 7 EStG).

- ▸ **Hausangestellte** Aufwendungen für ein hauswirtschaftliches Beschäftigungsverhältnis in Höhe von z. Zt. jährlich 18.000 DM können berücksichtigt werden. In diesem Fall müssen Sie als Arbeitgeber für die Hausangestellte Pflichtbeiträge in die gesetzliche inländische Rentenversicherung einzahlen. Es darf sich aber nicht um ein geringfügiges Beschäftigungsverhältnis handeln. Leben zwei Alleinstehende zusammen, die jeder für sich die Voraussetzungen für den Abzug des Hausmädchenfreibetrages erfüllen, können Sie den Höchstbetrag nur einmal in Anspruch nehmen (entfällt ab 2002).

Schulgeld
- ▸ **Schulgeld** (aber nur 30 Prozent der echten Zahlungen), das Sie für ein Kind entrichten, für das Sie einen Kinderfreibetrag oder Kindergeld erhalten. Voraussetzung: Es muss sich um eine staatlich anerkannte Ersatzschule handeln. In den geltend gemachten Beträgen dürfen keine Aufwendungen für Beherbergung, Betreuung und Verpflegung enthalten sein (nach § 10 Abs. 1 Nr. 9 EStG).

Außergewöhnliche Belastungen

Da kann entsprechend der persönlichen Situation einiges zusammenkommen (nach den §§ 33, 33 a, 33 b Abs. 6 und 33 c sowie § 33 b Abs. 1–5 EStG; s. S. 98 bis 100).

Dort sollten Sie jetzt unbedingt nachschauen, wenn in Ihrem Fall Krankheits-, Scheidungs-, Beerdigungs- oder Rechtsanwaltskosten in Unterhaltsangelegenheiten, Unterstützungsleistungen, Ausbildungsfreibeträge, Aufwendungen für eine Haushaltshilfe oder Pauschbeträge wegen Körperbehinderung zu berücksichtigen sein könnten. Die außergewöhnlichen Belastungen nach § 33 EStG sind im Antrag nicht um die zumutbare Eigenbelastung zu kürzen. *Unterhaltsangelegenheiten*

Nicht eingetragen werden Vorsorgeaufwendungen (nach § 10 Abs. 1 Nr. 2 sowie Abs. 2 und 3 EStG). Diese werden zwar bei der Einkommensteuerveranlagung berücksichtigt, in der Berechnung Ihrer einbehaltenen Lohnsteuer aber ist schon eine Vorsorgepauschale enthalten. *Vorsorgeaufwendungen*

> **Wichtig:** Für die Eintragung des Pauschbetrages für Behinderte, Hinterbliebene und der Eintragung der Verluste aus anderen Einkunftsarten sowie Freibeträge für selbst genutztes Wohneigentum ist die 1.200-DM-Grenze unerheblich.

Unbeschränkt antragsfähige Ermäßigungsgründe (§ 39 a Abs. 1 Nr. 5 EStG)

Hier werden die Beträge eingetragen, die auch bei der Festsetzung der Einkommensteuervorauszahlungen (nach § 37 Abs. 3 EStG) bei Nichtarbeitnehmern (Selbstständige oder wohlhabende Rentner) berücksichtigt werden; also folgende Positionen:
- Freibeträge für selbst genutztes Wohneigentum
- Verluste aus anderen Einkunftsarten
- Verluste aus den Vorjahren, die vorgetragen werden sollen (§ 10 d Abs. 2 EStG), da sie im Jahr ihrer Entstehung zu einem negativen Gesamtbetrag der Einkünfte geführt haben. Der Verlustabzug wurde jedoch nach § 10 d EStG sowie § 2 Abs. 3 EStG an die neue Mindestbesteuerung angepasst. *Negativer Betrag der Gesamteinkünfte*

Danach ist für 2001 ein Verlustrücktrag bis zu 1 Million DM beim Gesamtbetrag der Einkünfte des Vorjahres möglich. Wenn die Verluste dann noch nicht ausgeglichen sind, ist der unbeschränkte Verlustvortrag in künftige Veranlagungsjahre möglich.

Horizontaler und vertikaler Verlustausgleich

Diese Verlustausgleichsregelung gilt jedoch nur innerhalb einer Einkunftsart (horizontaler Verlustausgleich). Der am Schluss eines Veranlagungszeitraumes verbleibende Verlustvortrag ist getrennt nach Einkunftsarten gesondert festzustellen. Verbleibende Verluste werden beim Verlustvortrag zunächst mit positiven Einkünften der gleichen Einkunftsart verrechnet. Der dann verbleibende Verlustausgleich ist nur noch eingeschränkt möglich (vertikaler Verlustausgleich). *Verbleibender Verlustausgleich*

Folge der Neufassung: Nicht ausgeglichene negative Einkünfte werden seit 1999 vom Gesamtbetrag der Einkünfte vorrangig vor Sonderausgaben, außergewöhnlichen Belastungen und sonstigen Abzugsbeträgen abgezogen (Verlustvortrag).

Kapitel 16: Für jeden die richtige Steuerstrategie

Anlage LSt 3 D **2002**

zum Antrag auf Lohnsteuer-Ermäßigung

Name und Vorname
Anschrift
Steuernummer

Förderung des Wohneigentums / Eintragung von Verlusten

Zeile		
	Angaben zum Gebäude / zur Eigentumswohnung	
1	Lage der Wohnung (Ort, Straße, Hausnummer)	
2		Eigentumsanteil des Antragstellers und / oder des Ehegatten: %
3	Einfamilienhaus Eigentumswohng. / Anderes Haus mit / Wohnungen / davon eigengenutzt: Anzahl / Ausbau / Erweiterung einer eigengenutzten Wohnung	
4	Kaufvertrag vom / Bauantrag gestellt am / Baubeginn am / Angeschafft am / Fertig gestellt am	Eigengenutzt / unentgeltlich überlassen ab
5	Nutzfläche des Hauses m² / Fläche der Wohnung / Erweiterung / des Anbaus m² / davon eigenbetrieblich / beruflich genutzt oder vermietet m²	Der Abzugsbetrag wird für ein Folgeobjekt beansprucht*)
	Steuerbegünstigung nach § 10 e EStG / § 15 b BerlinFG	Nur vom Finanzamt auszufüllen
6	bei Kaufvertrag / Bauantrag / Herstellungsbeginn vor dem 1. 1. 1996	
7	Abzugsbetrag / wie Vorjahr / lt. besonderem Blatt (z. B. bei nachträglichen Anschaffungs- / Herstellungskosten, Nachholung von Abzugsbeträgen)	Euro
	Abzug wie Sonderausgaben in anderen Fällen	
8	§ 7 Fördergebietsgesetz *) / § 10 f EStG *) / § 14 a BerlinFG	+
9	Steuerbegünstigung nach § 10 h EStG / wie Vorjahr / lt. besonderem Blatt	+
10	**Verlustvortrag** nach § 10 d Abs. 2 EStG nicht ausgeglichener Verluste, die bis einschl. Veranlagungszeitraum 1998 entstanden sind.*)	+
	Antrag auf Steuerermäßigung für Kinder nach § 34 f EStG	
11	bei Inanspruchnahme des Abzugsbetrags nach § 10 e EStG oder § 15 b BerlinFG	
12	Bei Anschaffung / Fertigstellung der Wohnung nach dem 31. 12. 1990: lt. Antragsvordruck Abschn. B. / Im Abzugszeitraum gehörten auf Dauer zum Haushalt die Kinder Nr. / Für jedes Kind 2048 Euro ▶ +	
13	Ergebnis der Zeilen 7 bis 12	
14		
	Einkünfte aus Vermietung und Verpachtung	
15	(Verluste nur abziehbar, wenn das einzelne Objekt spätestens im Kalenderjahr 2001 angeschafft / fertig gestellt / genutzt wurde oder wenn erhöhte Absetzungen nach den §§ 14 a, 14 d BerlinFG oder Sonderabschreibungen nach § 4 Fördergebietsgesetz geltend gemacht werden)	
16	Mieteinnahmen	
17	Erhöhte Absetzungen nach § 14 a BerlinFG, soweit nicht in Zeile 8 berücksichtigt	–
18	Baumaßnahmen nach / § 7 h EStG / § 7 i EStG / § 7 k EStG / § 14 d BerlinFG	–
19	Sonderabschreibungen nach § 4 Fördergebietsgesetz *) / Degressive Absetzung für Abnutzung nach § 7 Abs. 5 EStG *)	–
20	Absetzungen nach § 7 Abs. 4 EStG Euro + / Schuldzinsen Euro + / weitere Werbungskosten Euro ▶	–
21	Überschuss – der Einnahmen – der Werbungskosten – (Zeile 16 abzüglich Zeilen 17 bis 20)	
22	Zurechnung des Betrags aus Zeile 21	Stpfl. Person / Ehemann / Ehefrau
23	Einkünfte aus Vermietung und Verpachtung weiterer Objekte *)	
24	Einkünfte aus Vermietung und Verpachtung (Summe der Zeilen 22 und 23)	
	Einkünfte aus anderen Einkunftsarten	
25	Bitte getrennt nach Einkunftsarten und Ehegatten angeben.	
26	Einkünfte –	
27	Einkünfte –	
28	**Verlustvortrag** nach § 10 d Abs. 2 EStG nicht ausgeglichener negativer Einkünfte, die ab Veranlagungszeitraum 1999 entstanden sind.*)	

*) Bitte Aufstellung / Erläuterung auf einem besonderen Blatt beifügen.

Bitte reichen Sie dem Finanzamt die ersten zwei Ausfertigungen dieser Anlage ein.

– 1. Ausfertigung für das Finanzamt – (Veranlagungsstelle)

Anlage LSt 3 D (2002) Förderung des Wohneigentums / Verlusteintrag - Aug. 2001

Anlage LSt 3 D

Dieses Feld wird vom Finanzamt ausgefüllt.

Finanzamt – Veranlagungsstelle –

Steuernummer

1. Zurück an die **Arbeitnehmer-Veranlagungsstelle**

Ich bitte, der steuerpflichtigen Person bei Übersendung der Lohnsteuerkarte Folgendes mitzuteilen:

Betrag aus Zeile 13
zu berücksichtigende
negative Einkünfte und Verlustvortrag
Freibetrag nach § 39 a Abs. 1 Nr. 5 EStG   2002   Euro

Im Auftrag   Datum

2. Für die Einkommensteuerveranlagung 2002 vormerken.   Erl. am _____
3. Z. d. A.
   I. A.

– 1. Ausfertigung für das Finanzamt – (Veranlagungsstelle)

Verlustverrechnung zwischen verschiedenen Einkunftsarten

Verlustausgleich

Positive und negative Einkünfte innerhalb einer Einkunftsart (z. B. aus mehreren Gewerbebetrieben untereinander oder aus mehreren Kapitalanlagen untereinander) können uneingeschränkt verrechnet werden (horizontaler Verlustausgleich). Ein Verlustausgleich zwischen verschiedenen Einkunftsarten (z. B. aus Gewerbebetrieb oder mit Kapitalvermögen) ist nach § 10 d EStG nur noch bis zu einer Höhe von 100.000 DM (Ledige) bzw. 200.000 DM (Verheiratete) möglich. Dann noch verbleibende Verluste können bis zur Hälfte der dann noch verbleibenden positiven Einkünfte ausgeglichen werden. Verbleiben auch dann noch negative Einkünfte, können sie rück- oder vorgetragen werden.

Weitere unbeschränkt antragsfähige Ermäßigungsgründe:

Bauantragstellung
- Selbst genutztes Wohneigentum: Abzugsbeträge (nach § 10 e EStG) für selbst genutztes Wohneigentum bei Anschaffung/Bauantragstellung bis 31.12.1995.
- Unentgeltliches Wohneigentum: Abzugsbeträge (nach § 10 h EStG) wegen unentgeltlich zu Wohnzwecken überlassenen Wohneigentums bei Anschaffung oder Bauantragstellung bis 31.12.1995.

Sanierungsgebiete
- Baudenkmäler und Gebäude in Sanierungsgebieten: Abzugsbeträge (nach § 10 f EStG) für zu eigenen Wohnzwecken genutzte Baudenkmäler und Gebäude in Sanierungsgebieten und städtebaulichen Entwicklungsbereichen.
- Schutzwürdige Kulturgüter: Abzugsbeträge (nach § 10 g EStG) für Herstellungs- und Erhaltungsaufwendungen für schutzwürdige Kulturgüter, die weder zu eigenen Wohnzwecken genutzt werden noch der Einkunftserzielung dienen.

Immobilien in den neuen Bundesländern
- Aufwendungen (i. S. v. § 7 Fördergebietsgesetz) wegen Anschaffung oder Herstellung beweglicher Wirtschaftsgüter bzw. Anschaffungs- oder Erhaltungsaufwendungen für Immobilien in den neuen Bundesländern: Die Aufwendungen müssen vor dem 1.1.1999 entstanden sein; die AfA kann dann auf die folgenden Jahre verteilt werden (fünf Jahre bei Vermietung, zehn Jahre bei Eigennutzung).
- Verluste, die dem Antragsteller voraussichtlich bei Einkünften aus Vermietung und Verpachtung fertig gestellter Gebäude entstehen werden (auch AfA).
- Verluste, die bei Einkünften aus Land- und Forstwirtschaft, Gewerbebetrieb, selbstständiger Tätigkeit, Kapitalvermögen und Vermietung/Verpachtung entstehen (§ 2 Abs. 1 Satz 1 Nr. 1 bis 3, 6 und 7 bzw. i. S. v. § 2 Abs. 1 Satz 1 Nr. 5 EStG).

Baukindergeld
- Baukindergeld als Vorgriff auf die steuerliche Förderung des selbst genutzten Wohneigentums, wenn diese nach den alten Regeln von § 10 e EStG erfolgt (nicht mehr bei Herstellung oder Anschaffung ab 1.1.1996). Das Finanzamt trägt dann den vierfachen Betrag des jeweils gültigen Baukindergeldes für jedes im Haushalt lebende steuerlich zu berücksichtigende Kind ein.

(weitere Ermäßigungsgründe auf Seite 430)

Freibeträge

Diese Freibeträge trägt das Finanzamt ein ... ... in Abhängigkeit von der Antragsgrenze von 1.200 DM		
Werbungskosten		
Arbeitsmittel, Fahrtkosten zur Arbeit, Kosten des Arbeitszimmers, Weiterqualifizierung etc.	In tatsächlicher Höhe, sofern der Gesamtbetrag 2.000 DM übersteigt	
Sonderausgaben nach Abzug des Sonderausgabenpauschbetrages (108 DM, 216 DM für Ehepaare)		
Aus eigenen Mitteln beglichene Kosten für Berufsausbildung	Maximal 1.800 DM, bei auswärtiger Unterkunft 2.400 DM	
Haushaltshilfe	Maximal 18.000 DM	Haushaltshilfe
Kirchensteuer	In tatsächlicher Höhe	
Parteispenden	Maximal 3.000 DM bei Alleinstehenden, 6.000 DM bei Ehepaaren	
Spenden	Maximal 10 % der gesamten Einkünfte	
Steuerberatungskosten	In tatsächlicher Höhe	
Unterhaltszahlungen an den geschiedenen oder in Trennung lebenden Ehegatten	Bis zu einem Betrag von 27.000 DM	Unterhaltszahlungen
Außergewöhnliche Belastungen		
Ausbildungsfreibetrag	1.800 DM bis maximal 4.200 DM je Kind (richtet sich nach Alter und Unterbringung)	
Krankheits- oder Kurkosten etc. Leistung von Unterhalt an gesetzlich berechtigte Angehörige oder Lebensgefährten	In tatsächlicher Höhe nach Abzug der zumutbaren Eigenbelastung Maximal 14.040 DM je Person	
Pflegepauschbetrag	1.800 DM	
Unterstützung im Haushalt wegen Behinderung, Krankheit oder Alter	1.200 DM bzw. 1.800 DM (abhängig vom Grund der Beschäftigung)	

Kapitel 16: Für jeden die richtige Steuerstrategie

	Diese Freibeträge trägt das Finanzamt ein ...	
	... unabhängig von der Antragsgrenze	
	Wohneigentum in Selbstnutzung	
Grundförderung	Baukindergeld nach § 10 e EStG	4.000 DM je Kind (richtet sich nach dem Jahr der Fertigstellung)
	Grundförderung nach § 10 e EStG	Maximal 19.800 DM
	Modernisierung von Wohneigentum im Beitrittsgebiet jährlich	10 Jahre lang maximal 4.000 DM
	Andere Freibeträge	
	Hinterbliebenenpauschbetrag	720 DM
	Freibeträge für Kinder	Kinderfreibetrag 6.912 DM sowie Betreuungsfreibetrag 3.024 DM (bei Alleinstehenden hälftig) für jedes Kind, für das kein Anspruch auf Kindergeld besteht
	Pauschbetrag für Behinderte	600 DM bis 7.200 DM (abhängig vom Grad der Behinderung)
Verluste	Verluste aus anderen Einkunftsarten (z. B. selbstständige Tätigkeit)	In tatsächlicher Höhe, aber nur wenn kein Ausgleich durch Gewinne oder Überschüsse aus anderen Einkunftsarten (außer Kapitalvermögen), bei Zusammenveranlagung auch durch die des Ehegatten, möglich ist.
	Verluste aus Vermietung und Verpachtung	In tatsächlicher Höhe, aber nur wenn kein Ausgleich durch Gewinne oder Überschüsse aus anderen Einkunftsarten (außer Kapitalvermögen), bei Zusammenveranlagung auch durch die des Ehegatten, möglich ist.
	Freibetrag für weitere Dienstverhältnisse	Bis zur Höhe des Eingangsbetrages der Jahreslohnsteuertabelle, bis zu dem nach der Steuerklasse aus dem ersten Dienstverhältnis die Lohnsteuer freigestellt ist.

Freibeträge für Kinder

▶ Die Freibeträge für Kinder nach § 32 Abs. 6 EStG für jedes Kind i.S. § 32 Abs.1- 4 EStG, für das kein Anspruch auf Kindergeld besteht. Wenn für diese Kinder bereits Kinderfreibeträge nach § 39 Abs. 3 EStG auf der Lohnsteuerkarte eingetragen wurden, ist die Zahl der eingetragenen Freibeträge entsprechend zu reduzieren.
Dies betrifft unbeschränkt steuerpflichtige Arbeitnehmer, deren Kinder im Ausland außerhalb eines EU- oder EWR-Staates leben und unbeschränkt steuerpflichtige Ausländer, deren Kinder hier ohne Aufenthaltserlaubnis leben.

▶ Haben Sie weitere Beschäftigungsverhältnisse (Lohnsteuerklasse VI), können Sie sich nach § 39 a Abs. 1 Nr. 7 EStG einen Betrag bis zur Höhe des auf volle DM abgerundeten Eingangsbetrags der Jahreslohnsteuertabelle, bis zu dem nach Steuerklasse des Arbeitnehmers aus dem ersten Dienstverhältnis die Lohnsteuer freigestellt ist, eintragen lassen. Voraussetzung ist, dass der Jahresarbeitslohn aus dem ersten Arbeitsverhältnis diesen Eingangsbetrag unterschreitet und dass in Höhe dieses Betrages zugleich auf der Lohnsteuerkarte für das erste Dienstverhältnis ein Hinzurechnungsbetrag auf den Arbeitslohn eingetragen wird.

Monatlich mehr Geld durch geschickte Steuerklassenwahl

Sie erhalten Ihre Lohnsteuerkarte(n) im Herbst jeden Jahres von der Gemeinde, in der Sie am 20. September des Jahres mit Hauptwohnsitz gemeldet sind. Aufgrund Ihres Familienstandes trägt die Gemeinde die Steuerklasse ein. Sie sollten unbedingt prüfen, ob diese Steuerklasse für Sie die günstigste ist. Sind Sie aus der Kirche ausgetreten, dann legen Sie der Gemeinde die entsprechende Bescheinigung vor, damit keine Kirchensteuer vom Arbeitgeber einbehalten oder (bei zusätzlichen Einkünften) vom Finanzamt nacherhoben wird. Der Austritt aus der Kirche kann jederzeit ohne irgendwelche Fristen erfolgen. Der Beginn des Entfalls des Kirchensteuerabzuges ist in Deutschland je nach Bundesland unterschiedlich geregelt.

Günstigste Steuerklasse

Kirchensteuerabzug

Steuerklassenwahl

Bei Ehegatten stellt sich oft die Frage, welche Steuerklassenkombination besser ist. Hierzu lässt sich aber leider keine allgemeingültige Aussage treffen. Es kommt auf die persönlichen Einkommensverhältnisse an und auf die Einigung unter den Eheleuten selbst. Ist z. B. die Ehefrau fest angestellt, und der Ehemann bezieht Einkünfte aus selbstständiger Tätigkeit, wird die Ehefrau in der Regel die Lohnsteuerklasse III wählen. Hier hat sie den geringsten steuerlichen Abzug. Die Wahl der Steuerklassenkombination hat keinen Einfluss auf die letztendlich fällige Jahressteuer. Dasselbe gilt für die einbehaltene Lohnsteuer, da bei der Einkommensteuerveranlagung eventuell noch andere Einkunftsarten (z. B. Vermietung und -pachtung, Einkünfte aus selbstständiger Tätigkeit) berücksichtigt werden sowie evtl. bezogene Lohnersatzleistungen (z. B. Kranken- und Arbeitslosengeld) zu berücksichtigen sind.

Steuerklassenkombination

Steuerklassenkombination IV/VI

Diese Kombination der Steuerklassen IV und VI ist dann am günstigsten, wenn beide Ehegatten nahezu den gleichen Bruttoarbeitslohn haben. Es kommt in diesem

Steuerklassenwahl

Steuerklasseneinteilung für uneingeschränkt einkommensteuerpflichtige Arbeitnehmer.

	Voraussetzungen	Steuerklasse
Ledige	1. Ledige	I
	2. Verheiratete, Verwitwete oder Geschiedene, die die Voraussetzungen für die Steuerklasse III oder IV nicht erfüllen.	
	3. Beschränkt steuerpflichtige Arbeitnehmer mit mindestens einem Kind	
	Die Arbeitnehmer, die die Voraussetzungen für Steuerklasse I erfüllen, sofern der Haushaltsfreibetrag nach § 32 Abs. 7 zu berücksichtigen ist.	II
Verstorbener Ehegatte / Neuer Ehegatte	1. Verheiratete, wenn beide Ehegatten unbeschränkt einkommensteuerpflichtig sind und nicht dauernd getrennt leben und a) der Ehegatte keinen Arbeitslohn bezieht oder b) der Ehegatte auf Antrag in die Steuerklasse V eingestuft wird.	III*
	2. Verwitwete, wenn Sie und Ihr verstorbener Ehegatte zum Zeitpunkt seines/ihres Todes unbeschränkt einkommensteuerpflichtig waren und zu diesem Zeitpunkt nicht dauernd getrennt gelebt haben, für das auf das Todesjahr folgende Kalenderjahr.	
	3. Geschiedene, wenn a) im Kalenderjahr der Auflösung der Ehe beide Ehegatten unbeschränkt einkommensteuerpflichtig waren und nicht dauernd getrennt gelebt haben und b) der andere Ehegatte wieder geheiratet hat, von seinem neuen Ehegatten nicht dauernd getrennt lebt und er und sein neuer Ehegatte unbeschränkt einkommensteuerpflichtig sind für das Kalenderjahr, in dem die Ehe geschieden wurde.	
	Verheiratete, wenn beide Ehegatten unbeschränkt einkommensteuerpflichtig sind und nicht dauernd getrennt leben und der Ehegatte des Arbeitnehmers gleichfalls Arbeitslohn bezieht.	IV*
	Arbeitnehmer, die die Voraussetzungen nach Steuerklasse IV erfüllen, wenn der eine Ehegatte in die Steuerklasse III eingestuft wird.	V
	Arbeitnehmer mit einem zweiten oder weiteren Dienstverhältnis	VI

* Sofern die Voraussetzungen nach § 1 Abs. 1 oder 2 oder § 1 a EStG erfüllt sind

Fall auch zu keiner Nachforderung des Finanzamtes. Sind die Arbeitslöhne beider Ehegatten sehr unterschiedlich, empfiehlt sich diese Steuerklassenkombination nicht, da es sonst zu erheblichen Überzahlungen kommt, die vom Finanzamt bei der Einkommensteuerveranlagung wieder erstattet werden. Geben Sie jedoch dem Finanzminister einen Kredit? Im Übrigen sind automatisch die gleichen Freibeträge und Steuerermäßigungen in die Lohnsteuertabelle eingearbeitet wie bei Steuerklasse I.

Steuerklassenkombination III/V
Wählt der Ehegatte mit dem höheren Arbeitslohn Steuerklasse III und der andere Ehegatte Steuerklasse V, so wird insgesamt immer zu wenig Lohnsteuer einbehalten. Bei der Steuerklasse V ist nämlich nur der Arbeitnehmerpauschbetrag eingearbeitet, sonstige Freibeträge wirken sich nur bei dem Ehegatten mit Steuerklasse III aus. Hier werden auch die Freibeträge für Kinder eingetragen. Ehegatten mit dieser Steuerklassenkombination unterliegen immer der Pflichtveranlagung, müssen also eine Steuererklärung abgeben. Diese Steuerklassenkombination wird gewählt, wenn ein Ehegatte weniger als 40 Prozent und der andere Ehegatte mehr als 60 Prozent des gemeinsamen Bruttomonatslohnes (nach Abzug der Freibeträge) bezieht.

Arbeitnehmerpauschbetrag

Steuerklassenwechsel
Waren Sie im letzten Jahr schon Arbeitnehmer, trägt die Gemeinde automatisch die bisherige Steuerklasse sowie die Religionszugehörigkeit und gegebenenfalls auch die Anzahl der Kinder in die Lohnsteuerkarte ein. Allerdings können Arbeitnehmer (nach § 39 Abs. 5 EStG) im Laufe eines Jahres bis zum 30.11. den Wechsel der Steuerklasse beantragen.

Steuerliche Berücksichtigung von Kindern auf der Lohnsteuerkarte

Es wird entweder der Kinderfreibetrag nach § 32 Abs. 6 EStG berücksichtigt oder das Kindergeld nach §§ 62 ff. EStG ausgezahlt, wobei das Finanzamt automatisch die für Sie günstigere Alternative bei der Einkommensteuerveranlagung wählt. Dennoch ist die Eintragung aller steuerlich zu berücksichtigenden Kinder auf den Lohnsteuerkarten wichtig. Denn die Höhe der eingetragenen Kinderfreibeträge beeinflusst die Höhe der vom Arbeitgeber einbehaltenen Kirchensteuer und des Solidaritätszuschlages. Betreuungsfreibeträge i. S. § 32 Abs. 6 EStG werden nur für Auslandskinder auf der Lohnsteuerkarte berücksichtigt.

Günstigere Alternative

Der volle Kinderfreibetrag wird durch Eintragung der Ziffer 1 gewährt, wenn dem Arbeitnehmer der volle Kinderfreibetrag von z. Zt. monatlich 576 DM aus folgenden Gründen zusteht:

Voller Kinderfreibetrag

> **Tipps zum Kindergeld: Unbedingt beantragen!**
> **Bei hoher Ausbildungsvergütung:**
> Beantragen Sie Kindergeld auch bei hoher Ausbildungsvergütung! Falls Ihr Kind das 18. Lebensjahr vollendet hat und sich in Ausbildung befindet, sollten Sie einen Antrag auf Auszahlung des Kindergeldes auch dann stellen, wenn die Ausbildungsvergütung über jährlich 14.040 DM liegt. Entscheidend für den Kindergeldanspruch bzw. Anspruch auf Kinderfreibetrag sind nämlich die Einkünfte, also der Bruttolohn abzüglich der Werbungskosten. Die Werbungskosten Ihres Kindes stehen beim Kindergeldantrag noch nicht fest. Studierende Kinder können ihren ausbildungsbedingten Mehrbedarf vom Verdienst abziehen. Das sind z. B. Fahrtkosten zur Uni, Bücher, Einschreibgebühren, PC-Kosten, Büromaterial usw.
>
> **Wann beantragen?**
> Beantragen Sie das Kindergeld so früh wie möglich. Kindergeld kann jedoch für Ansprüche ab 1998 noch rückwirkend bis zu vier Jahren nachgezahlt werden, sodass bei einer später festgestellten Unterschreitung der Einkunftshöchstgrenze der Antrag später nachgereicht werden kann.
> Wenn Sie kein Kindergeld beantragen, wird der Kinderfreibetrag vom Finanzamt automatisch steuerlich berücksichtigt.

Ausbildungsvergütung

Einkunftshöchstgrenze

▶ Er ist mit dem anderen Elternteil verheiratet.
▶ Der andere Elternteil ist vor dem Beginn des Kalenderjahres verstorben.
▶ Der Arbeitnehmer hat das Kind allein angenommen.

Der halbe Kinderfreibetrag wird durch Eintragung der Ziffer 0,5 berücksichtigt, wenn dem Arbeitnehmer der halbe Kinderfreibetrag in Höhe von zur Zeit monat-lich 288 DM zusteht, weil der Arbeitnehmer nicht mit dem anderen Elternteil verheiratet ist. Die Eintragung der Kinderfreibeträge legt nicht fest, ob Sie die Auszahlung des Kindergeldes oder den Kinderfreibetrag im Antragsjahr beanspruchen. Sie mindert nur Ihre vom Arbeitgeber einbehaltenen Steuern.

Einmal pro Jahr viel Geld zurück durch Werbungskosten

Möglichst viel Steuern zurückholen

Falls Sie keinen Freibetrag auf der Lohnsteuerkarte eintragen lassen (können), sollten Sie sich bei Ihrer jährlichen Einkommensteuererklärung in jedem Fall möglichst viel Steuern zurückholen. Und zwar durch den Abzug maximaler Werbungskosten aus nichtselbstständiger Tätigkeit. Werbungskosten sind alle Ausgaben, die dazu dienen, Ihre beruflichen Einnahmen zu erhalten, zu sichern bzw. zu steigern. Eventuelle Erstattungen des Arbeitgebers müssen Sie zuvor aber wieder abziehen.

Wie Sie erfolgreich Belege sammeln

Damit Sie künftig erkennen, welche Rechnungen Sie für die Steuer aufbewahren sollten, und wissen, wie und wann sich die jeweiligen Ausgaben als Werbungskosten ansetzen lassen, finden Sie weiter vorne in diesem Buch einen ausführlichen und umfangreichen Überblick zu allen Werbungskosten (s. Seiten 160 bis 199). Dieser Überblick dient einerseits dazu, Ihnen gleich bei der nächsten Steuererklärung zu helfen, andererseits können Sie damit ab sofort mit dem Belegsammeln beginnen.

Auch das sind Werbungskosten

Darlehen vom Ehegatten
Kaufen Sie aus beruflichen Gründen einen teuren PC mit Drucker, eventuell auch noch zusätzliche Arbeitsmittel wie Schreibtisch, Aktenschrank oder ein neues Telefon oder Faxgerät, so müssen Sie tief in die Tasche greifen. Meist heißt das, die Ersparnisse anzukratzen oder sich bei der Bank teuer Geld zu leihen.
Wesentlich kostengünstiger und dazu steuerlich interessant ist es, mit dem Ehegatten einen Darlehensvertrag mit Zins- und Tilgungsvereinbarungen abzuschließen. Der Vertrag muss wie unter fremden Dritten geschlossen werden. Der vereinbarte Zinssatz sollte dabei einem marktüblichen Zinssatz für vergleichbare Kapitalanlagen entsprechen, und der Rückfluss des Darlehens muss gesichert sein.

Computer, Telefon oder Fax

Vorteile
Der Arbeitnehmer zieht die an den Ehegatten gezahlten Zinsen (die weitaus günstiger sind als bei der Bank) als Werbungskosten ab. Der andere Ehegatte muss die erhaltenen Zinsen aus diesem Darlehen nur versteuern, wenn die jährlichen Zinseinkünfte den Freistellungsbetrag von jährlich 6.200 DM überschreiten. Die Tilgungsleistungen werden allerdings nicht sofort als Werbungskosten abgezogen, sondern sie werden im Rahmen der Abschreibung geltend gemacht (siehe Arbeitsmittel, Seite 158f.).
Seit 2000 bleiben Kapitaleinkünfte nur steuerfrei, sofern sie bei Alleinstehenden nicht über 3.100 DM und bei Verheirateten nicht über 6.200 DM inkl. Werbungskostenpauschbetrag liegen.

Freistellungsbetrag 1999

Die doppelte Haushaltsführung

Werden Sie nach Ihrer Heirat zum Wochenendpendler, weil Sie in die Wohnung des Ehegatten ziehen, sind die Kosten für doppelte Haushaltsführung wie Fahrten zum Arbeitsplatz und Heimfahrten nach neuer BFH-Rechtsprechung (VI R 58/95) für zwei Jahre abzugsfähig.

Fahrten zum Arbeitsplatz

Aufgrund der Zweijahresfrist für die Anerkennung der doppelten Haushaltsführung können alle Fahrten zum Arbeitsplatz und zusätzlich mehrere Heimfahrten (auch häufiger als einmal wöchentlich) mit der Entfernungspauschale von 0,80 DM pro Entfernungskilometer abgezogen werden.

Wenn dieser Abschnitt auf Sie zutrifft, finden Sie weitere Hinweise in Kapitel 4 unter dem Stichwort »Doppelte Haushaltsführung« (S. 191ff.).

Arbeitsverhältnisse unter Ehegatten bzw. zwischen nahen Angehörigen

Auch wenn Sie »nur« in einem Angestelltenverhältnis stehen, können Sie durch die Beschäftigung von Ehegatten bzw. nahen Angehörigen Steuern sparen, ohne dass diese Einkünfte bei den Zahlungsempfängern steuerpflichtig werden.

Dies trifft jedoch nicht für alle Branchen zu. Wenn Sie angestellter Kraftfahrer sind, wird Ihnen das Finanzamt nicht abnehmen, dass Ihre Ehefrau für Sie zu Hause Büroarbeiten erledigt.

Beschäftigung von Angehörigen

Als z. B. angestellter Handelsvertreter oder als Außendienstmitarbeit akzeptiert das Finanzamt jedoch jederzeit diese Möglichkeit.

Die Geltendmachung von Beschäftigungsverhältnissen zwischen Angehörigen ist vor allem für folgende Berufsgruppen interessant:

- ▶ Angestellte Handelsvertreter
- ▶ Versicherungskaufleute
- ▶ Angestellte im Marketingbereich
- ▶ Bankfilialleiter
- ▶ Außendienstmitarbeiter.

Kein Büroraum notwendig

Sie gilt kurz gesagt für alle etwas höheren Positionen und für Außendienstmitarbeiter, die nach Dienstschluss von zu Hause aus noch Abrechnungen, Büroarbeiten, Telefonate etc. zu erledigen haben.

Diese Tätigkeiten müssen dabei nicht in einem gesonderten Büro Ihrer Wohnung verrichtet werden. Auch wenn der angestellte Ehegatte Ihre Spesenabrechnungen in der Küche oder im Wohnzimmer erledigt, können Sie diese Tätigkeit als Werbungskosten abziehen und dadurch steuerliche Vorteile erhalten.

Entscheidend ist der richtige Vertrag

Voraussetzung für die steuerliche Anerkennung eines Ehegattenarbeitsverhältnisses (oder Arbeitsverhältnisses mit Kindern über 13 Jahren) ist, dass das Arbeitsverhältnis ernsthaft durchgeführt wird. Es muss ein Arbeitsvertrag zwischen den Parteien geschlossen werden, der einem Fremdvergleich standhält. Das heißt, der Vertrag muss Vereinbarungen wie unter fremden Dritten enthalten, sonst versagt die Finanzverwaltung die steuerliche Anerkennung.

Vereinbarungen wie unter fremden Dritten

Wehe, wenn das Finanzamt feststellt, dass der Arbeitnehmer-Ehegatte nicht zur Arbeitsleistung verpflichtet ist und das Arbeitsverhältnis nur zum Zweck der Steuerersparnis vorgetäuscht wurde. Dann unterstellt das Finanzamt ein Scheinarbeitsverhältnis, das als nichtig zu betrachten ist.

In dem Arbeitsvertrag müssen Stundenzahl, Arbeitszeiten und Entgelt sowie Urlaubsvereinbarungen und eventuell Weihnachtsgratifikation festgelegt werden. Die Zahlungen müssen regelmäßig erfolgen.

Weihnachtsgratifikation

Nach einer Entscheidung des Bundesverfassungsgerichtes vom 7.11.1995 müssen die Zahlungen jedoch nicht mehr auf ein gesondertes Girokonto des beschäftigten Arbeitnehmers gezahlt werden.

Sie können auch auf ein Oderkonto fließen, über das der andere, als Arbeitgeber zahlende Ehegatte ebenfalls eine Verfügungsmacht hat.

Der Arbeitgeber-Ehegatte setzt als Werbungskosten aus nichtselbstständiger Tätigkeit (oder bei Unternehmern als Betriebsausgaben) den gezahlten Arbeitslohn

---

✉ Muster: Arbeitsvertrag zwischen Ehegatten

Arbeitsvertrag

Zwischen ... *(vollständigen Namen unter Voranstellung der Anrede Frau oder Herr eintragen)*, im Folgenden als Arbeitgeber bezeichnet,

und ... *(vollständigen Namen unter Voranstellung der Anrede Frau oder Herr eintragen)*, im Folgenden als Arbeitnehmer bezeichnet,

wird die nachstehende Vereinbarung getroffen:

1. Beginn des Arbeitsverhältnisses

Das Arbeitsverhältnis beginnt am ... *(Datum der Arbeitsaufnahme angeben)* als ... *(Art der Tätigkeit eintragen)*.

Der Tätigkeitsbereich erstreckt sich auf die folgende Stellenbeschreibung ... *(die genaue Tätigkeiten angeben)*.

2. Arbeitsentgelt

Das monatliche Bruttoarbeitsentgelt beträgt ... DM *(Betrag des vereinbarten Arbeitslohns angeben)*. Das Arbeitsentgelt wird jeweils am letzten Tag eines Monats fällig. Die Zahlung wird bargeldlos auf das Girokonto des Arbeitnehmers, Kontonummer ... *(vollständige Kontonummer angeben)* bei der ... *(Art, Bezeichnung und Sitz des Kreditinstituts angeben, z.B. Kreissparkasse Löwenich)*, Bankleitzahl ... *(vollständige Bankleitzahl eintragen)* überwiesen.

Arbeitsentgelt

Regelung für den Krankheitsfall

3. Arbeitsverhinderung und Gehaltfortzahlung

Sieht sich der Arbeitnehmer wegen Krankheit oder sonstiger Gründe am Arbeitsantritt gehindert, ist der Arbeitgeber unverzüglich davon in Kenntnis zu setzen.

Bei Krankheit ist ein ärztliches Attest einzureichen. In diesen Fällen sowie bei Arbeitsverhinderung, die der Arbeitnehmer nicht zu vertreten hat, hat er einen Anspruch auf Gehaltfortzahlung in voller Höhe bis zu einer Dauer von ... *(Anzahl der Wochen angeben)* Wochen. Hierbei beginnt die Zählung mit dem ersten Tag der Arbeitsverhinderung.

Arbeitszeit

4. Arbeitszeit

Die wöchentliche Arbeitszeit beträgt ohne Einbeziehung der Pausen ... *(wöchentliche Arbeitszeit in Stunden eintragen)* Stunden.

Die Arbeit wird täglich um ... *(Uhrzeit des Arbeitsbeginns eintragen)* Uhr aufgenommen.

5. Urlaub

Der Arbeitnehmer hat Anspruch auf ... *(Anzahl der vereinbarten Urlaubstage eintragen)* Werktage Urlaub. Das Urlaubsjahr ist mit dem Kalenderjahr gleichzusetzen. Der Urlaubsantrag ist rechtzeitig zu stellen und mit dem Arbeitgeber unter Berücksichtigung der betrieblichen Erfordernisse abzugleichen.

6. Kündigungsfristen

Kündigung

Die Kündigungsfrist beträgt ... *(Anzahl der Wochen oder Monate unter Angabe des Zeitraums eintragen, z. B. drei Wochen oder zwei Monate)* zum Monatsende.

Ergeben sich aus tariflichen oder gesetzlichen Gründen für den Arbeitgeber längere Kündigungsfristen, so gelten diese auch für den Arbeitnehmer.

7. Nebenabreden und Änderung

Inhaltliche Änderungen des Vertrages sowie Nebenabreden bedürfen zu ihrer rechtlichen Wirksamkeit unbedingt der Schriftform. Diese Bestimmung kann weder stillschweigend noch mündlich aufgehoben werden.

Eine eventuelle Ungültigkeit von Vertragsbestimmungen im Einzelfall ist für die Wirksamkeit der übrigen Vertragsbestimmungen unschädlich.

_____ ... *(Ort und Datum)*

Arbeitnehmer: _____ ... *(eigenhändige Unterschrift)*

_____ ... *(Ort und Datum)*

Arbeitgeber: _____ ... *(eigenhändige Unterschrift oder die eines Bevollmächtigten)*

zuzüglich der gezahlten Sozialversicherungsbeiträge oder Pauschalsteuer in dem Jahr der Zahlung an. Diese Gestaltung ist umso lukrativer, je höher der Steuersatz ist.
Beispiel *Sie zahlen an Ihren Ehegatten 12 x 630 DM = 7.560 DM. Die an die Krankenkasse zu entrichtenden Sozialversicherungsbeiträge belaufen sich somit auf 1.663,20 DM (22 Prozent von 7.560 DM).*
Zusammen ergibt dies einen Werbungskostenabzug von 9.223,20 DM. Bei einem angenommenen Steuersatz von 35 Prozent beläuft sich die tatsächliche Steuerersparnis auf 3.228 DM. Bei einem hohen Steuersatz von 50 Prozent (der inkl. Kirchensteuer und Solidaritätszuschlag schnell erreicht ist) ergibt sich schon eine Steuerersparnis von 4.612 DM.

FAZIT: Beschäftigungsverhältnisse mit Ehegatten, Kindern oder Eltern im Ruhestand bleiben in vielen Fällen für die Beschäftigten steuerfrei, wenn sie sonst keine positiven Einkünfte haben! Beschäftigen Sie Ihre Kinder, müssen Sie darauf achten, dass der Ausbildungsfreibetrag nicht gefährdet ist. Dieser wird Ihnen um den Betrag gekürzt, um den die eigenen Einkünfte der Kinder jährlich 3.600 DM übersteigen.

Ausbildungsfreibetrag

Wann ist ein 630-Mark-Job noch steuerfrei?

Seit April 1999 kann der Arbeitslohn für eine geringfügige Beschäftigung (nach § 3 Nr. 39 EStG) steuerfrei ausgezahlt werden, wenn:
1. der Arbeitgeber die pauschalen Rentenversicherungsbeiträge von zwölf Prozent zahlt und der Arbeitnehmer sonst keine sonstigen positiven Einkünfte hat. Ehegatteneinkünfte des geringfügig Beschäftigten bleiben unberücksichtigt
2. der Arbeitgeber die pauschalen Rentenversicherungsbeiträge von zwölf Prozent sowie wegen zusätzlicher Einkünfte des Arbeitnehmers auch noch die pauschale Lohnsteuer von 20 Prozent zuzüglich Solidaritätszuschlag und Kirchensteuer übernimmt. Hier darf der durchschnittliche Stundenlohn nicht über 22 DM liegen. Jedoch wird kaum ein Arbeitgeber bereit sein, 45 Prozent Abgabenlast zu tragen.

Keine positiven Einkünfte

Welche pauschalen Abgaben zahlt der Arbeitgeber?

Sofern neben der geringfügigen Beschäftigung (630-Mark-Job) kein sozialversicherungspflichtiges Beschäftigungsverhältnis besteht, zahlt der Arbeitgeber vom Arbeitslohn zwölf Prozent Rentenversicherungsbeitrag.
Der Arbeitgeber muss zehn Prozent Krankenversicherungsbeiträge zahlen, wenn der Beschäftigte in der gesetzlichen Krankenversicherung versichert ist (inkl. Familienversicherung).

Pauschalbesteuerung

Kapitel 16: Für jeden die richtige Steuerstrategie

Antrag auf Erteilung einer Bescheinigung zur Steuerfreistellung des Arbeitslohns für ein geringfügiges Beschäftigungsverhältnis (630-DM-Arbeitsverhältnis)

2001

Weiße Felder bitte ausfüllen oder ☒ ankreuzen

Hinweise:

Eine Bescheinigung zur Steuerfreistellung des Arbeitslohns für ein geringfügiges Beschäftigungsverhältnis kann nur erteilt werden, wenn die Summe Ihrer anderen Einkünfte im Kalenderjahr nicht positiv ist. Zu den anderen Einkünften gehören alle positiven und negativen Einkünfte im Sinne des § 2 des Einkommensteuergesetzes (EStG). Hierzu zählen insbesondere der Arbeitslohn aus einem anderen Dienstverhältnis, der Ertragsanteil einer Rente, Zinseinnahmen nach Abzug des Werbungskostenpauschbetrags und des Sparerfreibetrags, Einkünfte aus selbständiger Tätigkeit, aus Gewerbebetrieb und aus Vermietung und Verpachtung. Zu den Einkünften gehören auch die Unterhaltszahlungen des geschiedenen Ehegatten, soweit dieser hierfür den Sonderausgabenabzug in Anspruch nehmen kann. Steuerfreie Einnahmen, wie z. B. Arbeitslosengeld, Erziehungsgeld und Sozialhilfe, gehören nicht zu den Einkünften; ebenso bleiben z. B. pauschal besteuerte Zuschüsse des Arbeitgebers zu den Aufwendungen für Fahrten zwischen Wohnung und Arbeitsstätte außer Ansatz. Dagegen sind pauschal besteuerte Arbeitslöhne aus geringfügigen Beschäftigungsverhältnissen in Abschnitt B unter den weiteren Beschäftigungsverhältnissen mitanzugeben. Einkünfte des Ehegatten werden nicht berücksichtigt und brauchen deshalb nicht angegeben zu werden.

Der Arbeitslohn für ein geringfügiges Beschäftigungsverhältnis kann zudem vom Arbeitgeber nur dann steuerfrei gezahlt werden, wenn er im jeweiligen Lohnzahlungszeitraum für den Arbeitslohn den pauschalen Arbeitgeberbeitrag zur Rentenversicherung in Höhe von 12 % zu entrichten hat.

Wird Ihnen aufgrund dieses Antrags eine Bescheinigung zur Steuerfreistellung des Arbeitslohns aus dem geringfügigen Beschäftigungsverhältnis ausgestellt und stellt sich nach Ablauf des Kalenderjahrs heraus, dass die Summe Ihrer anderen Einkünfte positiv ist, sind Sie nach § 46 Abs. 2 a EStG verpflichtet, eine Einkommensteuererklärung abzugeben.

Der Antrag ist bei Ihrem Wohnsitzfinanzamt einzureichen; bei Arbeitnehmern mit Wohnsitz im Ausland ist der Antrag bei dem für den Arbeitgeber zuständigen Finanzamt (Betriebsstättenfinanzamt) abzugeben.

Nach den Vorschriften der Datenschutzgesetze wird darauf hingewiesen, dass die Angabe der Telefonnummer freiwillig im Sinne dieser Gesetze ist und im übrigen die mit der Steuererklärung angeforderten Daten aufgrund der §§ 149 ff. der Abgabenordnung und des § 39 a Abs. 6 EStG erhoben werden.

Ⓐ Angaben zur Person

Familienname, Vorname | Geburtsdatum Tag Monat Jahr

Anschrift (Straße, Hausnummer, Postleitzahl, Ort)

Ausgeübter Beruf | Arbeitgeber (Name, Anschrift)

Verheiratet seit | Verwitwet seit | Geschieden seit | Dauernd getrennt lebend seit | Telefonische Rückfragen unter Nr.

Ich werde (ggf. zusammen mit meinem Ehegatten) zur Einkommensteuer veranlagt: | Ja, beim Finanzamt | Nein | Steuernummer

Ich habe für das Kalenderjahr **2001** bereits eine Bescheinigung zur Steuerfreistellung des Arbeitslohns für ein geringfügiges Beschäftigungsverhältnis erhalten: | Ja, beim Finanzamt | Nein | Steuernummer

Ⓑ Angaben zu den Einkünften

Der Arbeitslohn für dieses geringfügige Beschäftigungsverhältnis beträgt | DM monatlich.

Ich habe außer dem Arbeitslohn für dieses geringfügige Beschäftigungsverhältnis voraussichtlich keine anderen Einkünfte.

Ich beziehe aus weiteren Beschäftigungsverhältnissen Arbeitslohn in Höhe von | DM monatlich.

Ich habe im Kalenderjahr 2001 voraussichtlich folgende andere Einkünfte:

positive Einkünfte | DM, | negative Einkünfte | DM

Versicherung

Ich versichere, dass ich die Angaben in diesem Antrag wahrheitsgemäß nach bestem Wissen und Gewissen gemacht habe.

(Datum) | (Unterschrift des Antragstellers)

OFD Hmb Antrag u. Info 630 DM-Gesetz (2001) (xls) 10.2000

Steuerfreistellung des Arbeitslohns

Information zum 630 DM-Gesetz

Aufgrund des Gesetzes zur Neuregelung der geringfügigen Beschäftigungsverhältnisse besteht gemäß § 3 Nr. 39 Einkommensteuergesetz (EStG) unter den nachstehend aufgeführten Voraussetzungen **Steuerfreiheit** für Arbeitslohn, den Arbeitnehmer im Rahmen einer geringfügigen Beschäftigung im Sinne § 8 Abs. 1 Nr. 1 Sozialgesetzbuch IV (SGB) von ihrem Arbeitgeber beziehen.

I. Voraussetzungen für die Steuerfreiheit gem. § 3 Nr. 39 EStG

1. Es handelt sich um eine **geringfügige Beschäftigung** im Sinne § 8 Abs. 1 Nr. 1 Sozialgesetzbuch IV.

   Eine geringfügige Beschäftigung in diesem Sinne liegt vor, wenn

   die Beschäftigung **regelmäßig weniger als 15 Stunden in der Woche** ausgeübt wird und das **Arbeitsentgelt regelmäßig im Monat 630, – DM** nicht übersteigt.

2. Für den Arbeitgeber besteht Beitragsentrichtungspflicht nach § 168 Abs. 1 Nr. 1b SGB VI (geringfügig versicherungspflichtig Beschäftigte) oder nach § 172 Abs. 3 SGB VI (versicherungsfrei geringfügig Beschäftigte). Auskünfte zur Frage der Beitragspflicht erteilen die gesetzlichen Krankenkassen.

3. Die Summe der anderen Einkünfte[1] des Arbeitnehmers als diejenigen, die aus der geringfügigen Beschäftigung bezogen werden, ist nicht positiv.

II. Verfahren

Das Finanzamt bescheinigt auf **Antrag des Arbeitnehmers**, dass der Arbeitgeber Arbeitslohn für eine geringfügige Beschäftigung **steuerfrei auszuzahlen hat (Freistellungsbescheinigung gem. § 39 a Abs. 6 EStG)**. Es führt für den Arbeitnehmer eine **Veranlagung** durch, wenn sich nach Ablauf des Kalenderjahres herausstellt, dass die Voraussetzungen für die Steuerfreiheit nicht vorgelegen haben.

Der Arbeitgeber darf Arbeitslohn für eine geringfügige Beschäftigung nur dann steuerfrei auszahlen, wenn ihm eine Bescheinigung des Finanzamts zur Freistellung des Arbeitslohns für ein geringfügiges Beschäftigungsverhältnis **(Freistellungsbescheinigung)** vorliegt. Er hat auf der vom Finanzamt erteilten Bescheinigung eine Lohnsteuerbescheinigung vorzunehmen und diese mit Stempel und Unterschrift zu versehen.

Ferner hat er dem Arbeitnehmer die Lohnsteuerbescheinigung nach Ablauf des Kalenderjahres oder - wenn das Dienstverhältnis vor Ablauf des Kalenderjahres beendet wird – nach dessen Beendigung auszuhändigen (§ 41 b Abs. 1 Sätze 4 u. 5 EStG). In den übrigen Fällen hat er die Lohnsteuerbescheinigung dem **Betriebsstättenfinanzamt** einzureichen.

Der Arbeitnehmer hat die ausgefüllte Lohnsteuerbescheinigung des Arbeitgebers einer etwaigen Einkommensteuererklärung beizufügen.

Für den Fall, dass der Arbeitnehmer eine Freistellungsbescheinigung seines Finanzamts nicht vorlegt, hat der Arbeitgeber den Lohnsteuerabzug anhand einer vom Arbeitnehmer vorzulegenden Lohnsteuerkarte oder - sofern die Voraussetzungen des § 40 a EStG vorliegen – p a u s c h a l vorzunehmen.

Sofern dem Arbeitgeber die Freistellungsbescheinigung zugeleitet wurde, ist die zusätzliche Vorlage einer Lohnsteuerkarte nicht erforderlich.

---

[1] Hierzu lesen Sie bitte die umseitigen "Hinweise".

OFD Hmb Information zum 630 DM-Gesetz
(Stand: Oktober 2000)

441

Kann der Arbeitgeber dem Beschäftigten die pauschalen Abgaben »aufbrummen«?

Besondere Vereinbarungen

Die pauschalen Sozialversicherungsabgaben des Arbeitgebers dürfen nicht auf den Beschäftigten abgewälzt werden, zahlungspflichtig bleibt allein der Arbeitgeber. Allerdings entscheidet der Arbeitsvertrag, wie viel dem Beschäftigten netto ausgezahlt wird. Der Arbeitgeber kann (wenn der Beschäftigte mitspielen sollte) ein beliebiges Nettoentgelt vereinbaren, um so einen Ausgleich für die Pauschalabgaben zu erreichen.

Wie beantragen Sie Steuerfreiheit für den 630-Mark-Job?

Freistellungsbescheinigung

Der Arbeitnehmer besorgt sich bei seinem Wohnsitzfinanzamt einen Freistellungsantrag (amtliches Formular). Im Formular sind neben den persönlichen Daten und der Höhe des voraussichtlichen Arbeitslohnes aus der geringfügigen Beschäftigung auch die sonstigen voraussichtlichen Einkünfte wahrheitsgemäß einzutragen.

Das Finanzamt erteilt für die geringfügige Beschäftigung eine Freistellungsbescheinigung, wenn keine sonstigen positiven Einkünfte vorliegen. Hier werden auch negative Einkünfte (Verluste) aus anderen Einkunftsarten berücksichtigt, Einkünfte des Ehegatten sind unerheblich.

Der Arbeitgeber darf den Arbeitslohn nur steuerfrei auszahlen, wenn ihm rechtzeitig die Freistellungsbescheinigung des Finanzamtes vorgelegt wird, die zur Zeit immer nur für ein Jahr gültig ist. Weitere Voraussetzung ist, dass der Arbeitgeber die pauschalen Rentenversicherungsbeiträge von zwölf Prozent bezahlt. Der Freistellungsantrag muss bis zum 30.11. des betreffenden Jahres beim Finanzamt eingereicht werden.

Was zählt bei 630-Mark-Jobs zu den anderen Einkünften?

Keine sonstigen positiven Einkünfte

Im Zusammenhang mit den 630-Mark-Jobs ist immer wieder die Rede davon, dass der Arbeitnehmer keine sonstigen positiven Einkünfte mehr haben darf. Mit »positiv« ist gemeint, dass sich die Summe der Einkünfte aus einer Einkunftsart errechnet, aus den Einnahmen abzüglich der Betriebsausgaben oder Werbungskosten. Die Summe ergibt dann die Einkünfte, die »negativ« (Verluste) oder »positiv« (Gewinne) ausfallen können.

Zu berücksichtigen sind dabei Einkünfte

- ▶ aus Gewerbebetrieben,
- ▶ aus selbstständiger Tätigkeit (z. B. bei Freiberuflern),
- ▶ aus weiteren Dienstverhältnissen,
- ▶ aus Vermietung und Verpachtung,
- ▶ aus Kapitalvermögen (nach Abzug von Sparerfreibetrag und Werbungskostenpauschbetrag),

Zusätzliche Einkünfte bei Studenten

- aus dem Ertragsanteil aus Renten (gesetzlich oder privat),
- aus Unterhaltsleistungen des geschiedenen Ehegatten (aber nur, wenn dieser den Sonderausgabenabzug wählt).

Unterhaltsleistungen

Wichtig ist dabei, dass »positive« und »negative« Einkünfte saldiert werden können. Selbst wenn aus einer Einkunftsart positive Einkünfte vorliegen, können diese durch Verluste aus einer anderen Einkunftsart neutralisiert werden.

Was zählt bei 630-Mark-Jobs nicht zu den anderen Einkünften?

Steuerfreie Einnahmen müssen im Freistellungsantrag nicht erwähnt werden. Hierzu gehören:
- Vom Arbeitgeber pauschal besteuerter Arbeitslohn (Fahrtkostenzuschüsse, Zukunftssicherungsleistungen)
- Unterhaltsleistungen des geschiedenen Ehegatten, wenn dieser keinen Sonderausgabenabzug wählt (Realsplitting) oder die Aufwendungen als außergewöhnliche Belastung abzieht.
- Mutterschaftsgeld
- Wohngeld
- Bafög-Zuschüsse und Bafögdarlehen.

Steuerfreie Einnahmen

Nicht berücksichtigt werden Einkünfte des Ehegatten. Es ist also auch nicht möglich, eigene positive mit negativen Einkünften des Partners zu neutralisieren.

Müssen Studenten, die Bafög erhalten, auf ihren 630-Mark-Job Steuern zahlen?

Eine geringfügige Beschäftigung bis 630 DM monatlich ist für Studenten, die Bafög erhalten, steuerfrei. Grund ist, dass es sich bei diesen staatlichen Zahlungen um steuerfreie Einnahmen handelt. In dem Freistellungsantrag für das Finanzamt aber sind nur die steuerpflichtigen Einkünfte einzutragen.

Studenten mit Bafög

Der 630-Mark-Job kann folglich steuerfrei ausgezahlt werden, wenn der Arbeitgeber die pauschalen Rentenversicherungsbeiträge von zwölf Prozent bzw. zehn Prozent Krankenversicherungsbeitrag zahlt. Letzteres trifft aber nur zu, wenn der Student gesetzlich kranken- oder familienversichert ist.

Gibt es auch noch die Pauschalversteuerung durch den Arbeitgeber?

Der Arbeitgeber hat auch jetzt noch die Möglichkeit der Lohnsteuerpauschalierung für geringfügig Beschäftigte (nach § 40 a EStG). Voraussetzung ist aber, dass die Arbeitszeit- und Arbeitslohngrenzen eingehalten werden.

Kapitel 16: Für jeden die richtige Steuerstrategie

Grenzen für Arbeitszeit und Stundenlohn	Hierfür gelten folgende Werte:

Monatlicher Arbeitslohn bundeseinheitlich höchstens 630 DM
Wöchentlicher Arbeitslohn höchstens 147 DM
Durchschnittlicher Stundenlohn höchstens 22 DM

Die pauschale Lohnsteuer beträgt 20 Prozent vom Arbeitslohn zuzüglich 5,5 Prozent Solidaritätszuschlag und sieben Prozent Kirchensteuer von der pauschalen Lohnsteuer.

Die pauschale Lohnsteuer für Aushilfskräfte in der Land- und Forstwirtschaft beträgt weiterhin (nach § 40 a Abs. 3 EStG) fünf Prozent vom Arbeitslohn zuzüglich Solidaritätszuschlag und Kirchensteuer.

Lohnsteuerpauschalierung

Bei der Lohnsteuerpauschalierung sind mehrere geringfügige Beschäftigungsverhältnisse nicht zusammengerechnet. Hier werden auch die Arbeitszeit- und Arbeitslohngrenzen für jede Tätigkeit getrennt behandelt.

Es werden jedoch wenige Arbeitgeber bereit sein, den Arbeitslohn pauschal lohnzuversteuern, da diese Steuern zuzüglich zu den pauschalen Sozialversicherungsbeiträgen zu zahlen sind, um den Arbeitslohn steuerfrei auszahlen zu können.

Die Lohnsteuerpauschalierung durch den Arbeitgeber wäre jedoch für den Arbeitnehmer günstig, bei dem eine Steuerfreistellung der geringfügigen Beschäftigung wegen anderer positiver Einkünfte ausscheidet.

Besteuerung kurzfristiger Beschäftigungsverhältnisse (Saisonarbeiter)

Pauschale Lohnsteuer von 25 Prozent

Für die kurzfristig Beschäftigten hat sich steuerlich nichts geändert. Das Beschäftigungsverhältnis bleibt für den Arbeitnehmer steuerfrei, wenn der Arbeitgeber eine pauschale Lohnsteuer von 25 Prozent auf den Arbeitslohn zuzüglich Solidaritätszuschlag und eventuell Kirchensteuer abführt. Der Arbeitnehmer muss auch weiterhin keine Lohnsteuerkarte vorlegen.

Voraussetzungen

Die Voraussetzungen für ein kurzfristiges Beschäftigungsverhältnis sind:

Erntehelfer
▶ Der Arbeitnehmer wird nur gelegentlich, aber nicht regelmäßig beschäftigt; z. B. Erntehelfer, die nur während der Erntesaison beschäftigt werden.
▶ Der durchschnittliche Arbeitslohn während der beschäftigungsdauer übersteigt nicht den Betrag von 22 DM je Arbeitsstunde.
▶ Die Beschäftigungsdauer übersteigt nicht 18 zusammenhängende Arbeitstage.

120 DM pro Tag
▶ Der Höchstlohn je Arbeitstag beträgt durchschnittlich 120 DM.
▶ Die Beschäftigung wird zu einem unvorhergesehenen Zeitpunkt sofort erforderlich – dann ist auch der durchschnittliche Tageslohn für die Lohnsteuerpauschalisierung unbeachtlich.

Müssen kurzfristig Beschäftigte Sozialversicherungsbeiträge zahlen?

Ein kurzfristiges Beschäftigungsverhältnis bleibt unabhängig von der Verdiensthöhe sozialversicherungsfrei, wenn die Beschäftigung auf max. zwei Monate oder 50 Arbeitstage begrenzt ist. Der Zweimonatszeitraum umfasst eine Tätigkeit an mindestens fünf Wochentagen. Ansonsten gilt die Grenze von 50 Arbeitstagen.

Höchstzeit zwei Monate

Begrenzungen
Die Beschäftigung darf vertraglich höchstens auf ein Jahr begrenzt ausgerichtet sein und nicht berufsmäßig ausgeübt werden. Ist letzteres der Fall, und das Arbeitsentgelt übersteigt monatlich 630 DM, entsteht Sozialversicherungspflicht.

Wann muss der Arbeitnehmer dem Arbeitgeber seine Lohnsteuerkarte vorlegen?

Dem Arbeitnehmer bleibt eine Steuerfreistellung (nach § 3 Nr. 39 EStG) versagt, wenn die Summe seiner anderen Einkünfte positiv ist.
Bei anderen positiven Einkünften muss dem Arbeitgeber eine Lohnsteuerkarte vorgelegt werden.

Zweite Lohnsteuerkarte
Handelt es sich um ein zweites Anstellungsverhältnis, muss eine zweite Lohnsteuerkarte mit der Lohnsteuerklasse VI bei der zuständigen Gemeinde (nicht dem Finanzamt!) beantragt werden.
Der Arbeitnehmer muss dem Arbeitgeber auch dann eine Lohnsteuerkarte vorlegen, wenn er eigentlich die Voraussetzungen für eine Steuerfreistellung erfüllt, jedoch versäumt hat, rechtzeitig die Freistellungsbescheinigung zu beantragen.

Lohnsteuerklasse VI

Firmenfahrzeug richtig nutzen

Wie sich die Benutzung eines Firmenwagens auf Ihre Werbungskosten auswirkt, das wurde bereits in Kapitel 4 ausführlich erläutert. Für die Gestaltung der Benutzung von Firmenwagen sind aber ein paar Sonderfälle interessant. Durch sie lässt sich vermeiden, dass im Hinblick auf das vom Arbeitgeber gestellte Firmenfahrzeug zu viel Privatnutzung zu versteuern ist.
Hier gibt es einige neue und interessante Punkte: Das Bundesfinanzministerium hat (im BMF-Schreiben vom 19. und vom 28.5.1996) zu der Versteuerung des geldwerten Vorteils bei Privatnutzung des vom Arbeitgeber gestellten Firmen-Pkws wie folgt Stellung bezogen:

▶ **Geldwerter Vorteil**

Höchstens fünf Kalendertage — Der Ansatz eines vollen Monatsbetrages von einem Prozent des Listenpreises als geldwerter Vorteil entfällt, wenn der Arbeitnehmer das Firmenfahrzeug einen vollen Monat nicht gefahren hat, oder wenn ihm das Fahrzeug nur hin und wieder, jedoch für nicht mehr als höchstens fünf Kalendertage im Monat zur Verfügung steht. In diesem Fall wird die Nutzung für Privatfahrten sowie für Fahrten zwischen der Wohnung und der Arbeitsstätte für jeden angefangenen Kilometer nur mit 0,001 Prozent des Listenpreises erfasst.

▶ **Nur für Dienstfahrten**

Keine Privatnutzung — Wird dem Arbeitnehmer das Firmenfahrzeug nur für dienstliche Fahrten von seiner Wohnung aus überlassen (z. B. für Bereitschaftsdienste), entfällt die Versteuerung der Fahrten zwischen Wohnung und Arbeitsstätte.

▶ **Privatnutzung untersagt**

Untersagt der Arbeitgeber dem Arbeitnehmer die Privatnutzung des Firmen-Pkws, dann entfällt die Versteuerung des geldwerten Vorteils. Allerdings muss dann auch dieses Verbot vom Chef überwacht werden, und es muss ein lückenloses Fahrtenbuch geführt werden.

▶ **Autotelefon**

Autotelefon — Die Kosten für ein Autotelefon gehören nicht in die Bemessungsgrundlage für die Einprozentregelung.

Steuerfrei mehr Gehalt – davon profitiert auch Ihr Chef

Pauschale Lohnsteuer — Falls Sie mit Ihrem Arbeitgeber um eine Gehaltserhöhung feilschen, so gibt es Zuwendungen, die er Ihnen lohnsteuer- oder auch sozialversicherungsfrei auszahlen kann. Für Sie heißt das praktisch, es gibt brutto für netto. Solche Leistungen sind auch im Sinne des Arbeitgebers. Denn er spart damit seinen Anteil an den Sozialversicherungsbeiträgen. Er muss nur eine pauschale Lohnsteuer zuzüglich Kirchensteuer und z. Zt. Solidaritätszuschlag entrichten.

Lohnsteuer- und sozialversicherungsfreie Zuwendungen

Vom Arbeitgeber mit 15 Prozent versteuert (zzgl. Kirchensteuer u. Solizuschlag)
▶ **Echte Fahrtkostenzuschüsse** (zusätzlich zum ohnehin geschuldeten Arbeitslohn) für Fahrten mit dem Pkw zwischen Wohnung und Arbeitsstätte bis zu dem Betrag, der auch als Werbungskosten abzugsfähig wäre (siehe Fahrtkosten Arbeitnehmer).

- **Unfallkosten** Der Arbeitgeber kann dem Arbeitnehmer sogar eventuelle Unfallkosten (auf der Fahrt zwischen Wohnung und Arbeitsstätte oder auf Dienstreisen) ersetzen.
- **Fahrtkostenzuschüsse** Bei einem eigenen Kfz können Kosten in Höhe der Entfernungspauschale (s. Kapitel 4) erstattet werden. Diese Fahrtkostenzuschüsse können sogar an pauschal versteuerte Aushilfen gezahlt werden, wenn dadurch die Höhe der Grenzwerte (630 DM) nicht überschritten wird. *Bis zur Entfernungspauschale*
- **Unentgeltliche oder teilentgeltliche** Überlassung eines Arbeitgeber-Pkw für Fahrten zwischen Wohnung und Arbeitsstätte (LStR 31 Abs. 9) bei Behinderten mit den tatsächlichen Kosten und bei anderen Arbeitnehmern bis zur Höhe der Entfernungspauschale für Arbeitnehmer (s. Kapitel 4) und Arbeitstag. Hier werden aus Vereinfachungsgründen 15 Arbeitstage pro Monat gerechnet.

Der Differenzbetrag zwischen den derzeit gültigen Pauschalen und den pauschal versteuerten Fahrtkostenzuschüssen kann dann in der Einkommensteuererklärung als Werbungskosten bei den Fahrten zwischen Wohnung und Arbeitsstätte bzw. bei den sonstigen Werbungskosten angesetzt werden.

Vom Arbeitgeber mit 20 Prozent versteuert (zuzüglich Kirchensteuer und Solidaritätszuschlag, nach § 40 b EStG)

- **Beiträge für eine Direktversicherung** für den Arbeitnehmer können nach § 40 b Abs. 1 und 2 EStG bis zu 3.408 DM pro Jahr mit 20 Prozent pauschal versteuert werden. Falls Sie von Ihrem Arbeitgeber keine solche Vergünstigung zusätzlich zum Gehalt bekommen, dann können Sie auch von sich aus Teile Ihres Gehalts umwandeln und in eine Direktversicherung einzahlen (s. BMF-Schreiben Az: IV C 5-S2373-20/01). *Direktversicherung*

Bei den Direktversicherungen darf der Arbeitgeber arbeitsrechtlich im Innenverhältnis die pauschale Lohnsteuer von 20 Prozent zuzüglich Solidaritätszuschlag und pauschaler Kirchensteuer auf den Arbeitnehmer abwälzen. *Pauschale Lohnsteuer von 20 Prozent*

Seit April 1999 mindert diese vom Arbeitnehmer gezahlte Pauschalsteuer jedoch nicht mehr das steuerpflichtige Bruttoeinkommen, sondern zählt als steuerpflichtiger Arbeitslohn.

Dies bedeutet, dass der Arbeitnehmer Steuern und Sozialversicherungsbeiträge auf die von ihm bereits gezahlte Pauschalsteuer zahlt (geregelt in § 40 Abs. 3 sowie § 40 b EStG).

Grenzwert 3.408 DM jährlich

Pauschalierungsfähig sind bei einer Direktversicherung nur Beiträge von z. Zt. (2001) 3.408 DM jährlich je Arbeitnehmer. Sind die Beiträge für eine Versicherung höher als 3.408 DM jährlich, dann ist der übersteigende Betrag der normalen Lohnsteuer des Arbeitnehmers zu unterwerfen.

Gruppenunfall-versicherung

▶ Eine Gruppenunfallversicherung von bis zu 120 DM jährlich für jeden Arbeitnehmer bleibt ebenfalls (nach § 129 Abs. 13 LStR) für den Arbeitnehmer lohnsteuer- und sozialversicherungsfrei, da der Arbeitgeber diese Gruppenunfallversicherung pauschal mit 20 Prozent versteuern kann.

Vom Arbeitgeber mit 25 Prozent versteuert (zuzüglich Kirchensteuer und Solidaritätszuschlag, nach § 40 Abs. 2 Nr. 3 EStG)

▶ **Erholungsbeihilfen**

Der Arbeitgeber kann Ihnen Erholungsbeihilfen zahlen. Dafür muss allerdings sichergestellt sein, dass diese Beihilfen auch wirklich zu Erholungszwecken genutzt werden. Pauschal versteuern kann der Arbeitgeber jedes Jahr einen Betrag in Höhe von 300 DM für den Arbeitnehmer zuzüglich 200 DM für den Ehegatten sowie 100 DM für jedes Kind des Arbeitnehmers. Durch diese Regelung können Sie Ihr Urlaubstaschengeld jährlich brutto für netto erhalten.

Urlaubstaschengeld

▶ **Spesenerstattungen durch den Arbeitgeber**

Vergütungen, die der Arbeitgeber dem Arbeitnehmer für Verpflegungsmehraufwendungen bei Dienstreisen, Einsatzwechseltätigkeit und Fahrtätigkeit zahlt, kann Ihnen Ihr Chef bis zur Höhe der amtlichen Pauschbeträge sowieso steuerfrei ersetzen.

Spesenerstattung

Sofern die Spesenerstattungen um nicht mehr als 100 Prozent die gültigen Pauschbeträge übersteigen, können diese Vergütungen für Sie steuerfrei bleiben, wenn der Arbeitgeber die über den Pauschsätzen liegenden Beträge mit 25 Prozent pauschal versteuert.

Beispiel Sie tätigen eine Dienstreise mit 14-stündiger Abwesenheit. Der anzusetzende Pauschbetrag liegt in diesem Fall bei 20 DM. Ihr Arbeitgeber erstattet Ihnen für diese Reise 35 DM. Hiervon muss Ihr Chef 15 DM pauschal mit 25 Prozent versteuern. Für Sie bleibt die Erstattung des Arbeitgebers steuerfrei (siehe hierzu auch die Seiten 171 bis 179).

PC-Zuwendungen vom Chef

PC-Geschenke vom Arbeitgeber Wenn Ihr Chef Ihnen einen PC schenkt oder verbilligt übereignet, kann dieser geldwerte Vorteil mit 25 Prozent Steuern abgegolten werden. Das Gleiche gilt für PC-Zubehör und Internetzugang. Zuschüsse des Arbeitgebers für die Aufwendungen des Arbeitnehmers für die Internetnutzung können ebenfalls mit 25 Prozent pauschal versteuert werden, sofern die Zuschüsse zusätzlich zum ohnehin geschuldeten Arbeitslohn gezahlt werden (§ 40 Abs. 2 Nr. 5 EStG).

Kurzfristige Beschäftigung

Kurzfristige Beschäftigung Sind Sie nur kurzfristig in der Firma beschäftigt, kann der Arbeitgeber Ihre Lohnsteuer mit 25 Prozent pauschal abführen (§ 40 a Abs. 1 EStG). Voraussetzungen:

Höchstdauer zusammenhängende Arbeitstage	18 Tage
Höchstlohn je Arbeitstag im Durchschnitt	120,00 DM
Höchstlohn je Arbeitsstunde im Durchschnitt	22,05 DM

Weitere lohnsteuer- und sozialversicherungsfreie Zuwendungen

Auf die folgenden Punkte sollten Sie Ihren Arbeitgeber unbedingt ansprechen. Denn nicht nur Sie als Arbeitnehmer profitieren, sondern auch der Arbeitgeber hat etwas von den lohnsteuer- und sozialversicherungsfreien Zuwendungen! Voraussetzung dafür ist allerdings, dass die Zuwendungen zusätzlich zum ohnehin geschuldeten Arbeitslohn gezahlt werden.   *An den Arbeitgeber wenden*

Je nachdem, wie lange Sie bei einem Unternehmen tätig waren, haben Sie in der Regel Anspruch auf eine Entlassungsabfindung. Diese muss versteuert werden. Es gelten jedoch folgende Freibeträge:

Entlassungsabfindungen für Arbeitnehmer

Freibetrag in jedem Fall (nach § 3 Nr. 9 EStG)	16.000 DM
Freibetrag ab 50 Jahre und Dienstverhältnis 15 Jahre	20.000 DM
Freibetrag ab 55 Jahre und Dienstverhältnis 20 Jahre	24.000 DM

Die Arbeitnehmerabfindung aus einem früheren Arbeitsverhältnis wird nicht auf das Arbeitslosengeld angerechnet.   *Arbeitnehmerabfindung*

Heiratsbeihilfen

Je Elternteil (nach § 3 Nr. 15 EStG)	700 DM

Geburtsbeihilfen

Je Elternteil (nach § 3 Nr. 15 EStG)	700 DM

Jobtickets (nach § 3 Nr. 34 EStG)

Es können steuer- und sozialversicherungsfreie Zuschüsse für die Fahrten zwischen Wohnung und Arbeitsstätte mit öffentlichen Verkehrsmitteln gezahlt werden. Die Zuschüsse müssen zusätzlich zum ohnehin geschuldeten Arbeitslohn gezahlt werden.

Als Nachweis für die Auszahlung des steuerfreien Zuschusses an den Arbeitnehmer genügt dem zuständigen Finanzamt normalerweise die Erklärung des Arbeitnehmers, dass er öffentliche Verkehrsmittel für die täglichen Fahrten zwischen seiner Wohnung und seiner Arbeitsstätte nutzt und hierfür einen bestimmten Geldbetrag ausgibt. Diese Erklärung muss dem Lohnkonto beigefügt werden.   *Öffentliche Verkehrsmittel*

In einigen Bundesländern werden jedoch auch Belege in Form von Fahrkarten oder Monatskarten als Nachweis gefordert, die dann ebenfalls dem Lohnkonto beizufügen sind.

Barlohnanspruch	**Expertentipp:** Falls bei Neueinstellung oder anlässlich einer fällig werdenden Gehaltserhöhung steuer- und sozialversicherungsfreie Zuschüsse vereinbart werden, ist dies für beide Parteien sinnvoll. Wichtig ist, dass ein Barlohnanspruch (z. B. Weihnachtsgeld, falls vereinbart) nicht in eine steuer- und sozialversicherungsfreie Zuwendung umgewandelt werden kann.

Die Fahrtberechtigung für das Jobticket kann sogar über die Strecke zwischen Wohnung und Arbeitsstätte hinausgehen. Sie muss aber mindestens diese Strecke beinhalten.

Privatnutzung des Jobtickets

Auch wenn das Jobticket vom Arbeitnehmer privat genutzt wird, bleibt die Steuerfreiheit erhalten.

Bahncard	**TIPP** Prüfen Sie, ob zum Beispiel eine Bahncard der Bundesbahn interessant für Sie sein könnte. Diese kann problemlos auch für private Fahrten genutzt werden, ohne dass dies steuerschädlich wäre.

Kindergartenzuschuss (nach § 3 Nr. 33 EStG)

Arbeitgeberleistungen für die Unterbringung und Betreuung nicht schulpflichtiger Kinder des Arbeitnehmers in Kindergärten oder vergleichbaren Einrichtungen sind steuer- und sozialversicherungsfrei. Dies gilt ebenfalls für die entgeltliche Betreuung des Kindes durch andere Mütter in deren Haushalt.

Arbeitgeberdarlehen

Mindestens sechs Prozent

Einige Großbetriebe gewähren den Arbeitnehmern zinsgünstige Darlehen. Wenn der Effektivzins niedriger ist als 5,5 Prozent (Abschnitt 31 Abs. 11 LStR), ensteht für diesen Zinsvorteil für den Arbeitnehmer steuerpflichtiger Arbeitslohn. Die Zinsvorteile sind als Sachbezüge beim Arbeitnehmer zu versteuern, wenn die Summe der noch nicht getilgten Darlehen am Ende des Lohnzahlungszeitraumes 5.000 DM übersteigt.

Zinsvorteile

Haben Sie vor dem 1.1.1989 ein Arbeitgeberdarlehen für den Erwerb selbst genutzten Wohneigentums erhalten, so gilt für diese Altfälle eine Übergangsregelung, wonach die lohnsteuer- und sozialversicherungsfreien Vorteile bis zum Jahr 2000 weiter gewährt werden. Voraussetzung: Sie dürfen nicht über die im Jahr 1988 gewährten Vorteile hinausgehen. Dies betrifft Zinsvorteile (bei einem Zinssatz unter vier Prozent p. a.) und Zinszuschüsse bis zu 2.000 DM soweit diese zum ohnehin geschuldeten Arbeitslohn gezahlt werden.

Steuerfreie Sachbezüge
Sachbezüge, die der Arbeitnehmer vom Arbeitgeber erhält, bleiben bis zu einem Betrag von monatlich 50 DM lohnsteuerfrei. Diese Kleinbetragsgrenze betrifft z. B. Rabatte, die der Arbeitnehmer im Rahmen des Dienstverhältnisses erhält. Es sind aber in dieser Betragshöhe auch steuerfreie Zuschüsse des Arbeitgebers wie z. B. zum häuslichen Telefon- oder Internetanschluss des Arbeitnehmers möglich.

Private Nutzung von betrieblichen Kommunikationseinrichtungen
Nutzt der Arbeitnehmer PC, Fax und Telefon des Arbeitgebers auch für private Zwecke, sind die Vorteile daraus nach § 3 Nr. 45 EStG steuerfrei. Das Gleiche gilt für die Internetnutzung am betrieblichen PC.

Bonusprogramme
Sachprämien aus Bonusprogrammen von Unternehmen bleiben für den Arbeitnehmer nach § 3 Nr. 38 EStG ebenfalls bis zu einem Betrag von 2.400 DM jährlich steuerfrei (wie zum Beispiel das »Miles & More«-Bonusprogramm der Lufthansa oder anderer Fluggesellschaften). Wenn diese Prämien aus Bonusprogrammen dem

Kundenbindungsprogramme

Übersicht Pauschalierungsmöglichkeiten		
Arbeitslohn	**Gesetzliche Vorschrift**	**Pauschalsteuersatz**
Mahlzeiten im Betrieb	§ 40 Abs. 2 Satz 1 Nr. 1 EStG	25 %
Steuerpflichtige Zuwendungen bei Betriebsveranstaltungen	§ 40 Abs. 2 Satz 1 Nr. 2 EStG	25 %
Erholungsbeihilfen	§ 40 Abs. 2 Satz 1 Nr. 3 EStG	25 %
Steuerpflichtige Reisekostenerstattung	§ 40 Abs. 2 Satz 1 Nr. 4 EStG	25 %
Fahrtkostenzuschuss	§ 40 Abs. 2 Sätze 2 und 3 EStG	15 %
Geringfügig Beschäftigte	§ 40 a Abs. 2 EStG	*
Aushilfen, kurzfristig Beschäftigte	§ 40 a Abs. 1 EStG	25 %
Beiträge zu Direktversicherungen, Pensionskassen, Gruppenunfallversicherungen	§ 40 b Abs. 1, 2 und 3 EStG	20 %
Kundenbindungsprogramme Pauschalbesteuerung durch Prämienanbieter (z. B. Lufthansa)	§ 37 a EStG	maximal DM 2.400

Fahrtkostenzuschuss

* seit 1.4.1999 12 % Rentenversicherung und 10 % Krankenversicherung, wenn der Beschäftigte in der gesetzlichen Krankenversicherung ist; zusätzliche Pauschalversteuerung von 20 % durch den Arbeitgeber ist weiterhin möglich, wenn die Beschäftigung sonst für den Arbeitnehmer steuerpflichtig würde

Arbeitnehmer zur privaten Nutzung zur Verfügung gestellt werden, kann dieser geldwerte Vorteil vom Anbieter der Prämien (nicht vom Arbeitgeber selbst) pauschal mit zwei Prozent versteuert werden. Werden die Prämien jedoch wieder beruflich eingesetzt, liegt kein steuerpflichtiger Arbeitslohn vor.

Aufmerksamkeiten

Geschenke Geburtstagsgeschenke oder andere nette, kleine Aufwendungen des Arbeitgebers bis zu 60 DM werden dem Arbeitslohn nicht hinzugerechnet (Abschn. 73 Abs. 1 Satz 3 LStR).

Zuschläge für Sonntags-, Feiertags- und Nachtarbeit
Nach § 3 b EStG bleiben folgende Zuschläge zum Grundarbeitslohn steuerfrei:

Tage/Schichten	Höhe der steuerfreien Zuschläge zum Grundlohn in %
Sonntage	bis 50
Gesetzliche Feiertage	bis 125
31.12. ab 14 Uhr	bis 125
Weihnachten (24.12. ab 14 Uhr), 25./26.12. und am 01.05.	bis 150
Nachtarbeit von 20- 6 Uhr morgens, wenn Arbeitsaufnahme vor 0 Uhr für die Zeit von 0–4 Uhr morgens	bis 40
Nachtarbeit von 20–24 Uhr sowie 4–6 Uhr morgens	bis 25

Tipps für Selbstständige und Arbeitnehmer mit selbstständigen Einkünften

Es ist nicht möglich, in diesem Buch alle Steuerarten zu erwähnen, mit denen ein Unternehmer in Deutschland belastet wird. Wir wollen uns deshalb nur den Möglichkeiten zuwenden, die zu Ihrer legalen Einkommensteuerminimierung führen können. Diese Einkommensteuerminimierung erhalten Sie als Betriebsinhaber

Niedriger Unternehmensgewinn dann, wenn Ihr Unternehmensgewinn niedrig ausfällt. Gleichzeitig sinkt damit auch Ihre Gewerbeertragsteuer. Durch geschickte Gestaltung lassen sich auch Unternehmenssteuern senken. Das aber ist abhängig vom Unternehmen – darüber sollten Sie mit Ihrem Steuerberater sprechen. Im Rahmen dieses Kapitels können wir nur Selbstständige ansprechen, die eine Einzelfirma oder eine Gesellschaft bürgerlichen Rechts betreiben. Andere Gesellschaftsformen wie Kapitalgesellschaften (GmbH,

Gesellschaftsform AG) sowie Personengesellschaften in Form einer oHG oder GmbH & Co. KG werden hier nicht behandelt, da für diese Unternehmen ohnehin die laufende Unterstützung eines Steuerberaters erforderlich und normalerweise vorhanden ist.

> **Grundregel**
> Maximieren Sie Ihre Betriebsausgaben!

Sind Sie selbstständig oder gewerblich tätig (haupt- oder nebenberuflich), ermitteln Sie Ihren Gewinn oder Verlust durch die Gegenüberstellung von Betriebseinnahmen und Betriebsausgaben. Das Ergebnis sind die Einkünfte aus selbstständiger oder gewerblicher Tätigkeit.

Sie können eventuell mit anderen Einkunftsarten verrechnet werden. Als erfolgreicher Unternehmer sind Sie an hohen Umsätzen interessiert, jedoch weniger an hohen Steuernachzahlungen. *Hohe Umsätze*

Daher liegen die Gestaltungsmöglichkeiten bei den Betriebsausgaben, die Ihren steuerlichen Gewinn reduzieren sollten.

Abc der steuermindernden Betriebsausgaben

Die folgenden Abschnitte geben Hinweise zu typischen Fragen, die sich im Rahmen der Ausgaben bei Selbstständigen oder nebenberuflich selbstständigen Arbeitnehmern stellen.

Sie erfahren, unter welchen Umständen welche Kosten als Betriebsausgaben die Steuerlast senken.

Auch hier kommt es, wie bei den Werbungskosten für Arbeitnehmer, weniger auf die Frage, welche Ausgaben gemeint sind, sondern darauf an, wie sich die betriebliche Veranlassung darstellen lässt.

Es gilt jedoch in jedem Fall: Je höher Ihre Betriebsausgaben sind, desto geringer ist das von Ihnen zu versteuernde Einkommen.

Nicht abzugsfähige Kosten

Zu den nicht abzugsfähigen Kosten gehören sämtliche Aufwendungen, die privat oder zum großen Teil privat veranlasst sind und die auf gar keinen Fall in einen betrieblichen Zusammenhang gezerrt werden können. *Private Aufwendungen*

Außerdem sind die folgenden aufgeführten Kosten nicht ansetzbar:
- Geldbußen, Ordnungsgelder und Verwarnungsgelder, die gerichtlich verhängt wurden, dürfen den betrieblichen Gewinn auch dann nicht mindern, wenn sie betrieblich veranlasst sind. *Geldbußen*
- Zinsen auf hinterzogene Steuern
- Steuern vom Einkommen und sonstige Personensteuern sowie Umsatzsteuer für Umsätze, die Entnahmen sind.

Nebenleistungen	▶ Vorsteuerbeträge auf nichtabzugsfähige Betriebsausgaben sowie darüber hinaus auch für auf diese Steuern entfallende Nebenleistungen (§ 12 EStG sowie § 15 Abs. 1 a UStG)
	▶ Aufwendungen für Bewirtungen von Personen aus geschäftlichen Anlässen, soweit sie über 80 Prozent des Gesamtbetrages auf der jeweiligen Rechnung liegen. 20 Prozent aller ausgewiesenen Rechnungsbeträge gelten grundsätzlich als Privatausgaben.
	▶ Aufwendungen für Geschenke an Personen, die nicht Arbeitnehmer des Steuerpflichtigen sind, soweit sie den Betrag von 75 DM (dies gilt grundsätzlich ohne MwSt.) im Kalenderjahr übersteigen.
Einschränkungen	Abgesehen von diesen wenigen Einschränkungen gibt es aber eine Vielzahl von Punkten, die unbedingt unter dem Aspekt der Steuerersparnis berücksichtigt werden sollten. Hier können Sie durchaus erfolgreich mit geschickten Abschreibungen Ihre Steuerlast mindern.

Abschreibung geschickt nutzen

Voraussichtliche Nutzungsdauer	Die Anschaffungskosten für Wirtschaftsgüter des Anlagevermögens (es kann sich dabei um un- oder bewegliches Vermögen handeln), deren Nutzung sich auf mehr als ein Jahr erstreckt, werden auf die voraussichtliche Nutzungsdauer verteilt, d. h. sie werden abgeschrieben (nach § 7 EStG). Dafür gibt es zwei Möglichkeiten:
Gleich bleibende Jahresbeträge	▶ **Lineare Abschreibung** Die Wirtschaftsgüter können linear (nach § 7 Abs. 1 EStG), also in gleich bleibenden Jahresbeträgen abgeschrieben werden. Die Nutzungsdauer beträgt normalerweise zwei bis fünfzehn Jahre; genaue Angaben finden Sie in der AfA-Tabelle, die vom Gesetzgeber neu überarbeitet wurde.
	Die neue AfA-Tabelle gilt für alle nach dem 31.12.2000 angeschafften oder hergestellten Wirtschaftsgüter.
Fallende Jahresbeträge	▶ **Degressive Abschreibung** Wirtschaftsgüter des Anlagevermögens können aber auch (nach § 7 Abs. 2 EStG) in Jahr für Jahr kleiner werdenden (fallenden) Jahresbeträgen abgeschrieben werden – diese Methode bezeichnet man dann degressive AfA.
	Ein Wechsel von der degressiven zur linearen AfA kann vorgenommen werden, umgekehrt ist dies jedoch niemals möglich.
	Bewegliche Wirtschaftsgüter, die nach dem 31.12.2000 angeschafft oder hergestellt wurden, dürfen nur noch mit 20 Prozent (vorher 30 Prozent) vom jeweiligen Buchwert abgeschrieben werden. Die degressive AfA darf das Zweifache (vorher das Dreifache) des bei der linearen AfA anzuwendenden Abschreibungsbetrages nicht übersteigen. Der Wechsel von der degressiven zur linearen AfA ist ab dem dritten Jahr zu empfehlen, wenn die Restnutzungsdauer nur noch vier Jahre beträgt.

> **Achtung:** Eine Vereinfachungsregel (nach Abschn. 43 EStR) erlaubt, die in der ersten Jahreshälfte (bis 30.6.) angeschafften oder hergestellten beweglichen Anlagegüter mit der vollen Jahres-AfA abzuschreiben. Erfolgt die Anschaffung, Herstellung bzw. Zuführung der beweglichen Anlagegüter allerdings erst nach dem 30.6. des entsprechenden Jahres, wird für das erste Jahr nur die halbe Jahres-AfA gewährt.

Bewegliche Anlagegüter

Geringwertige Wirtschaftsgüter

Betragen die Anschaffungs- oder Herstellungskosten eines Wirtschaftsgutes nicht mehr als 800 DM netto (ohne MwSt.), dann können sie grundsätzlich sofort und in voller Höhe als Betriebsausgabe abgesetzt werden. Dies nennt man in der Steuersprache »Sofortabschreibung geringwertiger Wirtschaftsgüter«. Der Vorteil liegt klar auf der Hand: Sie brauchen nicht über mehrere Jahre verteilt abschreiben, sondern nutzen die Abschreibung in voller Höhe im Jahr des Kaufs. Aber Achtung: Schon ab 800,01 DM Nettowert ist diese Möglichkeit völlig verschlossen.

Sofortabschreibung

Beispiel Die Berücksichtigung der Preisgrenze von 800 DM netto wirkt sich optimal auf Ihre Steuerlast aus. Angenommen, Sie kaufen einen Aktenschrank für 800 DM, dann können Sie diesen Betrag sofort für das jeweilige Jahr als Betriebsausgabe ansetzen. Kostet der Schrank 820 DM und muss linear über zehn Jahre abgeschrieben werden, sind als Betriebsausgabe im ersten Jahr nur 82 DM ansetzbar.

800-DM-Grenze für GWG

Falls Sie Immobilien- im Anlagevermögen (Betriebsvermögen) haben, wird auch der Gebäudeanteil abgeschrieben – entweder linear oder degressiv (§ 7 Abs. 4 u. 5 EStG).

Ansparabschreibung – die Rücklage des Kleinunternehmers

Kleine und mittlere Betriebe, deren Einheitswert am Schluss des vorangegangenen Wirtschaftsjahres nicht höher als 400.000 DM war, sowie land- und forstwirtschaftliche Betriebe mit einem betrieblichen Einheitswert von höchstens 240.000 DM können für künftige Anschaffungen neuer beweglicher Wirtschaftsgüter eine Gewinn mindernde Rücklage bilden (§ 7 g Abs. 3–6 EStG). Diese Ansparrücklage darf 40 Prozent der Anschaffungs- oder Herstellungskosten des begünstigten Wirtschaftsgutes, das voraussichtlich bis zum Ende des zweiten auf das Jahr der Rücklagenbildung folgenden Wirtschaftsjahres angeschafft oder hergestellt wird, nicht übersteigen.

Höchstens 240.000 DM

Sobald für das begünstigte Wirtschaftsgut Abschreibungen vorgenommen werden, ist die Rücklage in Höhe von 40 Prozent der Anschaffungs- oder Herstellungskosten Gewinn erhöhend aufzulösen (§ 7 g Abs. 4 Satz 1 EStG). Wird das Wirtschaftsgut jedoch nicht angeschafft und somit nicht abgeschrieben, dann erfolgt eine Gewinn erhöhende Zwangsauflösung der Rücklage mit einem Zuschlag von sechs Prozent pro Jahr.

Gewinn erhöhende Zwangsauflösung

Die am Bilanzstichtag gebildeten Rücklagen dürfen je Betrieb 300.000 DM nicht übersteigen (§ 7 g Abs. 3 Satz 5 EStG). Obwohl diejenigen Betriebe, die ihren Gewinn nach der Einnahmen-Überschuss-Rechnung (§ 4 Abs. 3 EStG) ermitteln, eigentlich keine Rücklagen bilden können, weil sie nicht bilanzieren, werden ihnen (nach § 7 g Abs. 6 EStG) die gleichen steuerlichen Vergünstigungen gewährt. Die Rücklage wird hier durch einen fiktiven Betriebsausgabenabzug ersetzt. Die Auflösung der Rücklage erfolgt durch eine fiktive Einnahme.

Fiktive Einnahme

Expertentipp: Durch den richtigen Einsatz der Ansparabschreibung ergeben sich gerade für Kleinunternehmen steuerlich sehr interessante Gestaltungsmöglichkeiten. Darüber sollte anhand der konkreten Situation ein ausführliches Gespräch mit einem steuerlichen Berater geführt werden, denn hier müssen die persönliche Situation und die des Unternehmens sehr genau berücksichtigt werden.

Interessante Gestaltungsmöglichkeiten

Besonderheiten für Existenzgründer
Für Existenzgründer beträgt der Höchstbetrag der Ansparrücklage sogar ganze 600.000 DM. Das begünstigte Wirtschaftsgut muss bis zum Ende des fünften auf die Rücklagenbildung folgenden Jahres angeschafft werden (der gesamte Anschaffungszeitraum beträgt somit sechs Jahre).
Unterbleibt jedoch die Investition, dann muss die Rücklage zwar Gewinn erhöhend aufgelöst werden, es wird jedoch der sonst fällige Strafzins von sechs Prozent nicht gefordert.

Bedingungen für Existenzgründer
Beachten Sie, dass Existenzgründer natürliche Personen sein müssen, die innerhalb der letzten fünf Jahre vor dem Jahr der Betriebsgründung weder an einer Kapitalgesellschaft beteiligt waren noch selbstständig oder gewerblich tätig waren, ferner auch keine Einkünfte aus Land- und Forstwirtschaft bezogen haben.

Ansparrücklage

Extratipp: Die zusätzlich zur normalen AfA mögliche Sonder-AfA von 20 Prozent ist nur noch möglich, sofern für das jeweilige Wirtschaftsgut vorher die Ansparrücklage gebildet wurde!

Voraussetzung ist jedoch, dass es sich um funktionsgleiche Wirtschaftsgüter handelt. Beispiel: Sie haben für einen nur betrieblich genutzten Pkw eine Ansparrücklage gebildet, kaufen aber im übernächsten Jahr einen Lkw. Für den Lkw ist ab 2001 keine Sonder-AfA mehr möglich, die Ansparrücklage muss wieder aufgelöst werden.

Die Ansparrücklage richtig wählen

Viele Steuervergünstigungen oder Zulagen des Staates sind an Einkommensgrenzen gebunden. So wird z. B. die Inanspruchnahme der Eigenheimzulage versagt, wenn der Gesamtbetrag der Einkünfte im Erstjahr und Vorjahr zusammen 160.000 DM bei Ledigen und 320.000 DM bei Verheirateten übersteigt. Für jedes Kind erhöht sich diese Einkunftsgrenze um 60.000 DM mit Anspruch auf Kindergeld oder Freibeträge für Kinder, bei Ledigen um 30.000 DM. Durch richtige Planung können Sie mit der Ansparrücklage Ihren Gesamtbetrag der Einkünfte selbst bestimmen. Ob die Ansparrücklage später wieder aufgelöst wird, interessiert dann das Finanzamt nicht.

Einkommensgrenzen

Das häusliche Arbeitszimmer – es geht noch immer!

Über die steuerlichen Abzugsmöglichkeiten eines häuslichen und/oder woanders angemieteten Arbeitszimmers wurde bereits in Kapitel 4 des Buches ausführlich berichtet. Daher beschränken wir uns an dieser Stelle nur noch auf einige Gestaltungstipps für Unternehmer.

> **Extratipp:** Die Abzugsbeschränkungen von 2.400 DM jährlich gelten für Unternehmer nicht, wenn der häusliche Arbeitsraum zu einer Betriebsstätte des Steuerpflichtigen gehört. Dann handelt es sich nicht mehr um ein häusliches Arbeitszimmer, sondern um eine feste Geschäftseinrichtung oder Anlage, die der Tätigkeit des Unternehmers dient. Hierzu gehören nach § 12 AO z. B. die Stätte der Geschäftsleitung, Zweigniederlassung, Warenlager, Werkstätten etc.

Häuslicher Arbeitsraum

> ### Weitere Tipps zum Arbeitszimmer
>
> Falls das Arbeitszimmer zwar nicht den Mittelpunkt der gesamten beruflichen Betätigung bildet, sind die Kosten in folgenden Fällen dennoch abzugsfähig:
> - Sie wählen als Unternehmensform die GmbH und vermieten als natürliche Person an die GmbH als eigene Rechtspersönlichkeit.
> - Sie vermieten das Arbeitszimmer an eine Personengesellschaft, und es wird von einem Familienmitglied genutzt, das fast seine gesamte berufliche Tätigkeit in diesem Zimmer ausübt. Dies ist z. B. dann der Fall, wenn Sie den Ehegatten in Ihrem Betrieb beschäftigen und dieser die ihm übertragenen Tätigkeiten in diesem Arbeitszimmer erledigt.
> - Sie mieten in der Nachbarschaft ein Büro an, z. B. bei Nachbarn, Freunden oder Verwandten. Es muss ein Mietvertrag abgeschlossen werden, und die Zahlungen müssen regelmäßig erfolgen. Die Mietkosten dürfen dann in voller Höhe und unbegrenzt abgesetzt werden, da es sich nicht mehr um ein häusliches Arbeitszimmer handelt.

Unternehmensform GmbH

Mietvertrag für das Büro

Bewirtungsaufwendungen: »Mitesser« oder nicht?

Arbeitnehmerbewirtungen

Hier gelten die gleichen Regelungen wie bei Arbeitnehmern (s. Kapitel 4): 20 Prozent der Nettoaufwendungen sind dem Gewinn wieder hinzuzurechnen. Aufwendungen des Unternehmers für die reinen Arbeitnehmerbewirtungen sind nur noch dann zu 100 Prozent abzugsfähig, wenn der Unternehmer selbst an der Bewirtung nicht teilgenommen hat. Für umsatzsteuerpflichtige und damit zum Vorsteuerabzug berechtigte Unternehmer gilt: Die in der Bewirtungsrechnung enthaltene Umsatzsteuer ist nur als Vorsteuer abzugsfähig, soweit die Aufwendungen als Betriebsausgaben abzugsfähig sind: Demnach sind vom Vorsteuerabzug ausgenommen die Vorsteuerbeträge, die auf die nichtabzugsfähigen (20prozentigen) Bewirtungsaufwendungen entfallen (§ 15 Abs. 1 a UStG).

Verlorene Belege = verlorener Steuerabzug ?

Schriftliche Eigenbelege

Nach § 97 AO dürfen Sie Werbungskosten und/oder Betriebsausgaben nur abziehen, wenn sie durch schriftliche Belege (Rechnungen, Quittungen) nachweisbar sind. Eine Ausnahme bilden die Pauschalen (z. B. Werbungskosten für Arbeitnehmer, Kapitalanleger). Aber auch für verloren gegangene oder verlegte Belege ist Ihnen der steuerliche Abzug sicher. Voraussetzung: Sie fertigen zeitnahe schriftliche Eigenbelege an. Das ist problemlos für kleinere Ausgaben wie Büromaterial, Porto, Telefongebühren, Parkgebühren, Taxikosten und Trinkgelder möglich.

Folgende Angaben dürfen bei Ihrem Eigenbeleg nicht fehlen:
- Datum
- Betrag (Nettobetrag)
- Mehrwertsteuerbetrag
- Mehrwertsteuersatz (7 oder 16 Prozent)
- Bruttobetrag
- Anlass bzw. Art der Ausgabe (z. B. Kopierpapier)
- Zahlungsempfänger
- Unterschrift des Steuerpflichtigen

Sollte Ihr Finanzamt aus Unkenntnis bei der Anerkennung Schwierigkeiten machen, verweisen Sie auf das BFH-Urteil vom 24.10.1991 (Az: VI R 81/90, BStBl 1999 II S.198). Ihre Eigenbelege müssen anerkannt werden, sofern sie nicht mehr als zehn Prozent Ihrer gesamten Werbungskosten oder Betriebsausgaben ausmachen.

Vergessen Sie die Trinkgelder nicht!

Trinkgeld

Wenn Sie auswärts essen gehen, bedanken Sie sich für den freundlichen Service mit einem Trinkgeld. Bei beruflichem Anlass ist auch hierfür die steuerliche Berücksichtigung möglich, sofern das Trinkgeld ausgewiesen wird. Der Betrag steht aber meistens nicht mit auf der Bewirtungsquittung, es sei denn, Sie zahlen mit Kreditkarte und schreiben den Betrag gesondert hinein.

Wenn Sie vergessen haben, den Kellner das Trinkgeld mit aufschreiben zu lassen, dürfen Sie den Betrag selbst in die Bewirtungsquittung schreiben. Anerkannt werden immer zehn Prozent des Rechnungsbetrages, höchstens aber 50 DM pro Bewirtung.

Höchstens 50 DM

Ausnahme: Wenn Sie für Geschäftsreisen die Pauschbeträge für Verpflegungsmehraufwendungen geltend machen, sind die Trinkgelder darin eingeschlossen.

Doppelte Haushaltsführung – doppelt wohnen, doppelt sparen

Als Unternehmer werden Sie aber innerhalb der zwei Jahre, in denen doppelte Haushaltsführung absetzbar ist, womöglich ein Firmenfahrzeug für die Familienheimfahrten nutzen. Und dann ist eine Besonderheit zu beachten: Der Unterschiedsbetrag zwischen 0,002 Prozent des inländischen Listenpreises und der Entfernungspauschale von 0,80 DM je Entfernungskilometer gehört zu den nicht abziehbaren Betriebsausgaben (§ 4 Abs. 5 Nr. 6 EStG):

Beispiel Das Auto kostet 60.000 DM. Die erwähnten 0,002 Prozent des Listenpreises machen dann 1,20 DM aus. Bei 200 Kilometern pro Fahrt ergibt das 240 DM. Bei Pauschalabrechnung wären es 200 Kilometer x 0,80 DM, also 160 DM. Der positive Unterschiedsbetrag von 80 DM (240 DM minus 160 DM) pro Familienheimfahrt wäre dem Gewinn hinzuzurechnen.

Tatsächliche Aufwendungen

Faustregel: Fällt die Rechnung mit den 0,002 Prozent niedriger aus als die Rechnung mit der Pauschale, ist das steuerlich nicht zu berücksichtigen.

An die Stelle des Pauschbetrages von 0,002 Prozent je Entfernungskilometer treten die tatsächlichen Aufwendungen, wenn der Steuerpflichtige diese anhand eines fortlaufend geführten Fahrtenbuches nachweisen kann. Dies ist immer dann sinnvoll, wenn Sie damit auf einen Kilometerpreis von weniger als 0,40 DM kommen.

Fortbildungskosten richtig erkennen

Fortbildungskosten können Sie auch als Unternehmer steuermindernd einbringen. Es darf sich bei den Ausgaben allerdings nicht um Ausbildungskosten handeln, die bis zu einem Betrag von 2.400 DM als Sonderausgaben abzugsfähig sind. Fortbildungskosten entstehen dann, wenn die angestrebte Qualifikation zum bereits ausgeübten Beruf passt und kein Berufswechsel stattfindet. Sie sind in vollem Umfang als Werbungskosten abzuziehen. Es kann sich dabei z. B. um Kursgebühren, Prüfungsgebühren oder Kosten für Fahrten mit dem eigenen Pkw oder öffentlichen

2.400 DM als Sonderausgaben

Verkehrsmitteln handeln. Doch auch Fachliteratur sowie Telefon- und Faxkosten sind im Zusammenhang mit der Fortbildung als Werbungskosten anzusetzen. Hier sind allerdings feine Unterschiede zu beachten.

Ausbildung im elterlichen Betrieb

> **Expertentipp:** Unternehmer können die Ausbildungskosten ihrer Kinder als Betriebsausgaben absetzen, wenn diese nach Beendigung der Ausbildung im elterlichen Betrieb beschäftigt werden. Die Verträge müssen wie unter fremden Dritten geschlossen werden, und die Ausbildungskosten müssen überwiegend betrieblich veranlasst sein.

Geschäftskauf und Firmenwert als Ausgabe abschreiben

Nutzungsdauer

Wurde der gewerbliche Betrieb gekauft, also entgeltlich erworben, handelt es sich um einen derivativen Firmenwert, der ein abnutzbares Wirtschaftsgut darstellt und in 15 Jahren abgeschrieben wird (§ 6 Abs. 1 Nr. 2 in Verbindung mit § 7 Abs. 1 Satz 3 EStG). Der Wert einer erworbenen freiberuflichen Praxis stellt ebenso ein immaterielles Wirtschaftsgut dar (derivativer Firmenwert), das eine Nutzungsdauer (Abschreibungsdauer) zwischen drei und fünf Jahren hat.

Wurde der Betrieb nicht entgeltlich erworben, sondern neu gegründet und der Kundenstamm z. B. selbst aufgebaut, so existiert nur ein originärer Firmenwert. Dieser ist nicht abschreibungsfähig, da die Anschaffungskosten fehlen.

Geschenke an Geschäftsfreunde und Kunden notieren

75 DM je Geschenk und Person pro Jahr

Diese Aufwendungen können nur als Betriebsausgabe abgezogen werden, wenn ihr Nettoanschaffungswert 75 DM je Geschenk und Person pro Jahr nicht übersteigt. Liegen die Anschaffungskosten höher, entfällt der Abzug. Voraussetzung ist: Geschenke aus beruflichen Gründen für Geschäfts- oder mögliche Kunden (s. auch Kapitel 4).

Naturalien

> **Expertentipp:** Nicht unter das Abzugsverbot (netto 75 DM und nur einmal jährlich pro Person) fallen Zuwendungen, die als Entgelt für eine bestimmte Gegenleistung des Empfängers gelten. Wer also in Naturalien bezahlt, kann die wöchentliche Kiste Wein oder eine Stange Zigaretten für den Mann, der den Hof fegt, als Betriebsausgabe absetzen.

Übersteigen die Geschenkaufwendungen an eine Person den jährlichen Betrag von 75 DM, dann ist auch die im Rechnungsbetrag enthaltene Mehrwertsteuer nicht als Vorsteuer abzugsfähig (§ 15 Abs. 1 a UStG).

Geringwertige Wirtschaftsgüter bevorzugen

Schon bei den Stichworten »Abschreibung« und »Degressive Abschreibung« haben Sie die magische Grenze von 800 DM (netto, ohne MwSt.) kennen gelernt. Selbstständige Wirtschaftsgüter, deren einzelner Nettoanschaffungswert diese Grenze nicht übersteigt, können im Wirtschaftsjahr ihrer Anschaffung sofort abgeschrieben werden (§ 6 Abs. 2 EStG). Also noch einmal der Tipp, diese Grenze zu beachten und über alle Anschaffungen, die Sie für Ihr Unternehmen tätigen, auch unter dem Gesichtspunkt der schnellen Abschreibungsmöglichkeit zu entscheiden.

Magische Grenze von 800 DM

Kraftfahrzeugkosten – darauf müssen Sie besonders achten

Nutzen Sie als Unternehmer Ihren privaten Pkw betrieblich, oder gehört er zum Betriebsvermögen, sind zunächst sämtliche Kosten als Betriebsausgabe (nach § 4 Abs. 4 EStG) absetzbar. Hierzu zählen insbesondere:
- Laufende Kosten wie Benzin, Öl, Autowäsche
- Versicherungen und Schutzbrief
- Steuern
- Automobilclubbeiträge
- Garagenmieten
- Abschreibungen
- Zinsen für Autokredit
- Leasingraten.

Versicherungen

Aufwendungen für Privatfahrten stellen jedoch nichtabzugsfähige Kosten der privaten Lebensführung dar (nach § 12 Nr. 1 EStG). Da aber in den meisten Fällen ein betrieblich genutzter Pkw auch privat mitgenutzt wird, sind die Kosten in abzugsfähige Betriebsausgaben und nichtabzugsfähige Kosten der privaten Lebensführung aufzuteilen.

Die Ermittlung des Privatanteils erfolgt entweder nach der Einprozentregelung (wird gleich erklärt) oder auf der Grundlage der Fahrtenbuchermittlung, sofern Ihr Fahrzeug zum Betriebsvermögen gehört (nach § 6 Abs. 1 Nr. 4 Sätze 2 und 3 EStG).

Ermittlung des Privatanteils

Die Einprozentregelung sieht vor, dass ein Prozent des Listenpreises (Neupreis) zum Anschaffungszeitpunkt (einschließlich aller Extras und Umsatzsteuer) pro Monat als Privatanteil angesehen wird. Dabei werden auch Zuschläge für Sonderausstattung (beispielsweise CD-Player, ABS, Klimaanlage) einschließlich Mehrwertsteuer berücksichtigt, jedoch nicht die Kosten für Überführung, Zulassung, Kfz-Brief und Autotelefon.

Nutzen Sie Ihr Fahrzeug zu mehr als 50 Prozent betrieblich, gehört es zum notwendigen Betriebsvermögen. Bei einer betrieblichen Nutzung von mindestens zehn bis 50 Prozent gehört der Pkw nicht zum notwendigen Betriebsvermögen, sondern kann zum gewillkürten Betriebsvermögen gehören.

Notwendiges Betriebsvermögen

Ermitteln Sie Ihren Gewinn nach der Einnahmen-Überschuss-Rechnung nach § 4 Abs. 3 EStG, entfällt diese Wahlmöglichkeit. Ihr Pkw gehört nur dann zum Betriebsvermögen, wenn er zu mehr als 50 Prozent betrieblich genutzt wird.

Tücken der pauschalen Wertermittlung

Umstrittene Pauschalbewertung

Zur Einprozentregelung haben wir eben schon etwas gesagt. Diese umstrittene Pauschalbewertung hat aber noch eine ziemlich üble Tücke: Sie wird auch angewandt, wenn es sich um einen Gebrauchtwagen handelt. Sogar wenn das Fahrzeug bereits abgeschrieben ist, oder der Unternehmer einen zum Privatvermögen gehörenden Zweitwagen besitzt, rückt das Finanzamt nicht davon ab. Und man bewertet nicht etwa den niedrigeren Gebrauchtwagenpreis, sondern man zieht immer wieder den Listenpreis des Neufahrzeugs heran.

Richtig rechnen bei Fahrten zwischen Wohnung und Betriebsstätte

Positiver Unterschiedsbetrag

Der nicht als Betriebsausgabe abzugsfähige Anteil für Fahrten zwischen Wohnung und Arbeitsstätte wird wie folgt ermittelt (nach § 4 Abs. 5 Nr. 6 EStG): Man errechnet hierfür den positiven Unterschiedsbetrag zwischen 0,03 Prozent des Listenpreises je Kalendermonat und für jeden Entfernungskilometer und der Entfernungspauschale von 0,70 DM (§ 9 Abs. 1 Nr. 4 EStG) für die ersten zehn Kilometer, ab dem 11. Kilometer sind es 0,80 DM je Entfernungskilometer.

Beispiel *Herr Weber nutzt seinen zum Betriebsvermögen gehörenden Pkw an 20 Tagen im Monat auch für Fahrten zwischen Wohnung und Arbeitsstätte. Die Entfernung beträgt 10 Kilometer. Der inländische Listenpreis beträgt 60.000 DM. Dieser Betrag ist dem Gewinn wieder hinzuzurechnen:*

60.000 DM x 0,03 Prozent x 10 km	180 DM
Pauschale 0,70 DM x 20 Tage x 10 km	140 DM
Unterschiedsbetrag	40 DM
Für ein Jahr wären also 40 DM x 12 Monate =	480 DM

Verringerung des Hinzurechnungsbetrags

als positiver Unterschied herauszurechnen.

Die gesetzliche Regelung nimmt an, dass der Pkw an 15 Tagen im Monat für Fahrten zwischen Wohnung und Arbeitsstätte genutzt wird. Kommt es zu mehr Fahrten, verringert sich der Hinzurechnungsbetrag. Sind es weniger Fahrten, bleibt es bei 15 Tagen pro Monat.

Sie müssen sich nicht mit der pauschalen Einprozentregelung abfinden, wenn Sie stattdessen ein ordnungsgemäßes, auf Dauer angelegtes Fahrtenbuch führen. Dies kann auch ein elektronisches Fahrtenbuch sein, wenn beim Ausdrucken der Aufzeichnungen nachträgliche Veränderungen ausgeschlossen sind.

Während eines laufenden Kalenderjahres können Sie normalerweise nicht von der pauschalen Privatanteilermittlung zum Einzelnachweis laut Fahrtenbuch übergehen.

Expertentipp: Weil nicht alle elektronischen Fahrtenbücher auch von jedem Finanzamt anerkannt werden, sollten Sie vor dieser nicht ganz billigen Anschaffung Ihren zuständigen Sachbearbeiter schriftlich um eine Liste der anerkannten Programme bzw. Geräte bitten.

Elektronische Fahrtenbücher

Änderung für den Vorsteuerabzug aus den Kfz-Kosten für Unternehmer für Fahrzeuge, die nach dem 31.3.1999 angeschafft wurden

Wenn Unternehmer ein Fahrzeug für ihren Betrieb kaufen, liegt nicht immer eine ausschließlich berufliche, sondern häufiger eine gemischte Nutzung vor. Wird das Fahrzeug nicht ausschließlich betrieblich, sondern auch privat gefahren, gilt (nach § 15 Abs. 1 UStG i.V.m. § 36 Abs. 2 UStDV) folgende Regelung: Die in dem Rechnungsbetrag enthaltene Vorsteuer ist nur noch zu 50 Prozent in der Umsatzsteuervoranmeldung oder Umsatzsteuererklärung berücksichtigungsfähig. Das bedeutet, dass nur noch 50 Prozent der Vorsteuerbeträge von der Mehrwertsteuerschuld abgezogen werden dürfen – es wird also nur noch die Hälfte erstattet.

Das bedeutet eine erhöhte Mehrwertsteuerbelastung für diejenigen, die nicht eine ausschließlich berufliche Nutzung ihres Pkws nachweisen können. Diese Neuregelung gilt für alle Fahrzeuge, die nach dem 31.3.1999 übergeben wurden, der Abschluss des Kaufvertrages ist nicht maßgeblich.

Erhöhte Mehrwertsteuerbelastung

Die Grenze für die Anerkennung einer unternehmerischen Nutzung nach dem Umsatzsteuergesetz wurde auf zehn Prozent gesenkt. Das bedeutet dass ein Vorsteuerabzug von 50 Prozent aus den Anschaffungskosten nur möglich ist, wenn das Fahrzeug zu mindestens zehn Prozent betrieblich genutzt wird (§ 15 Abs. 1 Satz 2 UStG). Aber auch bei einer betrieblichen Nutzung unter zehn Prozent können trotzdem 50 Prozent der Vorsteuerbeträge aus den laufenden Kfz-Kosten (!) geltend gemacht werden. Nicht betroffen von dieser Vorsteuerkürzung sind die Fahrzeuge, die ausschließlich beruflich genutzt werden oder dem Arbeitnehmer überlassen werden, auch wenn diese das Fahrzeug privat nutzen und den geldwerten Vorteil versteuern.

Betriebliche Nutzung unter zehn Prozent

Welche Kfz-Kosten mindern noch die Umsatzsteuer für Unternehmer?

Für nicht ausschließlich betrieblich genutzte Kraftfahrzeuge können jetzt nur noch 50 Prozent der Vorsteuerbeträge aus den Aufwendungen abgezogen werden (§ 15 UStG i.V.m. § 36 Abs. 2 UStDV).

Diese Vorsteuerminderung gilt nicht nur für die Anschaffungskosten, sondern z. B. auch für die folgenden laufenden Aufwendungen:

Vorsteuerminderung

- Leasingraten
- Kraftstoffkosten (Benzin, Öl)
- Reparaturen, Wäschen
- Inspektionen usw.

Wenn Sie den privaten Pkw betrieblich nutzen

Privatanteilversteuerung

Die Regelung bezüglich der Privatanteilversteuerung von Pkw nach der Einprozentregelung gilt nur für Pkw des Betriebsvermögens.

Falls nun aber Ihr zum Privatvermögen gehörender Pkw für betriebliche Fahrten genutzt wird, können die hiermit in Zusammenhang stehenden Ausgaben als Betriebsausgaben berücksichtigt werden.

Es wird hier der Anteil an den Gesamtkosten abgezogen, der dem Anteil der Betriebsfahrten entspricht. Wird kein Fahrtenbuch geführt, so wird dieser Anteil geschätzt.

Beispiel *Frau Schmitz nutzt ihren zum Privatvermögen gehörenden Pkw zu 40 Prozent betrieblich (geschätzt). Sie kann 40 Prozent aller Kosten als Betriebsausgaben ansetzen. Würde Frau Schmitz ein Fahrtenbuch führen, müssten die betrieblich gefahrenen Kilometer ins Verhältnis zu den Privatfahrten gesetzt werden. Das kann Vorteile bringen. Sind bei einer Gesamtfahrleistung von 55.000 km 30.000 km auf private und 25.000 km auf betriebliche Fahrten entfallen, ergibt sich z. B. ein betrieblicher Anteil von 45,45 Prozent. Frau Schmitz könnte 45 Prozent aller Kfz-Kosten betrieblich geltend machen.*

Leasing oder Kauf – was ist steuerlich besser?

Für die Entscheidung, ob ein Wirtschaftsgut des Betriebsvermögens (z. B. Auto) geleast oder gekauft werden sollte, sind nicht immer nur steuerliche Aspekte zu betrachten.

Grundsätzlich sollten Sie zunächst bedenken, ob der Betriebszweck Ihres Unternehmens im Besitz des betreffenden Wirtschaftsgutes liegt oder ob Sie das Wirtschaftsgut nur möglichst günstig nutzen wollen.

Kapitalbindung

Erwerben Sie ein teures Wirtschaftsgut, stellt dies immer eine enorme Kapitalbindung dar und behindert eventuell weitere wichtige Betriebsinvestitionen. Hinzu kommt, dass Sie sich über Jahre hinweg festgelegt haben und die Anlagen womöglich technisch schnell überholt sind. Andererseits können Sie das Wirtschaftsgut jederzeit veräußern, wenn es sich in Ihrem Besitz befindet.

Beim Kauf setzen Sie als Betriebsausgabe folgende Beträge ab:
- Absetzung für Abnutzung (linear oder degressiv)
- Finanzierungskosten (Zinsen, Gebühren)
- Laufende Reparaturen, Wartungen

Laufende Reparaturen

- Vorsteuerbeträge aus Kaufpreis und laufenden Kosten (Umsatzsteuer).

Falls Sie ein Wirtschaftsgut leasen, entsteht weder eine Kapitalbindung, noch vergeuden Sie Kreditspielräume. Sie sind zwar nicht Besitzer des Wirtschaftsgutes, dafür können Sie aber, je nach Vertragsdauer, die Anlage oder den Pkw etwa alle drei Jahre gegen ein technisch neues Modell austauschen.

Beim Leasing setzen Sie als Betriebsausgabe ab:
- Bruttoleasingraten
- Laufende Kosten, Reparaturen
- Vorsteuerbeträge aus jeder Leasingrate (bei Umsatzsteuer).

Die günstigste Variante kann nur im Einzelfall beurteilt werden. Sie ist abhängig von den individuellen Erfordernissen Ihrer Firma.

Günstige Variante

Wichtig: Der Gewinn erhöhende bzw. nichtabzugsfähige Anteil für die Privatfahrten wird genauso ermittelt wie bei gekauften, betrieblich genutzten Pkw. Auch hier wird der Listenpreis des Fahrzeuges zugrunde gelegt.

Reisekosten wie bei Arbeitnehmern

Es gibt für Selbstständige keine Unterschiede zu den Regelungen für Arbeitnehmer (s. Kapitel 4).

> **Expertentipp:** Angenommen, Sie sind Unternehmer mit umsatzsteuerfreien Umsätzen (z. B. Versicherungsmakler, Arzt) und möchten ein neues Fahrzeug erwerben, das ausschließlich betrieblich genutzt werden soll. Die im Rechnungsbetrag enthaltene Umsatzsteuer können Sie folglich nicht vom Finanzamt als Vorsteuer erstattet bekommen. Nun meldet aber Ihre Ehefrau ein Gewerbe für Kfz-Verleasung an. Sie erwirbt den Pkw, den sie über eine Bank finanziert, und schließt mit Ihnen einen Leasingvertrag ab, der einem Fremdvergleich standhalten muss. Vorteil: Die Ehefrau beantragt in ihrer Umsatzsteuererklärung die Erstattung der Vorsteuer und setzt diese Vorsteuer direkt als Betriebsausgabe in ihrer zu erstellenden Einnahmen-Überschuss-Rechnung an. Zusätzlich setzt sie die Schuldzinsen und sonstigen Kosten wie Reparaturen, Versicherungen, Kfz-Steuern, Steuerberatungskosten etc. als Betriebsausgaben ab. Sie als Ehemann zahlen eine monatliche Leasingrate einschließlich 16 Prozent Mehrwertsteuer. Die Bruttoleasingraten stellen bei Ihnen nun voll abzugsfähige Betriebsausgaben dar.

Leasingvertrag

Sonder-AfA bringt zusätzlich Vorteile

Für neue bewegliche Wirtschaftsgüter des Anlagevermögens kann der Unternehmer im Jahr der Anschaffung oder Herstellung und in den folgenden vier Jahren neben der AfA (lt. § 7 Abs. 1 oder 2 EStG, lineare oder degressive AfA) eine Sonder-AfA nach § 7 g Abs. 1 und 2 EStG von bis zu 20 Prozent der Kosten als Betriebsausgabe abziehen. Das Wirtschaftsgut muss mindestens ein Jahr nach seiner Anschaffung oder Herstellung in einer inländischen Betriebsstätte des Unternehmers verbleiben.

Bis zu 20 Prozent der Kosten als Betriebsausgabe

Die Voraussetzungen für diese Sonder-AfA sind:
- Das gesamte Betriebsvermögen beträgt am Ende des vorangegangenen Wirtschaftsjahres (vor Anschaffung oder Herstellung des Wirtschaftsgutes) nicht mehr als 400.000 DM. Diese Voraussetzung gilt bei Einnahmenüberschussrechnungen grundsätzlich als gegeben.
- Der Einheitswert des land- und forstwirtschaftlichen Betriebes ist nicht höher als 240.000 DM.

Wichtig: Für nach dem 31.12.2000 angeschaffte oder hergestellte Wirtschaftsgüter ist Voraussetzung für die 20%ige Sonder-AfA, dass für ein funktionsgleiches Wirtschaftsgut vorher die Ansparabschreibung nach § 7 g Abs. 3–7 EStG berücksichtigt wurde. Letztere ist ab 2001 nur noch bis 40 Prozent der voraussichtlichen Anschaffungs- oder Herstellungskosten möglich!

Ansparabschreibung

Wahlrecht bei der Gewinnermittlung nutzen

Um das wirtschaftliche bzw. steuerliche Ergebnis eines Gewerbebetriebes zu ermitteln, muss eine Buchführung erstellt werden. Gewerbetreibende sind nach § 141 AO in folgenden Fällen buchführungspflichtig:
- Die Umsätze übersteigen   500.000 DM jährlich.
- Der Gewinn aus Gewerbebetrieb übersteigt   48.000 DM jährlich.
- Der Gewinn aus Land- und Forstwirtschaft übersteigt 48.000 DM jährlich.

Werden eine oder mehrere dieser Grenzen überschritten, muss zur Ermittlung des wirtschaftlichen Ergebnisses eine Bilanz mit Gewinn-und-Verlust-Rechnung erstellt werden.

Buchführungspflicht

Die Buchführungspflicht beginnt mit dem Wirtschaftsjahr, das auf die Bekanntgabe der Buchführungspflicht durch die Finanzverwaltung folgt. Sie endet zum Abschluss des Wirtschaftsjahres, das auf die Bekanntgabe der Finanzverwaltung folgt, wonach die Buchführungspflicht entfällt.

Gewerbetreibende, für die weder die abgeleitete noch die originäre Buchführungspflicht besteht (Kleingewerbetreibende), können ihren Gewinn beziehungsweise Verlust aus Gewerbebetrieb für das betreffende Wirtschaftsjahr häufig nach der Einnahmen-Überschuss-Rechnung (nach § 4 Absatz 3 EStG) durch eine Gegenüberstellung der Einnahmen und Ausgaben nach dem Zufluss- bzw. Abflussprinzip ermitteln.

Zufluss- bzw. Abflussprinzip

Wichtig: Neben den laufenden betrieblichen Einnahmen werden auch private Entnahmen (Eigenverbrauch) sonstiger Leistungen oder Gegenstände als Einnahme erfasst. Diese sind dann auch umsatzsteuerpflichtig, wenn Sie für die Umsatzsteuer optieren.

Von den laufenden Einnahmen werden die Betriebsausgaben abgezogen (nach § 4 Abs. 4–8 EStG), die, ähnlich wie die Werbungskosten bei Arbeitnehmern, betrieblich veranlasst sein müssen.

Falls Sie zu den freien Berufen gehören (nach § 18 EStG) oder Sie aufgrund der Umsatz- und Gewinngrenzen ein Wahlrecht für die Gewinnermittlungsart haben, stellt sich die Frage, welcher Weg der für Sie günstigere ist. Die beiden Gewinnermittlungsarten ergeben sich aus den unterschiedlichen Gewinnrealisierungszeitpunkten. Die Einnahmen-Überschuss-Rechnung lässt Gewinnverschiebungen zu, indem Zahlungseingänge in das nächste Jahr verschoben werden. Ferner können vor Jahresende anstehende Investitionen getätigt werden, die die Betriebsausgaben Ihres Unternehmens erhöhen.

Expertentipp: Sie können durch vorweggenommene Betriebsausgaben und späte Rechnungsausstellung Ihren steuerlichen Gewinn in den Jahren gering halten, in denen Sie eventuell einkommensabhängige Zulagen wie z. B. die Eigenheimzulage beantragen möchten.

Vorweggenommene Betriebsausgaben

Sonderbetriebsvermögen schaffen

Sind Sie an einer Gesellschaft bürgerlichen Rechts (GbR) beteiligt, profitieren Sie anteilig von den Einnahmen und tragen auch anteilig die Betriebsausgaben. Falls Sie Wirtschaftsgüter nicht in den Betrieb einlegen, jedoch dem Betrieb zur Nutzung überlassen, handelt es sich um Sonderbetriebsvermögen. Diese Wirtschaftsgüter stellen Betriebsausgaben dar, die nur Ihren Gewinn mindern bzw. Ihren steuerlichen Verlust erhöhen.

Sonderbetriebsvermögen

Beispiel Sie fahren für die GbR mit Ihrem Privat-Kfz oder verrichten für die Gesellschaft die Büroarbeiten in Ihrem häuslichen Arbeitszimmer; dann werden die Kosten nur Ihnen allein zugerechnet. Die Kosten sind nicht im Jahresabschluss, sondern in der Sonderbilanz des jeweiligen Gesellschafters bzw. in der einheitlichen und gesonderten Gewinnfeststellung zu erfassen.

Darlehen zwischen nahen Angehörigen

Wenn Sie betriebliche Investitionen mit einem Kredit finanzieren möchten, können Sie sich auch über Familienangehörige oder Lebensgefährten refinanzieren. Die gezahlten Zinsen des Darlehens sind dann als Betriebsausgaben (nach § 4 Abs. 4 EStG) abzugsfähig. Beim Darlehensgeber stellen die vereinnahmten Zinsen Einkünfte aus Kapitalvermögen dar. Der BFH hat diese Gestaltung auch anerkannt, wenn der Be-

Einkünfte aus Kapitalvermögen

triebsinhaber seinem volljährigen Kind einen hohen Geldbetrag schenkt und das Kind kurze Zeit später der Firma in gleicher Höhe ein Darlehen gewährt.

Wichtig ist, dass die Darlehensverträge wie unter fremden Dritten geschlossen werden. Beachten Sie daher folgende Kriterien:

- ▶ Sie müssen die Laufzeit des Darlehens, die laut BFH bis zu 25 Jahre betragen kann, im Auge behalten.
- ▶ Der vereinbarte Zinssatz muss für die vergleichbare Kapitalanlage marktüblich sein und sollte nicht unter 2,5 Prozent liegen.
- ▶ Die Zahlung der Zinsen muss laufend erfolgen.
- ▶ Der Vertrag muss Kündigungsmöglichkeiten ansprechen.
- ▶ Die Rückzahlung des Darlehens muss gesichert sein.
- ▶ Vom Darlehensgeber müssen Sicherheiten geleistet werden.

Schuldzinsen
- ▶ Die Höhe der Schuldzinsen, die bei Ihrem Ehegatten Einkünfte aus Kapitalvermögen darstellen, sollte zusammen mit Ihren übrigen Guthabenzinsen auf keinen Fall 6.200 DM p. a. übersteigen.

Geschäfte mit den eigenen Kindern

Grundfreibetrag
Falls Darlehensverträge mit Kindern geschlossen werden, können die Kinder den Freibetrag für Einnahmen aus Kapitalvermögen (3.100 DM) und auch den Grundfreibetrag von z. Zt. 14.093 DM beanspruchen.

Bei Kindern über 18 Jahren ist Ihr Kinderfreibetrag/Kindergeld nicht gefährdet, wenn die Einkünfte (z. B. aus Zinsen) jährlich 14.040 DM nicht übersteigen.

Vorsicht Bei Prüfung der Einkommensgrenzen für Kinder über 18 Jahren darf der Sparerfreibetrag nach § 20 Abs. 4 EStG (3.000 DM/6.000 DM) abgezogen werden.

Befindet sich Ihr Kind in der Ausbildung, ist der Ausbildungsfreibetrag nicht gefährdet, wenn die Zinserträge bis zu 6.700 DM betragen.

Sparerfreibetrag
Expertentipp: Falls Sie ein betriebliches Darlehen von Ihrem Kind aufnehmen, bleiben bei Ihrem Kind in 2001 noch Erträge aus Kapitalvermögen von insgesamt 17.194 DM steuerfrei (Grundfreibetrag 14.093 DM, Sparerfreibetrag 3.000 DM, Werbungskostenpauschbetrag 100 DM).

Ziehen Sie bei der Prüfung der Einkommensgrenzen auch die Sonderausgaben (ggf. Pauschbetrag) und außergewöhnlichen Belastungen vom Einkommen ab. Hinweise zu dem anhängigen Gerichtsverfahren s. Kapitel 3.

Zweikontenmodell

Woher bekommt das Kind Geld fürs Darlehen? Von Ihnen!

Es ist nicht steuerschädlich, wenn Sie Ihrem Kind einen Geldbetrag schenken (beachten Sie dabei aber die Schenkungsteuergrenzen) und Ihnen das Kind später ein betriebliches Darlehen gewährt.

Schenkungssteuergrenzen

Das geschenkte Geld sollte vor dem anschließenden Darlehensvertrag einige Zeit auf dem Konto des Kindes verbleiben. Dann tritt beim Kind eine tatsächliche Verfügungsgewalt ein. Außerdem wird dadurch der Zusammenhang zwischen Geldschenkung und Darlehen an die Eltern verneint.

Was hat sich beim Zweikontenmodell geändert, und wer ist davon betroffen?

Nach § 4 Abs. 4 a EStG können private Schuldzinsen nur noch eingeschränkt durch geschickte Gestaltung in die steuerabzugsfähige Sphäre überführt werden. Das trifft neben allen Selbstständigen und Freiberuflern auch Vermieter mit mehreren Vermietungsobjekten und gelegentlich auch schon mal Arbeitnehmer mit hohen Werbungskosten.

Alte Regelung bis 31.12.1998

Die alte, bis einschließlich 31.12.1998 geltende Regelung funktionierte, wenn zwei getrennte Konten eingerichtet wurden.

Von dem betrieblichen Einnahmenkonto wurden alle Privatentnahmen getätigt und alle privaten Ausgaben bezahlt, z. B. Lebenshaltungskosten, private Kredite, Hypothekendarlehen usw. Von dem Ausgabenkonto wurden die betrieblichen Ausgaben bezahlt, die über Kredit finanziert werden.

Private Kredite

Diese saubere Kontentrennung wurde bisher auch anerkannt, weil es dem Steuerpflichtigen freigestellt bleiben muss, ob er liquide Mittel für private Zwecke verwendet oder damit betriebliche Ausgaben bezahlt.

Durch dieses Zweikontenmodell ließen sich

▶ vorhandene und künftige Privatdarlehen in betriebliche bzw. berufliche Darlehen umwandeln und

▶ der Werbungskosten- bzw. Betriebsausgabenabzug wurde erweitert um die Kontokorrentzinsen, die durch die Vergrößerung des Sollsaldos auf dem Ausgabenkonto entstanden und bei strikter Kontentrennung zu 100 Prozent abzugsfähig waren.

Strikte Kontentrennung

Oftmals wurde noch ein drittes Konto als Privatkonto für die Abwicklung des privaten Zahlungsverkehrs eingerichtet. Dieses Konto wurde dann durch Überweisungen vom betrieblichen Einnahmenkonto gespeist.

Entscheidend für die steuerliche Anerkennung war, dass niemals Überweisungen vom Einnahme- oder Privatkonto auf das Ausgabenkonto geleistet wurden oder umgekehrt.

Ausgabenkonto	Das Ausgabenkonto durfte ausschließlich zur Bezahlung betrieblicher oder beruflicher Ausgaben verwendet werden.
	Der Betriebsausgabenabzug privat veranlasster Schuldzinsen ist nach § 4 Abs. 4 a EStG nicht mehr zulässig, soweit Überentnahmen vorliegen. Überentnahme ist der Betrag, um den die Entnahmen die Summe des Gewinnes und der Einlagen eines Wirtschaftsjahres übersteigen.
	Entnahmen und Einlagen, die in den letzten drei Monaten eines Wirtschaftsjahres getätigt wurden, werden nicht berücksichtigt, soweit sie in der Summe in den ersten drei Monaten des folgenden Wirtschaftsjahres wieder rückgängig gemacht werden.
	Der nicht abziehbare Zinsanteil wird typisiert mit einer fiktiven Verzinsung von 6 Prozent der Überentnahmen zuzüglich der Überentnahmen vorangegangener Wirtschaftsjahre und abzüglich der Beträge, um die in den vergangenen Wirtschaftsjahren der Gewinn und die Einlagen die Entnahmen überstiegen haben.
	Der sich dabei ergebende Betrag, höchstens jedoch der um 4.000 DM geminderte Betrag der im Wirtschaftsjahr tatsächlich angefallenen Schuldzinsen wird dem Gewinn hinzugerechnet.
Schuldzinsenabzug	Somit verbleibt dem Unternehmer ein betrieblicher Schuldzinsenabzug von mindestens 4.000 DM. Negatives Altkapital, d. h. Überentnahmen, die vor dem 01.01.1999 entstanden sind, werden mit Null angesetzt (BMF-Schreiben Az: IV C 2-S 2144-60/00, BStBl I 2000, S. 588). Somit können Zinsen für diese früheren Entnahmen uneingeschränkt abgezogen werden.

> **Wichtig:** Der Schuldzinsenabzug für die Finanzierung von Anschaffungs- und Herstellungskosten von Wirtschaftsgütern des Anlagevermögen ist von dieser Begrenzung nicht betroffen, hier ist weiterhin ein unbegrenzter Kostenabzug möglich! Dies gilt auch für Kontokorrentzinsen, wenn sie durch die Anschaffung oder Herstellung von Anlagevermögen entstanden sind (BMF-Schreiben 28.03.2001, BStBl 2001 I S. 245).

Was sind Einlagen und Entnahmen (§ 4 Abs.1 EStG)?

Einlagen	Einlagen sind alle Wirtschaftsgüter und Bareinzahlungen, die der Unternehmer dem Betrieb in einem Wirtschaftsjahr zugefügt hat.
Entnahmen	Entnahmen sind alle Wirtschaftsgüter und Barentnahmen, die der Unternehmer in einem Wirtschaftsjahr aus dem Betrieb für sich, seinen privaten Haushalt oder sonstige betriebsfremde Zwecke entnimmt. Entnahmen sind z. B.

- ▸ Die Entnahme von Geld (Barentnahme)
- ▸ Entnahme von Waren, Nutzungen und Leistungen

Wichtig: Aufgrund dieser Neuregelung des betrieblichen Schuldzinsenabzuges müssen auch Steuerpflichtige, die ihren Gewinn nach der Einnahmen-Überschuss-Rechnung (§ 4 Abs. 3 EStG) ermitteln, seit 01.01.2000 ihre Einlagen und Entnahmen gesondert aufzeichnen (BMF-Schreiben 22.05.2000, IV C 2 –S 2144-60/00).

Extra-Tipp: Negatives Altkapital durch Überentnahmen aus vergangenen Jahren aus dem letzten Jahresabschluss vor dem 01.01.1999 wird mit 0 DM angesetzt.

Beispiele für die Begrenzung des privaten Schuldzinsenabzuges nach § 4 Abs. 4 a EStG			
Wirtschaftsjahr 2000	Unternehmer X	Unternehmer Y	Unternehmer Z
Angefallene Schuldzinsen	7.000 DM	18.000 DM	60.000 DM
Überentnahmen	100.000 DM	250.000 DM	600.000 DM
6 Prozent der Überentnahmen	6.000 DM	15.000 DM	36.000 DM
nicht abzugsfähige Schuldzinsen	3.000 DM	14.000 DM	36.000 DM
abzugsfähige Schuldzinsen	4.000 DM	4.000 DM	24.000 DM

Überentnahme

Was bedeutet das für sonstige Überschusseinkünfte?

Vermieter mehrerer Immobilien nutzten die geschickte Verteilung privater Schuldzinsen in den Bereich der abzugsfähigen Werbungskosten. Da § 9 Abs. 5 EStG nicht mehr auf den § 4 Abs. 4 a EStG verweist, kann das Zweikontenmodell in der früheren Form angewendet werden.

Zweikontenmodell

Das komplizierte Prinzip der Überentnahmen und fiktiven Schuldzinsen gilt hier nicht. Insofern müssen Vermieter und Arbeitnehmer ihre Einnahmen nicht vorrangig für die Schuldentilgung verwenden. Bei strikter Kontentrennung können die Einnahmen weiter für Privatzwecke verwendet werden.

Diese Möglichkeiten haben Sie als Rentner/Pensionär

Wenn Sie aus dem Berufsleben ausgeschieden sind, kann es sein, dass sich Ihre steuerlichen Gestaltungsmöglichkeiten verringern. Viele Pensionäre werden gar nicht mehr steuerlich veranlagt, weil sie wegen geringer Einkünfte eine sogenannte Nichtveranlagungsbescheinigung beim zuständigen Finanzamt beantragt haben. Diese Nichtveranlagungsbescheinigung wird Ihnen (natürlich nur nach dem Ausfül-

Nichtveranlagungsbescheinigung

len eines entsprechenden Formulars, das es beim Steuerberater oder beim Finanzamt gibt) vom Finanzamt für drei Jahre ausgestellt.

Grundfreibetrag

Expertentipp: Falls Ihre gesamten jährlichen Einkünfte unter dem Grundfreibetrag von z. Zt. 14.093 DM für Ledige oder 28.187 DM für Verheiratete liegen und Ihnen aufgrund der Höhe Ihrer Zinseinkünfte Zinsabschlagsteuer abgezogen wird, sollten Sie die Nichtveranlagungsbescheinigung beantragen und diese nach Erhalt Ihrer Bank vorlegen. In diesem Fall entfällt dann der Einbehalt der Zinsabschlagsteuer plus Solidaritätszuschlag von z. Zt. 5,5 Prozent.

Steuerlast drücken

Liegen Ihre Einkünfte über den genannten Grenzen, sind Sie auch als Rentner steuerpflichtig. Dann werden für Sie vor allem die außergewöhnlichen Belastungen, Sonderausgaben und auch Werbungskosten (wenn Sie als Rentner noch nebenbei arbeiten) wichtige Punkte sein, um die Steuerlast zu drücken.

Steuerbegünstigte Anlage nach Auszahlung von Lebensversicherungen

Laufzeit mindestens zwölf Jahre

Falls Sie zur Aufbesserung Ihrer Rentenansprüche in eine Kapitallebensversicherung einbezahlt haben, ist die Auszahlung dieser Versicherung (inkl. Zinsen und Bonus) steuerfrei, wenn die Laufzeit der Versicherung mindestens zwölf Jahre betragen hat.

Nicht steuerfrei sind jedoch die Erträge, die Sie jetzt mit dem ausgezahlten Kapital erwirtschaften. Deshalb dürfen Sie folgendes Ziel nicht aus den Augen verlieren:

Expertentipp: Sie sollten versuchen, möglichst sichere, hohe Erträge zu erwirtschaften, ohne dabei zu viel Federn beim Finanzamt zu lassen, und sich um die Erwirtschaftung möglichst inflationsgeschützter Erträge bemühen.

Falls Sie eine Kapitalanlage wählen, sollten Ihre Zins- bzw. Dividendenerträge in jedem Fall unter dem noch geltenden Sparerfreibetrag von 3.000 DM für Alleinstehende bzw. 6.000 DM für Verheiratete zuzüglich des Werbungskostenpauschbetrages von 100/200 DM liegen.

Strategien zur optimalen Nutzung des Sparerfreibetrags

In einigen Fällen können Sie die Zinseinkünfte vom aktuellen Jahr in ein steuerlich günstigeres Jahr verlagern:

- **Bei Privatdarlehen** können Ihre Guthabenzinsen erst in einem späteren, für Sie günstigeren Jahr gezahlt werden.
- **Bei der GmbH-Ausschüttung** kann eventuell ebenfalls vereinbart werden, dass die Dividendenausschüttung erst in einem späteren, steuerlich günstigeren Jahr mit niedrigeren Steuersätzen erfolgt, z. B. ab 2005.
- **Beim Kauf von Anleihen** oder Investmentfonds sollte auf den nächsten Zinstermin geachtet werden. Die beim Kauf von Anleihen anfallenden Stückzinsen bzw. die beim Kauf von Investmentanteilen im Kaufpreis enthaltenen Zwischengewinne mindern Einkünfte aus Kapitalvermögen in Form von negativen Erträgen. — Negative Erträge
- **Die beim Verkauf von Anleihen** gezahlten Stückzinsen sowie die im Verkaufspreis von Investmentfonds enthaltenen Zwischengewinne erhöhen die Einkünfte aus Kapitalvermögen.
- **Beim Kauf von Finanzierungsschätzen** liegt der nächste Zinstermin immer im nächsten oder übernächsten Jahr.

Richtige Finanzierungsplanung

- **Als Einzelunternehmer** können Sie Geld aus der Firma entnehmen und steuerunschädlich zinsbringend anlegen, bis die Freibeträge ausgeschöpft sind.
- **Als GmbH-Gesellschafter** können Sie einen Teil Ihres Gehaltes in Dividenden umwandeln, bis die Freibeträge erreicht sind.
  Vorteil: Dividenden sind seit 2001 nur noch zur Hälfte steuerpflichtig.
- **Falls Sie Darlehen abzulösen haben,** deren Zinsen Werbungskosten oder Betriebsausgaben bilden, sollten Sie die Darlehen nicht vorzeitig ablösen, da sonst die Steuervorteile entfallen. — Vorzeitige Ablösung von Darlehen
- **Lösen Sie Darlehen für selbst genutztes Wohneigentum ab** (da sind die Zinsen sowieso nicht abzugsfähig), oder kaufen Sie Ihr Domizil in einer Steueroase.

Aufteilung des Kapitalvermögens und der Kapitalerträge

Sie können Ihr Kapitalvermögen auch auf Familienmitglieder übertragen. Falls Sie z. B. Festgeld auf den Enkel übertragen, bleibt hier nicht nur der Freibetrag von 3.100 DM steuerfrei, sondern auch der Grundfreibetrag von z. Zt. 14.040 DM. Dies gilt allerdings nur, wenn der Enkel noch keine anderen Einkünfte hat. Beachten Sie jedoch, dass den Eltern Kinderfreibetrag/Kindergeld bzw. der Ausbildungsfreibetrag versagt bleiben, wenn bei einem Kind über 18 Jahren die Einnahmen über jährlich 14.040 DM bzw. 6.700 DM liegen.

Für Kinder unter 18 Jahren ist die 14.040-DM-Grenze jedoch irrelevant. Der Sparer-Freibetrag in Höhe von 3.100 DM (inkl. Werbungskostenpauschbetrag) sowie der Versorgungsfreibetrag von maximal 6.000 DM zählen nicht zu den eigenen Einkünften und Bezügen des Kindes i. S. § 32 Abs. 4 Satz 2 EStG (s. Kapitel 3). — Vermögensübertragung

Wichtige BFH-Urteile im Zusammenhang mit Einkünften volljähriger Kinder

1. Ihr Kind wird volljährig. Dann bekommen Sie für den Monat, in dem Ihr Kind 18 Jahre alt wird, unabhängig vom Kindeseinkommen Kindergeld. Vom nächsten Monat an hängt der Kindergeldbezug davon ab, ob die Einkünfte und Bezüge die Höchstgrenze nicht übersteigt. Dabei wird die Höchstverdienstgrenze anteilig für die Monate berechnet, in denen das volljährige Kind Einkünfte bezogen hat. (BFH 01.03.2000, Az: VI R 19/99).

Einkünfte volljähriger Kinder

2. In dem Monat, in dem Ihr Kind die Berufsausbildung beendet hat und in ein Arbeitsverhältnis eintritt, haben Sie immer Anspruch auf Kindergeld, auch wenn dies für die vergangene Zeit wegen Überschreitung der Verdienstgrenze nicht galt. (BFH 12.04.2000, Az: VI R 135/99)

3. Wenn Ihr Kind heiratet, erhalten Sie auch für den Heiratsmonat Ihres Kindes das volle Kindergeld, sofern das monatliche Kindeseinkommen bis zum Monat vor der Heirat unter der Verdiensthöchstgrenze lag. (BFH 02.03.2000, Az: VI R 13/99)

Wie bleibt höheres Kapitalvermögen steuerfrei, welche Strategien sind jetzt bei Anlagen sinnvoll?

Wenn Sie aufgrund einer guten, also hohen Verzinsung mit Ihrem Kapitalvermögen steuerpflichtig werden, sind folgende Strategien möglich:

▶ Sie vereinbaren für Ihr Festgeld unterschiedliche Zinsauszahlungstermine, so dass Ihnen nur so viel Kapitalerträge in einem Jahr zufließen, dass diese der Höhe der Freibeträge plus Werbungskostenpauschbetrag entsprechen.

▶ Sie schichten Ihr Kapitalvermögen zum Teil in Aktienvermögen um, da nur die hälftigen Dividendenerträge steuerpflichtig sind.

Einjährige Spekulationsfrist

Kursgewinne sind ausschließlich innerhalb der einjährigen Spekulationsfrist steuerpflichtig.

▶ Sie übertragen Kapitalvermögen auf Kinder oder Lebenspartner (hier bitte die nichtsteuerlichen Risiken beachten, also vor allem wegfallende Zugriffsmöglichkeiten auf »Ihr« Geld).

Offene Immobilienfonds

▶ Sie schichten Kapitalvermögen um in Immobilienvermögen, das können auch geschlossene Immobilienfonds sein. Steuervorteile gibt es jedoch nicht bei den offenen Immobilienfonds.

▶ Sie verschieben den Zufluss der Kapitalerträge in ein Jahr mit einem voraussichtlich niedrigem zu versteuernden Einkommen (z. B. Renteneintritt, hohe Verluste aus anderen Einkunftsarten, Wegfall des Ehegatteneinkommens usw.). Das ist z. B. möglich bei abgezinsten Kapitalanlagen (z. B. Bundesschatzbriefe Typ B mit einer Laufzeit von sieben Jahren, Zahlung der Zinsen und Zinseszinsen bei Rückzahlung nach sieben Jahren).

- Sie legen Ihr Kapitalvermögen in Fondspolicen an, einer Kombination aus Investmentfonds plus Risikolebensversicherung. Die Erträge sind steuerfrei, wenn die Laufzeit mindestens zwölf Jahre beträgt. *(Investmentfonds plus Risikolebensversicherung)*
- Wenn Sie nicht zwölf Jahre auf Ihr Geld warten können, entscheiden Sie sich für Investmentpapiere ohne Versicherungsanteil. Dann sind die Erträge im Jahr der Auszahlung jedoch voll steuerpflichtig. Die Auszahlung sollte in ein Jahr mit niedrigem zu versteuerndem Einkommen gelegt werden.

Private Veräußerungsgeschäfte mit Wertpapieren

Spekulationsbesteuerung

Gewinne aus Aktienverkäufen sind seit Januar 1999 steuerpflichtig, wenn zwischen Kauf und Verkauf weniger als zwölf Monate liegen. Gewinne bis 999,99 DM pro Person und Jahr bleiben jedoch steuerfrei. Aber Achtung: Wird diese Grenze überschritten, muss nicht der darüber liegende Betrag, sondern der Gesamtbetrag versteuert werden! Erstmals seit 1999 können Spekulationsverluste auch mit Spekulationsgewinnen des Vorjahres verrechnet werden oder in folgende Jahre vorgetragen werden. Möglich ist somit ein einjähriger Verlustrücktrag und ein unbegrenzter Verlustvortrag innerhalb dieser Einkunftsart. Spekulationsverluste dürfen jedoch nicht mit positiven Einkünften anderer Einkunftsarten (z. B. aus nichtselbstständiger Tätigkeit, Vermietung und Verpachtung etc.) verrechnet werden. Veräußerungsgewinne dürfen jedoch mit Verlusten aus anderen Einkunftsarten ausgeglichen werden. *(Gewinne aus Aktienverkäufen / Spekulationsverlust)*

Übertragen Sie Aktienverluste auf Angehörige!

Wenn die Aktienkurse in den Keller rutschen und kurzfristig kein Aufschwung in Sicht ist, stellt sich die Frage, wie der Fiskus daran zu beteiligen ist. Verluste aus dem Verkauf von Wertpapieren werden steuerlich nur bei einem Verkauf innerhalb von 365 Tagen nach Erwerb durch Verrechnung mit Gewinnen aus derselben Einkunftsart (§ 23 EStG) berücksichtigt. Der kluge Aktionär weiß natürlich, dass er sich nicht zyklisch verhalten darf. Sinkende Kurse müssen ausgesessen und durch den Erwerb jetzt preiswerter neuer Anteile gemildert oder ausgeglichen werden. Langfristig sind Aktien die rentabelste Anlage.

> **TIPP** Verkaufen Sie die Verlustbringer an den Ehegatten, Lebenspartner oder die Kinder! Das Übertragungsgeschäft muss wie bei fremden Dritten erfolgen, d. h.,
> - der Kaufpreis muss sich an dem tagesaktuellen Börsenkurs orientieren
> - der Kaufpreis muss auch gezahlt werden, am besten per Überweisung auf das Konto des Verkäufers

> - der Käufer erhält die volle Verfügungsmacht über das Depot
> - bei Verkauf an den Ehegatten/Lebenspartner darf es sich nicht um ein gemeinsames Depot handeln, es muss ein neues Depot eingerichtet werden, falls vorher kein eigenes vorhanden war.
>
> Folge: Der Verkäufer kann in seiner Anlage SO zur Einkommensteuererklärung seine Verluste mit eigenen oder Spekulationsgewinnen des Ehegatten verrechnen, ein Jahr zurück- oder unbegrenzt vortragen. Steigen die Kurse wieder, bleibt das Depot trotzdem in der Familie. Nach einem Jahr kann das Depot wieder an Angehörige/Partner übertragen werden, evtl. Kursgewinne sind dann steuerfrei!

Immobilienanlage bevorzugen – wegen des Euro

Wertbeständigste Anlage

Immobilien sind die beste und wertbeständigste Anlage. Dies ist vor allem im Hinblick auf die weitere Entwicklung des Euro-Kurses zu berücksichtigen. Denn für die Zukunft sind inflationäre Tendenzen viel wahrscheinlicher als eine gesamteuropäische Stabilität. Und gerade dann ist die Wertsteigerung bei Immobilien am größten, da eine Flucht in die Sachwerte zu erwarten sein wird. Und im Gegensatz zum Barvermögen ist der Wertzuwachs einer Immobilie steuerfrei.

Steuerliche Gestaltungstipps für Anschaffung und Besitz von Immobilien finden Sie in einem separaten Kapitel ab Seite 272.

»Immobilien als Geldanlage« (Südwest Verlag)

Nun ist allerdings eine Immobilie nur dann die wertbeständigste Kapitalanlage mit steigenden Renditen, wenn Lage und Bausubstanz des Objektes stimmen. Deshalb helfen hier bei der Entscheidung nicht allein steuerliche Betrachtungen. Wir möchten Ihnen aus diesem Grund das Buch »Immobilien als Geldanlage« empfehlen. Es ist ebenfalls im Südwest Verlag erschienen, beschäftigt sich ausführlich mit Objektbewertung und Kaufberatung, weist auf tückische Fallen hin und enthält zahlreiche Beispielrechnungen sowie Checklisten.

Vermeiden Sie Spekulationsgewinne

Wertsteigerungen aus dem Verkauf von Aktien oder Wertpapieren sind erst nach Ablauf der Spekulationsfrist von einem Jahr steuerfrei. Verkaufen Sie innerhalb dieser Frist, müssen Sie einen Gewinn bis 999,99 DM nicht versteuern. Hier handelt es sich um eine Freigrenze (kein abzugsfähiger Freibetrag). Liegt der Spekulationsgewinn bei 1.000 DM, müssen Sie alles versteuern. Damit dem Fiskus hier nicht zu viel Steuern entgehen, werden die Vermögensverwaltungsabteilungen von Banken und auch die selbstständigen Vermögensverwalter vom Finanzamt zur Herausgabe der Honorarrechnungen ihrer Kunden für die Depotverwaltung aufgefordert. Hieraus lassen sich zahlreiche Rückschlüsse aus dem jährlichen Vermögenszuwachs ziehen, und die Finanzämter verschicken dann Kontrollmitteilungen an die entsprechenden Kunden. Ab 2002/2003 gilt das Halbeinkünfteverfahren für Veräußerungsgewinne! Immobilien sind immer noch die wertbeständigste und oft auch rentabelste Kapitalanlage. Viele Ruheständler investieren daher ihre Lebensversicherungsauszahlungen oder Entlassungsabfindungen in Immobilienvermögen, bevor das Geld auf der Bank »verschimmelt« und an Wert abnimmt. Oft werden die nicht selbst genutzten Immobilien aus Spekulationsgründen auch relativ kurzfristig wieder veräußert zur Neuinvestition in noch rentablere Objekte. Wenn die Zehnjahresfrist (Daten der Kauf- bzw. Verkaufsverträge) nicht eingehalten werden kann, gibt es folgende Möglichkeit: *Immobilienvermögen*

▶ Die Spekulationsfrist für angeschaffte oder hergestellte Gebäude beträgt für nicht selbst genutzte Gebäude zehn Jahre. Hiervon ausgenommen sind jedoch selbst genutzte Gebäude, oder Gebäude, die im Jahr der Veräußerung und des Vorjahres selbst genutzt wurden.
▶ Bei Mehrfamilienhäusern mit eigengenutzter Wohnung ist bei einem Verkauf nur der selbst genutzte Teil von der Spekulationsbesteuerung ausgenommen.

Diese Möglichkeiten haben Sie als Vermieter

Natürlich sollten Sie an möglichst hohen Einnahmen interessiert sein – und an einer niedrigen Steuerbelastung. Dennoch sollen Sie gegenüber dem Finanzamt nicht an den Einnahmen manipulieren. Bleiben Sie bezüglich Ihrer Mieteinnahmen unbedingt steuerehrlich.

Achtung: Das Finanzamt kann bei Verdacht jederzeit Kontoauszüge anfordern, um die Richtigkeit der von Ihnen angegebenen Zahlungen zu überprüfen. Außerdem können durch Kontrollmitteilungen bisher verschwiegene Einnahmen ans Tageslicht kommen, für die Sie eventuell bis zu zehn Jahre rückwirkend nachzahlen müssen. *Kontrollmitteilungen*

Oft wird die Findigkeit der Finanzbeamten unterschätzt. Häufig mangelt es auch an Vorstellungsvermögen, warum ein paar kleine Mogeleien auffallen sollten. Aber das kann schneller geschehen, als man denkt. *Kleine Mogeleien*
Beispiel *Einer Ihrer Mieter macht in seiner Einkommensteuererklärung ein häusliches Arbeitszimmer geltend, da für ihn die Voraussetzungen hierfür zutreffen. Er fügt seinen Unterlagen eine Kopie des Mietvertrages bei. Das Finanzamt des Mieters schickt eine Kontrollmitteilung an Ihr Wohnsitzfinanzamt und überprüft durch Anforderung Ihrer Kontoauszüge die vollständige Versteuerung Ihrer Mieteinnahmen.*

Abgrenzung des Erhaltungsaufwands vom anschaffungsnahen Aufwand

Instandhaltungsaufwendungen

Renovieren Sie vermietetes Wohneigentum in erheblichem Umfang, werden nicht alle Instandhaltungsaufwendungen vom Finanzamt als sofort abzugsfähig anerkannt. Anschaffungsnaher Aufwand darf nur über die Abschreibung für die Immobilie berücksichtigt werden. Diese läuft meist 50 Jahre.

Werden mit den Aufwendungen nur frühere Teile ausgetauscht bzw. erneuert, handelt es sich immer um abzugsfähige Werbungskosten, z. B. wenn Arbeiten notwendig sind, um den Komfort an die heutigen Verhältnisse anzupassen.

Bei größeren Renovierungen

Schwieriger wird die Abgrenzung bei Arbeiten, die den Wert der Immobilie erheblich steigern oder sogar die Wohnfläche erheblich vergrößern. In diesem Fall ist es wichtig, die großen wertsteigernden Aufwendungen von den kleineren Reparaturen abzugrenzen.

50-jährige Abschreibung

Wenn Sie dies nicht tun, addiert die Finanzverwaltung alles auf, und die Aufwendungen sind nur über die 50-jährige Abschreibung zu berücksichtigen. Das würde sich für Sie in steuerlicher Hinsicht sehr nachteilig auswirken. Beweisen Sie der Finanzverwaltung deshalb anhand der Einzelrechnungen, dass die Baumaßnahmen unabhängig voneinander durchgeführt wurden.

Tückische Regelungen in den ersten drei Jahren

Vermeiden Sie, dass das Finanzamt in den ersten drei Jahren nach Erwerb der Immobilie Aufwendungen als nachträgliche und nicht sofort abzugsfähige Kosten einstuft.

Falls die Renovierungskosten für Ihre vermietete Immobilie in den ersten drei Jahren nach Erwerb mehr als 15 Prozent der Anschaffungs- oder Herstellungskosten des Gebäudes (ohne MwSt.) betragen, können Sie diese Aufwendungen nicht sofort als Werbungskosten abziehen.

Abschreibungsbemessungsgrundlage

Das Finanzamt rechnet diese Kosten zur Abschreibungsbemessungsgrundlage, die Aufwendungen werden also auf die Abschreibungsdauer von 50 Jahren verteilt. Das bedeutet für Sie einen minimalen Steuerspareffekt!

Vorweggenommene Werbungskosten ebenfalls berücksichtigen

Zwischen der Entscheidung zum Kauf einer bestimmten Immobilie und dem notariellen Kaufvertrag bzw. dem wirtschaftlichen Eigentumsübergang können Monate vergehen, in denen jedoch Kosten anfallen.

Gestaltungen zum Erhaltungsaufwand

Die voreilige Renovierung einer Mietwohnung ohne Blick auf die steuerlichen Folgen kann zu unliebsamen Überraschungen führen: Das Finanzamt macht Ihnen einen Strich durch die Rechnung. Hier erkennen Sie, wie man die Steuerklippen umschifft.

Das haben Sie vor (Baumaßnahme)	Das wäre die Folge (steuerliche Konsequenz)	Das ist besser (steuergünstigere Gestaltung)
In den ersten 3 Jahren soll eine 500.000 DM teure Immobilie für 100.000 DM (inkl. MwSt.) renoviert werden.	Da die Kosten 15 % des Kaufpreises übersteigen, gehören diese zum Kaufpreis. Die Reparaturen sind nicht sofort absetzbar.	Wenn in den ersten 3 Jahren nur maximal 75.000 DM (ohne MwSt.) für Reparaturen verwendet werden, sind diese sofort absetzbar.
Gleichzeitige Renovierung von Wohnungen im Dachgeschoss und Vergrößerung der Dachgauben.	Die Vergrößerung der Gauben zieht die Schaffung neuen Wohnraums durch bautechnisch einheitliche Arbeiten nach sich. Deshalb zählen alle Ausgaben (100.000 DM) als Herstellungsaufwand.	Im einen Jahr Vergrößerung der Dachgauben (20.000 DM), im nächsten Jahr folgt die Renovierung des Dachgeschosses (80.000 DM).
Im Anschluss an eine Renovierung für 110.000 DM werden 2 Wohnungen unter Erhöhung der Miete um ganze 50 % neu vermietet.	Das Finanzamt sieht die hohe Mieterhöhung als Folge eines ungünstigen Herstellungsaufwands an.	Die Miete wird vorläufig nur um maximal 30 % erhöht und eine spätere Mieterhöhung vereinbart. Die Mindereinnahmen werden durch die Steuervorteile kompensiert.
Vergrößerung des Balkons einer Mietwohnung (20.000 DM) bei gleichzeitiger Erneuerung von Dach, Fenster, Rolladen und Fassade für 85.000 DM.	Da durch die Erweiterung des Balkons auch der Wohnraum größer wird, gelten alle Arbeiten aus behördlicher Sicht als Einheit. Die Kosten gelten als Herstellungsaufwand.	Das beauftragte Bauunternehmen wird veranlasst, alle Arbeiten unabhängig voneinander abzurechnen. Die Kosten sind sofort absetzbar.

Diese Kosten stellen dann vorweggenommene Werbungskosten dar, wenn die betreffende Immobilie tatsächlich erworben wird. Bei den Kosten handelt es sich meistens um:

Notarkosten

- ▶ Bereitstellungszinsen, Schuldzinsen
- ▶ Notarkosten wegen Grundschuldbestellung
- ▶ Gerichtskosten wegen Grundschuldbestellung
- ▶ Fahrtkosten, Porto, Telefon und Faxkosten
- ▶ Eventuell Grundsteuern, Versicherungen und Kosten für kleinere Reparaturen
- ▶ Steuerberatungskosten im Zusammenhang mit dieser Immobilie
- ▶ Rechtsanwaltskosten.

Kommt ein Kaufvertrag nicht zustande, handelt es sich um die bereits erwähnten abzugsfähigen vergeblichen Werbungskosten.

Kein steuerlicher Abzug von Veräußerungskosten

Keine Werbungskosten

Aufwendungen im Zusammenhang mit der Veräußerung einer Immobilie sind steuerlich nicht als Werbungskosten abzugsfähig. Sie können steuerlich gar nicht berücksichtigt werden, sondern müssen in Ihren Verkaufspreis für die Immobilie einkalkuliert werden. Zu den Veräußerungskosten gehören z. B.:

- ▶ Inseratskosten
- ▶ Maklerkosten
- ▶ Fahrtkosten wegen Verkaufsverhandlungen
- ▶ Noch verbleibende Schuldzinsen
- ▶ Vorfälligkeitsentschädigungen an das Kreditinstitut wegen vorzeitiger Kreditablösung
- ▶ Aufwendungen für Reparaturen, zu denen Sie sich noch vertraglich verpflichtet haben.

Schuldzinsen als Werbungskosten

> **Expertentipp:** Legen Sie nach Veräußerung von Immobilieneigentum Ihren die Verbindlichkeiten übersteigenden Gewinn zinsbringend an, da die Zinserträge höher sein können als die gezahlten Zinsen. So können Sie die Schuldzinsen als Werbungskosten aus Kapitalvermögen ansetzen.

Denken Sie unbedingt auch an die sonstigen Werbungskosten

Zu den sonstigen Werbungskosten, deren steuerliche Berücksichtigung leicht übersehen wird, gehören z. B.:

- ▶ Inseratskosten wegen Vermietung
- ▶ Fahrtkosten zur vermieteten Immobilie

- Anteilige bzw. pauschale Telefon- und Faxkosten
- Büromaterial, Porto
- Fachliteratur bezüglich Kauf, Renovierung, Finanzierung usw. von Immobilien — *Fachliteratur*
- Fahrtkosten zu Baumärkten
- Geschenke für langjährige Mieter (Blumen, Parfüm, Babykleidung usw.)
- Aufmerksamkeiten anlässlich der Beerdigung eines Mieters
- Bewirtung eines Mieters wegen Geburtstag, Weihnachten, Ostern oder anlässlich einer Besprechung wegen Renovierungsarbeiten usw.
- Rechtsanwaltskosten, die Ihnen im Zusammenhang mit Mieterstreitigkeiten entstehen
- Kosten für ein Sachverständigengutachten zur Ermittlung von Vergleichsmieten — *Sachverständigengutachten*
- Kosten für ein Arbeitszimmer, falls mehrere Immobilien vermietet werden und die Ablage der Akten sowie die Immobilienverwaltung in einem gesonderten Zimmer erfolgen müssen (Kostenermittlung wie bei Arbeitnehmern).

Tipps zum Arbeitszimmer bei der Verwaltung eigener Immobilien

- **Bei mehreren vermieteten Immobilien** ist zu empfehlen, einen unbegrenzten Kostenansatz vorzunehmen. Begründung: Das Büro bildet den Mittelpunkt des beruflichen Interesses, das in diesem Fall die Immobilienverwaltung einnimmt.
- **Denken Sie auch an die Putzfrau** für das Arbeitszimmer. Auch wenn Ihr Lebenspartner oder Ihre halbwüchsigen Kinder das übernehmen, können Sie die Kosten als Werbungskosten ansetzen. Ihre Kinder können Ihnen Quittungen ausstellen, ohne für den Putzlohn Steuern zahlen zu müssen. Ihr Kinderfreibetrag ist auch nicht gefährdet, da Kinder, die das 18. Lebensjahr vollendet haben, über Einkünfte bis zu 14.040 DM jährlich verfügen dürfen. Bei Kindern unter 18 Jahren spielt das Einkommen für die Freibeträge der Eltern keine Rolle. — *Putzfrau*

Immobilien und Angehörige

Suchen Sie sich einen Hausmeister in der Familie

Steht die vermietete Immobilie in Ihrem Alleineigentum, können Sie Ihren Ehegatten oder Lebensgefährten als Hausverwalter oder Hausmeister beschäftigen. Diese Kosten stellen dann sofort abzugsfähige Werbungskosten aus Vermietung und Verpachtung dar. Vergessen Sie aber nicht, mit dem Angehörigen einen Arbeitsvertrag wie unter fremden Dritten zu schließen, der entsprechende Bedingungen wie Arbeitszeiten, Vergütungen und Urlaubsanspruch festlegt. — *Hausmeister mit Vertrag*

Die Beschäftigung kann im Angestelltenverhältnis (auf Lohnsteuerkarte), durch freie Mitarbeit oder durch ein geringfügiges Beschäftigungsverhältnis von z. Zt. monat-

Freistellungsbescheinigung

lich maximal 630 DM erfolgen. Die Aushilfsbeschäftigung ist für den Lohnempfänger seit 1.4.1999 jedoch nur dann steuerfrei, wenn der Arbeitnehmer sonst keine positiven Einkünfte hat und dem Arbeitgeber eine Freistellungsbescheinigung des Finanzamtes vorlegt. Weitere Voraussetzung ist, dass der Arbeitgeber vom Arbeitslohn zwölf Prozent Rentenversicherungsbeiträge und bei gesetzlich Krankenversicherten auch zehn Prozent pauschale Krankenversicherungsbeiträge an die zuständige Krankenkasse abführt.

Vermieten Sie an studierende Kinder?

Vermietung an eigenes studierendes Kind

Falls Sie eine Wohnung erwerben oder schon besitzen, lohnt manchmal auch die Vermietung an ein eigenes studierendes Kind. Eltern können die steuerlichen Verluste aus der verbilligten Vermietung an unterhaltsberechtigte, unverheiratete Kinder auch dann steuerlich geltend machen, wenn diese nicht über eigene Einkünfte verfügen. Die monatliche Warmmiete darf sogar mit dem Barunterhalt der Eltern verrechnet werden. (BFH 19.10.1999, Az IX R 30/98 DStR 2000 s. 109 sowie BFH 19.10.1999, Az: IX R 39/99 DStR 2000, S. 107).

Steuervorteile aus dieser Gestaltung

50 Prozent unter der ortsüblichen Marktmiete

Sie können die Wohnung laut Mietvertrag an Ihr Kind zu einem Mietpreis von bis zu 50 Prozent unter der ortsüblichen Marktmiete (Mietspiegel) vermieten und versteuern somit weniger Einnahmen. Achten Sie bei der Bemessung der Miete auf die zahlreichen Tücken in den kommunalen Mietspiegeln hinsichtlich der exakten Vergleichbarkeit. Sie können von diesen Einnahmen sämtliche Werbungskosten inkl. Abschreibung abziehen, sodass sich ein steuerlicher Verlust ergibt. Der vermindert Ihren Gesamtbetrag der Einkünfte und somit Ihre Steuerlast.

Voraussetzungen für die steuerliche Anerkennung der verbilligten Vermietung an Kinder und sonstige Angehörige sind jedoch:

1. Schriftlicher Mietvertrag wie unter fremden Dritten.
2. Kein »Scheinmietverhältnis«, der Mietvertrag muss »gelebt« werden.
3. Es muss sich um eine abgeschlossene Wohnung handeln, die sich – bei der Vermietung an Kinder- außerhalb des elterlichen Hausstandes befindet.
4. Bei der Vermietung an Kinder dürfen sich die Eltern keine Mitbenutzungsrechte einräumen.
5. Die vereinbarte Warmmiete muss mindestens 50 Prozent der ortsüblichen Miete einschließlich der Umlagen betragen, hier sollte die 50 Prozent-Grenze nicht genau ausgereizt werden. Vereinbaren Sie sicherheitshalber mindestens 55–60 Prozent der ortsüblichen Miete, damit eine von Ihnen unbemerkte, plötzliche Erhöhung des Mietspiegels nicht Ihr steuerlicher Nachteil wird.

50 bis 60 Prozent der ortsüblichen Miete

Immobilienbesitz und Arbeitszimmer

Steuerpflichtige, die mehrere vermietete Immobilien besitzen und sonst keiner Erwerbstätigkeit nachgehen, dürfen die Kosten für das häusliche Arbeitszimmer in voller Höhe als Werbungskosten abziehen. Berufstätige Vermieter dürfen die Aufwendungen bis 2.400 DM jährlich berücksichtigen. Mieten Sie für die Immobilienverwaltung einen Raum außerhalb Ihrer eigenen vier Wände, sind die Kosten ebenfalls voll abzugsfähig. Die gleichen Grundsätze gelten für Steuerpflichtige mit umfangreichem Kapitalvermögen!

Arbeitszimmer

Finanzierung mit einer Hypothek

Finanzieren Sie diese Wohnung mit einem Kredit, erhöht dies den Steuervorteil. Vorhandenes Eigenkapital können Sie in ein selbst genutztes Objekt oder auch in Wertpapiere investieren, falls Ihr Sparerfreibetrag und Ihr Werbungskostenpauschbetrag für Kapitalvermögen in 2001 (3.100 DM für Alleinstehende bzw. 6.200 DM für Verheiratete) noch nicht erreicht sind.

Vorsicht, Käuferfalle!

Kaufkriterium für eine Wohnung darf nie allein der zu erwartende Steuervorteil sein. Der kann nur als ein zusätzliches Bonbon angesehen werden. Entscheidend sind insbesondere die Lage der Immobilie, mögliche Wertsteigerungen und die zu erwartende Rentabilität, wenn die Immobilie nach einiger Zeit nicht mehr an studierende Kinder vermietet wird.

Lage der Immobilie

Weitere Tipps zu Immobilien und Angehörigen

- **Überlassung an Angehörige** Sie können die Wohnung auch unentgeltlich Angehörigen überlassen und die Eigenheimzulage beanspruchen, falls Sie die Voraussetzungen dafür erfüllen. Die Zulage liegt bei 2.500 DM für Altbauten und 5.000 DM für Neubauten.
  In diesem Fall sind die Einkünfte Ihres Kindes unerheblich. Der Ausbildungsfreibetrag für auswärtige Unterbringung bleibt Ihnen erhalten, wenn das Kind geringe Einkünfte hat.

  2.500 DM für Altbauten und 5.000 DM für Neubauten

- **Vermietung an den Ex-Gatten** Vermieten Sie an Ihren geschiedenen Ehegatten, und verrechnen Sie die Miete mit den Unterhaltszahlungen. Der BFH hat diese Gestaltung anerkannt, auch wenn Sie die Wohnung zu einem günstigeren Mietpreis als üblich überlassen.
  Der Abschluss eines Mietvertrages mit dem geschiedenen Ehegatten und die Verrechnung der Miete stellen keinen Gestaltungsmissbrauch dar (entsprechend § 42 AO, BFH 16.1.96, IX R 13/92).

  Günstigerer Mietpreis

▶ **Wohnrecht und Vermietung koppeln** Wenn Eltern ihrem Kind eine Immobilie schenken und sich zur Sicherheit ein lebenslanges Wohnrecht einräumen lassen, kann dennoch später mit dem Kind ein Mietverhältnis abgeschlossen werden. Das Kind muss die Einkünfte versteuern und kann alle Werbungskosten abziehen (BFH, Az: IX B 72/00).

Degressive AfA für Umbau oder Ausbau

Ausbaumaß-
nahmen

Die steuerlich günstigere degressive AfA kann auch bei Ausbaumaßnahmen von Immobilien geltend gemacht werden, die an bereits bestehenden Altbauten durchgeführt werden. Voraussetzung hierfür ist, dass dadurch ein neues Wirtschaftsgut entsteht und es sich um einen Neubau handelt.

> **Achtung:** Falls Sie an einem vermieteten oder einem selbst genutzten Haus einen zur Vermietung bestimmten Anbau errichten, wird dieser steuerlich als Neubau betrachtet. Es darf sich aber nicht um einen bloßen Umbau handeln, weil dadurch kein neues Wirtschaftsgut entsteht.

Neue Dach-
konstruktion

Beispiel für Abschreibungen Sie vermieten ein bestehendes Haus (Anschaffungskosten 500.000 DM ohne Grund und Boden) mit zwei übereinander liegenden Wohnungen, wovon die Wohnung der ersten Etage umgebaut wird (Kosten 50.000 DM). Zusätzlich lassen Sie das alte Dach abreißen und errichten an seiner Stelle eine neue Dachkonstruktion mit einer bisher nicht vorhandenen Dachgeschosswohnung (Kosten 100.000 DM).

Für dieses Beispiel ergeben sich zwei unterschiedliche steuerliche Möglichkeiten:

Instand-
haltungsauf-
wendungen

Möglichkeit 1 Für die Wohnung der ersten Etage entstehen entweder sofort abzugsfähige Instandhaltungsaufwendungen oder nachträgliche Anschaffungs- bzw. Herstellungskosten. Diese werden zusammen mit dem Gebäude abgeschrieben, falls die Baumaßnahmen den Wert der Wohnung erheblich erhöhen und die Kosten in den ersten drei Jahren 15 Prozent der Anschaffungskosten übersteigen.

Im folgenden Beispiel sind es sofort abzugsfähige Instandhaltungsmaßnahmen (Werbungskosten). Im Dachgeschoss wurde ein zusätzliches Wirtschaftsgut errichtet, das als Neubau degressiv abgeschrieben werden kann.

Dachgeschoss-
wohnung

Bisherige AfA für das Gesamthaus zwei Prozent (Altsubstanz)	10.000 DM
Umbau Wohnung erste Etage, sofort abzugsfähige Kosten	keine AfA
AfA Wohnung Dachgeschoss 2001–2008, fünf Prozent von 100.000 DM	5.000 DM
Gesamtbetrag der Abschreibungsbeträge nach Fertigstellung	15.000 DM

Der Abschreibungssatz für die Dachgeschosswohnung beträgt ab dem neunten Jahr 2,5 Prozent und vom 15. bis 50. Jahr 1,25 Prozent der Umbaukosten.

Möglichkeit 2 Durch die Umbaumaßnahmen für die Wohnung in der ersten Etage entstehen nachträgliche Anschaffungskosten, die zusammen mit der Altsubstanz des Gebäudes mit zwei Prozent (nach § 7 Abs. 4 EStG) abgeschrieben werden.

Bisherige AfA für das Gesamthaus zwei Prozent (Altsubstanz)	10.000 DM
AfA Wohnung erste Etage zwei Prozent von 50.000 DM	1.000 DM
AfA Wohnung Dachgeschoss fünf Prozent von 100.000 DM	5.000 DM
Gesamtbetrag der Abschreibungsbeträge nach Fertigstellung	16.000 DM
AfA Wohnung Dachgeschoss 2009–2014	2.500 DM
AfA Wohnung Dachgeschoss 2015–2050	1.250 DM

Degressive Abschreibung bei Anbauten

Auch durch einen Anbau kann ein Neubau entstehen, sodass ein Anspruch auf die höheren Abschreibungsbeträge besteht (nach § 7 Abs. 5 EStG). Dies ist z. B. dann der Fall, wenn Sie an Ihr bestehendes Wohnhaus eine Wohnung anbauen oder das Haus aufstocken und die Wohnung vermieten. Es entsteht dann ein selbstständiges Wirtschaftsgut, das mit dem anderen Gebäudeteil in einem anderen Nutzungs- und Funktionszusammenhang steht.

Selbstständiges Wirtschaftsgut

Tipps zu An- und Umbauten

▸ **Lassen Sie sich ausführlich beraten**
   Lassen Sie sich vor größeren baulichen Maßnahmen umfassend steuerlich beraten, damit Ihnen die degressive AfA gesichert werden kann.
▸ **Finanzieren Sie mit Krediten**
   Den vermieteten Anbau sollten Sie immer mit einem Kredit finanzieren, da hier die Kosten als Werbungskosten abzugsfähig sind. Mit vorhandenem Eigenkapital können Sie Ihre selbst genutzte Immobilie ablösen, da diese Schuldzinsen nicht abzugsfähig sind.

Selbst genutzte Immobilie

▸ **Antrag auf verbindliche Zusage**
   Vor dem geplanten Umbau bzw. Anbau Ihres Wohnobjekts können Sie beim Finanzamt auch einen schriftlichen Antrag auf verbindliche Zusage hinsichtlich der steuerlichen Behandlung Ihrer Baumaßnahmen stellen. So können Sie die steuerliche Anerkennung Ihres Konzeptes absichern, was für Ihre finanziellen Dispositionen in Bezug auf die Baumaßnahmen sicherlich interessant sein dürfte.

Steuerliche Anerkennung

> **Wichtig** Sie können den Kauf einer Immobilie rückgängig machen, wenn Sie vom Verkäufer über die mit dem Erwerb verbundenen Steuervorteile falsch informiert wurden und die versprochenen Steuervorteile die Kaufentscheidung wesentlich beeinflusst haben (BGH, V ZR 29/96).

Kauf rückgängig machen

Günstige Verlagerung der Schuldzinsen

Vermietete Wohnungen

Bei vermieteten Wohnungen gehören die Schuldzinsen immer zu den Werbungskosten und sind somit ganz abzugsfähig. Es gibt Gestaltungen, bei denen private Verbindlichkeiten in den Bereich der Einkünfte aus Vermietung und Verpachtung gelagert werden können und somit private Schuldzinsen als Werbungskosten abzugsfähig werden. Falls der Wert der zu übertragenden Immobilie die zu übernehmenden Verbindlichkeiten bei weitem übersteigt, dann empfiehlt sich die Übertragung eines Miteigentumsanteils.

Übertragung des Miteigentumsanteils

> **Enger Zusammenhang**
> Die bloße hypothekenmäßige Grundstücksbelastung führt noch nicht zu abzugsfähigen Schuldzinsen bei den Einkünften aus Vermietung und Verpachtung. Der für die Finanzierung der Immobilie aufgenommene Kredit muss, um steuerlich bei den Vermietungseinkünften berücksichtigt zu werden, mit der Anschaffung, Herstellung oder Renovierung des Grundstücks eng zusammenhängen. Ist dies nicht der Fall, handelt es sich lediglich um die reine Absicherung einer privaten Verbindlichkeit oder um die Verbindlichkeit, die aus einer anderen Einkunftsart (z. B. Gewerbebetrieb) entsteht.

Zweikontenmodell für Vermieter

Geschickte Kontoführung

Das Zweikontenmodell gilt für Vermieter weiterhin, da § 9 Abs. 5 EStG (Werbungskosten) nicht auf die einschränkenden Bestimmungen des § 4 Abs. 4 a EStG verweist. Somit können Vermieter weiterhin alle Mieteinnahmen auf Konto 1 erfassen und alle Ausgaben (Werbungskosten) von einem Konto 2 bezahlen. Die für das Konto 2 anfallenden Schuldzinsen (wegen Minussaldo) sind Werbungskosten aus Vermietung und Verpachtung. Die Regelung der »Überentnahmen« wie bei Unternehmern und Land- und Forstwirten findet bei Einkünften aus Vermietung und Verpachtung ebenso wenig Anwendung wie bei den Einkünften aus Kapitalvermögen oder nicht selbstständiger Arbeit. Sie können das Zweikontenmodell optimieren, indem Sie mit der Bank eine Zinskompensation vereinbaren. Dann werden Soll- und Habenzinsen verrechnet. (BFH 19.03.1998 Az IV R 110/94, BStBl 1998 II, S. 513)

Dreiobjektgrenze bei Veräußerung

Private Grundstücksveräußerungen vermieteter Immobilien sind außerhalb der Spekulationsfrist von zehn Jahren steuerfrei. Falls Sie jedoch mehrere Immobilien besitzen, liegt es nahe, dass Sie einige im Lauf der Zeit wieder verkaufen, um andere, vielleicht rentablere Objekte zu erwerben. Hier ist die so genannte Dreiobjektgrenze zu beachten. Veräußern Sie nämlich innerhalb von fünf Jahren mehr als drei Objekte, dann liegt aus der Sicht des Finanzamts keine private Vermögensverwaltung, sondern ein gewerblicher Grundstückshandel vor. Und solch ein gewerblicher Grundstückshandel kann Sie nicht nur viel Einkommensteuer, sondern zusätzlich auch noch Gewerbesteuer kosten.

Gewerblicher Grundstückshandel

Grundstückshandel liegt in vielen Fällen vor

▶ Sie besitzen ein unbebautes Grundstück, lassen dieses parzellieren und verkaufen die einzelnen Parzellen. Jede Parzelle zählt als ein eigenes Objekt!
▶ Auch ein Mehrfamilienhaus oder Gewerbeobjekt zählt als ein Objekt (BFH 18.05.1999 I R 118/97 sowie Az X R 130/97 sowie Erlass Az: S 2240-24/2-VB1; in Herstellungsfällen ist unter Az: Gr S 1/98 ein Verfahren vor dem BFH anhängig). Dies betrifft jedoch vorerst nur Anschaffungsfälle, für hergestellte Objekte wurde noch keine Entscheidung getroffen. Auch Anteile an Grundstücksgesellschaften werden als ein Objekt betrachtet. Veräußern Sie innerhalb von fünf Jahren mehr als drei verschiedene Anteile an grundstücksverwaltenden Gesellschaften, werden Sie gewerblich tätig. Wichtig: Für Immobilien im Betriebsvermögen gilt die 3-Objekt-Grenze nicht, da hier immer eine gewerbliche Tätigkeit vorliegt!
▶ Der Erwerb eines Grundstückes, die anschließende Bebauung mit einem Sechsfamilienhaus und die Veräußerung innerhalb einer Frist von fünf Jahren, gilt als gewerblicher Grundstückshandel, wenn der Eigentümer gleichzeitig Bauleiterfunktionen für das Gebäude übernimmt.

Frist von fünf Jahren

▶ Sogar eine Eigentumswohnung und der zugehörige Tiefgaragenplatz gelten als zwei Einheiten bei jeweiliger Eintragung als selbstständiges Sondereigentum.

Die Vorteile des Grundstückshandels

Aber vielleicht ist es ja gar nicht so schlimm, wenn Sie unter den gewerblichen Grundstückshandel eingeordnet werden. Der Grund: Steuerpflichtig ist bei gewerblichem Handel nur der erzielte Gewinn. Falls Sie jedoch keinen Gewinn, sondern sogar Verluste erzielen, dann stellen diese bei einem gewerblichen Grundstückshandel Verluste aus Gewerbebetrieb dar, die Ihre Steuerlast senken.

Nur der Gewinn wird besteuert

Geschickte Gestaltungsmöglichkeiten – richtige Steuerstrategie

In diesem Kapitel erfahren Sie:

▶ wie Sie Ihre Lebensverhältnisse steuergünstig gestalten   489

▶ wie Sie Immobilien als Steuersparschweine
nutzen können   491

▶ wie Sie durch Verträge mit Ihrem Partner Steuern
sparen können   495

▶ wie Sie sich richtig an Steuersparmodellen beteiligen   498

▶ wie Sie Ihr Vermögen clever umschichten   503

▶ wann sich Grundstücksübertragungen lohnen   509

▶ welche Steueroasen lukrativ sind   513

▶ wie das Finanzamt von Schwarzgeld Wind bekommt   529

▶ wie die neue Familienförderung aussieht   535

▶ was die Rentenreform bringt   537

Geschickte Gestaltung von Lebensverhältnissen

Den vorangegangenen Kapiteln konnten Sie entnehmen, dass sich Steuerersparnisse hauptsächlich durch den richtigen Ansatz von Betriebsausgaben, Werbungskosten, Sonderausgaben und außergewöhnlichen Belastungen erzielen lassen. Zusätzlich können Sie aber auch durch die geschickte Gestaltung Ihrer persönlichen Lebensverhältnisse erreichen, dass die stille Teilhaberschaft des Finanzamtes an Ihren Einnahmen nicht zu hoch wird.

Steuerersparnis

Ehegattenveranlagung: gemeinsam oder getrennt?

Ehegatten können (nach § 26 EStG) zwischen getrennter und gemeinsamer Veranlagung wählen. Die gemeinsame Veranlagung ist meistens günstiger, da die Einkommensteuerveranlagung dann nach der Splittingtabelle erfolgt. Hier werden die Ehegatten im steuerlichen Ergebnis so gestellt, als ob jeder die Hälfte des gemeinsam zu versteuernden Einkommens erzielt hätte.
Ein weiterer Vorteil der gemeinsamen Veranlagung ist die Verdoppelung von Freibeträgen bzw. Pauschbeträgen. Voraussetzung für die Zusammenveranlagung ist jedoch, dass die unbeschränkt steuerpflichtigen Ehegatten verheiratet sind und in einem gemeinsamen Haushalt leben.

Splittingtabelle

Welche Veranlagungsform ist zu wählen, wenn sich Ehegatten trennen?

Haben die Eheleute noch mindestens einen Tag des Jahres, in dem die Trennung erfolgte, zusammengelebt, kann für dieses Jahr noch die Zusammenveranlagung gewählt werden. Hat sich bei einem der Ehegatten dann der Wohnsitz geändert, wäre im darauf folgenden Jahr die meistens ungünstigere getrennte Veranlagung nach der Grundtabelle durchzuführen.
Außerdem kann die zweite Wohnung als eine zusätzliche Ehegattenwohnung deklariert werden. Dies funktioniert beispielsweise mit folgenden Argumenten:

Im Trennungsjahr noch Zusammenveranlagung

> **Gemeinsame Veranlagung weiterhin möglich**
> Sind sich die getrennten Ehegatten einig, kann der gemeinsame Wohnsitz beibehalten werden, auch wenn ein Partner schon ausgezogen ist. Selbst wenn ein Ehegatte bereits in einer anderen Wohnung angemeldet ist, kann dieser Wohnsitzwechsel als nur vorübergehend dargestellt werden. Die gemeinsame Veranlagung kann dann erhalten bleiben, allerdings nur, solange Sie sich nicht scheiden lassen.

Wohnsitzwechsel

Wochenend-wohnung
- Für ein Hobby, das zusätzlichen Raum einnimmt (Heimwerker).
- Als Büroräume, z. B. bei einer nebenberuflichen Tätigkeit
- Als Wochenendwohnung, falls die zweite Wohnung etwas außerhalb und nicht im gleichen Ort wie die erste Wohnung liegt.
- Als Wohnung für die doppelte Haushaltsführung (dies jedoch maximal für zwei Jahre), falls die zweite Wohnung wesentlich näher am Arbeitsplatz liegt.

Abschreibungs-beträge

> **TIPP** Wohnen Sie aus beruflichen Gründen in zwei verschiedenen Bundesländern, können Sie auch weiterhin von der Zusammenveranlagung profitieren. Dies ist insbesondere dann vorteilhaft, wenn der besser verdienende Ehegatte steuerlich von den Abschreibungsbeträgen (§ 10 e EStG) oder den Zulagen (Eigenheimzulage) des anderen Ehegatten profitiert.

Wann wirkt sich die getrennte Veranlagung günstiger aus?

Grundsätzlich gilt getrennte Ehegattenveranlagung (nach § 26 a EStG), wenn einer der Ehegatten diese Veranlagungsart wählt (§ 26 Abs. 2 Satz 1 EStG). Die getrennte Veranlagung kann z. B. unter folgenden Bedingungen günstiger sein:

Progressions-vorbehalt
- Beide Ehegatten erzielen Einkünfte, jedoch ein Ehegatte bezieht steuerfreie Einkünfte, die nur Einfluss auf die Höhe des Steuersatzes haben (Progressionsvorbehalt).
- Abschreibungsbeträge (nach § 10 e EStG) sollen beansprucht werden, jedoch übersteigt der Gesamtbetrag der Einkünfte die Einkommensgrenzen. Steht die selbst genutzte Immobilie im Alleineigentum des Ehegatten mit den niedrigeren Einkünften, kann die Inanspruchnahme der Abschreibungsbeträge im Gesamtergebnis günstiger sein als die Versteuerung nach der Splittingtabelle.
- Die Eigenheimzulage ist in Gefahr, da auch hier auf den Gesamtbetrag der Einkünfte abgestellt wird (s. Kapitel 11).

Die besondere Veranlagung (nach § 26 c EStG)

Ob im Jahr der Eheschließung die getrennte oder besondere Veranlagung günstiger ist, hängt von mehreren typischen Situationen ab, die durch die jeweiligen Lebensumstände bestimmt werden:

Zumindest die Hälfte
- **Ein oder mehrere Kinder** Ein Ehegatte bringt ein Kind oder mehrere Kinder mit in die Ehe, für das/die er zumindest halbe Kinderfreibeträge/Kindergeld beanspruchen kann und für das/die er den Haushaltsfreibetrag von 5.616 DM beansprucht. Durch Wahl der Zusammenveranlagung im Jahr der Eheschließung würde dieser entfallen. Dies gilt auch, wenn es sich um das gemeinsame Kind

der späteren Ehegatten handelt und das Kind einem der Ehegatten zugeordnet ist. Bringen jedoch beide Ehegatten Kinder mit in die Ehe, die den jeweiligen Elternteilen zugeordnet sind und mit im Haushalt leben, können beide bei der besonderen Veranlagung den Haushaltsfreibetrag beanspruchen. — *Haushaltsfreibetrag*

▶ **Witwensplitting** Ein Ehegatte ist seit dem Vorjahr verwitwet und hat nochmals Anspruch auf das Witwensplitting, der andere Ehegatte wird nach der Grundtabelle versteuert. Durch die Wahl der besonderen Veranlagung im Jahr der Eheschließung kann somit dreimal der Grundfreibetrag (zweimal vom verwitweten, einmal vom anderen Partner) beansprucht werden. Der Effekt ist umso höher, wenn der verwitwete Ehegatte ein doppelt so hohes zu versteuerndes Einkommen hat wie der nach der Grundtabelle versteuernde Ehegatte. — *Grundfreibetrag*

▶ **Außergewöhnliche Belastungen** Bei hohen außergewöhnlichen Belastungen (nach §§ 33 und 33 c EStG) kann sich die getrennte Veranlagung vorteilhafter auswirken.

Bei getrennter Veranlagung wird nur der Prozentsatz der zumutbaren Eigenbelastung angewandt, der auf die Einkünfte des jeweiligen Ehegatten entfällt. — *Zumutbare Eigenbelastung*

> **TIPP** Die Zusammenveranlagung wirkt sich in den meisten Fällen günstiger aus, besonders dann, wenn ein Ehegatte wesentlich höhere Einkünfte erzielt als der andere Ehegatte. Liegen die Grenzsteuersätze dagegen ungefähr gleich, da beide Ehepartner ähnlich hohe Einkünfte erzielen, kann in einzelnen Fällen die getrennte Veranlagung günstiger sein. — *Grenzsteuersätze*

Ferienimmobilien als Steuersparschweine

Liegt Ihre Ferienwohnung nicht in einem ausgewiesenen Sondergebiet, sondern kann sie ganzjährig bewohnt werden, gibt es auch hier einige Steuersparmodelle.

Selbstnutzung durch den Eigentümer

Sie ziehen in Ihrer Ferienwohnung ein, melden dort Ihren Hauptwohnsitz an und bilden den für die steuerliche Anerkennung wichtigen Mittelpunkt des Lebensinteresses. Ist noch kein Objektverbrauch eingetreten und werden die Einkommensgrenzen unterschritten, können Sie Eigenheimzulage beanspruchen. — *Hauptwohnsitz*

> **Achtung:** Behalten Sie Ihren alten Wohnsitz, für den keine Zulage mehr beansprucht wird, da Sie dort Ihre Arbeitsstätte haben, können Sie je nach Entfernung eventuell höhere Fahrtkosten zwischen Wohnung und Arbeitsstätte geltend machen.

Unentgeltliche Überlassung an Angehörige

Höhere Fahrtkosten

Falls Sie die Ferienwohnung Angehörigen (hierzu zählen auch Verlobte) unentgeltlich überlassen, können Sie ebenfalls acht Jahre lang die Eigenheimzulage beanspruchen. Voraussetzung ist allerdings, dass der Wohnungsnutzer in der Ferienwohnung seinen Hauptwohnsitz anmeldet.

Vermietung an nahe Angehörige

Mietvertrag wie unter Fremden

Vermietungen an nahe Angehörige sind zu einem Preis von 50 Prozent unter ortsüblichem Marktpreis möglich. Es muss ein bürgerlich-rechtlich wirksamer Mietvertrag wie unter Fremden vorliegen.

Sämtliche Kosten im Zusammenhang mit der Immobilie sind als Werbungskosten abzuziehen. Da die Einnahmen gering sind, entsteht ein steuerlicher Verlust, der Ihre Steuerprogression senkt.

Verrechnung mit Barunterhalt

> **TIPP** Der Abschluss eines Mietvertrages mit dem geschiedenen Ehegatten und die Verrechnung der Miete mit dem geschuldeten Barunterhalt stellen keinen Missbrauch von Gestaltungsmöglichkeiten dar (§ 42 AO, BFH 16.1.96, IX R 13/92). Vermieten Sie an Kinder, darf die monatliche Warmmiete sogar mit dem Barunterhalt der Eltern verrechnet werden.

Vermietungsabsicht erkennen lassen

Bei Vermietung der Ferienwohnung müssen Sie darauf achten, dass Ihnen das Finanzamt bei ständigen Vermietungsverlusten keine Liebhaberei unterstellt und daraufhin die Steuervergünstigungen aberkennt. Es muss in diesem Fall ein Totalüberschuss erwirtschaftet werden, wobei hier eine gesamte Nutzungsdauer von 100 Jahren zugrunde gelegt wird.

Eigenheimzulage

Wird eine Ferienwohnung nur zeitweise vermietet, können die Werbungskosten nur anteilig für diese Zeiträume abgezogen werden.

Handelt es sich um eine Wohnung, für die Sie die Eigenheimzulage beanspruchen, ist ein Werbungskostenabzug für die Steuer nicht möglich, da keine reine Selbstnutzung vorliegt.

Leerstandszeiten einer Ferienwohnung werden nach einem BFH-Urteil (12.09.1995, IX R 117/92) immer der Eigennutzung des Eigentümers zugerechnet.

Folge: Für diese Zeiten ist der Werbungskostenabzug ausgeschlossen.

Besitzer von zwei Ferienwohnungen

Wenn Sie zwei abgeschlossene Ferienwohnungen in einem Feriengebiet besitzen, von denen Sie eine selbst nutzen und die andere ständig für Vermietungsgäste bereit halten, dürfen Sie für die nicht selbst genutzte Wohnung alle Kosten (inkl. Zinsen und AfA) als Werbungskosten abziehen. Das gilt auch für Leerstandszeiten, diese werden hier wegen der zweiten Wohnung nicht der Selbstnutzung zugeordnet. Sie müssen aber dem Finanzamt nachweisen, dass Sie mit der Vermietung eine Gewinnerzielungsabsicht verfolgen und ein Totalüberschuss möglich ist (BFH 21.11.2000, Az: IX R 37/98).

Höchstförderung des Eigenheims, wenn alle Voraussetzungen erfüllt sind				
	für einen Neubau		für einen Altbau	
Anspruchsberechtigt	pro Jahr	für insgesamt 8 Jahre	pro Jahr	für insgesamt 8 Jahre
Eigentümer ohne Kinder	5.000 DM	40.000 DM	2.500 DM	20.000 DM
Eigentümer mit einem Kind	6.500 DM	52.000 DM	4.000 DM	32.000 DM
Eigentümer mit zwei Kindern	8.000 DM	64.000 DM	5.500 DM	44.000 DM
Eigentümer mit drei Kindern	9.500 DM	76.000 DM	7.000 DM	56.000 DM

So erhalten Sie die Eigenheimzulage trotz hohen Einkommens

Für die Inanspruchnahme der Eigenheimzulage gelten bestimmte Einkommensgrenzen, die bereits in Kapitel 11 ausführlich erörtert wurden.

Achtung: Sinkt Ihr Gesamtbetrag der Einkünfte z. B. nach drei Jahren, können Sie die Zulagen noch für die letzten fünf Jahre beanspruchen.

Zulagen noch für die letzten fünf Jahre

Wichtig Haben Sie den Kaufvertrag für Ihr Eigenheim bis 31.12.1999 unterschrieben oder bis dahin den Bauantrag gestellt, dann gelten noch die alten Einkunftsgrenzen von 240.000 DM/480.000 DM (Ledige/Verheiratete) für das Erstjahr und das vorangegangene Kalenderjahr.
Ab 2000 wurden die Einkunftsgrenzen auf 160.000 DM/320.000 DM (für das Antragsjahr und das Vorjahr zusammen) reduziert. Für jedes Kind, für das die Eltern Freibeträge für Kinder erhalten, erhöhen sich die Einkunftsgrenzen um 30.000 DM für Ledige und 60.000 DM für verheiratete Eltern.

Einkunftsgrenzen

> **TIPP** Beanspruchen Sie die Eigenheimzulage von 5.000 DM auch für gebrauchte Immobilien. Nach einer Verfügung der Oberfinanzdirektion Chemnitz (EZ 1210-4/1-St31) ist dies dann möglich, wenn hohe Sanierungskosten getätigt werden.
> Wichtig ist dabei allerdings, dass der Anteil der Sanierungskosten den Altsubstanzwert übersteigt! Hierbei wird sogar die eigene Arbeitsleistung bei der Bewertung Sanierungsanteil/Altsubstanz hinzugerechnet!

Hohe Sanierungskosten

Reduzierung des Einkommens und Rettung der Eigenheimzulage

Sind Sie selbstständig, dann ziehen Sie fällige Investitionen vor und senken dadurch Ihr Einkommen. Das kann z. B. geschehen durch:

- ▸ Anschaffung von Anlagegütern und geringwertigen Wirtschaftsgütern
- ▸ Vorziehen sonstiger Betriebsausgaben wie Instandhaltungsaufwand, Werbeaufwand
- ▸ Vorauszahlungen von Versicherungsprämien, Mietzahlungen und Zinsen, soweit bei diesen Ausgaben wegen Geringfügigkeit bei Bilanzierenden keine Rechnungsabgrenzung erforderlich ist. Die Nichtbeanstandungsgrenze liegt bei 3.000 DM.
- ▸ Verlagerung von Vermögen und Einkünften auf Angehörige
- ▸ Beanspruchung der Ansparabschreibung in den richtigen Jahren, sofern der Einheitswert Ihres Betriebes im letzten Wirtschaftsjahr 400.000 DM nicht überschritten hat.
- ▸ Geltendmachung der Sonder-AfA für neue bewegliche Wirtschaftsgüter des Anlagevermögens nach § 7 g EStG.

Instandhaltungsaufwand

Geltendmachen der Sonder-AfA

Vermieten Sie Immobilien?

Dann können Sie eine Reduzierung Ihres Einkommens ebenfalls leicht herbeiführen. Möglich wäre dies z. B. durch folgende Strategien:

- ▸ Vorziehen fälliger Instandhaltungs- oder Umbauarbeiten
- ▸ Kauf von Heizöl vor Jahresende
- ▸ Beschäftigung von Angehörigen als Hausmeister, Reinigungskraft usw.

Beziehen Sie Einkünfte aus Kapitalvermögen, lässt sich derselbe Effekt der Gewinnvermeidung erreichen:

- ▸ Sie können bei einer eigenen GmbH die Gewinnausschüttungen verschieben.
- ▸ Sie können Anleihen mit hohen Stückzinsen, die als negative Einnahmen von den Guthabenzinsen abgezogen werden, vor Jahresende kaufen.

Anleihen mit hohen Stückzinsen

Unverheiratete Paare

▶ Sie können Renteninvestmentfonds oder Geldmarktfonds vor Jahresende kaufen, da die Zwischengewinne als negative Einnahmen von den Guthabenzinsen abgezogen werden.

Weitere Tipps zur Rettung der Eigenheimzulage

▶ **Immobilie im Alleineigentum** Steht bei Ehegatten die selbst genutzte Immobilie im Alleineigentum, kann im Antragsjahr die getrennte Veranlagung gewählt werden, da dann nur die Einkünfte des Eigentümer-Ehegatten berücksichtigt werden.

▶ **Wenn Kinder auf dem Grundstück der Eltern bauen,** erhalten alle Beteiligten die Eigenheimzulage! Selbst genutzte Bauten auf fremdem Grund und Boden wurden vor dem 1.1.1996 steuerlich nicht gefördert. Wenn Kinder jetzt auf dem Grundstück ihrer Eltern bauen und ihnen für acht Jahre (Höchstförderzeitraum) ein Nießbrauch im Grundbuch der Eltern eingetragen wird, gibt es für acht Jahre die Eigenheimzulage für Neubauten (8 x 5.000 DM) zuzüglich eventueller Ökozulagen (verlängert bis 31.12.2002) und der Kinderzulagen. Voraussetzung: Die Einkommensgrenzen werden eingehalten, und es liegt kein Objektverbrauch vor!

Nießbrauch im Grundbuch der Eltern

Nach acht Jahren ziehen die Eltern in das Haus der Kinder ein und zahlen diesen für die Hausübertragung eine Abfindung oder übernehmen die Hypothekenbelastungen. Wenn die übrigen Voraussetzungen vorliegen, erhalten die Eltern ebenfalls für acht Jahre die Eigenheimzulage, jedoch nur für Altbauten (8 x 2.500 DM) und ohne Ökozulagen. Wenn für ein studierendes Kind noch Anspruch auf Kinderfreibetrag besteht, gibt es zusätzlich noch die Kinderzulage!

Hausübertragung

Bauen auf fremdem Grundstück
Wenn Sie Ihre selbst genutzte Immobilie auf fremdem Grundstück erweitern oder anbauen, erhalten Sie dafür keine Eigenheimzulage, weil es an dem »wirtschaftlichen Eigentum mangelt« (BFH, X R 82/95).

Geschickte Gestaltungsmöglichkeiten bei unverheirateten Lebenspartnern

Der Gesetzgeber begünstigt Ehegatten mit dem Splittingtarif und der Verdoppelung vieler Frei- und Pauschbeträge. Unverheiratete Partner werden nach der Grundtabelle versteuert.
Auch hier gilt wie bei der Ehegattenveranlagung: Verdient ein Partner wesentlich mehr als der andere, ist die Versteuerung nach der Grundtabelle denkbar schlecht.

Grenzsteuersätze

Sind die Grenzsteuersätze annähernd gleich, macht die Art der Versteuerung dagegen kaum einen Unterschied.
Nur haben unverheiratete Partner leider keine Wahl zwischen getrennter Veranlagung oder Zusammenveranlagung.

Verträge zwischen Ehegatten

An Verträge zwischen Ehegatten werden strenge formelle Anforderungen gestellt, damit sie vom Finanzamt steuerlich anerkannt werden.

> **TIPP** Es gelten für die Veranlagung von nichtverheirateten Lebenspartnern die gleichen Bedingungen und Vorteile wie für die getrennte Veranlagung von Ehegatten bzw. die besondere Veranlagung im Jahr der Eheschließung (siehe Seiten 489 bis 491).

Dies gilt nicht für Verträge zwischen nichtverheirateten Lebenspartnern. Bei diesen Vertragspartnern liegt eine wesentlich größere Vertragsfreiheit vor.

Arbeitsverträge zwischen unverheirateten Partnern

Sie können Ihrem nicht mit Ihnen verheirateten Lebenspartner beispielsweise steuerfreien Arbeitslohn zukommen lassen, der bei Ihnen Betriebsausgaben oder Werbungskosten darstellt. Das Arbeitsverhältnis muss allerdings tatsächlich durchgeführt werden.

Pensionszusage
Ein kleiner Nachteil: Im Rahmen einer Pensionszusage, die die GmbH ihrem beherrschenden Gesellschafter gibt, kann keine Witwenpension vereinbart werden. Es kann jedoch für den beherrschenden Gesellschafter eine höhere Pension zugesagt werden.
Das kann den Nachteil ausgleichen und ist für die GmbH keine Mehrbelastung, da eine eingeschlossene Witwenpension auch Kosten verursacht.

Mietverträge zwischen unverheirateten Partnern

Bei Mietverträgen zwischen unverheirateten Partnern sind denkbar viele Gestaltungen möglich, deshalb wollen wir uns auf die lohnendsten und häufigsten Umstände beschränken.

▸ **Immobilienerwerb und Vermietung** Sie erwerben eine Immobilie und vermieten diese an Ihren unverheirateten Lebenspartner. Sie haben Ihren offiziellen Wohnsitz woanders. Somit müssen Sie zwar Mieteinnahmen versteuern, können aber alle Werbungskosten dagegenrechnen, was sich steuerlich immer lohnt, es sei denn, die Immobilie ist lastenfrei.

Werbungskosten dagegenrechnen

- **Teilvermietung** Sie vermieten Teile Ihrer Eigentumswohnung bzw. des Hauses, in dem Sie selbst wohnen, an Ihren Lebenspartner. Das Finanzamt kann nicht wissen, dass Sie liiert sind, und muss steuerliche Verluste anerkennen (Miete fällt geringer aus als anteilige Kosten). — *Steuerliche Verluste*
- **Erwerb von Wohneigentum** Beide Lebenspartner erwerben Wohneigentum und können, falls sie nicht zusammenleben, an den anderen Partner vermieten. Dies bringt meistens größere Steuervorteile als die Inanspruchnahme der Eigenheimzulage.
- **Nebeneinander liegende Wohnungen** Erwerben die Partner zwei nebeneinander oder übereinander liegende Eigentumswohnungen, können beide gleichzeitig die Eigenheimzulage beanspruchen. Unverheiratete Partner können jeweils die Eigenheimzulage auch weiter beanspruchen, wenn sie später heiraten, da der Kauf bzw. Bau der Immobilie vor der Heirat erfolgte. Voraussetzung ist, dass die Wohnungen auch beide weiterhin selbst genutzt oder an Angehörige unentgeltlich überlassen werden. — *Kauf bzw. Bau der Immobilie vor der Heirat*
- **Hauswirtschaftliches Beschäftigungsverhältnis** Aufwendungen für eine Haushaltshilfe (nach § 10 Abs. 1 Nr. 8 EStG) von jeweils 18.000 DM können unverheiratete Partner eventuell zweimal beanspruchen, wenn sie in getrennten Haushalten leben. Voraussetzung: Die Haushaltshilfe übt eine sozialversicherungspflichtige Tätigkeit aus (Infos bei Krankenkassen). Es darf sich nicht um ein geringfügiges Beschäftigungsverhältnis handeln. Diese Gestaltung entfällt ab 2002! — *Haushaltshilfe*

Unterstützungsleistungen für unverheiratete Lebenspartner

Unterstützungsleistungen an gesetzlich unterhaltsberechtigte Personen (nach § 33 a Abs. 1 EStG) können bis jährlich 14.040 DM vom Gesamtbetrag der Einkünfte abgezogen werden. Den gesetzlich unterhaltsberechtigten Personen werden Personen gleichgestellt, bei denen staatliche Leistungen wegen der Unterhaltszahlungen gekürzt werden. — *Staatliche Leistungen*

Werden also bei einer eheähnlichen Lebensgemeinschaft einem Partner die Sozialleistungen gekürzt, kann der andere die Unterstützungsleistungen bis 14.040 DM jährlich von seinem Einkommen abziehen, auch wenn es sich nicht um eine gesetzlich unterhaltsberechtigte Person handelt.

Der Staat beteiligt sich an Ihrem Hobby

Aufwendungen für ein Hobby stellen (nach § 12 EStG) zwar nichtabzugsfähige Kosten der privaten Lebensführung dar. Wenn Sie jedoch Ihr Hobby als Gewerbe oder selbstständige Tätigkeit betreiben und damit versuchen, Einnahmen zu erzielen, wird Ihr Hobby steuerlich relevant – mit allen Vor- und Nachteilen.

Hobby als Gewerbe oder selbstständige Tätigkeit

Beispiel *Sie sind Hobbyfotograf und fotografieren in den entlegensten Winkeln der Welt. Hierdurch entstehen hohe Kosten. Sobald Sie mit Ihren Bildern Einnahmen erzielen und eine nachhaltige Gewinnerzielungsabsicht vorliegt, können Sie sämtliche Kosten, die mit Ihrer Tätigkeit in engem Zusammenhang stehen, als Betriebsausgaben absetzen. Hierzu würden u. a. die hohen Reisekosten gehören, da Sie an allen Orten der Welt fotografieren müssen.*

Ihre wesentliche neue Pflicht als Hobbyunternehmer ist es, nach eventuell erfolgter Gewerbeanmeldung Aufzeichnungen über alle Einnahmen und Ausgaben zu führen bzw. eine Buchhaltung mit Einnahmen-Überschuss-Rechnung oder Bilanz zu erstellen. Dass in den ersten drei bis maximal fünf Jahren Verluste entstehen, muss selbst ein Finanzbeamter akzeptieren. Auch wenn er schon nach drei Jahren nervös wird, weil er sich als bloßer Theoretiker nicht vorstellen kann, wie schwer es ist, einen Betrieb aufzubauen. Diese Verluste vermindern Ihr zu versteuerndes Einkommen und senken Ihre milden Gaben an das Finanzamt.

Verluste

Falls Sie für die Umsatzsteuer optieren, dann können Sie sogar aus allen Rechnungen die jeweils einbehaltene Mehrwertsteuer mit den von Ihnen abzuführenden Mehrwertsteuerbeträgen Ihrer Ausgangsrechnungen verrechnen. Hier entstehen in den ersten Jahren meistens Mehrwertsteuererstattungen durch das Finanzamt an Sie. Doch dies hängt von der Höhe Ihrer Betriebsausgaben ab.

Mehrwertsteuererstattungen

> **Vorsicht** Erwirtschaften Sie noch nach fünf Jahren Verluste, und können Sie dem Finanzamt nicht darlegen, dass (und eventuell konkret, wie) Sie in absehbarer Zeit Gewinne erwarten, unterstellt das Finanzamt Liebhaberei. Böse Folge: Es erkennt auch für die zurückliegenden Jahre sämtliche Steuervergünstigungen nachträglich ab.
>
> Dies ist möglich, da die Steuerbescheide bei hohen Verlusten zunächst nach § 164 AO unter dem Vorbehalt der Nachprüfung stehen. Die somit zu Unrecht erhaltenen Steuererstattungen (Einkommensteuer und eventuell Mehrwertsteuer) müssen Sie dann wieder zurückzahlen.

Böse Folgen

Lohnt sich die Beteiligung an Steuersparmodellen noch?

Ja, aber es kommt auf den Einzelfall an. Denn mit Verlusten aus Steuersparmodellen ist weniger Kasse zu machen als bisher! Zum einen werden nicht mehr alle Verluste aus Beteiligungen an einem Steuersparmodell anerkannt – zum anderen wurde der so genannte »vertikale Verlustausgleich« zwischen verschiedenen Einkunftsarten stark eingeschränkt.

Vertikaler Verlustausgleich

Vor allem Verluste aus der Beteiligung von Verlustzuweisungsgesellschaften und ähnlichen Modelle sind nur noch in wenigen Einzelfällen steuerlich berücksichtigungsfähig (nach §§ 2b, 52 Abs. 4 EStG). Denn der Verlust aus einer Beteiligung an einem Steuersparmodell darf nicht mehr mit positiven Einkünften anderer Bereiche verrechnet werden, wenn bei Eintritt der Beteiligung nur der erzielbare Steuervorteil, jedoch nicht die Gewinnerzielungsabsicht maßgeblich war. Dann scheiden auch Verlustrück- und -vortrag aus.

Möglich ist jedoch immer noch der horizontale Verlustausgleich aus einer Verlustzuweisungsgesellschaft mit Gewinnen aus einer anderen Verlustzuweisungsgesellschaft, zum Beispiel mehreren geschlossenen Immobilienfonds oder Schiffsbeteiligungen. *Horizontaler Verlustausgleich*

Hier ist auch ein Verlustausgleich möglich (Verlustrück- und -vortrag nach § 10 d EStG). Verluste aus einem Steuersparmodell eines Ehegatten dürfen auch mit Gewinnen aus einem Steuersparmodell des anderen Ehegatten verrechnet werden, sofern die Zusammenveranlagung gewählt wird.

Wie prüft der Fiskus, ob eine Beteiligung nur wegen des Steuerspareffekts eingegangen wurde?

Um festzustellen, ob der Steuerspareffekt im Vordergrund steht, schaut sich das Finanzamt das Betriebskonzept der Gesellschaft oder Gemeinschaft genau an. Bei der Prüfung des Finanzamts werden fünf kritische Punkte besonders genau durchleuchtet: *Betriebskonzept der Gesellschaft*

- Liegt eine »Modellhaftigkeit« vor? Das ist bei Leasing- und Schiffsfonds sowie geschlossenen Immobilienfonds immer zu bejahen. Dann muss die Finanzverwaltung genauer prüfen. Steuerschädlich ist es, wenn für Nebenleistungen (z. B. Mietgarantien) gesonderte Gebühren berechnet werden; diese müssen im Kaufpreis schon eingerechnet sein.
- Beträgt die Rendite auf das einzusetzende Kapital nach Steuern mehr als das Doppelte dieser Rendite vor Steuern?
- Ist die Betriebsführung überwiegend auf diesen Umstand der Steuerersparnis ausgerichtet, oder werden Kapitalanlegern in Prospekten oder Vertriebsunterlagen Steuerminderungen durch Verlustzuweisungen in Aussicht gestellt? *Verlustzuweisungen*
- War der zu erwartende Steuervorteil entscheidend für Ihre Anlage an dem Beteiligungsobjekt? Bei einer anfänglichen Verlustzuweisung unter 50 Prozent liegt kein Verlustzuweisungsmodell vor. Hier werden die Verluste nur auf die Bareinlage bezogen, nicht auf fremdfinanziertes Kapital.
- Erhalten Sie Ihre komplette Bareinlage über die Steuerrückzahlung zurück? Dieser »Knock-out-Effekt« tritt bei einer Verlustzuweisung von 186 Prozent ein. Dann liegt ein 2b-Fall vor.

Hohes Angestelltengehalt

Falls eine Frage oder gar mehrere Fragen bejaht werden, dann mindern die Verluste steuerlich nur noch die positiven Einkünfte des Steuerpflichtigen im gleichen Veranlagungszeitraum aus derselben Einkunftsquelle (also aus anderen Steuersparmodellen) sowie die weiteren positiven Einkünfte, die der Steuerpflichtige im vorhergehenden Kalenderjahr oder in den folgenden Veranlagungsjahren aus ebensolchen Einkunftsquellen hat. Entscheidender Nachteil aber ist: Andere Einkünfte wie z. B. ein hohes Angestelltengehalt oder Gewinne aus selbstständiger Tätigkeit lassen sich auf diese Weise nicht mehr steuerlich drücken.

Welche Kapitalanlagen sind nicht von den neuen Regeln für Steuersparmodelle betroffen?

- Die bei allen Banken und Sparkassen erhältlichen Beteiligungen an offenen Immobilienfonds sind nicht betroffen.
- Dasselbe gilt für Beteiligung an ausländischen geschlossenen Immobilienfonds.
- Ebenfalls nicht betroffen sind Einzelinvestitionen in Immobilien, also wenn der Steuerpflichtige selbst eine steuerbegünstigte Immobilie vom Bauträger kauft oder baut und dabei ohne Einschaltung von Treuhändern, Vertriebsgesellschaften und gewerblichen Zwischenanmietern gearbeitet wird.

Ausländische geschlossene Immobilienfonds

Außerdem sind nicht betroffen:

- Bis zum 4.3.1999 eingegangene Beteiligungen an Steuersparmodellen, für die der neue § 2 b EStG aus zeitlichen Gründen nicht gilt (siehe hierzu die Frage zur Übergangsregelung für Steuersparmodelle).
- Beteiligung an Steuersparmodellen, bei denen nachgewiesen werden kann, dass die Rendite auf das eingesetzte Kapital nach Steuern weniger als das Doppelte dieser Rendite vor Steuern beträgt.

Bei welchen Steuersparmodellen ist jetzt besondere Vorsicht geboten?

Vom neuen Verlustabzugsverbot nach § 2 b EStG sind vor allem die folgenden Beteiligungen betroffen:

- Immobilienleasingfonds
- Containerleasingfonds
- Flugzeugleasingfonds
- Medienfonds
- Umweltfonds (Energiegewinnung)
- Geschlossene Immobilienfonds mit Steuererleichterungen nach §§ 7 h, 7 i EStG – dies betrifft Steuerbegünstigungen für denkmalgeschützte Gebäude und Gebäude in ausgewiesenen Sanierungsgebieten.

Medienfonds

▸ Geschlossene Immobilienfonds mit Steuererleichterungen wegen Sanierung und Modernisierung in den neuen Bundesländern.

Gesellschaften, die in ihrem Prospekt mit Steuervorteilen »winken« sowie eine Anteilsfinanzierung anbieten.

▸ Natürlich ist durchaus denkbar, dass im Einzelfall auch bei den genannten Modellen die steuerlichen Voraussetzungen für eine Verlustanerkennung vorliegen. Aber dies sollte ein neutraler (nicht vom Anbieter benannter) Experte prüfen und bestätigen. Und im Zweifelsfall sollten Sie lieber Abstand nehmen.

Verlustanerkennung

Was fordert der Fiskus nun für die Anerkennung von Verlusten aus Steuersparmodellen?

Steuerpflichtige, die sich an einem Steuersparfonds beteiligen, müssen dem Finanzamt beweisen, dass bei Abschluss der Beteiligung nicht der erzielbare Steuerspareffekt vordergründig war, sondern die erzielbare Rendite.

Erzielbare Rendite

Dabei kommt es in diesem Fall vorrangig darauf an, dass die Rendite auf das einzusetzende Kapital nach Steuern weniger als das Doppelte dieser Rendite vor Steuern beträgt.

Eine Renditeverdoppelung durch eine individuelle Anteilsfinanzierung (die den steuerlichen Verlust durch Zinsabzug erhöht) wird hier nicht berücksichtigt, da sonst die Anleger ohne Anteilsfinanzierung bevorzugt behandelt würden. Es zählen hier nur die Verluste aus der Fondbeteiligung.

Wer sich mit einer solchen Berechnung der Rendite überfordert sieht, der sollte diese von seinem Steuerberater oder von demjenigen Anlageberater aufstellen lassen, der die Beteiligung vermittelt hat. Die Renditeberechnung darf jedoch nicht auf individuellen Zahlen basieren, sondern muss sich auf das jeweilige Betriebskonzept der Gesellschaft stützen.

Schädliche Verkaufsargumente

Steuerschädlich ist es in jedem Fall, wenn der Prospekt zu einer Beteiligung bereits mit Steuervorteilen »winkt«, was in der Vergangenheit ja sehr verkaufsfördernd wirkte.

Keine Verlustzuweisung

Es dürfen auch keine Verlustzuweisungen in Aussicht gestellt werden. Die Rendite muss ohne Steuervorteil gerechnet werden, sonst setzt das Finanzamt bei der Anerkennung von Verlusten den Rotstift an.

Der Initiator darf auch keine Anteilsfinanzierung anbieten, da sonst eine steuerschädliche »modellhafte Refinanzierung« vorliegt, die dazu führt, dass die Verluste nicht mit positiven Einkünften anderer Einkunftsarten verrechnet werden dürfen.

Übergangsregelung für bereits eingegangene Steuersparbeteiligungen

Das neue Verlustabzugsverbot des § 2 b EStG gilt nicht für negative Einkünfte aus der Beteiligung an einem Steuersparmodell, die der Steuerpflichtige bis einschließlich 4. März 1999 rechtswirksam erworben oder begründet hat.

Herstellung des Wirtschaftsgutes zur Einkunftserzielung

Außerdem gilt das Verlustabzugsverbot nicht, wenn die Gesellschaft oder Gemeinschaft, an der sich der Steuerpflichtige beteiligt, mit der Herstellung des Wirtschaftsgutes zur Einkunftserzielung (Gebäude, Schiff usw.) vor dem 5.3.1999 begonnen hat oder wenn das Wirtschaftsgut vor dem 5.3.1999 durch einen rechtswirksamen, obligatorischen Vertrag angeschafft wurde und der Steuerpflichtige vor dem 1.1.2001 die Beteiligung erwirbt.

Baugenehmigung

Als Herstellungsbeginn gilt bei Wirtschaftsgütern, die einer Baugenehmigung bedürfen, das Datum des Bauantrages. Ist eine Baugenehmigung entbehrlich, gilt das Datum der Einreichung von Bauunterlagen.

Wie »verfassungssicher« sind die neuen Regelungen für Steuersparmodelle?

Über diese Frage wird unter Verfassungsrechtlern jetzt schon heftig diskutiert. Denn das Verlustausgleichs- und -abzugsverbot nach § 2 b EStG gilt schließlich nur für Gesellschafter einer Verlustzuweisungsgesellschaft, jedoch nicht für den Einzelinvestor.

Diese deutliche Ungleichbehandlung aber dürfte bereits reichlich Grundlagenmaterial für eine Klage vor dem Bundesverfassungsgericht geliefert haben und noch weiter liefern. Denn warum soll ein Einzelinvestor steuerlich anders behandelt werden als der Gesellschafter mit anteiligen Verlusten? Zumal beim Einzelinvestor zunächst meistens auch der Steuerspareffekt im Vordergrund steht.

Hier dürfte ein klarer Verstoß gegen die Steuergerechtigkeit und das Gleichbehandlungsgebot vorliegen.

Verlassen Sie sich nicht auf zukünftige Gerichtsentscheide

Denkmalschutz bei eigenem Objekt

Trotzdem sollten Sie nicht blind auf eine Korrektur der jetzigen Regelung durch das Bundesverfassungsgericht hoffen. Wer keinen Fehler machen will, sollte besser ein eigenes Objekt als Einzelinvestor anschaffen. Eine Wohnung oder ein Haus mit Einzelgrundbuch in den neuen Bundesländern bzw. ein Gebäude unter Denkmalschutz ist jedoch ein kapitalintensiveres Geschäft als die Beteiligung an einem Fonds, die schon ab 30.000 DM möglich ist. Zudem ist die Einzelinvestition durch den Immobilienerwerber immer weitaus verwaltungsintensiver als eine bequeme Fondsbeteiligung.

Aber demgegenüber steht der Vorteil, dass ein Einzelinvestor weiterhin mit seinen Verlusten »spielen« darf – wenngleich er jetzt auch die neuen Regelungen zum mittlerweile eingeschränkten Verlustausgleich (siehe diesbezügliche Hinweise auf Seite 501 und Seite 428) berücksichtigen muss.

Clevere Vermögensumschichtung und Erbschaften

Durch Vermögensübertragungen können Sie Einsparungen bei verschiedenen Steuerarten erreichen. Aus Ihrem Vermögen erzielen Sie nämlich Einkommen. Wenn dieses Vermögen aber z. B. auf Angehörige oder Lebenspartner übertragen wird, wird auch das Einkommen verlagert.

Angehörige oder Lebenspartner

Sie erzielen dann zwar geringere Einkünfte und zahlen weniger Einkommensteuer, haben aber auch weniger Geld in der Geldbörse! Überlegen Sie deshalb vorher, ob nicht auch andere Steuersparmöglichkeiten möglich sein können, bei denen Sie noch nicht alles aus der Hand geben.

> **TIPP** Eine Vermögensübertragung ist immer eine Art Notausgang, der gute Dienste leisten kann, wenn es darum geht, Steuern zu sparen. Aber er kann zur Falle werden, weil Sie Ihr Vermögen heute übertragen und nicht wissen, wie sich der Begünstigte morgen verhält.

Durch Vermögensübertragung können Sie Ihre Einkommensteuerbelastung drastisch senken, da Sie gleichzeitig Einkünfte verlagern. Dies ist ab 2000 wegen der Halbierung der Sparerfreibeträge auf 3.100 DM/6.200 DM inkl. Werbungskostenpauschbetrag besonders interessant.

Wenn Sie Kapitalvermögen auf Kinder übertragen, die das 18. Lebensjahr vollendet haben, müssen Sie darauf achten, dass der Kinderfreibetrag durch die damit verbundene Einkunftsverlagerung nicht gefährdet ist. Liegt das Einkommen in 2001 über 14.040 DM, entfällt der Kinderfreibetrag.

Sparerfreibeträge

Dies gilt nicht für Kinder unter 18 Jahren. Hier müssen Sie darauf achten, dass keine Steuerpflicht eintritt. Ab 2001 sind Kapitaleinkünfte bis 17.301 DM jährlich steuerfrei. Eltern, die mit Höchststeuersätzen bestraft werden, nehmen jedoch gerne eine geringe Steuerpflicht ihrer Kinder in Kauf, da diese immer noch weit unter dem Höchststeuersatz liegen wird.

Höchststeuersätze

»Spielen« Sie daher mit den Tarifunterschieden zwischen 19,9 und 48,5 Prozent ab dem Jahr 2001.

Bis zum Jahr 2005 werden die Steuersätze auf einen Eingangssteuersatz von 15 Prozent und einen Spitzsteuersatz von 42 Prozent abgesenkt.

Kapitel 17: Geschickte Gestaltungsmöglichkeiten

Wie viel Kapitalvermögen bleibt ab Januar 2000 steuerfrei?

Beim genannten Zinssatz zahlen Alleinstehende bzw. Ehepaare keine Steuern auf Kapitalerträge, wenn der angegebene Anlagebetrag nicht überschritten wird:

Zinssatz in %	Alleinstehende	Ehepaare
3,0	101.667 DM	203.333 DM
3,5	87.143 DM	174.286 DM
4,0	76.250 DM	152.500 DM
4,5	67.778 DM	135.556 DM
5,0	61.000 DM	122.000 DM
5,5	55.455 DM	110.909 DM
6,0	50.834 DM	101.667 DM
6,5	46.923 DM	93.846 DM
7,0	43.572 DM	87.143 DM
7,5	40.667 DM	81.333 DM
8,0	38.125 DM	76.250 DM
8,5	35.883 DM	71.765 DM
9,0	33.889 DM	67.778 DM

Erbschaftsteuerrecht Das Erbschaftsteuerrecht (und damit auch das Schenkungsteuerrecht) wurde rückwirkend zum 1.1.1996 reformiert.
Kernpunkt der gesetzlichen Änderungen ist die Abschaffung des Ungleichgewichtes der Erbschaft- bzw. Schenkungsteuerbelastung von Immobilienerben und Erben von Kapitalvermögen.
Obwohl Grundstückserben rückwirkend seit 1996 wesentlich kräftiger zur Kasse gebeten werden, gibt es immer noch einige interessante Gestaltungsmöglichkeiten, die die Vermögensübertragung zu Lebzeiten mit sich bringen kann. Hierdurch können beide Parteien – Schenker und Beschenkter – verschiedene Steuereinsparungen erzielen.

Schenker und Beschenkter **TIPP** Wenn Sie Ihr gesamtes Vermögen oder Teile davon zu Lebzeiten auf potenzielle Erben übertragen, sparen diese eventuell (später) Erbschaftsteuern in erheblicher Höhe.

Freibeträge bei Erbschaft- und Schenkungsteuer	
Freibeträge für:	ab 1.1.1996
Ehegatten	600.000 DM
Kinder und Kinder nicht mehr lebender Kinder	400.000 DM
Enkelkinder und Eltern (für Eltern nur bei Erwerb des Vermögens im Todesfall, also nicht bei Schenkung)	100.000 DM
Geschiedene Ehegatten, Geschwister, Nichten, Neffen, Stief- und Schwiegereltern	20.000 DM
Andere Personen, unverheiratete Lebenspartner	10.000 DM

Steuern sparen bei der Übertragung von Privat- und Betriebsvermögen

Vermögensübertragungen durch Einkunftsverlagerungen

Sind Sie selbstständig oder alleiniger Gesellschafter einer GmbH, so können Sie Ihre steuerlichen Gewinne u. a. durch die Verlagerung von Einkünften (Beschäftigung von Angehörigen, unverheirateten Lebenspartnern) reduzieren.
Durch diese Gestaltungsformen können Sie Einsparungen bei Einkommensteuer, Körperschaftsteuer (für juristische Personen wie beispielsweise eine GmbH) und Gewerbesteuer erreichen.
Angehörige können schließlich auch dadurch unterhalten werden, dass sie an der eigenen Firma beteiligt oder in der Firma beschäftigt werden und ihnen Einkünfte für den Lebensunterhalt zufließen.
Dazu sind Verträge wie unter fremden Dritten zu schließen.

Körperschaftsteuer

Angehörige

> **Familienangehörige lieber beschäftigen als beschenken**
> Bei Kindern unter 18 Jahren ist hinsichtlich des Kinderfreibetrages die Einkommensgrenze von 14.040 DM unerheblich. Da Ihnen, wenn sie noch im elterlichen Haushalt leben, auch kein Ausbildungsfreibetrag gewährt wird, ist auch keine Einkunftsgrenze zu prüfen.

Im elterlichen Haushalt

Sie können Ihre Ehefrau im Rahmen eines geringfügigen Beschäftigungsverhältnisses anstellen und die an sie gehenden Gehaltszahlungen zuzüglich der pauschalen Sozialversicherungsbeiträge als Betriebsausgabe absetzen.

So werden Ihre Einkünfte bei Ihrer gemeinsamen steuerlichen Veranlagung nicht mit berücksichtigt. Dies aber nur, sofern der als Geringverdiener beschäftigte Ehepartner sonst über keine eigenen positiven Einkünfte (z. B. Vermietung, Kapitaleinkünfte) verfügt.

Vermögensübertragung durch Firmenbeteiligung von Angehörigen

Übertragen Sie schon zu Lebzeiten Anteile Ihres Firmenvermögens, sinken normalerweise Ihre gewerblichen Einkünfte bzw. Ihre Einkünfte aus Kapitalvermögen bei Dividendenausschüttungen, da Sie einen Teil Ihrer Beteiligung übertragen oder mit Ihren Kindern eine GbR gründen.

Dividendenausschüttungen

Firmen- oder Anteilsübertragungen werden häufig vorgenommen, damit der Berechtigte, falls die Übertragung innerhalb der gültigen Freibeträge erfolgt, später fällige Erbschaftsteuer spart. Nun kann aber wegen der Vielzahl von Gestaltungs- und Gesellschaftsformen nicht die gesamte Palette der Unternehmensnachfolge bzw. Firmenübertragung ausführlich behandelt werden. Außerdem sollten Sie als Unternehmer einen Steuerberater haben, der Sie beraten kann.

Steuerberater

Zur Vorbereitung der Gespräche mit guten Beratern möchten wir aber einige Möglichkeiten erläutern, wie Sie Firmen- oder Anteilsübertragungen vornehmen können, ohne gleich Ihr gesamtes Vermögen aus der Hand geben zu müssen.

> **Warnung** Bevor Sie schon zu Lebzeiten Firmen- oder Privatvermögen aus der Hand geben, sollten nicht nur steuerliche Aspekte geprüft werden. Warum wollen Sie jetzt schon Teile Ihres Vermögens verschenken? Sie wissen noch gar nicht, ob Sie es noch brauchen!

Firmenübertragung durch Nießbrauchbestellung – Sie bleiben Eigentümer

Sie können Ihr Firmenvermögen übertragen und trotzdem wirtschaftlicher Eigentümer bleiben. Ein Nießbrauch ist ein dinglich gesichertes Recht zur Nutzung eines fremden Gegenstandes. Der Nießbrauch gilt nur höchstpersönlich, ist weder übertragbar noch vererblich. Sie können Ihre Firma schrittweise durch Nießbraucheinräumung auf die nachfolgende Generation übertragen. Der Nießbrauchbesteller (bisheriger Firmeninhaber) bleibt Eigentümer des Anlagevermögens, der Nießbraucher wird Inhaber des Umlaufvermögens, dessen Wert er nach Ende der Pachtzeit dem Nießbrauchbesteller ersetzen muss. Der Nießbraucher wird Unternehmer und setzt laufende Pachtzahlungen an den Nießbrauchbesteller als Betriebsausgaben

Nutzung fremder Gegenstände

ab. Der Nießbrauchbesteller muss die erhaltenen Pachtzahlungen als Einkünfte aus Gewerbebetrieb versteuern. Eine Gewerbesteuerpflicht entfällt hier.

TIPP Durch einen entgeltlichen Vorbehaltsnießbrauch können Einkünfte vom Firmeneigentümer auf den Nießbraucher verlagert werden. Bei Kindern oder Lebenspartnern mit geringem Einkommen bringt dies einkommensteuerliche Vorteile durch den Grundfreibetrag bzw. die geringere Steuerprogression.

Vorbehaltsnießbrauch

Bitte beachten Sie: Eine Nießbrauchbestellung unter nahen Angehörigen muss bürgerlich-rechtlich wirksam vereinbart (Notarvertrag) und tatsächlich durchgeführt werden. Anderenfalls erkennt die Finanzverwaltung die ertragsteuerlichen Folgen nicht an. Durch die Nießbrauchbestellung können auch für den Berechtigten Einsparungen bei der Erbschaftsteuer erzielt werden, falls der Wert der Übertragung innerhalb der jeweiligen Freibeträge liegt.

Ertragsteuerliche Folgen

Firmenübertragungen durch Vereinbarung einer dauernden Last bzw. Rentenzahlung

Sie können Ihre Firma auch gegen Zahlung einer dauernden Last übertragen. Dann beziehen Sie keine Einkünfte aus Gewerbebetrieb mehr, sondern diese stellen Einkünfte aus sonstigen Einnahmen (i. S. v. § 22 EStG) dar. Dauernde Lasten sind wiederkehrende Bezüge, die mit dem steigenden Lebenshaltungskostenindex zu koppeln sind. Sie stellen beim Verpflichteten dann Betriebsausgaben dar, wenn sie durch die Firmenübertragung veranlasst sind.

Steigender Lebenshaltungskostenindex

Der Wert des übertragenen Wirtschaftsgutes und der der dauernden Last müssen wirtschaftlich gegeneinander abgewogen sein. Sollen die Zahlungen in erster Linie die Versorgung des Empfängers der dauernden Last sichern, sind sie nicht abzugsfähig, weil der Unterhaltscharakter überwiegt. Dies bringt dem Empfänger der Zahlungen jedoch Ersparnisse bei der Einkommen- und Gewerbesteuer. Denn was der eine nicht absetzen kann, muss der andere nicht versteuern.

Ersparnisse

TIPP Beträgt bei einer Vermögensübertragung im Wege der vorweggenommenen Erbfolge der Wert eines übernommenen Vermögens bei überschlägiger Berechnung weniger als die Hälfte des Wertes der Zuwendungen (der wiederkehrenden Leistungen), nimmt die Finanzverwaltung an, dass die Vereinbarung überwiegend Unterhaltscharakter hat. Der Wert der Gegenleistung muss sich daher nach dem Betrag bestimmen, den ein fremder Erwerber als Kaufpreis bezahlen würde (Abschn. 123 EStR).

Unterhaltscharakter

Firmenübertragung gegen Zahlung einer Veräußerungsrente

Ertragsanteil

Sie können Ihre Firma auch gegen Vereinbarung einer Rentenzahlung übertragen. Diese stellt eine regelmäßig wiederkehrende, gleich bleibende Zahlung dar. Die Rentenzahlung wird beim Empfänger ausschließlich mit dem Ertragsanteil (nach § 22 Nr. 1 EStG) versteuert. Dieser ist vom Lebensalter des Berechtigten zu Beginn der Rente abhängig.

Der zur Rentenzahlung Verpflichtete kann steuerlich auch nur den Ertragsanteil der Rentenzahlungen berücksichtigen. Bei Übertragung gegen Zahlung einer dauernden Last müssen Verträge wie unter fremden Dritten vereinbart werden.

Betriebliche Veräußerungsrente

> **Wichtig** Die gezahlte Rente stellt eine betriebliche Veräußerungsrente dar, wenn sie als Kaufpreis für die Übertragung eines Betriebes oder Teilbetriebes gezahlt wird.

Auch hier müssen Leistung und Gegenleistung der Beteiligten nach kaufmännischen Gesichtspunkten gegeneinander abgewogen sein. Bei Verträgen unter Angehörigen kann eine bestehende Unausgewogenheit der Leistungen dazu führen, dass eine betriebliche oder private Versorgungs- oder Unterhaltsrente vorliegt. Liegt eine betriebliche Veräußerungsrente vor, führen die Rentenzahlungen beim Rentenberechtigten zu nachträglichen Einkünften aus Gewerbebetrieb von dem Zeitpunkt an, zu dem die Summe der erhaltenen Zahlungen den Buchwert des übertragenen Betriebes oder Anteiles übersteigt.

Nachträgliche Einkünfte aus Gewerbebetrieb

Meistens liegt eine betriebliche Versorgungsrente zur Versorgung des Firmenübertragenden vor. Der Rentenberechtigte muss die Zahlungen als nachträgliche Einkünfte aus Gewerbebetrieb voll versteuern, da sie die Entlohnung für die früher geleistete unternehmerische Tätigkeit darstellen (§ 24 Nr. 2 i. V. m. §§ 13, 15, 18 EStG). Die Versteuerung erfolgt im Gegensatz zur betrieblichen Veräußerungsrente von der ersten Rentenzahlung an. Beim Rentenverpflichteten stellen die Rentenzahlungen in voller Höhe abzugsfähige Betriebsausgaben dar.

Übertragung von Kapitalvermögen

Übertragung auf niedrig besteuerte Angehörige

Auch durch die Übertragung von Kapitalvermögen auf niedrig besteuerte Angehörige, meistens Kinder, können Steuerersparnisse erzielt werden. Wird Ihrem Kind durch eine Schenkung Kapitalvermögen auf Dauer übertragen, sind die daraus resultierenden Erträge dem Kind zuzurechnen, das zumeist sonst keine Einkünfte bezieht. Solch eine Kapitalübertragung ist besonders für diejenigen interessant, deren

Übertragung von Kapitalvermögen

Freibeträge bei Kapitalvermögen plus Werbungskostenpauschbetrag (insgesamt 3.100 DM bei Ledigen bzw. 6.200 DM bei Verheirateten) überschritten werden.

Berechnungsformel Die Steuerersparnis für die Eltern berechnet sich: Grenzsteuersatz in Prozent x Summe der übertragenen Einkünfte = Ersparnis

Berechnungsformel

Durch geschickte Verteilung des Kapitalvermögens auf Kinder kann der Abzug der Zinsabschlagsteuer zuzüglich Solidaritätszuschlag – und somit eine Besteuerung des Kapitalvermögens überhaupt – vermieden werden.
Voraussetzungen für die Vermögensübertragung sind:
- Das Vermögen des Kindes muss streng vom elterlichen getrennt bleiben.
- Aktien und Wertpapiere können auch ohne Pflegschaftsbestellung auf ein minderjähriges Kind übertragen werden. Die Eltern können nach der Schenkung das Vermögen verwalten.
- Kontoauszüge, Sparbücher und Depots müssen auf den Kindesnamen lauten.
- Die vermögensverwaltenden Eltern dürfen das Vermögen nicht für sich beanspruchen, sonst ist es ihnen auch ertragsteuerlich zuzuordnen.

Vermögen nach der Schenkung verwalten

TIPP Bei einem minderjährigen Kind können 2001 Einkünfte aus Kapitalvermögen bis 17.301 DM unbesteuert übertragen werden.

Ersparnis bei der Erbschaftsteuer

Wenn Vermögen auf die Kinder übertragen wird, ergeben sich für diese erbschaftsteuerliche Vorteile. Zu beachten ist, dass z. Zt. alle zehn Jahre von jedem Elternteil 400.000 DM steuerfrei übertragen werden können. Da aus dem übertragenen Vermögen oft auch Erträge fließen, können Eltern somit Einkommen auf Kinder verlagern, die noch kein oder nur ein geringes Einkommen und so – wenn überhaupt – einen Niedrigsteuersatz haben. Doch Vorsicht, hier sind nicht nur steuerliche Aspekte zu berücksichtigen! Bevor Sie Vermögen und Erträge aus der Hand geben, sollten Sie sicher sein, im Alter und für Notfälle ausreichend versorgt zu sein.

Alle zehn Jahre 400.000 DM steuerfrei

Grundstücksübertragungen

Hier müssen Gestaltungsformen zur Einsparung von Einkommensteuer unterschieden werden von solchen zur Einsparung von Erbschaftsteuer. Mit der Übertragung von bebauten Grundstücken können Sie:

Einsparung von Erbschaftsteuer

Keine Faustregel

- Einkünfte verlagern und somit Einkommensteuer sparen
- Die Erbfolge regeln, womit der Berechtigte Erbschaftsteuer sparen kann.

Aufgrund der Vielzahl der Gestaltungsalternativen und individueller Besonderheiten kann keine Faustregel für die in jedem Fall günstigste Grundstücksübertragung erstellt werden. Deshalb werden im Folgenden nur einige Beispiele für die häufigsten Fälle aus der Praxis vorgestellt.

Grundstücksübertragung gegen Zahlung einer dauernden Last oder Rente

Übertragen Sie ein vermietetes Gebäude gegen die Zahlung einer monatlichen Rente oder dauernden Last, so liegt eine teilentgeltliche Grundstücksübertragung vor. Der Erwerber wird bürgerlich-rechtlicher und wirtschaftlicher Eigentümer. Die zu leistenden Zahlungen in Form einer dauernden Last stellen voll abzugsfähige Werbungskosten dar. Die Rentenzahlungen können mit dem Ertragsanteil abgezogen werden.

Der Berechtigte muss die Zahlungen versteuern (nach § 22 EStG), wobei für ihn die Versteuerung der dauernden Lasten nachteiliger ist als die Versteuerung der Rentenzahlungen. Der Erwerber übernimmt ansonsten sämtliche Rechte und Pflichten aus dem Grundstück, insbesondere übernimmt er auch die Abschreibungen des Rechtsvorgängers. Der Veräußerer bezieht keine Einkünfte aus Vermietung und Verpachtung mehr. Wird eine Rentenzahlung vereinbart, so stellt sich der Veräußerer steuerlich günstiger.

Selbst genutztes Einfamilienhaus

> **Achtung:** Eine Grundstücksübertragung gegen Zahlung einer dauernden Last ist auch möglich, wenn es sich um ein von den Veräußerern selbst genutztes Einfamilienhaus handelt. Der Kapitalwert der Zahlungen muss dem Wert der Gegenleistung entsprechen.

In diesem Fall sollten die Zahlungen keinen reinen Unterhaltscharakter haben, damit beim Erwerber nicht das Abzugsverbot (nach § 12 Nr. 2 EStG) bezüglich der dauernden Lasten greift.

Abzugsverbot

Die Veräußerer müssen an den Erwerber eine Miete zahlen, die der Erwerber versteuert. Im Gegenzug setzt dieser die monatlichen Zahlungen an die Veräußerer als Sonderausgaben ab.

Der Veräußerer bezieht somit sonstige Einkünfte (aus § 22 EStG) und trägt keine Grundstücksaufwendungen mehr. Solange von den Eigentümern jedoch die Eigenheimzulage oder der Abzugsbetrag nach der alten Regelung vor 1996 (§ 10 e EStG) beansprucht wird, sollte von dieser Gestaltung Abstand genommen werden.

Unentgeltliche Grundstücksübertragung

Bei dieser Gestaltungsform können innerhalb der gültigen Freibeträge Erbschaftsteuern gespart und Einkünfte verlagert werden. Verschenken Eltern Immobilienvermögen an Ihre Kinder, so werden diese bürgerlich-rechtliche und wirtschaftliche Eigentümer mit allen Rechten und Pflichten.

Falls keine Gegenleistung seitens der Beschenkten erfolgt, haben die Eltern nunmehr weniger Einkünfte zu versteuern, da Einnahmen fehlen. Falls die Kinder einen niedrigeren Einkommensteuersatz haben, kann die Übertragung der Einkünfte aus Vermietung und Verpachtung somit günstiger sein.

Immobilien an Kinder verschenken

Übernimmt das Kind eventuell Verbindlichkeiten, die noch auf dem Grundstück bestehen, liegt eine teilentgeltliche Übertragung vor.

> **TIPP** Bei Grundstücksübertragungen auf Kinder kann auch ein Miteigentumsanteil übertragen werden. Damit verbleibt den Eltern noch die Verfügungsgewalt über einen Teil des Vermögens. Dies führt allerdings zu einer geringeren Einkommensteuerersparnis bei den Eltern.

Miteigentumsanteil übertragen

Grundstücksübertragung gegen Vorbehaltsnießbrauch

Es handelt sich um eine unentgeltliche Grundstücksübertragung, meist im Zuge der vorweggenommenen Erbfolge. Sie bleiben weiterhin wirtschaftlicher Eigentümer und behalten somit zumindest eingeschränkte Verfügungsgewalt über die Immobilie.

Sie können jedoch das Gebäude nur eingeschränkt belasten und nicht mehr veräußern. Steuerlich bleibt alles beim Alten, die Einkünfte versteuern die bisherigen Eigentümer.

Falls es sich um ein von den Veräußerern selbst genutztes Gebäude handelt, müssen keine Einnahmen versteuert werden. Erbschaftsteuerlich ist diese Gestaltung wegen der Inanspruchnahme der Freibeträge (§ 14 Abs. 1 ErbStG) alle zehn Jahre interessant.

Freibeträge

Mittelbare Grundstücksschenkung

Falls Eltern ihrem Kind Geld zum zweckgebundenen Erwerb eines Grundstückes zukommen lassen, so liegt laut BFH-Urteil vom 8.6.1994 ein unentgeltlicher Erwerb vor. Folglich entstehen hier keine Anschaffungskosten. Von Vorteil ist die mittelbare Grundstücksschenkung, wenn vermietete Objekte erworben werden, da die Abschreibungen des Rechtsvorgängers weitergeführt werden können.

Schenkungsteuerlich wird der Bedarfswert (früherer Einheitswert) des zu erwerbenden bzw. zu errichtenden Grundstückes zugrunde gelegt, der jedoch vom Finanz-

Bedarfswert

amt nur ermittelt wird, wenn sich voraussichtlich eine Schenkungsteuerpflicht ergibt. Der Bedarfswert entspricht meist dem Ertragswert (in etwa 60 Prozent der Verkehrswerte mit Zu- und Abschlägen).

Zehnjahreszeitraum

Interessant ist diese Gestaltung auch wegen der steuerfreien Zuwendungen innerhalb des Zehnjahreszeitraumes. Falls Eltern ihren Kindern Geld zur freien Verfügung zukommen lassen, werden eventuell die Freibeträge bei der Schenkungsteuer überschritten, und es kann eine Steuerpflicht entstehen.

Im Gegenzug kann aber bei selbst genutzten Immobilien die Eigenheimzulage beansprucht werden.

Es entstehen darüber hinaus beim Beschenkten Anschaffungs- oder Herstellungskosten, was zu neuen Abschreibungsmöglichkeiten bei vermieteten Immobilien und somit zu einer einkommensteuerlichen Entlastung führt.

Gesetzesänderung

> **TIPP** Meistens ist der einkommensteuerliche Vorteil durch die Geldschenkung beim Erwerber günstiger, schenkungsteuerlich nicht. Die mittelbare Grundstücksschenkung ist einkommensteuerlich meist ungünstiger, schenkungsteuerlich durch die Gesetzesänderungen nur noch relativ günstiger.
> Fazit: Die einkommensteuerlichen Vorteile aus der Geldschenkung zur freien Verfügung überwiegen meist.

Für den Kapitalübertragenden liegt der Vorteil darin, dass Einkünfte aus Kapitalvermögen reduziert werden und somit Einkommensteuer gespart wird. Doch setzen Sie nie unversteuertes Kapital (z. B. aus einer Schenkung) ein – es fällt immer auf!

Gilt für unentgeltlich übertragene Immobilien auch die neue Spekulationsbesteuerung?

Grundsätzlich gilt, dass bei verschenkten oder vererbten Immobilien keine Anschaffungskosten i. S. v. § 23 EStG vorliegen. Hier wird jedoch die Zeit seit der Anschaffung durch den Vorbesitzer angerechnet.

Teilentgeltliche Grundstücksübertragung

Werden Hypothekenbelastungen vom Erwerber übernommen, liegt eine teilentgeltliche Grundstücksübertragung vor. Hier beginnt die Frist mit Datum der Grundstücksübertragung, jedoch nur für den entgeltlichen Teil.

Beispiel Herr Reich überträgt sein 1995 erworbenes Dreifamilienhaus in 2001 auf seinen Sohn Max. Das Haus hat einen Verkehrswert von 700.000 DM, Max übernimmt Verbindlichkeiten in Höhe von 175.000 DM. Es liegt demnach zu 75 Prozent eine unentgeltliche und zu 25 Prozent (175.000 DM) eine entgeltliche Grundstücksübertragung vor.

Privates Veräußerungsgeschäft

Im Jahr 2006 verkauft Max das Haus für 1.000.000 DM. Für den unentgeltlichen Teil (75 Prozent) liegt kein privates Veräußerungsgeschäft vor, da hier auf den Zeitpunkt

der Anschaffung durch den Vorbesitzer abgestellt wird und der Zehnjahreszeitraum (1995 zu 2006) überschritten ist. Für den entgeltlichen Teil handelt es sich um ein privates Veräußerungsgeschäft, da der Zehnjahreszeitraum (2001 zu 2006) unterschritten wird.
Max muss 25 Prozent von dem Veräußerungsgewinn als Spekulationsgewinn versteuern.

Veräußerungspreis		1.000.000 DM
./. Anschaffungskosten	175.000 DM	
vermindert um die beanspruchte lineare AfA	./. 14.000 DM	./. 161.000 DM
Veräußerungsgewinn		839.000 DM
hiervon steuerfreier Anteil 75 Prozent (von 839.000 DM)		629.250 DM
steuerpflichtiger Anteil 25 Prozent		209.750 DM

Steueroasen und Auslandskonten – Vorsicht, tückische Helfer

Gerade wegen der in der Vergangenheit aufgeflogenen Steuerfälle von Prominenten, Sportlern und Filmstars hat die Steuerflucht ins Ausland viele brave Steuerzahler neugierig gemacht. Und es kann ab einem gewissen Einkommen und/oder Vermögen tatsächlich sinnvoll sein, den Wohnsitz in eine Steueroase zu verlegen und das Geld dorthin mitzunehmen. Aber Sie sollten sich dabei schlauer und gewiefter anstellen als irgendwelche Tennisspieler oder Fernsehmoderatoren – dann gibt es auch keinen Ärger mit dem Finanzamt.

Brave Steuerzahler

Was ist eine Steueroase?
Steueroasenländer sind klein, industriell meist unterentwickelt und wirtschaftlich oft schwach. Hiervon sind jedoch die ökonomisch starken Steueroasenländer wie z. B. die Schweiz, Monaco, Österreich und Luxemburg abzugrenzen. Weitere Steueroasen sind die Kanalinseln, die Caymaninseln, Andorra, Malta und Panama. In diesen Ländern gelten für ausländische Anleger geringe Einkommen- und Körperschaftsteuersätze.
Die ideale Steueroase sollte folgende Gesichtspunkte erfüllen:
▶ Möglichst geringe Entfernung von Ihrem Hauptgeschäftsgebiet
▶ Politische Stabilität
▶ Nullsteuersatz für Firmen und natürliche Personen
▶ Möglichkeit einer leichten, billigen und schnellen Firmengründung
▶ Einwanderungsmöglichkeiten ohne große Formalitäten
▶ Niedrige Lebenshaltungskosten bei hoher Lebensqualität.

Qualitätsmerkmale

Maximalersparnis beim Fiskus

Leider aber lassen sich kaum alle genannten Faktoren in einem Steueroasenland vereinigen. Die Auswahl Ihres persönlichen Steueroasenlandes sollte deshalb nicht ausschließlich unter dem Gesichtspunkt maximaler Ersparnis beim Fiskus erfolgen.
Wählen Sie Ihr Ziel auch nach dem eigenen Anspruch auf leichte Erreichbarkeit oder Annehmlichkeiten (Sonne, Urlaub) aus, die man nebenbei mitnehmen kann.

Welche Möglichkeiten haben Sie, Steueroasen zu nutzen?

Haben Sie Ihren Hauptwohnsitz im Inland?

Falls Sie in Deutschland leben und Einkünfte aus dem Ausland beziehen (z. B. Zinsen, Vermietungseinkünfte usw.), sind Sie mit diesen Einkünften in Deutschland unbeschränkt steuerpflichtig

Außensteuergesetz

Nach dem Außensteuergesetz sind auch Einkünfte aus dem Ausland zu versteuern. Damit jedoch nicht in Deutschland und dem ausländischen Staat gleichzeitig Ertragsteuern gezahlt werden, gibt es das so genannte Doppelbesteuerungsabkommen (DBA) zur Vermeidung einer zweimaligen Staatsabgabe.

Achtung: Besteht mit dem jeweiligen ausländischen Staat ein DBA, sind die Einkünfte in Deutschland entweder steuerpflichtig oder steuerfrei. Im Falle der Steuerfreiheit haben die ausländischen Einkünfte Einfluss auf den persönlichen Steuersatz.

Ausländische Steuern

Liegt mit dem jeweiligen Staat kein DBA vor, sind die Einkünfte in Deutschland steuerpflichtig. Dann aber können auf diese Einkünfte gezahlte ausländische Steuern (lt. § 34 c Abs. 1 EStG) entweder auf die deutsche Einkommensteuer angerechnet oder aber (nach § 34 c Abs. 2 EStG) bei der Ermittlung der Einkünfte wie Werbungskosten abgezogen werden.
Der einzige Vorteil einer Kapitalanlage im Ausland kann sein, dass die dort einbehaltene Quellensteuer unter der in Deutschland einbehaltenen Kapitalertragsteuer plus Solidaritätszuschlag liegt oder eventuell sogar entfällt. Da jedoch die auf Kapitalerträge in Deutschland einbehaltenen Steuern bei der deutschen Einkommensteuer abzugsfähig sind, ist auch dies wieder steuerneutral.

Wohnsitz ins Ausland verlegen

TIPP Eine Kapitalanlage im Ausland ist also allein aus steuerlichen Aspekten wenig sinnvoll, solange sich der Wohnsitz im Inland befindet. Um der Besteuerung in Deutschland zu entgehen, muss der Wohnsitz ins Ausland verlegt werden – und es darf im Inland kein Wohnsitz beibehalten werden.

Riskante Flucht vor der Zinsabschlagsteuer

Weil seit 1993 in Deutschland auf Kapitalerträge 30 bis 35 Prozent Zinsabschlagsteuer zuzüglich Solidaritätszuschlag sofort von den Banken einbehalten werden, fand eine riesige Kapitalflucht ins Ausland statt.
Dies geschah einerseits, um hohen deutschen Steuerabzügen zu entgehen, andererseits aber auch, um von den im Ausland zum Teil wesentlich höheren Zinssätzen zu profitieren. Es lag dann für viele Kapitalflüchtlinge nahe, die ausländischen Einkünfte bei der Abgabe ihrer Einkommensteuererklärung einfach unberücksichtigt zu lassen.

Kapitalflüchtlinge

Straftatbestand der Steuerhinterziehung
Die »vergessenen« Auslandsgeldanlagen können jedoch ziemlich fatale Folgen haben, da in diesem Fall der Straftatbestand der Steuerhinterziehung (nach § 370 AO) vorliegt. Er wird mit bis zu zehn Jahren Gefängnis oder hohen Geldstrafen belegt.

Mittlerweile gibt es eine stark verbesserte Kooperation zwischen deutschen und ausländischen Finanzbehörden. Wenn die deutschen Banken geprüft werden oder Ärger mit der Finanzverwaltung haben, ergehen Kontrollmitteilungen an die Finanzämter der Anleger. Dies gilt besonders für Länder wie Luxemburg, Österreich und Liechtenstein. Falls Sie sich dort Geld von Ihrem Sparkonto in bar auszahlen lassen wollen, müssen Sie damit rechnen, beim Verlassen der Bank ertappt zu werden.
In den letzten Jahren war die deutsche Steuerfahndung bei deutschen Großbanken recht aktiv. Mitarbeiter von Banken wurden wegen der Beihilfe zur Steuerhinterziehung strafrechtlich belangt. Sie hatten ihre Kunden dabei unterstützt, Geld ins Ausland zu transferieren.
Auch die Bankkunden erhielten Besuch von den Steuerfahndern. Da half dann auch eine Selbstanzeige nicht mehr viel.

Kontrollmitteilungen

Künftige Verschärfungen

Die EU-Länder planen eine einheitliche Zinsbesteuerung zur Eindämmung der Kapitalflucht aus anderen Länder. Großbritannien und Luxemburg wollen hier jedoch autonom bleiben.
Die Steuerparadiese Bermuda, Caymaninseln, Zypern, Malta , Mauritius und San Marino wollen bis zum Jahr 2005 den Informationsaustausch internationalen Standards anpassen. Außerdem wollen diese Länder neue Gesetze schaffen, die Firmengründungen aus rein steuerlichen Gründen unattraktiv machen.

Verschärfte Gesetzte

Neugierige Finanzbeamte landen im Gefängnis

Weit entfernte Steueroasen wie z. B. die Bahamas sind weitaus weniger transparent. Vor allem weil ein zwischenstaatlicher Informationsaustausch mit diesen Ländern zu Steuerfragen nicht existiert.

Einige solcher Staaten verteidigen ihre Hoheitsrechte so rigoros, dass zu neugierige deutsche Finanzbeamte ins Gefängnis wandern können. Das ist sogar schon in der Schweiz passiert.

Schweizer Banken prüfen die Geldherkunft

Schweizer Banken prüfen jedoch bei der Eröffnung eines Bankkontos durch ausländische Kunden die Geldherkunft. So soll vermieden werden, dass es sich um Geldwäsche handelt.

Die bloße Firmensitzverlegung in eine ausländische Steueroase macht jedoch nur eingeschränkt Sinn, wenn z. B. keine Gewinne erzielt bzw. ausgeschüttet werden.

> **Achtung:** Falls Sie Ihren Wohnsitz im Inland haben und im Ausland eine Firma (und sei es eine Briefkastenfirma) gründen, so ist dies bei der inländischen Finanzbehörde in jedem Fall anzuzeigen (§ 90 AO sowie § 17 Außensteuergesetz).

Was ist, wenn Sie Ihren Wohnsitz ins Ausland verlegen?

Steuerpflicht im ausländischen Wohnsitzstaat

Falls Sie Ihre Klamotten über die Grenze schaffen und im Inland keinen weiteren Wohnsitz mehr unterhalten, werden Sie in dem ausländischen Wohnsitzstaat unbeschränkt einkommensteuerpflichtig. Es gelten dann die jeweiligen Steuersätze. Falls Sie jedoch weiterhin Einkünfte in Deutschland beziehen, bleiben diese mit einem geringen pauschalen Steuersatz von 25 Prozent beschränkt steuerpflichtig.

Wohnsitzverlegung nach Belgien

> **TIPP** Am häufigsten, z. B. von Fernsehstars, praktiziert wird das folgende Modell: Es wird eine Wohnsitzverlegung nach Belgien (Einkommensteuersatz 30 Prozent) vorgenommen. Einkünfte aus Deutschland werden über eine zwischengeschaltete holländische Firma bezogen. Dies hat dann zur Folge, dass die Einkünfte in Deutschland steuerfrei bleiben.

Was ist, wenn Sie Ihren Wohnsitz in eine Steueroase verlegen?

Wohnsitz in einer Steueroase

Wenn Sie sich in Deutschland abmelden und in ein Land mit einem bekanntermaßen weitaus günstigeren Steuerklima ziehen, durchkreuzt das Außensteuergesetz Ihre Steuersparpläne. Nach § 2 AStG bleiben Personen, die in ein niedrig besteuertes Gebiet umsiedeln, in Deutschland noch zehn Jahre unbeschränkt steuerpflichtig, sofern Sie vorher dort mindestens fünf Jahre unbeschränkt steuerpflichtig waren.

Da es derzeit mit den Steueroasenländern keinen umfassenden zwischenstaatlichen Informationsaustausch gibt, viele Steuerpflichtige ihre Einkünfte verschweigen und die ausländischen Finanzämter abblocken, werden nur wenige Steuerhinterziehungsfälle im Zusammenhang mit Steueroasenländern aufgedeckt.

Besonderheiten einzelner Steueroasen

Andorra

Der kleine Pyrenäenstaat gilt als Geheimtipp für Steuerflüchtlinge. Seine Besonderheit liegt in dem Verzicht auf jegliche Erhebung einer direkten Steuer (weder Einkommensteuer, Vermögensteuer, Erbschaftsteuer noch Schenkungsteuer).
Das Bankgeheimnis ist ebenfalls geschützt. Es sind bislang keine Hinterziehungsfälle transparent geworden. Im Gegensatz zu den Alpenrepubliken und Luxemburg sind auch noch keine Kapitalanleger vor den Banken oder an der Grenze gefilzt worden.
Andorra ist allerdings schwer zu erreichen, da es keinen internationalen Flughafen gibt. Deshalb müssen lange Autofahrten (von Barcelona noch vier Stunden) in Kauf genommen werden.

Verzicht auf direkte Steuern

Campione

Dieses frühere Fischerstädtchen ist nur zwei Quadratkilometer groß und umgeben von Schweizer Gebiet.
Es befindet sich fünf Kilometer von Lugano entfernt. Politisch gehört Campione zu Italien, zoll- und währungspolitisch jedoch zur Schweiz. Es gilt das Schweizer Bankgeheimnis (siehe Schweiz, Seiten 526f.).
Zwar besteht ein Doppelbesteuerungsabkommen zwischen Italien und Deutschland, aber Deutschland wendet das DBA für Campione nicht an, weil es von der deutschen Finanzverwaltung als Steueroase behandelt wird.
Campione hat zwar keinen Nullsteuertarif, aber die italienische Finanzbehörde arbeitet hier äußerst nachlässig. Insbesondere mangels eines Hilfeabkommens zwischen Italien und der Schweiz können keine Überprüfungen vorgenommen werden.
Die Höhe der Steuerbelastung hängt von der jeweiligen Einkunftsart ab und muss individuell geprüft werden.
Es gibt keine Mehrwertsteuer und keine Kommunalabgaben. Für Angehörige der Europäischen Union ist eine Wohnsitznahme leicht möglich und wegen der geographischen Lage (Anbindung an die Schweiz) empfehlenswert.

Keine Anwendung des Doppelbesteuerungsabkommens

> **Achtung:** Als günstig empfohlen wird die Gründung einer Domizilgesellschaft in der Schweiz (oder in anderen Steueroasen), die von Campione aus verwaltet wird.

Caymaninseln

Diese Inselgruppe ist eine britische Kronkolonie. Es gibt ein striktes Bankgeheimnis, ein Doppelbesteuerungsabkommen besteht nicht. Es erfolgen auch keine Auslieferungen wegen Fiskaldelikten. Firmen können auf den Caymaninseln problemlos gegründet werden. Da sich neben den Banken auch Versicherungsmakler, Immobilienmakler, Handelsvertreter und andere Berater an berufliche Geheimhaltungsbestimmungen halten müssen, sind die Caymaninseln als Paradies für Anlagebetrüger und Geldwäschegeschäfte bekannt.

Paradies für Anlagebetrüger

Die Inselgruppe wird insbesondere von der internationale Drogenmafia dazu genutzt, Gelder aus Drogengeschäften »weiß zu waschen«.

Gibraltar

Angenehmes mit Nützlichem verbinden

Die Südspitze der Iberischen Halbinsel hat sich ebenfalls zu einer beliebten Steueroase entwickelt. Hier, nicht allzufern von Deutschland, lässt sich unter südlicher Sonne das Angenehme mit dem Nützlichen verbinden.

Gibraltar verfügt über ein hervorragendes Bankgeheimnis. Auskünfte an Behörden werden nur nach Anordnung eines einheimischen Gerichtes erteilt. Das aber kommt selten vor. Es gibt viele Tochterfirmen internationaler Großbanken, die unterschiedliche Mindestbeträge für eine Kapitalanlage voraussetzen, die zwischen 30.000 DM und 225.000 DM liegen. Eine komplette Vermögensverwaltung ist ab etwa 450.000 DM (bei Filialen von Schweizer Banken erst ab über einer halben Million Mark) zu haben. Bei Eröffnung eines Kontos gilt für Ausländer eine Identifikationspflicht bezüglich der Herkunft des Geldes. Es sollten gleich Belege vorgelegt werden, um den Verdacht möglicher Geldwäsche (Drogeneinnahmen oder Waffengeschäfte) ausräumen zu können. Falls Sie Ihren Wohnsitz nach Gibraltar verlegen möchten, müssen Sie mit einer Einkommensteuerbelastung von maximal 44.000 DM rechnen. Die Erbschaft- und Schenkungsteuer beträgt maximal 25 Prozent.

Verdacht der Geldwäsche ausräumen

Kanalinseln und Isle of Man

Es handelt sich um die englischen Kanalinseln Jersey, Guernsey, Alderney, Sark und Herm. Dennoch herrschen dort keine strengen britischen Gesetze. Dies ist unter anderem der Grund dafür, dass diese nahe an Deutschland gelegenen Inseln bei

Gründern von Briefkastenfirmen beliebt sind. Es wird nur eine niedrige Einkommensteuer von pauschal 20 Prozent erhoben. Abgesehen von der Insel Jersey ist es relativ leicht, hier einen Wohnsitz anzumelden. Diese Inseln gehören trotz ihrer Zugehörigkeit zu Großbritannien nicht zur EU, Großbritannien vertritt die Kanalinseln nur militärisch und außenpolitisch.

Niedrige Einkommensteuer

Auch gibt es, anders als in Großbritannien, kein gesetzlich geschütztes Bankgeheimnis. Aber Auskünfte in Fiskaldelikten werden nur auf richterliche Anordnung nach genauer Einzelprüfung erteilt. Dies bedeutet eine praktische Durchführung des Bankgeheimnisses, welches auf der Isle of Man sogar noch wasserdichter ist. Außerdem erfolgt keine Auslieferung wegen Fiskaldelikten, und es besteht kein Doppelbesteuerungsabkommen mit Deutschland.

Keine Auslieferung wegen Fiskaldelikten

Sind Sie auf den Inseln ansässig, werden die Einkünfte pauschal versteuert. Bei den Corporate Tax Companies (CTC), die von außerhalb verwaltet und auf den Kanalinseln nicht geschäftlich aktiv werden, dann beträgt der pauschale Steuersatz nur 300 englische Pfund (ca. 900 DM). Auf der Isle of Man ist der Steuersatz für die CTC abhängig vom Gewinn.

Trustkonstruktionen

Die Inseln offerieren so genannte Trustkonstruktionen, mit denen die Gründer Steuern sparen können, wenn sie gleichzeitig Begünstigte des Trusts sind. International tätige Banken nutzen diese Möglichkeit. Solche Trustgründungen und -verwaltungen sind jedoch kostspielig. Die Gründung kostet mindestens 8.000 Schweizer Franken (ca. 10.000 DM), die Verwaltung mindestens 2.500 Schweizer Franken (ca. 3.100 DM) pro Jahr.

Deutsche Finanzbeamte werden, falls sie davon Kenntnis erlangen, bei solchen Gestaltungsformen hellwach. Sie verlangen von den Steuerpflichtigen genaue Auskünfte, die der Befragte (nach § 90 Abs. 2 AO) aufgrund der Mitwirkungs- und Auskunftspflicht auch erteilen muss, um einen Besuch der Steuerfahndung zu vermeiden.

Mitwirkungs- und Auskunftspflicht

Kanarische Inseln – eine neue Steueroase

Am 8.7.1994 trat auf der spanischen Inselgruppe das Gesetz für die Änderung des Wirtschafts- und Steuersystems der Kanarischen Inseln in Kraft. Mit diesem Gesetz wurden bestehende steuerliche Vergünstigungen erheblich erweitert. Daneben wurde eine steuerfreie Zone geschaffen (Zona Especial Canarias, Z.E.C.), in der Gesellschaften ohne Geschäftstätigkeit auf dem Staatsgebiet Spaniens völlige Steuerfreiheit genießen.

Steuerfreie Zone

Die Gründung einer Kapitalgesellschaft ist auf den Kanarischen Inseln nicht mit Gründungssteuern behaftet.

Formale Voraussetzungen

▶ Die Gesellschafter dürfen nur mit Nichtresidenten ohne Betriebsstätte in Spanien Geschäftsbeziehungen unterhalten. Ausnahmen gelten für die Herstellung von Gütern.

Keine Zweigstellen auf dem Festland

▶ Es dürfen keine Niederlassungen, Zweigstellen oder Repräsentanzen des Unternehmens auf dem spanischen Festland existieren.
▶ Die Geschäftsinhaber oder Anteilseigner der Z.E.C.-Gesellschaften müssen natürliche oder juristische Personen ohne Wohnsitz in Spanien sein (Nichtresidenten).

Materielle Voraussetzungen

Jede Gesellschaftsform möglich

▶ Es ist jede Gesellschaftsform möglich.
▶ Die Anzahl der Gründungsmitglieder bzw. der gesetzlichen Vertreter kann auch nur eine Person sein (ähnlich wie bei der deutschen 1-Mann-GmbH).
▶ Mindestens einer der gesetzlichen Vertreter muss seinen Sitz auf den Kanarischen Inseln haben.
▶ Anteile können auf den Inhaber lauten.
▶ Das Gründungskapital muss mindestens eine Million spanische Peseten betragen (ca. 12.000 DM) und sofort voll eingezahlt werden.
▶ Vor Gründung einer Z.E.C.-Gesellschaft muss eine Genehmigung durch das Konsortium erfolgen.

Geschäftsbeziehungen außerhalb Spaniens

▶ Z.E.C.-Gesellschaften, die auch in Form einer Bank gegründet werden können, unterliegen nur einem Körperschaftsteuersatz von einem Prozent.
Daneben gibt es keine weitere indirekte Besteuerung. Es gibt lediglich eine Quellenbesteuerung beziehungsweise Lohnsteuer für die Angestellten der Gesellschaften.

Für Unternehmen, die ausschließlich Geschäftsbeziehungen außerhalb Spaniens unterhalten, ist dieser geringe Steuersatz sicherlich attraktiv. Wegen der vielen zu erfüllenden Voraussetzungen eignen sich die Kanarischen Inseln jedoch für reine Kapitalanleger weniger.

Karibische Inseln

Es handelt sich um die Inseln Anguilla, Antigua, Barbuda, Barbados, Jamaika, Montserrat, St. Kitts-Nevis, St. Lucia, St. Vincent, Trinidad und Tobago. Hier können Firmen problemlos, billig und schnell gegründet werden. Leider können auch Straftaten, vor allem Wirtschafts- oder Fiskaldelikte, unkontrolliert begangen werden. Die politischen und wirtschaftlichen Verhältnisse sind äußerst instabil. Unter Anlagegesichtspunkten sind diese Inseln keinesfalls empfehlenswert. Natürliche und juristische Personen (Kapitalgesellschaften) zahlen jedoch nur sehr niedrige Steuern.

Sehr niedrige Steuern

Karibikstaaten Bahamas und Bermudas

Diese beiden staatlich selbstständigen Inseln befinden sich vor der Küste der USA und erheben keine bzw. nur sehr geringe Steuern. Beiden Steueroasen ist gemeinsam, dass deren Banken für illegale Geldwäschegeschäfte von Drogenbossen und Waffenhändlern genutzt werden. Auf den Bahamas bestehen vermutlich enge korrupte Verbindungen zwischen Mitgliedern der Regierung und der Drogenmafia. Es besteht kein DBA, es können problemlos Firmen bzw. Gesellschaften gegründet und auch aus dem Ausland betrieben werden. Insofern sind die Inseln ein Paradies für Anlagehaie.

Korruption und Drogenmafia

Auf den Bermudas herrscht noch die strengere britische Oberaufsicht. Das Bankgeheimnis wird praktiziert, ist jedoch nicht gesetzlich geschützt. Hier erfolgen keine Auslieferungen wegen Fiskalstraftaten. Ein Doppelbesteuerungsabkommen existiert nur mit den USA. Da auch auf dieser Insel problemlos und schnell Gesellschaften gegründet werden können, bleiben Anlagehaie weitgehend anonym.

Keine Auslieferung wegen Fiskalstrafen

Labuan

Die malaysische Insel bietet attraktive Rahmenbedingungen für Firmengründer, die ihr Unternehmen hier schnell und kostengünstig anmelden können. Handel treibende Unternehmen zahlen nur maximal drei Prozent Körperschaftsteuer, reine Vermögensverwaltungsgesellschaften (meistens über Trusts) sind steuerfrei.

Maximal drei Prozent Körperschaftsteuer

Es gibt ein Doppelbesteuerungsabkommen Deutschland/Malaysia. Das ist wichtig für diejenigen, die zwar eine Firma in Labuan gegründet haben, die aber ihren Wohnsitz in Deutschland behalten. Werden Dividenden von der Labuangesellschaft an die in Deutschland lebenden Beteiligten gezahlt, können sich diese eine fiktive (in Wirklichkeit nicht gezahlte) Quellensteuer von 18 Prozent auf die in Deutschland fällige Steuer anrechnen lassen. Somit werden die Gewinne aus der ausländischen Gesellschaft weitaus geringer besteuert als bei einer deutschen Firma, nämlich statt z. Zt. mit über 50 Prozent nur mit 35 Prozent!

Liechtenstein

Diese kleine Steueroase zwischen Österreich und der Schweiz verfügt über ein strenges Bankgeheimnis, das sogar nach der Entbindung von der Schweigepflicht durch den Bankkunden noch gilt. Bei einem Strafprozess wegen des Verdachts der Steuerhinterziehung jedoch sind die Bankangestellten auskunftspflichtig. Allerdings gibt es keine Rechtshilfe für ausländische Behörden. Diese wird nur in Ausnahmefällen gewährt, z. B. wenn die von anderen Staaten verfolgten Straftaten auch in Liechtenstein strafbar wären.

Auskunftspflichtige Bankangestellte

Briefkastenfirmen

Bloße Anfragen deutscher Finanzbehörden, auch von Steuerfahndern oder Staatsanwälten, werden folglich ignoriert. Daher ist Liechtenstein fast schon berühmt für seine zahlreichen Briefkastenfirmen, die leicht verwaltet werden können (es gibt knapp 70.000 davon).

Ein DBA mit Deutschland existiert nicht. Es erfolgt keine Auslieferung wegen Fiskaldelikten. Falls Sie jedoch hier ein Bankkonto eröffnen möchten, müssen Sie sich durch Ausweispapiere legitimieren und die legale Herkunft des Geldes nachweisen können. Dennoch ist dem Missbrauch Tür und Tor geöffnet, denn ein raffinierter und durchtriebener Drogendealer wird schon wissen, was er dem Bankangestellten erzählen muss, wenn er sein Geld waschen will.

Einen Treuhänder suchen

Legitimationspflichtige Bargeldgeschäfte

Sämtliche Unterlagen können in einem Schließfach aufbewahrt werden. Ein Konto in Liechtenstein kann auch von einem beauftragten Treuhänder eröffnet werden, der jedoch für die saubere Herkunft des Geldes garantieren muss. Bargeldgeschäfte über 100.000 Schweizer Franken sind ebenfalls legitimationspflichtig. Firmengründungen (auch als Briefkastenfirmen) in Form von Stiftungen, Trusts oder Aktiengesellschaften erfreuen sich unter Anlegern großer Beliebtheit und können auch über einen zwischengeschalteten Treuhänder mit Liechtensteiner Staatsangehörigkeit abgewickelt werden.

Obwohl der Treuhänder (pro forma) stets Aufsichtsratsfunktion hat, bestimmen die wirtschaftlichen Eigentümer die Geschäftspolitik. So werden auch häufig unsaubere Geschäfte verdeckt, da alles anonym bleibt.

So funktioniert eine Stiftung in Form einer juristischen Person

Mindestkapital einer Stiftung

Der Gründer überträgt Teile seines Vermögens auf die Stiftung, die dann Eigentümerin wird. Um die Anonymität zu wahren, werden die gesamten Depotwerte meist verkauft, um anschließend das Bargeld auf das Stiftungskonto einzuzahlen. Das Mindestkapital einer solchen Stiftung beträgt 30.000 Schweizer Franken und muss bei einer Liechtensteiner oder Schweizer Bank voll eingezahlt werden. Nach wenigen Tagen ist die Stiftung gegründet, und Gründungskosten von ca. 4.500 Schweizer Franken fallen an. Die jährlichen Kosten einschließlich Steuern belaufen sich auf ca. 5.000 Schweizer Franken. Lukrativ aber sind erst Stiftungen ab einer Million DM. Die Depotbank kennt zwar die Stiftung, jedoch nicht die Stiftungseigner.

> **Achtung:** Das Vermögen in einer solchen Stiftung ist für Dritte nicht auffindbar. Und wenn Wertpapierdepots der Stiftung bei einer deutschen Bank hinterlegt werden, haben deutsche Steuerfahnder leichten Zugriff. Denken Sie an die zahlreichen Steuerfahndungen bei den deutschen Großbanken seit 1994!

Da Liechtenstein sowohl auf Erbschaft- als auch auf Schenkungsteuer verzichtet, gibt es hier noch die Chance, verdientes und vererbtes Vermögen zu erhalten und zu vermehren. Es wird nicht, wie in Deutschland, vier- bis fünfmal besteuert! Es gibt außerdem Menschen, die in Liechtenstein eine Stiftung gründen, deren Konten wiederum in einer anderen Steueroase geführt werden. Dies wird oft als die beste aller Möglichkeiten angesehen!

Keine Erbschaft- und Schenkungsteuer

Luxemburg

Das kleine, bei deutschen Anlegern heute nicht mehr ganz so beliebte Großherzogtum verfügt über ein hervorragendes Bankgeheimnis, dessen Verletzung strafbar ist. Aufgrund einer schwammigen Regelung im Hinblick auf die Auskunftspflichten der Bankangestellten ist eine Schwarzgeldanlage in Luxemburg aber keinesfalls mehr lukrativ und sicher. Alles ist transparent geworden. Denn obwohl in einfachen Steuerhinterziehungsdelikten die Auskunft verweigert wird, könnte bei Einleitung eines Steuerstrafverfahrens seitens des deutschen Staatsanwaltes Auskunft an die deutschen Behörden erteilt werden.

Hervorragendes Bankgeheimnis

Wann wird dem deutschen Fiskus konkret Auskunft erteilt?

Es gibt ein neues Gesetz, nach dem Rechtshilfe bei Auskunftsersuchen ausländischer Behörden nur erteilt wird, wenn die Straftaten in Luxemburg selbst ebenfalls strafbar wären. Außerdem muss es sich um gravierende Hinterziehungsfälle handeln, bei denen mit System vorsätzliche Straftaten (Urkundenfälschungen, Unterschlagungen) begangen wurden. Hierbei werden meistens Fälle geahndet, die bei 500.000 DM beginnen.

Zwischen Luxemburg und Deutschland gibt es ein DBA. Sämtliche von Ausländern in Luxemburg erwirtschafteten Erträge sind jedoch steuerfrei, sofern Sie dort keinen Wohnsitz unterhalten. Dies gilt ebenso für den Goldankauf und bei Börsenspekulationen. Es gibt jedoch keine anonymen Konten mehr. Ähnlich wie in Liechtenstein erfolgen bei Konteneröffnungen Legitimationsprüfungen. Bei Geldtransfers von über 30.000 DM werden ebenfalls Identitätsnachweise verlangt.

Keine anonymen Konten mehr

Bequeme Konten per Post

In Luxemburg ist es möglich, ein Bankkonto per Post zu eröffnen, falls eine Kopie des Personalausweises beigefügt wird. Die entsprechende Einzahlung auf das Konto in Luxemburg kann von einer inländischen Bank erfolgen. Dann aber ist natürlich alles ganz transparent, auch für deutsche Steuerfahnder. Da mittlerweile alle deutschen Großbanken Tochterfirmen in Luxemburg unterhalten, sind alle Bankbewegungen bequem aus Deutschland zu erledigen, vorausgesetzt, man hat nichts zu verbergen und möchte steuerehrlich bleiben. Luxemburger Banken akzeptieren

Tochterfirmen deutscher Großbanken

Geldanlagen ausländischer Kunden manchmal erst ab 100.000 DM. Die in Luxemburg ansässigen Tochterunternehmen deutscher Großbanken hingegen akzeptieren bei neuen Kunden nur noch Anlagen ab 500.000 DM.

Monaco

Mehr als 180 Tage

Monaco ist wohl das beliebteste Steuerparadies, allerdings nur für die Superreichen, die sich mehr als 180 Tage im Jahr dort aufhalten. Dieser Mindestaufenthalt von Ausländern wird von den monegassischen Behörden streng geprüft. Denn die Zugezogenen sollen ihr Geld natürlich in Monaco ausgeben, damit der Staat wenigstens von den Mehrwertsteuereinnahmen (20 Prozent) profitiert.

Keine direkten Steuern

Es fallen keine direkten Steuern wie Ertragsteuern, Vermögen- oder Erbschaftsteuern an, lediglich kommunale Abgaben (Grundsteuer etc.) werden erhoben. Ein Doppelbesteuerungsabkommen besteht nur mit Frankreich. Es erfolgt keine Auslieferung bei Fiskaldelikten, das Bankgeheimnis ist sogar strafrechtlich geschützt. Deshalb muss Monaco als wasserdichte Angelegenheit betrachtet werden. Jedoch können nur wenige Anleger davon profitieren, da die Wohnsitzgenehmigung schwer zu erlangen ist.

Auch in Monaco gilt: Die Banken verweigern die Anlage von hohen Bargeldsummen unbekannter Kunden, um nicht als Geldwaschanlage für Drogengeschäfte oder Waffenhandel missbraucht zu werden. Überweisungen aus der Schweiz oder Luxemburg werden hingegen akzeptiert. So könnten z. B. Steuermuffel in Liechtenstein eine Stiftung gründen, die ihre Konten in Monaco führt.

Niederlande

Kräftige Steuervorteile

Seit 1.1.1998 gibt es kräftige Steuervorteile für Investoren in Holland, die dort keinen Wohnsitz haben, sondern hier nur beschränkt steuerpflichtig sind. Vermieter von Ferienhäusern und Beteiligte an geschlossenen Immobilienfonds profitieren seit Mai 1997 von einem drastisch reduzierten Eingangsteuersatz, wenn die in Holland erzielten Einkünfte weniger als 90 Prozent der Gesamteinkünfte ausmachen. Bei Verheirateten bleiben Einkünfte bis 17.234 hfl steuerfrei, bis 47.118 hfl beträgt der Einkommensteuersatz nur 8,85 Prozent, ab 103.775 hfl jedoch 60 Prozent.

Doppelbesteuerungsabkommen

Es gibt ein Doppelbesteuerungsabkommen zwischen Deutschland und den Niederlanden.

Die holländischen Einkünfte bleiben in Deutschland steuerfrei, erhöhen nur den Steuersatz für die inländischen Einkünfte (Progressionsvorbehalt).

Schummeln bringt nichts, denn zwischen den Staaten gibt es ein gut funktionierendes Rechts- und Amtshilfeabkommen, in dem auch Banken auskunftspflichtig sind.

Österreich

Die Alpenrepublik verfügt über ein sehr strenges Bankgeheimnis, dessen Verletzung in Einzelfällen auch strafrechtlich verfolgt werden kann. Bloße Anfragen deutscher Behörden bleiben unbeantwortet.
Wurde jedoch von den deutschen Behörden ein Strafverfahren wegen vorsätzlicher Steuerhinterziehung eingeleitet, können sogar österreichische Banken durchsucht werden. Dies geschieht in der Regel nur, wenn es um Beträge von mindestens 140.000 DM geht.
Es besteht mit Deutschland ein DBA und ein Rechtshilfeabkommen. Zulässig ist sogar ein direkter Kommunikationsaustausch zwischen den Finanzämtern beider Staaten. Auskünfte werden aber nur nach Vorliegen richterlicher Beschlüsse erteilt. Für deutsche Kapitalanleger sicherlich interessant war das anonyme Sparbuch, bei dessen Eröffnung nur ein Codewort festgelegt wurde. Der Kunde musste sich nicht weiter ausweisen.

Sehr strenges Bankgeheimnis

DBA und Rechtshilfeabkommen

TIPP Wer bis 1.7.1996 in Österreich noch ein Depot mit sehr langfristigen Fälligkeiten eröffnet hat, kann noch lange von der Anonymität profitieren. Angeblich sollen da auch Geschäfte über Strohmänner abgewickelt werden.

Seit dem 1.7.1996 sind jedoch für Nichtösterreicher Einzahlungen ohne Identifikation nicht mehr möglich. Zulässig sind aber weiterhin anonyme Abhebungen, bis das Depot verbraucht ist.

So funktioniert die Österreichanlage in der Praxis
Falls eine österreichische Bank keine ausländischen Kunden akzeptieren sollte, ist dies mit einem vorgeschalteten Treuhänder leicht zu umgehen. Falls Sie Ihren Wohnsitz nach Österreich verlegen, können auch Wertpapierdepots anonym geführt werden. Bei Bargeldtransfers von mehr als 30.000 DM erfolgen jedoch Identitätsprüfungen seitens der österreichischen Banken, um Geldwäschegeschäfte so weit als möglich auszuschließen.
Ein Nachteil in Österreich sind die hohen Bankgebühren. Und Österreicher oder anonyme Altkunden müssen auf die Kapitalerträge eine Abgeltungsteuer von 25 Prozent zahlen. Dies gilt aber nicht für Ausländer. Darüber hinaus werden Kapitalerträge nicht weiter mit Einkommensteuer belastet. Die Erhebung von Vermögen- und Erbschaftsteuer in Zusammenhang mit Kapitalerträgen entfällt in Österreich ebenfalls.
Die deutschen Zollanschlussgebiete Kleinwalsertal und Jungholz gehören politisch zu Österreich und sind über die bayrischen Alpen leicht erreichbar. Da es keine

Bargeldtransfers von mehr als 30.000 DM

Grenzkontrollen gibt, bieten zahlreiche Banken ihren freundlichen Service ab einem Anlagebetrag von 25.000 DM pro Kunden an.

Panama

Keine Auslieferung bei Fiskaldelikten

Die Karibikinsel Panama besitzt ein strenges Bankgeheimnis. Es besteht weder ein DBA mit Deutschland, noch sind Auslieferungen bei Fiskaldelikten vorgesehen. Wie andere karibische Steueroasen ist aber auch Panama ein beliebter Tummelplatz für unseriöse Geschäftsleute, da Firmen schnell und preiswert zu gründen sind.

Schweiz

Bekannt durch ihre (wenn auch mittlerweile etwas wackelige) Anonymität, ist auch die Schweiz eine sehr beliebte, schnell erreichbare Steueroase. Das Bankgeheimnis ist durch zahlreiche zivil- und strafrechtliche Vorschriften geschützt. Falls ein Bankangestellter Kundeninformationen ausplaudert, hat er mit Schadenersatzansprüchen und einem Strafverfahren zu rechnen.

Als Offizialdelikt kann das Strafverfahren auch ohne Strafantrag in der Schweiz eingeleitet werden.

Abgabebetrug

Liegt ein Abgabebetrug vor, dürfen Bankangestellte Auskünfte erteilen. Der Abgabebetrug stellt eine besonders schwere Art der Steuerhinterziehung dar, bei der der Steuerpflichtige den Finanzbehörden bewusst falsche bzw. gefälschte Unterlagen vorlegt, um die vorsätzliche Steuerverkürzung zu vertuschen. In diesem Fall werden sogar Auskünfte in Rechtshilfeersuchen ausländischer Steuerbehörden erteilt.

Rechtshilfeersuchen ausländischer Steuerbehörden

Die normale Steuerhinterziehung (das Nichtversteuern von Zinseinkünften) wird in der Schweiz als Kavaliersdelikt beurteilt und in der Regel nur mit kleineren Geldbußen bestraft.

Die Sache mit den Nummernkonten

Leider ist auf das ehemals so beliebte Nummernkonto kein Verlass mehr, da die Identität des Kontoinhabers bzw. des Bevollmächtigten einigen Bankangestellten bekannt ist. Abgesehen von Abgabebetrügereien dürfen diese zwar keine Auskünfte erteilen, aber was besagt das schon. Um fremde Zugriffe zu vermeiden, sind die entsprechenden persönlichen Daten zu den Nummernkonten in Tresoren verschlossen und gegen Diebstahl genügend gesichert.

Abgabebetrügereien

Neukunden, die hohe Bargeldsummen deponieren wollen, müssen den Banken glaubhafte Nachweise über die Geldherkunft erbringen, sonst bleibt ihnen die Geldanlage verwehrt. Die »Vereinbarung über die Standesregeln zur Sorgfaltspflicht der Banken« (verabschiedet 1992) will auf diese Weise Geldwäschegeschäfte, die aus Straftaten resultieren, verhindern.

Standesregeln zur Sorgfaltspflicht

Zins- und Dividendenbesteuerung im Ausland

Zins- und Dividendenbesteuerung wichtiger europäischer Länder		
Land	Zinseinkünfte	Dividenden
Belgien	15 % Quellensteuer	25 %
Dänemark	einkommensteuerpflichtig	25–40 % definitiv
Finnland	28 %	28 %
Frankreich	25-55 % definitiv	einkommensteuerpflichtig
Griechenland	25-55 % definitiv	für Inländer keine Steuer
Italien	12,5–27 %	12,5 %
Österreich	25 % Quellensteuer	25 % Quellensteuer
Portugal	20 % definitiv	12,5 oder 25 %
Schweiz	35 % Quellensteuer	35 % Quellensteuer
Spanien	10 %	15 %
Schweden	30 % Quellensteuer	30 % Quellensteuer

Besteuerung in Europa

Es gibt ein DBA mit Deutschland. Dividenden und Zinseinkünfte werden mit 35 Prozent Quellensteuer belegt. Nur die Steuer auf Dividenden wird in Deutschland angerechnet bzw. erstattet (Formulare beim Bundesamt für Finanzen in Bonn). Ein Dauerwohnsitz in der Schweiz ist jedoch fast unmöglich zu erlangen.

Mallorca ist keine Steueroase

Auf der beliebten Baleareninsel wurden viele Fincas mit Schwarzgeld erworben, war es doch eine Möglichkeit, der Identifizierungspflicht beim Euro-Umtausch zu entgehen. Mittlerweile gibt es einen regen Informationsaustausch zwischen spanischen und deutschen Finanzbehörden. Der spanische Fiskus schickt regelmäßig Daten deutscher Immobilienbesitzer an das Bundesamt für Finanzen. Von dort werden die Informationen an die Wohnsitzfinanzämter weitergeleitet, die dann in den Steuererklärungen der Vergangenheit (Einkommen- und Vermögensteuer vor dem 01.01.1997) prüfen, ob hier die entsprechenden Angaben gemacht wurden.

Informationsaustausch

Steuern auf Zinsen aus dem Ausland

Falls Sie in Deutschland unbeschränkt einkommensteuerpflichtig sind, müssen Sie Ihre Zinsen aus dem Ausland versteuern (nach § 20 EStG). Eventuell von den aus-

Kapitel 17: Geschickte Gestaltungsmöglichkeiten

So sicher ist Ihr Geld auf ausländischen Banken
Bis zu den folgenden Beträgen ist Ihre Geldanlage bei ausländischen Banken geschützt:

Land	Einlagensicherung in DM (Stand 12/00)	Einlagensicherung in Landeswährung (Stand 12/00)
Belgien	23.000	500.000 belg. Franc
Dänemark	60.500	250.000 Kronen
Frankreich	120.000	400.000 franz. Franc
Griechenland	keine	keine
Großbritannien	43.500	15.000 brit. Pfund
Irland	29.000	10.000 Pfund
Italien	850.000	840 Mio. Lire
Luxemburg	23.000	500.000 lux. Franc
Niederlande	35.500	40.000 Gulden
Portugal	keine	keine
Spanien	17.500	1,5 Mio. Peseten
Österreich	28.400	200.000 österr. Schilling
Schweiz	36.000	30.000 schweizer Franken
Vereinigte Staaten von Amerika	175.000	100.000 US-Dollar

Ausländische Quellensteuer
ländischen Banken abgezogene ausländische Quellensteuern können (nach § 34 c Abs. 1 und 2 EStG) verrechnet oder bei der Ermittlung der Einkünfte wie Werbungskosten abgezogen werden.

Risiken bei Anlagen von deutschen Steuerpflichtigen in Steueroasen

Sicherheit der Kapitalanlage

Einlagensicherungen
Ist die gewählte Steueroase politisch und wirtschaftlich instabil, sind die entsprechenden Bankguthaben oft nicht durch ausreichende Bankenfonds bzw. Einlagensicherungen gedeckt. In Ländern der EU sollen künftig mindestens 38.000 DM pro Anleger gesichert sein.

Gefahr der Gesetzesänderung im Steuerparadies

Geldwäsche
Den Behörden der bekannten Steueroasen ist hinreichend bekannt, dass ihre Staaten als Geldwaschsalon für die Milliarden der Drogenmafia benutzt werden. Deshalb könnte es passieren, dass in den klassischen Steuerfluchtländern das strenge Bankgeheimnis gelockert wird und die dortigen Banken und Behörden plötzlich auskunftsberechtigt sind, ohne dass der Anleger dies vorher erfährt.

In Deutschland existiert seit dem 29.11.1993 das so genannte Geldwäschegesetz, wonach den Banken bei Bargeschäften ab 30.000 DM ein Identitätsnachweis des Einzahlers erbracht werden muss, um die Abwicklung obskurer Geschäfte zu verhindern. Stellen die Banken dubiose Transaktionen von 30.000 DM und mehr fest, werden diese den Behörden mitgeteilt. Dies stellt schon eine extreme Lockerung des Bankgeheimnisses dar, und es werden wohl andere Staaten ähnliche Gesetze einführen, um die Wirtschaftskriminalität im eigenen Land gering zu halten.

Geldwäschegesetz vom 29.11.1993

Lockerung des Bankgeheimnisses

> **Tipps gegen Kapitalverlust**
> ▶ Wählen Sie Tochterinstitute deutscher Großbanken, vermeiden Sie jedoch Überweisungen von/auf Ihr deutsches Konto.
> ▶ Je weiter die gewählte Steueroase von Deutschland entfernt ist, desto größer ist die Wahrscheinlichkeit, unseriösen und evtl. illegalen Anlageberatern auf den Leim zu gehen. Prüfen Sie Ihre Geschäftspartner eingehend, holen Sie Auskünfte ein.

Unseriöse Anlageberater

Auslandsüberweisungen ab 5.000 DM werden sogar bei der Landeszentralbank registriert (lt. § 53 der Außenwirtschaftsverordnung). Dies ermöglicht dem Finanzamt bei gezielten Anfragen eine Kontrollmöglichkeit, wobei die Finanzbehörden nicht ins Blaue hinein nachfragen.

> **Achtung:** Bedenken Sie, dass Geldtransfers von einem deutschen Konto auf ein Auslandskonto immer nachvollziehbar sind. Bei solchen Querverbindungen wird jeder Finanzbeamte hellwach. Wenn Sie hohe Geldsummen von Ihrem Auslandsdepot auf Ihr deutsches Konto einzahlen, die Behörden Wind davon bekommen und Sie keine plausible Kapitalherkunft nachweisen können, sitzen Sie tief in der Steuerfalle.

Plausibler Nachweis der Kapitalherkunft

Aufdeckung von Schwarzgeldanlagen

Falls Sie im Ausland am Finanzamt vorbei Kapital angelegt haben, und dies entweder durch Betriebsprüfungen, eigene Unvorsichtigkeit oder Anzeigen ehemaliger Lebenspartner ans Tageslicht kommen sollte, werden solche Auslandsschwarzanlagen besonders hart bestraft. Trotz strenger, teils strafrechtlich geschützter Bankgeheimnisse gibt es keine hundertprozentige Sicherheit, dass Ihnen das Finanzamt nicht auf die Schliche kommt. Es wird immer irgendwelche Notizen geben, die bei einer Steuerfahndung als Beweis dienen können.

Harte Strafen

Seien Sie sich im Klaren darüber, dass dies irgendwann der Fall sein wird, es sei denn, Sie werden beim Finanzamt nicht geführt, weil Sie keine Steuererklärungen abgeben müssen.

Warum Schwarzgeldanlagen im Ausland auffliegen

Sofern noch ein Wohnsitz im Inland unterhalten wird, sind es fast immer die folgenden Umstände, wegen denen einem die ganze schöne Konstruktion mit Auslandsanlagen plötzlich doch um die Ohren fliegt:

Belege und Kontoauszüge

▶ **Einkommensteuererklärung** Sie reichen (auch als Nichtselbstständiger) die üblichen Belege und Kontoauszüge zur Einkommensteuererklärung ein, und es lassen sich Querverbindungen zu Auslandskonten herstellen.

▶ **Bargeldeinzahlungen** Es befinden sich auf diesen Kontoauszügen eine oder mehrere höhere (vielleicht sogar regelmäßige) Bargeldeinzahlungen, deren Herkunft nicht klar ist.

Reisekosten

▶ **Betriebsprüfung** Im Falle einer Betriebsprüfung bei Selbstständigen bemerkt der Prüfer Querverbindungen zu Auslandskonten, eventuell noch höhere Reisekosten in das betreffende Land. Falls betriebliche Einnahmen auf unerklärliche Weise verschwunden sind – Pech für den Steuerpflichtigen und ein »Fund« des Steuerfahnders. Mit Bankbelegen können auch nach Jahren noch Auslandstransfers nachgewiesen werden.

Erpressung

> **TIPP** Falls Expartner damit drohen sollten, sich durch eine solche Anzeige billig rächen zu wollen, oder auf dieser Grundlage eine kleine Erpressung versuchen, sollten Sie darauf hinweisen, dass man sich dann wahrscheinlich zusammen hinter »schwedischen Gardinen« treffen wird.

Kurze Reisen in weit entfernte Steueroasen

▶ **Belege für Reisen** Der Betriebsprüfer findet Belege, aus denen regelmäßige, jedoch kurze Reisen in weit entfernt gelegene Steueroasen hervorgehen (Karibik, Bahamas, Caymaninseln usw.), die nicht unbedingt auf Erholungszwecke schließen lassen. Der Steuerpflichtige sollte den Steuerfahndern dann plausibel erklären können, warum er z. B. alle zwei Monate für zwei Tage auf die Bermudas fliegt, gerade wenn seine Firma überhaupt keine Im- und Exportgeschäfte mit den Bermudas betreibt.

Auslandstöchter deutscher Großbanken

> **TIPP** Abgesehen von der Sicherheit der Geldanlage spricht eigentlich wenig bis nichts dafür, eine Geldanlage bei der Auslandstochter einer deutschen Großbank vorzunehmen. Bezüglich der löchrigen Anonymität gibt es aber eine ganze Reihe von Argumenten dagegen.

Steueroasen im Vergleich

Vorzüge und Schwächen der wichtigsten Steueroasen				
Staat	Auslieferung aufgrund von Steuerdelikten	Bankgebühren	Bankgeheimnis	Gesamturteil
Gibraltar	keine	mittel	okay	empfehlenswert
Kanalinseln	keine	mittel	okay	wenig empfehlenswert
Liechtenstein	keine	hoch	ausgezeichnet	empfehlenswert
Luxemburg	keine	mittel	okay	empfehlenswert
Monaco	umstritten	mittel	okay	wenig empfehlenswert
Österreich	möglich	hoch	okay	empfehlenswert
Schweiz	keine	hoch	okay	empfehlenswert
Staat	Deutschsprachige Berater	Erreichbarkeit	Quellensteuer für Nichtansässige	Gesamturteil
Gibraltar	kaum	vertretbar	keine	empfehlenswert
Kanalinseln	teilweise	vertretbar	keine	wenig empfehlenswert
Liechtenstein	häufig	ausgezeichnet	keine	empfehlenswert
Luxemburg	häufig	ausgezeichnet	keine	empfehlenswert
Monaco	teilweise	okay	keine	wenig empfehlenswert
Österreich	stets	ausgezeichnet	keine	empfehlenswert
Schweiz	stets	ausgezeichnet	keine	empfehlenswert

▸ **Fahndungskartei** Manchmal gibt es die dümmsten Zufälle: Sie fahren mit Ihrem Auto etwas zu schnell, tappen in eine Radarfalle und werden hierbei fotografiert. Dies kostet nicht nur Strafe wegen der Geschwindigkeitsüberschreitung, sondern Ihr Foto mit Datum und Uhrzeit wandert vielleicht noch weiter von der Verkehrspolizei zu den Steuerfahndern. Gerade auf dem Weg von Österreich nach Liechtenstein ist die Gefahr groß, mit solch einem Foto in die Steuerfahndungskartei zu gelangen.

▸ **Auslandsfirmen** Gefahr besteht auch bei Tochterfirmen deutscher Großbanken im Ausland und Tochtergesellschaften ausländischer Banken im Inland – »Big brother is watching you!«

»Big brother is watching you!«

▸ **Anzeigen** Sehr beliebt sind Anzeigen von verärgerten ehemaligen Angestellten, enttäuschten Lebenspartnern, rachsüchtigen Exfreundinnen, enterbten Kindern oder auch neidischen Nachbarn, wobei Letztere meist keine genauen Hinweise geben können, da sie normalerweise keine Details kennen. Ins Vertrauen gezogene Angestellte oder gar Familienangehörige wissen jedoch oftmals über die zweite Kasse oder Auslandsdepots Bescheid.

Wohnsitzverlegung ins Ausland nicht ohne Abmeldung im Inland

Kein Wohnsitz in Deutschland

Falls Sie Ihren Wohnsitz in eines der vorangehend beschriebenen Steuerparadiese verlegen möchten, ist dies nur sinnvoll, wenn Sie absolut keinen Wohnsitz mehr in Deutschland unterhalten. Sonst wären Sie nämlich in Deutschland weiterhin unbeschränkt steuerpflichtig.

Einkommensteuerliche Entlastung bringt es Ihnen auch nicht, wenn Sie nur Ihren Firmensitz ins Ausland verlegen und Ihren Wohnsitz in Deutschland beibehalten. Ausnahme: Die Firma erwirtschaftet keine Gewinne oder thesauriert die Gewinne (sammeln ohne Ausschüttung). Der deutschen Finanzverwaltung ist natürlich die Gewinnverlagerung durch Basisgesellschaften im Ausland ein Dorn im Auge, deshalb bekämpft sie die Anerkennung solcher Gestaltungen.

Gestaltungsmissbrauch vermeiden

Gestaltungsmissbrauch

Sie müssen vermeiden, dass das Finanzamt Ihnen Gestaltungsmissbrauch (nach § 42 AO) unterstellt, Ihnen Ihre Firmenkonstruktionen aberkennt und Gewinne hinzurechnet. Deshalb ist auf folgende Punkte unbedingt zu achten:

Gesellschaftsprotokolle

- ▶ **Gesellschaftsprotokolle** Um zu vermeiden, dass die Finanzverwaltung die tatsächliche Geschäftsleitung Ihrer Auslandsfirma im Inland vermutet, müssen alle kaufmännischen und gesellschaftsrechtlichen Aktivitäten nachweislich im Ausland erfolgen. Dies sollten Sie der Finanzverwaltung durch geeignete Gesellschaftsprotokolle etc. nachweisen können.
- ▶ **Briefkastenfirma** Es darf sich nicht um eine Briefkastenfirma handeln, die ohne echte wirtschaftliche Funktionen Auslandsgeschäfte nur vorgaukelt und Inlandsgewinne verlagern bzw. die Betriebsausgaben in Deutschland künstlich aufblähen soll.

Mit diesen Folgen ist zu rechnen

- ▶ Falls das Finanzamt bemerken sollte, dass Sie im Inland noch eine Wohnung besitzen (angemietet oder Eigentum) bzw. dass Sie hier noch geschäftlich tätig sind, ansonsten aber unter Monacos Sonne bräunen, wird die Steuerfahndung eingeleitet.

Haftbefehl

- ▶ Eventuell wird sogar ein Haftbefehl erwirkt.
- ▶ Falls Sie zwar Ihren Wohnsitz ins Ausland verlegt haben aber noch Einkünfte aus oder in Deutschland beziehen, ohne hier einen Wohnsitz angemeldet zu haben, dann sind Sie beschränkt steuerpflichtig (nach §§ 50 und 50 a EStG). Diese Steuerpflicht beträgt normalerweise 25 Prozent aller Einnahmen bzw. des gesamten Einkommens.

Keine Absicherung für eventuelle Erben

Als verantwortungsvoller Steuerpflichtiger werden Sie auch in jüngeren Jahren schon ein Testament erstellt haben, um Ehegatten oder Kindern nach Ihrem Ableben die Trauer zu erleichtern. Im Todesfall sind Banken, Notare, Gerichte usw. den Finanzbehörden gegenüber auskunftspflichtig.
Dies bedeutet, dass Schwarzgeldkonten oder sonstiges nicht versteuertes Vermögen sowohl im Inland als auch in einem Steuerfluchtland nirgendwo im Testament erscheinen dürfen.
Anderenfalls dürfen die Rechtsnachfolger nicht nur den Ärger mit der Staatsanwaltschaft ausbaden, sondern auch für zehn Jahre kräftige Steuernachzahlungen plus Zinsen plus Strafen zahlen. Falls eine Stiftung oder Gesellschaft in einer Steueroase existiert, sollte eventuell der Treuhänder über die spätere Erbverteilung in Kenntnis gesetzt werden.

Schwarzgeldkonten

Testament

> **Schwarzgeld ...**
> ... können Sie nicht wieder weiß waschen, Sie können es nur ausgeben. Aber was nützt Ihnen ein dickes Depot auf den Bahamas, wenn Sie erst einmal 14 Stunden unterwegs sein müssen, um an Ihr Geld zu kommen?

Der Stress mit dem Euro!
Wenn Sie Ihr Geld meistens in den EU-Ländern ausgeben, dann müssen Sie bis zum 28.2.2002 alles in Euro umtauschen. Das ist jedoch problemlos nur bis zu einem Betrag von 30.000 DM möglich.
DM-Bestände auf ausländischen Konten aus Ländern der Währungsunion werden automatisch in Euro umgestellt.
Andere Währungen bleiben zwar bestehen, hier können aber nur kleine Beträge »scheibchenweise« umgetauscht werden.
Hohe DM-Schwarzgeld-Bestände und bisher nicht erklärte in DM lautende Tafelpapiere bedeuten für die Inhaber ein hohes Risiko, steuerstrafrechtlich verfolgt zu werden.
Mit der Euro-Umstellung bekommen die Steuerfahnder quasi die Ergebnisse schon auf den Tisch serviert. Das Münchener Ifo-Institut schätzt, dass bis zum Jahresende 100 Milliarden DM Schwarzgeld umgetauscht werden müssen, die meisten flüchten dabei in den Dollar.

Problemlos bis 30.000 DM

Schwarzgeld-Bestände

Umgehung der Identifizierungspflicht möglich?
Es ist nicht schwer zu erraten, dass Schwarzgeld ja auch scheibchenweise bis zum jeweiligen, scheinbar unbedenklichen Höchstbetrag von 30.000 DM umgetauscht

Smurfing werden kann. Das heißt im Fachjargon »Smurfing«. Diesem Supertipp hat der Gesetzgeber schon einen Riegel vorgeschoben.

Wenn zwischen den Umtauschtransaktionen eine Verbindung besteht, werden die Beträge zusammengerechnet und als ein Umtausch bewertet mit der Folge der Identifizierungspflicht. Es ist daher nicht empfehlenswert, sämtliche Verwandte bei einer Bank mit dicken Geldbündeln auflaufen zu lassen. Schließlich gibt es nicht nur eine Bank in Deutschland!

Beliebte Steueroasen

Übersicht der beliebtesten Steueroasen			
Staat	Quellensteuer für Zinserträge in Prozent	Kontrollmitteilungen an deutsche Finanzämter	Beurteilung
Belgien	25	keine	kaum ratsam
Frankreich	15[1]	keine	kaum ratsam
Irland	27[1]	keine	kaum ratsam
Liechtenstein	0	keine	sehr ratsam
Luxemburg	0[2]	keine	sehr ratsam
Niederlande	0	keine	kaum ratsam
Österreich	22[3]	keine	ratsam
Schweiz	35	keine	ratsam
Spanien	0–25[1]	keine	kaum ratsam
Vereinigte Staaten von Amerika (USA)	30[1]	regelmäßig	kaum ratsam
Vereinigtes Königreich (Großbritannien)	25[1]	keine	kaum ratsam

[1] Für Ausländer zum Teil Befreiung möglich; zum Teil steuerfreie Anleihen nur für ausländische Anleger
[2] Quellensteuerfreiheit für Dividenden von Holdinggesellschaften
[3] Befreiung von der Abgeltungsteuer für ausländische Anleger

Fazit

Resümierend kann man festhalten, dass die Vermeidung der Aufdeckung des Schwarzgeldes wahrscheinlich viel aufwändiger ist, als dieses zu verdienen.

Geldherkunftsnachweis

Achtung: Auch hohe Steuernachzahlungen dürfen nicht aus der Schwarzgeldschatulle beglichen werden, sonst wird die nächste Zahlung erheblich höher, weil schon durch die erste ohne Geldherkunftsnachweis alles auffliegt.

Sonderteil: Die Grundzüge der neuen Familienförderung ab 2002!

Ab 2002 erhalten Eltern mehr Geld für die Erziehung ihrer Kinder.

1. Anhebung des Kindergeldes

Anzahl der Kinder	Kindergeld ab 2002 in Euro
1	154
2	308
3	462
4	641

Kindergeld in Euro

2. Höherer Kinderfreibetrag

Der Kinderfreibetrag für zusammenveranlagte Kinder beträgt ab 2002 pro Kind 3.648 Euro, für Alleinerziehende jeweils 1.824 Euro. Künftig werden volljährige Kinder, die das 27. Lebensjahr noch nicht vollendet haben, steuerlich auch dann berücksichtigt, wenn sie sich in einer höchstens viermonatigen Zwangspause ihrer Ausbildung befinden, z. B. zwischen dem Grundwehr- oder Ersatzdienst und einem Ausbildungsabschnitt. Bisher wurden nur viermonatige Pausen zwischen zwei Ausbildungsabschnitten gefördert. Während des Grundwehr- oder Ersatzdienstes wird aber wie bisher kein Kindergeld gezahlt.

Kinderfreibetrag

3. Anhebung der Einkunftsgrenzen für volljährige Kinder

Volljährige Kinder werden nur dann beim Kindergeld oder den Freibeträgen für Kinder berücksichtigt, wenn deren Einkünfte und Bezüge bestimmte Grenzen nicht übersteigen. Ab 2002 liegt die Höchstgrenze bei 7.188 Euro.

Höchstgrenze 7.188 Euro

4. Neuer Betreuungs- und Erziehungsfreibetrag

Zusätzlich zum Kinderfreibetrag wird ab 2002 für den Betreuungs- und Erziehungs- oder Ausbildungsbedarf des Kindes ein einheitlicher Freibetrag von 2.160 Euro (bei zusammenveranlagten Eltern) bzw. 1.080 Euro (für Alleinerziehende) gewährt. Dies gilt ab 2002 auch für Kinder in Ausbildung, die das 16. Lebensjahr schon vollendet haben (bisher nur bis 16 Jahren).

Betreuungsfreibetrag

5. Kinderbetreuungskosten

Erwerbstätigkeit, Behinderung, Krankheit oder Ausbildung

Eltern können künftig für Kinder unter 14 Jahren sowie für behinderte Kinder erwerbsbedingte, nachzuweisende Kinderbetreuungskosten abziehen, sofern diese den bisherigen Betreuungsfreibetrag von 3.024 DM (1.548 Euro) übersteigen. Der Abzug ist auf einen Höchstbetrag von 1.500 Euro begrenzt (§ 33 c Abs.1 EStG). Voraussetzung soll sein, dass Alleinstehende mit mindestens einem Kind erwerbstätig, behindert, krank oder in Ausbildung sind. Bei zusammenveranlagten Eltern müssen für beide Elternteile die Voraussetzungen erfüllt sein, die für Alleinerziehende gelten. Es müssen also beide erwerbstätig, behindert, krank sein oder sich in Ausbildung befinden. Nicht verheiratete Eltern können jeweils für gemeinsame Kinder Kinderbetreuungskosten abziehen, sofern sie je Kind über 774 Euro nachgewiesen werden können.

Der Jahreshöchstbetrag von 1.500 Euro je Kind wird zeitanteilig gekürzt, wenn für einzelne Monate die Voraussetzungen für den Abzug von Kinderbetreuungskosten nicht vorliegen. Für Kinder, die im Ausland leben, soll eine Anpassung an die Lebenshaltungskosten des jeweiligen Wohnsitzstaates erfolgen.

6. Berücksichtigung im Lohnsteuerabzugsverfahren der Eltern

Der Erziehungs- und Betreuungsfreibetrag von 2.160 Euro je Kind mindert bei Angestellten die im Lohnsteuerabzugsverfahren erhobene Kirchensteuer und den Solidaritätszuschlag.

7. Ausbildungsfreibetrag

Bis höchstens 27 Jahren

Ab 2002 wird der Ausbildungsfreibetrag (§ 33a Abs. 2 Satz 1 EStG) in Höhe von 924 Euro nur noch für jedes volljährige Kind bis höchstens 27 Jahren berücksichtigt, das zur Ausbildung auswärts untergebracht ist. Eigene Einkünfte und Bezüge des Kindes von mehr als 1.848 Euro jährlich werden auf den Ausbildungsfreibetrag der Eltern angerechnet.

8. Minderung des Haushaltsfreibetrages für Alleinerziehende

Haushaltsfreibetrag entfällt sukzessive

Der Haushaltsfreibetrag (§ 32 Abs. 7 EStG) wird ab 2002 in drei Schritten »eingefroren«. Er beträgt für Alleinstehende, die für mindestens ein Kind Kindergeld erhalten, das in ihrer Wohnung gemeldet ist

für 2002	2.340 Euro
für 2003 und 2004	1.188 Euro
ab 2005	0 Euro

Rentenreform und erhöhter Abzug von Vorsorgeaufwendungen ab 2002

Die neue Riester-Rente besteht aus Eigenbeiträgen und staatlichen Zulagen. Die freiwilligen Eigenbeiträge können als zusätzliche Sonderausgaben abgezogen werden, wenn die steuerliche Förderung günstiger ist als die staatliche Zulagen. Diese Überprüfung wird vom Finanzamt durchgeführt.

Der Sonderausgabenabzug wird bei Besserverdienern höher sein. In diesen Fällen wird die Zulage dann dem Einkommen wieder hinzugerechnet. Die Förderung erfolgt dann durch eine höhere Steuererstattung nach Abzug der zusätzlichen Sonderausgaben.

Sonderausgabenabzug

Begünstigter Personenkreis

Begünstigt sind
- alle Personen, die Pflichtbeiträge in die gesetzliche Rentenversicherung zahlen, somit auch 630-DM-Kräfte
- Auszubildende
- Bestimmte Selbstständige, z. B. Handwerker, die in die Handwerksrolle eingetragen sind
- Künstler und Publizisten, die nach dem Künstlersozialversicherungsgesetz pflichtversichert sind
- Wehr- und Zivildienstleistende
- Bezieher von Lohnersatzleistungen (Krankengeld, Arbeitslosengeld oder -hilfe, Unterhaltsgeld, Altersübergangsgeld)
- Bezieher von Vorruhestandsgeld
- Kindererziehende ohne eigenem Einkommen für Kindererziehungszeiten. Für die Erziehung eines nach 1991 geborenen Kindes wird die Erziehungsperson in den ersten drei Jahren nach der Geburt ohne eigene Beitragszahlung pflichtversichert.

Künstler und Publizisten

Nicht begünstigte Personen

Nicht begünstigt sind
- Beamte
- Arbeitnehmer im öffentlichen Dienst
- Selbstständige, die eine eigene Altersversorgung aufbauen; hierzu zählt auch die freiwillige Zahlung in die gesetzliche Rentenversicherung.
- Selbstständige, die in einer berufsständischen Versorgungseinrichtung pflichtversichert sind, z. B. Rechtsanwälte oder Architekten.

Beamte

Welche Anlagen werden gefördert?

Förderungswürdig ist die betriebliche Altersversorgung, z. B. Einzahlungen in

Direktversicherung
- Direktversicherungen
- Pensionskassen oder -fonds.

Gefördert wird eine private, **kapitalgedeckte** Altersvorsorge, z. B. Einzahlungen in
- Private Rentenversicherung
- Sonstige Kapitalisierungsprodukte i. S. des Versicherungsgesetzes
- Fonds- und Banksparpläne.

Die Fonds- und Banksparpläne müssen mit Auszahlungsplänen und einer Restverrentungspflicht für die höchste Altersstufe verbunden sein. Um die staatliche Förderung zu erhalten, müssen die folgenden Kriterien **bei allen Anlagen** erfüllt sein:

Nicht vor dem 60. Lebensjahr
- Die Rentenzahlung darf nicht vor Vollendung des 60. Lebensjahres oder bis zum Beginn einer Altersrente (meistens das 65. Lebensjahr) des Anlegers beginnen. Die Kapitalanlage darf nur zur Altersversorgung verwendet werden, sie kann nicht beliehen werden (Ausnahme: Wohneigentum).
- Es muss sich um eine lebenslange gleich bleibende oder steigende Leibrente handeln. Auszahlungen aus Fonds- oder Bankguthaben sind alternativ erlaubt, sie müssen aber in der Leistungsphase ab dem 85. Lebensjahr mit einer Rentenversicherung verbunden sein.
- Am Anfang der Auszahlungsphase müssen mindestens die eingezahlten Altersvorsorgebeträge und während der Auszahlungsphase die laufenden monatlichen Zahlungen zugesagt werden.

Zusätzlich ist eine Hinterbliebenenabsicherung zugunsten des Ehegatten und der im Haushalt lebenden Kinder (mit Kindergeldanspruch) möglich.

Einmalzahlung

Wichtig: Nicht begünstigt sind Rentenversicherungen, die bei Fälligkeit als Einmalzahlung gezahlt werden (Kapitalabfindung).

Das Bundesaufsichtsamt für Versicherungswesen prüft die Anlagen und erteilt ein Zertifikat für die begünstigten Anlageformen.

Zertifikat des Bundesaufsichtsamtes

Wichtig: Nur mit dem Zertifikat des Bundesaufsichtsamtes für Versicherungswesen ist gewährleistet, dass der Vertrag die gesetzlichen Voraussetzungen für die neue Förderung erfüllt! Dies sagt aber nichts über die wirtschaftlichen Vorteile der gewählten Anlage aus, die Renditeprüfung müssen Sie selbst übernehmen!

Einbeziehung des Eigenheims

Die Anschaffung oder Herstellung der eigenen vier Wände wird als Beitrag zur Altersvorsorge anerkannt, allerdings mit einem komplizierten Modell:
Der Immobilienbesitzer darf einen »Altersvorsorge-Eigenheimbetrag« von mindestens 10.000 und höchstens 50.000 Euro aus einem begünstigten Altersvorsorgevertrag entnehmen.
Dieser Betrag muss aber unmittelbar für die Anschaffung oder Herstellung von selbst genutztem, inländischem Wohneigentum verwendet werden. Dieses »selbst gewährte Darlehen« muss zwingend in monatlichen, gleich bleibenden Raten bis zur Vollendung des 65. Lebensjahr des Anlegers wieder in einen zertifizierten Altersvorsorgevertrag eingezahlt werden.
Diese Rückzahlung beginnt mit dem zweiten auf das Jahr der Auszahlung aus dem Eigenheimbetrag folgenden Jahr.

Altersvorsorge-Eigenheimbetrag

Höhe der staatlichen Zulagen

Gehört der Anleger zum begünstigten Personenkreis und hat einen zertifizierten Vertrag abgeschlossen, hat er ab 01.01.2002 Anspruch auf die Altersvorsorgezulage. Sie setzt sich zusammen aus einer Grund- und einer Kinderzulage.
Ehegatten haben beide Anspruch auf die Zulage, sofern sie zum begünstigten Personenkreis gehören.
Ist nur ein Ehegatte begünstigt, wird dieser aber mit seinem nichtbegünstigten Ehegatten steuerlich zusammen veranlagt, erhalten auch beide die Zulagen. Dann muss auf den Namen des nicht pflichtversicherten Ehegatten ein eigener zertifizierter Altersvorsorgevertrag abgeschlossen werden.
Die Kinderzulage wird für jedes Kind gezahlt, für das der Anleger Kindergeldanspruch hat.

Altersvorsorgezulage

Kinderzulage

Zeitraum	Grundzulage in Euro	Kinderzulage pro Kind in Euro
2002 und 2003	38	46
2004 und 2005	76	92
2006 und 2007	114	138
Ab 2008	154	185

Mindestbeiträge

Der Sparer muss einen Mindestsparbeitrag erbringen, um die vollen Zulagen zu erhalten. Jedes zweite Jahr muss ein höherer Prozentsatz vom Bruttoeinkommen gespart werden.

Kapitel 17: Geschickte Gestaltungsmöglichkeiten

Zeitraum	Mindesteigenbetrag als Prozentsatz des Vorjahreseinkommens
2002 und 2003	1 %
2004 und 2005	2 %
2006 und 2007	3 %
Ab 2008	4 %

Als **Sockelbetrag** sind mindestens zu zahlen:

Sockelbetrag

Zeitraum	Sockelbetrag ohne Anspruch auf Kinderzulage in Euro	Sockelbetrag bei einer Kinderzulage in Euro	Sockelbetrag bei zwei oder mehr Kinderzulagen in Euro
2002–2004 jährlich	45	38	30
Ab 2005 jährlich	90	75	60

Wenn der Sparer nicht mindestens den Sockelbetrag einzahlt, werden die Zulagen im Verhältnis der Altersvorsorgebeiträge zum Mindesteigenbeitrag gekürzt.

Höchstbeiträge

Der **Mindesteigenbeitrag** richtet sich nach dem Gehalt.
Die Höchstbeiträge (Eigenbeiträge und Zulagen) sind begrenzt auf den möglichen Sonderausgabenabzug abzüglich der individuell zustehenden Altersvorsorgezulage.
Die Sonderausgabenhöchstbeiträge sind begrenzt auf:

Höchstbetrag

Zeitraum	Sonderausgabenhöchstbeiträge in Euro
2002 und 2003	525
2004 und 2005	1.050
2006 und 2007	1.575
Ab 2008	2.100

Versteuerung in der Auszahlungsphase

Die Leistungen aus geförderten Altersvorsorgeverträgen müssen in der Auszahlungsphase voll versteuert werden, wenn für die gezahlten Beiträge der Sonderausgabenabzug gewährt oder Zulagen gezahlt wurden.

Versteuerung Sind in den späteren Versorgungsleistungen auch nicht geförderte Beitragsleistungen des Sparers enthalten, werden die Zahlungen in einen voll steuerpflichtigen und einen nur mit dem Ertragsanteil zu versteuernden Anteil (§ 22 EStG) aufgeteilt. Diese Aufteilung übernimmt das jeweilige Anlageinstitut.

Wegfall aller Vergünstigungen bei vorzeitiger Verfügung

Der Staat fördert die private Rente, damit die wirtschaftliche Sicherheit der Ruheständler bis zum Tod gewährleistet ist. Deshalb sind Anlagen mit einmaliger Kapitalauszahlung auch nicht förderungswürdig, da nicht gewährleistet ist, dass der Geldsegen nicht auf einmal verprasst wird. Das würde gegen eine Rentenabsicherung sprechen. Daher wird eine vorzeitige Verfügung des Altersvorsorgevermögens vom Staat auch »bestraft«.

Vorzeitige Verfügung

Beantragt der Sparer die vorzeitige Auszahlung des Altersvorsorgevermögens oder lässt sich in der Auszahlungsphase das Kapital auszahlen, muss er die erhaltenen Zulagen und die durch den Sonderausgabenabzug erhaltenen steuerlichen Vorteile zurückzahlen.

Steuerliche Vorteile zurückzahlen

Zusätzlich zur Rückzahlung der erhaltenen Vorteile kommt es zur Versteuerung der bis dahin angesammelten Erträge wie z. B. Zinsen und/oder Kursgewinnen.

Für den Todesfall des Anlegers sind Ausnahmeregelungen geplant.

Einkommensteuer-Grundtabelle 2001 (Auszug)

Gültig ab 1. Januar 2001

zu versteuerndes Einkommen in DM von	bis	tarifliche Einkommen-steuer in DM	zu versteuerndes Einkommen in DM von	bis	tarifliche Einkommen-steuer in DM	zu versteuerndes Einkommen in DM von	bis	tarifliche Einkommen-steuer in DM
0	14 093		16 470	16 523	512	18 900	18 953	1 063
14 094	14 147	16	16 524	16 577	524	18 954	19 007	1 075
14 148	14 201	26	16 578	16 631	535	19 008	19 061	1 088
14 202	14 255	37	16 632	16 685	547	19 062	19 115	1 100
14 256	14 309	48	16 686	16 739	559	19 116	19 169	1 113
14 310	14 363	59	16 740	16 793	571	19 170	19 223	1 125
14 364	14 417	70	16 794	16 847	583	19 224	19 277	1 138
14 418	14 471	81	16 848	16 901	595	19 278	19 331	1 151
14 472	14 525	92	16 902	16 955	607	19 332	19 385	1 163
14 526	14 579	103	16 956	17 009	619	19 386	19 439	1 176
14 580	14 633	114	17 010	17 063	631	19 440	19 493	1 189
14 634	14 687	125	17 064	17 117	643	19 494	19 547	1 201
14 688	14 741	136	17 118	17 171	655	19 548	19 601	1 214
14 742	14 795	147	17 172	17 225	667	19 602	19 655	1 227
14 796	14 849	158	17 226	17 279	679	19 656	19 709	1 239
14 850	14 903	169	17 280	17 333	691	19 710	19 763	1 252
14 904	14 957	180	17 334	17 387	703	19 764	19 817	1 265
14 958	15 011	191	17 388	17 441	715	19 818	19 871	1 277
15 012	15 065	202	17 442	17 495	727	19 872	19 925	1 290
15 066	15 119	213	17 496	17 549	740	19 926	19 979	1 303
15 120	15 173	225	17 550	17 603	752	19 980	20 033	1 315
15 174	15 227	236	17 604	17 657	764	20 034	20 087	1 328
15 228	15 281	247	17 658	17 711	776	20 088	20 141	1 341
15 282	15 335	258	17 712	17 765	789	20 142	20 195	1 354
15 336	15 389	270	17 766	17 819	801	20 196	20 249	1 366
15 390	15 443	281	17 820	17 873	813	20 250	20 303	1 379
15 444	15 497	292	17 874	17 927	826	20 304	20 357	1 392
15 498	15 551	304	17 928	17 981	838	20 358	20 411	1 405
15 552	15 605	315	17 982	18 035	850	20 412	20 465	1 417
15 606	15 659	326	18 036	18 089	863	20 466	20 519	1 430
15 660	15 713	338	18 090	18 143	875	20 520	20 573	1 443
15 714	15 767	349	18 144	18 197	888	20 574	20 627	1 456
15 768	15 821	361	18 198	18 251	900	20 628	20 681	1 469
15 822	15 875	372	18 252	18 305	912	20 682	20 735	1 481
15 876	15 929	384	18 306	18 359	925	20 736	20 789	1 494
15 930	15 983	395	18 360	18 413	937	20 790	20 843	1 507
15 984	16 037	407	18 414	18 467	950	20 844	20 897	1 520
16 038	16 091	418	18 468	18 521	962	20 898	20 951	1 533
16 092	16 145	430	18 522	18 575	975	20 952	21 005	1 546
16 146	16 199	442	18 576	18 629	987	21 006	21 059	1 559
16 200	16 253	453	18 630	18 683	1 000	21 060	21 113	1 571
16 254	16 307	465	18 684	18 737	1 012	21 114	21 167	1 584
16 308	16 361	477	18 738	18 791	1 025	21 168	21 221	1 597
16 362	16 415	488	18 792	18 845	1 037	21 222	21 275	1 610
16 416	16 469	500	18 846	18 899	1 050	21 276	21 329	1 623

Einkommensteuer-Grundtabelle

zu versteuerndes Einkommen in DM von	bis	tarifliche Einkommensteuer in DM	zu versteuerndes Einkommen in DM von	bis	tarifliche Einkommensteuer in DM	zu versteuerndes Einkommen in DM von	bis	tarifliche Einkommensteuer in DM
21330	21383	1636	24300	24353	2360	27270	27323	3109
21384	21437	1649	24354	24407	2373	27324	27377	3123
21438	21491	1662	24408	24461	2387	27378	27431	3136
21492	21545	1675	24462	24515	2400	27432	27485	3150
21546	21599	1688	24516	24569	2413	27486	27539	3164
21600	21653	1701	24570	24623	2427	27540	27593	3178
21654	21707	1714	24624	24677	2440	27594	27647	3192
21708	21761	1727	24678	24731	2454	27648	27701	3206
21762	21815	1740	24732	24785	2467	27702	27755	3220
21816	21869	1753	24786	24839	2481	27756	27809	3234
21870	21923	1766	24840	24893	2494	27810	27863	3248
21924	21977	1779	24894	24947	2508	27864	27917	3262
21978	22031	1792	24948	25001	2521	27918	27971	3275
22032	22085	1805	25002	25055	2535	27972	28025	3289
22086	22139	1818	25056	25109	2548	28026	28079	3303
22140	22193	1831	25110	25163	2562	28080	28133	3317
22194	22247	1844	25164	25217	2575	28134	28187	3331
22248	22301	1857	25218	25271	2589	28188	28241	3345
22302	22355	1870	25272	25325	2602	28242	28295	3359
22356	22409	1883	25326	25379	2616	28296	28349	3373
22410	22463	1896	25380	25433	2629	28350	28403	3387
22464	22517	1909	25434	25487	2643	28404	28457	3401
22518	22571	1923	25488	25541	2656	28458	28511	3415
22572	22625	1936	25542	25595	2670	28512	28565	3429
22626	22679	1949	25596	25649	2684	28566	28619	3443
22680	22733	1962	25650	25703	2697	28620	28673	3457
22734	22787	1975	25704	25757	2711	28674	28727	3472
22788	22841	1988	25758	25811	2724	28728	28781	3486
22842	22895	2001	25812	25865	2738	28782	28835	3500
22896	22949	2015	25866	25919	2752	28836	28889	3514
22950	23003	2028	25920	25973	2765	28890	28943	3528
23004	23057	2041	25974	26027	2779	28944	28997	3542
23058	23111	2054	26028	26081	2792	28998	29051	3556
23112	23165	2067	26082	26135	2806	29052	29105	3570
23166	23219	2081	26136	26189	2820	29106	29159	3584
23220	23273	2094	26190	26243	2833	29160	29213	3598
23274	23327	2107	26244	26297	2847	29214	29267	3613
23328	23381	2120	26298	26351	2861	29268	29321	3627
23382	23435	2133	26352	26405	2875	29322	29375	3641
23436	23489	2147	26406	26459	2888	29376	29429	3655
23490	23543	2160	26460	26513	2902	29430	29483	3669
23544	23597	2173	26514	26567	2916	29484	29537	3683
23598	23651	2186	26568	26621	2929	29538	29591	3698
23652	23705	2200	26622	26675	2943	29592	29645	3712
23706	23759	2213	26676	26729	2957	29646	29699	3726
23760	23813	2226	26730	26783	2971	29700	29753	3740
23814	23867	2240	26784	26837	2984	29754	29807	3754
23868	23921	2253	26838	26891	2998	29808	29861	3769
23922	23975	2266	26892	26945	3012	29862	29915	3783
23976	24029	2280	26946	26999	3026	29916	29969	3797
24030	24083	2293	27000	27053	3040	29970	30023	3811
24084	24137	2306	27054	27107	3053	30024	30077	3826
24138	24191	2320	27108	27161	3067	30078	30131	3840
24192	24245	2333	27162	27215	3081	30132	30185	3854
24246	24299	2346	27216	27269	3095	30186	30239	3868

Einkommensteuer-Grundtabelle

zu versteuerndes Einkommen in DM von	bis	tarifliche Einkommensteuer in DM	zu versteuerndes Einkommen in DM von	bis	tarifliche Einkommensteuer in DM	zu versteuerndes Einkommen in DM von	bis	tarifliche Einkommensteuer in DM
30 240	30 293	3 883	33 210	33 263	4 682	36 180	36 233	5 506
30 294	30 347	3 897	33 264	33 317	4 697	36 234	36 287	5 522
30 348	30 401	3 911	33 318	33 371	4 712	36 288	36 341	5 537
30 402	30 455	3 926	33 372	33 425	4 726	36 342	36 395	5 552
30 456	30 509	3 940	33 426	33 479	4 741	36 396	36 449	5 567
30 510	30 563	3 954	33 480	33 533	4 756	36 450	36 503	5 582
30 564	30 617	3 969	33 534	33 587	4 771	36 504	36 557	5 598
30 618	30 671	3 983	33 588	33 641	4 786	36 558	36 611	5 613
30 672	30 725	3 997	33 642	33 695	4 800	36 612	36 665	5 628
30 726	30 779	4 012	33 696	33 749	4 815	36 666	36 719	5 644
30 780	30 833	4 026	33 750	33 803	4 830	36 720	36 773	5 659
30 834	30 887	4 041	33 804	33 857	4 845	36 774	36 827	5 674
30 888	30 941	4 055	33 858	33 911	4 860	36 828	36 881	5 690
30 942	30 995	4 069	33 912	33 965	4 875	36 882	36 935	5 705
30 996	31 049	4 084	33 966	34 019	4 889	36 936	36 989	5 720
31 050	31 103	4 098	34 020	34 073	4 904	36 990	37 043	5 735
31 104	31 157	4 113	34 074	34 127	4 919	37 044	37 097	5 751
31 158	31 211	4 127	34 128	34 181	4 934	37 098	37 151	5 766
31 212	31 265	4 142	34 182	34 235	4 949	37 152	37 205	5 782
31 266	31 319	4 156	34 236	34 289	4 964	37 206	37 259	5 797
31 320	31 373	4 170	34 290	34 343	4 979	37 260	37 313	5 812
31 374	31 427	4 185	34 344	34 397	4 994	37 314	37 367	5 828
31 428	31 481	4 199	34 398	34 451	5 009	37 368	37 421	5 843
31 482	31 535	4 214	34 452	34 505	5 024	37 422	37 475	5 858
31 536	31 589	4 228	34 506	34 559	5 039	37 476	37 529	5 874
31 590	31 643	4 243	34 560	34 613	5 054	37 530	37 583	5 889
31 644	31 697	4 257	34 614	34 667	5 069	37 584	37 637	5 905
31 698	31 751	4 272	34 668	34 721	5 084	37 638	37 691	5 920
31 752	31 805	4 287	34 722	34 775	5 098	37 692	37 745	5 936
31 806	31 859	4 301	34 776	34 829	5 113	37 746	37 799	5 951
31 860	31 913	4 316	34 830	34 883	5 128	37 800	37 853	5 967
31 914	31 967	4 330	34 884	34 937	5 144	37 854	37 907	5 982
31 968	32 021	4 345	34 938	34 991	5 159	37 908	37 961	5 997
32 022	32 075	4 359	34 992	35 045	5 174	37 962	38 015	6 013
32 076	32 129	4 374	35 046	35 099	5 189	38 016	38 069	6 028
32 130	32 183	4 388	35 100	35 153	5 204	38 070	38 123	6 044
32 184	32 237	4 403	35 154	35 207	5 219	38 124	38 177	6 059
32 238	32 291	4 418	35 208	35 261	5 234	38 178	38 231	6 075
32 292	32 345	4 432	35 262	35 315	5 249	38 232	38 285	6 091
32 346	32 399	4 447	35 316	35 369	5 264	38 286	38 339	6 106
32 400	32 453	4 462	35 370	35 423	5 279	38 340	38 393	6 122
32 454	32 507	4 476	35 424	35 477	5 294	38 394	38 447	6 137
32 508	32 561	4 491	35 478	35 531	5 309	38 448	38 501	6 153
32 562	32 615	4 505	35 532	35 585	5 324	38 502	38 555	6 168
32 616	32 669	4 520	35 586	35 639	5 339	38 556	38 609	6 184
32 670	32 723	4 535	35 640	35 693	5 355	38 610	38 663	6 199
32 724	32 777	4 549	35 694	35 747	5 370	38 664	38 717	6 215
32 778	32 831	4 564	35 748	35 801	5 385	38 718	38 771	6 231
32 832	32 885	4 579	35 802	35 855	5 400	38 772	38 825	6 246
32 886	32 939	4 594	35 856	35 909	5 415	38 826	38 879	6 262
32 940	32 993	4 608	35 910	35 963	5 430	38 880	38 933	6 278
32 994	33 047	4 623	35 964	36 017	5 446	38 934	38 987	6 293
33 048	33 101	4 638	36 018	36 071	5 461	38 988	39 041	6 309
33 102	33 155	4 652	36 072	36 125	5 476	39 042	39 095	6 324
33 156	33 209	4 667	36 126	36 179	5 491	39 096	39 149	6 340

Einkommensteuer-Grundtabelle

zu versteuerndes Einkommen in DM von	bis	tarifliche Einkommensteuer in DM	zu versteuerndes Einkommen in DM von	bis	tarifliche Einkommensteuer in DM	zu versteuerndes Einkommen in DM von	bis	tarifliche Einkommensteuer in DM
39150	39203	6356	42120	42173	7230	45090	45143	8130
39204	39257	6371	42174	42227	7247	45144	45197	8147
39258	39311	6387	42228	42281	7263	45198	45251	8163
39312	39365	6403	42282	42335	7279	45252	45305	8180
39366	39419	6419	42336	42389	7295	45306	45359	8197
39420	39473	6434	42390	42443	7311	45360	45413	8213
39474	39527	6450	42444	42497	7327	45414	45467	8230
39528	39581	6466	42498	42551	7343	45468	45521	8246
39582	39635	6481	42552	42605	7360	45522	45575	8263
39636	39689	6497	42606	42659	7376	45576	45629	8280
39690	39743	6513	42660	42713	7392	45630	45683	8296
39744	39797	6529	42714	42767	7408	45684	45737	8313
39798	39851	6544	42768	42821	7425	45738	45791	8330
39852	39905	6560	42822	42875	7441	45792	45845	8346
39906	39959	6576	42876	42929	7457	45846	45899	8363
39960	40013	6592	42930	42983	7473	45900	45953	8380
40014	40067	6608	42984	43037	7490	45954	46007	8397
40068	40121	6623	43038	43091	7506	46008	46061	8413
40122	40175	6639	43092	43145	7522	46062	46115	8430
40176	40229	6655	43146	43199	7538	46116	46169	8447
40230	40283	6671	43200	43253	7555	46170	46223	8464
40284	40337	6687	43254	43307	7571	46224	46277	8480
40338	40391	6703	43308	43361	7587	46278	46331	8497
40392	40445	6718	43362	43415	7604	46332	46385	8514
40446	40499	6734	43416	43469	7620	46386	46439	8531
40500	40553	6750	43470	43523	7636	46440	46493	8547
40554	40607	6766	43524	43577	7653	46494	46547	8564
40608	40661	6782	43578	43631	7669	46548	46601	8581
40662	40715	6798	43632	43685	7685	46602	46655	8598
40716	40769	6814	43686	43739	7702	46656	46709	8615
40770	40823	6830	43740	43793	7718	46710	46763	8631
40824	40877	6846	43794	43847	7734	46764	46817	8648
40878	40931	6862	43848	43901	7751	46818	46871	8665
40932	40985	6878	43902	43955	7767	46872	46925	8682
40986	41039	6893	43956	44009	7784	46926	46979	8699
41040	41093	6909	44010	44063	7800	46980	47033	8716
41094	41147	6925	44064	44117	7816	47034	47087	8733
41148	41201	6941	44118	44171	7833	47088	47141	8750
41202	41255	6957	44172	44225	7849	47142	47195	8766
41256	41309	6973	44226	44279	7866	47196	47249	8783
41310	41363	6989	44280	44333	7882	47250	47303	8800
41364	41417	7005	44334	44387	7899	47304	47357	8817
41418	41471	7021	44388	44441	7915	47358	47411	8834
41472	41525	7037	44442	44495	7932	47412	47465	8851
41526	41579	7053	44496	44549	7948	47466	47519	8868
41580	41633	7069	44550	44603	7965	47520	47573	8885
41634	41687	7086	44604	44657	7981	47574	47627	8902
41688	41741	7102	44658	44711	7998	47628	47681	8919
41742	41795	7118	44712	44765	8014	47682	47735	8936
41796	41849	7134	44766	44819	8031	47736	47789	8953
41850	41903	7150	44820	44873	8047	47790	47843	8970
41904	41957	7166	44874	44927	8064	47844	47897	8987
41958	42011	7182	44928	44981	8080	47898	47951	9004
42012	42065	7198	44982	45035	8097	47952	48005	9021
42066	42119	7214	45036	45089	8114	48006	48059	9038

Einkommensteuer-Grundtabelle

zu versteuerndes Einkommen in DM von	bis	tarifliche Einkommensteuer in DM	zu versteuerndes Einkommen in DM von	bis	tarifliche Einkommensteuer in DM	zu versteuerndes Einkommen in DM von	bis	tarifliche Einkommensteuer in DM
48 060	48 113	9 055	51 030	51 083	10 005	54 000	54 053	10 980
48 114	48 167	9 072	51 084	51 137	10 023	54 054	54 107	10 998
48 168	48 221	9 089	51 138	51 191	10 040	54 108	54 161	11 016
48 222	48 275	9 106	51 192	51 245	10 058	54 162	54 215	11 034
48 276	48 329	9 123	51 246	51 299	10 075	54 216	54 269	11 052
48 330	48 383	9 140	51 300	51 353	10 093	54 270	54 323	11 070
48 384	48 437	9 157	51 354	51 407	10 110	54 324	54 377	11 088
48 438	48 491	9 175	51 408	51 461	10 128	54 378	54 431	11 106
48 492	48 545	9 192	51 462	51 515	10 145	54 432	54 485	11 124
48 546	48 599	9 209	51 516	51 569	10 163	54 486	54 539	11 142
48 600	48 653	9 226	51 570	51 623	10 180	54 540	54 593	11 160
48 654	48 707	9 243	51 624	51 677	10 198	54 594	54 647	11 178
48 708	48 761	9 260	51 678	51 731	10 216	54 648	54 701	11 196
48 762	48 815	9 277	51 732	51 785	10 233	54 702	54 755	11 214
48 816	48 869	9 294	51 786	51 839	10 251	54 756	54 809	11 232
48 870	48 923	9 312	51 840	51 893	10 268	54 810	54 863	11 250
48 924	48 977	9 329	51 894	51 947	10 286	54 864	54 917	11 269
48 978	49 031	9 346	51 948	52 001	10 304	54 918	54 971	11 287
49 032	49 085	9 363	52 002	52 055	10 321	54 972	55 025	11 305
49 086	49 139	9 380	52 056	52 109	10 339	55 026	55 079	11 323
49 140	49 193	9 398	52 110	52 163	10 357	55 080	55 133	11 341
49 194	49 247	9 415	52 164	52 217	10 374	55 134	55 187	11 359
49 248	49 301	9 432	52 218	52 271	10 392	55 188	55 241	11 377
49 302	49 355	9 449	52 272	52 325	10 410	55 242	55 295	11 395
49 356	49 409	9 466	52 326	52 379	10 427	55 296	55 349	11 414
49 410	49 463	9 484	52 380	52 433	10 445	55 350	55 403	11 432
49 464	49 517	9 501	52 434	52 487	10 463	55 404	55 457	11 450
49 518	49 571	9 518	52 488	52 541	10 481	55 458	55 511	11 468
49 572	49 625	9 536	52 542	52 595	10 498	55 512	55 565	11 486
49 626	49 679	9 553	52 596	52 649	10 516	55 566	55 619	11 504
49 680	49 733	9 570	52 650	52 703	10 534	55 620	55 673	11 523
49 734	49 787	9 587	52 704	52 757	10 552	55 674	55 727	11 541
49 788	49 841	9 605	52 758	52 811	10 569	55 728	55 781	11 559
49 842	49 895	9 622	52 812	52 865	10 587	55 782	55 835	11 577
49 896	49 949	9 639	52 866	52 919	10 605	55 836	55 889	11 596
49 950	50 003	9 657	52 920	52 973	10 623	55 890	55 943	11 614
50 004	50 057	9 674	52 974	53 027	10 640	55 944	55 997	11 632
50 058	50 111	9 691	53 028	53 081	10 658	55 998	56 051	11 650
50 112	50 165	9 709	53 082	53 135	10 676	56 052	56 105	11 669
50 166	50 219	9 726	53 136	53 189	10 694	56 106	56 159	11 687
50 220	50 273	9 743	53 190	53 243	10 712	56 160	56 213	11 705
50 274	50 327	9 761	53 244	53 297	10 730	56 214	56 267	11 723
50 328	50 381	9 778	53 298	53 351	10 747	56 268	56 321	11 742
50 382	50 435	9 796	53 352	53 405	10 765	56 322	56 375	11 760
50 436	50 489	9 813	53 406	53 459	10 783	56 376	56 429	11 778
50 490	50 543	9 830	53 460	53 513	10 801	56 430	56 483	11 797
50 544	50 597	9 848	53 514	53 567	10 819	56 484	56 537	11 815
50 598	50 651	9 865	53 568	53 621	10 837	56 538	56 591	11 833
50 652	50 705	9 883	53 622	53 675	10 855	56 592	56 645	11 852
50 706	50 759	9 900	53 676	53 729	10 873	56 646	56 699	11 870
50 760	50 813	9 918	53 730	53 783	10 890	56 700	56 753	11 888
50 814	50 867	9 935	53 784	53 837	10 908	56 754	56 807	11 907
50 868	50 921	9 953	53 838	53 891	10 926	56 808	56 861	11 925
50 922	50 975	9 970	53 892	53 945	10 944	56 862	56 915	11 944
50 976	51 029	9 988	53 946	53 999	10 962	56 916	56 969	11 962

Einkommensteuer-Grundtabelle

zu versteuerndes Einkommen in DM von	bis	tarifliche Einkommensteuer in DM	zu versteuerndes Einkommen in DM von	bis	tarifliche Einkommensteuer in DM	zu versteuerndes Einkommen in DM von	bis	tarifliche Einkommensteuer in DM
56970	57023	11980	59940	59993	13006	62910	62963	14056
57024	57077	11999	59994	60047	13025	62964	63017	14076
57078	57131	12017	60048	60101	13044	63018	63071	14095
57132	57185	12036	60102	60155	13063	63072	63125	14114
57186	57239	12054	60156	60209	13081	63126	63179	14134
57240	57293	12073	60210	60263	13100	63180	63233	14153
57294	57347	12091	60264	60317	13119	63234	63287	14173
57348	57401	12110	60318	60371	13138	63288	63341	14192
57402	57455	12128	60372	60425	13157	63342	63395	14211
57456	57509	12147	60426	60479	13176	63396	63449	14231
57510	57563	12165	60480	60533	13195	63450	63503	14250
57564	57617	12184	60534	60587	13214	63504	63557	14270
57618	57671	12202	60588	60641	13233	63558	63611	14289
57672	57725	12221	60642	60695	13252	63612	63665	14308
57726	57779	12239	60696	60749	13271	63666	63719	14328
57780	57833	12258	60750	60803	13290	63720	63773	14347
57834	57887	12276	60804	60857	13309	63774	63827	14367
57888	57941	12295	60858	60911	13328	63828	63881	14386
57942	57995	12313	60912	60965	13347	63882	63935	14406
57996	58049	12332	60966	61019	13366	63936	63989	14425
58050	58103	12350	61020	61073	13385	63990	64043	14445
58104	58157	12369	61074	61127	13404	64044	64097	14464
58158	58211	12388	61128	61181	13423	64098	64151	14484
58212	58265	12406	61182	61235	13442	64152	64205	14503
58266	58319	12425	61236	61289	13461	64206	64259	14523
58320	58373	12443	61290	61343	13480	64260	64313	14542
58374	58427	12462	61344	61397	13499	64314	64367	14562
58428	58481	12481	61398	61451	13518	64368	64421	14581
58482	58535	12499	61452	61505	13538	64422	64475	14601
58536	58589	12518	61506	61559	13557	64476	64529	14621
58590	58643	12537	61560	61613	13576	64530	64583	14640
58644	58697	12555	61614	61667	13595	64584	64637	14660
58698	58751	12574	61668	61721	13614	64638	64691	14679
58752	58805	12593	61722	61775	13633	64692	64745	14699
58806	58859	12611	61776	61829	13652	64746	64799	14718
58860	58913	12630	61830	61883	13672	64800	64853	14738
58914	58967	12649	61884	61937	13691	64854	64907	14758
58968	59021	12668	61938	61991	13710	64908	64961	14777
59022	59075	12686	61992	62045	13729	64962	65015	14797
59076	59129	12705	62046	62099	13748	65016	65069	14817
59130	59183	12724	62100	62153	13767	65070	65123	14836
59184	59237	12742	62154	62207	13787	65124	65177	14856
59238	59291	12761	62208	62261	13806	65178	65231	14876
59292	59345	12780	62262	62315	13825	65232	65285	14895
59346	59399	12799	62316	62369	13844	65286	65339	14915
59400	59453	12818	62370	62423	13864	65340	65393	14935
59454	59507	12836	62424	62477	13883	65394	65447	14954
59508	59561	12855	62478	62531	13902	65448	65501	14974
59562	59615	12874	62532	62585	13921	65502	65555	14994
59616	59669	12893	62586	62639	13941	65556	65609	15014
59670	59723	12912	62640	62693	13960	65610	65663	15033
59724	59777	12930	62694	62747	13979	65664	65717	15053
59778	59831	12949	62748	62801	13999	65718	65771	15073
59832	59885	12968	62802	62855	14018	65772	65825	15093
59886	59939	12987	62856	62909	14037	65826	65879	15112

Einkommensteuer-Grundtabelle

zu versteuerndes Einkommen in DM von	bis	tarifliche Einkommensteuer in DM	zu versteuerndes Einkommen in DM von	bis	tarifliche Einkommensteuer in DM	zu versteuerndes Einkommen in DM von	bis	tarifliche Einkommensteuer in DM
65880	65933	15132	68850	68903	16233	71820	71873	17359
65934	65987	15152	68904	68957	16253	71874	71927	17380
65988	66041	15172	68958	69011	16274	71928	71981	17400
66042	66095	15192	69012	69065	16294	71982	72035	17421
66096	66149	15211	69066	69119	16314	72036	72089	17442
66150	66203	15231	69120	69173	16334	72090	72143	17463
66204	66257	15251	69174	69227	16355	72144	72197	17483
66258	66311	15271	69228	69281	16375	72198	72251	17504
66312	66365	15291	69282	69335	16395	72252	72305	17525
66366	66419	15311	69336	69389	16416	72306	72359	17546
66420	66473	15330	69390	69443	16436	72360	72413	17566
66474	66527	15350	69444	69497	16456	72414	72467	17587
66528	66581	15370	69498	69551	16477	72468	72521	17608
66582	66635	15390	69552	69605	16497	72522	72575	17629
66636	66689	15410	69606	69659	16517	72576	72629	17650
66690	66743	15430	69660	69713	16538	72630	72683	17670
66744	66797	15450	69714	69767	16558	72684	72737	17691
66798	66851	15470	69768	69821	16578	72738	72791	17712
66852	66905	15490	69822	69875	16599	72792	72845	17733
66906	66959	15510	69876	69929	16619	72846	72899	17754
66960	67013	15530	69930	69983	16640	72900	72953	17775
67014	67067	15550	69984	70037	16660	72954	73007	17796
67068	67121	15569	70038	70091	16680	73008	73061	17816
67122	67175	15589	70092	70145	16701	73062	73115	17837
67176	67229	15609	70146	70199	16721	73116	73169	17858
67230	67283	15629	70200	70253	16742	73170	73223	17879
67284	67337	15649	70254	70307	16762	73224	73277	17900
67338	67391	15669	70308	70361	16783	73278	73331	17921
67392	67445	15689	70362	70415	16803	73332	73385	17942
67446	67499	15709	70416	70469	16824	73386	73439	17963
67500	67553	15730	70470	70523	16844	73440	73493	17984
67554	67607	15750	70524	70577	16865	73494	73547	18005
67608	67661	15770	70578	70631	16885	73548	73601	18026
67662	67715	15790	70632	70685	16906	73602	73655	18047
67716	67769	15810	70686	70739	16926	73656	73709	18068
67770	67823	15830	70740	70793	16947	73710	73763	18089
67824	67877	15850	70794	70847	16967	73764	73817	18110
67878	67931	15870	70848	70901	16988	73818	73871	18131
67932	67985	15890	70902	70955	17008	73872	73925	18152
67986	68039	15910	70956	71009	17029	73926	73979	18173
68040	68093	15930	71010	71063	17049	73980	74033	18194
68094	68147	15950	71064	71117	17070	74034	74087	18215
68148	68201	15971	71118	71171	17091	74088	74141	18236
68202	68255	15991	71172	71225	17111	74142	74195	18257
68256	68309	16011	71226	71279	17132	74196	74249	18278
68310	68363	16031	71280	71333	17152	74250	74303	18299
68364	68417	16051	71334	71387	17173	74304	74357	18320
68418	68471	16071	71388	71441	17194	74358	74411	18341
68472	68525	16092	71442	71495	17214	74412	74465	18362
68526	68579	16112	71496	71549	17235	74466	74519	18383
68580	68633	16132	71550	71603	17256	74520	74573	18404
68634	68687	16152	71604	71657	17276	74574	74627	18426
68688	68741	16172	71658	71711	17297	74628	74681	18447
68742	68795	16193	71712	71765	17318	74682	74735	18468
68796	68849	16213	71766	71819	17338	74736	74789	18489

Einkommensteuer-Grundtabelle

zu versteuerndes Einkommen in DM von	bis	tarifliche Einkommensteuer in DM	zu versteuerndes Einkommen in DM von	bis	tarifliche Einkommensteuer in DM	zu versteuerndes Einkommen in DM von	bis	tarifliche Einkommensteuer in DM
74790	74843	18510	77760	77813	19686	80730	80783	20888
74844	74897	18531	77814	77867	19708	80784	80837	20910
74898	74951	18552	77868	77921	19730	80838	80891	20932
74952	75005	18574	77922	77975	19751	80892	80945	20954
75006	75059	18595	77976	78029	19773	80946	80999	20976
75060	75113	18616	78030	78083	19795	81000	81053	20998
75114	75167	18637	78084	78137	19816	81054	81107	21020
75168	75221	18658	78138	78191	19838	81108	81161	21042
75222	75275	18680	78192	78245	19860	81162	81215	21065
75276	75329	18701	78246	78299	19881	81216	81269	21087
75330	75383	18722	78300	78353	19903	81270	81323	21109
75384	75437	18743	78354	78407	19925	81324	81377	21131
75438	75491	18765	78408	78461	19946	81378	81431	21153
75492	75545	18786	78462	78515	19968	81432	81485	21175
75546	75599	18807	78516	78569	19990	81486	81539	21198
75600	75653	18828	78570	78623	20012	81540	81593	21220
75654	75707	18850	78624	78677	20033	81594	81647	21242
75708	75761	18871	78678	78731	20055	81648	81701	21264
75762	75815	18892	78732	78785	20077	81702	81755	21286
75816	75869	18914	78786	78839	20099	81756	81809	21309
75870	75923	18935	78840	78893	20120	81810	81863	21331
75924	75977	18956	78894	78947	20142	81864	81917	21353
75978	76031	18978	78948	79001	20164	81918	81971	21375
76032	76085	18999	79002	79055	20186	81972	82025	21398
76086	76139	19020	79056	79109	20208	82026	82079	21420
76140	76193	19042	79110	79163	20229	82080	82133	21442
76194	76247	19063	79164	79217	20251	82134	82187	21464
76248	76301	19084	79218	79271	20273	82188	82241	21487
76302	76355	19106	79272	79325	20295	82242	82295	21509
76356	76409	19127	79326	79379	20317	82296	82349	21531
76410	76463	19149	79380	79433	20339	82350	82403	21554
76464	76517	19170	79434	79487	20360	82404	82457	21576
76518	76571	19191	79488	79541	20382	82458	82511	21598
76572	76625	19213	79542	79595	20404	82512	82565	21621
76626	76679	19234	79596	79649	20426	82566	82619	21643
76680	76733	19256	79650	79703	20448	82620	82673	21665
76734	76787	19277	79704	79757	20470	82674	82727	21688
76788	76841	19299	79758	79811	20492	82728	82781	21710
76842	76895	19320	79812	79865	20514	82782	82835	21733
76896	76949	19342	79866	79919	20536	82836	82889	21755
76950	77003	19363	79920	79973	20558	82890	82943	21777
77004	77057	19385	79974	80027	20580	82944	82997	21800
77058	77111	19406	80028	80081	20602	82998	83051	21822
77112	77165	19428	80082	80135	20624	83052	83105	21845
77166	77219	19449	80136	80189	20645	83106	83159	21867
77220	77273	19471	80190	80243	20667	83160	83213	21889
77274	77327	19492	80244	80297	20689	83214	83267	21912
77328	77381	19514	80298	80351	20711	83268	83321	21934
77382	77435	19535	80352	80405	20733	83322	83375	21957
77436	77489	19557	80406	80459	20755	83376	83429	21979
77490	77543	19578	80460	80513	20778	83430	83483	22002
77544	77597	19600	80514	80567	20800	83484	83537	22024
77598	77651	19622	80568	80621	20822	83538	83591	22047
77652	77705	19643	80622	80675	20844	83592	83645	22069
77706	77759	19665	80676	80729	20866	83646	83699	22092

Einkommensteuer-Grundtabelle

zu versteuerndes Einkommen in DM von	bis	tarifliche Einkommensteuer in DM	zu versteuerndes Einkommen in DM von	bis	tarifliche Einkommensteuer in DM	zu versteuerndes Einkommen in DM von	bis	tarifliche Einkommensteuer in DM
83 700	83 753	22 114	86 670	86 723	23 366	89 640	89 693	24 643
83 754	83 807	22 137	86 724	86 777	23 389	89 694	89 747	24 666
83 808	83 861	22 159	86 778	86 831	23 412	89 748	89 801	24 690
83 862	83 915	22 182	86 832	86 885	23 435	89 802	89 855	24 713
83 916	83 969	22 204	86 886	86 939	23 458	89 856	89 909	24 737
83 970	84 023	22 227	86 940	86 993	23 481	89 910	89 963	24 760
84 024	84 077	22 250	86 994	87 047	23 504	89 964	90 017	24 784
84 078	84 131	22 272	87 048	87 101	23 527	90 018	90 071	24 807
84 132	84 185	22 295	87 102	87 155	23 550	90 072	90 125	24 831
84 186	84 239	22 317	87 156	87 209	23 573	90 126	90 179	24 854
84 240	84 293	22 340	87 210	87 263	23 596	90 180	90 233	24 878
84 294	84 347	22 363	87 264	87 317	23 619	90 234	90 287	24 901
84 348	84 401	22 385	87 318	87 371	23 642	90 288	90 341	24 925
84 402	84 455	22 408	87 372	87 425	23 666	90 342	90 395	24 948
84 456	84 509	22 431	87 426	87 479	23 689	90 396	90 449	24 972
84 510	84 563	22 453	87 480	87 533	23 712	90 450	90 503	24 995
84 564	84 617	22 476	87 534	87 587	23 735	90 504	90 557	25 019
84 618	84 671	22 499	87 588	87 641	23 758	90 558	90 611	25 043
84 672	84 725	22 521	87 642	87 695	23 781	90 612	90 665	25 066
84 726	84 779	22 544	87 696	87 749	23 804	90 666	90 719	25 090
84 780	84 833	22 567	87 750	87 803	23 827	90 720	90 773	25 113
84 834	84 887	22 589	87 804	87 857	23 851	90 774	90 827	25 137
84 888	84 941	22 612	87 858	87 911	23 874	90 828	90 881	25 161
84 942	84 995	22 635	87 912	87 965	23 897	90 882	90 935	25 184
84 996	85 049	22 657	87 966	88 019	23 920	90 936	90 989	25 208
85 050	85 103	22 680	88 020	88 073	23 943	90 990	91 043	25 231
85 104	85 157	22 703	88 074	88 127	23 966	91 044	91 097	25 255
85 158	85 211	22 726	88 128	88 181	23 990	91 098	91 151	25 279
85 212	85 265	22 748	88 182	88 235	24 013	91 152	91 205	25 302
85 266	85 319	22 771	88 236	88 289	24 036	91 206	91 259	25 326
85 320	85 373	22 794	88 290	88 343	24 059	91 260	91 313	25 350
85 374	85 427	22 817	88 344	88 397	24 083	91 314	91 367	25 374
85 428	85 481	22 839	88 398	88 451	24 106	91 368	91 421	25 397
85 482	85 535	22 862	88 452	88 505	24 129	91 422	91 475	25 421
85 536	85 589	22 885	88 506	88 559	24 152	91 476	91 529	25 445
85 590	85 643	22 908	88 560	88 613	24 176	91 530	91 583	25 468
85 644	85 697	22 931	88 614	88 667	24 199	91 584	91 637	25 492
85 698	85 751	22 954	88 668	88 721	24 222	91 638	91 691	25 516
85 752	85 805	22 976	88 722	88 775	24 245	91 692	91 745	25 540
85 806	85 859	22 999	88 776	88 829	24 269	91 746	91 799	25 563
85 860	85 913	23 022	88 830	88 883	24 292	91 800	91 853	25 587
85 914	85 967	23 045	88 884	88 937	24 315	91 854	91 907	25 611
85 968	86 021	23 068	88 938	88 991	24 339	91 908	91 961	25 635
86 022	86 075	23 091	88 992	89 045	24 362	91 962	92 015	25 659
86 076	86 129	23 114	89 046	89 099	24 385	92 016	92 069	25 682
86 130	86 183	23 137	89 100	89 153	24 409	92 070	92 123	25 706
86 184	86 237	23 159	89 154	89 207	24 432	92 124	92 177	25 730
86 238	86 291	23 182	89 208	89 261	24 456	92 178	92 231	25 754
86 292	86 345	23 205	89 262	89 315	24 479	92 232	92 285	25 778
86 346	86 399	23 228	89 316	89 369	24 502	92 286	92 339	25 801
86 400	86 453	23 251	89 370	89 423	24 526	92 340	92 393	25 825
86 454	86 507	23 274	89 424	89 477	24 549	92 394	92 447	25 849
86 508	86 561	23 297	89 478	89 531	24 572	92 448	92 501	25 873
86 562	86 615	23 320	89 532	89 585	24 596	92 502	92 555	25 897
86 616	86 669	23 343	89 586	89 639	24 619	92 556	92 609	25 921

Einkommensteuer-Grundtabelle

zu versteuerndes Einkommen in DM von	bis	tarifliche Einkommensteuer in DM	zu versteuerndes Einkommen in DM von	bis	tarifliche Einkommensteuer in DM	zu versteuerndes Einkommen in DM von	bis	tarifliche Einkommensteuer in DM
92 610	92 663	25 945	95 580	95 633	27 272	98 550	98 603	28 624
92 664	92 717	25 969	95 634	95 687	27 296	98 604	98 657	28 649
92 718	92 771	25 993	95 688	95 741	27 321	98 658	98 711	28 674
92 772	92 825	26 016	95 742	95 795	27 345	98 712	98 765	28 699
92 826	92 879	26 040	95 796	95 849	27 369	98 766	98 819	28 723
92 880	92 933	26 064	95 850	95 903	27 394	98 820	98 873	28 748
92 934	92 987	26 088	95 904	95 957	27 418	98 874	98 927	28 773
92 988	93 041	26 112	95 958	96 011	27 443	98 928	98 981	28 798
93 042	93 095	26 136	96 012	96 065	27 467	98 982	99 035	28 823
93 096	93 149	26 160	96 066	96 119	27 491	99 036	99 089	28 848
93 150	93 203	26 184	96 120	96 173	27 516	99 090	99 143	28 873
93 204	93 257	26 208	96 174	96 227	27 540	99 144	99 197	28 898
93 258	93 311	26 232	96 228	96 281	27 565	99 198	99 251	28 922
93 312	93 365	26 256	96 282	96 335	27 589	99 252	99 305	28 947
93 366	93 419	26 280	96 336	96 389	27 614	99 306	99 359	28 972
93 420	93 473	26 304	96 390	96 443	27 638	99 360	99 413	28 997
93 474	93 527	26 328	96 444	96 497	27 663	99 414	99 467	29 022
93 528	93 581	26 352	96 498	96 551	27 687	99 468	99 521	29 047
93 582	93 635	26 376	96 552	96 605	27 712	99 522	99 575	29 072
93 636	93 689	26 400	96 606	96 659	27 736	99 576	99 629	29 097
93 690	93 743	26 424	96 660	96 713	27 761	99 630	99 683	29 122
93 744	93 797	26 448	96 714	96 767	27 785	99 684	99 737	29 147
93 798	93 851	26 473	96 768	96 821	27 810	99 738	99 791	29 172
93 852	93 905	26 497	96 822	96 875	27 834	99 792	99 845	29 197
93 906	93 959	26 521	96 876	96 929	27 859	99 846	99 899	29 222
93 960	94 013	26 545	96 930	96 983	27 883	99 900	99 953	29 247
94 014	94 067	26 569	96 984	97 037	27 908	99 954	100 007	29 272
94 068	94 121	26 593	97 038	97 091	27 932	100 008	100 061	29 297
94 122	94 175	26 617	97 092	97 145	27 957	100 062	100 115	29 322
94 176	94 229	26 641	97 146	97 199	27 982	100 116	100 169	29 347
94 230	94 283	26 665	97 200	97 253	28 006	100 170	100 223	29 372
94 284	94 337	26 690	97 254	97 307	28 031	100 224	100 277	29 397
94 338	94 391	26 714	97 308	97 361	28 056	100 278	100 331	29 422
94 392	94 445	26 738	97 362	97 415	28 080	100 332	100 385	29 447
94 446	94 499	26 762	97 416	97 469	28 105	100 386	100 439	29 473
94 500	94 553	26 786	97 470	97 523	28 129	100 440	100 493	29 498
94 554	94 607	26 811	97 524	97 577	28 154	100 494	100 547	29 523
94 608	94 661	26 835	97 578	97 631	28 179	100 548	100 601	29 548
94 662	94 715	26 859	97 632	97 685	28 203	100 602	100 655	29 573
94 716	94 769	26 883	97 686	97 739	28 228	100 656	100 709	29 598
94 770	94 823	26 907	97 740	97 793	28 253	100 710	100 763	29 623
94 824	94 877	26 932	97 794	97 847	28 277	100 764	100 817	29 648
94 878	94 931	26 956	97 848	97 901	28 302	100 818	100 871	29 674
94 932	94 985	26 980	97 902	97 955	28 327	100 872	100 925	29 699
94 986	95 039	27 004	97 956	98 009	28 352	100 926	100 979	29 724
95 040	95 093	27 029	98 010	98 063	28 376	100 980	101 033	29 749
95 094	95 147	27 053	98 064	98 117	28 401	101 034	101 087	29 774
95 148	95 201	27 077	98 118	98 171	28 426	101 088	101 141	29 799
95 202	95 255	27 102	98 172	98 225	28 451	101 142	101 195	29 825
95 256	95 309	27 126	98 226	98 279	28 475	101 196	101 249	29 850
95 310	95 363	27 150	98 280	98 333	28 500	101 250	101 303	29 875
95 364	95 417	27 174	98 334	98 387	28 525	101 304	101 357	29 900
95 418	95 471	27 199	98 388	98 441	28 550	101 358	101 411	29 926
95 472	95 525	27 223	98 442	98 495	28 574	101 412	101 465	29 951
95 526	95 579	27 247	98 496	98 549	28 599	101 466	101 519	29 976

Einkommensteuer-Grundtabelle

zu versteuerndes Einkommen in DM von	bis	tarifliche Einkommensteuer in DM	zu versteuerndes Einkommen in DM von	bis	tarifliche Einkommensteuer in DM	zu versteuerndes Einkommen in DM von	bis	tarifliche Einkommensteuer in DM
101520	101573	30001	104490	104543	31404	107460	107513	32832
101574	101627	30027	104544	104597	31430	107514	107567	32858
101628	101681	30052	104598	104651	31455	107568	107621	32884
101682	101735	30077	104652	104705	31481	107622	107675	32910
101736	101789	30103	104706	104759	31507	107676	107729	32936
101790	101843	30128	104760	104813	31533	107730	107783	32963
101844	101897	30153	104814	104867	31558	107784	107837	32989
101898	101951	30179	104868	104921	31584	107838	107891	33015
101952	102005	30204	104922	104975	31610	107892	107945	33041
102006	102059	30229	104976	105029	31636	107946	107999	33067
102060	102113	30255	105030	105083	31662	108000	108053	33094
102114	102167	30280	105084	105137	31687	108054	108107	33120
102168	102221	30305	105138	105191	31713	108108	108161	33146
102222	102275	30331	105192	105245	31739	108162	108215	33172
102276	102329	30356	105246	105299	31765	108216	108269	33198
102330	102383	30381	105300	105353	31791	108270	108323	33225
102384	102437	30407	105354	105407	31817	108324	108377	33251
102438	102491	30432	105408	105461	31842	108378	108431	33277
102492	102545	30458	105462	105515	31868	108432	108485	33303
102546	102599	30483	105516	105569	31894	108486	108539	33329
102600	102653	30508	105570	105623	31920	108540	108593	33355
102654	102707	30534	105624	105677	31946	108594	108647	33382
102708	102761	30559	105678	105731	31972	108648	108701	33408
102762	102815	30585	105732	105785	31998	108702	108755	33434
102816	102869	30610	105786	105839	32024	108756	108809	33460
102870	102923	30636	105840	105893	32050	108810	108863	33486
102924	102977	30661	105894	105947	32076	108864	108917	33513
102978	103031	30687	105948	106001	32102	108918	108971	33539
103032	103085	30712	106002	106055	32128	108972	109025	33565
103086	103139	30738	106056	106109	32154	109026	109079	33591
103140	103193	30763	106110	106163	32179	109080	109133	33617
103194	103247	30789	106164	106217	32205	109134	109187	33644
103248	103301	30814	106218	106271	32231	109188	109241	33670
103302	103355	30840	106272	106325	32257	109242	109295	33696
103356	103409	30865	106326	106379	32283	109296	109349	33722
103410	103463	30891	106380	106433	32309	109350	109403	33748
103464	103517	30917	106434	106487	32336	109404	109457	33775
103518	103571	30942	106488	106541	32362	109458	109511	33801
103572	103625	30968	106542	106595	32388	109512	109565	33827
103626	103679	30993	106596	106649	32414	109566	109619	33853
103680	103733	31019	106650	106703	32440	109620	109673	33879
103734	103787	31045	106704	106757	32466	109674	109727	33905
103788	103841	31070	106758	106811	32492	109728	109781	33932
103842	103895	31096	106812	106865	32518	109782	109835	33958
103896	103949	31121	106866	106919	32544	109836	109889	33984
103950	104003	31147	106920	106973	32570	109890	109943	34010
104004	104057	31173	106974	107027	32596	109944	109997	34036
104058	104111	31198	107028	107081	32622	109998	110051	34063
104112	104165	31224	107082	107135	32648	110052	110105	34089
104166	104219	31250	107136	107189	32675	110106	110159	34115
104220	104273	31275	107190	107243	32701	110160	110213	34141
104274	104327	31301	107244	107297	32727	110214	110267	34167
104328	104381	31327	107298	107351	32753	110268	110321	34194
104382	104435	31352	107352	107405	32779	110322	110375	34220
104436	104489	31378	107406	107459	32805	110376	110429	34246

zu versteuerndes Einkommen in DM von	bis	tarifliche Einkommensteuer in DM	zu versteuerndes Einkommen in DM von	bis	tarifliche Einkommensteuer in DM	zu versteuerndes Einkommen in DM von	bis	tarifliche Einkommensteuer in DM
110430	110483	34272	111240	111293	34665	114750	114803	36367
110484	110537	34298	111294	111347	34691	114804	114857	36394
110538	110591	34325	111348	111401	34717	114858	114911	36420
110592	110645	34351	111402	111455	34744	114912	114965	36446
110646	110699	34377	111456	111509	34770	114966	115019	36472
110700	110753	34403	111510	111563	34796			
110754	110807	34429	111564	111617	34822			
110808	110861	34455	111618	111671	34848			
110862	110915	34482	111672	111725	34875			
110916	110969	34508	111726	111779	34901			
110970	111023	34534	114480	114533	36236			
111024	111077	34560	114534	114587	36263			
111078	111131	34586	114588	114641	36289			
111132	111185	34613	114642	114695	36315			
111186	111239	34639	114696	114749	36341			

Einkommensteuer-Grundtabelle zu § 32 a [1] EStG

Die Grundtabelle zur Veranlagung der Einkommensteuer wird angewendet, wenn Sie ledig sind oder in dauerhafter Trennung von Ihrem Ehepartner leben.

Für zu versteuernde Einkommensbeträge von 107.568 DM an, die nach der Grundtabelle zu versteuern sind, beläuft sich die Einkommensteuer auf den um 19.299 DM verminderten Betrag von 48,5 vom Hundert des abgerundeten zu versteuernden Einkommensbetrags. Der zu versteuernde Einkommensbetrag ist auf den nächsten durch 54 ohne Rest teilbaren Betrag nach unten abzurunden, wenn er nicht bereits durch 54 ohne Rest teilbar ist. Bei der Berechnung der Einkommensteuer sich ergebende Pfennigbeträge bleiben unberücksichtigt. Vgl. § 32 a Abs. 2 EStG.

Einkommensteuer-Splittingtabelle 2001 (Auszug)

Gültig ab 1. Januar 2001

zu versteuerndes Einkommen in DM von	bis	tarifliche Einkommensteuer in DM	zu versteuerndes Einkommen in DM von	bis	tarifliche Einkommensteuer in DM	zu versteuerndes Einkommen in DM von	bis	tarifliche Einkommensteuer in DM
0	28 187		32 940	33 047	1 024	37 800	37 907	2 126
28 188	28 295	32	33 048	33 155	1 048	37 908	38 015	2 150
28 296	28 403	52	33 156	33 263	1 070	38 016	38 123	2 176
28 404	28 511	74	33 264	33 371	1 094	38 124	38 231	2 200
28 512	28 619	96	33 372	33 479	1 118	38 232	38 339	2 226
28 620	28 727	118	33 480	33 587	1 142	38 340	38 447	2 250
28 728	28 835	140	33 588	33 695	1 166	38 448	38 555	2 276
28 836	28 943	162	33 696	33 803	1 190	38 556	38 663	2 302
28 944	29 051	184	33 804	33 911	1 214	38 664	38 771	2 326
29 052	29 159	206	33 912	34 019	1 238	38 772	38 879	2 352
29 160	29 267	228	34 020	34 127	1 262	38 880	38 987	2 378
29 268	29 375	250	34 128	34 235	1 286	38 988	39 095	2 402
29 376	29 483	272	34 236	34 343	1 310	39 096	39 203	2 428
29 484	29 591	294	34 344	34 451	1 334	39 204	39 311	2 454
29 592	29 699	316	34 452	34 559	1 358	39 312	39 419	2 478
29 700	29 807	338	34 560	34 667	1 382	39 420	39 527	2 504
29 808	29 915	360	34 668	34 775	1 406	39 528	39 635	2 530
29 916	30 023	382	34 776	34 883	1 430	39 636	39 743	2 554
30 024	30 131	404	34 884	34 991	1 454	39 744	39 851	2 580
30 132	30 239	426	34 992	35 099	1 480	39 852	39 959	2 606
30 240	30 347	450	35 100	35 207	1 504	39 960	40 067	2 630
30 348	30 455	472	35 208	35 315	1 528	40 068	40 175	2 656
30 456	30 563	494	35 316	35 423	1 552	40 176	40 283	2 682
30 564	30 671	516	35 424	35 531	1 578	40 284	40 391	2 708
30 672	30 779	540	35 532	35 639	1 602	40 392	40 499	2 732
30 780	30 887	562	35 640	35 747	1 626	40 500	40 607	2 758
30 888	30 995	584	35 748	35 855	1 652	40 608	40 715	2 784
30 996	31 103	608	35 856	35 963	1 676	40 716	40 823	2 810
31 104	31 211	630	35 964	36 071	1 700	40 824	40 931	2 834
31 212	31 319	652	36 072	36 179	1 726	40 932	41 039	2 860
31 320	31 427	676	36 180	36 287	1 750	41 040	41 147	2 886
31 428	31 535	698	36 288	36 395	1 776	41 148	41 255	2 912
31 536	31 643	722	36 396	36 503	1 800	41 256	41 363	2 938
31 644	31 751	744	36 504	36 611	1 824	41 364	41 471	2 962
31 752	31 859	768	36 612	36 719	1 850	41 472	41 579	2 988
31 860	31 967	790	36 720	36 827	1 874	41 580	41 687	3 014
31 968	32 075	814	36 828	36 935	1 900	41 688	41 795	3 040
32 076	32 183	836	36 936	37 043	1 924	41 796	41 903	3 066
32 184	32 291	860	37 044	37 151	1 950	41 904	42 011	3 092
32 292	32 399	884	37 152	37 259	1 974	42 012	42 119	3 118
32 400	32 507	906	37 260	37 367	2 000	42 120	42 227	3 142
32 508	32 615	930	37 368	37 475	2 024	42 228	42 335	3 168
32 616	32 723	954	37 476	37 583	2 050	42 336	42 443	3 194
32 724	32 831	976	37 584	37 691	2 074	42 444	42 551	3 220
32 832	32 939	1 000	37 692	37 799	2 100	42 552	42 659	3 246

Einkommensteuer-Splittingtabelle

zu versteuerndes Einkommen in DM von	bis	tarifliche Einkommensteuer in DM	zu versteuerndes Einkommen in DM von	bis	tarifliche Einkommensteuer in DM	zu versteuerndes Einkommen in DM von	bis	tarifliche Einkommensteuer in DM
42660	42767	3272	48600	48707	4720	54540	54647	6218
42768	42875	3298	48708	48815	4746	54648	54755	6246
42876	42983	3324	48816	48923	4774	54756	54863	6272
42984	43091	3350	48924	49031	4800	54864	54971	6300
43092	43199	3376	49032	49139	4826	54972	55079	6328
43200	43307	3402	49140	49247	4854	55080	55187	6356
43308	43415	3428	49248	49355	4880	55188	55295	6384
43416	43523	3454	49356	49463	4908	55296	55403	6412
43524	43631	3480	49464	49571	4934	55404	55511	6440
43632	43739	3506	49572	49679	4962	55512	55619	6468
43740	43847	3532	49680	49787	4988	55620	55727	6496
43848	43955	3558	49788	49895	5016	55728	55835	6524
43956	44063	3584	49896	50003	5042	55836	55943	6550
44064	44171	3610	50004	50111	5070	55944	56051	6578
44172	44279	3636	50112	50219	5096	56052	56159	6606
44280	44387	3662	50220	50327	5124	56160	56267	6634
44388	44495	3688	50328	50435	5150	56268	56375	6662
44496	44603	3714	50436	50543	5178	56376	56483	6690
44604	44711	3740	50544	50651	5204	56484	56591	6718
44712	44819	3766	50652	50759	5232	56592	56699	6746
44820	44927	3792	50760	50867	5258	56700	56807	6774
44928	45035	3818	50868	50975	5286	56808	56915	6802
45036	45143	3846	50976	51083	5312	56916	57023	6830
45144	45251	3872	51084	51191	5340	57024	57131	6858
45252	45359	3898	51192	51299	5368	57132	57239	6886
45360	45467	3924	51300	51407	5394	57240	57347	6914
45468	45575	3950	51408	51515	5422	57348	57455	6944
45576	45683	3976	51516	51623	5448	57456	57563	6972
45684	45791	4002	51624	51731	5476	57564	57671	7000
45792	45899	4030	51732	51839	5504	57672	57779	7028
45900	46007	4056	51840	51947	5530	57780	57887	7056
46008	46115	4082	51948	52055	5558	57888	57995	7084
46116	46223	4108	52056	52163	5584	57996	58103	7112
46224	46331	4134	52164	52271	5612	58104	58211	7140
46332	46439	4162	52272	52379	5640	58212	58319	7168
46440	46547	4188	52380	52487	5666	58320	58427	7196
46548	46655	4214	52488	52595	5694	58428	58535	7226
46656	46763	4240	52596	52703	5722	58536	58643	7254
46764	46871	4266	52704	52811	5750	58644	58751	7282
46872	46979	4294	52812	52919	5776	58752	58859	7310
46980	47087	4320	52920	53027	5804	58860	58967	7338
47088	47195	4346	53028	53135	5832	58968	59075	7366
47196	47303	4372	53136	53243	5858	59076	59183	7396
47304	47411	4400	53244	53351	5886	59184	59291	7424
47412	47519	4426	53352	53459	5914	59292	59399	7452
47520	47627	4452	53460	53567	5942	59400	59507	7480
47628	47735	4480	53568	53675	5968	59508	59615	7508
47736	47843	4506	53676	53783	5996	59616	59723	7538
47844	47951	4532	53784	53891	6024	59724	59831	7566
47952	48059	4560	53892	53999	6052	59832	59939	7594
48060	48167	4586	54000	54107	6080	59940	60047	7622
48168	48275	4612	54108	54215	6106	60048	60155	7652
48276	48383	4640	54216	54323	6134	60156	60263	7680
48384	48491	4666	54324	54431	6162	60264	60371	7708
48492	48599	4692	54432	54539	6190	60372	60479	7736

Einkommensteuer-Splittingtabelle

zu versteuerndes Einkommen in DM von	bis	tarifliche Einkommensteuer in DM	zu versteuerndes Einkommen in DM von	bis	tarifliche Einkommensteuer in DM	zu versteuerndes Einkommen in DM von	bis	tarifliche Einkommensteuer in DM
60480	60587	7766	66420	66527	9364	72360	72467	11012
60588	60695	7794	66528	66635	9394	72468	72575	11044
60696	60803	7822	66636	66743	9424	72576	72683	11074
60804	60911	7852	66744	66851	9452	72684	72791	11104
60912	61019	7880	66852	66959	9482	72792	72899	11134
61020	61127	7908	66960	67067	9512	72900	73007	11164
61128	61235	7938	67068	67175	9542	73008	73115	11196
61236	61343	7966	67176	67283	9572	73116	73223	11226
61344	61451	7994	67284	67391	9600	73224	73331	11256
61452	61559	8024	67392	67499	9630	73332	73439	11288
61560	61667	8052	67500	67607	9660	73440	73547	11318
61668	61775	8082	67608	67715	9690	73548	73655	11348
61776	61883	8110	67716	67823	9720	73656	73763	11380
61884	61991	8138	67824	67931	9750	73764	73871	11410
61992	62099	8168	67932	68039	9778	73872	73979	11440
62100	62207	8196	68040	68147	9808	73980	74087	11470
62208	62315	8226	68148	68255	9838	74088	74195	11502
62316	62423	8254	68256	68363	9868	74196	74303	11532
62424	62531	8284	68364	68471	9898	74304	74411	11564
62532	62639	8312	68472	68579	9928	74412	74519	11594
62640	62747	8340	68580	68687	9958	74520	74627	11624
62748	62855	8370	68688	68795	9988	74628	74735	11656
62856	62963	8398	68796	68903	10018	74736	74843	11686
62964	63071	8428	68904	69011	10048	74844	74951	11716
63072	63179	8456	69012	69119	10078	74952	75059	11748
63180	63287	8486	69120	69227	10108	75060	75167	11778
63288	63395	8514	69228	69335	10138	75168	75275	11810
63396	63503	8544	69336	69443	10168	75276	75383	11840
63504	63611	8574	69444	69551	10196	75384	75491	11872
63612	63719	8602	69552	69659	10226	75492	75599	11902
63720	63827	8632	69660	69767	10256	75600	75707	11934
63828	63935	8660	69768	69875	10288	75708	75815	11964
63936	64043	8690	69876	69983	10318	75816	75923	11994
64044	64151	8718	69984	70091	10348	75924	76031	12026
64152	64259	8748	70092	70199	10378	76032	76139	12056
64260	64367	8776	70200	70307	10408	76140	76247	12088
64368	64475	8806	70308	70415	10438	76248	76355	12118
64476	64583	8836	70416	70523	10468	76356	76463	12150
64584	64691	8864	70524	70631	10498	76464	76571	12182
64692	64799	8894	70632	70739	10528	76572	76679	12212
64800	64907	8924	70740	70847	10558	76680	76787	12244
64908	65015	8952	70848	70955	10588	76788	76895	12274
65016	65123	8982	70956	71063	10618	76896	77003	12306
65124	65231	9010	71064	71171	10648	77004	77111	12336
65232	65339	9040	71172	71279	10678	77112	77219	12368
65340	65447	9070	71280	71387	10710	77220	77327	12398
65448	65555	9098	71388	71495	10740	77328	77435	12430
65556	65663	9128	71496	71603	10770	77436	77543	12462
65664	65771	9158	71604	71711	10800	77544	77651	12492
65772	65879	9188	71712	71819	10830	77652	77759	12524
65880	65987	9216	71820	71927	10860	77760	77867	12556
65988	66095	9246	71928	72035	10892	77868	77975	12586
66096	66203	9276	72036	72143	10922	77976	78083	12618
66204	66311	9304	72144	72251	10952	78084	78191	12648
66312	66419	9334	72252	72359	10982	78192	78299	12680

Einkommensteuer-Splittingtabelle

zu versteuerndes Einkommen in DM von	bis	tarifliche Einkommensteuer in DM	zu versteuerndes Einkommen in DM von	bis	tarifliche Einkommensteuer in DM	zu versteuerndes Einkommen in DM von	bis	tarifliche Einkommensteuer in DM
78 300	78 407	12 712	84 240	84 347	14 460	90 180	90 287	16 260
78 408	78 515	12 742	84 348	84 455	14 494	90 288	90 395	16 294
78 516	78 623	12 774	84 456	84 563	14 526	90 396	90 503	16 326
78 624	78 731	12 806	84 564	84 671	14 558	90 504	90 611	16 360
78 732	78 839	12 838	84 672	84 779	14 590	90 612	90 719	16 394
78 840	78 947	12 868	84 780	84 887	14 622	90 720	90 827	16 426
78 948	79 055	12 900	84 888	84 995	14 654	90 828	90 935	16 460
79 056	79 163	12 932	84 996	85 103	14 686	90 936	91 043	16 492
79 164	79 271	12 962	85 104	85 211	14 720	91 044	91 151	16 526
79 272	79 379	12 994	85 212	85 319	14 752	91 152	91 259	16 560
79 380	79 487	13 026	85 320	85 427	14 784	91 260	91 367	16 592
79 488	79 595	13 058	85 428	85 535	14 816	91 368	91 475	16 626
79 596	79 703	13 088	85 536	85 643	14 850	91 476	91 583	16 660
79 704	79 811	13 120	85 644	85 751	14 882	91 584	91 691	16 692
79 812	79 919	13 152	85 752	85 859	14 914	91 692	91 799	16 726
79 920	80 027	13 184	85 860	85 967	14 946	91 800	91 907	16 760
80 028	80 135	13 216	85 968	86 075	14 980	91 908	92 015	16 794
80 136	80 243	13 246	86 076	86 183	15 012	92 016	92 123	16 826
80 244	80 351	13 278	86 184	86 291	15 044	92 124	92 231	16 860
80 352	80 459	13 310	86 292	86 399	15 076	92 232	92 339	16 894
80 460	80 567	13 342	86 400	86 507	15 110	92 340	92 447	16 928
80 568	80 675	13 374	86 508	86 615	15 142	92 448	92 555	16 960
80 676	80 783	13 406	86 616	86 723	15 174	92 556	92 663	16 994
80 784	80 891	13 436	86 724	86 831	15 208	92 664	92 771	17 028
80 892	80 999	13 468	86 832	86 939	15 240	92 772	92 879	17 062
81 000	81 107	13 500	86 940	87 047	15 272	92 880	92 987	17 094
81 108	81 215	13 532	87 048	87 155	15 306	92 988	93 095	17 128
81 216	81 323	13 564	87 156	87 263	15 338	93 096	93 203	17 162
81 324	81 431	13 596	87 264	87 371	15 370	93 204	93 311	17 196
81 432	81 539	13 628	87 372	87 479	15 404	93 312	93 419	17 230
81 540	81 647	13 660	87 480	87 587	15 436	93 420	93 527	17 262
81 648	81 755	13 692	87 588	87 695	15 468	93 528	93 635	17 296
81 756	81 863	13 724	87 696	87 803	15 502	93 636	93 743	17 330
81 864	81 971	13 756	87 804	87 911	15 534	93 744	93 851	17 364
81 972	82 079	13 786	87 912	88 019	15 568	93 852	93 959	17 398
82 080	82 187	13 818	88 020	88 127	15 600	93 960	94 067	17 432
82 188	82 295	13 850	88 128	88 235	15 632	94 068	94 175	17 466
82 296	82 403	13 882	88 236	88 343	15 666	94 176	94 283	17 500
82 404	82 511	13 914	88 344	88 451	15 698	94 284	94 391	17 532
82 512	82 619	13 946	88 452	88 559	15 732	94 392	94 499	17 566
82 620	82 727	13 978	88 560	88 667	15 764	94 500	94 607	17 600
82 728	82 835	14 010	88 668	88 775	15 798	94 608	94 715	17 634
82 836	82 943	14 042	88 776	88 883	15 830	94 716	94 823	17 668
82 944	83 051	14 074	88 884	88 991	15 864	94 824	94 931	17 702
83 052	83 159	14 106	88 992	89 099	15 896	94 932	95 039	17 736
83 160	83 267	14 138	89 100	89 207	15 930	95 040	95 147	17 770
83 268	83 375	14 172	89 208	89 315	15 962	95 148	95 255	17 804
83 376	83 483	14 204	89 316	89 423	15 996	95 256	95 363	17 838
83 484	83 591	14 236	89 424	89 531	16 028	95 364	95 471	17 872
83 592	83 699	14 268	89 532	89 639	16 062	95 472	95 579	17 906
83 700	83 807	14 300	89 640	89 747	16 094	95 580	95 687	17 940
83 808	83 915	14 332	89 748	89 855	16 128	95 688	95 795	17 974
83 916	84 023	14 364	89 856	89 963	16 160	95 796	95 903	18 008
84 024	84 131	14 396	89 964	90 071	16 194	95 904	96 011	18 042
84 132	84 239	14 428	90 072	90 179	16 228	96 012	96 119	18 076

Einkommensteuer-Splittingtabelle

zu versteuerndes Einkommen in DM von	bis	tarifliche Einkommensteuer in DM	zu versteuerndes Einkommen in DM von	bis	tarifliche Einkommensteuer in DM	zu versteuerndes Einkommen in DM von	bis	tarifliche Einkommensteuer in DM
96 120	96 227	18 110	102 060	102 167	20 010	108 000	108 107	21 960
96 228	96 335	18 144	102 168	102 275	20 046	108 108	108 215	21 996
96 336	96 443	18 178	102 276	102 383	20 080	108 216	108 323	22 032
96 444	96 551	18 212	102 384	102 491	20 116	108 324	108 431	22 068
96 552	96 659	18 246	102 492	102 599	20 150	108 432	108 539	22 104
96 660	96 767	18 280	102 600	102 707	20 186	108 540	108 647	22 140
96 768	96 875	18 314	102 708	102 815	20 220	108 648	108 755	22 176
96 876	96 983	18 350	102 816	102 923	20 256	108 756	108 863	22 212
96 984	97 091	18 384	102 924	103 031	20 290	108 864	108 971	22 248
97 092	97 199	18 418	103 032	103 139	20 326	108 972	109 079	22 284
97 200	97 307	18 452	103 140	103 247	20 360	109 080	109 187	22 320
97 308	97 415	18 486	103 248	103 355	20 396	109 188	109 295	22 356
97 416	97 523	18 520	103 356	103 463	20 432	109 296	109 403	22 392
97 524	97 631	18 554	103 464	103 571	20 466	109 404	109 511	22 428
97 632	97 739	18 588	103 572	103 679	20 502	109 512	109 619	22 464
97 740	97 847	18 624	103 680	103 787	20 536	109 620	109 727	22 500
97 848	97 955	18 658	103 788	103 895	20 572	109 728	109 835	22 538
97 956	98 063	18 692	103 896	104 003	20 608	109 836	109 943	22 574
98 064	98 171	18 726	104 004	104 111	20 642	109 944	110 051	22 610
98 172	98 279	18 760	104 112	104 219	20 678	110 052	110 159	22 646
98 280	98 387	18 796	104 220	104 327	20 714	110 160	110 267	22 682
98 388	98 495	18 830	104 328	104 435	20 748	110 268	110 375	22 718
98 496	98 603	18 864	104 436	104 543	20 784	110 376	110 483	22 754
98 604	98 711	18 898	104 544	104 651	20 820	110 484	110 591	22 790
98 712	98 819	18 932	104 652	104 759	20 854	110 592	110 699	22 828
98 820	98 927	18 968	104 760	104 867	20 890	110 700	110 807	22 864
98 928	99 035	19 002	104 868	104 975	20 926	110 808	110 915	22 900
99 036	99 143	19 036	104 976	105 083	20 962	110 916	111 023	22 936
99 144	99 251	19 072	105 084	105 191	20 996	111 024	111 131	22 972
99 252	99 359	19 106	105 192	105 299	21 032	111 132	111 239	23 008
99 360	99 467	19 140	105 300	105 407	21 068	111 240	111 347	23 046
99 468	99 575	19 174	105 408	105 515	21 104	111 348	111 455	23 082
99 576	99 683	19 210	105 516	105 623	21 138	111 456	111 563	23 118
99 684	99 791	19 244	105 624	105 731	21 174	111 564	111 671	23 154
99 792	99 899	19 278	105 732	105 839	21 210	111 672	111 779	23 192
99 900	100 007	19 314	105 840	105 947	21 246	111 780	111 887	23 228
100 008	100 115	19 348	105 948	106 055	21 280	111 888	111 995	23 264
100 116	100 223	19 382	106 056	106 163	21 316	111 996	112 103	23 300
100 224	100 331	19 418	106 164	106 271	21 352	112 104	112 211	23 338
100 332	100 439	19 452	106 272	106 379	21 388	112 212	112 319	23 374
100 440	100 547	19 486	106 380	106 487	21 424	112 320	112 427	23 410
100 548	100 655	19 522	106 488	106 595	21 460	112 428	112 535	23 446
100 656	100 763	19 556	106 596	106 703	21 494	112 536	112 643	23 484
100 764	100 871	19 592	106 704	106 811	21 530	112 644	112 751	23 520
100 872	100 979	19 626	106 812	106 919	21 566	112 752	112 859	23 556
100 980	101 087	19 660	106 920	107 027	21 602	112 860	112 967	23 594
101 088	101 195	19 696	107 028	107 135	21 638	112 968	113 075	23 630
101 196	101 303	19 730	107 136	107 243	21 674	113 076	113 183	23 666
101 304	101 411	19 766	107 244	107 351	21 710	113 184	113 291	23 704
101 412	101 519	19 800	107 352	107 459	21 746	113 292	113 399	23 740
101 520	101 627	19 836	107 460	107 567	21 780	113 400	113 507	23 776
101 628	101 735	19 870	107 568	107 675	21 816	113 508	113 615	23 814
101 736	101 843	19 906	107 676	107 783	21 852	113 616	113 723	23 850
101 844	101 951	19 940	107 784	107 891	21 888	113 724	113 831	23 888
101 952	102 059	19 976	107 892	107 999	21 924	113 832	113 939	23 924

Einkommensteuer-Splittingtabelle

zu versteuerndes Einkommen in DM von	bis	tarifliche Einkommensteuer in DM	zu versteuerndes Einkommen in DM von	bis	tarifliche Einkommensteuer in DM	zu versteuerndes Einkommen in DM von	bis	tarifliche Einkommensteuer in DM
113 940	114 047	23 960	119 880	119 987	26 012	125 820	125 927	28 112
114 048	114 155	23 998	119 988	120 095	26 050	125 928	126 035	28 152
114 156	114 263	24 034	120 096	120 203	26 088	126 036	126 143	28 190
114 264	114 371	24 072	120 204	120 311	26 126	126 144	126 251	28 228
114 372	114 479	24 108	120 312	120 419	26 162	126 252	126 359	28 268
114 480	114 587	24 146	120 420	120 527	26 200	126 360	126 467	28 306
114 588	114 695	24 182	120 528	120 635	26 238	126 468	126 575	28 346
114 696	114 803	24 220	120 636	120 743	26 276	126 576	126 683	28 384
114 804	114 911	24 256	120 744	120 851	26 314	126 684	126 791	28 422
114 912	115 019	24 294	120 852	120 959	26 352	126 792	126 899	28 462
115 020	115 127	24 330	120 960	121 067	26 390	126 900	127 007	28 500
115 128	115 235	24 368	121 068	121 175	26 428	127 008	127 115	28 540
115 236	115 343	24 404	121 176	121 283	26 466	127 116	127 223	28 578
115 344	115 451	24 442	121 284	121 391	26 504	127 224	127 331	28 616
115 452	115 559	24 478	121 392	121 499	26 542	127 332	127 439	28 656
115 560	115 667	24 516	121 500	121 607	26 580	127 440	127 547	28 694
115 668	115 775	24 552	121 608	121 715	26 618	127 548	127 655	28 734
115 776	115 883	24 590	121 716	121 823	26 656	127 656	127 763	28 772
115 884	115 991	24 626	121 824	121 931	26 694	127 764	127 871	28 812
115 992	116 099	24 664	121 932	122 039	26 732	127 872	127 979	28 850
116 100	116 207	24 700	122 040	122 147	26 770	127 980	128 087	28 890
116 208	116 315	24 738	122 148	122 255	26 808	128 088	128 195	28 928
116 316	116 423	24 776	122 256	122 363	26 846	128 196	128 303	28 968
116 424	116 531	24 812	122 364	122 471	26 884	128 304	128 411	29 006
116 532	116 639	24 850	122 472	122 579	26 922	128 412	128 519	29 046
116 640	116 747	24 886	122 580	122 687	26 960	128 520	128 627	29 084
116 748	116 855	24 924	122 688	122 795	26 998	128 628	128 735	29 124
116 856	116 963	24 962	122 796	122 903	27 036	128 736	128 843	29 162
116 964	117 071	24 998	122 904	123 011	27 076	128 844	128 951	29 202
117 072	117 179	25 036	123 012	123 119	27 114	128 952	129 059	29 242
117 180	117 287	25 074	123 120	123 227	27 152	129 060	129 167	29 280
117 288	117 395	25 110	123 228	123 335	27 190	129 168	129 275	29 320
117 396	117 503	25 148	123 336	123 443	27 228	129 276	129 383	29 358
117 504	117 611	25 186	123 444	123 551	27 266	129 384	129 491	29 398
117 612	117 719	25 222	123 552	123 659	27 304	129 492	129 599	29 436
117 720	117 827	25 260	123 660	123 767	27 344	129 600	129 707	29 476
117 828	117 935	25 298	123 768	123 875	27 382	129 708	129 815	29 516
117 936	118 043	25 336	123 876	123 983	27 420	129 816	129 923	29 554
118 044	118 151	25 372	123 984	124 091	27 458	129 924	130 031	29 594
118 152	118 259	25 410	124 092	124 199	27 496	130 032	130 139	29 634
118 260	118 367	25 448	124 200	124 307	27 534	130 140	130 247	29 672
118 368	118 475	25 484	124 308	124 415	27 574	130 248	130 355	29 712
118 476	118 583	25 522	124 416	124 523	27 612	130 356	130 463	29 752
118 584	118 691	25 560	124 524	124 631	27 650	130 464	130 571	29 790
118 692	118 799	25 598	124 632	124 739	27 688	130 572	130 679	29 830
118 800	118 907	25 636	124 740	124 847	27 728	130 680	130 787	29 870
118 908	119 015	25 672	124 848	124 955	27 766	130 788	130 895	29 908
119 016	119 123	25 710	124 956	125 063	27 804	130 896	131 003	29 948
119 124	119 231	25 748	125 064	125 171	27 842	131 004	131 111	29 988
119 232	119 339	25 786	125 172	125 279	27 882	131 112	131 219	30 028
119 340	119 447	25 824	125 280	125 387	27 920	131 220	131 327	30 066
119 448	119 555	25 860	125 388	125 495	27 958	131 328	131 435	30 106
119 556	119 663	25 898	125 496	125 603	27 998	131 436	131 543	30 146
119 664	119 771	25 936	125 604	125 711	28 036	131 544	131 651	30 186
119 772	119 879	25 974	125 712	125 819	28 074	131 652	131 759	30 224

Einkommensteuer-Splittingtabelle

zu versteuerndes Einkommen in DM von	bis	tarifliche Einkommensteuer in DM	zu versteuerndes Einkommen in DM von	bis	tarifliche Einkommensteuer in DM	zu versteuerndes Einkommen in DM von	bis	tarifliche Einkommensteuer in DM
131760	131867	30264	137700	137807	32466	143640	143747	34718
131868	131975	30304	137808	137915	32506	143748	143855	34760
131976	132083	30344	137916	138023	32548	143856	143963	34800
132084	132191	30384	138024	138131	32588	143964	144071	34842
132192	132299	30422	138132	138239	32628	144072	144179	34884
132300	132407	30462	138240	138347	32668	144180	144287	34926
132408	132515	30502	138348	138455	32710	144288	144395	34966
132516	132623	30542	138456	138563	32750	144396	144503	35008
132624	132731	30582	138564	138671	32790	144504	144611	35050
132732	132839	30622	138672	138779	32832	144612	144719	35092
132840	132947	30660	138780	138887	32872	144720	144827	35132
132948	133055	30700	138888	138995	32912	144828	144935	35174
133056	133163	30740	138996	139103	32954	144936	145043	35216
133164	133271	30780	139104	139211	32994	145044	145151	35258
133272	133379	30820	139212	139319	33034	145152	145259	35300
133380	133487	30860	139320	139427	33076	145260	145367	35340
133488	133595	30900	139428	139535	33116	145368	145475	35382
133596	133703	30940	139536	139643	33156	145476	145583	35424
133704	133811	30980	139644	139751	33198	145584	145691	35466
133812	133919	31020	139752	139859	33238	145692	145799	35508
133920	134027	31060	139860	139967	33280	145800	145907	35550
134028	134135	31100	139968	140075	33320	145908	146015	35592
134136	134243	31138	140076	140183	33360	146016	146123	35632
134244	134351	31178	140184	140291	33402	146124	146231	35674
134352	134459	31218	140292	140399	33442	146232	146339	35716
134460	134567	31258	140400	140507	33484	146340	146447	35758
134568	134675	31298	140508	140615	33524	146448	146555	35800
134676	134783	31338	140616	140723	33566	146556	146663	35842
134784	134891	31378	140724	140831	33606	146664	146771	35884
134892	134999	31418	140832	140939	33648	146772	146879	35926
135000	135107	31460	140940	141047	33688	146880	146987	35968
135108	135215	31500	141048	141155	33730	146988	147095	36010
135216	135323	31540	141156	141263	33770	147096	147203	36052
135324	135431	31580	141264	141371	33812	147204	147311	36094
135432	135539	31620	141372	141479	33852	147312	147419	36136
135540	135647	31660	141480	141587	33894	147420	147527	36178
135648	135755	31700	141588	141695	33934	147528	147635	36220
135756	135863	31740	141696	141803	33976	147636	147743	36262
135864	135971	31780	141804	141911	34016	147744	147851	36304
135972	136079	31820	141912	142019	34058	147852	147959	36346
136080	136187	31860	142020	142127	34098	147960	148067	36388
136188	136295	31900	142128	142235	34140	148068	148175	36430
136296	136403	31942	142236	142343	34182	148176	148283	36472
136404	136511	31982	142344	142451	34222	148284	148391	36514
136512	136619	32022	142452	142559	34264	148392	148499	36556
136620	136727	32062	142560	142667	34304	148500	148607	36598
136728	136835	32102	142668	142775	34346	148608	148715	36640
136836	136943	32142	142776	142883	34388	148716	148823	36682
136944	137051	32184	142884	142991	34428	148824	148931	36724
137052	137159	32224	142992	143099	34470	148932	149039	36766
137160	137267	32264	143100	143207	34512	149040	149147	36808
137268	137375	32304	143208	143315	34552	149148	149255	36852
137376	137483	32344	143316	143423	34594	149256	149363	36894
137484	137591	32386	143424	143531	34636	149364	149471	36936
137592	137699	32426	143532	143639	34676	149472	149579	36978

Einkommensteuer-Splittingtabelle

zu versteuerndes Einkommen in DM von	bis	tarifliche Einkommensteuer in DM	zu versteuerndes Einkommen in DM von	bis	tarifliche Einkommensteuer in DM	zu versteuerndes Einkommen in DM von	bis	tarifliche Einkommensteuer in DM
149 580	149 687	37 020	155 520	155 627	39 372	161 460	161 567	41 776
149 688	149 795	37 062	155 628	155 735	39 416	161 568	161 675	41 820
149 796	149 903	37 104	155 736	155 843	39 460	161 676	161 783	41 864
149 904	150 011	37 148	155 844	155 951	39 502	161 784	161 891	41 908
150 012	150 119	37 190	155 952	156 059	39 546	161 892	161 999	41 952
150 120	150 227	37 232	156 060	156 167	39 590	162 000	162 107	41 996
150 228	150 335	37 274	156 168	156 275	39 632	162 108	162 215	42 040
150 336	150 443	37 316	156 276	156 383	39 676	162 216	162 323	42 084
150 444	150 551	37 360	156 384	156 491	39 720	162 324	162 431	42 130
150 552	150 659	37 402	156 492	156 599	39 762	162 432	162 539	42 174
150 660	150 767	37 444	156 600	156 707	39 806	162 540	162 647	42 218
150 768	150 875	37 486	156 708	156 815	39 850	162 648	162 755	42 262
150 876	150 983	37 530	156 816	156 923	39 892	162 756	162 863	42 306
150 984	151 091	37 572	156 924	157 031	39 936	162 864	162 971	42 350
151 092	151 199	37 614	157 032	157 139	39 980	162 972	163 079	42 396
151 200	151 307	37 656	157 140	157 247	40 024	163 080	163 187	42 440
151 308	151 415	37 700	157 248	157 355	40 066	163 188	163 295	42 484
151 416	151 523	37 742	157 356	157 463	40 110	163 296	163 403	42 528
151 524	151 631	37 784	157 464	157 571	40 154	163 404	163 511	42 572
151 632	151 739	37 828	157 572	157 679	40 198	163 512	163 619	42 618
151 740	151 847	37 870	157 680	157 787	40 240	163 620	163 727	42 662
151 848	151 955	37 912	157 788	157 895	40 284	163 728	163 835	42 706
151 956	152 063	37 956	157 896	158 003	40 328	163 836	163 943	42 750
152 064	152 171	37 998	158 004	158 111	40 372	163 944	164 051	42 796
152 172	152 279	38 040	158 112	158 219	40 416	164 052	164 159	42 840
152 280	152 387	38 084	158 220	158 327	40 458	164 160	164 267	42 884
152 388	152 495	38 126	158 328	158 435	40 502	164 268	164 375	42 928
152 496	152 603	38 168	158 436	158 543	40 546	164 376	164 483	42 974
152 604	152 711	38 212	158 544	158 651	40 590	164 484	164 591	43 018
152 712	152 819	38 254	158 652	158 759	40 634	164 592	164 699	43 062
152 820	152 927	38 298	158 760	158 867	40 678	164 700	164 807	43 108
152 928	153 035	38 340	158 868	158 975	40 720	164 808	164 915	43 152
153 036	153 143	38 382	158 976	159 083	40 764	164 916	165 023	43 196
153 144	153 251	38 426	159 084	159 191	40 808	165 024	165 131	43 242
153 252	153 359	38 468	159 192	159 299	40 852	165 132	165 239	43 286
153 360	153 467	38 512	159 300	159 407	40 896	165 240	165 347	43 330
153 468	153 575	38 554	159 408	159 515	40 940	165 348	165 455	43 376
153 576	153 683	38 598	159 516	159 623	40 984	165 456	165 563	43 420
153 684	153 791	38 640	159 624	159 731	41 028	165 564	165 671	43 466
153 792	153 899	38 684	159 732	159 839	41 072	165 672	165 779	43 510
153 900	154 007	38 726	159 840	159 947	41 116	165 780	165 887	43 554
154 008	154 115	38 770	159 948	160 055	41 160	165 888	165 995	43 600
154 116	154 223	38 812	160 056	160 163	41 204	165 996	166 103	43 644
154 224	154 331	38 856	160 164	160 271	41 248	166 104	166 211	43 690
154 332	154 439	38 898	160 272	160 379	41 290	166 212	166 319	43 734
154 440	154 547	38 942	160 380	160 487	41 334	166 320	166 427	43 778
154 548	154 655	38 984	160 488	160 595	41 378	166 428	166 535	43 824
154 656	154 763	39 028	160 596	160 703	41 422	166 536	166 643	43 868
154 764	154 871	39 070	160 704	160 811	41 466	166 644	166 751	43 914
154 872	154 979	39 114	160 812	160 919	41 510	166 752	166 859	43 958
154 980	155 087	39 156	160 920	161 027	41 556	166 860	166 967	44 004
155 088	155 195	39 200	161 028	161 135	41 600	166 968	167 075	44 048
155 196	155 303	39 244	161 136	161 243	41 644	167 076	167 183	44 094
155 304	155 411	39 286	161 244	161 351	41 688	167 184	167 291	44 138
155 412	155 519	39 330	161 352	161 459	41 732	167 292	167 399	44 184

Einkommensteuer-Splittingtabelle

zu versteuerndes Einkommen in DM von	bis	tarifliche Einkommensteuer in DM	zu versteuerndes Einkommen in DM von	bis	tarifliche Einkommensteuer in DM	zu versteuerndes Einkommen in DM von	bis	tarifliche Einkommensteuer in DM
167 400	167 507	44 228	173 340	173 447	46 732	179 280	179 387	49 286
167 508	167 615	44 274	173 448	173 555	46 778	179 388	179 495	49 332
167 616	167 723	44 318	173 556	173 663	46 824	179 496	179 603	49 380
167 724	167 831	44 364	173 664	173 771	46 870	179 604	179 711	49 426
167 832	167 939	44 408	173 772	173 879	46 916	179 712	179 819	49 474
167 940	168 047	44 454	173 880	173 987	46 962	179 820	179 927	49 520
168 048	168 155	44 500	173 988	174 095	47 008	179 928	180 035	49 568
168 156	168 263	44 544	174 096	174 203	47 054	180 036	180 143	49 614
168 264	168 371	44 590	174 204	174 311	47 100	180 144	180 251	49 662
168 372	168 479	44 634	174 312	174 419	47 146	180 252	180 359	49 708
168 480	168 587	44 680	174 420	174 527	47 192	180 360	180 467	49 756
168 588	168 695	44 726	174 528	174 635	47 238	180 468	180 575	49 802
168 696	168 803	44 770	174 636	174 743	47 284	180 576	180 683	49 850
168 804	168 911	44 816	174 744	174 851	47 332	180 684	180 791	49 896
168 912	169 019	44 862	174 852	174 959	47 378	180 792	180 899	49 944
169 020	169 127	44 906	174 960	175 067	47 424	180 900	181 007	49 990
169 128	169 235	44 952	175 068	175 175	47 470	181 008	181 115	50 038
169 236	169 343	44 998	175 176	175 283	47 516	181 116	181 223	50 086
169 344	169 451	45 042	175 284	175 391	47 562	181 224	181 331	50 132
169 452	169 559	45 088	175 392	175 499	47 608	181 332	181 439	50 180
169 560	169 667	45 134	175 500	175 607	47 654	181 440	181 547	50 226
169 668	169 775	45 178	175 608	175 715	47 702	181 548	181 655	50 274
169 776	169 883	45 224	175 716	175 823	47 748	181 656	181 763	50 322
169 884	169 991	45 270	175 824	175 931	47 794	181 764	181 871	50 368
169 992	170 099	45 314	175 932	176 039	47 840	181 872	181 979	50 416
170 100	170 207	45 360	176 040	176 147	47 886	181 980	182 087	50 462
170 208	170 315	45 406	176 148	176 255	47 932	182 088	182 195	50 510
170 316	170 423	45 452	176 256	176 363	47 980	182 196	182 303	50 558
170 424	170 531	45 496	176 364	176 471	48 026	182 304	182 411	50 604
170 532	170 639	45 542	176 472	176 579	48 072	182 412	182 519	50 652
170 640	170 747	45 588	176 580	176 687	48 118	182 520	182 627	50 700
170 748	170 855	45 634	176 688	176 795	48 166	182 628	182 735	50 748
170 856	170 963	45 678	176 796	176 903	48 212	182 736	182 843	50 794
170 964	171 071	45 724	176 904	177 011	48 258	182 844	182 951	50 842
171 072	171 179	45 770	177 012	177 119	48 304	182 952	183 059	50 890
171 180	171 287	45 816	177 120	177 227	48 352	183 060	183 167	50 936
171 288	171 395	45 862	177 228	177 335	48 398	183 168	183 275	50 984
171 396	171 503	45 908	177 336	177 443	48 444	183 276	183 383	51 032
171 504	171 611	45 952	177 444	177 551	48 490	183 384	183 491	51 080
171 612	171 719	45 998	177 552	177 659	48 538	183 492	183 599	51 126
171 720	171 827	46 044	177 660	177 767	48 584	183 600	183 707	51 174
171 828	171 935	46 090	177 768	177 875	48 630	183 708	183 815	51 222
171 936	172 043	46 136	177 876	177 983	48 678	183 816	183 923	51 270
172 044	172 151	46 182	177 984	178 091	48 724	183 924	184 031	51 318
172 152	172 259	46 228	178 092	178 199	48 770	184 032	184 139	51 364
172 260	172 367	46 274	178 200	178 307	48 818	184 140	184 247	51 412
172 368	172 475	46 318	178 308	178 415	48 864	184 248	184 355	51 460
172 476	172 583	46 364	178 416	178 523	48 912	184 356	184 463	51 508
172 584	172 691	46 410	178 524	178 631	48 958	184 464	184 571	51 556
172 692	172 799	46 456	178 632	178 739	49 004	184 572	184 679	51 602
172 800	172 907	46 502	178 740	178 847	49 052	184 680	184 787	51 650
172 908	173 015	46 548	178 848	178 955	49 098	184 788	184 895	51 698
173 016	173 123	46 594	178 956	179 063	49 144	184 896	185 003	51 746
173 124	173 231	46 640	179 064	179 171	49 192	185 004	185 111	51 794
173 232	173 339	46 686	179 172	179 279	49 238	185 112	185 219	51 842

Einkommensteuer-Splittingtabelle

zu versteuerndes Einkommen in DM von	bis	tarifliche Einkommensteuer in DM	zu versteuerndes Einkommen in DM von	bis	tarifliche Einkommensteuer in DM	zu versteuerndes Einkommen in DM von	bis	tarifliche Einkommensteuer in DM
185 220	185 327	51 890	191 160	191 267	54 544	197 100	197 207	57 248
185 328	185 435	51 938	191 268	191 375	54 592	197 208	197 315	57 298
185 436	185 543	51 986	191 376	191 483	54 642	197 316	197 423	57 348
185 544	185 651	52 032	191 484	191 591	54 690	197 424	197 531	57 398
185 652	185 759	52 080	191 592	191 699	54 738	197 532	197 639	57 446
185 760	185 867	52 128	191 700	191 807	54 788	197 640	197 747	57 496
185 868	185 975	52 176	191 808	191 915	54 836	197 748	197 855	57 546
185 976	186 083	52 224	191 916	192 023	54 886	197 856	197 963	57 596
186 084	186 191	52 272	192 024	192 131	54 934	197 964	198 071	57 646
186 192	186 299	52 320	192 132	192 239	54 982	198 072	198 179	57 696
186 300	186 407	52 368	192 240	192 347	55 032	198 180	198 287	57 746
186 408	186 515	52 416	192 348	192 455	55 080	198 288	198 395	57 796
186 516	186 623	52 464	192 456	192 563	55 130	198 396	198 503	57 844
186 624	186 731	52 512	192 564	192 671	55 178	198 504	198 611	57 894
186 732	186 839	52 560	192 672	192 779	55 228	198 612	198 719	57 944
186 840	186 947	52 608	192 780	192 887	55 276	198 720	198 827	57 994
186 948	187 055	52 656	192 888	192 995	55 326	198 828	198 935	58 044
187 056	187 163	52 704	192 996	193 103	55 374	198 936	199 043	58 094
187 164	187 271	52 752	193 104	193 211	55 424	199 044	199 151	58 144
187 272	187 379	52 800	193 212	193 319	55 472	199 152	199 259	58 194
187 380	187 487	52 848	193 320	193 427	55 522	199 260	199 367	58 244
187 488	187 595	52 896	193 428	193 535	55 570	199 368	199 475	58 294
187 596	187 703	52 946	193 536	193 643	55 620	199 476	199 583	58 344
187 704	187 811	52 994	193 644	193 751	55 668	199 584	199 691	58 394
187 812	187 919	53 042	193 752	193 859	55 718	199 692	199 799	58 444
187 920	188 027	53 090	193 860	193 967	55 766	199 800	199 907	58 494
188 028	188 135	53 138	193 968	194 075	55 816	199 908	200 015	58 544
188 136	188 243	53 186	194 076	194 183	55 864	200 016	200 123	58 594
188 244	188 351	53 234	194 184	194 291	55 914	200 124	200 231	58 644
188 352	188 459	53 282	194 292	194 399	55 964	200 232	200 339	58 694
188 460	188 567	53 330	194 400	194 507	56 012	200 340	200 447	58 744
188 568	188 675	53 380	194 508	194 615	56 062	200 448	200 555	58 794
188 676	188 783	53 428	194 616	194 723	56 112	200 556	200 663	58 844
188 784	188 891	53 476	194 724	194 831	56 160	200 664	200 771	58 894
188 892	188 999	53 524	194 832	194 939	56 210	200 772	200 879	58 946
189 000	189 107	53 572	194 940	195 047	56 258	200 880	200 987	58 996
189 108	189 215	53 622	195 048	195 155	56 308	200 988	201 095	59 046
189 216	189 323	53 670	195 156	195 263	56 358	201 096	201 203	59 096
189 324	189 431	53 718	195 264	195 371	56 406	201 204	201 311	59 146
189 432	189 539	53 766	195 372	195 479	56 456	201 312	201 419	59 196
189 540	189 647	53 814	195 480	195 587	56 506	201 420	201 527	59 246
189 648	189 755	53 864	195 588	195 695	56 554	201 528	201 635	59 296
189 756	189 863	53 912	195 696	195 803	56 604	201 636	201 743	59 348
189 864	189 971	53 960	195 804	195 911	56 654	201 744	201 851	59 398
189 972	190 079	54 008	195 912	196 019	56 704	201 852	201 959	59 448
190 080	190 187	54 058	196 020	196 127	56 752	201 960	202 067	59 498
190 188	190 295	54 106	196 128	196 235	56 802	202 068	202 175	59 548
190 296	190 403	54 154	196 236	196 343	56 852	202 176	202 283	59 598
190 404	190 511	54 204	196 344	196 451	56 902	202 284	202 391	59 650
190 512	190 619	54 252	196 452	196 559	56 950	202 392	202 499	59 700
190 620	190 727	54 300	196 560	196 667	57 000	202 500	202 607	59 750
190 728	190 835	54 348	196 668	196 775	57 050	202 608	202 715	59 800
190 836	190 943	54 398	196 776	196 883	57 100	202 716	202 823	59 852
190 944	191 051	54 446	196 884	196 991	57 148	202 824	202 931	59 902
191 052	191 159	54 494	196 992	197 099	57 198	202 932	203 039	59 952

Einkommensteuer-Splittingtabelle

zu versteuerndes Einkommen in DM von	bis	tarifliche Einkommensteuer in DM	zu versteuerndes Einkommen in DM von	bis	tarifliche Einkommensteuer in DM	zu versteuerndes Einkommen in DM von	bis	tarifliche Einkommensteuer in DM
203 040	203 147	60 002	208 980	209 087	62 808	214 920	215 027	65 664
203 148	203 255	60 054	209 088	209 195	62 860	215 028	215 135	65 716
203 256	203 363	60 104	209 196	209 303	62 910	215 136	215 243	65 768
203 364	203 471	60 154	209 304	209 411	62 962	215 244	215 351	65 820
203 472	203 579	60 206	209 412	209 519	63 014	215 352	215 459	65 872
203 580	203 687	60 256	209 520	209 627	63 066	215 460	215 567	65 926
203 688	203 795	60 306	209 628	209 735	63 116	215 568	215 675	65 978
203 796	203 903	60 358	209 736	209 843	63 168	215 676	215 783	66 030
203 904	204 011	60 408	209 844	209 951	63 220	215 784	215 891	66 082
204 012	204 119	60 458	209 952	210 059	63 272	215 892	215 999	66 134
204 120	204 227	60 510	210 060	210 167	63 324	216 000	216 107	66 188
204 228	204 335	60 560	210 168	210 275	63 374	216 108	216 215	66 240
204 336	204 443	60 610	210 276	210 383	63 426	216 216	216 323	66 292
204 444	204 551	60 662	210 384	210 491	63 478	216 324	216 431	66 344
204 552	204 659	60 712	210 492	210 599	63 530	216 432	216 539	66 396
204 660	204 767	60 762	210 600	210 707	63 582	216 540	216 647	66 450
204 768	204 875	60 814	210 708	210 815	63 634	216 648	216 755	66 502
204 876	204 983	60 864	210 816	210 923	63 684	216 756	216 863	66 554
204 984	205 091	60 916	210 924	211 031	63 736	216 864	216 971	66 606
205 092	205 199	60 966	211 032	211 139	63 788	216 972	217 079	66 658
205 200	205 307	61 016	211 140	211 247	63 840	217 080	217 187	66 710
205 308	205 415	61 068	211 248	211 355	63 892	217 188	217 295	66 764
205 416	205 523	61 118	211 356	211 463	63 944	217 296	217 403	66 816
205 524	205 631	61 170	211 464	211 571	63 996	217 404	217 511	66 868
205 632	205 739	61 220	211 572	211 679	64 048	217 512	217 619	66 920
205 740	205 847	61 272	211 680	211 787	64 100	217 620	217 727	66 972
205 848	205 955	61 322	211 788	211 895	64 152	217 728	217 835	67 026
205 956	206 063	61 374	211 896	212 003	64 204	217 836	217 943	67 078
206 064	206 171	61 424	212 004	212 111	64 256	217 944	218 051	67 130
206 172	206 279	61 476	212 112	212 219	64 308	218 052	218 159	67 182
206 280	206 387	61 526	212 220	212 327	64 358	218 160	218 267	67 234
206 388	206 495	61 578	212 328	212 435	64 410	218 268	218 375	67 288
206 496	206 603	61 628	212 436	212 543	64 462	218 376	218 483	67 340
206 604	206 711	61 680	212 544	212 651	64 514	218 484	218 591	67 392
206 712	206 819	61 730	212 652	212 759	64 566	218 592	218 699	67 444
206 820	206 927	61 782	212 760	212 867	64 618	218 700	218 807	67 496
206 928	207 035	61 834	212 868	212 975	64 672	218 808	218 915	67 550
207 036	207 143	61 884	212 976	213 083	64 724	218 916	219 023	67 602
207 144	207 251	61 936	213 084	213 191	64 776	219 024	219 131	67 654
207 252	207 359	61 986	213 192	213 299	64 828	219 132	219 239	67 706
207 360	207 467	62 038	213 300	213 407	64 880	219 240	219 347	67 758
207 468	207 575	62 090	213 408	213 515	64 932	219 348	219 455	67 810
207 576	207 683	62 140	213 516	213 623	64 984	219 456	219 563	67 864
207 684	207 791	62 192	213 624	213 731	65 036	219 564	219 671	67 916
207 792	207 899	62 242	213 732	213 839	65 088	219 672	219 779	67 968
207 900	208 007	62 294	213 840	213 947	65 140	219 780	219 887	68 020
208 008	208 115	62 346	213 948	214 055	65 192	219 888	219 995	68 072
208 116	208 223	62 396	214 056	214 163	65 244	219 996	220 103	68 126
208 224	208 331	62 448	214 164	214 271	65 296	220 104	220 211	68 178
208 332	208 439	62 500	214 272	214 379	65 350	220 212	220 319	68 230
208 440	208 547	62 550	214 380	214 487	65 402	220 320	220 427	68 282
208 548	208 655	62 602	214 488	214 595	65 454	220 428	220 535	68 334
208 656	208 763	62 654	214 596	214 703	65 506	220 536	220 643	68 388
208 764	208 871	62 704	214 704	214 811	65 558	220 644	220 751	68 440
208 872	208 979	62 756	214 812	214 919	65 610	220 752	220 859	68 492

Einkommensteuer-Splittingtabelle zu § 32a [5] EStG

Der wesentlich günstigere Splittingtarif zur Veranlagung der Einkommensteuer wird angewendet, wenn Sie verheiratet sind und nicht in dauerhafter Trennung von Ihrem Ehepartner leben.

Für zu versteuernde Einkommensbeträge von 287.280 DM an, die nach der Splittingtabelle zu versteuern sind, beläuft sich die Einkommensteuer auf den um 38.598 DM verminderten Betrag von 48,5 vom Hundert des abgerundeten zu versteuernden Einkommensbetrags. Der zu versteuernde Einkommensbetrag ist auf den nächsten durch 108 ohne Rest teilbaren Betrag nach unten abzurunden, wenn er nicht bereits durch 108 ohne Rest teilbar ist. Bei der Berechnung der Einkommensteuer sich ergebende Pfennigbeträge bleiben unberücksichtigt. Vgl. § 32 a Abs. 5 EStG.

Impressum

© 2001 Südwest Verlag, München
in der Econ Ullstein List Verlag GmbH, München

Alle Rechte vorbehalten.

Nachdruck – auch auszugsweise –
nur mit Genehmigung des Verlags.

Redaktion: Cornelia Osterbrauck

Projektleitung: Christiane Reinelt

Redaktionsleitung: Dr. Reinhard Pietsch

Produktion: Manfred Metzger (Leitung), Annette Aatz

Umschlag: Till Eiden

DTP/Satz: Klaus-Manuel Rehfeld, ConceptSatz GmbH

Printed in Italy
Gedruckt auf chlor- und säurefreiem Papier

ISBN 3-517-06370-3

Wichtiger Hinweis

Alle Angaben in diesem Buch beruhen auf den bis Redaktionsschluss vorliegenden Informationen und wurden nach bestem Wissen und Gewissen erstellt. Bei allen Ratschlägen wurde darauf geachtet, daß sie sich im Einklang mit Rechtsprechung und geltenden Vorschriften befinden. Einzelne Gestaltungsvarianten, die einen deutlichen Widerspruch zu anderen zeigen, wurden bewusst aufgenommen, um Unterschiede in der Entscheidungslage von Finanzverwaltung und Gerichtsbarkeit zu dokumentieren. Wegen der auf den Einzelfall oft nicht übertragbaren Umstände kann jedoch von Autoren, Produzenten oder Verlag keine Haftung für eventuelle Schäden übernommen werden, die aus denen im Buch gegebenen Hinweisen resultieren. Redaktionsschluss: September 2001

Konzeption und Realisation:
Livingston Media, 20148 Hamburg

Über die Autorin

Gisela Haupt (geb. 1961) ist Deutschlands meistgedruckte Autorin von verbrauchernahen Steuer- und Wirtschaftsratgebern. Sie arbeitet regelmäßig für verschiedene große Illustrierte und veröffentlicht pro Jahr durchschnittlich fünf Bücher. Ihre umfangreichen praktischen Erfahrungen hat die Diplom-Betriebswirtin während ihrer zehnjährigen leitenden Tätigkeit in einer großen Steuerkanzlei gesammelt.

Die gebürtige Kölnerin ist verheiratet, hat zwei Kinder (1987, 1989) und lebt mit ihrer Familie in Hamburg.

Register

A

Abendschulkurse 182
Abfindungen 24, 140ff.
Abgeld 285
Abgeordnetenbezüge 10, 225
Absetzung für Abnutzung (Afa) 49, 159, 165, 168, 186, 227, 242f., 290ff., 319, 323, 455f., 465f.
- degressive 246, 250, 291, 454, 464f., 484f.
- lineare 246ff., 250, 290f., 299, 454, 464f.
Afa-Tabelle Wirtschaftsgüter 247f., 440
Altersentlastungsbetrag 20f., 263
Altersrente 217
Altersteilzeitgesetz 144
Altersübergangsgeld 144
Altersvorsorge 56f., 145
Altersvorsorge-Eigenheimbetrag 539
Altersvorsorgezulage 539
An-/Ausbauten 321f., 331
Anlagevermögen 506
Anrechnungsverfahren 205, 213, 266
Anschaffungs- und Herstellungskosten 55, 221, 243f., 277, 285f., 295, 297ff., 307, 309, 314ff., 332f., 335f., 455, 479, 484f., 512f.
Anschaffungskosten 159, 168, 186, 292, 297f., 450, 463, 511ff.
Anschaffungsnebenkosten 292f.
Ansparabschreibung 240, 243f., 455ff., 466, 494
Ansparrücklage 455ff.
Arbeitgeberdarlehen 450
Arbeitnehmerabfindung 449
Arbeitnehmerpauschbetrag 15, 28, 129, 146, 423, 433
Arbeitnehmersparzulage 26, 36, 43, 144, 202, 351, 356, 358
Arbeitskleidung 160
Arbeitslohn 137, 142
- steuerfreier ausländischer 142
- steuerpflichtiger 142
Arbeitslosengeld 137, 144, 449
Arbeitslosenhilfe 91, 144
Arbeitslosenversicherung 145
Arbeitsmittel 158ff.
Arbeitszimmer 160ff., 245, 259, 337, 413, 429, 457, 481, 483
- Ausstattungskosten 162, 165
- Berechnungsformel 164
- beschränkte Abzugsfähigkeit 162
- Einrichtung 161
- Erreichbarkeit 161
- Raumkosten, anteilige 163f.
- unbegrenzter Werbungskostenabzug 163
Aufbewahrungsfristen 37
Aufwandsentschädigung, steuerfreie 143, 256, 258
Aufwendungsbeihilfen 277
Aus- und Weiterbildungskosten 181f., 424
Ausbauten und Erweiterungen 321f.
Ausbildungsdarlehen (Bafög) 129, 134, 404, 443
Ausbildungsfreibetrag 15, 28f., 106, 134f., 374, 425, 429, 439, 536
Ausbildungskosten 75, 99, 102, 114, 129, 459
Aushilfs- und Teilzeitkräfte 359
Aushilfslohn 137
Auslandsdienstreisen 173ff.
Auslandskonten 513ff., 529f.
Auslandstätigkeitserlass 142
Auslandsumzug 189
Auslandsverpflegungspauschale 173ff.
Ausstattungskosten 197

Register

B
Bafög 129, 134, 404, 443
Bahncard 152, 450
Baugenehmigung 325
Baukindergeld 23, 49, 313ff., 342, 430
Bausparguthaben 205
Bauspar- und Wohneigentumsförderung 351
Bausparabschlussgebühren 214
Bausparbeitrag 356
Bauspar-Guthabenzinssatz 202
Bausparvertrag 317, 351, 357
Bausparzinsen 202, 285
Beerdigungskosten 100, 105, 425
Behindertenpauschbetrag 28, 37, 46, 87f., 128, 374, 425, 430
Beiträge Berufsverband 158
Belastungen, außergewöhnliche 85ff., 129, 361, 363, 422, 425, 468, 472, 489, 491
- ABC der 98ff.
Belege, verlorene 458
Bergmannsrente 221
Berufsausbildung 131, 133, 424
Berufsunfähigkeitsrente 220, 223
Beschäftigung
- geringfügige 424, 439ff.
- hauswirtschaftliche 75, 424
- kurzfristige 444f.
Besuchsfahrten 102
Betragsstaffelung 186
Betreuungsaufwendungen, begünstigte 135
Betreuungsfreibetrag 130ff.
Betreuungskosten 76
Betriebsausgaben 30, 37, 55, 76, 82, 88, 96, 104, 106, 113, 235, 242ff., 424, 453ff., 489, 494, 496, 498
- steuermindernde, ABC 453ff.
Betriebsausgabenabzug 243, 469
Betriebsausgabenpauschale 257
Betriebseinnahmen 254f.
Betriebsprüfung 33f., 38, 400f., 530
Betriebsvermögen 239ff., 455, 461, 464
Betreuungsfreibetrag 535
Bewerbungskosten 167
Bewirtungsaufwendungen 245f., 458
Bewirtungskosten 167f.
Blitzübersicht
- Abschreibungen für Aus- und Umbauten 296
- Baukindergeld, altes 314
- Belastungen, außergewöhnliche 117ff.
- Computer, Fax, Telefon 169f.
- Doppelbesteuerungsabkommen 262
- Forderungen Finanzamt 399
- Kfz-Kosten bei Selbstständigen 242
- Kfz-Kosten für Behinderte 87
- Renten 223
- Renten, befristete 80f.
- Renten, lebenslange 79
- Steuerpflicht besonderer Einnahmen 228
- Steuerpflicht Einmalzahlungen 228
- Zinseinnahmen 205
Bonusprogramme 451
Briefkastenfirma 532
Bruttoarbeitslohn 431
Buchführungspflicht 234
Bundesentschädigungsgesetz 89
Bundesfinanzhof 392
Bundesseuchengesetz 144
Bundesversorgungsgesetz 89

567

C

Checkliste Einkommensteuerbescheid 373f.
Checkliste Sparerförderung 356
Computer 168ff., 185f., 251, 448, 451
Computerfahrtenbuch 154

D

Darlehen 103, 467ff.
Dauernde Last 78
Dienstreisen 171ff.
Direktversicherung 447
Disagio 55, 283, 285, 316
Doppelbesteuerungsabkommen 142, 261f., 268ff., 514, 517ff.
Doppelte Haushaltsführung 103, 191, 193ff., 249, 319, 435f., 459
Dreimonatsfrist 180, 195, 199
Dreiobjektgrenze 486f.

E

Ehegatten-Arbeitsverhältnis 436ff.
Ehegattenveranlagung 489ff., 495
Eigenbelastung, zumutbare 96f.
Eigenheimförderung 305, 319
Eigenheimzulage 27, 36, 47, 198, 307, 316, 323ff., 330ff., 337ff., 343ff., 369, 467, 483, 491ff., 512
Eigenheimzulagenförderung 305
Eigenheimzulagengesetz 321, 326, 339, 345, 347ff.
Eigentum, gemeinsames 166
Eingliederungsgeld 144
Einkommensersatzleistungen 51
Einkommensgrenze 343f.
Einkommensteuer 141f., 235f., 263, 487, 498, 505, 507
Einkommensteuerbescheid 371ff., 394, 398, 407
Einkommensteuererklärung 15, 17, 24, 30, 34, 38ff., 43, 101, 109f., 153ff., 184, 251, 274, 280, 305, 309, 366f., 371, 396, 410, 423, 477
- Abgabefristen 25, 39
- Angaben, persönliche 43, 45
- Anlage AUS 36f., 210, 215, 260ff., 410
- Anlage EZ 1A 36, 273, 320ff., 411
- Anlage FW 36, 273, 304ff., 411
- Anlage GSE 36, 230ff., 261, 273f., 410
- Anlage K 131
  - Anlage Kap 34f., 43, 200ff., 261, 265, 286
- Anlage Kinder 120ff., 410
- Anlage LSt 3 D 426f.
- Anlage N 34, 51, 136ff., 261, 270, 351, 410
- Anlage SO 35f., 216ff., 273, 363, 410, 476
- Anlage St 411
- Anlage U 36, 360ff., 411
- Anlage V 36, 261, 272ff., 411
- Anlage VL 36, 350ff., 411
- Antragsveranlagung 25
- Bearbeitung 39, 411ff.
- Einzelnachweise 31
- Fristverlängerung 25, 39
- Fristverlängerungsantrag 39, 393
- Gewinnermittlung 30
- Pflichtveranlagungen 24
- Schätzungsbescheid 40
- Veranlagung, getrennte 97
Einkommensteuererstattung 39, 210, 269, 422

Register

Einkommensteuer-Grundtabelle 542ff.
Einkommensteuernachforderung 395
Einkommensteuerpflicht 327
Einkommensteuer-Splittingtabelle 554ff.
Einkommensteuerveranlagung 26f., 202, 206, 415, 425, 431, 489
Einkommensteuervorauszahlung 15, 363, 366f., 425
Einkommensteuervorauszahlungsbescheid 375
Einkünfte
- aus Gewerbebetrieb 17, 231, 233, 266, 274, 428, 507
- aus Kapitalvermögen 15, 17, 19, 428
- aus Land- und Forstwirtschaft 266, 428
- aus nichtselbstständiger Tätigkeit 17, 19
- aus selbstständiger Nebentätigkeit 15, 256
- aus selbstständiger Tätigkeit 17, 266, 442
- aus sonstigen Einnahmen 17, 20
- aus Vermietung und Verpachtung 15, 17, 33, 266, 272ff., 423, 428, 477

- ausländische 49
- außerordentliche 140f., 270, 413
- steuerpflichtige 24
- volljähriger Kinder 474
Einkunftsverlagerung 505
Einnahmen
- heimliche 34
- steuerfreie 443
Einnahmenüberschuss-Rechnung 234f., 243, 250, 254ff., 456, 462, 466f.
Einprozentregelung 239, 461f.
Einprozentversteuerung 259
Einsatzwechseltätigkeit 150f., 179f.
Einspruch (Steuerbescheid) 375ff.
Einspruch, erfolgloser (Steuerbescheid) 383
Einspruchsverfahren (Steuerbescheid) 390
Einzelverbindungsnachweis 185f.
Empfangsbevollmächtigter 48, 330
Entfernungspauschale 88, 148ff., 196ff., 249, 319, 436, 447
Entlassungsabfindungen 49, 140ff., 449
Entlassungsgeld 96
Entschädigungen 144ff.

Erbfolge, vorweggenommene 323
Erbschaftsteuer 504f., 509f., 523
Erhaltungsaufwand 279, 285ff., 316, 345, 478f.
Erlassanträge 398
Erwerbsunfähigkeitsrente 220, 223
Erziehungsgeld 95
Euro 43, 533
Existenzgründer 456
Existenzminimum 17

F

Fachliteratur 180f., 481
Fahrgemeinschaften 149f.
Fahrten
- Wohnung-Arbeitsstätte 88, 148ff., 180, 187f., 193, 195, 197, 241f., 435, 446f., 462
- Wohnung-Einsatzstelle 150, 172
- Zeitersparnis 188
Fahrtenbuch 149, 154, 241, 259, 461f.
Fahrtkosten 100, 104, 150f., 171, 180f., 196, 241f., 465, 480
Fahrtkostenzuschuss 446f.
Familienförderung ab 2002 535f.
Familienheimfahrten 88, 196f., 249

569

Festsetzungsverjährung 327
Feststellungserklärung 274
Finanzamt 370ff., 394, 404ff., 411ff., 429ff., 499
Finanzierungsberatungskosten 286
Firmenbeteiligungen 256
Firmenübertragung 506ff.
Firmenwagen 148f., 197, 249, 445f.
Firmenwert 249, 460
Fördergebietsgesetz 240f., 297ff., 307, 428
Fördergrundbetrag 325, 342
Fortbildungskosten 75f., 181f., 249, 413, 459f.
Freiberufler 36, 243, 253
Freiberufliche Tätigkeiten 251ff.
Freibeträge
- Änderung 204
- Ausbildungsfreibetrag 15, 28f., 106, 134f., 374, 425, 429, 439, 536
- Belastungen, außergewöhnliche 424f.
- Betreuungsfreibetrag für Behinderte 85
- Betreuungsfreibetrag für Kinder 535
- für Ehegatten 203
- für getrennt Lebende 204
- für minderjährige Kinder 204
- für Schwerbeschädigte 85
- Grundfreibetrag 17, 319, 468
- Haushaltsfreibetrag 9, 22, 133, 374, 536
- Kinderfreibetrag 22, 26, 48, 121, 129ff., 343, 355, 430, 468, 473, 490, 495, 535
- Hausmädchenfreibetrag 75, 424
- Lohnsteuerkarte 422f.
- nach § 34 Abs. 1 EStG 237
- Sonderausgaben 424
- Sparerfreibetrag 265f., 468, 472f., 483
- Steuerfreibetrag 24
- Tariffreibetrag 29, 121
- Versorgungsfreibetrag 95, 129
- Werbungskosten 429
- Wohneigentum, selbst genutztes 430
Freistellungsauftrag 201ff., 210
Fristverlängerungsantrag 39, 393
Fünftelregelung 237f., 240

G

Gebäudeabschreibung 290ff.
Gebäudeanschaffungskosten 287f., 290ff.
Geldbeschaffungskosten 286
Genossenschaftsanteile 339, 342
Geringverdiener 359
Geringwertige Wirtschaftsgüter 249
Geschäftskauf 249
Geschenke 182f., 250, 451, 460, 481
Geschlossener Immobilienfonds 279
Gesellschafter, stiller 210
Gesellschafter-Geschäftsführer GmbH 145
Gewerbesteuer 235f., 256, 505, 507
Gewerbesteuer-Messbetrag 235ff.
Gewerbesteuerpflicht 233, 507
Gewerbetreibende 253
Gewinnermittlung 234ff., 258, 466f.
Gewinnerzielungsabsicht 82, 231, 251, 499
Gewinnfeststellungsbescheid 376
Gewinn-und-Verlust-Rechnung 234f., 466
Grenzgänger 142f.
Grundbesitzabgaben 165
Grunderwerbsteuer 292, 317, 333, 336

Grundsteuer 283, 317
Grundstücksgemeinschaft 318f., 330, 337f.
Grundstückshandel, gewerblicher 274
Grundstücksschenkung 346, 511f.
Grundstücksübertragung 323, 509ff.
Grundtabelle 45f., 489, 495
Grundwehrdienst 126, 535

H
Halbeinkünfteverfahren 9, 199, 205, 213f., 237, 240, 265f.
Haushaltsfreibetrag 9, 22, 133, 374, 536
Haushaltsführung, doppelte 187, 191ff., 319
Haushaltshilfe 89, 425
Hausmädchenfreibetrag 75, 424
Hausrat 106
Hausstand am Beschäftigungsort 194
Heimfahrten 195
Heim- und Pflegeunterbringung 90
Herstellungs- und Erhaltungsaufwendungen 307, 428
Herstellungsaufwand 287
Herstellungskosten (Gebäude) 334f.

Hinterbliebenenbezüge 89
Hinterbliebenenpauschbetrag 89, 430
Hinterbliebenenrente 221
Hinterziehungszinsen 32, 209, 399
Hinzurechnungsbetrag 269
Hobby als Gewerbe 497f.
Höchstbetragsrechnung 263
Höchstsparbetrag 354

I
Immobilien 273ff., 476ff.
- Absetzen von Kosten 165
- An- und Umbauten 485
- Checkliste Ausgaben 316ff.
- Finanzierungen 55
- Ferienwohnung 491ff.
- Vermietung 494f.
Instandhaltungsaufwendungen 283, 478f.
Internetanschluss 169, 185ff., 448, 451

J
Jahresbruttolohn 141
Jahreslohnsteuer 141f.
Jobticket 152, 449f.

K
Kaltmieteinnahmen 278
Kapitaleinkünfte, ausländische 210f., 215, 265
Kapitalerträge 203, 205, 210f., 473
Kapitalertragsteuer 201ff., 374, 514
Kapitalflucht 515
Kapitallebensversicherungsvertrag 53f., 352, 472
Kapitalvermögen 428, 473ff., 508f.
Kfz-Kosten 88, 152ff., 241f., 461ff.
Kilometerpauschale 8, 88, 150f., 172, 196, 241f., 459, 462
Kinderbetreuungskosten 536
Kinderbetreuungspauschbetrag 355
Kinderfreibetrag 22, 26, 48, 121, 129ff., 343, 355, 430, 468, 473, 490, 495, 535
Kindergartenzuschuss 450
Kindergeld 121ff., 129, 131, 135, 430, 433f., 473f., 490, 535f.
Kinderzulage 342f., 347
Kindschaftsverhältnisse 124f.
Kirchensteuer 15, 78, 362,

571

422, 429, 431, 433, 439, 444
Klageverfahren (Steuerbescheid) 392
Konkursausfallgeld 144
Kontensparen 358f.
Kontoführungsgebühren 183, 214
Körperschaftsteuer 201, 205, 212f., 374, 505
Krankengeld 51
Krankenversicherung 145, 217
Krankenversicherungsbeiträge 220
Krankheitskosten 107f., 425, 429
Kulturgüter, schutzwürdige 428
Kurkosten 100, 107f.
Kurzarbeitergeld 137, 143

L
Leasingrate 461, 464f.
Lebenspartner, unverheiratete 496
Lebensversicherungsvertrag 202, 209
Leibrente 222f.
Liebhaberei 231, 498
Lohnabrechnung 137
Lohnersatzleistungen 137, 144
Lohnsteuerabzug 15, 142, 422
Lohnsteuerermäßigungsantrag 184, 366, 415ff.
Lohnsteuerfreibetrag 415
Lohnsteuerkarte 15, 123, 137, 140, 143, 415, 422, 433, 445, 481
Lohnsteuerpauschalierung 428
Lohnsteuerprüfung 34
Lohnsteuertabelle 431, 433

M
Maklerkosten 197
Mantelbogen 42ff., 217, 237, 240, 410
Mehrwertsteuer 276, 461, 498, 517
Mietvorauszahlungen 277
Mietwagen 185
Mobiltelefon 186
Musterbriefe
- Arbeitsvertrag zwischen Ehegatten 437f.
- Schriftwechsel Finanzamt 13, 40, 377ff., 384, 386ff., 395
- Schriftwechsel Finanzgericht 390f., 393f.
Mutterschaftsgeld 51, 143f.

N
Nebenkosten
- umlagefähige 289
- nicht umlagefähige 289
Nebenkostenvorauszahlungen 276ff.
Nichtveranlagungsbescheinigung 204, 471f.
Niedrigenergiehäuser 339
Novationstheorie 53f.
Nutzungsrecht, vererbliches 323

O
Objektverbrauch 330f.
ökologische Zusatzförderung 338f.
Ökosteuer 8
Ökozulage 349

P
Pauschbetrag für Körperbehinderung 89
Pensionär 471ff.
Pflegepauschbetrag 28, 90, 429
Pflegeversicherung 220
Pflegeversicherungszusatzbetrag 58
Postzustellungsurkunde 374
Präklusionsverfahren 382
Progressionsvorbehalt 51, 142, 261, 270, 490
Prozesskosten 112

Q
Quellensteuer 36, 211, 514, 527

R

Ratensparvertrag 352
Raumkosten, anteilige 163f.
Realsplitting 91, 361, 424
Rechenmuster Steuererstattung 2001 18ff.
Rechtsbehelfsfrist 385
Reisekosten 171ff., 190, 250, 284, 336, 413, 465
Reisekostenerstattung 179
Reisenebenkosten 179
Renovierungskosten 165, 478
Rentenbescheid 41, 217
Renteneinkünfte 217ff.
Rentenreform 537ff.
Rentenversicherung 145, 424
Rentenversicherungsbeitrag 439, 442
Rentenversicherungsvertrag 221
Rentenzahlungen 77f.
Reparaturkosten 156
Revisionsbegründungsfrist 393
Riester-Rente 537

S

Sach- und Barleistungen 367
Sachbezüge, steuerfreie 451
Säumniszuschlag 397ff.
Schadenersatz 113
Scheidungskosten 113
Schenkung 345, 508f.
Schenkungsteuer 504
Schreibtisch 183
Schuldzinsen 113, 486
Schuldzinsenabzug 470f.
Schulgeld 76, 424
Schwarzgeld 33, 529f.
Schweizerische Abzugsteuer 143
Schwerbehindertenausweis 37, 40, 88
630-DM-Job 24, 49, 137, 439, 442ff.
Selbstanzeige 32f.
Solidaritätszuschlag 15, 54, 142, 205, 210, 212f., 238, 277, 362, 403, 422, 433, 439, 444, 446, 472, 509, 515
Sonderabschreibungen 240f., 297f.
Sonder-Afa 229, 240, 246, 250, 299, 456, 465f., 494
Sonderausgaben 22, 27f., 51, 53, 58, 76, 82, 106, 112, 114, 129, 181, 251, 263, 361, 424f., 468, 472, 489
- beschränkt abzugsfähige 74ff.
- Gesamtsozialversicherungsbeitrag 53
- Vorsorgeaufwendungen 53
- unbeschränkt abzugsfähige 77ff.
Sonderausgabenabzug 55, 91, 184, 537
Sonderbetriebsvermögen 467
Sonderförderung Existenzgründer 244f.
Sonstige Werbungskosten und Arbeitsmittel, ABC 160ff.
Sozialhilfe 91, 95
Sozialversicherungsabgaben, pauschale 442
Sozialversicherungsbeiträge 359, 445ff., 505
Sparanlagen, geförderte 352
Sparförderung
- Alleinstehende 353
- Verheiratete 354f.
Sparguthaben 205
Spekulationsbesteuerung 477
Spekulationsgewinne 226f., 476f., 513
Spekulationsverluste 226f.
Spenden 40, 76f., 429
Splittingtabelle 45, 362, 374, 489f.
Splittingtarif 45ff., 495
Sprachreisen 183f.
Steuer, ausländische 265ff.

Register

Steuerberater 38, 43, 388, 391, 403ff., 452
- Berufspflichten 406
- Honorar 409
- Pflichtverletzung 406f.

Steuerberater-Gebührentabelle 408

Steuerberater-Gebührenverordnung 408

Steuerberatungsgesetz 404

Steuerberatungskosten 82, 184, 222, 250, 289, 376, 407ff., 429, 480

Steuerbescheid 41, 371ff.

Steuerbeträge, anrechenbare 206, 209

Steuerentlastungsgesetz 141

Steuererstattung 48, 398, 498

Steuergestaltung 411

Steuerhinterziehung 32f., 515

Steuerklassenwahl 431ff.

Steuernachforderung 398f.

Steuernachprüfung 371

Steuernachzahlung 231, 371

Steueroasen 513ff.

Steuersatz, halber 237f., 240

Steuerschädlichkeit 55

Steuersparmodelle 498ff.

Steuerverfahren BverfG 372

Steuervergünstigungen 49

Studienreisen 184f., 413

Stundungsbedürftigkeit 395

Stundungswürdigkeit 395

Stundungszinsen 399

T

Tariffreibetrag 374

Tätigkeiten, selbstständige gewerbliche 233

Teilherstellungskosten 297

Telefaxkosten 170, 185f., 251, 284, 289, 451, 480

Telefonkosten 161, 170, 185ff., 251, 284, 289, 333, 336, 451, 480

Transportkosten 190

U

Überlassung, unentgeltliche 323

Übernachtungskosten 171, 173ff.

Überstunden 151

Übungsleiterfreibetrag 259

Umlagen 279

Umsatzsteuer 276, 284, 463, 465

Umsatzsteuererklärung 463

Umsatzsteuernachzahlungen 289

Umwegfahrt 150, 156f.

Umzugskosten 115, 119, 187ff., 413
- Arbeitgeberzuschuss 191
- Checkliste 189

Unfallkosten 115
- beruflich bedingte Umwegfahrt 149, 156f.
- berufliche Fahrt 158
- Dienstreisen 447
- Fahrten Wohnung-Arbeitsstätte 156, 447

Unterhalt von Angehörigen 92

Unterhaltsabzug 369

Unterhaltsaufwendungen 91, 367f.

Unterhaltsempfänger 95

Unterhaltsgeld 144

Unterhaltskosten 135

Unterhaltsleistungen 36, 91, 95, 424

Unterhaltszahlungen 92ff., 222f., 360ff.

Unterkunftskosten 100, 197f.

Unternehmensbesteuerung 231

Unternehmensgewinn, niedriger 439

Unternehmenssteuern 452

Unternehmensverkauf 238

Unternehmer-Ehegatte 245

Unterstützungsleistungen

90ff., 114f., 134, 425
Untervermietung 280

V

Veranlagungsarten
- Alleinerziehende 48
- besondere 27, 47
- Eigenheimzulage 47
- getrennte Veranlagung 27, 47
- Nebeneinkünfte 47
- Witwe/r 48
- Zusammenveranlagung 47

Veräußerungsgeschäfte, private 225ff.
Veräußerungsgewinn 49, 140, 226f., 237ff., 258, 271
Veräußerungskosten 227, 229, 480
Verböserung 385
Verdienstausfallentschädigungen 144
Verletztengeld 51
Verlustabzug 24, 27, 82f., 502
Verlustausgleich 425, 498f.
Verluste, ausländische 269
Verlustrücktrag 425, 489
Verlustverrechnung 428
Verlustvortrag 425, 499
Verlustzuweisungsgesellschaft 280
Vermietung und Verpachtung 100, 155, 184, 209, 266, 428
Vermögensbeteiligungssparvertrag 356f.
Vermögensbildungsgesetz 356
Vermögensübertragungen 505ff.
Vermögensumschichtung 503
Vermögenswirksame Leistungen 35
Verpflegungskosten 76, 100, 135, 180
Verpflegungsmehraufwand 151, 172ff., 199
- Pauschbeträge Ausland 172ff.
- Pauschbeträge Inland 172f.

Versicherungen
- Arbeitslosenversicherung 53, 145
- Ausbildungsversicherung 56
- Auslandsversicherung 179
- Bausparversicherung 56
- berufliche Unfallversicherung 179
- Berufsunfähigkeitsversicherung 57
- Direktversicherung 57
- Dread-disease-Versicherung 56
- Glasversicherung 197
- Gruppenunfallversicherung 448
- Haftpflichtversicherung 73, 165
- Hausratversicherung 165, 197
- Insassenunfallversicherung 74
- Kapitallebensversicherung 53
- Krankenversicherung 53, 73, 145
- Lebensversicherung 53ff., 74
- Pflegerentenversicherung 57
- Pflegeversicherung 73, 90
- Pflegeversicherung, freiwillige 58f.
- Rentenversicherung 53, 57, 145
- Restschuldversicherung 56
- Risikolebensversicherung 53, 56
- Sterbegeldversicherung 56
- Unfallversicherung 74

Versicherungsleistungen, abziehbare 74
Versorgungsbezüge 140
Versorgungsfreibetrag 95, 129
Versorgungskrankengeld

575

144
Verspätungszuschläge 396f., 399
Volkshochschulkurse 182
Vorkostenabzug 344f.
Vorruhestandsgeld 144
Vorsorgeaufwendungen 59, 75, 145, 372
Vorsorgepauschale 58, 63
Vorsteuerabzug 463ff.
Vorwegabzug 58
Vorwegbesteuerung 15

W

Waisenrente 221 223
Wärmebedarfsausweis 339
Wärmerückgewinnungsanlage 338
Warmmietenversteuerung 276
Wehrsold 96
Weihnachtsgeld 96, 450
Weihnachtsgratifikation 437
Werbungskosten 29f., 55, 76, 82, 88, 95f., 100, 104, 106, 108, 113, 128f., 146ff., 205, 212ff., 222f., 227, 229, 250f., 261, 265f., 268, 276ff., 280ff., 290, 299, 302f., 415, 423, 434, 458f., 467, 471ff., 484, 492f., 496
- ABC 282ff.
Werbungskostenabzug 161, 163, 469
Werbungskostenpauschbetrag 28, 95, 129, 213ff., 215, 363, 458, 468, 472, 483, 509
Wertminderungen Pkw 156
Wertpapiererträge 201
Wertpapierkaufvertrag 359
Winterausfallgeld 143
Wintergeld 143
Wirtschaftsgut
- abnutzbares 460
- bewegliches 465
- geringwertiges 455, 461
- immaterielles 460
Witwen- und Waisengelder 140
Witwen-/Witwerrente 220f.
Wohneigentum
- Erwerb 497
- Grundförderung 305, 307, 313, 430
- Herstellungskosten 309ff.
- Kaufvertrag 314f.
- Modernisierung 430
- selbst genutztes 428
- unentgeltliches 428
Wohnungsbaugenossenschaft 349

Z

Zinsabschlagsteuer 26, 201f., 205ff., 472, 515
Zinsbescheinigung 41
Zinserträge 201
Zugewinnausgleich 116
Zusatzfahrten 151
Zweikontenmodell 469f., 486
Zweitwohnung 152, 191ff.
Zwischenfinanzierungszinsen 285